U0508759

中国管理学问题的探索研究

经济管理创刊四十年选粹

上册

《经济管理》编辑部 / 选编

上册目录

经济体制改革

尊重客观经济规律，用经济手段管理经济 …………………… 廖季立（ 3 ）

经济管理体制改革应当从何着手？ ……………………………… 刘明夫（ 7 ）

对经济体制改革中几个重要问题的看法 ………………………… 刘国光（ 9 ）

怎样进行经济体制改革？

——记与牛津大学布鲁斯教授的一次谈话 ……………… 董辅礽（18）

经济体制改革若干理论问题的探讨 ……………………………… 林子力（22）

试论国家与企业的分配关系 ……………………………………… 周绍朋（30）

关于劳动制度若干问题的探讨 …………………………………… 蒋一苇（38）

对“国家调节市场、市场引导企业”新机制的深层思考 …… 魏　杰（45）

发展社会主义市场经济　完善计划与市场相结合的新体制 … 马　洪（51）

中国经济体制转型过程中的宏观调控 …………………………… 李京文（61）

经理市场效率与我国经理市场的低效 …………………………… 黄健柏（68）

中国改革开放 40 年的制度逻辑与治理思维……………………… 金　碚（77）

宏观经济管理

组织管理社会主义建设的技术——社会工程 ……… 钱学森　乌家培（97）

重视国民经济管理的科学 ………………………………………… 于光远（105）

关于固定资产管理制度的几个问题 ……………………………… 孙冶方（112）

关于各级政府职能和分层管理的思考 …… 吴敬琏　周小川　李剑阁（120）
由数量型增长向质量型增长转变 …………………………… 郭克莎（127）
我国能源结构性矛盾与油气储备对策 ……………………… 史　丹（133）
知识经济与传统产业改造 ……………………………………… 吕　政（140）
“十一五”规划《建议》提出的重大原则和方针 ………… 张卓元（144）
完善中小企业创业创新政策的战略思考 ……………… 辜胜阻　肖鼎光（150）

企业改革与企业制度创新

“企业本位论”刍议
——试论社会主义制度下企业的性质及国家与企业的关系
………………………………………………………………… 蒋一苇（163）
论企业股份制 …………………………………………………… 刘纪鹏（176）
评增强企业活力的几种不同思路 ………………… 汪海波　刘立峰（183）
国有企业的股份制改造 ………………………………… 袁　卫　黄泰岩（190）
二十年来我国企业改革与管理的基本经验 ………………… 袁宝华（195）
关于国有企业改革与发展的若干建议 ……………………… 李铁映（200）
建立现代企业制度是国有企业改革的方向 ………………… 陈清泰（209）
“入世”与国有企业的改革与发展 ………………………… 江小涓（218）
建立和健全企业经营者的激励与约束机制 ………………… 吴家骏（225）
中国国有企业混合所有制改革研究 ………………………… 黄速建（232）
国有企业合并重组提高了企业绩效吗？
——以电信业为例 ……………………………… 戚聿东　张任之（248）

经济体制改革

尊重客观经济规律，用经济手段管理经济

廖季立

毛泽东同志在一九六〇年初阅读苏联政治经济学教科书的时候曾经指出，社会主义国家在完成了生产资料所有制的社会主义改造以后，还要解决管理问题。不要以为只要完成了生产资料所有制的社会主义改造，社会主义制度的优越性就能够自己发挥出来，经济管理方法正确，才会促进生产力的发展，管理方法如果不正确，就会阻碍生产力的发展。

建国以来，我们对社会主义经济管理，由不懂到比较懂，由不会到比较会，三十年来的经济建设取得的成绩是很大的。但是，由于客观上和主观上的原因，我们对于如何按照客观经济规律的要求，科学地管理社会主义经济，却认识不足，掌握不够，直到现在，在经济管理上还不能说有了成熟的经验。特别是，林彪、“四人帮”的长期干扰和破坏，是非不清，良莠莫辨，我们以前一些行之有效的管理制度遭到破坏，过去存在的一些缺陷和不完备的东西却有所发展，更给我们增添了不少困难。当前，为了加快实现四个现代化的步伐，我们必须使各项经济管理制度符合大力发展社会主义生产的需要。

在我们的经济管理中究竟存在哪些问题影响到经济建设的发展，影响到国民经济现代化？说起来问题很多，最主要的就是我们对经济的管理是侧重用行政方法、行政命令，而不是按照经济发展的内在联系，利用经济手段来管理经济。

按照行政办法管理经济，生产建设、市场供应、人民生活等一切经济活动，都要经过上级点头，经过上级批准。这就难免出现用“长官意志”办经济，出现经济管理衙门化，出现官工化、官商化的经营方法。这样，一方面是行政机构有多少层次，经济管理也就有多少层次，后者由前者来决定。另一方面，经济活动越广泛，越深入，行政管理事务就越多越繁，机构就要扩

大，人员就要增加，文件、报表、会议自然要泛滥成灾。多少年来总是讲要精兵简政，缩小机构，但是减来减去，机构越缩越大，人员越减越多，其原因就在于此。

按照行政办法管理经济，“条条”和“块块”总是在管理权上争来争去，问题得不到合理解决。过去在考虑中央和地方的关系上，常常研究集权和分权的问题，这对于调动两个积极性当然是必要的。但是三十年来的经验证明，仅仅在集权和分权的问题上做文章是行不通的。因为不管“条条”也好，“块块”也好，都是行政管理机构，都是解决行政管理权的问题。这样，当管理权集中过多的时候，就产生“死”的情况；当管理权分散过多的时候，就产生“乱”的情况，正如人们常说的：“一统就死，一死就叫，一叫就放，一放就乱，一乱又是统……”老是在那里团团转。到现在，在“条块”关系上已经处在这样一种境地，放了怕乱，收了怕死，放也不是，收也不是。同时，“条条”“块块”都是属于上层建筑，规定他们权力的大小固然有助于调整上层建筑内部之间的关系，但是同促进企业生产力的发展还不是一回事情。只有上层建筑面向经济基础，按照经济规律办事，尊重企业的自主权，才能使企业和广大职工的积极性充分地调动起来。也只有这样，生产和建设才能得到迅速地发展。如果企业（包括农业生产队在内）的生产力得不到解放，光是领导部门在管理权上做文章是不能彻底解决问题的。

按照行政办法管理经济，企业就可以不进行经济核算，不讲究经济效果，不承担经济责任。现在实行的基本上是统收统支、大包大揽的供给制办法。每年搞计划，不搞好综合平衡，一些部门和地方的同志又是把主要精力放在“争”字上，争投资、争项目、争物资、争外汇、叫作“一年之计在于争”，“争到了一年主动，争不到一年被动”。结果是越“争”战线越长，缺口越大，纠纷越多，采购人员满天飞。搞经济建设不讲究经济比较，越搞就越没有效果，越搞越没有速度。这种状况，同我们要实现四个现代化的宏伟目标岂不是相距十万八千里吗！

对于产生上述问题的原因，要作历史的分析。首先，我国原是一个经济落后的国家。解放前，我国的小生产经济在国民经济中占统治地位。解放后，虽然绝大部分的小生产经济已经转变成为社会主义经济，但是，在我国的农业、手工业和工业中，都还存在着以小生产方式来组织经营社会主义大生产的状况，这种顽固的习惯势力，潜移默化，影响到各个方面。

其次，我国革命的胜利是靠农村包围城市这条路线而取得的。早在第二次国内革命战争时期、抗日战争时期以及解放战争时期，我们党虽然已经积累了一些管理经济的经验。但是这些管理革命根据地的经济建设的经验，也是与小生产经济联系在一起的。当时在革命根据地里，还很少有现代工业，组织生产和建设，也主要是为解决革命战事中的军需和民用，强调的是首先解决有无的问题，只能因陋就简、自力更生，没有可能采用先进技术。当时军队和党政机关都实行供给制，我们自己办的农业、工业、商业也是当作部队、机关的后勤部门来发挥作用的，实行的也是供给制办法，在经营管理上，也缺乏必要的经济核算。

再就是，全国解放以后，经过三年恢复时期，开始进行第一个五年计划的建设。我们对计划经济毫无经验，只有向苏联学习，实行计划管理。而苏联这套管理办法是一种高度集中的行政管理办法。四十年代末和五十年代初，正是我国强调全国财政经济工作统一管理和统一领导的时候，实行这种计划管理制度是比较适合的。但是，随着经济的发展，随着经济结构的变化，这种单纯采取高度集中的行政命令来管理经济，而不注重用经济方法来调节整个社会的经济生活的缺陷和弱点也就越来越明显了。当前的迫切任务是如何运用经济手段来管理经济，以适应迅速发展国民经济的需要，在二十世纪内实现四个现代化。

那么，如何运用经济手段来管理经济呢？概括起来说，应该从以下三个方面来研究和探索：

首先，行政管理要尊重经济规律，处理好与经济管理的关系。行政管理与经济管理两者不能偏废，但是要合理分工，相辅相成。要加强行政领导的作用，应当从路线、方针、政策和重大的政治经济措施方面来保证经济任务的胜利完成，如制定劳动政策、价格政策、税收政策、信贷政策，技术政策、能源政策等等。行政管理机关还应当通过各种经济立法、司法和各种规章制度来保护国民经济活动正常进行。如制订工厂法、劳动法、投资法、合同法等等。还要从长期计划、年度计划、技术指导、经济措施等方面引导经济建设发展。行政管理机关从这些方面加强对经济的管理，要比直接插手经济事务重要得多，效果更好得多。同时，行政机构可以大大简化，官僚主义可以大大减少，工作效率可以大大提高。用经济手段管理经济事务，就是一切经济活动都要按照经济规律办事，都要通过最经济有效的途径去进行。各项经济活动应当不受“条条”和“块块”的限制，不论生产或建设，不宜于在一个地区发展的，可以跨区发展，不便于在一个部门内发展的，可以跨部门发展。经济组织和经济组织之间，允许在国家统一计划领导下进行适当竞争，工业要有竞争，农业也要有竞争，商业也要有竞争，各行各业都要有竞争。这样，经济活动就会生动活泼，产品自然会越来越多，我们的物质文化生活也就会更加丰富多彩。

其次，一切经济组织都要通过经济合同进行联系。企业的组织形式可以多种多样，有的是生产性的，有的是服务性的；有的是专业性的，有的是综合性的；有的是地区性的，有的是全国性的；有的是中央和地方合营的，有的是地方和地方合营的。各种经济组织之间不是行政关系，而是经济关系，通过经济合同按照双方经济利益进行活动。经济合同也是多种多样的，有的是供销合同，有的是产运合同，有的是购销合同，有的是劳务合同，有的是技术协作合同，还有中央和地方、地方和地方、国家和企业、企业和职工之间的合同，等等。经济合同是国家计划的基础，合同的签订固然要有计划的指导，但是，必须完成规定的合同任务才算完成了计划，合同完成的好坏是考核计划完成的主要依据。必须按合同办事，这对于提高经济工作效率，克服官僚主义和瞎指挥，发挥经济规律的作用，显然是大有好处的。

再次，一切经济组织都要进行经济核算，讲究经济效果。所有企业都要有经济上的自主权，任何上级行政机关不得随意给企业布置任务，抽调和调用企业的资金、材料、设备和人员。企业使用国家的固定资产和流动资金要交纳一定的费用，使用国家的土地也要交纳土地税，还要向国家交纳一定的税金和利润；但是，企业在保证完成国家规定的经济任务前提下，应当有一定的基金，解决职工的工资、奖励、福利和扩大再生产的需要。要兼顾国家、企业（集体）和个人利益，使每个企业和每个职工都能从经济利益上关心产品的质量，关心产品的销路，关心服务的质量，关心计划的完成，关心企业经营的好坏。

如何用经济办法来加强对经济的管理，如何从经济管理上促进生产力的发展，如何使我们经济管理科学化，这对我们来说，还是一个新的课题，需要从头学起。只要我们能够认真地学习马恩列斯和毛泽东同志关于社会主义的经济理论，吸收外国的经验，总结我们自己走过的路程，勇于探索，敢于创新，我们就一定能够学会我们原来不懂的东西，就一定能够加速四个现代化，把我国建成一个伟大的社会主义强国。

（本文发表于《经济管理》1979 年第 2 期）

经济管理体制改革应当从何着手？

刘明夫

毛泽东同志在《五卷》中有几段话很重要。毛泽东同志说："在各经济部门中的生产和交换的相互关系，还在按照社会主义的原则逐步建立，逐步找寻比较适当的形式。"① 还说："各个生产单位都要有一个与统一性相联系的独立性，才会发展得更加活泼。"② 毛泽东同志还说到要学会做生意，要给企业一些权益。毛泽东同志的这些思想，可不可以理解成为把一切都统到政权机关的办法不好，什么都靠中央调拨的办法不行？

体制改革应当从何入手呢？下面我提几个问题供大家一起研究。

一、是否应当按照社会主义商品经济的规律来建立我们的计划管理？

二、如何保证把我们的商品经济纳入社会主义道路和有计划按比例发展的轨道？我看可以从六个方面来保证：（1）经济计划；（2）经济合同；（3）经济立法；（4）经济政策；（5）贯彻执行党的政策的经济活动；（6）党的领导与群众的自觉性。

因此，计划无须包罗万象，也不可能包罗万象。计划要把重点放在中、长期计划上面；要搞好比例关系，要加强国防和改善人民生活，不要为生产而生产，为建设而建设；计划不要留有缺口；要搞经济区划，经济中心。

三、采用什么办法使计划性与灵活性、统一性与有领导的自由结合起来？我看是否采取三种计划（中央、地方、企业，而以企业计划为主）、三种指标（指令性指标、可调整的指标、参考性指标）、三种价格（统一价格、协议价格、自由议价）的办法。毛泽东同志1956年讲到要有领导的自由，是不是应当包括在统一计划指导下的自由经营、自由购销、自由竞争？我认为有了这些有领导的自由，好处是可以补充计划的不足，可以促使企业

---

① 《毛泽东选集》第5卷，第374页。

② 《毛泽东选集》第5卷，第273页。

和广大职工有更多的机会和更大的积极性去认识和掌握客观规律，可以更好地促进社会的进步。

四、承认各个企业处于相对独立的商品经营者的地位，健全经济核算制。企业要把经济效果好坏的责任担负起来。要把职工个人的利益同企业的盈亏同职工本人劳动的好坏挂起钩来。而且，企业可以自负盈亏。在实行税利合一，把国家需要集中的资金用税收的办法取走以后，企业不再上缴利润。

五、如何根据专业化协作的原则，把各种企业分别组织起来？产供销结合不等于产供销兼营，要分析哪些商品还必须通过中转环节。对于应当实行产供销兼营的企业也还要具体分析，哪些产品以工业为主好，哪些产品以商业为主好，哪些产品以农业为主好。企业应当既可以搞跨地区、跨行业联营，也可以在两种公有制之间进行合营。

六、哪些服务行业要发展？比如为生活、生产、科研、教育、文化服务的行业要社会化。

七、哪些租赁业务要搞起来？比如汽车和有些仪器、仪表不要自搞一套。搞租赁有利于解决物资紧张问题，对社会也是一种节约。

八、如何利用税收和利息等经济杠杆，对商品价格进行合理的调整，使各行业中的独立核算的企业，处于平等竞争的地位？

九、如何建立各种经济协调组织，定期协商，进行调节，统一步调，处理纠纷。不要一个行业搞一个托拉斯，要有竞争。几个公司之上，可以建立同业工会。

十、在全国各地划分经济区域，合理地组织经济协作问题。

十一、在全国各地建立若干经济中心与流通枢纽，按照合理流向，组织商品流通问题。

十二、如何加强工商行政管理？工商行政管理除开业登记等工作以外，投机倒把也要管。将来个人的收入和企业的利润挂起钩来以后，有些企业只搞赚钱的产品不搞零星商品怎么办？可以通过工商行政管理部门规定营业范围的办法来进行管理。

十三、制定各种经济法规问题。

十四、如何精简行政机构、改进与加强党和政府对经济工作的统一领导与加强中长期计划的研究与编制的工作。

十五、搞好大改的思想准备、组织准备与物质准备问题。

（本文发表于《经济管理》1979 年第 11 期）

对经济体制改革中几个重要问题的看法

刘国光

关于经济体制改革，有几个根本性的问题，讲点个人的看法。

（一）关于经济体制模式的选择

在我国的经济体制改革中，有三个关系问题要解决：一是集权与分权的关系；二是计划与市场的关系；三是行政办法与经济办法的关系。

我觉得，这三个关系问题是体制改革中的关键问题，这三者是互相联系的。苏联、东欧各国的经济体制改革和我国的经济体制改革，都碰到这三个关系问题。总起来讲，各国原来的经济体制中存在的问题，都是分权不够，发挥市场作用不够，利用经济方法不够的问题。改革经济体制，就是要解决这三个问题。

现在要研究的是，分权分到什么程度，而不致影响到必要的集权；市场调节的作用发挥到什么程度，而不致影响到必要的计划调节；经济方法如何利用，方能同行政方法较好地结合。这就涉及我们在体制改革中选择什么样的模式的问题。模式的选择是大改的前提，是确定大改方向的问题。大改的方案，步骤以及当前的小改，都应当服从这个方向。

现在，有各式各样的社会主义经济体制的模式。这些模式在集权与分权、计划与市场、行政方法与经济方法的关系的处理上，各有千秋。除了三十年代至五十年代期间形成的苏联型的高度集权的模式外，大体说来，有两大类型：一类仍比较强调集权，比较偏于集中的计划和行政的管理方法，同时适当扩大企业权限，适当加强利用商品货币关系。另一类型则比较强调分权，实行计划和市场相结合的分权型体制，主要用经济办法管理经济。总之，无非这么几种模式，细节上可能有出入，但可供选择的模式，逃不出这个范围。在选择模式的时候，我认为，不管什么模式，只要坚持社会主义公有制，只要坚持消灭剥削，只要有利于经济的发展和人民福利的提高，都是可以采取的，没有带什么政治帽子的问题，只有适不适合一个国家各个时期的具体历史条件和经济发展条件的问题。我们的国家现在处在什么样的历史条件？什么样的经济发展条件？应当选择什么样的经济模式？这是在提出具体的改革方案以前首先要研究解决的问题。这个问题不弄清楚，就匆忙提出具体的改革方案，恐怕要走弯路。

（二）集权与分权关系问题的症结在哪里

我国国民经济计划管理制度，基本上是五十年代初期从苏联学来的。这种体制的特点是片面强调中央的集权领导，既不重视地方的自主权，更不重视企业的自主权。过去研究体制改革时，在集权分权的问题上，我们往往只注意到中央与地方权力的划分，而中央的管理权，又是通过各部即“条条”来实行的。中央与地方的关系，就表现为条条与块块的关系。所以改来改去，无非是在条条块块权限划分上兜圈子。不能从根本上解决体制问题。因为不管是条条管还是块块管，都是按行政系统，行政层次、用行政办法来管，而不是按照客观经济的内在联系，用经济办法来管。让条条管，就割断了各个行业之间的联系；让块块管，就割断了地区之间的联系。不管是条条管还是块块管，都是国家机关来管，就是不让企业自己管，更不让企业里直接参加劳动的工农群众管。这样怎么能调动企业和群众的积极性呢？

我国是一个大国，人口众多，一个省等于欧洲一个国家甚至几个国家。中央与地方权限的划分必须处理妥当，才能有利于发挥各省市发展本地区的积极性。同时，正是由于国家大、人口多，无论中央和地方，都难于把全部经济生活管起来。并且，当前讨论的问题是经济过程本身的管理体制问题，而经济过程本身即社会财富的生产、分配、交换、消费的过程，本身又主要不是通过国家机构的活动，而是通过几十万个企业和亿万劳动者的经济活动进行的。因此，对这个经济过程进行管理当中的集权与分权的问题，就不能局限在而且主要不是在于国家政权机构内部权力的划分，而是在于各种经济活动的决策权如何在国家和企业、劳动者个人之间划分的问题，首先要解决国家与企业的权责关系问题。而目前我国经济管理体制最大的弊病和集权、分权关系问题的症结，正是在于没有把国家与企业的关系处理好。国家把本来应该由企业管的事情包揽起来，既管不好，也管不了，陷于烦琐的事务之中，不能把主要精力放在应该由国家管的统一计划、综合平衡以及重大经济战略问题的研究和决策上；而作为社会生产基本单位的企业，在产供销、人财物等应由企业自主管理的问题上，又无权根据实际情况作出处理，严重地束缚了生产力。这是我国国民经济长期发展缓慢的一个重要原因。所以我认为，这次经济体制的改革，在处理好中央和地方的关系的同时，应当着重研究和解决国家和企业的关系问题。

（三）关于划分集权型经济和分权型经济的一个理论问题

在集权与分权的关系问题中，有一个如何划分集权型体制与分权型体制的问题。在这方面，波兰经济学者布鲁斯提出的一个理论是值得注意的。他把一切经济活动的决策分为三种：第一种是宏观经济活动的决策，即有关整个国民经济的发展方向、增长速度、产业结构的变化、国民收入在积累消费之间的分配、投资总额、重要投资项目、价格形成准则、主要产品价格等等；第二种是企业经常性经济活动的决策，如生产什么，生产多少，选择什么原材料和从哪里取得原材料、产品销售出路、大修理和小型投资、工资支付形式和职工构成等；第三种是个人经济活动的决策，主要是指职业和就业场地的选择，消费品和劳务购买的选择。这位经济学者认为，在社会主义条件下，不论在中央集权型的经济体制下，还是在分权型的体制下，第一种经济活动的决策权只能由中央作出，第三种经济活动的决策权除了军事共产主义时期等个别特殊情况外，只应由个人作出，只有第二种经济活动即企业经常性的经济活动的决策权，可以采取两种不同的掌握方式，一种是由国家机关掌握，一种是交企业自己掌握。企业经常性经济活动的决策权由国家来掌握的，就叫集权型的体制；企业经常性经济活动决策权（产供销人财物等）由企业自己掌握的，叫作分权型的体制。

把企业经常性经济活动决策权的归属作为划分集权型体制和分权型体制的关键，这同我们最近在讨论体制问题时把调整国家与企业的关系、扩大企业自主权作为体制改革的中心环节，精神上是一致的。当然，以扩大企业自主权为核心的分权型主张，并不意味着取消国家各级管理机关对企业的领导，问题在于用什么方式来领导。在集权型体制下，中央或者它所属的中间机关主要是用行政命令方式，把中央计划加以具体化作为指令下达。在分权式体制下，国家机关对企业经济活动的领导主要是靠间接的经济方法，由国家规定生产单位活动的基准、规范、范围，并运用这些规定来引导生产单位向着国家计划所指定的目标前进。

参考上述关于划分集权型体制和分权型体制的分析，我们现在体制改革中除了要解决扩大企业的自主权问题外，还有一个个人经济活动的决策权的归属问题也要解决。我们消费品的配给制、票证制实行了将近三十年，至今没有取消的可能。另外，我们的劳动力分配制度至今管理得很死，企业和个人都没有什么选择余地：企业需要的不给，不需要的硬塞给你；个人愿干能干的不让干，不愿干的硬分配你去干，这样怎么能够真正贯彻按劳分配原则，调动大家的积极性，做到人尽其才呢？所以，这次体制改革，除了解决企业经济活动的自主权问题外，我认为还要逐步创造条件来解决劳动人民个人经济活动的自主权问题。

（四）企业自主权的界限问题

现在，扩大企业自主权，是上下一致的呼声。在社会主义制度下，企业自主权的界限究竟在哪里？大家的理解、各国的实践都不一样。对这个问题，孙冶方同志提出了一个主张，就是把资金价值量的简单再生产作为划分企业和国家经济管理权的理论界线：资金价值量简单再生产范围内的事，让企业管；资金价值量扩大再生产范围内的事，由国家管。按照孙冶方同志的主张，基本折旧基金全部下放给企业，企业在保持国家交给它的资金价值量范围内，可以自主地搞技术革新，进行实物量的扩大再生产，在此范围内的产供销，完全由企业自主地相互签订合同来解决，国家不加干预，国家计划由下而上，在企业产供销合同和企业计划的基础上制定。但是，资金价值量的扩大再生产之权，也就是新的投资权则由国家来管。这种主张，在理论上有它的简明性，实行起来好像也比较便当。但是能不能用资金价值量简单再生产作为划分企业和国家权限的杠子呢？孙冶方同志是独立自主地提出这个主张的，但是他自己没有意识到，简单再生产这个杠子，实际上南斯拉夫在五十年代就实行了。南斯拉夫那时在企业自主权上，也限于把基本折旧下放给企业，让企业自己管理简单再生产范围内的产供销，而扩大再生产的投资权则仍保留在国家手中。但是六十年代南斯拉夫进一步扩大企业权限，把大部分扩大再生产的投资权也下放给企业和银行来管，国家自己只管最关键的重点项目，到后来连重点项目的建设也交给下面的经济组织去协商，由它们集资来解决，国家一般不再投资。匈牙利的经济改革，不像南斯拉夫走得那么远，最重要的新投资项目虽然资金由银行来投放，决策权仍掌握在国家手中。但企业从利润中提取生产发展基金，加上银行贷款，在扩大再生产的投资上拥有相当大的自主权。罗马尼亚也有经济发展基金的设置，企业（工业中心等）有权决定一定限额以下的扩大再生产的投资。看来，把企业自主权局限于资金的简单再生产，限于基本折旧基金的下放，不给点扩大再生产的权力，这是不利于企业在技术革新、改造和适应市场需要变化方面采取自主行动的。那么，企业自主权的界限究竟放在哪里呢？不少同志提出自负盈亏、财务自理，但这只是从财政资金的角度来说的，还不是一个全面的杠杠。我考虑，是否可以从宏观经济活动与微观经济活动的区别得到启发，借用它来作为划分国家经济权限与企业经济权限的界限？涉及整个国民经济发展的方向、速度、结构变化等重大宏观经济问题，由国家来管；只与企业以及同企业周围局部有关的微观经济活动由企业自己来管。当然，这种宏观、微观经济活动的划分，有的清楚，有的也不大清楚。清楚的如，积累消费比例，总的投资规模，总的物价，工资水平等应由国家管，而企业的产供销的衔接等，则由企业自己来管。不清楚的如，重大投资和一般投资的杠杠划在哪里？实行价格控制的主要产品同一般产品的杠杠划在哪里？等等。这些具体问题要随着当时具体的经济情况来决定，不能说死。

（五）关于发挥市场作用的问题

市场机制是实行分权的管理体制的一个重要手段，它对纠正集权型体制的一些弊病，是非常必要的。集权型体制有两条要害的弊病：一是经济生活中横的联系很弱，它从属于竖的联系。本来企业与企业之间很容易直接解决的事情，在我们这里，不先由上面决定了以后层层下达，或者不先层层请示审批，就办不成，因而拖延时日，影响效率，造成损失。二是以实物联系代替价值联系，商品货币关系只是起从属的、被动的作用。在集权型体制下面实行的统购派购、统购包销、统一分配、计划调拨、计划供应等等办法，都是由上面规定实物限量的自然经济的联系办法。这当中虽然也利用货币来计算和支付，但这里货币、价格等价值范畴只起被动的计算和反映的作用，生产单位和个人不能按自己拥有的货币量和自己的意愿，取得生产消费和个人消费所需的商品；分配到实物限额的生产单位和个人也可能因缺乏货币而不能实现其实物分配权利；企业也不能够按照价格高低挑选合理的投入（各种进料等）和产出（各种产品）的构成，因为什么都是基本上由上面定死了的。这样当然谈不到人财物资源的合理有效利用。要改变这种情况，就要：第一是发展生产单位之间的横的联系，以逐步代替或减少行政领导的竖的联系；第二是发展生产单位之间真正的商品货币关系，以逐步代替从上面下来的实物限额指标所建立的联系，发挥货币、价格等价值范畴的主动作用。所有这些，只有充分利用市场机制，才能办到。而要做到这一点，首先要克服理论上的一系列障碍，打破一系列传统迷信。例如，把社会主义计划经济看成是自然经济，把市场经济看成是与资本主义等同的东西，否认全民所有制的内部经济联系的商品性，否认价值规律的调节作用，把限额限价的收购供应看成是计划经济的本质和优越性的表现，等等。不打破这些传统迷信，是不可能在利用市场机制、实行市场调节与计划调节相结合的道路上，迈开改革的步子的。

至于如何发挥市场调节的作用，我认为至少有三个条件：第一，企业要以相对独立的商品生产者的身份，自主地参加市场活动；第二，要有一定的价格浮动；第三，要有一定的竞争。没有这三个起码的条件，就谈不上利用市场机制，谈不上发挥市场调节的作用。

（六）有关计划调节的一个问题——自下而上同自上而下的结合问题

现在大家在讲到计划体制改革时，比较强调制定计划要自下而上。针对过去集权型体制中光有自上而下的指令性计划的毛病，在计划体制改革中，强调自下而上是必要的。但我认为光提自下而上，不提自上而下，不好，因为这样就取消了国家计划的指导作用，把国家计划变成为企业计划的单纯的汇总。所以我认为还是提自下而上，上下结合，不排除必要的自上而下为好。计划工作的上下结合，同整个经济体制中集中与分散的结合、计划与市场的结合，道理上是相通的。集中计划的决策，往往侧重于从全局的、整体的利益来看问题，而分散的市场上一个个商品生产者购买者的决策，则往往侧重于局部的利益。为了使全局利益与局部利益能很好地结合，在整个经济体制上就要搞好计划调节与市场调节的结合，在计划体制上就要搞好自下而上和自上而下的结合。光有自下而上，各个商品生产者和消费者的局部利益是照顾到了，但可能破坏总体利益，反过来，局部利益也实现不了。光有自上而下，强迫地把上面的任务贯彻下去，即使上面的计划是从整体利益出发的，但由于不能因地制宜，损害了局部的利益，到头来全局目标和整体利益也实现不了。所以，不能光讲自下而上。自上而下的计划包括两个方面，一是宏观经济目标的设定，以作为下边拟订计划的指导；二是有关全局利益的重大生产建设任务的提出，通过协商方式来逐层落实。自下而上的计划，也不是机械加总，需要根据较大范围乃至全国的共同利益进行协调，逐级平衡，最后才能定下来。不论是自上而下的还是自下而上的计划协调，都需要同时配合以各项经济政策的调整，才能促使企业按照国家计划的目标来调整自己的行动。所以，计划协调和政策调整，这应当是计划调节的两个基本手段。

（七）关于用经济办法管理经济的问题

这里有两个问题：一是能不能用这个提法？二是如果能用这个提法，那么，它的含义是什么？

关于能不能用“经济办法”的提法，有的同志反对用这个提法，而主张用“按客观经济规律办事”的提法，我觉得这两个提法并不矛盾，前一提法是后一提法在管理方法上的具体化。“按客观经济规律办事”的提法比较概括，例如，按有计划按比例发展规律办事。这个客观规律的要求，可以用不同方法来实现。可以用行政命令的办法，规定各部门的计划指标，作为指令，层层下达；也可以用经济办法，如调整价格以及其他经济政策的办法来达到；还可以两种办法并用。有的同志说，这两个概念并提，事实上是贬低行政办法，而行政办法在任何社会的经济管理中都是不可缺少的。当然，把经济办法同行政办法对立起来是不对的，片面地提倡经济办法否定行政办法更是不对的。但是这一对概念，在它们相互结合的意义上为什么不可以使用呢？我认为，我们在体制改革中需要建立的，正是经济办法和行政办法相结合而以经济办法为主的经济管理体制。这同按客观经济规律办事的提法并不矛盾，而是更为具体的提法。

用经济办法管理经济的确切含义是什么？现在说法不一。有的同志认为，经济办法就是照顾各个方面经济利益的办法。但是，照顾各个方面的经济利益，可以用行政命令的办法，给你一点好处，给他一点好处；也可以用非行政命令的办法，也就是经济办法，即利用价格、利润、工资、信贷、利息、税收等等价值范畴作为经济杠杆，来调节各方面的经济利益关系，调动企业集体和劳动者个人的生产积极性。我以为经济办法的实质、特征，就在于利用价值规律有关的经济杠杆这一点上。有些同志把用经济办法管理经济理解为打破行政层次、行政部门、行政区划，按客观经济联系建立划地区、跨行业的托拉斯之类的专业化、联合化的经济组织，以代替行政组织的办法来管理经济，这个理解也是有一定道理的。所以，所谓“用经济办法管理经济”，看来至少包含这两层意思：一是按客观经济联系建立经济组织以代替行政组织来管理经济；另一是广泛利用价值范畴作为经济杠杆来调整各方面的经济利益关系，以调动各方面的积极性。我以为用经济办法管理经济的这两个内容，正是当前体制改革中要解决的两大问题。

（八）关于经济改革的条件

经济模式或者经济类型的改变，不是任意可以挑选的，而是受到一系列主观客观因素的制约，要有一定的条件。综合各国体制改革的经验、综合各国经济学者的研究，经济模式或类型的选择，是采取以中央集权计划为主的模式，还是采取计划与市场相结合的分权型模式，要受到以下一些因素的约束。

一是生产力发展水平和社会生产结构的复杂化程度。在生产力水平较低，社会生产结构较简单时，集权型的体制是适宜的。水平提高、结构复杂化后，分权型体制则较合适。

二是经济发展的途径主要是外延的还是内含的。所谓外延的就是靠增加投资和增加劳动力来发展经济，并且发展的目标以数量为主，在这种情况下集权型的经济体制是适宜的。但在以内含的办法为主即主要是靠提高效率来发展经济，并且发展的目标是质量和数量并重或者以质量为主时，分权型的体制就比较适宜。

三是工业化道路如果是重、轻、农的道路，不大注意改善人民生活，这时集权型体制是合适的；但如果真正走农、轻、重的道路，把改善人民生活放在比较重要的地位，那就以采取分权式体制为宜。

四是外贸占国民经济的比重和外贸构成。外贸在国民经济中地位越高，出口构成中加工制品、高级制品比重越高，品类越多，集权型体制就越是需要过渡到分权型体制。

就我国的情况来说，目前上述四个因素的情况，都是有利于我们从高度中央集权型的经济体制过渡到计划与市场相结合的经济体制的。我国现在生产力水平比五十年代已大为提高，随着新部门的出现和分化，企业数量大为增长。我国目前的经济结构也远比过去复杂。过去的发展主要靠增人增资、增投料，而效率反有所下降。今后虽然不排除外延的发展，但主要靠提高效率。过去在比较长的时期中实际上实行了重、轻、农的方针，不大注意人民生活的改善。现在要转到真正的农、轻、重次序的轨道上来，把改善人民生活摆到应有的地位。还有对外经济联系的大发展，等等。所有这些，都为我国经济管理从高度集权型体制过渡到计划与市场相结合的分权型体制提供了需要和可能。

但以上都是从经济本身的条件来说的。但体制改革，单有上面说的经济条件是不够的，必须有相应的政治社会条件。如果政治上社会条件不具备，即使经济上的需要程度相当强烈，实行上述的过渡也是困难的。相反，即使经济上的需要程度比较小，如果政治的需要程度大，也可能向计划与市场相结合的分权型体制过渡。前者的例子如捷克，后者的例子如南斯拉夫。而1968年的匈牙利，则具备了所有这些条件，所以能够比较顺利地向分权型体制过渡。

我们国家现在不但经济上具备了改革的条件，粉碎“四人帮”后，政治上也逐渐具备了改革的条件。党中央已经下了改革经济体制的决心。同时我们要看到，经济体制的改革必须与政治体制的改革相辅而行，否则不可能收到成效。这里，从下到上的政治民主化是很重要的一条。如果下面没有民主化，那么扩大企业、地方权限，就会发生相反的作用；如果上面没有民主化，那么分权的改革措施将因为触及上面某些机构或某些当权人物的既得利益而被否决、被抵制，或者改头换面地把旧集权体制保存下来。这是有些国家经济改革的经验所证明了的。所以，我们的经济体制的改革，必须和政治体制、干部体制的改革相辅而行，相互配合，才能收到有效的成果。现在，我们党正是从这些方面同时着手进行改革的，所以我们的体制改革的前景是光明的。

（本文发表于《经济管理》1979年第11期）

怎样进行经济体制改革？

——记与牛津大学布鲁斯教授的一次谈话

董辅礽

最近，我乘在英国剑桥参加国际经济协会的圆桌会议之便，到牛津大学同布鲁斯教授就经济体制的改革问题进行了交谈。

布鲁斯教授对东欧各国的经济体制改革进行过多年的深入研究。这次交谈虽然时间不过两小时，许多问题来不及深谈，但是，仍使我得到许多启发。下面想结合我的理解和想法作一下介绍。

布鲁斯教授说，东欧一些国家比较小，中央和地方的关系不是最重要的，它们的经济体制改革主要是解决中央和企业的关系。中国这样大，首先要解决中央和地方的关系，然后要解决中央和企业、地方和企业的关系。中央和地方的关系是集权和分权的问题，而不是市场问题；中央和企业、地方和企业之间的关系才是市场问题。中国在进行经济改革时，在解决中央和地方的关系上要考虑哪种办法矛盾最少。经济改革只考虑行政权力的划分不能成功，最需要的是利用市场。

的确是这样，过去我国进行过几次经济体制的改革，都只着眼于中央和地方之间的权限的划分。这种权限的划分固然是重要的，解决得好有利于发挥中央和地方两方面的积极性。但是，单纯着眼于中央和地方之间的权限的划分，仍然不能解决中央和企业、地方和企业之间关系。例如，扩大地方权力，把中央所属企业下放归地方管辖，并没有改变企业同行政机构之间的行政隶属关系，企业仍然是行政机构的附属物，只不过由过去附属于中央政权改变为附属于地方政权而已。中央同企业、地方同企业之间的关系不应该是行政权力的划分问题。如果把这后一类关系也看作是行政权力的划分问题，即使把企业的权力扩大，也不能改变过去那种企业同中央、同地方之间的行政隶属关系，或者说，也不能改变企业作为中央和地方行政的附属物的地位。而不改变这种关系和地位，原有的一套经济体制可以说不可能有实质性的改变。布鲁斯教授所说中央和企业、地方和企业之间的关系是市场问题，我认为，这是很重要的。所谓是市场问题，就是说，我们必须改变过去那种企业同中央、地方之间的行政隶属关系以及企业作为行政机关的附属物的地位，使企业成为相对独立的经济核算的主体、成为相对独立的商品生产和交换的主体。这样，中央同企业、地方同企业之间就不像中央同地方之间那样是领导和被领导、命令者和服从者之间关系〔用布鲁斯教授的譬喻来说，军队的领导机关有两种职能——参谋的职能和指挥（命令）的职能，中央和地方对企业不应该行使指挥（命令）的职能，而应该行使参谋的职能〕。中央同企业、地方同企业之间的关系应该建立在经济核算的基础上。企业应该具有作为相对独立的经济核算的主体和相对独立的商品生产和交换的主体所应具有的权力和应负的义务。国家应该利用商品货币关系、各种经济杠杆去调节它同企业的关系，去指导和引导企业的经营活动。我们要进行的经济体制改革不仅要解决中央和地方之间行政权限的划分问题，而且应该把中央同企业、地方同企业之间关系由以往的行政隶属关系改变为中央、地方同相对独立的商品生产者和交换者的关系。不进行后一种改革，现有经济体制所产生的诸种弊端是难以祛除的。

布鲁斯教授认为，高度集中的计划经济体制和完全的市场调节的经济体制都是容易实行的。实行起来最困难的是把计划调节同市场调节结合起来的经济体制。他自己赞同最后这种经济体制。他认为，在实行最后这种经济体制时，国家运用经济办法来管理经济要有三个条件。

第一，国家应有权力决定重要的投资。

我觉得，这一条是很重要的。在实行计划调节与市场调节相结合的经济体制情况下，企业自然应该在中央集中计划的指导下有权力根据市场所反映出来的产品供求关系的变化而调整生产、改进技术、进行投资……但是，国家仍然应当拥有决定重要投资的权力，以便克服国民经济中可能出现的比例失调和不平衡、保证重点部门的发展、支援经济发展落后的地区，以克服地区间经济发展的不平衡，等等。当然，这部分投资也不应该像以往那样采用预算无偿拨款的方式，而应该是有偿使用的，必须按期归还的。

第二，国家要决定政策和企业的行为原则。

我觉得，在把中央同企业、地方同企业之间的关系由以往的行政隶属关系改变为它们同相对独立的商品生产者和交换者的关系之后，国家的经济职能不是削弱了而是加强了。国家的各级行政组织不再直接命令企业干什么不干什么以及怎么干，可以从烦琐的日常经营业务中摆脱出来，认真地研究和制定经济政策、规定企业应该遵循的活动原则，正确地借助商品货币关系和各种经济杠杆，以指导和引导企业朝着正确的方向、沿着正确的轨道发展，避免发生由于实行市场调节所可能产生的消极后果。

第三，中央和地方都应当有办法管理和利用各种参数，如价格、利息等。

布鲁斯对这一点同以上两点一样未及作详细说明。参数是在所讨论的数学或物理问题中，在给定条件下取固定值的变量，或者说，可以在某一范围内变化的常数，如在数学方程 $y = mx$ 中，m 就是参数。据我理解，布鲁斯教授的意思是说在实行计划调节与市场调节相结合的经济体制下，国家应当管理和利用各种经济杠杆去指引企业的经济活动，去调节经济，使能实现符合客观经济规律的预期的计划目标。例如，国家可以利用价格这个参数去调节产品的供给和需求，可以利用利率的高低去引导企业的投资方向等。在国民经济中这类经济参数是多种多样的，税收、信贷等都是，它们的作用各不相同，需要结合起来运用。

布鲁斯教授认为，在实行计划调节与市场调节相结合的经济体制情况下，上述第二和第三两条做起来最困难。我觉得这是有见地的。计划调节与市场调节能否结合好，能否克服其间的矛盾，除了第一、二条以外，特别是要看经济领导机关能否善于有计划地去管理和利用各种经济参数、经济杠杆去调节经济，这比以往利用行政命令的办法来指挥经济的活动显然要困难得多。

布鲁斯教授还认为，在实行这种经济体制下，对外贸易仍应由国家管理，实行计划经济的社会主义国家不能不管外贸。问题是用什么办法来管，不能管死，而应该管得灵活。不能让国际市场的价格波动影响国内的价格和生产。既不能对外完全开放，又不能同外国断绝。这个问题非常复杂。

布鲁斯教授还就我国的经济体制改革问题提了一点意见。他说，中国的计划任务不能太大，否则国家的经济条件就会很紧张。这样就会使经济体制的改革遇到困难。

这个问题，我们已经注意到了，目前正在进行调整。克服国民经济比例的严重失调，正是进行经济体制改革的必要步骤。显而易见，不解决比例严重失调的问题，任何好的改革方案、任何好的改革措施，都只能成为不能实行的一纸空文。还应当考虑到，实行经济改革的过程中，各方面的经济关系

（产品的产供销关系、财务关系、工资奖金等等）会发生大的变动，没有充裕的物资和资金方面的准备是难以应付变动中所可能发生的各种困难和问题的。就当前来讲，特别是要缩短基本建设战线。如果它不是缩短反而拉长，则会使财力和物力更加紧张起来。这不仅会严重障碍克服失调的比例关系，而且会使经济体制改革难以进行。遗憾的是，这一点并不是大家都认识到了。但我希望它能逐渐地和较快地能为大家所认识。

（本文发表于《经济管理》1979 年第 11 期）

经济体制改革若干理论问题的探讨

林子力

一　关于经济体制改革基础理论的出发点

经济体制是生产关系的具体形式，包括生产、交换、分配等各个方面。因此，经济体制改革的理论，不能不涉及以生产关系为对象的政治经济学的一系列基本问题，首先是方法论。

一个时期以来，政治经济学往往把所有制仅仅理解为生产资料归谁所有。并把这种所有从全部生产关系中独立出来，当作出发点，当作前提和基础，当作决定生产关系的一切方面的东西，似乎由这种所有就能说明生产关系的全部问题。其实，这并不是马克思主义政治经济学的科学方法。

按照马克思的思想，政治经济学意义上的所有制，从根本上说即是劳动者与物质生产条件的结合形式或者说劳动的支配形式（马克思说过所有制就是对劳动的支配）。它表现为生产、分配、交换等各个方面的关系（马克思还说过所有制就是生产关系的总和）。离开了劳动者与物质生产条件的结合形式，离开了生产、交换、分配，就不存在所有或占有（作为生产关系而不是作为人与物的关系的所有或占有），也不可能知道生产资料归于“谁”（作为生产关系体现者的“谁”）。说奴隶劳动以奴隶主占有生产资料为前提，是悖理的，因为当着没有奴隶劳动的时候，根本就不存在奴隶主；同样，说雇佣劳动以资本家占有生产资料或者生产资料采取资本的形态为前提，也是悖理的，因为当着没有雇佣劳动的时候，生产资料就不可能采取资本的形态，也根本不存在资本家。可见，作为生产关系的所有制形式，不是出发点，不是前提和基础，不是决定生产关系一切方面的东西。相反地，它是综合，是一系列关系的总和。马克思说过：“分工和蒲鲁东先生的所有其他范畴是总合起来构成现在称之为所有制的社会关系；在这些关系之外，资产阶级所有制不过是形而上学的或法学的幻想。”（《马克思恩格斯全集》第27卷第481页）

那么，作为前提或基础的东西是什么呢？是劳动者与物质生产条件的结合形式。例如雇佣劳动，这个范畴概括着一方是货币的所有者，另一方是把自己的劳动力当作商品的劳动力所有者，两者通过自由买卖而结合，以及由此演导出的资本对于劳动的支配和剩余价值剥削等关系；而这些关系又具体表现在生产、交换、分配诸方面。某些私人占有生产资料，并不能说明雇佣劳动及其所引出的一系列资本主义关系。当然也无法区别资本主义与前资本主义的经济形式，相反，雇佣劳动却包涵着资本主义的质的规定。马克思指出：“亚里斯多德：‘因为主人不是在奴隶的购买上，而是在奴隶的使用上，证明他自己是主人。’（资本家也不是由资本所有权——那给他以购买劳动力的权力——而是由劳动者即工资雇佣劳动者在生产过程中的使用，来证明他自己是资本家。）”（《资本论》第3卷，郭、王译本第438页）

联合劳动，这个范畴概括着联合起来的劳动者用公共的生产资料劳动，把个人的劳动作为联合体总劳动的一份来发生作用，并依其所提供劳动份额来取得消费资料等关系。共同占有生产资料，并不能说明联合劳动及其所决定的一系列社会主义关系，当然也无法区别社会主义与其他公有的经济形式，而联合劳动则包涵社会主义的质的规定。没有劳动者的联合即联合劳动及其所决定的按劳分配，也就没有作为生产关系的社会主义所有或占有形式。

这并不等于否认所有权的意义。所有作为权利，是所有制即生产关系的法学概括，它无疑是不可含糊的，并且在国家的根本法上作出明文规定，这对巩固和发展现存的生产关系，具有重大作用。但是尽管如此，对于政治经济学来说，它仍然是结果，而不是出发点，不是前提和基础。

政治经济学是现实的社会经济关系的理论抽象。所有或占有形式在抽象思维中不能成为前提和基础，正是因为它在现实中并不是决定生产关系一切方面的东西。我们的经济体制改革首先是农村中的改革充分证明了这一点。农村经济体制的改革，恰恰是劳动者与物质生产条件结合或者说劳动支配的具体形式的变革，表现在生产过程就是以统一经营与分散经营相结合取代单一的集中经营，在分配形式上则是以联产计酬取代评工记分按工分分配。统分结合、联产计酬的新型合作经济成为我国农村普遍的经济形式，这是一场范围非常宽广，内容十分深刻的变革，但是它并不是由生产资料归属或所有权的变更所决定的。我国全面的经济体制改革，包括工、商业体制的改革，也将是改革劳动者与物质生产条件结合或劳动支配的具体形式，消除在生产、分配、交换等领域表现出来的缺陷和弊端，逐步创造出符合我国国情，具有中国特色的社会主义生产关系具体形式，使我们的社会经济活动具有充沛的动力和良好的平衡性能，从而能够具有高度的效率和效益。这场变革当然也同样不会以生产资料归属或所有权的变更作为前提和基础的。

研究我国的经济体制改革，需要对改革的实践，对改革实践中出现的丰富多样的经济形式，进行具体、细致的考察，同时又需要进行理论抽象，作出概括。这样才能舍去非本质的、一时的现象，发现本质的、规律性的东西，才能逐步形成我们的经济体制改革理论。

创立和发展我们的经济体制改革的理论，越来越成为改革实践的迫切需要。邓小平同志指出："现在需要总结经验，搞快一点、好一点，需要制订经济体制改革的原则，需要制订长远规划。这些都是大事，我们不能急躁，也不能耽误时间。中央希望经济战线上做实际工作和做理论工作的同志，和衷共济，通力协作，取长补短，调查研究，反复讨论，少说空话，年内共同拿出几个切实可行的方案来，拿出一个长远规划来，提给中央。"（《邓小平文选》第 211 页）这里所说经济体制改革的原则，是改革的理论支柱，是对实践能够起指导作用的东西。

二　两个层次的联合劳动以及与商品生产相结合的按劳分配

社会主义生产关系的本质特征是联合劳动。

科学社会主义经典文献中所讲的联合劳动，是全社会范围的联合劳动。全社会就是一个经济主体，即一个联合体。因此，劳动和物质生产条件以至产品都是由这个联合体直接分配的。这就是说，每个劳动者在生产领域把他的劳动作为整个社会劳动的一份提供出来；由社会中心即联合体按比例作了各项扣除，以保证公共需要后，又在分配领域等量地领取回来。这一整个过程也可以概括为等量劳动交换。总之，全社会范围的联合劳动，全社会范围的按劳分配，或者说等量劳动交换，这就是科学社会主义创始人所设想的社会主义经济形态的基本特征，其中不存在商品生产和等价交换，价值以及和它相联系的货币、价格等经济范畴都消失了。人们之间的经济关系，是“简单明了”的。

无产阶级领导的革命，相继在一系列经济不发达的国家取得了胜利后，几乎所有这些国家都曾经试图建立接近于上述这样的社会主义经济关系。但是，实践证明，实行这样的经济关系，不能较好地解决经济动力和经济平衡的问题。这里面的原因何在？可以说，基本原因就在于只承认全社会范围的联合劳动和全社会范围的按劳分配，相应地排斥商品生产和商品交换。我国三十年的社会主义实践也证明了，我们现在实行的联合劳动、按劳分配与经典文献的论述必然有所不同。它还不可能只是整个社会范围的联合劳动和按劳分配，还不可能排斥商品和货币。之所以如此，不能不从表现着生产力发展的分工和交换发展的规律谈起。

分工实际上有两类，一类是生产性分工，即不同种或者说不同具体形态的劳动的区分，这类分工将来也不会消失，而且要不断发展。另一类是社会分工，即不同质的，或者说不同复杂程度和熟练程度的劳动的区分，其核心是精神劳动和物质劳动的分野，这也就是马克思所说的“真正的分工”“旧的分工”。这种分工发展到极度是要逐渐消亡的。

由分工所引起的交换，最初也主要是不同种的劳动交换，接着越来越变得不仅是不同种，而且包括不同质的劳动的交换。随着分工的发展，生产者的物质生产条件差别也日益明显，于是交换又不仅包括不同种、不同质的劳动，而且包括不同物质生产条件下的劳动的交换。

在交换中，不同种、不同质和不同物质生产条件下的劳动互相较量，也就是说进行抽象，形成抽象劳动。其中，不同种劳动的抽象是第一形态抽象劳动；包括不同种和不同质劳动的抽象是第二形态的抽象劳动；不仅包括不同种、不同质，而且包括不同物质生产条件的劳动抽象，是第三形态的抽象劳动。第三形态的抽象劳动即社会必要劳动，亦即价值的概念。我认为，区分三种形态的劳动交换和劳动抽象，对于说明不同的交换关系，从而说明不同的生产关系及其具体形式，具有重要的意义。

抽象劳动从第一形态到第三形态的发展，表明商品生产从胚芽到生长、成熟的过程；反过来，抽象劳动从第三形态到第二以至第一形态的回复，也会表现为商品生产从纯粹、完整形态到不纯粹、不完整以至最后趋于衰亡，这将是一个很长的历史过程。

随着分工和生产社会化的继续发展，物质生产条件差别和劳动的质的差别会趋于缩小。联合劳动的实行，会使物质生产条件差别在一定程度上失去意义。这也就是商品生产开始了从纯粹、完整形态到不纯粹、不完整形态的演变。到了物质生产条件差别趋于消失，或者完全失去意义时，抽象劳动便从第三形态回复到第二形态。但只要抽象劳动的第二形态还存在，即劳动的质的差别还存在，人们之间的劳动交换就仍然要借助于某种区别于原来意义的商品交换的形式。只有当物质生产条件以及劳动的质的差别都失去意义时，劳动消耗可以用时间直接计量了，人们在生产和分配中的关系才成为简单明了的，商品生产才会最后消亡。

因此，作为生产方式，商品生产是人类社会生产发展的一个不可逾越的阶段。当代社会主义实践中，由于劳动和分工的发展都还没有达到能够使人们在生产和分配中的关系简单明了，可以由一个社会中心直接分配劳动的程度，所以，无论联合劳动或按劳分配，都不是那么简单。我们实践中的联合劳动，必然是两个层次的联合劳动。

第一个层次，是整个社会范围的联合，即劳动者与物质生产条件在全社会范围的结合，这是总体上的结合，它表现为代表社会的国家在总体上掌握社会劳动和物质生产条件的分配，对社会的生产和分配过程进行自觉的、有计划的控制和协调。

第二个层次，即劳动者和物质生产条件在一个一个生产单位的直接结合。这是一种局部范围的结合。劳动者进入一个生产单位，他的劳动力就不仅是社会总劳动力的组成部分，而且又作为这个生产单位总劳动力的一个部分来发挥作用；他的利益不仅同国家的或者说社会的利益结合，而且又同生产单位的利益密切联系。生产单位作为社会经济总体中的一个相对独立的部分，不仅在一定程度上支配着本单位的物质生产条件，同时也在一定程度上支配着与这些物质生产条件结合的劳动。

联合劳动的两个层次，决定了企业具有相对独立的经济地位。它们不仅在劳动（包括经营）的质上各不相同，在物质生产条件上也千差万别。它们之间必须交换产品，这是通过物来进行的劳动交换，是商品等价交换。也就是说，联合劳动还不仅是创造使用价值的劳动，同时又创造价值。因此，货币、价格、成本、利润等等价值范畴仍然存在。

由联合劳动的两个层次所决定，当代实践中的按劳分配也和经典文献的设想不完全一样。它不可能是经典文献所论述的那种纯粹的形态，而只能是与商品交换相结合的按劳分配。既然如此，这里“劳”就不能说是与社会必要劳动没有关系。一个劳动者的劳动报酬，不仅取决于他的劳动状况，而且还取决于所在企业的经营状况，取决于企业生产中的耗费是否不超过社会平均标准以及产品是否符合社会需求，并且还在一定程度上与所在企业的物质生产条件有关。

联合劳动的商品生产与雇佣劳动的商品生产不同。首先，它排斥劳动力的买卖。其次，作为商品生产者的生产单位即第二层次的联合体只具有相对的独立性，它们的生产和交换受着社会经济总体即第一层次的联合体自觉的有计划的控制和支配。再次，由于联合劳动的第一层次的存在，各个生产单位之间由于自然条件、资金占有量和装备程度的差别所带来的收入差别，要由国家加以调节，因此，它们的收入只在一定程度上与物质生产条件相联系。

总之，如果说马克思论述的共产主义第一阶段基本的经济特征在于全社会范围的联合劳动和全社会范围的按劳分配，那么，我们当代实践中社会主义经济的特征就在于两个层次的联合劳动以及与商品交换相结合的按劳分配。如果说马克思论述的共产主义第一阶段的基本经济特征是等量劳动交换，那么，我们当代实践中的社会主义的经济特征就在于等量劳动交换和等价交换的结合。

因此，我认为，两个层次的联合劳动以及与商品交换相结合的按劳分配，是我们的经济体制改革中的两个需要进一步进行深入研究的基础理论问题。

三　从农村经济体制改革得到的启示

近几年来，随着联产承包制的普遍实行，农业经济体制改革已经积累了相当丰富的经验，特别是农村合作经济内部的体制改革的经验，比较完整、系统。虽然，整个国营经济与一个农业合作经济单位，在规模、社会化程度、各方面联系的复杂性上都是不可比拟的，但是，农业联产承包制所创造的经验，对于摸索国营经济中联合劳动的两个层次的联系方式，提供了很有意义的启示。

“统分结合，两层经营”，可以说是农业联产承包制最核心的东西，最基本的经验。统的一层即合作经济的统一经营，分的一层即承包者，主要是以家庭为单位的分散经营。

两个经营层次是通过联产承包亦即经营承包制结合起来的。

经营承包是一种新型的经济关系，出包和承包双方是劳动联合的两个不同层次，上一层次要对下一层次的经营活动的主要的、基本的方面进行控制。下一层次即承包者，有着相对独立的经济地位：（一）可以相对独立地进行经营活动，其资金可以相对独立地循环、周转，劳动可以相对独立地支配；（二）收入与其经营状况直接联系，从而具有自身的相对独立的经济利益。

根据上面的分析，可以说：经营承包是不同经营层次之间通过契约方式建立起来的一种关系。在这种关系中，较低的层次作为相对独立的经营实体，在较高层次的经营主体有计划的控制和制约下，进行相对独立的生产经营活动，承担经营责任，并得到相应的经济利益。这种关系，既可以保证各个经营实体具有发展生产的内在动力，又可以保证较高经营层次对于整个经济活动的平衡协调。

在农村经济体制的改革中，有些同志曾把联产承包制视为单干，这种认识，混淆了统分结合的两层经营同单纯的分散经营之间的界限，那是错误的。我们整个经济体制的改革，包括农村的改革，都不是只讲分而不讲统，如果认为改革就是权力和利益的分散，改得彻底就是分得彻底，那并不符合经营承包的本质规定，而是对这一规定的背离。

工业与农业，存在许多差别。工业作为不同于农业的产业系统，有它自己的许多特点。就当前我国的情况来看，工业生产的社会化程度要比农业高得多；工业的主要部分作为国营经济，全社会范围的联合劳动即联合劳动第一层次的作用比较大，这与农业中基本上是一个一个合作经济局部范围的联合也是不同的。

由于这些不同，工商业的体制改革，与农业必然有许多差异。例如，农业中的两层经营，主要是合作经济内部的统一经营和承包者以家庭为单位的分散经营，工商业中的两个层次，则是指整个国营经济中的国家与企业。农业联产承包制开始在各个合作经济内部实行，虽然也或多或少涉及外部，但由于社会化程度不高、外部因素的制约毕竟较少。而工商业由于已经社会化，一开始改革就会碰到如工资、价格、税收等一系列涉及整个社会经济的问题。

此外，还有很重要的一点。城市工业的税利是国家财政收入的主要来源，这方面的变动，对全局影响重大。因此，工商业的体制改革，受整个经济的承受能力的制约更大，与全局的、长远的战略目标关联更为密切。

工商业与农业虽然存在着诸如上述的差别，但是，它们之间也有共同之处。在我国工商业中，一方面社会的分工协作和产供销的联系已经达到一定的水平，但另一方面，不但生产社会化的发展程度还不高，而且地区、部门、行业之间很不平衡，各种企业无论物质生产条件还是劳动和经营的差别，都是很大的。因此，只有国家一个经济主体不能适应这种复杂的情况，必须有第二层次的，相对独立的经营实体。这就是说，在国营工商业中，国家同企业之间，也有着统分结合、两层经营的必然要求。农业联产承包的具体形式无疑不能搬用，但两个经营层次之间联系结合的基本的原则，对于工商业的改革来说，是有着启示意义的。

但是，把两层经营理解为只是国家与企业之间利润分配的具体形式，很不全面。农业联产承包制中两个经营层次之间联系结合的形式也并不只涉及分配关系，而首先是生产上的统分结合。因此，如果说工商业中也存在两个经营层次之间的关系，那么，就应该包括国家和企业之间在劳动的支配、资金（价值形态和实物形态）的支配、原材料和产品的购销等等各方面的关系。即包括生产、分配、交换的全部关系。因此，必须在计划制度、劳动就业、生产资料供应、工资、价格、税收、信贷等等方面适应联合劳动两个层次的要求进行改革。没有这些改革的同步配套，分配上的改革不可能从根本上奏效，已有的一些效果也不能巩固。这就迫切需要从理论上研究经济体制改革的总体框架，其中包括阐明联合劳动两个层次互相联系的方式，以及按劳分配与商品生产相结合的具体形式。比如，企业的相对独立以及国家对企业控制达到什么程度，哪些事由国家管，哪些事由企业管等等，需要一个比较明晰的轮廓，一个比较高层次的理论原则。这些都是经济体制改革的基础理论所必须解决的重大课题。

（本文发表于《经济管理》1983 年第 10 期）

试论国家与企业的分配关系

周绍朋

国家与企业（指全民所有制企业，下同）的分配关系，是人类社会进入社会主义阶段出现的一个新问题，迄今为止的理论和实践还不能说已经很好地回答和解决了这个问题。马克思主义的创始人虽然对社会主义社会和共产主义社会的分配关系作过大致的轮廓性的描述，即社会主义实行按劳分配，共产主义实行按需分配，但那是就个人消费品的分配而言的。况且是以全部生产资料归社会所有，不存在商品生产和商品交换为前提的。出乎马克思主义创始人的意料，现今的社会主义社会，还普遍存在着商品生产和商品交换，劳动者的个人劳动还不能直接成为社会劳动，还必须通过等价交换的形式才能转化为社会劳动。就联合劳动而言，这种转化还要经过集体劳动这个环节。社会所承认的还只是凝结在商品中的社会必要劳动量，而不是实际消耗的劳动量。在这种情况下，按劳分配也就不可能像马克思所设想的那样，由社会直接对每个劳动者进行分配。同时，由于商品生产的存在，作为从事集体劳动的企业，不仅是社会生产的基本单位，而且是相对独立的商品生产者和经营者，必须具有自我改造、自我发展的能力。因此，一个新的问题就出现了：国家与企业的分配关系究竟怎样？

一　关于分配的对象

研究国家与企业的分配关系，首先必须明确分配的对象。当前，人们在国家与企业的分配关系问题上所以存在种种不同认识（如有的同志主张按劳分配，即两级按劳分配的第一个层次；有的同志主张按资分配，即国家资金股份化，由资金及其量的关系决定国家与企业的分配关系；等等），其根本原因就是对分配对象没有一个统一的认识。

众所周知，马克思在分析资本主义的商品生产时，把商品价值W分解为c、v和m三个部分。其中，c是转移的生产资料的价值，v是劳动力的价值，m是资本家占有的剩余价值。在社会主义条件下，由于实行了生产资料公有制，劳动力不再是商品，劳动者的工资不再是劳动力的价值，而是劳动报酬，m也不再归资本家所有，而归全体劳动者所有。但是，社会主义还存在商品生产，商品的价值在形式上也还是由c、v、m三部分组成。那么，国家和企业之间要分配的是什么呢?

首先，c是不能作为国民收入分配的。因为它是对消耗的生产资料的补偿，是维持简单再生产的基本条件。只要国家不愿意关闭或缩小某个企业的生产，c就应该全部留给那个企业。过去，我们把c的一部分（固定资产折旧）也拿来分配，结果吃了大亏，搞得许多企业设备陈旧不堪，生产难以为继，这个教训应当记取。

剔除c以后，剩下的就是v+m了，即通常我们所说的净产值。这里还可分为以下几种情况。

第一种情况是：国家与企业之间分配的是v（确切地说是国家确定企业的v）。也就是企业把从它的净产值中得到的收入全部用于职工个人消费。所谓两级按劳分配指的就是这样一种情况。最早提出这一论点的是蒋一苇老师。就我所知，他正是从生活资料的分配这一点出发提出问题的。他指出："按劳分配的原则，真正归企业职工所有的是v，就是可以用来分配给职工个人或集体享受的消费资料或劳务，这一部分才是真正的企业职工的利益，其他应该说还是属于'扣除'的范畴，不属于按劳分配的范畴"。[①] 我认为，这个论点的积极意义就在于它把马克思的按劳分配理论同社会主义的经济实践很好地结合了起来。人们对两级按劳分配的种种疑问，集中到一点，就在于是对企业的分配还是对企业职工集体的分配上。由于在现实经济生活中，企业所得到的收入（即企业留利），一方面并没有完全包括职工的个人消费资料，另一方面又包括了一部分可用于扩大再生产的开支，这就使问题变得复杂化了。为了避免引起误解，我认为还是把国家对企业实行按劳分配的提法改为国家对企业职工集体实行按劳分配更合适一些。有的同志认为，提两级按劳分配不妥，因为决定企业劳动成果的，不仅是企业职工的集体劳动

---

① 蒋一苇：《关于按劳分配与工资制度问题》，《经济体制改革和企业管理若干问题的探讨》，第241页。

（包括体力劳动和脑力劳动），而且还有生产条件等因素；国家与企业之间的分配不应该也不可能是按劳分配，还是提两级分配为好。其实，在国家通过种种办法调整企业的级差收入之后，企业的劳动成果也就大体上体现了企业职工向社会提供的劳动成果。问题在于企业是否能把这些劳动成果全部地分配给职工，是否还需进行各种“扣除”，这是需要进一步研究的问题。

第二种情况是：国家与企业之间分配的是 m。这是以不打破国家对劳动者个人的直接分配为前提的。那么，究竟如何分配呢？有的同志曾提出“由资金及其量的关系决定国家与企业之间分配关系”的观点。这种观点认为，社会主义国家和企业的利益分配关系，实际上包含两个层次，其一是国家作为社会的正式代表与企业这个创造财富的经济单位之间的关系；其二是在现阶段国家代表社会作为生产资料的所有者与分别占有、使用这些生产资料的企业之间的关系。由于第一层关系的存在，企业必须向国家缴纳一般税金。在抽去第一层关系之后，国家与企业的分配关系就只能为资金（量）所影响和决定。这种观点的最后结论是，必须实行国家资金的股份化，由资金所有者以收取股息的方式来处理国家与企业的分配关系。① 我认为，这种对国家与企业的关系进行层次划分的观点有利于我们研究二者的分配关系，而且由第一层关系所引起的分配也是正确的。但是，由第二层关系所引起的分配是否必然是资金所有者收取股息的关系就值得商榷了。众所周知，股息的存在是以股份经济为前提的。在社会主义条件下，能否普遍实行股份经济，是很值得研究的。因为在普遍实行股份经济的情况下，虽然可以通过国家控股的办法保证国家股份占绝对优势，但也必然会影响到生产资料公有制和按劳分配的实现。退一步讲，即使可以普遍实行股份经济，也会出现很多矛盾。首先，如果有些企业和职工无股可入，全部资金都是国家的，剩余产品都由国家拿走好了，还分配什么呢？其次，假如职工有股可入，企业不入股，一部分股息都按股份分配给每个股票持有者，还谈得上什么企业内部的分配呢？再次，假如职工无股可入，企业用自有资金入股，且不说能否长期保持国家股份的绝对优势，企业所分得的股息是否还需在职工之间分配呢？如果分配的话，又将按什么分配呢？

剩下的只有第三种情况了：即国家和企业分配的是 v + m。这是四川省一些企业最早并还在实行的一种办法，他们称之为“除本分成”（即除 c 分

① 参见华生《论国家与企业的分配关系》，《中国社会科学》1986 年第 1 期。

成）。这样，企业的产品价值就被分割为 c、v、m_1 和 m_2。其中，v 是企业职工集体所得；m_1 是企业所得，但它不能再转化为 v，其所有权仍然属于国家，使用权属于企业；m_2 是国家所得。问题的困难在于如何进行这种分割。很显然，企图用某一种原则（如按劳或按资）来概括这种分割是极其困难的，因为 v 和 m_1、m_2 的确定都有着各自的客观要求和内在规律性。但是，如果我们把 m_1 也视为国家所得（因为 m_1 的所有权仍是属于国家），那么国家和企业的分配关系也就变成了国家与企业职工集体的分配关系了，这样也就可以用按劳分配来概括了。可能有的同志会问，剩余产品都是国家的，职工所得到的仍然只是工资，这不是等于又回到老体制上去了吗？我的看法是，完全不是这样。首先，m_1 虽然在事实上是属于国家的，但它却是留给企业使用的；其次，v 不是事先由国家统一确定的，而是随着企业的经营好坏随时变化的。关于这一点我们将在后面谈到。

二　关于分配的程序

所谓分配程序，简单地说，就是由谁先得以及怎样得法。由于分配程序直接影响到分配的量，因而它对于确定国家与企业的分配关系是极其重要的，马克思在《哥达纲领批判》一文中对社会总产品的分配曾经作过详尽的描述，概括说来就是，先进行各种扣除，而后再对劳动者个人进行分配。尽管我们不能完全照搬马克思的分配模式，但他提出的基本原理还是可以运用的。过去我们在进行社会总产品的分配时，除了 c 先行扣除之外，其余部分是先行个人分配（即职工工资是由国家事先确定的）然后再进行各种扣除。这种分配程序的颠倒，可以说是产生“铁饭碗”“大锅饭”的最根本原因。我认为今后分配程序应该改为：首先，由国家扣除 m_2；其次，由企业（实际上也是国家）扣除 m_1；最后，再在职工之间分配 v。m_1 和 m_2 就是马克思所说的六项扣除中的后五项。其中，m_2 的扣除是比较复杂的，对它还必须作进一步的划分，并确立相应的分配程序。可以考虑，它还可以划分为“级差收入”“资金收入”（这种收入在一定量的限度内对社会主义商品经济是必要的）和“一般收入”（相当于对集体经济和个体经济所作的扣除）。其分配程序是，首先扣除“级差收入”，然后再扣除“资金收入”，最后再扣除“一般收入”。对于 m_1 的扣除，从使用角度看，如果仅用于生产性积累的话，则可不必作出进一步划分；而如果用于生产性积累和非生产性积累两方面的话，则要先扣除生产性积累，再扣除非生产性积累。上述种种扣除以什么形式为好，这一点我们将在后面讨论。至于扣除多少，马克思认为“应当根据现有的资料和力量来确定，部分的应当根据概率论来确定”。[①] 这里所说的“根据现有的资料和力量来确定”，我认为就是根据以往的分配情况和现实的经济实力来确定。对企业净产值进行扣除的过程，同时也是确定企业职工集体收入的过程。如果各种扣除都是合理的话，v 的大小就将随着企业经营成果的好坏而变动，这实际上就是国家对企业职工集体实行了按劳分配。

三　关于分配的原则

这里所说的分配原则，主要是指进行上述各种扣除（包括 m_1 和 m_2 的扣除）应遵循的原则。

总的原则应是，必须有利于社会生产力的发展。在这个总原则的指导下，在扣除 m_2 时，还要坚持下述具体原则。

首先，在纵向上要坚持兼顾国家利益，企业利益和职工利益的原则。具体地讲，就是既要保证国家财政收入的不断增长，又要保证企业具有一定扩大再生产的能力，同时还要保证职工的经济收入逐步有所提高。在一般的情况下，一个国家在一定时期内的财政支出总有一个最低的限额，国家的财政收入（包括来自各方面的收入）原则上不应低于这个限额。随着社会主义建设事业的发展，国家的财政支出总是不断增长的，相应地国家的财政收入也必须不断增长。然而，国家财力的主要源泉又来自企业生产的发展，企业生产不发展，国家的财政收入就成了无源之水，无本之木。这又要求我们必须给企业留有一定扩大再生产的能力。同时，企业生产发展的最终源泉又来自广大职工的生产积极性，要充分调动这种积极性，又必须保证职工的生活逐步有所改善。

其次，在横向上要坚持企业平等竞争的原则。竞争是商品经济的产物，既然社会主义还实行有计划的商品经济，竞争就是不可避免的。为了发挥竞争的积极作用，以便有效地利用社会资源，调动所有企业的积极性，国家必须尽可能地为企业创造平等的竞争条件。然而，就企业的生产经营条件而言，无论是内部条件，还是外部条件，主观条件，还是客观条件，在任何情

---

① 参见马克思《哥达纲领批判》，《马克思恩格斯选集》第 8 卷，第 9 页。

况下都不可能是完全平等的。诸如企业的地理位置、产品方向、市场环境、技术装备、人员素质等，在任何时候都不可能是完全一样的。主观条件和内部条件且不说，仅客观条件和外部条件的完全平等也是难以实现的。因此，这里所说的平等条件，除信贷、原材料供应等条件外，主要地只能从对 m_2 的扣除上体现出来。即使如此，由于各项扣除的复杂性，平等也只能是相对的。那种企图通过对企业固定资产重新评估而实现完全平等的想法是不切实际的。

既然企业竞争的平等条件，主要地只能从对 m_2 的扣除上体现出来，那就必须扣除得尽可能合理。首先，“级差收入”是应当按照资源的丰裕程度扣除的。其次，占用国家资金是要根据量的多少承担经济责任的。除此之外的“一般收入”的扣除，应按照不同行业从企业的 $v+m$（扣除级差收入和资金付费后）中分别实行等比例的扣除。至于企业资金有机构成不同造成的收入差别，除通过资金有偿占用进行一定的调节外，其余的部分也可在对 m_1 的扣除中解决。

当前，国家与企业分配关系中存在的问题，除了有分配对象上的问题外，主要是分配程序的颠倒。改革以来采取的种种分配办法，一个最根本的弊端就是“鞭打快牛”。利润留成中的留成比例，利润包干中的包干基数，利改税中的调节税，它们的确定都是以保护企业既得利益为条件的。这样，也就不可能解决企业之间的相对平等问题。要彻底改变这种状况，必须首先保证国家从企业的纯收入中得到它应得到的部分，把因经营水平不同造成的收益差别留给企业。当然，要实现这种扣除还要有一个过程。产品价格的不合理就是一大障碍。但我们应当积极创造条件，争取早日实现这一点。只有这样，才能真正做到企业的自主经营，自负盈亏。

在扣除 m_1 时，要坚持以下原则。

首先，要坚持兼顾生产和生活的原则。前面已经讲到，m_1 是用于企业生产发展和职工集体福利设施的，不能再分配给职工个人。其所有权属于国家，使用权属于企业。m_1 的大小不仅决定着企业扩大再生产的能力和职工集体福利设施的建造能力，而且还直接决定着 v 的多少。因此，对它的扣除，必须实行兼顾生产和生活的原则。

其次，要坚持企业之间资金同步增长的原则。所谓企业之间资金同步增长，就是各企业的资金每年都要有所增长，并且增长的速度是相同的。我们假定现有工业资金的分布是合理的，或者说生产的发展是协调的，那么，坚持企业资金的同步增长就能保证社会生产继续按比例协调发展。当然，这只是一种抽象，现实的经济生活要复杂得多。

经济体制改革以来，我们在企业留成资金分配上碰到的一个最大困难是，如果国家统一规定分配比例，就会把企业的手脚捆死，不能满足资金有机构成不同企业的不同需要；如果国家不统一规定分配比例，又会引起消费基金的过快增长。假如把企业生产发展基金的量同企业占用资金的量挂起钩来，就有可能解决这一问题。但在目前情况下，由于企业利润率的悬殊和留利水平的不合理，要做到这一点是比较困难的。

我们这里所讨论的对 m_1 的扣除，同现行的企业留利资金的分配无论在分配对象上还是在分配程序上都是完全不同的。假定 m_1 全部用于生产发展，按照企业资金同步增长的原则，对它的扣除就应由国家按照企业占用资金的量规定统一比例。这样，一方面，企业占用的资金多，扣除的 m_1 就多，可以促使企业尽可能少占用资金；而占用资金过少，又会影响企业总收入，从而影响职工的个人收入，又会促使企业不得不占用它必需占用的资金，这就形成了一个资金占用的自动调节机制。另一方面，资金有机构成高的企业，扣除的 m_1 就多，反之，扣除的 m_1 就少。它既能消除资金有机构成不同的企业在职工个人收入方面的过大差距，又能保证资金有机构成高的企业有足够的资金用于扩大再生产。

假定 m_1 不完全用于企业的生产发展，还要用于职工的集体福利设施，那么用于这一部分的扣除则需单独进行，或者由国家统一规定按企业职工人数扣除，或者由企业自行决定。

现在的困难在于，有些企业由于客观原因，处境十分艰难，如果按统一规定的办法进行分配，就很难活下去。对这些企业，可以采取特殊政策。

四　关于分配的形式

在分配对象、分配程序、分配原则明确之后，分配形式也就是不言而喻的了。由于国家、企业、职工之间分配关系的复杂性和多层次性，就国家所得部分而言，我认为今后宜主要采取税收的形式。

国家以税收的形式取得收入，除能适应分配关系多层次性的客观要求外，它比分成办法还有以下几方面好处：首先，它可以缓解价格不合理带来的矛盾。国家可以通过征收产品税、增值税的办法，对因价格因素对企业净产值的影响进行调节，从而有利于实现企业的平等竞争。其次，它可以把企业与国家的分配关系用法令形式固定下来，保证国家财政收入的稳定增长。再次，它可以使企业从新增净产值中得到较多的经济收益，增强企业改善经营管理，提高经济效益的积极性。最后，它还有利于割断部门、地区同企业经济利益上的联系，促进企业横向经济联系的发展。

这里还要讨论一下资金有偿占用的具体形式问题。目前，大家对资金必须实行有偿占用的认识是一致的，而且对流动资金实行全额信贷也没有太大分歧，只是对固定资金有偿占用采取什么形式，还存在不同看法。主要的意见大致有三种：一是税收形式，二是付费形式，三是股金形式。在分配对象和分配程序既定的情况下，税收和付费在本质上并没有什么区别，但股金则是一种完全不同的形式。主张采取股金形式的同志认为，资金税的基本弱点在于其固定性，其征税不考虑企业经营的好坏，而股金则要承担相当的经营风险，能够较好地适应企业经营决策上的弹性要求。我认为，这种观点是值得商榷的。首先，从股金的角度来认识仅仅属于利息意义上的资金有偿占用本身就是一个错误。因为股息和利息是两个完全不同的经济范畴。利息是资金所有者仅仅以其所有者的身份取得的收入，它是不必承担经营风险的；而股息则是资金所存者不仅以其所有者而且以其经营者的身份取得的收入，它是要承担经营风险的。在社会主义有计划商品经济条件下，资金所有权属于国家，经营权属于企业，从资金所有和占有关系的角度讲，国家只应当得到不承担经营风险的那一部分“利息”收入，而不是股息收入。其次，实行资金有偿占用的根本目的，是要使企业对占用、使用国家资金承担经济责任，从而促进企业提高资金使用效果，节约资金占用。资金税（费）的刚性恰恰能满足这一要求。否则，企业经营好承担的责任就大，经营不好承担的责任就小，不仅违反了企业平等竞争的原则，也失去了资金有偿占用的本来意义。

由于本文涉及的问题很多，加之作者水平有限，肯定会有不少缺点和错误，恳请读者批评指正。

（本文发表于《经济管理》1986 年第 8 期）

关于劳动制度若干问题的探讨

蒋一苇

劳动制度或劳动体制是个很敏感的问题，因为它涉及整个社会制度问题。我国社会主义制度的许多特色都要体现在劳动制度上。劳动力问题从根本探讨，首先涉及劳动力的性质问题，这是政治经济学里很重要的问题。党的十二届三中全会确定了我们整个经济体制总的目标模式是有计划的社会主义商品经济。社会主义商品经济同资本主义商品经济究竟区别在哪里，现在不是太明确，如劳动力是不是商品，劳动力流动，劳动力市场（因为劳动力市场这个词比较敏感，现在还只提劳动力合理流动），等等。研究这些问题必然要涉及劳动报酬的问题，或者说劳动者的收入问题、劳动者的组合问题（习惯称为用工制度），对这些问题要联系起来通盘考虑，才能作出比较明确的回答。

一 不同所有制，确定了劳动者的不同地位

我们搞社会主义革命，用公有制取代私有制，根本的目的就在于改变劳动者在企业中的地位，也就是解决劳动者与生产资料的关系问题。马克思主义认为，在资本主义企业里，是以人格化的资本为主体，劳动力是被雇佣者，处于客体地位。生产资料成为统治者，形成了物统治人的反常现象。实行公有制的一个根本任务，就是剥夺剥夺者，使劳动者占有生产资料，把物统治人变为人统治物。只有人成为生产的主导者，劳动者才会充分发挥他们的积极性和创造性，从微观经济讲，这是实行公有制的一个很重要的任务。这说明，劳动者在不同所有制企业里，处于不同地位。

党的十一届三中全会后，改革中很重要的问题，是提出了多种经济形式和多种经营方式，而多种经济形式实际上是指多种所有制形式。实行多种所

有制并存，但以公有制为基础或为主导，这就意味着在公有制之外，在国家领导下，还可以允许少量私有成分的存在，包括引进外资的企业、有些小企业实行私有化等等。为什么可以这样做？因为社会主义是个很长的过渡时期，既然有时间的过渡，就必然体现为空间的并存，空间如果清一色，就没有什么时间的过渡。

根据这种情况，在中华人民共和国范围内，劳动者可能是在社会主义企业里劳动，也可能不是，所以，劳动者的地位，不是都一个样。如果劳动者在私有制企业里，那就是雇佣劳动者。既然是雇工，就必然有剥削。硬说现在的雇工，不同于以前的雇工，不算剥削等等，我看这是说不通的。不如承认是剥削。但，由于社会主义的过渡性，允许少量的剥削存在，这在理论上才能说清楚，也才符合客观事实和历史发展规律。但大量劳动者是在公有制企业里，这些劳动者就不是雇佣劳动者。

二　劳动力是不是商品

劳动力是不是商品，要看劳动者在什么所有制企业内劳动。社会主义公有制企业的劳动者的劳动力不是商品；私有制企业里雇工的劳动力就肯定是商品。我认为应当这样区别对待，才好分析问题。

劳动力是否是个人所有，这一点应该是不成问题的。但是能不能由此推论：既然劳动力归个人所有，他就必然要把劳动力作为商品与别人交换。我看不一定。因为不仅劳动力归个人所有，别的东西也有归个人所有的，但归个人所有的东西并不一定都要作为商品去交换，这两者没有内在关系。个人所有的东西，自己使用就不是商品，出卖给别人使用才成为商品。因此，看劳动力是不是商品，一要看劳动者与企业之间的关系，二要看劳动者的收入是如何形成的。

（一）劳动者与企业的关系

企业中物的要素如机器、厂房、原材料、半成品等，在资本主义企业，体现为人格化的资本与劳动者发生关系，资本背后还有人，即资本家。资本家是企业的主体，是生产的主人。劳动者被资本家雇用，处于客体地位，劳动者不是为自己劳动而使用自己的劳动力，因此，劳动力成为商品。

社会主义企业，劳动者成为生产资料的主人、生产的主人。劳动者用自己的劳动力为自己进行劳动，劳动力就不是商品。但是，我们在体制上还有缺陷，劳动者这种主人翁地位往往体现不出来。真正的典型的集体所有制企业不成问题。集体所有制是大家集资，然后又一起参加劳动，每个劳动者既是企业的所有者，又是企业的生产者和经营者，劳动者的主人翁地位很明确，劳动力当然不是商品。现在的全民所有制企业，由国家代表全民管理企业，从理论上讲，每个劳动者都是全民之一，也都是所有者。但只有 1/10 亿的所有权，因此无权主宰企业，只能由国家主宰企业，劳动者事实上成为国家的“雇工”（有的社会主义国家劳动法写明了这一点）。由于国家直接经营管理企业，劳动者没有经营权，因此劳动者对本企业的生产资料，既没有所有权，也没有支配权。因此，劳动者的积极性调动不起来。出现所谓“全民不如集体，集体不如个体”的反常现象。

在理论上，我们从来都肯定劳动者是企业的主人，但在具体的体制上，并没有把劳动者放在主人翁的地位，反过来却怪职工觉悟不高，好像他们天生只讲求个人利益。我以为这是我们的体制造成的。让职工处在被雇用的位置上，他当然就用雇佣观点来对待劳动。例如，职工代表大会条例规定，对企业的经营决策，职代会只有审议权，没有决定权，而对工资福利则有决定权。这就等于说，经营决策不是你们的事，是厂长的事，国家的事，工资福利才是你们的事。现在要实行破产法，企业破产职工要待业，减发工资。工人说，厂长不是我们选的，经营不是我们决定的，破了产怎么罚到我们头上来了？有权才有责，劳动者既无决策权，就不承担决策失误的责任，这应当是天经地义的道理。

实行劳动合同制也涉及职工的主人翁地位问题。我并不是不赞成合同制，问题要明确谁与谁订合同？签订合同有甲方、乙方，全体职工都在乙方，那么甲方是谁呢？有的同志讲，“甲方是企业”。企业又是谁呢？如果企业还是由国家直接经营管理，国家是企业的主体，由国家任命的厂长代表国家与职工签订，这在法律上能讲通。但我们体制改革又主张国家不直接经营管理企业，那么，厂长是代表谁与职工签合同呢？谁是企业的主体呢？全体职工处于乙方地位，又怎能说明是主人翁呢？

有的同志说实行劳动合同制不影响职工的主人翁地位，合同制工人照样可以参加职代会，可以选举厂长。这就糊涂了，是我先选你当厂长，你再和我订合同呢？还是你先和我订合同，我再选你当厂长呢？职工是企业的主体还是企业的客体，是社会主义企业和资本主义企业的根本区别。劳动实行合同制是好的，但必须明确是谁与谁的合同。所以，我提出一个主张，企业还是应该三种工并存：一大部分或一部分骨干作为固定工组成劳动集体，它是企业的主体。固定工也应有契约关系，可以民主制定《职工公约》共同遵守，相互制约；企业新招职工可以采取合同制，但它是职工个人与劳动集体的契约关系，合同工是劳动集体的后备力量，合同期满可以延续合同，也可以转为固定工。不好的可以解除合同，企业也允许临时工存在，临时工可以有临时契约关系。这样，形成企业劳动集体的三个层次。有人讲，你把职工分为三个等级，岂不是分裂工人阶级吗？不，这三种工不是等级关系，而是组成劳动集体的核心与外围的层次关系，是对企业生产经营不同的权责关系。固定工，对企业生产经营，有全权全责，企业搞不好，基本工资都可能发不了；合同工，按劳动合同办事，可以列席职代会，有建议权、批评权，但没有表决权，企业办不好，按合同也必须保证他们的基本工资，只是奖金可能发生变化；临时工，对企业经营好坏无权也无责。临时工表现好的，可以被接收为合同工，合同工表现好的，可以转为固定工。对于表现不好的，也有个台阶下：固定工表现不好的，可以退出集体，或变为合同工；合同工表现不好的，可以解除合同或变为临时工。

西方企业在劳资对立的条件下，还讲行为科学，讲人际关系，设法增强企业的内聚力，社会主义更有条件通过职工当家做主形成强大的内聚力。职工加入一个公有制企业的劳动集体，不是劳动力买卖关系，而是入伙关系。劳动者可以脱离这一伙，加入那一伙，就如同脱离或参加一个政党或社会团体一样。加入一个劳动集体，必须承认这个集体的章程（《职工公约》），个人与集体之间互相选择，被吸收的，要经过一个预备期考察才能成为正式成员。这种劳动力的流动，不是什么买卖关系。所以，要看企业劳动者是如何组成的，然后，再来研究劳动力流动问题，不能孤立地说劳动力是否是商品。

（二）劳动力价格的形成

如果劳动力是商品，劳动力必然要在劳动市场上流通，那么，劳动力的价格就必然是在市场的供求中形成。市场价格是浮动的，一旦被雇主买了，价格就确定了。在资本主义的生产关系中，劳动力和其他生产资料一样，都是按一定价格买进的商品。社会主义企业实行按劳分配，情况就完全不一样了。在社会主义商品经济条件下，我主张两级按劳分配：劳动集体共同创造出产品，产品的价值要按照商品经济原则，只能按社会必要劳动量来计算。其中新增价值，即净产值是劳动集体共同创造的，一部分作为“扣除”交给国家，成为国家的财政收入，剩下来是大家共同创造的企业收入。企业收入以一部分作为共同的积累；一部分作为劳动者个人收入，在劳动者之间进行分配。企业的工资总额（严格讲是消费基金总额）是劳动集体自创自收的可变收入，它取决于大家共同创造的净产值大小，而不是由劳动力的市场价格所决定的。劳动者的工资收入不是市场形成的价格，恰恰说明劳动力不是商品。

现在的工资制度也讲按劳分配，但没有体现出是劳动者自创自收的机制，而是由国家统一规定标准、统一分配，这也是造成劳动者不能摆脱雇佣观念的一个重要原因。我们都反对吃“大锅饭”，但对吃“大锅饭”的概念理解不一样。一种说法是：企业与企业之间吃“大锅饭”，职工与职工之间吃“大锅饭”，这还可以说得通。还有一种说法是：职工吃企业的“大锅饭”，企业吃国家的“大锅饭”，似乎国家做出一大锅饭，给企业吃；企业拿回一锅再给职工吃，这就说不通了。难怪有人讲怪话：我们都成为吃饭的了，谁做饭呀？这确实是概念的颠倒。事实上是职工做出一锅饭，交半锅给国家，留半锅自己吃。饭是劳动者做的，应当多做多留，少做少留。形成劳动者自创自收，同时对国家作出贡献的分配观念。苏联也在搞改革，戈尔巴乔夫讲，必须强调工人的工资是“自己挣来的”，多劳多得。这种观念是对的。既然挣多挣少取决于劳动者自己，不是市场供求关系决定的，所以劳动力在社会主义企业里不能说是商品。

目前，还有少量私有制成分，还有一些企业实行公有私营（如个人租赁或承包的小企业），这些私有者、私营者进行雇工，劳动力就是商品。所以，我认为不能笼统地说我国的劳动力是不是商品，要具体分析在什么情况下是商品，什么情况下不是商品。

三　劳动力市场问题

劳动者的劳动力归个人所有，他有选择职业的自由，因此，劳动力必然要进行流动。有一个集中进行劳动力交流的场所，才有利于促进劳动力流动，所以，我赞成开辟劳动市场。具体市场的名称，可以是职业介绍所、劳动服务公司，等等。这个市场既包括非商品的劳动力的流动，也包括商品的劳动力的买卖，前一部分将是大量的，后一部分则是少量的。

有的同志认为，市场都是商品交换流通的场所，既然承认市场，也就等于承认劳动力是商品。这话对不对？我认为，也对，也不对。固然市场是交换、流通的场所，但交换并不一定都必须是价值的交换。在资本主义商品经济中，交换必然伴随等价的原则。但从交换的本质看，它的基础和前提都是使用价值的交换。等价交换只是交换的条件，使用价值才是交换的基础。使用价值的交换必然同时要计算价值，但有时也不一定。例如：换房市场，换房者对住房只有使用权，并没有所有权，因此谈不上价值交换。有人为了上班近一些，宁可以三间房换两间房，即使“价值”不等也可交换。

劳动力要求流动的原因很多，有的要找工资收入高的职业，这和价值交换有关，但还有许多是因专业不对口，工作无兴趣，上班路远，人际关系有矛盾，等等，而要选择新的职业。为了这些目的，宁可工资待遇低一点也愿意，这些就和价值交换无关。由此可见，劳动市场的作用不能简单地和一般商品交换画等号。

劳动者流动到公有制企业，是个别劳动者和劳动集体的互相选择的行为，不是买卖行为，有劳动市场便于这种选择的进行。而私营企业招雇职工，则是劳动力的买卖关系，同样也在劳动市场内进行。因此，劳动市场可以有少量劳动力作为商品进行交换和流通，但它并不是建立劳动市场的必要条件。

四 联系整个体制改革看劳动者地位问题

在企业与国家的关系上，我主张“企业本位论”；在企业与劳动者的关系上，我主张“职工主体论”。劳动者应成为企业的主体。如同企业定性为社会主义商品的生产者和经营者经济实体，就要由单纯生产型转变为生产经营型一样，劳动者要成为主人，就必须同时是经营者，同时是相对的或局部的所有者。如果劳动者始终是单纯生产者，那么，他一辈子也成不了真正的主人。改革必须解决这一问题，改革的方向，应使劳动者有一定的所有权，而经营权则应授予劳动集体。所有权与经营权分离是保加利亚最先提出的。但保加利亚在提出所有权与经营权分开的同时，还明确规定，所有权属于国家，经营权属于劳动集体。我们在经营权属于谁的问题上还不明确，常常是抽象地说它属于企业。

在分配制度上，劳动者应有分配权。劳动者是分配的主人。

在领导制度上，企业的重大决策，劳动者应有决定权。同时共同承担决策失误的责任，有福同享，有祸同担。有人认为，劳动者只是参加局部劳动，他们无能，无法参与决策，我说，如果这种理论能成立，那么，全国人民代表大会就无法存在。因为，人民代表都处于局部地位，又怎能对国家大事进行决策呢？因此，企业的领导制度也要进一步改革。

劳动制度应体现企业是自由平等的生产者的联合体，职工是企业的主体，与企业同命运，共甘苦，以厂为家。从世界上看，管理的机制都在向民主管理发展。一个原因是生产集约化程度越来越高，每个劳动者掌握的生产面越来越宽，越来越需要他们的责任心和积极主动性；再一个原因是科学技术的进步，劳动结构发生变化，脑力劳动者的比重越来越高（发达国家白领工人与蓝领工人的比例已是1∶1），而且体力劳动者在劳动中用脑的比重也越来越高。劳动结构的变化，使资本主义要达到剥削目的，靠强制性的管理方式已经行不通了。所以资本主义企业重视行为科学，搞终身雇用、职工入股、职工参与管理等等。资本主义是在劳资对立的情况下，被迫走管理民主化的道路的。依靠劳动群众当家做主，充分发挥劳动者的积极性、创造性，是社会主义企业胜过资本主义的最大优势。我们说2000年达到小康水平，2050年接近世界发达国家水平，凭借什么赶上去？我们手中有什么特殊的“王牌”呢？人口多，可是人才少；地大，可是耕地少；物博，这只是潜在的优势。技术落后，资金不足是我们的劣势。我们只有一张“王牌”，那就是在社会主义制度下，劳动者的主人翁地位，可以充分发挥脑力劳动者和体力劳动者的积极性、创造性。唯有这一张“王牌”是资本主义无法超过我们的。

（本文发表于《经济管理》1987年第9期）

对“国家调节市场、市场引导企业”新机制的深层思考

魏　杰

党的十三大已正式把新的经济运行机制在总体上概括为“国家调节市场、市场引导企业”，并将此作为我国经济运行机制改革的目标模式。对此，理论界虽然大多数人没有太大的异议，但是人们对于这个新的经济运行机制的含义、性质及作用目标等许多方面的问题，却在理解上极不相同，甚至存在着严重的分歧。本文仅就其中几个争论较大的问题谈点看法。

一　“国家调节市场、市场引导企业”新机制的双向作用过程

人们在谈到“国家调节市场、市场引导企业”新机制的作用时，往往都只注意到“国家对市场、市场对企业”的单向调节，而没有看到“市场对国家、企业对市场”的校正和约束。实际上，“国家调节市场、市场引导企业”新机制的作用是双向的：

首先，就国家与市场的关系来说，市场既接受国家的调节，同时对国家的调节也发生反作用。就是说，市场对国家的调节并不是仅仅被动地接受，而是同时具有校正国家调节活动的作用，使得国家对市场的调节必须客观地考虑市场机制的内在运行规律，必须随时研究每一调节目标与措施的反馈信息，以便在动态中坚持、发展或修正原来的调节目标与措施。因此，国家与市场的关系应概括为“国家调节市场、市场校正国家调节”。

其次，就市场与企业的关系来说，企业既接受市场的引导，同时又对市场发生反作用。当市场信号真实地表明供求关系，从而市场机制能够对企业进行正确引导时，企业就会顺应市场引导，但是当市场对企业进行错误引导

时，企业就会偏离以至背离市场的引导，从而对市场的引导发生纠偏作用。因此，市场与企业的关系应概括为“市场引导企业、企业纠正市场引导”。

正由于“国家调节市场、市场引导企业”新机制的作用是双向的，因此，这一新的机制运行要做到：第一，在建立国家调节市场的机制的同时，建立市场校正国家调节的机制；第二，在建立市场引导企业的机制的同时，建立企业纠正市场偏差的机制。

二 “国家调节市场、市场引导企业”新机制的作用重心

“国家调节市场、市场引导企业”新机制的作用目标，是保持总供给与总需求的平衡。人们在讨论这个目标的实现时，一般都认为抑制总需求是治标，促进总供给是治本，把这个机制的作用重心放在促进供给上。其实，笼统地认为抑制总需求是治标，促进总供给是治本的看法是欠妥当的。究竟抑制总需求还是促进总供给是治本，这要看总需求膨胀是因哪方面的原因引起的。一般来说，总需求膨胀大致有四种类型。

第一种是需求推进型总需求膨胀。即：在总供给最大限度地正常增加的条件下，总需求超越了现有生产能力条件下总供给增加的可能，使得总需求超过了总供给的承受能力，从而形成了总需求与总供给之间的巨大差额。对于这种总需求膨胀的治理，抑制总需求就是治本，其核心是严格控制货币发行，治理通货膨胀，并相应地整顿市场秩序，减弱市场秩序紊乱对需求膨胀的拉动力。

第二种是结构型总需求膨胀。即从总供给与总需求之间的关系来看，需求结构与供给结构呈现出紊乱交错状况：有些商品的供求关系表现为需求膨胀，而有些商品的供求关系则表现为有效需求不足，但从总体上看是总需求膨胀。对于治理这种总需求膨胀，抑制总需求与促进总供给都是治本，具体措施是：一方面，通过引导需求分流的方式协调需求与供给的结构关系；另一方面，通过调整产业结构的方式使供给结构与需求结构相适应。

第三种是总供给缺位型总需求膨胀。即总需求是以正常速度甚至以低于正常速度的增长率增长的，并没有超越现有生产力的承受能力，但总供给方面却因各种原因而没有能充分发挥现有的生产能力，甚至出现了生产下降，难以依据需求增长的状况提供相应的有效供给，使需求显得相对膨胀。在这

种情况下，促进总供给就是治本。主要是改革束缚有效供给增加的僵化体制，提高劳动者的生产积极性和经济效率。

第四种是双向型总需求膨胀。即总需求膨胀既是需求增长过猛的结果，又是供给方面没有发挥应有的有效供给能力的结果，需求增长过猛和有效供给不足共同促成了总需求膨胀。在这种情况下，抑制总需求膨胀和促进总供给增加都是治本。主要治理方式是在尽量少投入和不投入的前提下，通过调动和挖掘现有生产潜力而增加供给，以防止在促进供给中刺激需求增加。

上述几种总需求膨胀在我国目前都不同程度地存在，它们相互结合，使我国面临着多发症总需求膨胀。因此，在我国目前条件下，抑制总需求和促进总供给都是治本。这就要求我们必须采取综合治理的方式，防止和消除单项治理措施的副作用。我们不仅要在促进总供给增加中防止引起更严重的总需求膨胀，也要防止在抑制总需求中损害供给，损害已建立的新体制，损害市场发育，损害企业的正常运行。

三 “国家调节市场、市场引导企业”新机制的依据

对于“国家调节市场、市场引导企业”新机制的依据，我国理论界有不同的认识，其中有两种观点影响比较大。一种观点是把“国家调节市场、市场引导企业”新机制看成社会主义经济所决定的。持这种观点的同志认为，社会主义经济是有计划的商品经济，国家调节市场反映着计划经济的要求，而市场引导企业则反映着商品经济的要求，因而“国家调节市场、市场引导企业”的机制只能在社会主义的有计划商品经济中形成并发挥作用。另一种观点是把“国家调节市场、市场引导企业”的机制看作混合经济所决定的。持这种观点的同志认为，混合经济所包含的多种经济成分之间的主要联系形式是市场，因而市场构成了引导各种经济成分的企业经营活动的核心，但是由于在各种经济成分中国有经济占主导地位，所以作为国有经济代表的国家必然要借助于政权力量对市场进行调节，结果就形成了“国家调节市场、市场引导企业”的经济运行格局。

上述两种观点，主要强调“国家调节市场、市场引导企业”新机制同社会性质和所有制性质的联系。其实，这个新机制是由现代商品经济性质所决定的。它虽然在其具体构成及作用过程上要受制于一定的社会制度及所有制

性质，但是它作为现代商品经济的一般运行机制，本身则同社会性质和所有制性质没有内在联系。因而是实行现代商品经济体制的东、西方国家共同追求的经济运行机制目标。也就是说，只要实行现代商品经济体制，就必然要采用这个经济运行机制。在现代商品经济条件下，企业以市场利润为追求目标，并且经营决策最终都要以市场信号为依据，其整个经济活动都是在市场运行中展开和完成的，因而企业必须接受市场的引导。但是市场在引导企业中往往会因市场信号时滞、市场信号掺假、市场信号扭曲、市场信号传递不灵等原因而造成引导失误，因而需要有国家的调节。可见，在现代商品经济条件下，自主经营和自负盈亏的企业，充分发展和比较完善的市场，能够较灵敏地有效调节市场的国家，是整个经济运行机制不可缺少的要素，它们之间组成了彼此互为条件、相互促进、相互作用、相互制约的关系。因此，应该把“国家调节市场、市场引导企业”的机制，看作现代商品经济的运行机制。这样认识问题，才有助于我们很好地借鉴西方在这方面的成熟经验。

四 “国家调节市场、市场引导企业”新机制的发展过程

“国家调节市场、市场引导企业”的新机制，作为我国经济运行机制的改革目标，其最终形成有待于整个经济体制改革的成功，因而不可能一蹴而就，一次到位，而是必然要经过一个由产生到发育成熟的过程。我认为，这个过程包括三个阶段：

第一个阶段，是国家弱化行政调节阶段。在这个阶段上，“国家调节市场、市场引导企业”的新机制刚刚提出，国家同市场之间还没有内在的经济联系，还难以完全承担调节任务，还要更多地让市场发育和发挥作用。这主要是因为，由于长期实行经济集权化模式，使得国家因权力刚性及机构刚性等各种原因难以从传统机制中摆脱出来，特别是国家原有行为的惯性，也会阻碍国家管理经济的职能的转换，因而建立新的经济运行机制面临着三个难题。第一，没有一个充分发育的市场体系，市场暴露出来的缺陷不是市场本身的内在缺陷，而是由市场不完善所形成的外在缺陷，这就要求必须建立一个较发达的市场体系。第二，国家原有的管理能力是集权式直接管理经济的行政能力，几乎根本不具有有效调节市场的能力，因而需要重新建造国家机构和确定职能，培育国家调节市场的能力。第三，在传统体制下企业是国家

行政机构的附属物，不是同市场具有内在联系的市场主体，从而要求对企业特别是国有企业进行改革。因此，这个阶段的主要任务是：弱化国家调节、强化市场机制、硬化企业预算约束，并且使三者相互促进和呼应。弱化国家调节是指，不仅国家不应管的国家坚决不管，而且国家现在无能力管和不能有效管的，国家也不管。实践表明，在国家无能力管和不能有效管的条件下，经济运行过程的自发调节要比建立在主观臆想基础上的瞎指挥好。因此，对国家不应管、无能力管、不能有效管的经济活动，不仅要通过法律的形式从国家调节中强行独立出来，而且还要通过强化市场机制和硬化企业预算约束而对国家权力形成强烈的冲击，借助市场及企业的力量，把国家调节限制在应有的范围内。强化市场机制，是指充分发挥市场机制的作用，使其覆盖全社会的经济活动，并利用市场是国家与企业的连接枢纽的特点，通过强化市场机制而迫使国家及企业进入“国家调节市场、市场引导企业”的运行轨道。硬化企业预算约束，是指使企业成为真正的市场主体，通过“附属物”的市场化而摆脱国家直接控制，完全进入市场运行之中。上述分析表明，第一阶段的核心任务，是弱化国家行政调节和培育市场。

第二个阶段是综合调节阶段。在此阶段，市场虽经第一阶段的发育，但尚未形成完全的统一规则的市场，而是存在着有限性市场、完全性市场、与世界市场相联系的市场、自发性市场这四种不同性质的市场。国家对这四种市场应采取不同的调节方式。

（1）国家对有限性市场，主要是采取模拟市场的调节方式。有限性市场，是指因为各种原因而无法完全靠市场信号有效调节的市场，主要包括军工产品及无竞争性选择的产品。国家对其进行模拟市场调节的重点，主要是通过全社会的平均利润率及职工平均收入水平，确定有限性市场上的企业利润率及职工收入标准，以促进生产者积极性的发挥。

（2）国家对于完全性市场，主要是采取调节市场信号的调节方式。完全性市场，是指市场机制能够充分自动发挥作用的市场。国家对于这种市场不能采取任何损伤市场内在机理的方式来进行调节，即不能进行外在的干预而只能进行内在的导向。在这种市场中，由于市场信号是同宏观经济变量之间存在着一种函数关系，因而国家可以通过宏观经济变量的调节而调节市场信号，从而对市场发生内在的调节作用。

（3）国家对同世界市场相联系的市场，主要采取调节市场主体运行环境的调节方式。其内容是，通过对涉外企业经营环境的调节，保证国家的整体利益，弥补单个企业在世界市场活动中的某些缺陷。

（4）国家对自发性市场，主要采取市场规则调节的方式。自发性市场，是指不列入国家计划也不通过市场机制贯彻国家调节目标的自由市场。国家为保证这种市场的规范化和有序化，必须运用市场进出规则、市场竞争规则、市场经营规则进行调节。

第三个阶段是参数调节阶段。在这个阶段，市场经过充分发育形成完全的统一市场。国家调节职能已实现转换，具有了完全的间接调节能力，同市场建立了内在的联系，即国家的宏观经济政策成为市场信号变动的参数。国家在这个阶段，主要是制定宏观经济政策，通过由此形成的参数调节市场，最终形成“国家调节市场，市场引导企业”的经济运行机制。

（本文发表于《经济管理》1989 年第 3 期）

发展社会主义市场经济　完善计划与市场相结合的新体制

马　洪

计划和市场的关系，是经济体制改革的一个核心问题。十四年来，我国的经济改革，始终是围绕着改革以往的高度集中的指令性计划管理体制，扩大市场机制的调节作用的方向进行的。早在 1979 年，邓小平同志就讲过社会主义也可以搞市场经济；今年，他在南方谈话中又进一步提出发展社会主义市场经济的问题。这是对社会主义改革理论的又一重大突破，我国的改革开放事业从此进入了一个新的发展时期。

发展社会主义经济，是建设有中国特色的社会主义的一项根本性内容。我们所要建立的社会主义市场经济新体制，既不同于以往苏联的高度集中的计划经济体制，也不同于西方私有制基础上的市场经济体制，而是依据中国国情，依据中国生产力水的现状，把有效的市场机制和有效的宏观管理结合起来的新的经济体制。在这方面，我们已经取得了许多宝贵的经验，需要认真总结。同时，也应当看到，在社会主义条件下发展市场经济，是一项前无古人的事业，需要我们根据马克思主义原理，认真总结过去十多年改革的经验，探索社会主义市场经济中计划与市场结合的具体形式。

一

自从马克思提出有计划地组织全社会生产和经济活动的重要思想以来，计划和市场问题就引起人们的普遍关注。特别是 1917 年社会主义在俄国的成功，使这个问题真正提上了议事日程，变得更加突出和重要。1920 年代初期，列宁从当时苏联的实际出发，实行了著名的新经济政策，改变了战时共产主义流行一时的“直接过渡”做法，转而采取“市场”的经济形式，通过灵活机动的手段来实现计划。列宁逝世以后，由于理论认识上的局限，那种排斥市场机制、排斥商品经济，主张把国民经济当作一个大工厂来管理的思想占了统治地位，并在这种思想的指导下形成了高度集中的计划经济体制。二次大战后，新出现的许多社会主义国家也相继照搬了这种排斥市场的计划经济体制。客观地说，这种高度集中的计划经济体制，对于新生的社会主义国家迅速集中和动员资源，在帝国主义和各种敌对势力的包围中较快地进行大规模的重点建设，为以后的经济和科技发展奠定坚实的物质基础，起了积极的作用。看不到这一点是不符合马克思主义历史唯物论的。但也应该看到，这一计划经济体制存在着资源配置效率不高的严重弊端，特别是当初期工业化的任务基本完成以后，它的弊端表现得愈来愈突出。从微观上看，由于企业缺乏自主权，企业的创新动机微弱，同时由于排斥市场竞争，企业缺乏提高效益的压力。从宏观上讲，由于计划配置资源所形成的产品结构和产业结构与市场上的需求结构严重脱节，在部门间、地区间资源配置效益偏低；脱离实际和急于求成的计划脱离了国力和国情，结果导致国民经济比例关系失调。所有这一切都说明，以往的排斥市场机制的计划经济日益束缚着生产力的发展。所以，在 50 年代以后，苏联和东欧一些国家陆续开始了经济体制改革，形成了几次改革浪潮，在扩大企业权限、鼓励企业参与市场竞争等方面都取得了不同程度的进展。但从总体上说，仍没有找到计划和市场在社会主义经济中结合的正确途径和有效形式。这些国家不仅未能摆脱原有的经济困境，而且被商品严重短缺、通货膨胀、外债剧增等问题所困扰。在一定意义上可以说，苏联、东欧国家的解体，在很大程度上与没有能够在社会主义范畴内找到计划与市场有效结合的途径和形式有关。这从另外一方面说明了正确解决计划和市场关系问题的极端重要性。

以往计划体制的弊端，我们党在八大前后已开始有所认识。1956 年，毛泽东同志在《论十大关系》中对计划体制中权力过分集中的问题提出了尖锐批评。随后不久，他还谈到过要重视对商品经济、价值规律的研究。以后，虽然多次进行了旨在调动各方向积极性的体制调整，但由于“左”的指导思想的干扰，都未能取得实质性进展。1978 年党的十一届三中全会以后，在邓小平同志的倡导下，我们党恢复了马克思主义实事求是的思想路线，开始从理论上对如何消除以往计划体制的弊端、建立符合我国国情的社会主义新经济体制进行了大胆的探索。十余年来，尽管有某些反复，但从整体上看，我们对社会主义经济中计划与市场关系的认识是不断进步、不断深化的。改革之初，我们破除了把市场调节与社会主义对立起来，把指令性计划等同于计划经济的观念，第一次提出了计划经济要与市场调节相结合的观点，并在实践中付诸实施。这一理论进步，是社会主义经济思想的重大发展，其历史意义重大。1980 年代中期，在改革逐步深化和理论研究深入的基础上，党的十二届三中全会通过的《中共中央关于经济体制改革的决定》郑重指出，我国是有计划的商品经济，并随之提出了我国经济体制改革的重点任务之一就是逐步完善市场体系。1987 年，党的“十三大”又在进一步总结改革开放经验的基础上，明确了确定社会主义新经济体制的具体设想。进入 1990 年代以来，随着改革的深化，党和政府对计划和市场关系的认识进一步深化。江泽民同志在《庆祝中国共产党成立七十周年大会上的讲话》中指出：“计划与市场，作为调节经济的手段，是建立在社会化大生产基础上的商品经济发展所客观需要的，因此在一定范围内运用这些手段，不是区别社会主义经济和资本主义经济的标志。”

在现代经济生活中，不仅存在着日趋复杂和细致的社会分工，劳动者和各个经济组织还具有独立的经济利益。所以，在社会主义条件下，必然广泛存在着商品货币关系，必然存在着市场。面对着无限丰富、复杂多变、千姿百态的需求，若想使成千上万个企业的生产都符合需要，就必须根据市场的变化，决定生产什么、生产多少、如何生产、在什么地方生产，亦即要靠市场来调节资源的配置。从这个意义上说，社会主义商品经济也就是社会主义市场经济。商品经济不可能脱离市场而存在，即使在社会主义高级阶段亦将如此。当然，我们所要建立的社会主义市场经济体制，在所有制结构和分配方式上，与资本主义的市场经济体制有很大的不同。我们一方面坚持公有制的主导地位，另一方面努力实现共同富裕。

我们要大力发展的市场经济，也绝不是古典资本主义时期那种原始和落后的市场经济；我们要确立的市场经济体制，也不是排斥计划、排斥国家对国民经济自觉管理的市场经济体制。完全自由的市场经济，目前在西方资本主义国家实际上也不存在，何况我国国民经济是以公有制为主导的。更重要的是，我国的政治制度保证了我们有可能对国民经济的协调发展和宏观平衡进行科学的计划调节。从另一个角度看，现实经济生活的计划调节或主动管理也是内生的。所以，计划和市场都是社会主义经济内在的东西，二者不可分割地联系在一起，作用融合在一起，并且都是覆盖全社会的，渗透在经济生活的各个方面。只是由于它们功能不同，作用方式不同，因而在不同层次、不同领域结合的方式和具体形式有差异罢了。一般而言，计划主要从宏观、总量和结构等方面解决重大资源配置和重大社会利益关系的调整，以及国家整体的重大发展战略；市场主要在微观领域、日常的生产经营活动和有关的资源配置方面发挥作用。总之，只有承认我国必须发展社会主义市场经济，只有肯定计划与市场都是社会主义经济内生的，才能正确认识和处理计划与市场的关系；同时，只有承认计划与市场作用机制的差异、作用层次的不同，才能有效地把计划和市场有机结合起来，发挥各自的长处，补充各自的不足。以上两方面应是我们处理社会主义计划与市场关系问题的基本共识。

二

由于处理计划和市场的关系问题，是建立社会主义市场经济体制的核心，所以，十余年来在理论认识不断加深的同时，在实际改革过程中对计划与市场的关系进行了以下五个方面的探索。

1. 下放权力，改变过度集中的决策体制。从决策角度看，排斥市场的旧体制的最大弊端，就是权力过于集中。而市场机制从本质上说，是一种分权决策机制。从这个角度看，权力分散是形成市场，或者说是市场成为资源配置形式的首要条件。因为，如果成千上万个商品生产经营者不能根据市场需求的变动和成本条件自主地进行生产、交换和投资决策，也就谈不上由市场来配置资源。这也正是我们在评价改革初始阶段采取的分权让利措施时，应把握的一个基本出发点。

决策的分权改革，集中地表现为指令性计划的大幅度减少。高度集中的计划经济体制运作的基本特征，就是靠大量的指令性计划实现资源的分配和调节社会再生产活动，宏观的资源产业配置、区域配置由计划决定，企业生产什么，生产多少和为谁生产，也由计划决定。由于微观领域生产品种繁多，且需求情况多变，自上而下的计划不仅科学性差，且时效低下，导致资源浪费严重。同时，企业缺乏活力和动力，要搞活企业就必须对企业扩权，要扩权就要减少束缚企业活动空间的指令性计划。从 1979 年起，国家在生产和流通领域的指令性计划逐步减少，目前国家计委管理的工业生产指令性产品品种，已由以往的 120 多种左右减到 60 种左右，国家统配物资品种由 125 种减少到 26 种，商业部门计划收购的品种由 188 种减为 23 种，在全部社会商品中，由计划决定生产、按计划价格交易的商品已降到30%以下。

2. 调整和放开价格。如果说对企业扩权让利是创造市场行为主体的必要前提，那么价格放开，使之能灵活地反映市场供求关系的变动，则是市场有效地配置资源的重要条件。如果只把价格作为一种计算或核算工具，它的逆向调节可能表现得并不明显。但若在企业有了相应的自主权，特别是对其自身利益有所关心的条件下，价格仍是固定的、不合理的，这时市场调节的作用就将是负向的和低效的。因此，扩大企业自主权势必要求同时放开价格。1990年以来，价格改革在以下几个方面迈出了重大步子：第一，对部分电子和机械工业产品实行了浮动价格，先后放开小商品和大部分日用工业品价格；第二，在相当大的范围内放开了城市的农副产品销售价格，使整个消费品市场中，除粮、油等少数农副产品外，已基本上由价格来调节生产和需求；第三，逐步提高了严重偏低的生产资料价格，并对暂时不能放开价格的生产资料实行“双轨制”。

到1987年，双轨制价格占全部生产资料种类的40%，交易额占75%以上。价格双轨制是排斥以往体制，向计划与市场结合体制过渡的一种典型表现。其实质是，在生产资料生产和流通领域计划体制依然存在的条件下，允许价格在一定范围内成为刺激生产、进而配置资源的信号。当然，由于它的过渡性，这里的计划和市场的结合尚属板块式的，并存在着许多摩擦。总之，通过生产资料价格的放开、调升和实行双轨制，在生产资料生产和流通中，价格已成为重要的调节工具和资源配置形式。

3. 改革国家流通部门统购包销的单一流通形式，开放的、多渠道的流通网络初步形成。与生产上的直接计划相适应，在旧体制下，大部分工业品的生产与销售是被割裂开的。企业的产品统统由国家流通部门（物资、商业、外贸）收购，至于是否适销对路，就是国家的事了。在这种单一的流通体制下，供需总量脱节、结构失衡是司空见惯之事。随着生产企业和流通企业自主权的扩大和对其独立利益的承认，这种高度集中的单一的流通体制自然也就难以维持下去。企业自销、商业选购、产销一体化等流通形式也就应运而生。同时，由于联通供需的需要，由此产生的流通收益的刺激及国家政策的放开，使流通领域的非国有成分迅速发展，于是初步形成了以国营流通部门为主导的、多种成分参与的流通体制。这种多渠道的流通体制，是市场机制在商品市场上发挥调节作用的必要条件，也是近年来流通领域计划和市场得以初步结合的重要原因。

4. 发展和培育市场体系。市场要有效地配置资源，不仅要求价格具有较大弹性，而且要求市场是一个发达和健全的体系，即不仅要有商品市场，而且有劳务市场和金融市场。这样才能把劳动力和资金配置到需要发展的行业和竞争活力强的企业。从商品市场的建设来看，目前我国已有农产品市场1万多个，日用工业品批发市场3000多个，大型钢材市场200多个，生产资料贸易中心近400家。我国的金融市场已初具规模。在银行系统集中和分配资金能力大大增强的同时，以银行同业拆借为主的短期金融市场，以各类债券为主的长期金融市场和以证券流通为主的证券市场开始形成。据不完全统计，目前全国主要从事证券交易业务的机构已达300多家。在劳务市场方面，在国有经济中的存量部分实行优化组合的同时，增量部分实行全员合同工制和临时工制。这样，非国有经济部分和国有经济劳动力的增量部分已初步形成了地方性的劳务市场，从而为市场参与配置资源起了积极的作用。目前，全国县、市以上劳动部门已建立劳务市场服务机构8000多个。

5. 建立初步的宏观间接调控体系。对企业和地方扩权并放开价格，并不意味着中央政府对经济放任不管，而是从过去对企业生产和流通的直接控制转为通过宏观管理来间接调控企业。改革十多年来，我国在建立新的调控手段和形成新的管理方式方面所进行的改革是：（1）建立中央银行体制，充分发挥货币政策在宏观调控中的作用，建立了以中央银行（中国人民银行）为领导，以国家专业银行为骨干的二级银行体制；（2）国家预算内基本建设投资由预算拨款改为建设银行贷款，尝试用经济手段调控投资；（3）实行税制改革，发挥税收调节生产、流通、分配和消费的作用；（4）建立、健全各类经济法规，把经济管理纳入法制的轨道。以上几方面的改革，使我们积累了实行新的宏观管理的经验，检验了我国宏观调控手段的功效，同时也发现了今后应予完善的问题。

十余年来，对计划体制以上五方面的改革，使我们的经济运行机制发生了重大变化。过于集中的权力和利益结构向相对分散的方向转化，地方政府及各类经济实体的权力和利益有所增强；单一的由行政机构确定资源配置向二元化的方向转化，市场信息在资源配置中的作用明显增强；单纯依靠行政机构和行政手段进行运作的直接计划控制向计划调节与市场调节并存转化，经济手段、间接调控在政府的宏观经济管理中开始发挥重要作用；纵向的“金字塔”式的行政协调的组织体系仍然存在，同时也开始出现横向的市场自行组织机制。由于这四方面的变化，我国目前实际运行着的经济运行机制，既非改革前的单一计划机制，也不是政府宏观调控下的一元的市场机制，而是一个计划与市场虽已结合，但尚未有机融合在一起的二元机制。

这种二元机制或双重体制与以往的计划体制相比，是一个历史的进步，它带来了 80 年代我国经济的高速成长。但是，这一二元机制与我们要建立的社会主义市场经济体制有较大的距离，主要是市场的分割和市场体系不健全。市场的分割或封锁，主要表现为不同的部门和行政区划之间的条块分割。这种分割在生产领域表现为各地方和部门不顾本地的资源和生产经济条件，大上价高利大的“短平快”项目，造成分散生产，重复布点，破坏了统一市场的形成。在流通方面，当产品供不应求时，阻止本地产品流出；当供大于求时，阻止外地产品流入。市场的不健全，主要表现在各类商品市场有所发育的同时，要素市场与之极不对称。资金、劳务、技术、信息和房地产等各类要素市场的发育严重滞后，使市场调节的功能难以正常发挥。

现阶段计划与市场结构中的摩擦，一是表现在投资上，由于价格的不合理，国家的产业政策和区域政策受到市场引导的独立经济实体投资行为的冲击，形成中央投资意图与地方或企业投资方向的不一致；二是表现在生产上，计划内生产任务价格偏低，受到市场调节部分的冲击；三是表现在价格上，一些商品双轨价格之间的悬殊价差形成计划价严重偏低、市场价严重偏高的“双重扭曲”；四是表现在商品流通上，计划内调拨部分与市场调节部分相互影响、相互制约；五是表现在金融上，与经济实体身份相应的经营功能和与国家专业银行身份相应的调控功能冲突；六是表现在企业行为上，政企分开虽已起步，但企业仍普遍存在一边盯着政府一边盯着市场的“双重依赖”的状态。

1978 ~ 1988 年这十年，是我国经济增长最快、人民生活水平提高最快的十年；同时，随着市场配置资源功能的增强，消费者偏好在资源配置中的作用也随之增强，供给与需求的偏差迅速缩小。这两方面的变化，不仅是改革的巨大成果，也是我们进一步推进改革，建立计划与市场有机结合机制的物质基础。不看到这点，就不能充分估计十年改革的伟大成就。然而，如果只看到这点，而看不到这种二元体制因内摩擦引起的种种弊端，看不到解决这些弊端的必然性和迫切性，就会贻误建立社会主义市场经济体制的时机。

双重体制共存所产生的这些问题表明，在一个不太长的时间内，通过深化改革建立起有计划的商品经济的新体制，是摆在我们面前的一项重要的历史使命。

三

为了完成这一历史使命，中近期促进计划和市场有机结合的战略任务可以表述如下：在保持政治和社会稳定的前提下，争取在三到五年内建立起一个竞争性企业制度、有序市场和国家调控相结合的市场经济新体制。在这里，竞争性企业是指所有的企业都真正放开，成为由市场决定其生存和发展的真正自负盈亏的企业；有序市场是指打破条块分割的、组织健全和法规完备的市场；宏观调控是指国家主要运用经济手段、法律手段和必要的行政手段对国民经济实施的有效调节。为了实现这一战略任务，近期应深化和完善以下几个方面的改革。

1. 深化企业体制改革，使企业真正成为自主经营、自负盈亏、自我发展、自我约束的商品生产者。企业既是经济主体，又是国家调控的对象。计划和市场要结合好，关键是企业能对市场信息、国家调控做出迅速的反应。要做到这点，就要探索国有企业产权制度的改革，以解决国有企业预算约束软化以及承包后出现的企业行为短期化倾向。要达到这一目的，现代股份公司可能是一种较好的形式。从目前的承包制向国家控股和国家机构、社会团体及职工参股转化，可采取以下几种形式：①新建企业凡是集资兴建的，应当考虑转化为股份制，投资者根据资金比例取得相应的利润份额和决策权力；②有条件的老企业，可利用与外资和内资合作的机会转化为股份制。从这几年的试点情况看，应严格防止借股份制之机将利润转化为工资。所有国有企业的股份制试点，要妥善安排，有序进行，不应一哄而上。

国有企业实行股份制，不可能一下子全面铺开。对于目前的大部分企业来讲，最急迫的是促进存量结构的调整和提高经济效益，使那些资不抵债、亏损严重、产品低劣、货不对路的企业停产或破产，或被其他经营好的企业兼并。对于经营不好、亏损严重的企业而言，它们破产的困难和压力主要不在国家，因为它们破产既能减轻财政的包袱，又会使厂房设备、劳动力得到更好的利用。破产的压力主要来自职工，因为职工在失业之后收入受到较大影响。加之我国实行的是就业、福利、保障三位一体的体制，就业机会的丧失亦即福利和保障的损失。这样，国家出于政治安定的需要，往往会维持不应存在下去的企业的生产。所以，要调整存量结构，就要设法缓解企业破产给职工带来的收入、福利和保障的损失。这就要求我们加快劳动保障、职工福利体制的改革，一方面把企业负担的福利、救济和保障功能交给社会，一方面由个人、社会和企业共同建立失业救济和保险基金。

2. 继续推进价格体制的改革。没有合理的价格体系，就谈不上有效的市场调节。所以，一定要充分利用几年来连续的供求基本平衡、双轨价差大幅度缩小的有利时机，在控制住总需求的基础上，把绝大部分生产资料的价格放开，取消双轨制。国家重点建设和重点大型企业所需要的原材料可以实行国家订货、保量不保价的办法。价格并轨的基本原则是：凡是供求基本平衡的商品，计划轨要向市场轨靠，即放开价格；产品供求差距很大、计划价大大低于市场价的商品，主要是基础工业产品，则较大幅度地提高计划价格水平，并通过调价、简化计划价格形式，逐步实现单一综合计划价。

放开价格是市场有效调节的条件，但价格放开并不等于形成市场。在理顺价格体系的同时，要积极发展多种有利于产品顺畅、稳定流转的新型流通组织形式。在农副产品和生产资料的重点产销区，要努力完善现有的各类现货市场，通过组建有组织、有指导的批发市场，提高现货市场的组织程度。同时，在大力发展远期合同的基础上，有条件地引入期货市场机制，发展期货贸易。鼓励和发展产供销之间的联营、联购和联销等多种形式的横向联合；大力发展交通、仓储设施和信息贸易的建设；结合金融、财政和劳动体制的改革，促进金融市场、劳务市场、房地产市场等市场体系的建立和完善，努力改变目前我国市场发育中要素市场严重滞后的不协调状况。

3. 建立、健全市场法。计划与市场有机结合的一个条件，是企业的市场活动要依法而行、有法可依，服从相应的行为规范。我国目前市场竞争的低效和混乱，多与市场法制不健全有关。要在清理现有法规的基础上，抓紧制定维护市场秩序、约束企业行为的基本法规，如公司法、公平竞争法等，并在此基础上强化司法工作。

4. 改进计划工作，增强国家的宏观调控能力。这对于我们这样一个区域之间差别很大、市场发育尚未成熟的发展中大国而言，努力使计划真正符合经济规律，是完全必要的。如果说没有市场的计划调控是没有基础的计划调控的话，那么，没有国家调控的市场则是低效和盲目的市场。计划与市场结合得好，不仅要形成市场和完善市场，而且要改进和完善计划工作并提高国家的宏观调控能力，改进计划方式，提高计划的科学性，使计划尽可能符合实际需要，切实把握住经济发展的方向。同时，还要建立科学的计划决策程序。重大比例关系的调整，重大项目的确定和重大经济政策的出台，都要按程序确定，要有咨询、有比较、有论证；并建立计划决策责任制，违反决策程序并造成重大失误的决策人，应承担相应的责任。在增强国家宏观调控能力方面，从这几年的经验看，最重要的是通过调控投资控制住总需求，实现供需的基本平衡。只要总需求控制住了，其他方面的工作就容易做了。此外，还要有好的产业政策，要运用财政贴息、国家扶持、税收优惠等手段保证其实现，达到产业结构的合理化；要通过财权、事权的合理划分，形成一个统一管理、分级调控的纵向管理体制。在管好大事的基础上，给予省级政府相应的和必要的调控权，以发挥地方发展经济的积极性和创造性，建立符合当地实际的各具特色的计划与市场结合形式。

（本文发表于《经济管理》1992 年第 11 期）

中国经济体制转型过程中的宏观调控

李京文

从1979年开始的中国经济体制改革，到目前已经取得突破性进展，国民经济市场化、社会化程度明显提高，社会主义市场经济体制正在逐步建立，市场在资源配置中已初步发挥基础作用。与此同时，政府对国民经济的宏观调控也逐渐形成与完善，对中国经济的稳定、健康发展起了重大作用。

一　中国政府宏观经济调控目标与内容

改革开放以来，中国政府的宏观经济调控目标并不是一开始就很明显的。最初，政府宏观调控的目标主要放在增长速度上，企图通过经济的加速增长带动社会的全面进步，赶超经济发达国家。这样做的结果虽然使中国的经济规模迅速扩大，人民生活水平也不断提高，但也带来许多负面影响，主要是助长了单纯追求速度的错误倾向，乃至出现了“经济过热”。1980年代以来，逐渐明确宏观调控的总目标是保持经济稳定，使总供给与总需求基本平衡，并促进经济结构的优化，引导国民经济持续、快速、健康发展，推动社会进步。在这个总目标下，宏观调控的主要内容包括以下几点。

1. 经济增长速度。没有一定经济增长速度，就谈不上国家富强和人民生活水平的提高。但如果增长速度过高，就会破坏经济总量的平衡，导致经济关系的紧张，造成经济效率下降和物价上涨。从中国近十多年的情况看，常常是由于不顾客观条件的允许而盲目追求高速度，最后被迫实行经济紧缩，造成“大上大下”。实践证明，经济增长速度必须作为宏观调控的重要内容，使之与国力相适应，并保持相对的稳定。改革开放以来，中国国内生产总值的增长情况，详见表1。

表1　1978～1995 年中国国内生产总值指数（上年 =100）

年份	1978 年	1979 年	1980 年	1981 年	1982 年	1983 年	1984 年	1985 年	1986 年
GDP	117.6	107.6	107.8	105.2	109.1	110.9	115.2	113.5	108.8
年份	1987 年	1988 年	1989 年	1990 年	1991 年	1992 年	1993 年	1994 年	1995 年
GDP	111.6	113.3	104.1	103.8	109.2	114.2	113.5	112.6	110.5

根据我们的分析，中国在第九个五年计划期间（1996～2000 年），GDP 的最佳增长率为 8%～9%。

调控经济增长速度时，还应对不同产业、不同部门的增长率进行具体分析。

2. 合理的投资规模和投资率。国内生产总值的支出，包括总消费、总投资和净出口三部分。在它们之间，应当有一个合理的比例关系，其总和不应超出 GDP 总额。在一般情况下，GDP 用于消费的部分应保证人均消费水平逐年有所提高，剩余的部分才用于投资和净出口。宏观调控的内容之一，就是使投资规模和投资率不要超过这个限度。改革开放以来，中国的总消费和总投资都有较大增长，但后者的增幅大于前者。1981～1995 年，总消费年均增长 17.9%，其中，居民消费增长 18.0%，社会消费增长 17.2%。总投资年均增长 19.7%，其中，固定资产投资增长 22.9%。

中国的投资率（即总投资占国内生产总值的比重）一直比较高，1978 年以来所有年份都在 32% 以上，18 个年头里有 12 年超过 36%。其中，最近 3 年都维持在 40% 左右（1993 年 43.3%，1994 年 39.9%，1995 年 40.5%）。中国投资率高，固然有其客观必然性，如中国正处于全面工业化阶段，投资需求大、新增居民储蓄数量大（1993～1995 年新增居民存款增长率分别达到 50.2%、72.6%，28.0%）、外资流入多等，因而投资率高一些是合理的。但投资率过高，建设规模超过了国力承受能力，经济过热，投资效果很差，成为阻碍经济持续快速增长的一个重要因素。

3. 新增货币发行和新增贷款。这是中国经济宏观调控中很重要的一个指标。前两年，新增货币过多，贷款规模过大，是引发通货膨胀的重要原因。1994 年起实行从紧的货币政策后，情况才有明显变化。1994 年新增货币发行比上一年少 100 亿元，1995 年则少 800 多亿元。新增贷款增长幅度也不大，这对于治理通货膨胀起了重要作用。

4. 财政收支状况。这是反映国家宏观调控能力的重要指标。改革开放以来，财政收入和支出都有一定程度的增长。1979～1995年，收入和支出年均增长率分别为10.6%和11.2%，比改革开放前的1953～1978年的年均增长率7.2%和7.4%，都提高了3个多百分点，特别是1991～1995年年均增长16.3%和17.2%，财政赤字逐年增加，财政收入占国民生产总值的比重也逐年下降。1991年不包括国内外债务部分的财政收支差额为237亿元，1995年上升为581亿元。不包括国外借款的财政收入占GNP的比重，1978年时占31.2%，1995年下降为仅占10.7%。这说明国家的宏观调控能力已显著缩小。这是今后必须逐步加以解决的问题之一。

5. 通货膨胀率。通货膨胀率是世界各国宏观经济调控的主要指标之一，它的升降是反映一国经济是否稳定的重要标志。中国目前一般以商品零售价格总指数和居民消费价格总指数为代表来进行调控。改革开放以来，随着经济市场化水平的提高和经济增长速度的加快，中国的物价也在攀升。改革开放前的28年里，即从1950年到1978年，商品零售价格总指数为135.9，城镇居民消费价格总指数为144.7，而改革开放10多年，从1979至1994年，这两个指数分别为356.1和429.6。特别是80年代末期和90年代初，中国的物价指数两次突增，如以上年为基数的商品零售价格指数，1988年为118.5，1994年为121.7，都是新中国历史上空前的。因此，中国政府不得不两次加强以抑制通胀为主要目标的宏观调控。

6. 进出口规模及其结构。在中国实行改革开放政策以来，对外贸易的规模、结构和资金的流出、流入，对国民经济的总量平衡和国际收支平衡的影响日益加大，在宏观调控中的地位也越来越重要。1979～1995年，中国进出口总额年均增长16.6%，其中出口增长17.4%，进口增长15.8%，均快于经济增长率。但1996年出口下滑，进出口基本平衡。利用外资的数额也在逐年增加，对于中国经济增长起了积极作用。近两年来，中国的外汇储备不断增加，到1996年11月底，已超过1000亿美元，有力地增强了经济发展的回旋余地。

宏观调控的内容还包括城乡居民收入水平和消费水平、社会消费水平零售额等。上述宏观调控目标和内容直接影响和制约着企业和国民经济的活动。中国改革以来的实践说明，这些宏观调控政策的方向与力度，以及贯彻落实的情况，对经济发展的速度与质量，起着重大作用。

二　近几年中国经济宏观调控的效果与特点

1993 年下半年，中国开始加强对国民经济的宏观调控。这次加强宏观调控的背景是，中国经济在经历了 1989 年、1990 年的低谷之后，1992 年开始高速增长，当年 GDP 比上一年增长 14. 2%，是改革开放以来除 1984 年（15. 2%）以外的第二高增长年；当年投资总额比 1991 年增加 28. 2%，投资率为 36. 2%。1993 年 GDP 增长率仍高达 13. 5%，总投资比上一年名义增长率高达 58. 6%，实际增长率为 25. 3%，投资率为 36. 0%。在这种情况下，我国出现了经济“过热”，特别是“房地产热”和“开发区热”。这“三热”和货币发行量的过度增加带来了物价的迅速上升，商品零售价格指数由 1990 年的 102. 1 和 1991 年的 102. 9 上升为 1992 年的 105. 4 和 1993 年的 113. 2。同时，金融秩序紊乱，经济社会的不稳定因素显著增加。有鉴于此，中央果断地采取措施，决定从 1993 年的下半年起加强宏观调控，实行以抑制通货膨胀为主要目标的经济“软着陆”。这些措施贯彻以来，到 1996 年上半年已取得显著成绩，主要表现在以下几个方面。

1. “经济过热”现象已逐渐消除。“经济过热”的主要表现是固定资产投资规模过大，投资结构不合理。1992 年全国固定资产投资比 1991 年增加 42. 6%，1993 年比 1992 年又增加 50. 6%。而 1995 年固定资产投资比上一年名义增长 18. 8%，实际只增长 10% 左右。1996 年上半年，固定资产投资比上年同期增长 20%，扣除物价因素，只上升 12%。同时，投资结构也有所改善。

2. 严重的通货膨胀得到抑制，物价上涨率已达到或超过宏观调控的目标。零售物价总指数已由 1994 年的 121. 7 下降到 1995 年的 114. 8。1996 年计划降到只上涨 10% 左右，上半年比上年同期只上涨 7. 1%，其中 6 月份只上涨 5. 9%。在短短的一年多里，就实现了把物价上涨幅度控制在一位数的目标，这是很大的成绩。

3. 在实行适度从紧的货币政策和财政政策的条件下，仍然保持了较高经济增长率。由于这次实行的是“软着陆”型紧缩，因而经济增长率虽有所下降，但幅度不大。1994 年 GDP 增长率仍高达 12. 6%，1995 年才下降为 10. 2%，1996 年上半年为 9. 8%，这仍然是同期世界各国增长率最高的。也就是说在取得抑制通胀成功的同时，并没有过多地牺牲速度，没有出现曾担心发生的“滞胀”问题。

4. 财政金融状况逐渐见好。1994 年以来，陆续出台了财税制度改革和金融制度改革的一系列措施，使财政状况和金融形势有所好转。一是在经济稳定增长和实行新的财税制度的基础上，我国财政状况逐步好转。1995 年财政收入的增长幅度多年来首次高于财政支出的增长幅度，同时，赤字控制在预算确定的数额之内。二是金融状况也在逐渐好转。1995 年现金投放减少，货币供应量较为适当。1995 年投放货币 597 亿元，是近几年投放最少的一年。1995 年底，狭义货币供应量 M1，比上年增长 16.8%，比上年增幅下降 10 个百分点；广义货币供应量 M2 比上年增长 29.5%，增幅下降近 5 个百分点。

5. 市场稳定，呈现稳中有升的好现象。受宏观调控影响，1994 年消费品市场较为清淡，社会消费品零售额比上年实际仅增长 7.2%。但从 1995 年后已稳步回升，比上年增长 9.6%。1996 年上半年社会商品消费总额比上年同期增长了 21.2%，扣除物价指数约增长 13.3%。目前，国内消费品市场竞争加剧，许多企业通过降低价格提高产品竞争能力，市场机制对企业经营行为的影响进一步加大，结构调整的市场环境渐趋成熟。

6. 1995 年，我国居民特别是城镇居民的人均收入增长速度有所减缓。按可比价，农民人均收入增长率 1993 年为 3.4%，1994 年为 7.4%，1995 年为 5.3%；城镇居民人均收入增长率 1993 年为 10.2%，1994 年为 8.8%，1995 年为 4.5%。

当然，在看到宏观调控成绩的同时，也要看到还有一些比较严重的问题有待解决。主要是：国有企业的改革、改造、改组还未取得决定性成果，许多企业经营管理不善，不能适应市场经济的要求，产品竞争能力弱，亏损面和亏损额都在继续扩大；物价形势还不够稳固，财政收入占国内生产总值的比重过低，金融不良资产有所上升，出口下滑等。这些都是今后要继续加以改进和解决的。

实践证明，我国宏观调控的措施与方法，正日趋成熟，这对国民经济的稳定与持续快速发展起了良好的作用，并取得了一些有益的经验，主要是：（1）要把握好调控的时机和力度，主要进行微调，避免急刹车，以减少和避免副作用；（2）在调控手段上，以经济手段为主，但注意与行政的、法律的手段灵活配合使用；（3）加强宏观调控与深化改革紧密结合，相互促进；

（4）注意宏观调控不要以牺牲发展为代价，而是力求促进经济的优质有效发展。

三 中国未来经济宏观调控趋势展望

1. 宏观调控的主要目标，仍将是保持经济的长期稳定，努力减少经济周期波动的冲击。由于经济发展受多种因素的影响与制约，出现周期波动是必然的。在改革开放前，周期波动的时间短，波峰与波谷之间的落差大，形成经济增长的多次“大起大落”。例如，1958～1962 年这一周期的国民收入增长率的峰谷落差曾高达 51.7 个百分点，是最突出的案例。这种强烈波动对经济增长的质量和效果起了很坏的影响。改革开放以来，这个情况已有很大改善，特别是 90 年代的这轮周期，GDP 增长率峰谷落差只有 4 个百分点，情况就比较好。如前所述，这同宏观调控的正确运用是分不开的。在今后，即到 2010 年的这十多年里，应通过宏观调控措施继续维持和进一步改善这种状况。也就是说，今后在宏观调控上，应采取一种稳定的政策。通过宏观调控，尽量缩小经济波动的幅度，使经济增长的波动呈现一种缓升缓降的总体态势，实现国民经济的持续、快速、健康发展。当然宏观政策的稳定不等于一成不变，应根据经济发展的动态变化，适时地进行经济政策的“微调”，才有利于经济的良性循环。

2. 宏观调控的内容与重点，应随着经济形势的变化而有所调整。今后，抑制通货膨胀仍应是宏观调控的长期目标，绝不能忽视与放松。同时，要看到目前经济生活中存在许多矛盾与困难，根本原因在于结构不合理，突出表现在产业结构、产品结构与市场需求不适应。因此，宏观调控的重点应放到优化结构上。为此，从货币政策和财政政策上看，在保持适度偏紧的前提下，应着重支持国民经济的薄弱环节，如农业、交通、通讯等产业，加快支柱产业、高新技术产业的发展，支持有市场需求、经济效益好的企业的改造与发展；从投资政策上看，应在控制总规模的同时，保持适度的投资率，优化投资结构，提高投资效益；从国际收支政策上看，应在保持基本平衡的同时，改善外贸结构和外债、外资的使用结构；从区域发展政策上看，要逐步解决地区发展不平衡问题，通过增加对中西部地区投入和建立财政转移支付制度，逐渐缩小东中西部的差距，为最终实现共同富裕创造条件。

3. 在宏观调控的手段上，仍将以经济手段为主，加强法律手段的运用，并采用适当的行政手段。在经济手段中，将更多地发挥财政、税收、信贷、利息、汇率等杠杆的作用，注意这些经济杠杆的协调与综合运用。

（本文发表于《经济管理》1997 年第 2 期）

经理市场效率与我国经理市场的低效

黄健柏

一　经理市场效率的含义与完全竞争的经理市场模式

经理市场是一个特殊的人力资本市场，在一定意义上，这是一个“职业”企业家的雇佣市场。经理市场的实质是高级管理人员的竞争选聘机制，即将高级管理职位交给有能力和积极性高的高级管理人员候选人。高级管理人员候选人的能力和努力程度的显示机制，是基于候选人长期工作业绩建立起的职业声誉。因此，经理市场效率就是指经理市场对异质型人力资本资源优化配置并实现其价值的程度。具体说来，包括两个方面：一是市场在实现异质型人力资本均衡价格的过程中使交易费用最低①；二是市场能识别出有能力和努力意愿的经营者。有效率的人力资本市场，应是将有限的异质型人力资本资源配置到适当的行业及企业中，进而创造最大产出，实现社会福利最大化的市场。

根据阿罗－德布鲁模型，竞争性均衡配置具有帕累托效率。因此，完全竞争的产品市场成为具有帕累托效率的市场模式。虽然建立在严格假设条件基础上的完全竞争市场模型是一种理想的市场模式，但是它为市场效率研究提供了参照模式，所以构建完全竞争性经理市场模式也是很有意义的。人力资本理论突破了劳动同质性假设，而且人力资本具有无法出售或转移、所有权和管理权无法分开、投资影响消费偏好等区别于物质资本的特征，因此完

① 丁栋虹在《制度变迁中企业家成长模式研究》中把人力资本模式分为异质型人力资本和政治型人力资本两种类型，并详细分析了这两种资本的异同。

全竞争的经理市场更加复杂，需要更多的假设条件。这些条件包括：(1) 存在一个完全竞争的产品市场[①]和资本市场；(2) 经理市场上无摩擦，没有交易费用；(3) 有众多经营者人力资本需求企业，且单个企业不能决定经营者人力资本价格而经营者只是人力资本价格的接受者；(4) 信息是完全的、对称的，即信息获取是免费的，所有企业都能同时获取影响人力资本价格的信息；(5) 经营者人力资本产权界定是完整的；(6) 人力资本价格能完全、准确、迅速地反映所有相关信息。满足上述条件的经理市场可以称为完全竞争的经理市场，完全竞争的经理市场可以克服由于信息不对称产生的"逆向选择"问题，一方面为企业所有者提供了一个广泛筛选、鉴别企业家候选人能力和品质的制度，另一方面又保证企业始终拥有在发现选错候选人后及时改正并重新选择的机会。完全竞争的经理市场不仅有助于克服"逆向选择"问题，竞争的压力还有助于降低经营者的"道德风险"。显然，完全竞争的经理市场均衡所决定的配置是帕累托最优的。但是，由于环境的不确定性及行为个体有限理性、信息非对称、供需结构性矛盾和人力资本产权界定的不完整性致使完全竞争的经理市场是不可能存在的，即经理市场不会达到异质型人力资本的帕累托最优配置。

二 经理市场失效的一般原因分析

Tinbergen 对经理市场的有效性首先提出了质疑，他认为经理市场考核的是经理资源（能力）的价格，而这需要有大量同质的竞争者。可是不同人员的能力不相同，同时企业要求经理人员具备的能力也是不同的。[②] 这是因为企业由于规模、文化、行业等原因，对经理素质的要求也不尽相同，可到底应该有哪些不同，也不是完全被人们所掌握的，即企业对经理能力需求存在不确定性。这表明完全竞争的经理市场关于经理能力具有完全信息和对称分布的假设是不成立的，现实的经理市场不能形成有效的竞争。尽管对一般劳动力市场的研究给出了一些劳动合同的基本特征，但显然经理与一般劳动力

---

① 黄培清等人在《经理市场与产品市场》一文中证明：经理市场起作用的前提是经理人与企业所属的产品市场是相关的。

② 如在中小型企业中，与人打交道的能力更重要，而在大企业，抽象的能力（如制定与把握战略的能力）是更重要的，不同行业与同一行业的不同类型的企业所需的人力资本是不同的。

在许多方面存在本质的区别，这里雇佣的不是简单的劳动，而是一种企业家活动。根据完全竞争经理市场的假设及经理人力资本的特殊性，经理市场失灵的一般原因如下。

1. 环境的不确定及人的有限理性

西蒙提出人的有限理性。经理市场上人的有限理性，有时会使人的行为偏离最大化目标。另一方面企业面对的是一个日益复杂的经营环境，由于经营环境的不确定性，导致对经理市场选拔出来的经理经营绩效的评价扭曲。可是经理市场会忽略难以辨认的环境因素的影响而提高或降低对经理人力资本的评价，导致对经理人力资本定价的低效率，从而使经理市场失灵。

2. 人力资本产权界定的残缺

经营者人力资本产权具有私有性、自主性和完整性。与物质资本不同，人力资本的所有者只能是个人。人力资本天然属于个人的特征，使之可以在产权残缺发生时，以迥然不同于非人力资本的方式来作出响应。经营者人力资本产权的完整性是指经营者必须完全拥有其人力资本，不容许任何对其分割和分享的企图，一旦出现违背市场自由交易法则和其他制度安排的情况，使经营者人力资本产权发生残缺，经营者就会相应地作出反应，“关闭”部分甚至全部的人力资本。而且，被关闭的人力资本还无法被其他主体使用。经营者人力资本产权的自主性使对经营者人力资本只能激励不能压榨[①][②]。简而言之，人力资本产权的残缺可以使这种资产的经济利用价值一落千丈。价格机制不单单配置物质性的经济资源，它同时也激励着生产者和消费者双方人力资本的利用。买什么、买多少和卖什么、卖多少，都离不开双方当事人的健康、体力、经验、知识和判断。这样人力资本产权的残缺就使得经理市场上对经营者人力资本定价偏离了均衡价格，从而使经理市场效率降低。

3. 信息不完备及非对称分布

不对称信息所产生的效率损失问题早就引起了经济学家的关注，但是一

---

① 阿尔钦和德姆塞茨（Alchlan and Demsetz，1972）强调了企业内“计量和监督”，而不是“压榨”。

② 詹森和麦克林（Jensen and Meckling，1976）根据企业家人力资本产权特点，提出对企业管理者激励比监督更重要，从而发展了代理理论。

直没有一个较好的分析方法。1996 年诺贝尔经济学奖得主①，通过引入“激励相容”等概念，把不对称信息问题转化为制度安排和机制设计问题，从而给这一问题的研究开辟了新的分析途径。在现实的经理市场中物质资本所有者与人力资本所有者在交换他们各自的资本以及经营者选拔方面都存在信息不完备及不对称现象。经理市场对经营者的选拔本质上就是对经营者才能的识别和搜寻过程，而经营者人力资本又是一种典型的隐藏信息。这种信息非对称分布导致了逆向选择问题。反映在经理市场上，属于私人信息的经营能力很难在经理市场上被观测出来，结果是买者很难以合理的价格购买到相应的经营人才。因此在大多数情况下（如公众公司），对经营者的选择就成为一个技术性问题（信息不对称问题）。事实上，对经营者的选拔既要付出成本，又存在风险。如被识别者可能出于某种目的而对识别进行干扰，因而会影响判断的正确性。即使可以完全准确地做出判断和选择，在合作中也有可能由于信息不对称而出现事后风险，如败德行为。综上所述，信息不完备及非对称性导致经理市场逆向选择和道德风险，从而成为经理市场低效率的主要原因。

4. 经理市场结构的差异对企业所有者选择激励的影响

在经理市场上，选择者有没有足够的动力进行有效率的选择是影响经理市场效率的一个重要因素，不同企业的所有者有不同的选择激励。

（1）家族式企业：其特点是控制权和剩余索取权的高度集中。由于委托人（所有者）的利益与企业的利益高度一致，因此，委托人有足够的激励去选择合适的经营者，这样会提高经理市场的选拔效率。但由于其终极控制权的高度集中，经营者的控制权十分有限，极大地限制了他们经营能力的发挥，同时也使经理容易产生败德行为，如经理带走企业客户自己创业，导致经理市场的不稳定。

（2）国有企业：虽然从理论上说所有权是高度分散的（归属全体人民），但其形式是国家所有，委托代理链很长，致使终极产权所有者缺位。

① 在 1996 年詹姆斯·莫里斯（James Mirrlees）和威廉姆·维克瑞（William Vickrey）获得诺贝尔奖，他们的主要贡献在于：维克瑞通过对拍卖制度的分析，发现第二拍卖价格制度和英式拍卖制度能够激励拥有私人信息的一方吐露真情，从而是有效率的；莫里斯通过对如何设计最优所得税结构问题的分析，发现一个边际税率递减的税收制度，更能激励纳税人积极工作。由于他们的开创性工作，使得这一问题，在委托—代理理论的名义下，成为目前十分前沿的研究课题。

这样，选择者是否有足够的激励就取决他们的政治觉悟即良心机制。如果政治代理人有败德行为，则代理人的选择就会极其糟糕，最终选出没有经营能力的经营者。因此，仅从制度上来说，国有企业选择激励不足，导致经理市场低效率。

（3）公众公司：公众公司的特点是产权主体多元化以及所有者非同质。与国有企业相同点在于，选择者不是或不完全是终极的所有者；与家族式企业相似之处是，选择者又是很重要的终极所有者。因此其选择激励介于二者之间。公众公司选择者的选择激励与控制权市场如资本市场有着密切的关系。在发达的资本市场上，股东的监督无疑是对董事会的一种约束，同时股东的用手投票与用脚投票机制对经营者也是一种很好的威胁，迫使他们提高经营绩效，这样就会提高经理市场对经营者的选拔效率。

5. 供需结构性矛盾

由于经营者面对的是一个复杂和不确定性的经营环境，需要创造市场的能力，具有这种能力的经营者在经理市场上供给不足；另一方面经营者人力资本相对于物质资本的重要性增加了①，而信息不完备使人们能了解的人力资本不等于经营者实际拥有的人力资本；同时，由于信用机制和声誉机制不健全等多方面的原因，更造成了有限的有能力的经理供需之间难以匹配，而这一矛盾是结构性的，这也会导致经理市场失灵，因为这时经理市场本身无法有效配置人力资本这种经营企业的资源。

三　我国经理市场低效：制度的视角

我国正处于经济转轨时期，市场经济所需的法律法规和相应制度环境还没有完全建立起来，因此，除了上述一般原因导致我国经理市场失灵外，还有一些制度因素导致我国经理市场低效率。

1. 不具备物质资本与人力资本的初始契约，经理市场无法对经营者人力资本进行有效定价

古典经济学通过完全理性选择、信息充分、生产函数的良好性抹杀了人

---

① 方竹兰（1997）认为经营者是依靠将其人力资本投入到企业合约中获得必要的产权，而不一定要有非人力资本为依托。因为企业家的人力资本是更为稀缺的资源，它在企业及社会财富中具有决定性的作用。

力资本的创新作用，将人力资本仅限于劳动层次。现代人力资本理论从批判古典经济学假设中，说明了人力资本（无论一般人力资本，技能型人力资本还是管理型人力资本）应该参与企业剩余的分配。如方竹兰证明人力资本具有可抵押性和承担风险的能力而应该分享企业剩余；冯子标等人从人力资本稀缺度、对生产的贡献、退出成本、承担风险的能力及禀赋五个方面说明人力资本在订立契约时谈判力在逐渐提高，要分享更多企业剩余。我国大多数国有企业的诞生不是市场交易的结果，企业的建立与经营者人力资本没有形成初始契约，不仅所有物质资本归国家支配，经营者人力资本也由国家支配，人力资本与物质资本的结合是由国家强制执行的。缺乏初始契约的国有企业在非市场环境中也是可以运行的，但是人力资本的私有特征却不因此而改变，它需要社会承认，并确定其价值。根据分配理论，没有初始契约，人力资本产权界定残缺，企业经营者人力资本价值就无法确定。从企业经营者人力资本的形成看，国家为其成长付出了投资（包括显性和隐性部分），人力资本所有者也进行了投资。但由于无初始契约，投资收益——企业经营者人力资本价值难以分割，难以通过经理市场定价。

2. 管理体制缺陷产生寻租行为，导致经理市场对经营者配置失效或低效

我国转轨时期由于体制的缺陷及委托人对企业经营者制约能力的弱化，出现了以下三种寻租行为。（1）职位性寻租。我国国有企业是行政任命制，经营者的任免权掌握在政府和上级主管部门手中，主管部门做出的任何一项惩戒性解雇措施将会剥夺与某一职位相关的租金，这对企业经营者的控制权收益构成损失。没有能力的经营者即使不抱提升的希望，也想保住现有的职位，从而对上级主管部门的官员进行“感情投资”。这样就使一些没有经营能力的经营者仍能待在企业的领导层。（2）机会性寻租。我国国有企业凭借其与政府的天然联系，可以优惠价格获得外汇、物资、资金及其他生产性资源和各种投资项目以及市场准入机会，而非国有企业难以直接从政府手里获得这些机会和资源，这时国有企业经营者成为非国有企业的寻租对象。在利己性动机驱动和委托人制约缺乏的情况下，经营者可能为得到非国有企业给予的租金而将自己手里的一部分资源和机会转移到非国有企业。（3）政策性寻租。政府为进行某些体制变革的试点而给予一些企业一定的优先权和特许权，使其与非试点企业区别开来，取得成功后再逐渐向非试点企业推广。由于未经批准或授权的企业不能模仿试点企业的做法，也无法享受到试点企业

的优惠条件，这就使试点企业产生了一种政策性的“垄断租金”。后面两种租金的存在使一些企业经营者虽然没有经营才能，但是凭借这种不正当关系也使企业获得一些特权而得以生存，而在一个公平竞争的市场环境里，这些企业就会亏损。这种寻租行为影响了企业经营者选拔效率，也使选拔出来的经营者想着去寻租，而不是在市场上去寻利。

3. 经理市场二元性致使人力资本的单向流动及人力资本异化，降低了经理市场的隐性激励功能

相对国有企业内部经理市场来说，在民营企业和三资企业存在一个外部经理市场。随着一些制度、法规的不断完善，内部经理市场来自控制权的隐性收入不断减少，相应的显性报酬又远远低于外部经理市场，这样具有较好异质型人力资本的经理就会流向外部经理市场。对随机抽取的 20 家地处浦东的非国有企业的调查结果表明，20 个总经理 14 个来自国有企业；95 个副总经理中有 60 个来自国有企业。这种单向性的流动导致了内部经理市场解雇威胁带来的隐性激励降低，而显性激励又不足以替代这种隐性激励，致使经营者要么跳槽到外部经理市场，要么更加偷懒。此外内部经理市场的进入门槛较高，空缺的内部经理职位就只能从其他国企或行政部门任命，导致内部经理市场里只是政治型人力资本①的交替循环，经营者选拔范围缩小，降低了内部经理市场的选拔效率。

4. 转型时期异质型人力资本供给不足，供需矛盾突出

我国经济体制转变引致的竞争加剧，现代企业制度的建立以及企业创新的需要等因素，都将促进对异质型人力资本的需求。但目前我国经理人市场优秀企业经营者人才资源严重稀缺，在数量、质量与素质等方面供给不足，由此造成供需矛盾突出。从学历看，我国企业经营者中大学、大专学历比例最高，整体经营者文化素质偏低。其中，学历为大学本科以上的仅占 44.6%，大专占 40.1%，而高中（中专）以下占 15.3%（企业家调查系统，2000）。在经营管理理念方面，据姚凯一项关于“你认为现代经营者最需具备的经营管理知识和专业知识”的调查结果，多数经营者认为业务知识和行业知识占相对重要位置，而对知识管理和企业内部信息系统重视不够，说明我国企业经营者离现代经营管理理念要求尚有一定差距。在创新能力方面，目前我国

---

① 主要由政治资本构成的人力资本称为政治型人力资本。这里主要指个人在传统计划经济体制的权力结构中所具有的社会资源。

企业经营者创新型人力资本存量非常低，调查显示，仅有 23.9% 的经营者认为自己拥有较强的创新能力，而对于管理创新、观念创新、技术创新和制度创新的满意度分别为 44.0%、25.1%、23.7% 和 21.8%。此外，我国长期以来形成的政治型人力资本向异质型人力资本的转变尚需要一个过程。所有这些因素都制约了异质型人力资本的形成与供给，导致我国经理市场效率的低下。

四 结论

通过以上分析，要提高我国经理市场的效率，必须加快在我国市场经济体制的建立，进一步完善现代企业制度和产权制度改革，培育充分竞争的市场环境，同时要注意我国经理市场发展的微观路径抉择。一是重构我国企业的初始契约并重新界定我国经营者人力资本产权。具体做法就是通过国有股的退出和吸引非国有股份到国有企业中来，使物质资本和人力资本拥有真正的所有者；并且通过年薪制，股票、股票期权及指数期权方式让企业经营者实际上参与企业剩余分配，真正体现人力资本产权的完整性。二是完善公司治理结构，缩短委托代理链，改行政委托代理为市场委托代理，让企业所有者有足够的激励去选择企业经营者，同时减少他们之间的信息传递弱化及不对称分布的缺陷。三是提高产品市场和资本市场的市场化竞争程度，强化对经理市场经营者的隐性激励。如发展成熟的资本市场就可以利用“用手投票”和“用脚投票”的机制对企业经营者形成压力，减少他们的败德行为。四是加快外部环境制度建设，规范企业内部运作，提高内部经理市场的显性报酬和促使政治性人力资本向异质型人力资本的转换，使二元性经理市场向一元经理市场过渡，从而提高经理市场由于解雇威胁而带来的隐性激励作用。五是在 MBA 教育中设置符合异质型人力资本需要的知识课程，并进行与实践相结合的案例教学，提高我国职业经理的创新能力和道德素质，缓解我国经理市场异质型人力资本供给与需求之间的结构性矛盾。

（本文发表于《经济管理》2005 年第 3 期）

参考文献

［1］李新春：《经理市场失灵与家族企业治理》，《管理世界》2003 年第 4 期。

［2］于东智：《转轨经济中的上市公司治理》，中国人民大学出版社，2002 年版。

［3］黄桂田、张绍炎：《制度短缺与激励的失效》，《经济理论与经济管理》1998 年第 4 期。

［4］焦斌龙：《中国企业家人力资本：形成、定价与配置》，经济科学出版社，2000 年版。

［5］周其仁：《市场里的企业：一个人力资本与非人力资本的特别合约》，《经济研究》1996 年第 6 期。

［6］方竹兰：《人力资本所有者拥有企业所有权是一个趋势——兼与张维迎博士商榷》，《经济研究》1997 年第 6 期。

［7］冯子标：《人力资本参与企业收益分配研究》，科学出版社，2003 年版。

［8］芮明杰、赵春明：《外部经理市场对国有企业的影响及对策》，《中国工业经济》1997 年第 2 期。

［9］企业家调查系统：《我国经理厂长素质调查报告》，《中外管理》1998 年第 8 期。

［10］姚凯：《企业经营者工作性质及行为现状调查》，《经济理论与经济管理》2001 年第 4 期。

［11］中国企业家调查系统：《企业创新：现状、问题及对策——2001 年中国企业经营者成长与发展专题调查报告》，《管理世界》2001 年第 4 期。

［12］丁栋虹：《制度变迁中企业家成长模式研究》，南京大学出版社，1999 年版。

［13］李垣、刘益等：《转型时期企业家机制论》，中国人民大学出版社，2002 年版。

［14］王珺：《企业经理角色转换中的激励制度研究》，广东人民出版社，2002 年版。

［15］R. 科斯、A. 阿尔钦、D. 诺斯：《财产权利与制度变迁》，上海人民出版社，2003 年版。

［16］Hart，Oliver & Moore，John，1990，“Property Rights and the Nature of the Firm，” *Journal of Political Economy*，98（6）：1119－1158.

［17］Fama，Eugene F.，1980，“Agency Problems and the Theory of the Firm，” *Journal of Political Economy*，88（2）pp. 288－307.

中国改革开放40年的制度逻辑与治理思维

金　碚

自1978年以来的40年，是中国加速工业化的时代，这一时代最突出的社会经济质态和标志性特征就是“改革开放”创造“巨变”。在这40年中，中国经济发展创造了人类发展史上罕见的超大型经济体高速工业化的奇迹。在此之前，从17～18世纪开始的世界工业化进程，表现为发生在千万人口的经济体中的工业革命和经济高速增长现象，即使是英、法、美等工业大国，在其工业化初期，也都是4000万～8000万人口的经济体。在那样规模的经济体中，实行市场经济制度，由市场供求机制推进工业化进程，表现出无可否认的有效性，同时也产生了许多难以容忍的问题，付出了很大的社会代价。美国学者杜赞奇在《全球现代性的危机——亚洲传统和可持续的未来》一书中指出：“在一个社会形态的内部，现代化的到来伴随着对一个在社会上更公正、在物质上更丰裕的未来的启蒙主义的许诺。但它也曾伴随着一系列物质和实践方面的恶行，以及对自然无限制的开采”（杜赞奇，2017）。与其他国家的工业化不同的是，新中国建立时，就已是一个6亿左右人口的经济体，如何实现工业化有其很大的特殊性和艰难性。基于对西方国家工业化道路的批判和对社会主义制度的高度自信，新中国基于非常“革命”的理论信念，试图在一个数亿人口的巨大型国家，走出一条“有计划，按比例”发展的道路，尽快赶超发达工业国，创造一个“人间奇迹”。但是，事与愿违，非常“革命”的理论和实践，并没有带来所期望的理想奇迹，却是事倍功半的不良后果。实践的严酷教训是：要实现工业化和经济现代化，就必须遵循客观经济规律，即使不得不接受工业化先行国家所制定的规则（往往对后发国家不利），也绝不可完全背离世界各国工业化和经济发展的共同路径，另辟计划经济蹊径，即必须走发展市场经济的道路，而没有其他可行道路。这就是中国毅然决然实行“改革开放”的历史背景。依此逻辑，中国走过改革开放40年，极大地改变了中国工业化进程的基本轨迹，既创造了巨大的成就，也认识到了“不平衡、不协调、不可持续”的突出问题，提出了科学发展观的诉求，并在2012年进行了迈向新时代的新部署，调整战略，转战五年，首战告捷，奠定了未来发展的坚实基础。在漫长的人类发展历史中，40年如弹指一挥间，历史画卷翻过一页，今天中国的工业化进入新时代，须有新的理念引领新的征程。

一　改革开放的逻辑起点：对计划经济体制绩效的反思

1. “传统体制”并不传统

现在，我们通常将1978年实行改革开放以前的经济制度称为“传统计划经济体制”，把坚持实行那种体制的主张称为“保守观念”。其实，从工业化和经济现代化的历史看，那样的体制既不“传统”也不“保守”，而恰恰是非常“革命”的，是一种“彻底颠覆”“重起炉灶”式的制度设想或安排。它不仅否定资本主义，也否定市场经济；不仅否定经济全球化，也否定经济开放；不仅否定金融自由，而且抑制甚至拒绝各种金融经济关系和金融活动，例如将“既无内债又无外债”视为经济健康的理想标志。

同今天许多人所想象的不同，那不仅不是保守的体制设想，也不是保守的发展观，恰恰相反，完全是一个激进主义的和超越客观条件的赶超型发展观，例如，声称“有条件要上，没有条件创造条件也要上”“人有多大胆，地有多高产”，即试图采取一种特别“优越”的方式和极大的主观努力，来促进生产力发展和经济高速增长。瞄准的目标则是世界上最发达的资本主义国家即英国和美国的经济发展水平。其思维依据是：既然在军事战场上可以战胜美国，那么，为什么在经济战场上就不能尽快赶超英美（以社会主义战胜资本主义）？而且，那时还有苏联作为榜样和提供后援，更增强了赶超先进工业国的自信。总之，现在我们通常将那样的理论和实践称为“传统体制”，而在当时，人们却视之为可以体现非常先进的生产关系的崭新制度，据此可以促进生产力的快速提高，实现工业化的赶超目标。

2. 计划经济体制表现出悖理的后果

历史有其自身的逻辑，赶超工业发达国家的强烈愿望反而可能成为束缚手脚的羁绊。那么，事情为什么会是这样呢？即为什么先进的思想会“事与愿违”？付出了巨大的努力，收获的却仍然是“贫穷”和“落后”。人们可能想当然地认为，那是由于在计划经济制度下，人们普遍“懒惰”，不思进取，躺着吃大锅饭。其实，从那个时代过来的人都曾感受过，事实并非如此。计划经济中劳动者的勤劳勇敢、吃苦耐劳、任劳任怨者，恐怕并不比今天少。那么，问题究竟出在哪里呢？

当时所设想的计划经济体制并非没有其理论的“逻辑自洽性”。众所周知，它有三大基本特征，称为社会主义制度的三大“优越性”：公有制、计划经济（指令性计划）和按劳分配。而且在理论逻辑上，它们之间是三位一体的关系，相互依存，一存俱存，一损俱损。但是，这种理论上具有“优越性”和“逻辑自洽性”的社会主义计划经济体制在现实中却表现出诸多“悖理”的现象和后果。

按照计划经济的理论设想，可以克服市场经济的盲目自发性，确保国民经济按照事前所科学确定的计划安排进行生产和消费，这就可以自觉利用客观规律，并更好地“发挥人的主观能动性”，实现更快速度的经济增长，推进工业化，达到赶超目标。例如，可以发挥国家力量，集中调配资源，实行“优先发展重工业”的战略，以满足加速工业化的要求，即使发生一定程度的不平衡现象，也是体现客观规律的本质要求和必然趋势。但是，这种出于“有计划、按比例”地推进经济高速增长的愿望和行为，却反而导致了国民经济的严重失调和经济困难。理论的“正确”性在实践中碰壁，主观上要“大跃进”，结果事倍功半，甚至适得其反。

3. 反思曾导致错误归因

当计划执行结果不如人意时，人们认为那是由于计划经济的纪律不够严格，或者是由于计划控制之外的因素和力量干扰了计划的严肃性和严格性，特别是由于公有制水平不高，使计划执行的所有制基础不够坚实牢固。因此，为了确保指令性计划的落实，就必须实行更高水平的公有制以确保执行更严格的计划经济管理制度。当时的公有制形式主要分为全民所有制和集体所有制两大类，前者又分为国营和地方国营两类，后者则分为“大集体”和“小集体”两类。[①] 因此，按当年的认识，公有制经济的等级从高到低分别为：国营、地方国营、大集体、小集体四种形式。等级越高的公有制形式，

① 按当时的理论解释，大集体是指一个地区，例如全市、全县的全行业全体劳动者共同所有；小集体是指一个企业内的全体劳动者共同所有。

社会化程度越高，就可以在更大范围内以指令性指标方式实行按计划生产。因此，人们相信，作为计划经济的产权制度基础，公有制形式的等级越高，计划纪律越严格，实行计划经济就越顺畅。反过来也可以说，计划经济之所以执行不理想，主要是因为公有制形式不够发达（层级不够高）。人们相信，只要所有的经济活动主体都实行单一的全民所有即国有国营，全国所有的工厂就像一家大企业，执行严格的计划管理，计划经济就能够表现出极大的优越性。可见，计划经济与公有制具有相互强化的关系。而且，按照当时的理论逻辑，实行公有制，可以解放私有制的约束，劳动者不再是为别人干，而是为自己干，消除了“剥削”关系，当然就能够极大地解放劳动生产力，激发生产积极性。所以，公有制是最能适应生产力特别是先进生产力发展的先进生产关系和经济制度。不过，这样的理论设想在现实中却表现出相当悖理的结果，反而阻碍了生产力发展，而且劳动者并未切身感觉到是在“为自己干”。即使通过思想灌输，劳动者明白了是在“为自己的国家”或“为完成自己国家下达的计划指标”而工作，也难以持续保持日常劳动和工作的利益关切性，以动员和政治运动的方式所激发的热情毕竟难以持续和常态化。

与公有制和指令性计划互为前提条件的是，社会主义经济全面实行按劳分配制度。理论上说，劳动者可以获得自己劳动（做了必要扣除之后）的创造物，称为“消费基金”或“消费资料”，除此之外的部分全部归公，其经济性质为“必要扣除”部分，称为“积累基金”或“生产资料”。这样，劳动者就完全是为自己工作，获得相应的劳动报酬（消费资料），确保不会形成私人财产积累（生产资料），而导致败坏公有制基础的后果。不过，其中有一个显然的矛盾：实行按劳分配或按劳取酬，劳动者是否可以在做了“必要扣除”之后就能够获得与个人贡献完全相等的报酬了呢？如果是，那么即使实行严格的按劳分配，劳动贡献大的人也必然报酬会更多，而且，每个劳动者的家庭人口不同，所以，只要不是实行实物供给制，而实行工资薪金制，就必然会产生个人或家庭拥有的私有财产（产生于更多的劳动报酬）；而如果为了防止发生这样的情况，就得实行实物供给制，那么又显然违背了按劳分配原则。所以，当时的理论界借用马克思的有关论述，不得不承认按劳分配仍然是一种“资产阶级法权”。也就是说，即使实行严格的按劳分配制度，在理论逻辑上也会产生资本主义经济关系，即形成私人财产积累，进而可能侵蚀公有制和计划经济。所以，在那个时代，计件工资、等级工资、奖金制度等，也都被视为“资本主义因素”，总是想去之而后快。因为那是关系到能否确保计划经济有效运行性的原则问题。

可见，传统社会主义经济的“三位一体”原则，尽管是一个美妙的理论构想，可以论证其“优越性”，似乎是理论领域中的一片朗朗晴空，运用于实践就可以成为美好现实。但在天边却似有隐约存在而难以抹去的乌云，人们总是担心天边的“乌云”可能不断扩展张扬，终而演变形成大气候，彻底改变整个晴朗天空，损害了美好世界。因此，社会主义经济体制必须纯而又纯，否则就会潜伏着可能爆发的矛盾，因而使想象的“优越性”难以实现，或者得而复失。在中国改革开放之前的 30 年中，这样的忧虑一直困扰着中国理论界。特别是由于在中国的现实国情下，实际上很难实行苏联式的严格纯粹的计划经济体制，如果要符合计划经济的理论原则，就必须不断地清除现实中的资本主义因素，“割资本主义尾巴”。这就必须“不断革命”“继续革命”，竭尽所能地消除社会主义天空中可能出现的任何一块资本主义“乌云”，时时保持高度警惕，绝不能让其蔓延而成了气候，这似乎成为计划经济的宿命。在这样的逻辑下，计划经济对经济活动的管束必然越来越严格（称为“计划就是法律”）。

4. 对制度绩效的再反思

如果承认“劳动创造价值”，那么，对于中国经济发展，劳动者的吃苦耐劳从来不是问题，因此，加速工业化也不应成为问题。但事实为什么会是竭尽极大努力，而且从来未曾懈怠，却仍然是事倍功半，难尽如人意呢？为什么新中国建立后全力发动，强力推进工业化，却并没有取得令人满意的起色？

40 年前开始的改革开放，正是从反思计划经济为何事与愿违和在实践中事倍功半出发的。

二 改革路径：从局部突破到全方位制度变革

1. 理论上承认市场经济的可行性与合理性

中国推进工业化的愿望从来是非常急切的，自建国始就试图以革命的思维，依靠政治力量，采取动员方式，实行“大推进”战略。问题是，革命可以打破旧制度建立新国家，但“另起炉灶”式的“革命”思维，如果表现为凭借热情的运动方式和自上而下的命令体制，往往会违背客观规律，难以为中国工业化进程提供一个可以事半功倍地加速其增长的“阿基米德支点”，无论是“全心全意抓生产”还是“抓革命，促生产”，都不能有效推动工业化进程。换句话说，以计划经济为支点，即使采取渐进的“革命性”手段，“抓”字当头，动员起人民的生产热情，也难以撬动中国经济庞大的躯体，将其引入加速工业化的道路，而只能导致事倍功半甚至得不偿失的后果。

其实，人类发展史表明，原本存在一个现成的选择：现代市场经济就是一个可以“事半功倍”地推进经济增长的经济体制，所以，绝大多数国家的工业革命和工业化都是在市场经济制度下实现的。在工业革命之前的数千年历史中，以人均收入来衡量，整个世界经济几乎处于停滞状态（据学者估算，人均收入年均增长率仅为0.02%）。而工业革命为经济发展提供了两个巨轮：制造和贸易，即大机器工业和大范围市场的形成。

计划经济理论在实践中表现出的悖理现象表明：推进工业化不可能不依靠市场经济制度。因此，改革的关键就是必须接受：在传统社会主义经济制度的“三位一体”逻辑链条上打开缺口，即承认市场经济的可行性和合理性，同时又能保持同社会主义的契合。从1978年开始，经过十多年的探索和争论，到1992年，中国才正式肯定了社会主义也可以搞市场经济。从改革历程来看，这是一个石破天惊的理论突破。因为，如前所述，只要在传统社会主义理论“三位一体”的构架中任意抽取或改变一处，整个理论构架就将发生颠覆性改变。但从人类发展的历史进程看，承认市场经济毕竟不是“彻底颠覆”和“另起炉灶”式的激进革命思维，而是渐进的和撞击突破式的改革思维。而且承认市场经济并不意味着否定社会主义和计划手段，实际上在世界所有实行市场经济的国家中，有数十个国家也是声称要实行“社会主义”或承认其社会制度具有社会主义因素的（据不完全统计，至少有60多个这样的国家）。中国改革过程中，虽然主张“大胆闯，大胆试，大胆破”，但也不是为所欲为，而是试错式前行，“走一步看一步”，形象地称之为“摸着石头过河”。总之，从“革命”转向“改革”，体现了对客观规律的尊重和道路选择的可行。

2. 实践中选择结构冲突较小的渐进式改革路径

不过，一旦承认市场经济的正当性，指令性计划就必然会逐步缩小其范围，直至基本上完全退出，这样，以指令性计划指标为特征的计划经济体制就必然彻底改变。尽管中国改革的过程其实是高度受控的，以免发生难以承受的混乱，但指令性计划的体系一旦被打开缺口，即使只是从“边缘”处尝试“变通”，以“双规制”过渡，但一旦尝到“甜头”，就将一发而不可收，所有的界限都有可能被突破。起先人们还在为从哪里开始松绑和从何处解扣而争议、犹豫和徘徊，甚至一次次设置制度变革的“底线”和“禁区”，但“渐进式改革”具有难以抗拒的“潜移默化效应”，其向各领域推进的渗透性甚至比休克式改革更强，因为渐进式改革走的是一条利益诱导性很强而结构冲突性较小的道路。所以，“三位一体”原则的链条无论在哪里解开锁扣，都会导致其整体解构，如同多米诺骨牌，推倒一块，连锁反应，局部突破必然演变为全方位变革。只要承认了市场经济具有优于计划经济的可行性，公有制和按劳分配制度也必然发生变化，甚至其核心——国有企业体制也将进入改革进程。改革的突破，牵一发而动全身，为中国经济发展和工业化进程迎来了全新的局面。

在国内经济体制上为市场经济正名，对公有制和收入分配制度进行相应的改革，同时也必然会导致对当代世界经济认识的根本性改变，即对当代资本主义经济以及美国等“帝国主义”国家及其主导制定的国际经济秩序，有新的认识。这实际上就是对资本主义经济全球化的重新认识。因此，国内经济体制的改革必然同对外经济的开放相契合。可以说，改革与开放如同一枚硬币的两面，实际上是同一个理论逻辑在现实政策上的两方面表现。如果说1992年是在改革方向上终于“想明白，下决心了”，那么，2001年中国加入世界贸易组织（WTO），则标志着中国在对外开放上也终于彻底想明白和下决心了。这是一场真正的关于在社会主义制度下放手发展市场经济的伟大启蒙运动，中国经济发展和工业化进程的面貌焕然一新，整个世界的工业化版图和经济全球化格局也将发生根本性改观。（金碚，2017）

3. 关键节点的重大举措逐步推动改革“由点到面”铺开

纵观40年来中国经济的巨变，改革开放如同一个“阿基米德支点”，支撑着步步深入的各项重大举措，产生强有力的“杠杆”作用，有效地撬动了中国这个超大规模经济体，推动其走上加速工业化进程。

第一次撬动：1978年，解放思想，突破禁锢。这一年，以中共十一届三中全会为标志，以“实践是检验真理的唯一标准”的理论为思想武器，开始了向教条主义意识形态的挑战，直面传统经济体制的矛盾痼疾，深刻反思，勇于首创。特别是勇敢地强调要反对极左思想，彻底摆脱“宁左勿右”的思维，这就拉开了经济体制改革大幕。这一年可称为中国的“改革开放元年”。

第二次撬动：1992年，市场正名，方向明确。从1978年到20世纪90年代初，尽管提倡解放思想，但传统思想的桎梏仍然严重约束着理论突破，特别是对于“市场经济”的认识，纠结难解。经过十多年的探索争论，在这一年，邓小平表现出了巨大的理论勇气，在南方谈话期间发表一系列重要讲话，确定了中国经济改革的方向是建立社会主义市场经济体制，以此为引领，中国经济体制改革从此具有了市场开放、管制松绑、效益导向的明确方向。这一年可称为中国的“市场经济元年”。

第三次撬动：2001 年，参加世贸，融入全球。这一年中国加入了世界贸易组织（WTO），标志着中国决意开门拆墙，引进放活，不仅同国际“接轨”，而且要全方位融入经济全球化。这不仅对于中国经济发展具有深远意义，而且世界经济格局也从此发生巨变。这一年可称为中国融入世界经济的“全球化元年”。

第四次撬动：2008 年，逆势勇进，助力擎天。在应对美国次贷危机所引发的国际金融危机和世界性经济危机中，中国有力地发挥了遏制世界经济“自由落体式下滑”势头的重要作用，第一次成为对稳定全球经济增长贡献最大的国家，承担起大国责任。也正是在做出了这一世界性贡献的过程中，中国发展成为 GDP 总量世界第二（2010 年）、进出口贸易总额世界第一（2014 年）的国家，国际地位和话语权显著提高。这一年可称为中国重返世界舞台中心的“大中国元年”。

第五次撬动：2012 年，“清洁风暴”，除障稳进。改革开放创造了巨大成就，但也叠加起诸多矛盾，特别是，整体环境的恶化成为突出问题。以中共十八大为起点，发起强有力的反腐倡廉斗争、党风政纪整肃、生态环境治理等行动，进行政治、经济、社会、环境、营商等各领域的“大扫除”，驱邪守正，整治纲纪。这是历史转折中跨入新时代的“第一战役”，自此中国经济进入稳中求进的“新常态”，走上中国崛起和实现“中国梦”的新征程。这一年可称为中国特色社会主义的“新时代元年”。

2018 年，改革开放 40 周年之际，经历伟大巨变的崭新中国，站在了民族复兴新的历史起点上。

三　方式与效果：以渐进式制度变革终结中国“落后”历史

1. 渐进式变革推动工业化加速

如前所述，中国改革开放尽管具有彻底的创新性，但并非“休克”式的另起炉灶和断然颠覆，它的“革命性”和“颠覆性”蕴涵于连续性过程之中，具有渐进式推进的显著特点：改革开放、经济发展、维护稳定始终是三个不可偏废或忽视的“命脉”。改革开放以不破坏稳定为底线，发展成就为衡量改革成败的标志。同时，稳定的要求也不可阻碍改革与发展，因为深刻认识到没有改革发展，最终无法保持长治久安的稳定。可以说，这是中国 40 年改革开放道路与工业化进程的最突出特点，也是其战略推进的高度技巧性所在。全世界能够成功把握好这一关系的国家尤其是大国实属罕有。

渐进式改革开放必须冲破一个个障碍，松解一道道桎梏，拆除一道道藩篱，各种障碍、桎梏、藩篱，有利益性的，也有意识性的，当然更有制度和惯例性的，常常是盘根错节，难以下手。因此，改革开放进程往往是从呼吁“松绑”开始，经由“变通”，逐步“放开手脚”，最终才能实现“市场决定”。其实，市场经济之所以是一个“事半功倍”的有效制度，其奥秘就在于，只要“放开”“搞活”，就会有动力、活力和效率。在中国改革开放进程中，几乎是“松绑”“放手”“开放”到哪里，经济繁荣就展现在哪里。

如前所述，计划经济下推进经济发展总是倾向于“抓”字当头，而市场经济下促进经济发展更倾向于“放”字当先。直到今天，深化改革，简政放权，优化营商环境的举措仍然是“放”字当先（简称“放、管、服”）。

40 年来的改革开放，在所有领域中，松绑、放手和开放最彻底的产业是工业部门。正是由于对工业的松绑和放手，并且率先对外开放和迎接全球化挑战，就给中国工业化的“制造”和“贸易”两个巨轮以强大能量：释放出巨大的加工制造能力和高渗透性的贸易活力。其结果是：在工业统计的所有门类中，中国工业均有不凡表现，这在世界所有国家中是独一无二的。中国工业化呈现加速态势，就成为必然：工业品生产和货物贸易推动两大巨轮迅速转动，“中国制造”的工业品（尽管主要是处于中低端领域的产品）在全球市场竞争中几乎呈所向披靡之势，在各国市场“攻城略地”，占据越来越大的国际市场份额，中国经济发展的成就令世界惊叹。

2. 渐进式变革推动中国综合国力提升

中国作为世界人口数量第一，国土面积居世界第四位的巨大型国家，在 40 年前的 1978 年，国内生产总值（GDP）居世界第 12 位，仅占世界 GDP 总额的不足 2%（当年中国人口占世界 22%）。[①] 而且，当时的中国经济处于

① 按汇率计算为 1.7%，而有的学者按购买力平价计算，大约不足 5%。

高度封闭状态，国际贸易非常不发达，货物进出口贸易总额列世界第 29 位，外商直接投资列世界第 128 位。

经过 40 年的经济高速增长，现在中国国内生产总值（GDP）已跃居世界第二位，[①] 约占世界 GDP 的 15%。而且毫无悬念，在不太长的时期内，中国的 GDP 总额就将超过美国，居世界第一。今天的中国经济已经高度开放，货物进出口贸易总额和外商直接投资均居世界前列。经历短短三四十年，中国就从一个十分贫穷，外汇极度缺乏的国家，一跃成为世界外汇储备最多的国家，到 2015 年，中国的外汇储备约占世界的 1/3（如表 1、表 2 所示）。

表 1　中国主要指标居世界的位次

指标	1978	1980	1990	2000	2010	2014	2015
国土面积	4	4	4	4	4	4	4
人口	1	1	1	1	1	1	1
国内生产总值	12	12	11	6	2	2	2
人均国民总收入	175（188）	177（188）	178（200）	141（207）	120（215）	100（214）	96（217）
货物进出口贸易总额	29	26	16	8	2	1	1
外商直接投资	128	55	13	9	2	1	3
外汇储备	23	36	9	2	1	1	1

注：括号中所列为参加排序的国家和地区数。
资料来源：中华人民共和国国家统计局（2016）。

表 2　中国主要指标居世界的比重

单位：%

指标	1978	1980	1990	2000	2010	2014	2015
国土面积	7.1	7.1	7.1	7.1	7.1	7.1	7.1
人口	22.3	22.1	21.5	20.7	19.4	18.9	18.7
国内生产总值	1.7	1.7	1.6	3.6	9.2	13.3	14.8
货物进出口贸易总额	0.8	0.9	1.6	3.6	9.7	11.3	11.9
外商直接投资		0.1	1.7	3.0	8.6	10.5	7.7
外汇储备				8.6	30.7	33.2	30.6

资料来源：中华人民共和国国家统计局（2016）。

① 据一些国际组织计算，按购买力平价计算，中国 GDP 已超过美国居世界第一。

3. 40年改革开放带来物质生活和社会心态的巨变

正是在40年改革开放所取得的巨大成就的基础上，2018年召开的中共十九大宣告了新时代的到来，并且做出了一个重大的政治和战略判断："我国社会主要矛盾已经转化为人民日益增长的美好生活需要和不平衡不充分的发展之间的矛盾。"这是一个彪炳史册的伟大宣告。此前，中国社会的主要矛盾长期一直是"人民日益增长的物质文化需要与落后生产力之间的矛盾"，现在，这一表述从此改变。那么，关于社会主要矛盾的新旧两个表述的涵义有何根本性区别呢？最引人瞩目，也是最让中国人振奋的是，在新的表述中没有了"落后"两字，实际上是向世界宣告：中国从此不再落后。

一个在民族心理上非常注重脸面的国家，不得不承认自己的"落后"，是很痛苦和很"没有面子"的。其实，从西欧国家发生工业革命的18世纪以来，中国就落后了。开始时尚不自知，或者"死要面子"，不想承认。直到19世纪中叶，拥有强大工业生产能力的西方列强，以"工业化"的武器打开中国大门，才迫使中国睁开眼睛面对世界。那时，中国人不得不承认自己这个居于"世界中心"，曾经将外国视为不开化"蛮夷"的"泱泱大国"，实际上已经远远落后于西方工业化国家了，反而被称为"东亚病夫"和"泥足巨人"。此后一百多年的中国历史，留下迄今难以磨灭的落后挨打的痛苦记忆。"落后"两字，就像是深入中国人肌肤的"纹身"和屈辱黥面的印记，无法遮掩，难以抹去，成为近现代史上中华民族几代人的"痛点"。因此，"留洋""出国"甚至"崇洋媚外"，成为千万中国人寻求摆脱落后境地的群体性行为倾向和心态惯性。难以否认，相对于落后的中国，在当时中国人眼中，"外国"几乎就是"发达"的代名词，"洋人"成为富人的代名词。因此，在许多中国人看来，"留洋"就是"人往高处走"，连外国的月亮都比中国的更圆。经济落后导致了社会精神和文化心态上的深切落后感、屈辱感和自卑感。

正是由于渴望消灭这种"落后"，为自立于世界民族之林而扬眉吐气，亿万中华儿女艰难苦斗，不惜血汗，前赴后继。新中国的建立就是这种长期苦斗未果而爆发人民革命的结果：中国人民从落后挨打的屈辱境地中站起来了，而站起来的中国更不甘于"一穷二白"的落后面貌。毛泽东立下誓言，要带领中国人民"把贫穷落后的帽子甩到太平洋里去！"今天，这一夙愿终于实现了。40年的改革开放回报的是中华民族苦苦追寻的梦想成真。对于经历了漫长苦难岁月的亿万中国人民，以至遍布世界各地的海外华人，这是一个激动人心的时刻，不由得感慨万千：过去数百年，我们的前辈们长期生活在经济落后的年代，今天，我们终于迎来了一个不再“落后”的新时代，真的可以扬眉吐气了。数百年变迁，历史的伟大转折就展现在眼前，我们就是这个伟大转变时刻幸运的亲历者：中华人民共和国国歌中“最危险的时候”悲壮呼号，已经成为历史警语。今后的中华子孙后代，如果不是通过历史知识的学习，恐怕再也难以理解这一国运警语的意义了。因为，他们再不会有“落后中国”的切身感受了。在以往中国人眼中因物质富足而生活状况令人羡慕的外国，在下一代中国孩子们眼中很可能会成为“生活没有中国方便”的国度。过去，中国人大多是“怕苦才出国”，而到了下一代，很可能反而变为“不怕苦才出国”了，到国外不是去享受物质富足，反而是去“吃苦”，去经受“磨炼”。总之，中国人从此不会再像穷国羡慕富国那样仰视外国，即使是对于发达国家，中国人也绝不会再因自己国家的落后而羞惭。40 年改革开放真正是一个伟大历史，使中国“换了人间”：不仅是物质生产和物质生活状况的巨变，而且是民族精神和社会心态的巨变。

四　新时代新要求：治理新思维开启改革新征程

1. 经济发展新时代需要治理新思维

40 年甩掉“落后”的帽子，显然直接得益于改革开放所带来的连续数十年的高速经济增长，特别是，工业化加速推进，规模庞大的中国工业能力，包括强大的基础设施建设能力，铸造了“大国筋骨”。同历史上中国经济也曾有过的巨大规模不同，今天中国经济规模之大是“硬实力”之大，硬产业之巨，基础设施建设之强。但是，我们也必须清醒地认识到，中国工业化的进程尚未完成，同世界发达国家相比，中国工业的技术水平差距仍然非常大，至少还要经过 30 ~ 50 年的持续努力，才能进入发达工业国的先进行列。

不过，中国毕竟是进入了工业化的新时代，在社会经济发展的不同历史阶段必然会有不同思维和方略。在生产力落后的过去时代，中国曾经有句非常著名的口号，体现着那个时代的工业精神，至今令人难忘，那就是大庆油田“铁人”王进喜的豪言壮语，叫“宁可少活 20 年，也要拿下大油田!”。这是那个时代的英雄主义，激励着千万人的忘我奋斗：面对“落后”这个当时的最大敌人和使人民最大不满的状况，为了实现工业发展，必须奋不顾身，义无反顾，即使损害一些环境和健康也在所不惜。那也许是不得不付出的代价，当年叫作“一不怕苦，二不怕死”“不惜一切代价把工业搞上去”，否则中国就会有被“开除球籍”的危险。这样的大无畏精神在很大程度上被改革开放的40年所继承，即义无反顾向着目标前进！今天，我们必须历史地评价那个时代，尽管为了经济发展和工业化而付出了巨大代价，但也应感恩那个“为有牺牲多壮志”的献身时代，实现了“敢叫日月换新天”的誓言，迎来了不再落后的新时代，创造了今天能够有底气走进全面小康社会的物质条件。

新时代今非昔比，创新、协调、绿色、开放、共享，一切为了人民福祉，是经济发展新理念。这是新时代的“正确”：时代不同了，不再落后了，“不惜一切代价”的思维方式已经成为过去，实现更高水平的现代化治理已经成为体现新时代新发展理念的要求。今天，我们绝不能再容忍为了“金山银山”而破坏绿水青山，也不允许为了追求财富而牺牲民生健康。因此，习近平总书记在中国共产党第十九次全国代表大会所作的《决胜全面建成小康社会 夺取新时代中国特色社会主义伟大胜利》报告中指出：“我国经济已由高速增长阶段转向高质量发展阶段，正处在转变发展方式、优化经济结构、转换增长动力的攻关期，建设现代化经济体系是跨越关口的迫切要求和我国发展的战略目标。”（习近平，2017）

从高速增长转向高质量发展，是中国经济社会发展新的巨变，也体现为工业化的生产方式和根本模式的深刻变革。当我们充分肯定40年改革开放成就的同时，更要冷静地看到留存和潜伏的问题。正如本文开头所引述的美国学者的告诫：在工业化和现代化进程中，确“曾伴随着一系列物质和实践方面的恶行，以及对自然无限制地开采”。究其根源，是因为自西方工业革命以来，“现代性和现代化的模式是以征服自然这一概念为基础，并以扩大生产力为动力的。这一模式已不可持续”。（杜赞奇，2017）

基于40年的发展成就，新时代有了雄厚的物质基础，但也绝不能坐享其成，全面建设小康社会的任务十分艰巨，没有舒舒服服就可以轻松达到目标的捷径，而且，要实现现代化的“中国梦”，还必须跨越诸多难关，实现人类发展及工业化过程中的根本性历史转折。当工业化达到一定阶段，经济发展创造了大量物质财富，如何实现可持续发展，就成为越来越重要的问题。其突出表现是，经济发展和工业化进程中的不平衡和不充分现象凸显出来，经济社会中“短板”现象往往成为发展障碍和影响稳定的隐患。而且，经济和社会关系中可能发生各种“恶行”，如果不能遏制和消除，不仅将严重阻碍发展进程，而且会导致经济发展失去正确方向。因此，新时代并不是处处阳光明媚，发展进程更不是一路坦途。相反，面临和可能遭遇的问题会更复杂，矛盾会很突出，而且，各种矛盾和问题有可能叠加出现。更重要的是，人民的需要“日益增长”，人民向往的满足永无止境，因此，要使人民满意可能更加不易。历史经验告诉我们：要实现“满足”就必须不断发展，发展仍然是解决我国一切问题的基础和关键，过去是这样，未来仍然会是这样。当前的现实是，中国至今还不是一个发达工业化国家，仍然处于社会主义初级阶段，当属发展中国家，要充分满足人民需要，还有许多“心有余而力不足”的困难，更有许多艰巨目标要实现，因此，如中共十九大所提出的，不仅必须坚定不移把发展作为党执政兴国的第一要务，坚持解放和发展社会生产力，坚持社会主义市场经济改革方向，推动经济持续健康发展，而且，由高速增长阶段转向高质量发展阶段，必须要通过深化改革，转变发展方式，建立现代化经济体系。因此，未来的发展模式要有更严的标准，更高的水平，需要更多的智慧，付出更大的努力。

这种智慧和努力必须体现为通过全面深化改革和进一步扩大开放，使市场更有效地在资源配置中发挥决定性作用和更好发挥政府作用。如果说，40 年改革开放强有力地推动了中国工业化的加速进程，实现了中国经济社会的伟大巨变，那么，未来的高质量发展新阶段，仍然要通过全面深化改革和进一步扩大开放来促进中国经济社会更高水平上的巨变。从这一意义上说，新时代将迎来中国工业化进程的又一次伟大巨变：40 年改革开放的主要目标是建立社会主义市场经济体制，新时代全面深化改革的总目标是完善和发展中国特色社会主义制度、推进国家治理体系和治理能力现代化。这一改革总目标的确立，正体现了高质量发展的客观要求和新时代的质态巨变。

高质量发展是能够更好满足人民不断增长的真实需要的经济发展方式、结构和动力状态。从高速增长转向高质量发展，不仅仅是经济增长方式和路径转变，而且也是一个体制改革和机制转换过程，高速增长转向高质量发展的实现，必须基于新发展理念进行新的制度安排，特别是要进行供给侧结构性改革。也就是说，高质量发展必须通过一定的制度安排和形成新的机制才能得以实现。高速增长阶段转向高质量发展阶段，需要改革开放新思维，更精心地安排新制度、新战略与新政策。

2. 新的全球化时代需要治理新思维

新时代的改革是在新的更加开放的形势中进行的，而且，世界各国间的竞争归根结底是制度和治理竞争，因此，一方面，世界各国竞争是关于各国如何“善治”的竞争，即看哪个国家能把自己国家治理和发展得更好，人民更加满意，社会更加安全。在制度和政策安排上做得更好的国家，将成为国际竞争中的赢家。另一方面，在开放条件下，各国的制度和政策安排是相互影响的，一个国家的制度和政策安排的变动，往往会对其他国家形成压力或影响，甚至导致相关国家不得不进行制度和政策调整。当然，各国之间也可以就制度和政策的调整进行协调。总之，在新的全球化时代，各国的改革是在开放条件下进行的，因此，改革的新思维必须体现在更加开放的心态上。各国间所进行的非接触性竞争（如上述第一方面）和接触性竞争（如上述第二方面），都会成为各国发展进程和国家治理现代化的巨大动因。

当今世界，尽管也有逆全球化甚至反全球化的现象，但总体上还是正处于各国经济更加开放和向着自由贸易方向发展的大势之下，无论是经济的、社会的，还是科学技术的力量，都强烈地推动着经济全球化潮流。在经济全球化新时代，世界各国都在奋力发展，连发达国家也绝不敢怠慢，为此甚至“奇招”“怪招”“损招”频出。各国发展的历史经验告诉我们，经济全球化是良药也是苦饮，机会更多，竞争也更激烈。在此形势下，无论是低收入、中等收入，甚至高收入阶段，都可能会有风云莫测的“陷阱”，世界各国不乏落入各种“陷阱”而难以自拔的先例，有的国家也经历过因经济不振而遗憾地“失去”的年代。今天的中国尽管国运昌盛，社会安全网相当稳固，日益健全，有力量抵御较大风险，但也绝不是无险避风港和观潮俱乐部。参与全球化竞争，与更强者过招，接受优胜劣汰的洗礼，在风险中前行，仍然是不变的人类发展主题。在经济全球化的国际竞争中，谁都逃脱不了这一铁律。

与上述新时代改革思维的开放性同样重要的是，改革新思维的全面性和协调性，即只有全面深化改革，实现国家治理体系和治理能力现代化，才能保持国家长治久安和经济可持续发展。历经40年改革和发展，中国经济“做大经济规模”的目标在高速增长阶段已基本达成，而“提升发展质量”已成为新时代工业化进程的主导方向。从理论上说，高增长的速度目标可以表现为一元性，即以工具性指标GDP（或人均GDP）及其增长率为代表性核心指标，但发展质量目标则是多元化的，没有任何单一指标或少数几个指标就能刻画发展质量水平。发展质量的内容所表现出的多维性和丰富性，要求发展战略和模式选择的高度创新性和系统性，要求以新的指标体系来更全面地反映高质量发展要求及其实现程度，并以此作为国家治理有效性的显示性标尺。因此，全面深化改革，系统性地创造发展优势，协调好各方面关系，走符合实际和具有特色的道路，以各种有效和可持续方式满足人民不断增长的多方面需要，是高质量发展的本质性特征，也是国家治理体系现代化和提升国家治理能力的新思维体现。这就决定了，转向高质量发展阶段，更需要以新的系统性思维方式推进各领域的改革，形成新的发展方式、动力机制和治理秩序，使整个国家从传统发展模式转向新的发展模式，实现长期可持续发展。这不仅是中国发展的历史性转折，也是人类发展所面临的共同问题（金碚，2018）。

转向高质量发展的上述改革新思维所引领的工业化新征程，在实现过程中将突出地表现为：工业化进程将转向更具高清洁化特征的道路和模式，这样的道路和模式体现了绿色发展和可持续发展的治理理念，也体现了更高文明程度（即文明质量）的治理体制要求。如前所述，在40年改革开放的最后五年，中国进行了“清洁风暴”行动。众所周知，清洁是文明程度的标志，就像高质量的生活体现为高水平的清洁卫生状况一样，高质量发展，必将在经济、社会和政治各领域中表现为更高的清洁化程度：生产清洁、环境清洁、政纪清洁、营商清洁、社会风气清洁。如果说以往40年工业化进程的巨变主要体现在“高歌猛进”规模迅速扩张上，从而使越来越多中国人从低收入生活状态改变为中高收入生活状态，那么，未来的工业化新征程所带来的新巨变，将在很大程度上体现为中国人民将生活在各领域都具有更高清洁度的状态中，体现为以文明合规为特征的现代国家治理体系要求。纵观全世界，没有哪个充满“污泥浊水”和“肮脏恶行”的国家可以称得上实现了高质量发展。清洁性将成为高质量发展的一个重要的和具有标志性的特征，也是社会正义的重要标志之一。从这一角度看，自中共十八大以来，中国在经济、社会、环境、政法、党纪等诸多领域所进行的“清洁风暴”行动，是转向高质量发展的突出体现。这也是中国改革从以建立社会主义市场经济体制为目标，转变为以实现国家治理体系和治理能力现代化为总目标的又一个重要原因。

如果要用一个词语来刻画中国40年改革开放所推进的工业化进程及其成就，那么，没有比“巨变”更贴切了。一个十几亿人口的巨大型经济体，在短短 40 年中所发生的巨变，在人类发展史上是空前的。改革开放不仅彻底改变了中国的面貌和国运，而且也改变了整个世界的工业化版图和人类发展的态势。这 40 年的巨变，不仅使中国彻底摆脱落后局面，而且将开启一个新时代。进入新时代，踏上新征程，须有新理念、新体制、新战略、新举措。解放思想，改革开放，勇于创新，奋进包容，是中国 40 年加速工业化的历史留给新时代的最珍贵精神遗产。在继承 40 年改革开放精神基础上，善治为民、全面协调、清洁高质，将成为新时代改革新思维的突出体现。

（本文发表于《经济管理》2018 年第 6 期）

参考文献

[1]〔美〕杜赞奇：《全球现代性的危机——亚洲传统和可持续的未来》，黄彦杰译，商务印书馆，2017。

[2] 金碚：《中国工业化的道路：奋进与包容》，中国社会科学出版社，2017。

[3] 中华人民共和国国家统计局：《国际统计年鉴（2016）》，中国统计出版社，2016。

[4] 习近平：《在中国共产党第十九次全国代表大会上的报告》，《人民日报》2017 年 10 月 28 日。

[5] 金碚：《关于“高质量发展”的经济学研究》，《中国工业经济》2018 年第 4 期。

宏观经济管理

组织管理社会主义建设的技术——社会工程

钱学森　乌家培

加快实现四个现代化，这是一场根本改变我国经济和技术的落后面貌的伟大革命。为此，我们思想上要做好准备，要扫除我们头脑中的障碍，而且要行动起来，首先要从多方面改善生产关系，改善上层建筑，使之适应生产力的发展。与此同时，我们也必须研究具体组织管理社会主义建设的科学技术，以大大提高组织管理国家建设的水平。

在去年九月二十七日《文汇报》发表了《组织管理的技术——系统工程》（以下简称《系统工程》）一文后，我们以为该文所说的还是一个工厂、一个企业、一个机构、一个单位、一个科学技术工程、一所科研单位以及一个部队的事，是“小范围”“小系统”的系统工程，而这些小系统还受国家这个大系统的制约，大系统的组织管理没搞好，只讲小系统的系统工程，也达不到真正的好、快、省。为了探讨国家范围的组织管理技术问题，我们在此文中写点初步意见，供大家讨论，以促使这个问题的解决。

一

让我们先考虑这个问题的背景，看看有无建立国家范围组织管理技术的迫切需要和现实可能。

第一是现代科学技术的作用。我们经常说，要实现四个现代化，科学技术水平的迅速提高是关键。这是因为现代科学技术已经成为直接的生产力，它能把人的劳动生产率提高到前所未有、前所不敢设想的水平。而这都是有科学依据的，不是什么幻想，因而是一定能实现的。近来我们报刊上刊登了不少国外科技人员预见今后几十年，到了二十一世纪的社会情况，都是以科学技术在今天已经做到或能够做到的为基础的，并不是以科学技术现在还不知道的东西为基础的，所以那些文章中所描述的一切，不是能不能实现的问题，而是根据社会和国家的建设目标，要不要实现的问题。如果我们制订计划要实现，并努力去做，就一定能实现。因此，这是科学的预见，而不是胡思乱猜。

再就是这种可能的发展比之于我们今天已经做到的，在广大人民生活中已经实现的，差得远不远？如果不太远，那么所引起的社会变革也可能不太大。但我们知道不是如此。例如，世界上农业生产水平先进的美国，一九七六年从事农业生产的劳动力只占总人口 1.2%，而我国将近 40%，相差三十多倍。其他方面也有类似情况。这就是说在几十年内，科学技术可能带来的社会变革将比我国过去千百年的变化还大。毛主席讲的技术革命也就是历史上重大技术改革，在十八世纪是蒸汽机，在十九世纪是电力，但在二十世纪，绝不止原子能这一项。方毅副总理在全国科学大会上指出的重大新兴技术领域和带头学科是农业科学技术、能源科学技术、材料科学技术、电子计算机科学技术、激光科学技术、空间科学技术、高能物理和遗传工程。就这八项来看，除了核能技术革命以外，还孕育着计算机技术革命、激光技术革命、航天技术革命和遗传技术革命。面临这样多而又重大的变革，在我们社会主义国家不搞好长远规划怎么行呢？搞不好规划和计划协调对国家和人民所造成的损失将是灾难性的。

在前面说到要明确一个国家的目标。这在我们社会主义国家是完全能解决的。我们的社会制度就是在广泛民主的基础上进行全国的集中统一的。不但如此，我们还有人类最先进的关于社会和国家的理论，即马克思列宁主义、毛泽东思想。这就大不同于资本主义国家。在那里，第一，不能形成统一的国家目标，最多只有资本集团策划的短暂交易；第二，由于他们不可能懂得长期人类社会发展的规律，他们对社会活动的规律只能做到表面的、唯象的分析，而无法作深入本质的分析，达到客观的正确的结论。所以资本家们只会，也只能为他们自己的明天作些打算；不愿，也不能为他们的社会和国家提出真正好的主意。只有我们才有长远规划的理论基础，才能真正搞社会和国家规模的长远规划并付诸实施。

有了长远规划的必要和理论基础，能不能真正去做呢？这个问题在《系统工程》一文已有线索可寻，答案是肯定的。我们有运筹学、控制论和电子计算机这些工具，又有各个领域系统工程的实践，就为解决更大的任务，组织管理社会主义建设，制订社会和国家规模的长远规划，以及社会和国家规模的协调、平衡，创造了条件。需要的只是进一步发展这些工具。

不但如此，我们的兄弟社会主义国家如罗马尼亚和南斯拉夫已经在这方面进行了一些工作，而且已经取得成效，我们可以向他们学习，吸取他们的先进经验。

再有就是，多年来资本主义国家也做了一些有关的工作，我们可以去粗取精、去伪存真，利用其一部分合乎科学的东西。例如，他们对未来学和未来研究①的工作就值得注意，其中一些素材是可用的。再如他们有些人对科学学进行了研究，即把现代科学技术作为一个方面的社会活动来研究，寻找它的规律、组织方法等。由于科学技术对现代社会的重要性，科学学也可为我所用。此外，一些有关研究单位，如国际应用系统分析研究所（IIASA②）等，他们的工作也值得参考。

二

搞组织管理社会主义建设的前提是社会和国家的目标，也就是建设社会主义的要求，这是党和国家所规定的一个历史时期的方针和任务，是由党的代表大会和全国人民代表大会及其常设机关决定的。有了目标，还得有更具体的政策、组织原则和法规。这也是由党和国家领导机构集中广大群众的意见来决定的。在这个基础上，我们来考虑组织管理社会主义建设，掌握并运用社会科学，特别是经济学的规律和自然科学技术，一是设计出一个好、快、省的全国长远规划，提供党和国家领导审查；二是在执行中不断地根据实现情况，在不断出现的不平衡中，积极组织新的相对的平衡；三是总结实践经验，向党和国家领导提出改善生产关系和上层建筑的建议；四是根据计划执行情况和政治以及科学技术的新发展，提出调整计划的意见。这就是我们的任务。

---

① 参见沈恒炎《一门新兴的综合性学科——未来学和未来研究》，《光明日报》1978 年 7 月 21 日、22 日、23 日，第三版。

② International Institute for Applied Systems Analysis 是一个以美、苏为主，有捷克斯洛伐克、西德、东德、波兰、加拿大、法国、日本、保加利亚、英国、意大利、奥地利、匈牙利、瑞典、芬兰和荷兰（到 1977 年底的情况）参加的国际学术性研究所，研究国家、国际和地区性未来发展问题。所址在维也纳郊区 Laxenburg。在 1977 年有研究人员 146 人，其中有系统分析员 13 人，工程师 15 人，自然科学家 14 人，数学家 16 人，计算机科学家 15 人，运筹学专家 11 人，经济学家 31 人，其他社会科学家 12 人，环境生态专家 14 人，生物和医学家 5 人。

我们可以把完成上述组织管理社会主义建设的技术叫作社会工程①。它是系统工程范畴的技术，但是范围和复杂程度是一般系统工程所没有的。这不只是大系统，而且是“巨系统”，是包括整个社会的系统。

总的来说，社会工程是从系统工程发展起来的，所以在《系统工程》一文中讲的内容和工具以及理论基础也都对社会工程适用。但社会工程的对象既然是整个社会、整个国家，社会科学对社会工程就更加重要，更要依靠政治经济学、部门经济学、专门经济学和技术经济学。社会工程工作者也要很好掌握现代科学发展的规律，促使其高速度发展来创造强大的推动力。

社会工程的一个重要工具是情报，没有准确及时的情报，包括社会生产、人民生活、生产技术和科学发展等各方面，那就没有进行社会工程工作的依据。在现行统计、会计、业务核算的基础上，建立这样一个情报网和情报资料数据库，即一个自动化、计算机化的网和库，是一项工程浩大的项目，而且还要联系到国家和国际通信网的建设。

搞社会工程还需要大大发展它的工具理论，即运筹学和控制论，把它们向巨系统方向推进。巨系统的特点有两个。一是系统的组成是分层次、分区域的，即在一个小局部可以直接制约、协调；在此基础上再到几个小局部形成的上一层相互制约、协调；再在上还有更大的层次组织。这叫作多级结构。二是系统大了，作用就不可能是瞬时一次的，而要分成多阶段来考虑。因此在长远规划中只用一般规划理论就不行了。要发展动态规划。现在无论在运筹学还是在控制论这两方面的工作都很不够，还有很多研究工作要做。当然为了社会工程的需要，也要相应地解决有关的数学理论问题。

社会工程还需要运算能力很大的计算机。除了巨型计算机站外，还要利用国家的电子计算机网。

三

比起旧中国，我们应该说建国以来的二十九年建设，成绩很大。但是，我们的经济还没有做到持久地高速度地发展。特别是由于林彪、“四

① 在资本主义国家有人使用过“社会工程学”一词，想通过局部的改良来巩固资本主义制度，这同我们这里所讲的社会工程根本不一样。

人帮”的严重干扰破坏，国民经济长期停滞不前，加上我们底子差，按劳动生产率和人口平均收入计算，我国至今仍然是世界上贫穷落后的国家之一。从这样一个出发点，我们设想用大约三十年时间，到了二十一世纪初，要建成一个什么样的、较高程度的现代化的社会主义强国呢？那时我国人口大约是十亿多，因此就业人数将从现在的近四亿增加到五亿。但是五亿就业人数之中的内在分配却要起一个非常大的变化。按世界先进水平来估计，将来直接从事物质生产的劳动力只会占就业人数的四分之一，即一亿二千五百万。可是由于生产的高度机械化和自动化，劳动生产率却比现在高得多。如果平均劳动生产率是每人每年十六万元（人民币），那么工农业总产值就将是二十万亿元；如果平均劳动生产率是每人每年二十万元，工农业总产值就将是二十五万亿元。这比起现在是几十倍的增长。按十亿人口计，工农业产值每人平均将分别达到两万元和两万五千元。我们将不再是贫穷落后的国家了。

五亿就业人数中才四分之一直接搞生产，那四分之三干什么？这可以从几个方面来看。首先要考虑在这样现代化的国家就业，没有高度的科学文化水平是不能胜任的；工人也得有大学文化水平。所以大学教育得全国普及。五亿就业人口要求每年补充大学和其他高等院校毕业生约一千二百五十万人。这就要求全国要办大约一万所大学和高等院校，每个县至少有一所高等院校。全国大学和高等院校的教职员工就将达一千万人以上。加上中学、小学以及幼儿园的教职员工，全部教育工作者将在五千万人以上。

其次，我们应该看到我国在二十一世纪的社会不可能再因循千百年来一家一户的生活方式，生活也要集体化、社会化。为十亿人口的生活服务，管好吃饭、穿衣、住房、行路、医疗卫生，以及水、电、邮递等公用事业，大概也得一亿人。

以上三个方面合计共二亿七千五百万人，五亿就业人数还余下二亿二千五百万，这就是自然科学技术和社会科学研究人员，以及组织管理和国家机构的人员，这三类要占去二亿二千五百万中的绝大部分。余下的二三千万是文化、文艺工作者。

这不是一个非常大的变化吗？

我国社会工程的工作者面临的长远规划任务就是以党和国家规定的方针政策为依据，设计出一个宏伟的方案，怎样发挥社会主义制度的优越性，和利用科学技术的最新成就，从目前的国家情况转化到上面大致勾画的二十一世纪初年的情景，一步一步走的方案。要做这项工作必须搞好确切的情报资料，这在前面已经讲过。在这里我们再具体化一点。要什么情报资料？这要包括各种生产组织经营的典型，生产技术的各种典型以及技术革新、技术改造的典型，群众的建议和来访来信，专业干部的建议，国内国外科学技术情报、经济情报和组织管理技术情报和国际贸易情报等等。情报资料库就要把这种复杂、浩瀚的资料组织存储好，以便随时检索取出利用。

有了情报资料还得加以分析。第一是要分析出一个我国社会主义经济的综合计算模型，也就是每一种产品，每一项活动和其他千百万产品和活动的关系，而且要定量的关系。这是为了上电子计算机算。第二个分析是要从大量的典型和建议中得出改进我国每一项生产和其他社会活动的措施，列出清单，并明确其投资和效果，如提高劳动生产率多少，降低成本多少等等。

这些都是准备工作，是社会工程的一部分，但还不是社会工程的主体部分。主体部分是把综合计算模型和改进措施结合起来，在电子计算机上算出一年一年整个社会和国家的经济和其他方面发展的情况。我们常说社会科学不同于自然科学，是不能做实验的。而在这里我们是在电子计算机上做社会主义建设的“实验”，不是真的拿社会和国家做实验，而是在计算机上模拟试验。如果我们的综合计算模型和改进措施的数据是基本准确的，那么模拟试验的结果也是可信的。因此所用的综合计算模型要力求准确。我们可以用各种方法来检验它。例如可以用它来“往回算”，算前一年、前两年、前三年的情况，看与实际统计资料是否相符。既然综合计算模型包括千百万项产品和活动，这种模拟试验只是在有了运算速度和运算能力极大的电子计算机之后，才有可能；因为下一年的情况要很快（比如用几小时）就得到，才有用处，如果是算一年多或更长时间，才算出来，那这件事就失去意义。不但是算一次，我们还可以变换准备采用的改进措施，再在电子计算机算一次，看看结果比前一个方案好还是差，包括各种方案的三十年长远规划也许算上六个月就都出来了，那我们可以从中选取一个或几个能使我国国民经济持久地高速度发展的最优方案，提供党和国家的最高领导抉择。

自然我们分析得出的综合计算模型和改进措施的数据不可能百分之百的准确，而且事物也总是不断发展的，模型要变，数据也会变。还会有各种创新，有新产品、新设备出现。科学也会有新的发现，从而开拓前所未有的途径。这都是我们制定长远规划时未认识到的情况。这就要求我们在执行中对规划作新的调整。甚至在年度计划的执行中，逐月逐日都会出现不平衡，要求社会工程工作者能及时采取措施，以达到新的平衡。这种调整工作也是用电子计算机做的，先用电子计算机做模拟实验，得出结果，再定措施。

我们说的改进措施包含生产关系的和上层建筑的改善，使之更适应于生产力和经济基础，所以用电子计算机做模拟实验，还可以导致社会工程工作者提出关于调整生产关系和上层建筑的建议。

四

因为社会工程毕竟深深依靠社会科学，社会工程专业人员的培养似可放在综合性社会科学高等院校，像中国人民大学。那里可以设置一个系。此外社会工程还要吸收大量系统工程专业人员参加，他们的培养已在《系统工程》一文中讲到，不在这里重复了。

当然，社会工程是综合了近一百多年来马克思主义的社会科学发展成果，综合了近半个世纪自然科学技术发展成果，并吸取了近二十多年电子计算机发展成果才成立的。

以前，资产阶级科学家也好心地想建立这门技术：一八四五年著名物理学和数学家安培提议建立国家管理学，到一九五四年美国数学家维纳也倡议搞国家规模的控制论。现在更有许多人在搞未来学和未来研究。但如果不以科学共产主义理论和马克思列宁主义、毛泽东思想理论为基础，又能取得什么样的结果呢？让我们社会科学工作者、自然科学工作者和工程技术人员携起手来，共同努力，吸取一切可以利用的东西，勇于创造，来完成这项光荣而艰巨的任务。我们要时刻想到恩格斯所讲的一段话：千百万无产者为之奋斗的理想，是建立这样一个社会："社会生产内部的无政府状态将为有计划的自觉的组织所代替"，"人们自己的社会行动的规律，这些直到现在都如同异己的、统治着人们的自然规律一样而与人们相对立的规律，那时就将被人们熟练地运用起来，因而将服从他们的统治。人们自己的社会结合一直是作为自然界和历史强加于他们的东西而同他们相对立的，现在则变成他们自己的自由行动了。一直统治着历史的客观的异己的力量，现在处于人们自己的控制之下了。只是从这时起，人们才完全自觉地自己创造自己的历史；只是从这时起，由人们使之起作用的社会原因才在主要的方面和日益增长的程度上达到他们所预期的结果。这是人类从必然王国进入自由王国的飞跃”。[①] 我们搞社会工程正是向这个方向前进！

（本文发表于《经济管理》1979 年第 1 期）

---

① 《反杜林论》，《马克思恩格斯选集》第 8 卷，第 323 页。

重视国民经济管理的科学

于光远

在1978年年初我们强调要重视经济管理的时候，大家理解的经济管理，更多的是企业管理。这是因为当时提出问题的背景是：由于“四人帮”横行，企业的正常的管理受到严重的破坏，而在“四人帮”被粉碎之后，许多问题一时未能得到解决，企业管理必须加强和整顿。同时在我国企业管理原有的一套做法中，有一些方法是比较落后的，不能适应现代化的要求。因此大家认为不重视企业管理，不提倡企业管理的科学化和现代化，我国的经济就不能顺利地发展。《经济管理》这个刊物就是在这样的认识状况中创办的。

两年来，我们在宣传必须改进企业管理方面，普及企业管理科学知识方面，在企业中进行管理科学化和现代化的实验和培养企业管理的专业人才等方面，做了不少工作。我们不但创办了刊物，而且建立了关于经济管理的一些学术群众团体，在有的大学里成立了研究企业管理的研究所，不少学校里也重视开设企业管理的课程，有的高等学校设立这方面的专业，对在职干部也办了许多学习班、研究班。从许多方面来看，在企业管理方面进步是很快的，成绩是显著的。

应该看到，我们中国有5万多个农村人民公社，近70万个生产大队，500多万个生产队；有30多万个工业企业（包括全民所有制的和城市集体所有制的），有100多万个商业网点……这些企业是我国的基层经济组织。企业管理工作做得好或者坏，就关系到我国整个国民经济基础工作的好或者坏。因此，我们必须进一步提高对加强企业管理的认识。在对企业管理的科学研究方面，我认为特别值得注意的是，如何按照我国企业的社会主义的性质，依据我国长期企业管理工作的经验，来利用国外管理科学化现代化的方法，形成适合于中国需要的一套先进的管理制度和管理方法。这是一个艰巨的任务。

大家知道，经济管理可以分为企业管理和国民经济管理两个方面。借用物理学的语言来说，可以分做微观的经济管理和宏观的经济管理两个方面。由于中国是一个社会主义大国，有这么多的企业，改进企业管理的任务就很繁重。也由于中国是一个社会主义大国，国民经济管理的任务也很繁重。不但对全国经济的管理属于国民经济管理的范围，就是对一个省，一个市，或者对省下面的一个专区，甚至一个县的管理，都属于国民经济管理的范围。

国民经济管理的重要性，其实也是用不着多说的。整体的工作如果没有管好，局部的工作即使做得还可以，也会导致很大的损失，何况整体的工作没有做好，局部的工作也没有法子做好。这个道理，我们一直是这样讲的。现代系统科学也是这样强调的。所以我们不但强调要把企业管理的工作做好，还要强调要对整个国民经济进行科学的现代化的管理。特别因为我们的国家是社会主义的国家，社会主义的生产是建立在生产资料社会所有的基础上的生产，它是以整个社会的利益、全社会劳动人民的利益为其出发点的。对整个国民经济进行有目的有计划的管理，是社会主义的本质特点。因此，在社会主义制度下，更有必要特别重视国民经济的管理，而且可以做到比资本主义国家更有效的国民经济管理。

两年来，我们不但重视了企业管理，对国民经济的管理也是给予很大注意的。我们可以回顾一下历史，在短短的两年中间，我们提出了多少个和国民经济管理有关的重要问题。我们提出了社会主义经济目标或社会主义生产目的的问题；提出了改革社会主义经济体制的问题；提出了我国社会主义所有制的结构问题；提出了发展地区优势的问题；提出了不允许实行垄断、相互封锁、要保护竞争的问题；提出了允许我国各个地区发展不平衡和支援不发达地区的问题；提出了逐渐缩小工农业剪刀差和各类产品比价的合理化问题；提出了应该建立怎样的社会主义国民经济计划体系的问题；提出了教育和科学在国民经济中的重要地位问题；提出了国民经济管理中的民主化和制度化问题；提出了制定国民经济的几种方法和它的相互结合问题；提出了在发展国民经济的工作中重视对经济效果评价的问题，等等。每个问题又包括许多重要问题，如在改革经济体制问题中，就包括扩大企业自主权问题；打破行业、地区、所有制的界限促进联合的问题；改革财政和外贸体制的问题，等等。这样的问题我们还可以想到一些，我不想一一列举了。所有这些都是有关整个国民经济管理的重大问题。我认为及时地提出这些问题，本身就是一个重大的成就。正确地提出问题，开展研究和讨论，取得科研成果，对我国国民经济管理中许多重大方针政策性问题的解决是十分必要的。因此，我们有理由希望对已经提出的这些问题作进一步深入研究，并且更加具体化。同时继续思考还有哪些重大的、有关国民经济管理的问题应该陆续提出来引起大家注意并开展不同意见的讨论。

我觉得我们在国民经济管理方面的工作与在企业管理方面的工作相比，有这样一个特点，那就是：在国民经济管理方面，从原则上提出问题多，而对国民经济管理的科学知识，特别是更加具体一些的科学知识的宣传、普及工作做得比较少，培养国民经济科学专业干部的工作也做得比较少。我不知道我的这个观察是否合乎实际。如果我的看法是符合事实的，那么我就觉得在今天应该提出一个问题——我们需要像重视企业管理科学那样重视国民经济管理的科学，开展这方面的研究普及和教学工作。

我觉得产生这种现象是同国民经济管理的特点有关系的，因为国民经济管理涉及的范围比较宽，理论性也比较强，不像企业管理那样具体。宏观经济管理科学与微观经济管理科学本来各有其特点的。但我认为，我们仍有强调进一步重视国民经济管理科学研究和宣传普及的必要。

在有关国民经济管理的各门科学中，应该提到第一位的是政治经济学，尤其是社会主义部分。它对国民经济管理起着重大的指导作用。在这个领域，近年来取得了一定的成就，而且出现了一些可喜的现象。现在研究政治经济学社会主义部分的同志，比以前更善于观察现实的经济生活，从中提出许多值得深思的问题，而不像以前那样严重地受到教条主义的束缚，思想比较空虚。但是，仅就国民经济管理的角度来看，要研究的问题很多，研究政治经济学的学者注意的范围似乎还要更广阔一些。

研究国民经济的管理涉及的不仅是政治经济学的问题，我们还要研究许多生产力经济学的问题，还涉及以社会再生产的各个方面、国民经济的各个部门的经济为对象的部门经济学的问题，涉及一般管理科学的问题。因为研究国民经济管理就要研究这些经济科学和管理科学。而且研究国民经济管理还需要懂得许多有关的专业知识，包括自然科学知识和某些技术知识。

如果我们从和国民经济管理有关的专业科学知识的研究、普及、教学等方面来看，我觉得现在我们的工作是做得不够的。举例来说，现在我们还只有很少几个专门研究国民经济问题的研究机构，还没有专门的刊物，专门的学术性的文章也不多，学校里也很少设立培养国民经济管理人才的专业。有的学校也开设了若干有关国民经济管理的课程，但因为研究工作做得不多，一般来说，教材内容比较陈旧。出国留学生似乎也没有注意派遣学习这方面专业的。我不是说这些工作根本没有做，而是说我们没有像现在这样专门提出这个问题，因此在做这些工作的时候，就没有那样自觉和系统。

不妨举一个城市建设问题的例子。这是属于国民经济管理的一个内容。城市建设对我国来说是一个很重要，也是一个很迫切的问题。在城市建设中，我们的缺点很显著。居民住宅、蔬菜供应、消费服务、市内交通电讯、水电热供应、地下管线，以及空气、水、垃圾和噪音的污染，环境卫生……问题非常之多。各个城市情况虽然不一样，但总有这几个方面的问题，城市居民意见很大。这些还都是一些最迫切需要解决的问题，我们还没有说像城市绿化、城市居民的休息、文化娱乐、体育活动等等，这些问题是必须解决的。像北京、上海、天津这样的大城市，建国三十年了，还没有能拿出一个城市建设总体规划来和全市居民见面，在市人民代表大会上讨论。这应该承认是我们工作中的严重缺点。城市建设是一门学问。在外国市政府和它的所属各机构中工作的，有很大一部分是受过专门城市建设高等教育的专家。我想我们的城市建设工作做得不那么好，除了其他原因之外，同我们缺少对城市建设的科学知识是有很大关系的。目前，在各城市中工作的干部中间，系统地学过城市建设科学知识的人恐怕是很少的。而直到现在，我们似乎也还没有在学校里有计划地培养城市建设的专门人才。当然，在我们某些工学院中，有些专业也开设几门有关城市建设的工程技术课，但是似乎还很少开设涉及城市建设全面工程和经济问题的课程。我也没有听说在哪个学校已经编写出系统总结了我国三十年来城市建设经验和系统地研究过国外城市建设经验的教材。因此我们也就不能知道，要等到什么时候，我们才能有一大批从学校里毕业出来的城市建设专门人才走到各城市的负责岗位上来。

至于对既要解决城市建设工作又要解决农村工作的一个县、一个地区，甚至一个省或管辖大面积农村土地的国民经济管理部门的负责人员来说，他所需要的知识面，懂得的科学知识更要多得多。对于这类国民经济管理人才的培养就似乎更没有受到注意。

我们还可以举另一方面的工作为例，那就是为了做好国民经济管理工作，我们就要做好统计、国土研究、市场和经济技术情报等工作。我国实行的是社会主义的计划经济。因此我们要有为科学地制定国民经济计划所必须掌握的各种“计划资料”。关于社会主义国民经济计划的体系中都应该有哪几类的计划，以及“计划资料”的概念，我在另外的文章中讲过，在这里不再去重复了。在这里我想说的是，计划资料应该是多方面的，而取得这样的计划资料就要有专门的科学理论方法和技术，就要有专门的人才，专门的机构。我想举下面三个方面为例。

（一）要制定社会主义国民经济计划，就要求掌握各种有关的统计数字。现在许多国家这种统计数字主要是由国家统计机关负责提供的。当然在有的国家里，某些经济机关，如银行也提供许多重要的统计数字。银行提供数字是因为它在掌握统计数字方面比较方便，但国家统计机关则可以通过法律，要求各有关方面负责送交统计数字。国家统计机关的这个特殊的权力，可以保证它及时得到为作出完全的统计所必要的数字。但是一个统计机关要做好工作，就应该对国民经济统计的理论和方法有专门的研究，应该拥有足够数量的专业人才，拥有先进的技术设备。只有这样才能及时处理各种数字，进行科学的分析。这个机关还应该善于根据现有材料对未来发展进行科学预测。

（二）要制定社会主义国民经济计划，就要求对本国自然资源、自然条件、经济资源、经济条件等有确切的和详细的了解。例如我国是一个土地广阔而又复杂的大国，弄清国土的状况就不是一件简单的工作。由于我们过去做得不够，对我国国土的许多情况不十分清楚，例如耕地面积的统计就不是准确的。这就要求对全国的土地进行测绘。我们还要对全部国土的自然地理和经济地理的情况作出科学的描述和分析，要对地下资源进行勘探和研究。要研究人口和生产力的地理分布。这种研究的任务不只是了解现状，而且要进行预测，并研究正确利用开发国土的各种可能性。如对每一块土地究竟如何利用，究竟能否取得有用效果，或取得经济效果的大小，这就必须能够提供出必要的数据。进行这样的工作，需要各种有关国民经济管理专门的科学知识和大量专门的人才。

（三）要编制社会主义的国民经济计划，就要做好市场调查，掌握市场动态。这就是说，要了解本国消费和生产的各种社会需要及其变动的状况，就要了解国际行情。要做好这项工作并不是容易的，因为这就要求对情况的了解，既必须准确又必须及时，既要求详尽又要求抓住最重要的东西。这也是一种专门的学问，需要有受过专门训练的人才。

要编制社会主义的国民经济计划，还要及时掌握本国和外国经济和科学技术的现状及其发展趋势。这方面的资料既可以对当前的工作发生作用，又是考虑经济战略问题所必需。人们不仅应当注意研究科学技术的发展，还必须注意研究社会其他方面的变化和发展。这类工作的重要性反映在国外对“未来学”等的重视上面。这又涉及另外一方面的专业科学知识和另外一类专门人才。

市场研究和经济科学技术发展研究所要了解的具体内容虽然是不一样的，但都属于收集情报和对情报进行研究的工作。

总之，所有这类工作都要求专门的科学和技术知识，事实上它们也都已经发展成为专门的科学和技术。而只有受过这种专门知识训练的人，才能够胜任这样的工作。

上述三个方面的工作，都是为了编制国民经济计划和对国民经济实行科学管理所必需的资料。对企业管理来说也需要这三方面的资料，但是因为企业涉及的范围比较窄，这种资料工作主要服务于国民经济管理。和这些工作有关的科学也属于国民经济管理科学。

最近我访问了墨西哥联邦政府的计划预算部，了解到这个部设有“情报、统计和地理全国服务总协调处”。在这个总协调处下设有国家统计局、国家国土研究总局和情报研究机构。这个总协调处的工作范围正好就是上面我们所说的这三项。我认为墨西哥联邦政府在计划预算部下设立这三方面的服务机构是很有道理的。因为这三方面材料都是为编制计划、确定预算所必需的基本资料。

附带讲一个问题。上面提到的墨西哥计划预算部国家国土研究总局的负责人向我们介绍时说，这个机构现有人员是 2500 人。他们的任务是编制全国五十万分之一的各类地图。他们要编的地图的种类是非常多的。我们参观了这个局的制图车间和电子设备，知道他们主要是靠航空和卫星照片进行测量以及利用遥感和实地考察相结合的办法来对国土进行广泛的研究。我们在墨西哥还访问了联邦政府人口配置和公共工程部的人口配置副部长办公室。这个办公室的工作人员是 1500 人。他们利用全国国土研究总局所提供的地图，研究人口配置、城市建设、全国交通运输、水利设施等方案。这样的方案的研究在作出决定后又通过这个部的另外一个公共工程的部分去组织实施。从墨西哥联邦政府的这两个机构以及我们过去了解到的一个具有 1060 万人口（1979 年统计数字）的匈牙利有一个拥有 1000 多工作人员的中央统计局这个事实，使我想到，我们应该区分两类政府机关，一类是权力机关，还有一类就是这种保证国民经济管理具有高度科学性的机关。前面一类机关人员应该紧缩，人过多官僚主义就更多。后一类机关在我们国家，则有的是根本没有建立起来，有的虽然建立了起来但很不健全。所以还要通过大力培养专业人才的方法来建立这类机关的工作。

我认为社会主义国民经济管理工作应该由这样三方面的工作来组成：一是作出决策，二是组织实施，三是评价或检查。这三个部分是互相衔接、结成一体的。同时，实施评价工作又可以是对已决策的事项进行某种修改和对新的决策提供可作依据的资料。

在作出决策方面又分作两部分，一是为决策作准备：那就是由专门机构（由各类专家组成的专门的机关或委员会）提出若干个可供选择的方案。这是决策的基础。这个基础必须是扎实的，即必须是掌握为提出方案所必需的全部资料，并经过周到的研究提出来的。提出方案的人应该对所提出的方案作出简明扼要但是深刻的说明。二是由决策者在专门机构所提出的几个方案中作出最后的抉择。不能要求决策者本人对所决定的问题也是专家，但他必须具有更宽广、更远大的眼光，更加了解本国甚至世界的全局，更加了解国家与人民的利益所在，和具有善于选择最优方案的经验和能力。在准备工作做得比较充分，即对一切可能的方案都提了出来的情况下，决策者基本上可以不必对某个方案以专家身份提出意见。

组织实施是一个极为复杂和细致的工作。要有一整套有效的工作机构、工作方法和行动步骤。在这个工作中主要是要认真贯彻已作出的决策。一个好的决策应该对可能发生的情况都作了科学的预测，而且预先确定针对这些可能发生的情况而将采取的措施。但在实施过程中仍然可能发生意料之外的情况和问题，需要作出新的补充和决定。

国民经济的管理不能不对实施的结果进行考察，这就是评价工作。进行这种评价工作的作用一方面是检查已决定事项是否得到了贯彻，另一方面是检查原先的决策是否正确。

这三部分的工作，要求有关国民经济管理的科学与之相适应。关于第一部分，前面所讲已经涉及了。第二部分的问题很复杂，如何组织才最有效，近年来人们讨论的也很多，已发展出一些有关的管理科学部门。还有第三部分也应该有专门的讨论和研究。在这篇文章中我只提出要研究与这三个部分相应的关于国民经济管理的科学的问题，而对这个问题研究的进一步展开只好留待他日了。

（本文发表于《经济管理》1980 年第 10 期）

关于固定资产管理制度的几个问题

孙冶方

一　问题的性质和问题的提法

固定资产的管理，尤其固定资产的更新是社会主义经济管理工作中一个重要问题，而折旧基金的管理问题，又是固定资产更新问题的关键。近年来，大家开始注意对这一问题的研究，但是有些同志把折旧问题仅仅看成或主要看成财政体制问题，他们主要是从财务管理的角度来看问题。这样，他们把问题的性质搞错了，当然就不会对问题提出正确的答案。折旧问题，首先是生产管理体制问题，其次才是财务管理体制问题。因为在这里，并不发生财政的收入和支出问题。马克思曾经特别指出过，固定资产折旧是补偿生产中垫支的资金的，“决不采取收入的形式”①。固定资产是企业的老本。老本的消耗应该及时得到补偿。把老本当收入，观念上就会种下吃老本的根子。因此，关于折旧问题的考虑，必须服从生产管理的需要，必须有利于革新技术和发展生产。

其次，在问题的提法方面，有些同志把固定资产折旧基金管理制度说成是要集中，抑或是要分散的问题。这样对立地提问题也是不对的。集中统一的管理制度是社会主义计划经济的同义语，没有集中统一的管理就没有计划经济。所以，问题绝不是要不要集中的问题，而是应该如何在更好地确保国家对固定资产更新基金集中统一管理的同时，又能够更好地发扬企业领导和

① 《资本论》第3卷，人民出版社1975年版，第949页。列宁在《再论实现论问题》一文中批评司徒卢威时，进一步发挥了马克思这一论点。他说，用来“补偿不变资本的那部分社会产品”，“从来不采取而且也不能采取收入的形式”。（见《列宁全集》第4卷，人民出版社版，第63页）当然，这是从收益和成本角度而说，若从货币资金的收支账角度来看，它也是可以记作“收入”的。

全体职工群众在革新技术，提高劳动生产率，发展生产方面的首创精神和积极性的问题。怎样才能达到这样的目的呢？我认为，关键就在于明确划清作为国民经济细胞的企业的职责和代表国家的上级领导机关的职责。

二　固定资产管理制度的基本原则和办法

为了明确划定企业的职责，特别是企业在固定资产更新工作中的职责，首先必须谈一谈与此密切相关的，如何划分简单再生产和扩大再生产的问题。

问题是从实际生活中提出来的。在前几年，工业生产和基本建设以空前速度前进的时候，工矿企业中普遍发生了这样一种现象：一方面新建和扩建的企业大批兴工，另一方面，老企业和老设备却因为得不到正常的维修（更不要说更新）而“带病运转”，以至完全瘫痪。因此，党中央和主管业务部门提出了先维修、后建设的原则，而且要大家考虑，在管理制度上可否把维持原有规模的再生产，即维持简单再生产的固定资产更新基金（折旧基金）同扩大再生产的新建、扩建企业的投资分别处理。

我认为，问题这样提出，已经抓到了社会主义计划经济管理体制问题的关键。但是由于在理论上和实际生活中，在划分简单再生产和扩大再生产的界线上发生了困难，所以上述这个英明的原则虽早已提出，而在实践中却始终没有能够贯彻执行。

马克思在写《资本论》的时候，为了阐明再生产的基本规律，他舍弃了技术进步和生产力发展的因素，而从同一的劳动生产率水平来研究前后两个周期中简单再生产和扩大再生产的量的关系。因此，他所用的再生产公式中的数字，既代表实物量（使用价值量），也代表价值量。但是在企业资金量不变而技术进步、劳动生产率提高的条件下，生产的实物规模还是可以扩大的。这又可以在两种情况下发生：一种情况是由于生产该企业所用设备及其他生产资料的部门，发生了技术进步，提高了劳动生产率，因而用同量资金可以购置更多、更好的设备和其他生产资料，从而扩大了这个企业的生产能力；另一种情况是由于企业自身的劳动生产率提高而增加了生产能力。

在实际生活中，上述这两种不增加资金量的扩大再生产和增加新投资的扩大再生产常常交叉发生。这就更使得有些同志认为，简单再生产和扩大再生产只是马克思的理论抽象，在实际生活中是无法区分的。

但是，如果我们不从实物量角度，而只从资金价值量角度来区分简单再生产和扩大再生产，那么这种区分就毫无困难。凡是不要求国家追加投资的，即原有资金范围内的生产，都算作简单再生产，即价值量的简单再生产（当然，在实物量上是应该不断扩大的），国家把这个范围以内的工作，包括固定资产更新工作在内，都交给企业去办，由国家加以领导和监督检查；而对于新的投资，即对于价值量的扩大再生产，国家必须严格控制，由国家来决定。对于社会主义计划经济管理来说，我们所必须控制的也正是这种要求用追加投资来实现的扩大再生产。不要求国家追加投资的实物量的扩大再生产，正应该是责成千千万万个独立核算企业的领导者和全体职工，千方百计、全力以赴的事情；在一般情况下，领导上只有给予鼓励，而不应给予不必要的干预。

我们现在在企业管理制度上的最大缺点恰恰就在于国家对于新的投资控制过松，而对于不需要国家新投资，只要通过技术改革、设备更新来实现的扩大再生产又控制过严，把同样属于原有固定资产更新范围以内的重建、大修理、技术革新措施等不同的更新办法，分裂为繁复的不同的制度，由企业和不同主管机关分类掌握。这就大大地限制了技术进步和生产力的发展，限制了企业的积极性和首创精神。

根据上面所说的理由，我认为必须改变现行的把所有企业的固定资产更新基金（折旧基金），年年打乱重分的办法，贯彻执行核定企业资金的工作，特别是要核定企业的固定资金（不是定实物量，而是定资金量，即价值量），把固定资产的全部折旧（不分基本折旧和大修理折旧）存入企业在建设银行所开设的户头，根据革新技术、发展生产的需要，在计划机关、主管业务部门上级和银行三方面分头监督下由企业支用；但并不排除在必要时，例如，在资源开采完毕，或社会需要已充分满足，企业规模过大等等情况下，把某一企业或某一部门的资金抽走一部分或全部。

在此同时，必须执行资金有偿占用的原则，即是根据企业占用资金多、装备好，劳动生产率就应该提高的原则，国家将按照企业占用资金数量的比例，即按资金利润率原则，要求企业上缴利润。

执行这些办法有以下几个好处。

第一，给企业划定了职责范围，使企业对于固定资产更新，可以有一个全面的长期的打算，而不像现在这样把这个统一任务割裂为基本建设（房屋的彻底翻新和设备的重置）、大修理和新技术措施等不同程序，归不同的主管上级审批，以致互相牵扯，妨碍了技术进步和生产的发展。现代技术进步一日千里，情况复杂，企业中某一建筑，或某一设备，如何更新才能够既经济又有实效，何种建筑或设备应该彻底拆除后重建重置，何种应该进行修理或局部改装以便继续使用？对于这些，都应该根据具体情况，以企业为主，由企业的技术人员和财务人员密切合作之下，对费用和效果加以仔细分析比较之后，才能作出最妥善的判断。计划部门、主管业务上级、科技部门和银行、财政部门应该从计划执行、技术政策和财务管理等方面加以领导和监督、检查。

第二，实行了上述新办法，就可以消灭固定资产的无偿供给制，建立起固定资金的有偿使用制，在企业中建立起真正的全面的独立经济核算制度（现在没有固定资产核算观念，只有流动资金核算和定额核算制）。

第三，按照上述新办法，固定资产更新工作欠账的事情基本上就不会再发生了。同时，由于核定了企业的固定资金，建立了固定资产核算制，就会减少甚至消除计划工作中争资金的扯皮，而把计划机关的精力更集中于综合平衡工作，集中于新投资的扩大再生产的安排。

三 大修理并不一定比重置、重建合算

按照现行制度，对于固定资产的彻底更新（即重建重置）控制非常之严，是按照新投资的基本建设工程同样程序办理，实行最集中的管理。但是原有固定资产的彻底更新所需要的重建和重置工程，一般地说总是比较零星，在大家争投资，而资金总是远远不能满足各方面需要的时候，老企业的重建重置工程就很容易被挤掉，排不上队。于是许多原来应该拆除重建重置的建筑和设备，只好用大修理办法来维持使用。一般人认为这是节约，是好事。其实往往是很大的浪费。

下面举一个一九六一年我们在上海作调查时看到的事例。

上海机床厂有一种一九四四年造的美国辛辛纳底的龙门刨。这种龙门刨的效率低，三个抵不上我们济南机床厂制造的一个。即是说，使用这种龙门刨所用人工、场地、动力都要三倍于国产龙门刨。厂里的工程师认为，对这种美国龙门刨进行大修理，不如购置新的国产龙门刨。但是按照规定，这个美国龙门刨的折旧年限还有九年，还要经过两次大修理才能报废。财务工作人员认为，我们国家穷，老企业应该爱惜使用旧设备，直到实在不能再使用

为止。

我们可以设想两种情况。一种情况是济南机床厂可以供应效率高的刨床。那么，只要重置比大修理经济，就应该重置。折旧费和折旧年限是应该根据经济核算来规定的，而不是倒过来，使不合理的规定来破坏经济核算。另一种情况是济南机床厂的产品不足以满足所有的需要，而这种旧式龙门刨在全国还很多。那么，国家的长期计划就应该考虑到：今后九年是继续负担这些旧式龙门刨的大修理费和九年间三倍的人工、场地和动力等其他消耗好呢，还是把这笔钱用于扩大济南机床厂的生产能力，使能制造更多的新设备以替换这些旧设备好。

还需要补充的是：当时我们生产龙门刨的和生产电话总机的工厂，生产任务并不太紧，它们的产品还销不出去。

由此可见，有些过了时的设备（即使根本没有启用过的），到了应该报废的时候还继续使用会变成包袱，给国家造成损失。

四　对几种反对意见的答复

现在看到的，关于固定资产更新基金管理制度的改革方案中，大多数仍旧主张在企业之间打乱重分，反对由原企业来掌握；改革的着眼点集中于更新基金专款专用，即专门用之于设备更新和技术革新。有了这样的规定，或许对固定资产更新的欠账可以避免，至少可以减轻。但是这种改革没有解决企业的独立经济核算问题，更重要的是千千万万个企业的固定资产更新重担主要仍然挑在国家肩膀上；对于与革新技术、提高劳动生产率、发展生产密切相关的固定资产更新工作，企业仍然处于被动地位，无权处理，不能作通盘打算。同志们反对固定资产更新基金归企业掌握，大致由于以下三种顾虑：第一，担心走上自由化的道路，助长分散主义；第二，担心不增加新投资的实物量的扩大再生产由各企业分头负责，也会促成国民经济发展比例失调；第三，担心不利于资金的集中使用和统一分配，造成社会资金的闲置和浪费。

下面我想就这些反对意见和顾虑谈一谈个人的看法。

第一，固定资产更新基金交企业掌握，只是意味着固定资产的更新和与此密切相关的革新技术、提高劳动生产率、发展生产的具体工作交企业去“办”，并不是说代表国家的上级计划部门，业务部门和银行就撒手不

“管”，就放弃领导。相反，诸如生产方向和产品价格都必须严格按照国家计划规定去办，供销合同必须严格执行。“管”和“办”是两回事，是可以分开的。这是一方面。另一方面，这只是把经营和管理的职和权交给了企业，但是所有权仍旧属于国家。国家在必要的时候（一般是根据预定的计划，如由于资源的枯竭或由于收缩生产规模的必要），就可以收回全部或一部分更新基金。这与自由化完全是两回事。

第二，由于社会的需求总是不断增长的，所以在企业不要求国家增加投资的范围以内，按照原来的生产方向，去发展生产，是应该加以鼓励而不应该加以限制的。但是，即使在原有资金的范围内，科学发明和技术革新以及随之而来的劳动生产率的提高和生产的增长在各部门、各企业之间也还是不平衡的。正因为这个缘故，我们常说，国民经济各部门的比例关系，平衡是相对的，不平衡是绝对的。如何使不平衡重新恢复平衡，这正是计划机关应该做的工作。

重新恢复平衡的方法主要是增加短线部门（即劳动生产率和生产发展速度较慢的部门）的投资，只是在需求已经充分满足的个别部门，或是对资源已枯竭和规模过大的厂矿，才实行抽调资金的办法。在计划方法上，也应该把原有资金范围以内的再生产（价值量的简单再生产和实物量的扩大再生产）和新增投资的扩大再生产（价值量和实物量都扩大的再生产），分开来管，计划机关着重管新投资的扩大再生产，对于原有资金范围以内的实物量扩大再生产，在固定协作关系，普遍推行供销合同制的条件下，可以仅仅平衡差额部分，实行“差额平衡法”。原有资金范围以内的再生产采用先由下而上，再由上而下的综合平衡方法；新的投资，由国家计划委员会全面严格控制，用先由上而下，再由下而上的综合平衡方法。这样就可以避免把原有资金规模的再生产年年重新安排（但不是放任不管），减少了计划机关的事务工作，而同时就可以集中精力于最重要的综合平衡工作——新投资的扩大再生产。

第三，不错，由于折旧是逐年零星提取在先，而这一基金的使用是在后，而且最大批的使用要在房屋设备拆除彻底更新的时候。在此期间，对企业而言，有很大一批折旧基金是闲置的。但是由于企业逐年提取的折旧是存入中国人民建设银行的，企业要进行大修理或重建重置工程的时候，事先要编制固定资产更新计划，并且仍旧需要报请上级计划机关、业务领导部门批准之后才能到银行取款，所以国家对于全国企业在当年需要动用多少折旧基金，有多少可以由国家作为流通中的闲置资金调作新的基本建设或生产事业之用，计划机关和银行完全可以事先掌握，对社会来说，决不会造成闲置和浪费资金的问题。

也有些同志说，过去有些企业挪用大修理基金去搞基本建设，挪用生产建设资金去建设大礼堂、跳舞厅了，因而固定资产更新基金不能交企业掌握。但是上述现象不正是在现行制度下发生的吗？这是固定资金无偿占用制的结果，是财务管理制度松懈的结果。

五 折旧率的大小问题

固定资产管理制度中另一个重要问题是折旧率的大小问题。问题的关键在于承认不承认无形损耗，以及无形损耗要不要计算折旧的问题。所谓无形损耗，就是指与固定资产的物质损耗无关的经济贬值。无形损耗又分两种，第一种是由于生产这种固定资产的劳动生产率提高，因而固定资产的再生产价值降低了，但固定资产的式样和性能未变；第二种是由于出现了新式的设备和建筑，因而引起了老式设备、建筑的贬值，或者使老式设备提前报废。这个问题不仅是一个实际问题，而且是有争论的一个理论问题。多年来，很多经济学家认为无形损耗是资本主义经济范畴，社会主义生产的目的是物质财富，因而只承认有形损耗，不承认无形损耗，或者即使有无形损耗也不计算折旧。

其实固定资产本来就具有与原料不相同的一种特点，那就是它们在产品生产过程中，都不是以自己的物质因素加入产品的实体中去。固定资产作为实物本身，在整个运转阶段，一直到被拆除送进废料房为止，都是与由它帮助下生产出来的产品相对峙着、始终屹然独立地存在着的；移转到产品中去的只是它们的价值，或普通说的“经济价值”。如果承认固定资产的损耗是指“经济价值”的损耗，那么当然也就应该承认无形损耗，并且用折旧来取得补偿。

如果我们必须承认社会再生产过程中固定资产的这两种无形损耗，并且把它们计入折旧，那么我们可以肯定，折旧率将远比现在为高；折旧年限只能比马克思时代的十年左右为短，而不是更长。第二次世界大战以后资本主义世界一般工业固定资产折旧年限已经缩到十年以下，军事工业甚至在五年以下。

再一种说法，认为讨论折旧多或少，没有多大意思，折旧多了，剩下的利润就少了，折旧少了，利润就多了，好比一杯水，这边多倒一些，那边就剩少了；如果那边多倒了，这边就剩少了。这种一杯水的理论会助长“肉烂在锅里”、不要算账的思想。固定资产折旧不是多些好还是少些好的问题，而是应该不多不少，与固定资产的实际消耗（包括有形损耗和无形损耗）相符合。

有人认为少算些折旧，把折旧年限拖长些，可以鼓励大家爱护旧设备。这种想法也是不符合实际的。折旧提取完毕之后，并不一定非把设备送入废料房不可，在一定情况之下还可以利用。但是这种已经到了报废时期边缘的设备，如果不再负担折旧开支（折旧已提取完毕），比之还要负担折旧开支的（继续提取折旧），只有更受欢迎些，因而是有利于鼓励设备的继续利用的。

（原文发表在孙冶方著《社会主义经济的若干理论问题》，
1979 年 5 月，人民出版社）
（本文发表于《经济管理》1983 年第 2 期）

关于各级政府职能和分层管理的思考

吴敬琏　周小川　李剑阁

我国幅员辽阔，地区间自然环境和人文状况差异悬殊。在过去行政权力占支配地位的条件下，究竟采取中央高度集权的体制还是地方分权的体制，对于经济发展和政治控制更为有利，几千年来始终是一个众说纷纭的问题。现已明确，我们的经济体制改革的目标模式，是社会主义有计划的商品经济。可是，商品经济天然是一个分散决策系统。对于这样一个系统，宏观调节只能采取分层次控制的办法，这是没有争议的。因此绝大多数人认为，应当在政企职责分开的基础上，逐步建立中央和地方职责分明、分层次进行管理的体制。问题是：各级政府的职能如何划分，分层管理如何进行。由于目前我们还处于双重体制并存的过渡时期，旧的行政管理办法还会在相当大的范围内保持较长时期。这一部分职能在各级政府间如何划分，实际上是过去行政指令控制条件下集权与分权之争的延续。而且，它和社会主义商品经济中各级政府的职能划分和分层控制问题纠缠在一起，因而使问题更形复杂。

一　分层控制要建立在政企职责分开的基础上

在当前的讨论中，一种很有影响的观点，是主张在现有行政直接控制的体制框架下层层分解政府的管理职能，由各级政府执掌原来由中央政府执掌的各种事权，把原来由中央所管的一切分层管起来。他们认为，用地方分权去打破条条专政，是争取助力、减少阻力、最终实现放权于企业的最佳战略选择。但是，这条路是否走得通，还值得深入分析。

我国的社会主义经济体制，是五十年代初期按照苏联的“命令经济”模式建立起来的。同不少社会主义国家一样，我国从五十年代中期就开始认识到它有根本性的缺陷，应当进行改革。但是，由于对造成这种缺陷的本质原因认识不够明确，也由于中国历史上长期行政权力占支配地位的传统，人们把依靠行政命令的宏观管理方式视为当然。除少数先进人物外，多数人把传统体制的缺陷归结为“权力过分集中”的结果，以为只需实行“分权”便能药到病除。这种改革思路未能突破“命令经济”的基本框架，而是急于在“体制下放”上寻求出路。在这种思想背景下，我国在1958年实施了以“下放企业管辖权”“下放计划管理权”“下放基本建设项目审批权”，以及在财政金融上扩大地方权力，财政实行“收入分成”制，信贷实行“存贷下放、计划包干、差额管理”等为基本内容的改革。虽然这次“改革”中形成的许多制度，作为“大跃进”的体制基础，随着“大跃进”的失败和国民经济的“调整”而被取消，但是，这种“行政性分权”的思路却一直对不少人有重大的影响。当时采取的一些具体做法，也一再在后来的管理体制的变革中以各种变化了的形式再现。党的十二届三中全会确定了以“有计划的商品经济”作为改革的目标模式，才意味着彻底否定了在“条条专政”的高度集权和分散主义的“块块割据”之间来回摆动的“行政性分权”的道路。不过，这种旧思路仍然时时有所表现。最近一两年出现的一系列新情况表明，具有区域封锁倾向而缺乏自我约束机制的地方行政分权模式的诸多弊病，是我国目前经济波动和效益下降的重要原因。事实上，过去的条块分割局面以及条条专政与块块割据的循环往复，都是试图在直接行政控制框架下分解管理职能的产物。“块块”了解地区具体情况而难于掌握全局平衡和宏观结构，“条条”则正好相反，都不是两全其美的出路。如果中央放权实行间接控制，而地方收权施加直接干预，就必然导致总量平衡和产业结构上出较大的乱子。中央为了纠正宏观失衡只好追加基础设施和能源、原材料的重点投资，这就构成中央、地方一起上投资的局面，必然导致总需求失控。而在直接行政管理的框架下，要加强宏观控制又只能强化中央集权，舍此别无他途。所以，尽管大多数人都反对走回头路，反对把已经放下去的权收回来，但在1985年“巴山”轮上宏观经济管理国际研讨会上，包括力主市场经济的经济学家在内的多数中外学者都认为，在当时中国经济“过热”的情况下，恢复传统体制下的严厉行政手段，强化中央控制有其必然性。于是，我们又一次痛苦地经历了条、块的循环。

看来，我们必须打开思路，按照社会主义商品经济的原则，明确中央地方关系以及各级政府的职能，重新设计我国的宏观管理制度。既然政企职责分开和对企业实行间接控制是改革的方向，就应坚决按这条路子建立一个适于社会主义商品经济的分层次的管理系统。

二　分层控制系统的设计原则和各级政府事权划分

有计划的商品经济，或有管理的市场经济，是一个层次化的分散决策的控制系统。现在各国由国家干预的商品经济典型的层次结构是：政府—多个企业—多个消费单位。它在理论上和实施上都是较成熟的。但我们这样的大国，如何合理设计地方政府在层次结构中的地位和职能，尽可能发挥地方政府的积极性，则是个有待研究的课题。其中最大的困难在于如何协调宏观经济利益与地区利益，使地方政府既有自我发展的能力，又有自我约束、自我负责的机制。我们希望实现这样的系统设计：使国民经济的总需求能够得到有效控制；国际收支确保平衡；地方政府的积极性得到充分而又合理的发挥；切实加强基础结构并解决好就业问题；实现政企职责分开，减少对微观经济决策的直接行政干预；维护正当竞争；保证在扬长避短的基础上实现区域间的合理分工和协作；促进从东到西各地区的共同富裕。当前的许多改革设想，都与如何设计中央和地方的关系这个问题密切相关。

在财政税收、货币金融、外汇、价格几种宏观调控手段中，哪些能够由地方政府操纵呢？有些同志建议，以上四个方面，都可以由地方政府自主进行管理；或实行分级承包，在包干范围内，地方政府可以机断专行。我们认为，能否这样做，还需慎重研究。

根据系统工程原理，设计分层控制系统须遵守三条基本原则：第一，子系统必须有明确的界线，具有独立的约束机制；第二，有可能对子系统的性能和效果作出独立的评价；第三，设置能够根据子系统的行为对它们进行有效调节的机制。我们认为，在设计分层宏观管理系统时，既应尽可能将管理职责加以分解，又应使协调手段能够集中运用。

根据以上原则进行的分析表明，总需求管理、外汇平衡、物价水平这几个方面应是中央的调节职能，无法通过地方政府实行分层控制，也不可能分级包干或承包。理由如下。

（1）改革的目标应是发展全国统一的商品市场、要素市场、金融市场，加强横向联系；而在不允许市场割据的条件下，省、市并不具备相对独立的商品、要素和资金的约束。

（2）局部地区对总需求规模不具有自我约束机制。因为如果一个省或市需求膨胀，其价格反应会波及其他地区，其本身的得利往往大于损失，而没有搞需求膨胀的地区却要承担通货膨胀的后果。这样，就会助长竞相扩大需求、以邻为壑的倾向。

（3）如果国民经济出现了投资失控、消费基金失控、物价上涨、国际收支恶化，或其中某一现象，不容易及时并公正地判断失控的起源，难以建立调节政策或进行奖惩的测量基础。

（4）如果将信贷差额、货币发行、外汇平衡差额包干下达，不仅谈判和调整包干定额的操纵难度很大，而且各地可在流通工具和流通性上做手脚，互挖墙脚或互相封锁，结果总量仍旧控制不住。

（5）如果将投资总额、消费基金总额、信贷总额、外汇收支总额包干下达，不仅会造成层层分解包干的行政性控制体制，还会由于掌握尺度不一造成各省价格不一、汇率不一，严重妨碍横向经济联系的发展。

（6）中央在以上几方面缺乏有效的惩罚性调节手段，唯一的办法只能是撤职查办。调整包干总额不仅不能成为有效的调节工具，还会激化地方政府与中央政府之间的矛盾。

如果我们牺牲统一市场来保全分层次、分地区的总量管理，将会造成严重的低效率：（1）重复建设，丧失规模经济效益；（2）地区差异最终导致加强地方行政控制体系；（3）相互封锁，使生产要素不能在横向流动中优化配置，各个地区的比较优势难以充分发挥；（4）很难建立有间接调控的统一市场和实现向社会主义商品经济的目标模式的过渡。

上述一切，都涉及是建立统一市场还是形成市场割据这个关系到商品经济兴衰存亡的重大问题。有的同志认为，统一市场只能由地区性市场逐步扩大和融合而渐渐形成。我国版图超过西欧各国的总和，应当研究是否可能走西欧共同体国家的道路，首先形成地区性市场，以后再逐步扩展为全国性的共同市场。应当看到，西欧共同体国家在几百年的市场经济发展中形成了自由贸易的传统，又经多年的磋商，才形成了当今的体制。除农业以外，共同体内实行相当彻底的自由贸易，从而大体上保持了合理的专业化分工和规模经济效益。由于国与国之间原有的边界和关卡仍然存在，货币独立，各国可以实行不同的货币供给、外汇平衡和税收政策。各国的价格体系由于间接税不同而有差异，通货膨胀程度也各不相同。贸易货物通过国境时，出口国退除本国的增值税，进口国征收本国的增值税。但是，旧中国早在1931年就已裁撤妨碍商品在地区间自由流通的“厘金”，开征统税；建国以后，实行财经统一，从来不存在合法的市场割据；我国的骨干城市，其产供销联系从来是超越本地区的范围，辐射到全国广大地区的。在这种情况下，要走一条把已经初步形成的统一市场首先分解为众多的区域市场，再逐步形成全国统一市场的迂回道路，恐怕是事倍功半、弊多利少的。

事实上，我国如果不搞各省划界设关和货币独立，就无法采取欧洲共同体的办法；而如果搞了划界设关和货币独立，由于缺乏市场经济和自由贸易的传统，又大半会广泛实行互相封锁、自成体系等做法。搞保护主义、变相“关税”和非关税壁垒，不经过十几年发展商品经济的经验积累和旷日持久的多边谈判，是不大容易自发出现统一市场和自由贸易局面的。结果，这期间我们丧失了合理分工和规模效益，还很可能将国内贸易所能取得的比较利益让给外国人，从而延误民族振兴的大业。

贸易藩篱的撤除，统一市场的形成，对于商品经济的发展是一件生命攸关的大事。我国国土广大，人口众多，缺点是难于管理；而优点则是市场大，有利于扩大社会分工协作并取得规模经济效益。我们切不可轻易舍弃这种优势。

三 以“分税制”为基础的分层管理系统

在多种宏观调控手段中，地区性财政政策是最适于由地方政府合理地加以使用的经济杠杆。为了更好地发挥地方政府的积极性，可以在分税制的基础上较多地给地方政府以制定区域性财政政策的权力，形成分层管理系统。在这种系统中，地方政府可以根据国家立法，在地区财政自我平衡的条件下，全权运用地区性财政政策——设地方税种税率、地方预算、补贴、减免地方税、贴息等（目前在财政“分灶吃饭”体制下，地方拿的比例虽不算小，但完全自主支配的并不多）。与此同时，地方财政政策的运用也受到以下的合理制约：（1）受国家法律和调节政策的制约；（2）必须切实符合本地区居民的利益，财政上的浪费或失误将导致地方官落选下台；（3）税收政策受到其他省市的竞争性制约——过高的地方税会使企业和人才外流并减少本地的就业机会，使本地产品失去竞争力；使用过多的补贴搞保护则必然挤占基础建设，以至丧失投资环境上的吸引力。

分税制之所以是这种分层管理系统的基础，是因为一个设计得当的分税制系统能保证或促进以下局面：(1) 建立地方自我发展、自我平衡、自我约束的明确界限，没有和中央财政讨价还价的余地，也没有强制银行放款的权力；(2) 税种的划分使各地不可能用挤中央或挤其他地区的手段来壮大自己；(3) 使宏观综合平衡、全国范围的产业结构优化与地区利益相协调；(4) 地方政府切实对本地人民的就业和福利尽责；(5) 地区在更大的范围内自主制定预算，中央不再频繁干预。显然，目前的“分灶吃饭”体制很难做到以上五点。

在此基础上，地方政府的职能和实现其职能的手段将主要如下：

· 在全国性法律之下，进行地方性立法；

· 制订指导性的区域发展规划和发展战略；

· 通过地方财政预算安排，自主确定基础设施、环境治理等投资，或参与某些产业的投资，分税制的合理设置，将使地方选择适当的投资方向与方式；

· 通过地方立法与地方财政预算安排，促进地区资源的开发，自然环境的保护，投资环境的改善，科教文卫、各项服务事业及商业的发展；

· 开展职业教育，促进就业，吸引人才；

· 积极推动和指导本地区的企业改革，参与社会的供给管理，如行业管理和落后企业的整顿等；

· 利用减免地方税和补贴政策，实行本地区的收入分配政策（如房租、蔬菜补贴，扶贫，挽救落后企业等）；

· 自行设计并探讨本地区土地、房租、社会保障和部分就业政策的改革。

由于我们保持了较高的地方财政支配能力和较多的地方政府职能，比起西方大国来说，我国的地方政府将在经济生活中发挥较大的作用。同时，也要加强对地方政府行为的指导和监督，以期改进其功能：

· 人大常委会设专门委员会，监督地方立法不突破权限；

· 向地方政府领导直接选举制过渡，加强公民对地方领导的监督与制约；

· 中央不再向地方政府压产值和税收任务，而是把注意力放在帮助地方改善投资环境和发展生产上，这既有利于地方经济的发展，地方税的增加，也有利于全国经济的发展（只要分税制税种设置合理，也就必然增加上交中央税）；

· 绝对禁止地方政府设置关税与非关税壁垒，阻碍生产要素（包括人的要素和物质要素）的流动（企业可通过设分厂或横向联合来改换注册地点，从而部分地躲避不合理的地方课税或限制），但允许使用地方财政补贴来体现本地产业政策和发展战略；

·地方行政长官无权任命或罢免企业经理，但在资格审查中有一定的发言权；

·禁止各级政府干预银行的存贷业务。

分税制的主要原则应包括以下要点。

第一，关系到全国性产业政策的税种，包括产品税、关税，全部划为中央专享税。出口退税也由中央财政负担。如果流转税改为以税率规范化的增值税为主体，则由于不含产品歧视，也可分一部分归地方。

第二，土地税大部分归地方和城市。地方加强基础设施的建设，不仅能吸引投资（从而增加了税收，扩大了就业），还能使土地升值，从而双重得益，比投于营利性项目更加合算。

第三，凡与地方政府职能关系大的税种归为地方税，以便地方政府的功能得到财力保证，也便于地方财政自我平衡、自我约束。

根据以上分析，建议作如下的税种划分。

（1）地方税：乡镇企业所得税、个体企业所得税、城市维护建设税、地方性所得税、地方资源税、营业税；

（2）共享税：资源税、土地税（地方分成应占大部分）、营业税、所得税，房产税、车船使用税、增值税（较小比例考虑归地方）；

（3）中央税：产品税、关税、出口退税、消费税、国有固定资产税、进口环节征收的国内流转税。

这里需要指出，不同的分税办法看起来区别细微，却涉及各方面的利益动机，其校正各方面的行为的作用差异很大，不可忽视。

（本文发表于《经济管理》1986年第12期）

由数量型增长向质量型增长转变

郭克莎

一 关于转变增长方式的提法

党的十四届五中全会提出，在“九五”计划到2010年期间，要加快我国经济增长方式的转变。这是有重大意义的。关于转变增长方式的问题，我们先后曾有过四种主要提法。一是从外延型向内涵型转变，这是使用了马克思《资本论》中的概念，《资本论》中提出扩大再生产有外延型和内涵型两种方式。二是从粗放型向集约型转变，这是借用苏联的提法，苏联在1971年苏共“二十四大”正式提出经济发展由粗放型转向集约型，这种提法使用了将近20年。三是从速度型向效益型转变，这是针对我国改革前经济增长的基本弊端而在改革初期提出来的，因为改革前片面追求增长速度，但增长效益很低。四是从数量型向质量型转变，这是从经济增长过程的特点提出来的，1994年下半年以来一些中央领导同志提出提高我国经济增长的质量，就是从这个角度来说的。此外，还有产值型、结构型等一些提法，但使用范围较小。

以上几种提法，角度有所不同，但基本意思是一致的，都是为了提高经济增长的层次和水平。我认为数量型增长向质量型增长转变的提法，或者说，经济增长由数量扩张型向质量提高型转变的提法，比较符合现代经济增长的趋势和特点，比较符合“国际惯例”。资本主义大生产的初期曾处于数量型扩张的阶段。二战以后特别是70年代以来，发达国家的经济增长明显地由数量型增长向质量型增长转变，一些新型工业化国家也在经历着这种转变。原因在于，新科技革命及其在生产领域的应用、社会消费水平的上升和消费过程的变化、国际贸易和国际竞争的发展趋势以及世界自然资源的供求状况和特点，都推动着经济增长由数量型向质量型转变。这是一种具有必然性的历史趋势。

中国经济发展已经到了转变增长方式的阶段，改革开放的大环境增加了转变增长方式的重要性，而高增长导致高通胀的现实则加强了这种转变的紧迫性。应当说明的是，数量型增长向质量型增长转变是一个相当长的时期，这个时期可以划分为多个阶段，我国目前只是处于初期阶段。也就是说，要从数量扩张型为主逐步向质量提高型增长为主转变。由于增长方式的转变相当缓慢，我们才提出了加快转变的问题。

二 转变增长方式的内容和要求

质量型增长是与数量型增长相对而言的，它在经济发展的不同阶段有不同的含义和要求。从现代经济增长特别是70年代以来国际经济增长的状况看，质量型增长大体有这么几个特征。

第一是经济增长的效率高，主要表现为综合要素生产率（TEP）的增长率及其贡献率高。这是一个国际上通用的比较指标。比如，发达国家的综合要素生产率增长对经济增长的贡献率高达60%～70%，一些新兴工业化国家的贡献率也超过了50%，综合要素生产率持续稳定增长。而我国的综合要素生产率对增长的贡献，改革前基本上为负数，改革以来虽然上升到30%～40%，但综合要素生产率的增长很不稳定，波动较大。

第二是国际竞争力强，主要表现为各种产品及服务的质量高而成本相对较低。由于国际市场上质量需求迅速增长，大多数制成品的总量供过于求而优质品供不应求，质量差价不断扩大，质量竞争取代了价格竞争而上升到首要地位，因而高质量产品具有较强的国际竞争力。日本正是依靠产品的质量优势带动了经济的高速增长。

第三是通货膨胀率低，也就是通货膨胀率相对于经济增长率来说较低，或经济增长中的通货膨胀程度较小。二战后特别是60～70年代以来，通货膨胀成为各国经济增长中的普遍现象，通货膨胀程度与经济增长速度有一定的正相关关系。在经济高速增长的国家中，大约有70%的国家出现了高通货膨胀，而有30%左右的国家的通货膨胀率相对较低。因此通货膨胀率低可以看作质量型增长的特征之一。这里所说的经济高速增长是指长达10年以上的年平均增长率在7%以上，而通货膨胀率相对较低是指低于经济增长率或在 10% 以下。

第四是环境污染程度低，即经济增长过程中的环境污染面小和污染率低。环境污染是经济增长的又一个副产品。这个方面既与增长速度有关，又与发展水平相联系。发展中国家的环境污染程度普遍高于发达国家，主要是由于两个原因：一个是产业结构层次较低，污染程度高的产业部门比重大；另一个是生产技术水平较低，对污染的控制和防止能力较差。所以，环境污染程度低也是质量型增长的一个特征。

总的说来，经济增长的质量取决于整个经济的投入质量、运行质量和产出质量。投入质量包括投入生产的物质资源质量和人力资源质量，如生产资料的装备程度、技术水平和质量状况，生产人员的文化水平、专业能力和熟练程度等。运行质量主要包括生产技术水平、微观和宏观管理水平、产业结构关系等方面。产出质量主要是指产品和服务的质量水平、成本水平和结构状况。这三个方面都涉及几乎所有的产业部门，各个部门之间是相互依赖、相互制约的。同时，投入质量、运行质量和产出质量之间还会相互影响，由于经济增长是一个连续性的过程，产出质量反过来会影响到投入质量和运行质量。因此，要推动数量型增长向质量型增长转变，应当通过提高投入质量，改善运行质量，来达到提高产出质量的效果，并促进它们之间的良性循环。

三　推动增长方式转变的宏观经济政策

一些新兴工业化国家的成功经验表明，在这个经济发展阶段，宏观经济政策对于加快增长方式转变具有相当重要的作用。我国由于企业体制尚不合理，市场机制的调节功能较低，宏观经济政策在加强市场调节作用，促进企业转变增长方式方面有更为突出的意义。在“九五”期间，要重视推行三大政策。

其一是控制经济增长速度。在我国目前的条件下，高速度增长和高质量增长如同鱼和熊掌，二者不可兼得。理论分析和实践经验都表明，在经济增长过快的情况下，要实现增长方式的转变是不可能的，因为受到市场需求过大、投入结构不合理和宏观环境不稳定的影响。经济增长速度对于一个饱受贫穷落后困扰的发展中国家是很重要的，中国确实需要尽可能快的增长速度。但是，如果因追求近期的高速度而忽视了增长质量的提高，就等于一个学生放弃读书而去忙于打工，结果因追求近期收入最大而失去了创造长期更大收入的时机。

由于我国的经济增长速度常常过快，特别是实际增长速度经常大幅度超过计划规定的增长目标，加强对速度的宏观调控是一个值得高度重视的问题。从现在到20世纪末，年平均增长速度要控制在8%～9%，年度增长速度一般不能超过10%。这个增长速度在国际上已属于少有的高速增长，但在我国现阶段大体上属于能够实现的较高速度。在目前的经济投入和运行条件下，经济增长速度超过了这个水平，就会出现效益下降、质量波动和结构失衡的问题，并引发严重的通货膨胀，使增长方式转变的目标再度落空。

要实现经济适度增长的目标，为增长方式的转变创造条件，一要严格遏制地方的数量扩张和速度攀比倾向，二要通过有效的政策来控制投资、消费和货币投放的速度。

其二是调整投资重点。在经济增长速度较为合理和宏观经济较为稳定的条件下，促进增长方式转变的政策措施首先是调整投资重点。所谓调整投资重点，就是由重视数量型投资转向重视质量型投资，提高后一个方面的投资比重。调整投资重点的目的，是通过提高投入质量来推动增长质量的提高。提高物质资源质量的投资主要表现为技术更新改造投资、科学研究和技术开发投资；提高人力资源质量的投资主要表现为教育、培训方面的投资。这几年在经济高速增长的过程中，不断扩大的依然是数量型投资，物质资源和人力资源的质量投资比重都不是上升而是呈下降趋势。根据发展经济学理论和其他国家的经验，我们所处的发展阶段既是经济高速增长的一个主要阶段，又是经济增长质量上升的一个重要时期。如果这个阶段的初期没有实行投资结构的转变，以推动经济增长质量较快提高，后期的经济高速增长就会缺乏基础和动力。因此，能否尽快调整投资结构，关系十分重大。

在这方面，一些新兴工业化国家的做法和经验具有借鉴意义。例如，新加坡在70年代后期为了调整投资结构，对投资于高技术、高增加值部门的企业，对开展“研究和发展”（R&D）工作的投资，实行各种优惠政策，鼓励和刺激投资者从事研究和开发新产品、新技术。同时，规定企业中按劳工工资的10%提取费用，上缴政府设立的技能发展基金，迫使企业经常派人参加由政府统筹安排的工人职业技能培训，以加快各种技术培训的发展。再如，韩国在70年代为了消化和掌握从美国和日本引进的先进技术，十分重视智力投资，公共教育经费占国民生产总值的比重被提高到年平均4%，占政府财政支出的比重达21.9%（在1985年世界银行统计的91个国家中居于第11位）。并且，政府颁布了“职业训练法”，规定所有就业人员都要经过职业教育。

根据加快增长方式转变的要求，借鉴其他国家的经验，我们应当迅速调整投资重点，大幅度增加物质资源和人力资源的质量投资。从现在到20世纪末，技术改造投资的比重应上升到33%～35%，研究和发展（R&D）投资占GNP的比重应提高到1.5%～1.8%，教育经费占GNP的比重应提高到3.8%～4%，并促使企业迅速扩大技术开发投资，增加职工技术培训和管理人员培训的投资。必须通过有效的政策措施以及相应的法律规定，使这几个方面的扩大投资尽快到位。同时，应当尽量扩大这些方面利用外资的范围和比重。

其三是优化产业结构。为什么我国的经济高速增长总是引起产业结构失衡？原因主要有三个方面：一是加工工业过度扩张，基础工业和基础设施难以适应需要；二是物质消耗比重不断上升，对基础产业部门形成了过大的需求压力；三是工业增长不能适应国内外市场需求变化，难以通过国际市场实现结构调整。因此，我国应当扭转产业结构片面高度化的态势，加快产业结构的全面高度化即结构效益的提高，以此促进产业结构关系的协调，推动经济增长质量上升。从这个意义上说，优化产业结构，是促进增长方式转变中需要重视的一项政策措施。

所谓优化产业结构，就是把协调结构关系与提高结构水平有机结合起来。这包括提高农业发展能力，关键是加强农业生产的基础，增加资金投入和科技投入，提高农业部门的科技应用程度、机械化水平以及规模经营水平，加快发展高效优质农业，推动农业产出结构的高度化。遏制加工工业过度扩张与加快基础工业发展，都要与加快工业技术进步结合起来，把发展高新技术产业、新兴工业与传统产业技术改造联系起来，通过提高工业生产技术水平，降低能耗和物耗，来减轻基础产业和基础设施部门的需求压力。加快第三产业的发展速度，重点是提高交通运输、邮电通讯、金融保险、教育、科研和技术服务等部门的发展水平，这些部门的比重上升是第三产业内部结构高度化的主要内容，也是整个产业结构高度化的基础和协调化的保证。同时，要通过改进产品质量和服务质量，增加新产品、新品种和新项目，提高产品的技术含量和附加价值，既提高对国内市场需求变化的适应性，又增强利用国际市场实现结构转换的能力。

在“九五”期间，要利用外资将大规模流入和外汇储备较为充足的条件，扩大先进技术设备、技术专利的引进和吸收，加快产业结构的升级。要利用外国资本和外国企业的力量，以及国内民间资本和非国有企业的力量，增加对基础产业和基础设施的投入，特别是加快基础设施的建设，推动产业结构的协调。合理利用外资来加强基础设施的建设，加快产业结构的升级和调整，对于资本短缺的发展中国家具有重要意义。

（本文发表于《经济管理》1996 年第 2 期）

我国能源结构性矛盾与油气储备对策

史　丹

“八五”期间我国能源工业对保证国民经济的快速发展起了重大支持保证作用。总体上看，能源供需总量基本平衡。能源供应紧张的局面趋于缓解。但能源供需的结构性矛盾已日益显著，在一定程度上影响了国民经济的发展。

一　我国以煤为主的能源生产格局与能源需求结构不适应

我国能源资源丰富，是世界重要产能大国，但主要以产煤为主，我国历年的能源生产结构如下所示。

表1　历年一次能源生产总量构成

能源种类＼年份	1949	1960	1970	1980	1985	1990	1991	1992	1993	1994	1995
原煤（%）	96.25	95.64	81.56	69.50	72.83	74.23	74.07	74.30	74.80	74.6	74.6
天然气（%）	0.04	0.47	1.23	2.98	2.01	1.96	2.04	2.00	2.00	2.0	1.9
原油（%）	0.72	2.51	14.14	23.75	20.86	19.01	19.21	18.90	18.6	17.6	17.2
水电（%）	2.99	1.38	3.06	3.77	4.3	4.8	4.86	4.8	5.6	5.8	6.1

资料来源：中国统计年鉴。

建国40年来，我国在改善能源结构上作了许多努力，在开发煤炭的同时，注意加快石油天然气和水电的开发，使煤炭占一次能源消费总量的比重由原来的96%降到目前的75%。40年来，能源结构的改善在很大程度上归功于我国大面积可开采油田的发现。我国的石油生产和供应经历了一个由无到有，由出口到进口的过程。1960年，我国发现大庆油田及胜利油田之后，我国石油逐渐实现自给，到 1970 年开始出口，1985 年最高峰时，我国对外石油净出口为 3678 万吨。但进入 80 年代末期，由于没有发现战略性后备油田，东部老油田通过数十年的开采，平均综合含水率已超过 80%，绝大多数油井由自喷生产转为机械抽油生产，通过采取措施，产量只能维持缓慢增长。西部和海上石油资源勘探虽取得不小的成果，但还只处于试开发阶段，石油产量增长近于停滞。水电开发一直徘徊在 5% 左右，核电刚刚起步，天然气也存在着后备资源不足问题。由此可见，就能源生产来看，我国以煤炭为主的能源结构不会有太大的改变，即使今后我国的石油和天然气勘探与开发取得较大进展，能源的生产结构最终是由能源的资源结构所决定的，煤炭仍是我国的主要能源资源。据有关资料表明，我国煤炭探明可采储量居世界第三，占世界总量的 11. 02%；石油和天然气探明可采储量分别位于世界第 10 位和第 11 位，仅占世界总量的 2. 37% 和 0. 87%。

改革开放以来，我国对石油的需求日益增长。自 1986 年，我国每年新增的石油消费量主要依靠减少我国对外石油净出口量来满足。1993 年，我国已由石油输出国转为石油净进口国。在我国对外开放程度较大的南方沿海地区，石油与天然气进口增长非常迅速，石油与天然气在能源消费中的比例大幅度上升。应该指出的是：我国长期以来，一直坚持能源自给的方针，能源消费相当程度上受国内能源生产约束，能源进口量较小，因而能源消费并不能直接反映真正的能源需求。但国内对能源价格变动的反映，也显示了增长的石油需求。1983 年，我国开始放开大部分能源价格，能源价格均有所上升，但油气电等优质能源需求仍持续上升，煤炭需求量却相对平稳，没有显示明显的上升趋势。

我国能源需求结构的变动主要是产业结构变动所致。改革开放以来，交通运输发展迅速，仅民用汽车保有量就由 80 年代初的 180 万辆增加到 800 万辆左右，净增 3. 4 倍。预计到 2000 年民用汽车保有量就将达到 1500 万辆。相应的石油产品需求量也将超过 1. 2 亿吨。预计到 2000 年，全国具备购置微型轿车能力的家庭将达到 1100 万户，交通运输是主要的用油大户。发达国家 70% 石油产品用于交通运输业。

近年来，我国的城市污染问题已成为影响经济发展和人民生活的重要问题。从世界各国的发展情况来看，降低城市污染的最有效手段就是以气代煤，在各种燃料中，天然气不仅方便、清洁，而且不需要加工转化，投资少，在我国有非常大的需求潜力。

1993年我国石油净进口量达9.2百万吨。“八五”期间石油进口量为“七五”期间的3倍，液化石油气进口增长更为迅速。据有关部门预测，2000年、2010年、2020年、2050年石油需求分别为200、260、320和520百万吨，而国内供应能力相应为155、165、180和80百万吨，缺口分别达45、95、140和440百万吨。考虑到其他可替代能源，估计到2020年，最多可替代51百万吨石油，2050年替代280万吨石油，不足部分需进口，预料进口需求分别为45、85、89和160百万吨。

表2　石油与天然气需求与产量预测

年份 需求量	2000	2010	2020	2050
石油（百万吨）	200	260	320	520
天然气（百万立方米）	350	1200	1600	2000
生产量：				
石油（百万吨）	155	165	180	80
天然气（百万立方米）	300	1000	1500	1200

二　建立油气储备是降低经济风险，减少结构性矛盾冲击的有力措施

能源供需结构性不平衡的结果，使得我国石油天然气进口逐渐增长，对国际能源市场的依赖性增加，因而能源供应风险大大加大。一旦国际石油市场动荡和国际环境发生变化，就可能对我国产生重大的影响。建立石油储备已势在必行。

经过两次石油危机的冲击，世界上各能源进口国相继建立了自己的应急能源储备体系，而且非常重视石油储备的研究，把其视为国家经济安全的一个重要领域。

日本是以进口石油及天然气为主的国家。经过两次石油危机之后，日本的产业结构和产品结构发生重大的改变，即向技术含量高，耗能少的方向发展，降低能源的消费量，减少对进口能源的依赖。另一方面，为了避免国际石油市场可能带来的震荡，稳定国内油气供应，保证国家的经济安全，日本同时还采取了一些促进、鼓励储备的政策。这项政策包括民间储备政策和国

家储备政策。民间储备政策目标为储备 50 天的供应量，1989 年 4 月以后已达到这一政策目标。目前已储备相当于日本总需求量的 10%，约 200 万吨的液化石油气。国家储备计划是 2005 年 130 万吨，2010 年 150 万吨。

1993 年末，日本原油储备量已达 81.3 万吨，可用 116 天，其中政府储备（由石油公司所属 8 家储备公司营运）超过半数，已建成 4 个大型储备基地，并租用油轮储油；民间和公私合营储备各有 2 家。至 1992 年财年末，日本政府向石油公司所属储备公司可提供的自有资金和低息贷款累计达 12.29 亿日元，向私营和公私合营储备公司提供的为 15.06 亿日元。

日本建立石油储备的研究思路是：研究本国所在液化石油气进口地区的进口的消费的动向，研究液化石油气重要出口地区，中东地区各国天然气生产、出口、消费的动向，然后提出本国的储备量。日本认为，石油是国际贸易主要商品，各国的石油生产、消费均有相互影响，因此，十分重视与各国尤其是本地区主要油气消费国的情报交流，并积极与石油生产国开展各种形式的信息交流。

美国把能源安全问题作为制定美国能源战略的一个基点。美国能源部根据能源政策和节能法，开始建立国家战略石油储备，目标是储备 100 万吨，1993 年，决定增加 34 万吨。到 1993 年末，包括民间公司在内的储备量达到 200 万吨，可用 98 天。1991 年初海湾战争爆发时，联邦政府动用了 30 万吨战略储备，使国内油价保持稳定。

我国建立石油储备不仅是出于国家经济安全考虑，而且也是经济合理的。1994 年我国放开能源价格后，我国的原油价格已接近国际市场原油价格，成品油价格高于国际市场。考虑到今后我国主要油田开采已进入中后期，石油和天然气增产有赖于勘探工作的进展，勘探需要大量的资金投入，因此我国的原油和天然气生产价格可能会继续上升，而国际石油价格在近期不会有太大波动，这就为我国建立石油储备提供了一个非常适宜的经济环境。

由于能源市场的国际化倾向十分明显，国际能源机构（IEA）规定各成员国有义务保有相当 90 天净进口量的石油储备水平。这种能源储备已超出一般商业周转库存的意义，对我国有一定的参考价值。但我们不能完全照搬国外的做法，而是要根据我国实际情况，建立经济合理的石油储备。

所谓的经济合理安全的石油储备，就是根据储备成本，风险概率，储备效益（即避免短缺造成的损失）等因素，寻求使国民经济损失最小的合理储备量。

由于我国进口的能源主要是石油和天然气，因此，只假设石油和天然气不能正常供应的可能性（或者说风险发生的概率）及由此而发生的国民经济损失分别为 Po、Pg、Lo、Lg、Log。石油与天然气供应异常的概率和损失的各种可能如下表所示。

表 3 石油与天然气供应异常概率、损失的可能性

石油供应风险	天然气供应风险	概率	国民经济损失
不发生	不发生	（1 - Po）（1 - Pg）	0
发生	不发生	Po（1 - Pg）	Lo
不发生	发生	（1 - Po）Pg	Lg
发生	发生	PoPg	Log

石油与天然气供应风险主要是指国际石油市场供应不足及价格暴涨，国民经济损失是指因此多支出的费用，如果我们有石油或天然气储备，则可减少国民经济报失，国民经济损失与油气储备的关系是：

$$Lo = Lo(So), \tag{1}$$

$$Lg = Lg(Sg), \tag{2}$$

$$Log = Log(So、Sg), \tag{3}$$

国民经济总的可能损失是：

$$Z = Po(1 - Pg)Lo + (1 - Po)PgLg + PoPgLog + \pi_o So + \pi_R Sg \tag{4}$$

其中 π_o、π_R表示石油与天然气的边际储备费用，假定为常量。

使国民经济损失最小的必要条件是：

$$\frac{\partial Z}{\partial So} = 0, \frac{\partial Z}{\partial Sg} = 0 \tag{5}$$

在 Po，Pg 为一定的条件下，我们可以求出最优石油与天然气的储备量 S_o'、S_R'

但是 Po，Pg 并不是一成不变的，当 Po，Pg 改变时，最佳储备量也会改变，因此，石油与天气供应风险概率对决定石油与天然气储备有重大影响。研究能源危机发生的风险概率是能源储备的一个重要内容。

一般说来，影响油气供应的因素主要有：

1. 国内外油气供应。影响国内油气供应的因素主要有：油气勘探，是否有新的油气田发现，油气生产成本与价格，油气的生产与勘探的投资，油气生产企业的经营状况，国家对油气生产的政策，油气运输，油气生产技术的改进，等等。

影响国际油气供应的因素主要有：主要石油生产国的产油能力和出口能力，是否有新石油生产协议，国际石油生产成本，产油国的经济状况，等等。

2. 石油需求方面的影响。石油需求的经济影响主要有：世界经济状况，经济的高速增长刺激石油的需求，而经济的不景气和滑坡将直接影响石油的需求。节能与替代能源的技术与工作进展，能源利用率的提高与替代能源、新能源的发现将会大大降低对石油的需求，油气价格和消费税增高也会降低油气的消费。

3. 政治方面的因素。这方面的因素主要有：国际关系的冷热，即与石油输出国的外交关系，战争等。

4. 一国的国际支付能力，汇率变动。进口石油需要大量的外汇，如果国家的外汇收入减少，国际支付能力恶化，势必使石油进口减少。另一方面，由于国际油价是以美元来计价的，因此美元的汇率波动会对油价产生影响。像我国这样的国家，汇率变动虽不会对油价产生直接的影响，但却会影响本国的创汇能力，影响外汇收入，从而间接影响石油的进口。

如果我们用 Y 表示油气的供应，X_1、X_2、X_3、X_4 表示上述因素，则：$Y = ax_1 - bx_2 - cx_3 - dx_4$，如果 Y 小于正常的供应量 Y_0，则表示需要动用石油储备。

其中，a、b、c、d 分别为 Y 对 X_1、X_2、X_3、X_4 变动的敏感系数，X_1、X_2、X_3、X_4 发生变动时，Y 是否小于正常供应量 Y_0，则取决于各国的实际情况，不同国家对上述因素的敏感程度不同。因此，风险概率则是 a、b、c、d 的函数，即 P = P（a、b、c、d）。

三　建立我国的石油储备制度

建国以来，我国已建立了一系列战略资源储备体系和制度，但却未建立起石油储备制度和体系，不能不说是一种缺陷。及早认识我国石油供需形势，并采取积极措施是我国今后在国际石油市场占据主动地位的重要基础。石油储备制度主要涉及三个方面。

1. 石油储备金的筹备。由于我国处于经济快速发展的时期，资金比较紧张，能否筹措到储备金是建立石油储备的关键。关于石油储备金的筹措问题，目前主要有两种意见，一种意见是比照美国等国家，由国家财政支持建立国家石油储备，即国家战备资源储备；另一种意见认为国家财政比较紧张，石油储备要以企业为主，即民间储备或商业储备。笔者认为，石油储备应以国家储备为主。国家石油储备区别于一般意义上的商业石油储备。它应与我国粮食储备一样具有严格的稳定性，并具有法律形式，它是从国家安全角度考虑建立的石油储备。商业储备是根据市场需求变化而变化的，建立商业储备的目的是保证企业生产经营的连续性、稳定性。储备的波动性较大。另一方面，企业为了充分发挥资金的作用，都会最大限度地降低库存储备。如以民间商业储备代替国家石油储备，是达不到国家储备的效用的。从我国实际情况出发，我们应走国家储备与民间储备相结合的道路，以国家储备为主，鼓励民间储备。按照这个思路，石油储备所需的费用应属于国家财政开支范畴。国家石油储备资金的筹措应充分利用市场经济规律，目前我国石油平均价格低于国际石油价格，如我们比照国际石油市场价格，调节国内石油价格，既可提高国内石油生产企业的积极性，也可以为石油储备提供一笔储备金。

2. 石油储备的组织体系。石油储备的组织是保证石油储备的建立、维护、存放的非经营性单位。石油储备的组织体系可分为中央石油储备和地方石油储备两级。其储备金分别来自中央财政和地方财政。但其管理应隶属同一部门。由该部门负责向国务院提供石油储备量、储备方式以及储备金需求的建议与方案，统一管理石油储备库。

3. 石油储备量的确定。本文给出了在风险概率一定的情况下，最佳储备量的确定方法。同时也指出如果风险概率变化，最佳储备量也会发生变化。确定石油最佳储备量也还有其他方法，由于储备量的确定直接影响到储备金的安排。因此，储备量的测算是我国建立石油储备制度的一项基础工作。

（本文发表于《经济管理》1997 年第 1 期）

知识经济与传统产业改造

吕　政

一

近两年来，关于知识经济问题的讨论和宣传，已经发表和出版了许多论著。在这些论著中，大多着重强调知识经济的重要性，强调发展高新技术产业，而对知识经济与传统产业的关系则论述得不多，强调得不够，甚至还存在着一些认识上的误区。例如，关于知识经济内涵的界定，较多流行的见解认为，迄今为止，人类社会的经济形态先后经历了农业经济时代和工业经济时代，今后人类将进入知识经济时代。这种把知识经济同传统的农业经济、工业经济割裂开来的认识，是形而上学的。事实上，脱离物质生产过程的、独立的经济形态是不存在的，不管现代科学如何发达，人们都得穿衣、吃饭、居住和行路，要满足人类社会的这些需求，就得有提供这些物质产品的农业生产部门、工业生产部门、建筑业和交通运输业。无论信息技术和信息产业如何发展，人们总不能靠打电话、发传真和“上网”过日子。信息产业首先是为物质生产过程的信息传递和人际交往的信息传递服务的，脱离为物质生产过程的服务经济、网络经济肯定是一种泡沫经济。

比较科学的概括和定义，知识经济应当是知识或现代科学技术作为一种生产要素在社会再生产过程中起主导作用的经济。知识经济与农业经济、工业经济之间不是板块之间的关系，也不是先与后的关系，更不是替代与被替代的关系，而是渗透、融合的关系，改造与被改造的关系。用现代科学技术改造和武装的农业、工业、建筑业、交通运输业、服务业等各行各业，都是知识经济的组成部分。按照马克思主义的观点，划分经济形态，不在于它生产什么，而在于用什么去生产。因此，不能认为信息产业、生物工程、宇航工业等高科技产业才属于知识经济的范围，用现代科学技术种田、养殖、造机器设备和建筑房屋就不属于知识经济范畴。

在关于知识经济的一些论著中，还有一种片面性，就是言必称美国，如美国的服务业比重有多高，美国的电话和电脑普及率有多高，美国的电子商务多么发达，等等。与发达国家进行比较，认识到我们的差距是完全必要的，它使我们有一个追赶的目标，有一个值得学习和借鉴的模式。但是只有比较还不够，还要研究我国究竟处在什么发展阶段，社会经济发展的任务和方向是什么。我国工业化的任务还没有完成，还有将近70%的人口滞留在传统农业生产领域；另一方面，我们又面临着国际经济一体化和科学技术竞争日益加剧大环境的挑战。在这种背景下，我们的发展战略要求必须进行两面作战，即，一方面要积极发展高新技术产业，推进国民经济的现代化；另一方面还要继续推进尚未完成的工业化和城市化的进程。

信息化、网络化是建立在工业化、城市化以及生产生活社会化的基础之上的。当几亿农民仍然分散在大大小小的村落，从事着手工劳动，过着半自给自足的生活，计算机、“上网”、电子商务等现代信息技术和信息产业对于他们来说，至少暂时还没有现实的需求。不区别不同的经济发展阶段和不同的人均国民收入水平，去比较信息化、网络化的程度是不科学的。

生产力的发展和经济结构的变迁，是一个渐进的过程。发展中国家可以通过学习、引进和消化吸收先进国家的科学技术成果，加快经济发展和结构升级的进程，但要实现跳跃式的发展则只能是个别的领域或产业。我国是一个发展中的大国，生产力发展很不平衡，既拥有一部分先进的高科技产业，更多的则是落后的农业和庞大的传统制造业。我们在发展战略上，必须统筹兼顾，而不能顾此失彼，在重视发展高新技术产业的同时，也要重视对传统产业的技术改造。

目前，在传统产业的发展问题上，存在着一种无所作为的思想和畏难情绪，认为传统产业的生产能力严重过剩，市场已普遍供大于求，发展的空间越来越小，因此不能或不愿意进行设备更新和技术改造，以避免给企业带来更大的风险。

二

推进传统产业的设备更新和技术改造，需要对以下两个问题有正确的认识和判断。

第一，传统产业还有没有市场前景？回答当然是肯定的。即使是已经进入后工业化社会的美国，制造业也仍然是国民经济的支柱产业和国家综合实力的重要体现。据统计分析，在近年来美国出现的“新经济”中，高新技术产业对经济增长的贡献率占33%，传统产业的增长对经济增长的贡献率占2/3，其中建筑业和汽车制造业各占14%。就业扩大了，雇员的收入增长了，必然会刺激消费需求。消费需求的主要目标是购买和更新住房与汽车，这样又进一步带动钢铁、汽车和建筑业等三大传统产业的发展。与美国相比，我国的工业化任务还远远没有完成，人均国民收入不到1000美元，刚刚进入工业化的第二个阶段，加快城市化的进程和基础设施的建设，必然要消耗大量的能源、原材料。目前，我国人均消费的能源只有1吨标准煤，人均消费的钢材只有80公斤，人均纺织品的消费量只是接近世界平均水平，农村的彩电、冰箱、洗衣机的普及率不到30%。这些情况表明，传统产业在我国仍然有广阔的市场。问题并不在于传统产业要不要发展，而在于如何发展。我国资源条件和环境状况的压力，都不容许传统产业继续走过去粗放式增长的老路。如果说在过去几十年以数量扩张为主的发展时期，没有数量就没有质量，那么，可以说今后的发展如果没有素质和水平的提高，就难以实现数量持续的增长。

还应当指出，目前工业产品的相对过剩掩盖着局部性的短缺。从总体上看，工业品确实过剩，但从局部看，还存在着大量短缺。局部短缺的大多是国内暂时生产能力不足或生产不了的性能好、附加值高的产品。例如，我国每年还要进口1000多万吨钢材，100多万吨化纤原料，50%～60%的机床，70%的轿车工业装备，30%的中高档服装面料。大量进口实际上就是大量缺口。形成这种缺口的主要原因，是制造业的素质和水平不适应市场需求造成的。只有通过对制造业的更新改造，才能逐步消除这些缺口。

第二，在供大于求、激烈竞争的条件下，传统产业的生存空间和发展机会取决于企业自身的竞争力。经常有一些企业在问“我们企业干什么好?”我们的回答是不在于干什么好，而在于你能把什么干好。竞争力强，干什么都会有生存空间和发展机会。没有竞争力，即使是从事高新技术产业，也会败下阵来。在以创新能力为主导的市场竞争中，技术进步快、创新能力强是保持暂时垄断地位和获取超额利润的基础。用高新技术改造传统产业，是使传统产业获得新的发展动力和市场空间的重要条件。

一些同志认为，我国经济发展中的突出矛盾是结构问题。我认为更为突出的矛盾是效率问题。结构调整也应以提高效率为中心。用高新技术改造传统产业，是提高传统产业效率的关键。对传统产业的改造，不仅可以提高传统产业的生产技术水平和促进产品的升级换代，而且对整个国民经济也会产生积极的影响。因为在经济周期中，企业生产的不景气到景气，经济增长的低谷走向复苏和高涨，总是以技术进步为前提，总是以企业大规模的设备更新来带动社会有效需求。而且，企业的更新改造可以使新的一轮增长建立在更为先进的生产力基础上。因此，加强对传统产业技术改造，加快企业设备更新的步伐，对经济发展的全局具有战略性的意义。

（本文发表于《经济管理》2000 年第 8 期）

“十一五”规划《建议》提出的重大原则和方针

张卓元

2005 年 10 月通过的《中共中央关于制定国民经济和社会发展第十一个五年规划的建议》（以下简称《建议》），描绘了我国 2006—2010 年经济社会发展的美好蓝图，是指导我国今后五年经济社会发展的纲领性文件。《建议》根据现实情况和“十一五”时期经济社会发展任务，提出了一系列重大的指导原则和方针。这些颇具创新意义的重大原则和方针主要包括以下几个方面。

一　以科学发展观统揽经济社会发展全局

2003 年党的十六届三中全会通过的《中共中央关于完善社会主义市场经济体制若干问题的决定》提出了以人为本、全面协调可持续的科学发展观，表明我们党对发展问题有了更全面、深刻的认识和掌握。发展是硬道理，是党执政兴国的第一要务。同时，发展又必须是科学发展，即做到以人为本、五个统筹的发展，使经济社会发展得更好更健康，更能造福全国人民。“十一五”时期，我们的各项方针政策，深化改革和扩大开放，都要着力于把经济社会发展切实转入科学发展的轨道，全面协调可持续发展的轨道。为此，必须坚持以下六个原则，即必须保持经济平稳较快发展，必须加快转变经济增长方式，必须提高自主创新能力，必须促进城乡区域协调发展，必须加强和谐社会建设，必须不断深化改革开放。

二　提出两个相互搭配的数量指标

《建议》提出了“十一五”要实现的两个综合性指标，即在优化结构、提高效益和降低消耗的基础上，实现2010年人均国内生产总值比2000年翻一番；资源利用效率显著提高，单位国内生产总值能源消耗比“十五”期末降低20%左右。

这两个经济目标是互相搭配的，体现了政府“十一五”时期经济发展的战略构想。这两个指标的实现，不是靠指令性指标层层分解下达，而主要是靠实施有效的方针政策、完善法律法规和深化改革开放。可见，计划经济体制下的计划和社会主义市场经济体制下的规划的区别，不在于有没有指标（尽管规划的指标是极少且是综合性的），而在于前者为指令性和层层分解下达的，后者则是指导性的，主要靠经济手段引导来实现。

三　转变经济增长方式是保持经济平稳较快发展的关键

目前，我国土地、淡水、能源、矿产资源和环境状况对经济发展已构成严重制约。比如，主要矿产资源的对外依存度已从1990年的5%提高到目前的50%以上。与此同时，我国资源利用效率低，从资源投入与产出看，2004年，我国GDP按当时汇率计算占全世界GDP的4%，但消耗了全球8%的原油、10%的电力、19%的铝、20%的铜、31%的煤炭、30%的钢材。特别是能源消耗高，能源消费弹性系数（能源消费增长率/GDP增长率）改革开放以来至2000年一直是在1以下，1981~1990年为0.44，1991~2000年为0.2，而2001~2004年达1.29，其中2003年、2004年为1.6。这种高投入、高消耗、高排放、低效率的粗放型扩张经济增长方式已经难以为继。因此，《建议》强调，要把节约资源作为基本国策，发展循环经济，保护环境和自然生态，促进经济发展与人口、资源、环境相协调。总之，“十一五”期间，转变经济增长方式已刻不容缓。

四　着力自主创新

要加快转变经济增长方式，就必须提高自主创新能力。这是依靠科技进步推动经济社会发展的客观要求，也是走新型工业化道路的必然选择。只有不断提高自主创新能力，才能实现产业发展由高消耗、低效率转向低消耗、高效率，才能掌握具有自主知识产权的关键技术和核心技术，提高产品的科技含量和附加值。提高自主创新能力，也是增强我国国际竞争力、确保国家经济安全的需要。关键技术、核心技术是买不来的。作为一个大国，我们不能在重大技术装备、核心技术上长期受制于人。现在看得很清楚，在科技迅速发展的今天，谁拥有更多的知识产权，谁就能在国际市场竞争中掌握主动权。我们必须完善体制机制、法律法规和方针政策，大力促进自主创新，并依靠自主创新提高综合国力、国际竞争力和抗风险能力。

五　建设资源节约型、环境友好型社会

这是转变粗放型经济增长方式的必然要求，也是转变经济增长方式内涵有新的发展的表现。10 年前，即 1995 年，在制定“九五”计划《建议》时，曾提出要从粗放型经济增长方式向集约型增长方式的转变。经过 10 年努力，我国在转变经济增长方式上有一定成效，单位国内生产总值的能耗有一定下降，但未能达到根本转变的目标。还有，随着经济的发展、科技的进步和人们追求生活质量的提高，转变经济增长方式的内涵已不限于从粗放型向集约型转变，而是要从高投入、高消耗、高排放、低效率的粗放扩张的增长方式，向低投入、低消耗、低排放、高效率的资源节约型的增长方式转变，从而把资源节约、环境和生态保护放在突出位置。为此，《建议》提出要按照减量化、再利用、资源化的原则，大力发展循环经济，形成节能节水节地节材的生产方式和消费模式。同时，要加大环境保护力度，切实保护好自然生态。

六　建设社会主义新农村

这个方针 20 世纪五六十年代就提出过，但是现在有崭新的含义，成为逐步解决“三农”问题的完整方针。建设社会主义新农村，并不只是粉刷农村住宅和修修马路、种种树，而是要做到生产发展、生活宽裕、乡风文明、村容整洁、管理民主。首先要推进现代化农业建设，没有农业生产的发展，一切都谈不上。还要全面深化农村改革，大力发展农村公共事业，千方百计增加农民收入。全面建设小康社会的难点在农村，《建议》从统筹城乡发展出发，坚持把解决好“三农”问题作为全党工作的重中之重，并明确提出实行工业反哺农业、城市支持农村的方针，积极推进社会主义新农村建设，促

进城镇化健康发展。

七 更加注重区域协调发展

全面建设小康社会的另一难点为西部地区的发展。《建议》提出，要落实区域发展总体战略，形成东中西优势互补、良性互动的区域协调发展机制，逐步缓解区域发展不平衡矛盾。《建议》特别提出，要推进天津滨海新区等条件较好地区的开发开放，带动区域经济发展，对天津滨海新区建设寄予厚望。《建议》还提出，有条件的区域，以特大城市和大城市为龙头，通过统筹规划，形成若干用地少、就业多、要素集聚能力强、人口分布合理的新城市群。城市群的提出，将有力地推进我国的城市化进程。

八 加强和谐社会建设

促进社会和谐，是“十一五”规划建议的一个重点。《建议》提出，要以扩大就业、完善社会保障体系、理顺分配关系、发展社会事业为重点，妥善处理不同利益群体关系，认真解决人民群众最关心、最直接、最现实的利益问题。为了纠正前一段经济发展腿长、社会发展腿短的不协调问题，《建议》强调要加快发展各项社会事业，包括文化、教育、医疗、卫生、体育、环保、安全等，以及强化政府的社会管理和公共服务职能。

九 把提高低收入者收入水平放在第一位

2002 年党的十六大以来，收入分配的政策一般是把扩大中等收入者比重放在第一位，但是由于这几年居民收入差距有扩大的趋势，基尼系数已达 0.45，超过了警戒线，老百姓对收入差距扩大甚为不满，已成为社会经济生活的突出矛盾和问题。因此，《建议》在合理调节收入分配部分，把着力提高低收入者收入水平放在第一位，而把逐步扩大中等收入者比重放在第二位。与此相联系，1993 年以来一直奉行的“效率优先，兼顾公平”的分配方针，《建议》也没有重申，而是提出要努力缓解地区之间和部分社会成员收入分配差距扩大的趋势，加大调节收入分配的力度，更加注重社会公平，使全体人民共享改革发展成果。

十　政府改革和职能转换成为深化改革的关键环节

过去中央文件一直提国有企业改革是经济体制改革的中心环节。而这次《建议》则提出，加快行政管理体制改革，主要指政府改革和职能转换，是全面深化改革和提高对外开放水平的关键。这是一个重大变化，意味着今后要切实转变政府职能，从经济活动主角转为公共服务型政府。真正实行政企分开、政资分开、政事分开、政府与市场中介组织分开，政府不得直接干预企业经营活动。政府要贯彻以经济建设为中心的方针，但不能因此就自认为是经济活动的主角，主导经济资源的配置。在社会主义市场经济条件下，经济活动的主角是企业。“经营城市”是政府职能的大错位。2003 年以来，主要是地方政府为追求 GDP 的高速增长和建设形象工程，大搞开发区和市政建设，个个都要工业立市，铺摊子，上项目，外延扩张，引发经济走向过热。在很多情况下，中央政府的宏观调控，主要是调控地方政府盲目扩张经济的行为，因而不得不采取行政手段。与此相适应，要改革干部考核体制。政府五年换届一次，每届政府都要追求好的经济业绩，难免有短期行为。经济的粗放扩张最有助于短期见效，而靠科技进步研究开发取得成效一般要高于五年。所以，要从有利于转变经济增长方式出发，改革干部考核体制。

十一　财税和金融改革要促进经济增长方式转变

为使我国经济社会发展、运行转入科学发展的轨道，实现经济增长方式转变，必须有财税和金融改革的配合。完善财税政策和金融服务对自主创新非常重要。《建议》还特地提出，要实行有利于增长方式转变、科技进步和能源节约的财税制度。这当中最直接的有：加快公共财政体系建设，抑制地方政府盲目粗放扩张经济行为和促进政府职能转换；调整和完善资源税，以利于对有限资源的合理开采和利用；实施燃油税，以利于鼓励节约汽油；稳步推行物业税，以抑制对房地产的过度需求；规范土地出让收入管理办法，使数以千亿计的土地出让收入纳入预算管理，提高透明度和接受人大等的监督，等等。

十二 建立反映市场供求状况和资源稀缺程度的价格形成机制

高投入、高消耗、高污染、低效率的粗放型增长方式之所以难转变，是因为我国的生产要素价格和资源产品价格长期受国家管制，严重偏低。地价低，水价低，许多矿产品价低，能源包括电价低。要转变经济增长方式，建立节地、节能、节水、节材的生产方式和消费模式，必须积极推进生产要素和资源产品价格改革，在保持物价总水平基本稳定前提下，逐步提高价格，使这些价格反映市场供求状况和资源稀缺程度，促进节约利用资源，提高效率。2005 年以来，我国居民消费价格上涨幅度低，前三个季度上涨率为 2%，比去年同期低 2.1 个百分点，而城乡居民收入增加较多，正有利于逐步提高水价、油价、天然气价、电价等，用价格杠杆推动能源的节约。

十三 实施互利共赢的开放战略

《建议》提出，要统筹国内发展和对外开放，增强在扩大开放条件下促进发展的能力。明确实施互利共赢的开放战略。无论是“引进来”还是“走出去”，包括“走出去”充分利用国外资源，都要实行互利共赢，扩大互利合作和共同开发，否则困难重重。我国对外贸易发展很快，其规模已跃居世界第三位。今后在继续积极发展对外贸易的同时，要加快转变对外贸易增长方式，优化进出口商品结构，着力提高对外贸易的质量和效益。这是同转变整个经济的增长方式相呼应的。

《建议》在政治建设、文化建设和社会建设等方面也提出了有重要意义的指导原则和方针，限于篇幅，本文不再展开论述。

（本文发表于《经济管理》2006 年第 1 期）

完善中小企业创业创新政策的战略思考

辜胜阻　肖鼎光

中小企业已经成为我国国民经济中最具活力的组成部分。我国现有广义的中小企业数已达到4200多万家，占全国企业总数的99.8%。中小企业创造的最终产品与服务价值占全国的58%，出口总额占全国的68%，上缴税收占全国的50%，提供了城镇就业人口75%以上的就业机会。中小企业的发明专利占全国的60%以上，研发新产品超过全国的80%。中小企业在创业创新方面发挥着十分重要的作用。本文拟在探讨制约我国中小企业创业创新问题的主要瓶颈，提出进一步完善中小企业创业创新政策的对策。

一　我国中小企业创业创新的特点

中小企业按其性质可分为创业型中小企业和创新型中小企业。企业家创业往往总是同创新联系在一起的。管理大师德鲁克指出，只有那些能够创造出一些新的、与众不同的，并能创造价值的活动才是创业。他认为，世界目前的经济已由“管理型经济”转变为“创业型经济”，企业唯有重视创新与企业家精神，才能再创企业生机。“高科技只是创新与创业领域的一部分，绝大部分创新产生于其他领域。”① 企业创新离不开创业精神，更离不开由创业家主导。没有创新的创业不可能实现可持续发展，没有创业精神也同样不可能有重大的创新产生。国外高技术产业发展的规律表明，高技术企业的创新往往是通过创业实现的，人们在不断创业过程中实现了创新。

1. 创业模式正处于从“生存型”创业向“机会型”创业转变。全球创业观察研究表明，90%以上的创业动机可以归为两种类型：一是机遇驱动，

---

① 彼得·德鲁克：《创新与创业精神》，上海人民出版社、上海社会科学院出版社，2002。

即创业者因为意识到市场上有机会从而抓住机遇创业；二是需求驱动或生存型创业，即创业者因为找不到工作或没有更好的工作机会而不得不创业。在美国，只有10%的创业活动是生存型，90%属于机遇型。研究表明，我国正从“生存主导型”创业模式向“机会主导型”创业转变。2006年创业观察研究表明：我国“生存型”创业比重由本世纪初的60%以上下降到2004年的40%以下，而“机会型”创业上升为60%以上。

2. “草根”微型创业为主。创业主要集中在两端：基层“草根”群体实施的生存创业和科研人员实施的科技创业。我国中小企业多是典型的草根创业模式。根据2004年第一次全国经济普查，我国有个体经营户3921.6万户，个体经营人员9422.4万人，占第二、三产业就业人员的30.5%。个体经营户较为集中的5个行业是：工业532.3万户，占个体经营户总数的13.6%；交通运输业621.7万户，占15.9%；批发和零售业1831.1万户，占46.7%；住宿和餐饮业293.9万户，占7.5%；居民服务和其他服务业413.8万户，占10.6%。

3. “家族”企业是创业的主要组织形式。据天津的调查，有90%以上的中小企业是家族企业，90%的中小企业中最大的股东是董事长或董事长兼总经理，85%的中小企业创办人是现在的企业负责人，其中60%的中小企业创办人是董事长或董事长兼总经理，30%的中层管理人员来自家族成员。家族成员的凝聚力强和忠诚度高，有利于创业。但是，家长式管理却不利于创新和企业做大。

4. 创业水平相对较低。如果以中小企业数作为一个国家或地区创业水平指标，我们会发现，我国创业与发达国家和地区有较大的差距。我国每千人所拥有的中小企业数为32.7，美国每千人拥有中小企业数是103.8，是我国的3倍多，日本是35.6，韩国是58，欧盟是51.1。这表明，通过大力发展中小企业，推进创业创新，我国的潜力很大。

5. 政府对特定人群的创新创业高度重视。我国政府对科技人员的创新创业特别重视，出台了一系列科技创业和创新的政策。我国政府建立了53个国家级高新技术开发区和54个国家经济技术开发区，全国现有14万个民营科技企业。

6. 创业创新融资方面存在“所有制歧视”。我国90%以上的中小企业是私营企业，中小企业在融资方面，不仅要受到“重大轻小”的“规模歧视”，而且还要受到“重公轻私”的“所有制歧视”。

二　我国中小企业在创业与创新方面存在的主要问题

1. 创业创新融资难，融资缺口大。初创的中小企业时常是无资信、无固定资产，想从银行获取贷款相当困难。据“中关村发展”课题组对中关村964家民营科技企业的调查显示，964家民营科技企业中70%～77%的企业靠“内部积累”作为其主要资金来源。调查数据表明，我国中小企业提供了城镇就业的75%，但获得的贷款数额只有全部贷款的7%～8%。

2. 有效规避技术创新风险的机制不健全。有关研究表明，约有50%的中小企业在创立的3年内死亡了，在剩下的50%企业中又有50%的企业在5年内消失，即使剩下的这四分之一企业也只有少数能够熬过经济萧条的严冬。中小企业由于各方面条件的限制，与大企业相比承担风险的能力相对较弱。美国等发达国家通过风险投资来分散企业创新风险，而我国风险投资事业发展还不能满足中小企业分散技术创新风险的需要。

3. 技术基础薄弱，创新人才短缺。中小企业势单力薄，投入能力有限，技术水平低下，缺乏必需的科研设施，人才缺失，创新能力低下。江苏省的调查表明，中小企业自主创新最大的困难是“人才”瓶颈，全省72%的民营科技企业缺高级技术人才，35%的企业缺高级技术工人。

4. 支持企业创业创新的社会化服务体系和公共服务平台还不完善。我国针对一般中小企业创业创新服务的中介机构数量少，专业化水平低，协同程度低，运行不规范，服务功能单一。中小企业在技术创新过程中遇到的各类难题难以解决，制约了中小企业技术创新进程及效益。如我国中小企业信息网经过了6年的发展，至今仅拥有36万中小企业会员，不到中小企业总数的1%。

5. 政策扶持力度不够，竞争环境有待优化。中小企业提供了50%左右的税收，但公共财政支出中用于中小企业支出占的比例很小。一些国家的法律规定，政府采购合同中面向中小企业的采购要有一定的比例，但我国政府采购没有这样的要求，中小企业进入政府采购的很少。近年来出台的政策多是按照企业规模和所有制设计的，对大企业优惠多，对中小企业考虑少；对公有制企业优待多，对非公有制企业考虑少。各地中小企业之间在相当大的范围内存在低水平过度竞争的问题。市场竞争不公，降低了中小企业创业创新的收益预期，挫伤了中小企业创业创新的积极性。

6. 创业成本较高，创业环境不宽松。政府的不规范行为极大地提高了个体私营企业的经营成本。浙江省工商联在某市调查发现，政府向企业征收的各项税费和基金多达375种。个体户有个顺口溜，叫作“头税轻、二税重、三税无底洞”。这里所讲的头税是税收，二“税”是收费，三“税”是摊派，如捐助、集资、各种杂费等。

三　我国对创新型中小企业的政策扶持体系

1. 财政扶持。中央财政拨款设立了“科技型中小企业创新基金”和“中小企业发展专项资金”，并逐步加大了投入力度。科技型中小企业创新基金通过直接贷款、资助、担保和贴息的方式向中小企业创新提供财政支持，到2005年底，累计预算安排资金44亿元，立项支持了7962个项目。此外，通过政府采购扩大中小企业自主创新型产品的市场需求。我国规定在国家和地方政府投资的重点工程中，国产设备采购比例一般不得低于总价值的60%。

2. 金融支持。我国于2004年在深圳证券交易所设立了中小企业板。2006年1月23日，中关村科技园区正式启动了未上市高新技术企业进入证券公司代办转让系统进行股份报价转让的试点，截至2006年底，已有10家中关村企业挂牌。

3. 税收激励。我国政府相继出台了一系列税收激励政策，对中小企业创新给予利益补偿。如，为鼓励研发，以技术开发费的150%抵扣应纳税所得额等。

4. 创新集群战略。我国的创新集群则以国家高新区为主要形式。53个国家高新技术产业开发区共有入驻企业4万多家。

5. 科技创业孵化政策。科技企业孵化器或高新技术创业服务中心是促进科技成果转化、培养高新技术企业和企业家的创业服务机构，是国家创新体系的重要组成部分和区域创新体系的核心内容。至2006年底，全国已成立了留学人员创业园100多个，入园的留学人员企业6000多家，人数15000多人，实现年产值300多亿元；已建成62个大学科技园，转化科技成果近3000项。

6. 创新中介服务政策。全国共建成1270家生产力促进中心，服务企业总数达9.68万家。

四　进一步完善我国中小企业创业创新政策的战略思考

根据以上分析，我国中小企业创业创新最大的瓶颈是外部融资问题和内部动力机制问题。为此，应采取以下措施进行应对。

1. 建立面向中小企业的政策性金融机构，发展社区银行，完善金融服务，提高中小企业创业创新的外源性融资水平

建立面向中小企业的金融机构。具体可采取以下对策：（1）建立面向中小企业的政策性银行。一些市场经济国家有专门面向中小企业创业创新服务的金融机构和中小企业政策性银行，它们运行模式各不相同，在融资的运营机制、业务的开展等方面都值得我们借鉴。例如，韩国中小企业银行是韩国根据 1961 年 7 月制定的《中小企业银行法》，由政府设立的专为中小企业提供服务的政策性银行。韩国 70% 以上的中小企业都与该行有融资业务往来。且法律明文规定，中小企业在中小企业银行的贷款业务比率不能低于 80%。[①] 法国中小企业发展银行是国家控股的投资银行，1996 年创立，在法国各地设有 37 个分支机构，专门为中小企业提供信贷服务与担保业务。该银行每年提供中小企业需求资金的 20%，2001 年帮助创建企业 2.5 万个，帮助转让企业 4 千家，分别占全国新创建和转让企业的 10% 左右。给予担保的占中小企业贷款的 50%，企业创建时可达 70%。[②] 日本有 5 家专门面向中小企业的金融机构——中小企业金融公库、国民金融公库、工商组合中央公库、中小企业信用保险公库和中小企业投资扶持株式会社，[③] 帮助中小企业改善融资环境。（2）发展小型社区银行（Community Bank）。社区银行或中小银行由于资金少，无力为大企业融资，更愿意为中小企业融资。更重要的是社区银行为本社区中小企业融资具有其他机构无法比拟的信息优势，信息不对称程度低，成本低，效率更高。美国通常把资产规模小于 10 亿美元的小商业银行及其他储蓄机构称为社区银行，其对小企业贷款占贷款总额的

① 参见："中小企业融资路在何方"，http://www.tt91.com。

② 参见："法国的中小企业发展银行"，http://www.most.gov.cn。

③ 参见："中小企业融资问题质疑"，2004－6－14，http://www.itbank.cn。

40.1%，而大银行仅为7.2%。[①] 我们需要引入民营机制，完善制度设计，构建服务本地中小企业的小型社区银行体系，解决中小企业创业创新融资难问题。(3) 完善金融服务。如要积极发展知识产权质押贷款。知识产权质押是指企业将自己的知识产权作为一种无形资产质押给银行，作为担保，获得贷款；一旦还款出现问题，由银行将知识产权依法进行折价、拍卖或变卖。上海中药制药技术有限公司通过专利质押方式，成功向工商银行张江支行贷款200万元，已经完成了上海专利质押融资第一单。探索知识产权质押的有效方式，推广知识产权质押试点，有利于帮助中小企业摆脱创新融资困境。(4) 规范发展非正规金融。非正规金融通过各种人缘、地缘关系较易获得临近的中小企业的"软信息"，在向中小企业提供贷款方面具有信息优势。规范发展非正规融资，需要在保护合法契约基础上，对非正规融资活动进行有效保护和监督。

表1 中小企业不同发展阶段的融资方式

阶段	融资方式	资金来源
种子期	内源性融资为主	本人、亲属和朋友出资 合伙人出资 政府和大学资助 天使投资与捐赠 非正规金融
创业期	外源性融资比重上升	风险投资 亲属和朋友出资 政府和大学资助 非正规金融 银行贷款
成长期	外源性融资为主	银行贷款 产权交易或柜台交易 非正规金融 内源性融资
扩张期	上市融资	上市融资 银行贷款 内源性融资

① 黄励刚：《美国社区银行制度对我国城市商业银行发展的启示》，《南方金融》2005年第10期。

2. 大力发展风险投资事业，积极构建多层次的资本市场，拓展中小企业的股权融资渠道，提升中小企业的竞争力

技术创新是一个高投入、高风险的过程，科技型企业从初创到成熟的成长过程，通常可分为种子期、创业期、成长期、扩张期和成熟期5个阶段。在每一发展阶段，企业的规模、盈利能力、发展目标、技术创新活跃程度、抵御市场风险能力都不相同，因此企业的资金需求强度、资金筹措能力等也存在较大的差异。不同成长阶段的企业适用不同的融资策略，需要多层次的金融市场体系提供融资支持。表1显示了中小企业在不同的发展阶段的不同的融资模式。可以从以下几个方面拓宽中小企业直接融资渠道。

（1）推进我国风险投资事业的大发展。风险投资已成为创新和创业型中小企业的主要融资方式。据统计，美国90%的高技术企业都是靠风险投资得以发展的，所以，应推进我国风险投资事业的发展，在加大风险投资企业税收优惠力度的同时，加快发展风险投资母基金和天使基金。风险投资母基金的设立不是建立又一个国有创业投资企业，而是通过引导子基金进行项目投资，从而吸引更多的社会资金共同参与，这样的模式也称为“基金中的基金”。天使投资是风险投资的一种，它与一般风险投资最主要的差别在于投资阶段“一前一后”和投资规模“一小一大”。风险投资是一种正规化、专业化、系统化的大手笔，而天使投资则是一种投资额度有限的个体或者小型商业行为。以美国为例，2005年美国有商业天使227000人，投资规模为231亿美元，资助了49500家创业企业，平均每家企业投入47万美元。同一时期，美国风险投资规模为221亿美元，资助企业3008家，平均每家企业投入740万美元。[①] 在投资总额上，美国的天使投资已与风险投资平分秋色。[②] 建议尽快制定天使投资的专门扶持政策，构建天使投资网络，完善风险投资结构。创业板市场为中小高新技术企业提供了一个适宜、公平的融资环境，使其既成为中小企业进入资本市场的“龙门”，又成为高新技术企业的“摇篮”。深交所对15000家科技型中小企业进行的实证研究表明，我国科技型中小企业已成为科技创新的重要力量，整体经营业绩稳定，其市场风险并不显著高于现有证券市场。我国已具备创办创业板的市场基础。由于我国中小

① Jeffrey Sohl, *The Angel Investor Market in* 2005: *The Angel Market Exhibits Modest Growth*, Center for Venture Research, University of New Hampshire, 2005.

② 中国风险投资研究院：《2006年中国风险投资行业中期调查分析报告》，参见 http://www.cvcri. com/aboutus/r_ dl. htm。

企业板市场无法满足中小企业创新创业的需要，应尽快推出创业板市场。

（2）加快发展三板市场，完善代办股份转让系统。代办股份转让系统已在中关村科技园区成功试点，应积极动员更多的高新技术企业和合格投资者进入代办系统，将其加速覆盖到其他国家高新区内的未上市高技术企业。代办股份转让系统将会成为未来“三板”建设的核心，对于大量暂时达不到上市门槛的高技术企业，可以先进入代办系统进行股份转让交易，待条件成熟后通过转板机制进入创业板。这样，代办股份转让系统也就是创业板的“孵化器”。

（3）积极发展面向科技型企业的债券市场，改变千军万马靠银行过“独木桥”的融资格局。在一些成熟市场经济国家，债券融资比例一般远远大于股票融资。2005 年美国债券发行规模大约是股票发行规模的 6.5 倍，而 2006 年我国发行的企业债和公司债仅相当于同期股票筹资额的 44%。[①] 我国高新区企业债券的成功发行，极大缓解了我国高新技术企业的资金需求压力，促进了高技术产业的发展。可以进一步探索多种形式的债券融资方式，鼓励具备条件的高新技术企业发行融资债券。

（4）积极发展技术产权交易市场。我国现有产权交易机构 200 多家。要以现有产权交易市场为依托，积极发展技术产权交易市场，使其成为科技型中小企业创业以及高科技成果转化项目的融资场所，并为创业投资基金提供资本退出渠道，促进技术与资本的高效结合。

（5）鼓励符合条件的中小企业到境外上市，拓宽直接融资渠道。据《2006 年第一季度中国企业境外市场 IPO 报告》的统计，2006 年第一季度，有 18 支中国概念股在 NASDAQ、香港主板、香港创业板以及新加坡主板上市，筹资量达 13.09 亿美元，其中包含 5 家风险投资基金所支持的中小企业成功上市。相关部门要完善国内中小企业境外上市的服务设施，帮助中小企业完成境外融资。

3. 加强中小企业共性技术支撑服务平台建设，推进中小企业的产学研合作，完善中小企业技术创新的社会服务体系，强化行业协会等中介组织在中小企业技术创新中的作用

共性技术是指在很多领域内已经或可能被普遍应用，其研发成果可共享并对整个产业或多个产业及其企业产生深度影响的一类技术，具有较强的外

---

① 闻涛等著，《未来金融改革七大看点》，《证券时报》，2007 年 1 月 22 日（8）。

溢性、不确定性和复杂性，体现出准公共品特质。中小企业不愿意，也不可能开展共性技术的研发，必须由政府进行扶持。建立中小企业共性技术支撑服务平台，需要扩大国家科技创新基地与条件平台向全社会开放的程度，加强政策支持和资金投入，改变分散引进、重复建设、资源浪费的局面，缩短中小企业产品的开发周期，降低创新成本，解决中小企业在资金、技术、人才等方面的诸多困难，提高中小企业的技术创新能力。鼓励大企业以分包等方式对中小企业的技术转移和扩散，同时对技术转移给予税收激励。推进中小企业同大学、科研院所的合作，提高中小企业的合作意识，借助“外脑”、运用社会资源弥补企业自身不足，增强企业依托社会资源联合创新的能力。

中小企业个体势单力薄，其技术创新活动的开展有赖于社会服务体系的发展和完善。要加强行业协会发展。行业协会由于其行业相关度，在技术创新中具有降低产业化交易成本、维护合法权益等特殊作用。可以考虑在中小企业比较集中的行业建立中小企业行业协会，发挥行业协会对中小企业创业与创新的促进作用。要优化科技中介服务体系。健全生产力促进中心与技术市场在中小企业技术测试、技术咨询、技术转移、创新资源共享等方面的服务功能。重点加强中小企业创业辅导、科技评估、员工培训、信息咨询等中介服务机构的建设。要加快中小企业网络信息化进程，提升中小企业信息能力。

4. 推进家族企业治理机制转型，提高“家人”与“外人”的互信度，引进和凝聚创新；努力培育创业创新文化，提升中小企业在创业创新方面的“软实力”

中小企业家族化治理的排外性造成企业权力结构的封闭性，权力分配向家族网络倾斜，不利于企业成长壮大和技术创新，且极有可能导致企业成长极限。因此，需要建立“互信、分享、共治、多赢”新模式，解决“家族企业对外部不信任”与“外部对家族企业不信任”的双重信任危机，促使家族企业治理结构由封闭走向开放，由独享走向共赢。

中小企业创业创新需要有一种崇尚创新、宽容失败、支持冒险、鼓励冒尖的文化氛围，而且还要有宽容失败的制度保障。要在社会上营造崇尚自主创新、尊重创新人才、支持自主创新产品、宽容创新失败的风气，使创新成为社会习惯，为中小企业自主创新提供文化支撑。

5. 着力推进产业集群建设，进一步提升各类开发区的产业层次，提高中小企业在创业创新方面的群体竞争力

在中小企业的创业创新方面，要高度重视产业集群的作用。对于开发区

产业集群，建议国家坚持“有所为，有所不为”的方针，选择一批重点高新区，由中央和地方共建，自上而下，力争在战略性高技术产业方面有所突破，打造具有国际竞争力的高技术产业集群。把这些重点高新区建设成为对我国自主创新有重大影响的技术创新集群。

对于以市场力量推动的、为创业创新服务的产业集群，需要政府为其营造良好的创业创新环境。在市场准入方面，提高政府的管理服务效率，缩短企业注册时间，减少审批环节，为企业提供一站式创业服务；降低进入门槛，减轻中小企业的税费负担，杜绝乱收费、乱罚款和乱摊派，轻赋养育中小企业，使小企业在竞争中有一个外部成本较低的成长环境。

（本文发表于《经济管理》2007 年第 7 期）

参考文献

[1] Niels Bosma，Rebecca Harding，“Global Entrepreneurship Monitor 2006 Results，” http://www.gemconsortium.org，2006.

[2] Jeffrey Sohl，“The Angel Investor Market in 2005：The Angel Market Exhibits Modest Growth，” Center for Venture Research，University of New Hampshire，www.unh.edu/cv，2005.

[3] 中国国家统计局：《中国经济普查年鉴（2004）》，中国统计出版社，2006。

[4] 中国国家统计局：《中国统计年鉴（2006）》，中国统计出版社，2006。

[5] 辜胜阻等著，《民营经济与高技术产业发展战略研究》，科学出版社，2005。

[6] 张晓强：《中国高技术产业年鉴（2005）》，北京理工大学出版社，2005。

[7] 国家发展与改革委员会中小企业司：《2006 年中小企业发展情况和 2007 年工作要点》，http://www.sme.gov.cn/web/assembly/action/browsePage.do? channelID = 10089&contentID = 1167587742566，2007 - 01 - 01。

[8] 王小兰、赵弘：《突破融资瓶颈——民营科技企业发展与金融创新》，社会科学文献出版社，2006。

[9] 毕克新：《中小企业技术创新测度与评价研究》，科学出版社，2006。

[10] 周天勇：《个体户为何减少了 810 万》，《人民日报》2006 年 8 月 21 日（13）。

[11] 张景华：《中国留学人员创业园喜中有忧》，《光明日报》2006 年 10 月 21 日（2）。

[12] 王宏达、赵志强：《天津市科技型中小企业发展实证分析天津》，《现代财经》

2003 年第 7 期。

[13] 马颂德：《构建有利于自主创新的资本市场环境》，参见 http://www.most.gov.cn/kjbgz/200512/t20051213_26755.htm。

[14] 王碧波：《转型时期民营经济融资困境分析》，《经济学动态》2006 年第 5 期。

[15] 中国风险投资研究院：《2006 年中国风险投资行业中期调查分析报告》，http://www.cvcri.com/aboutus/r_dl.htm，2006。

[16] 李纪珍：《产业共性技术供给体系》，中国金融出版社，2004。

企业改革与企业制度创新

“企业本位论”刍议

——试论社会主义制度下企业的性质及国家与企业的关系

蒋一苇

（一）问题的提出

党的十一届三中全会提出了改革我国经济体制的任务。这是一个十分复杂而又亟待解决的重大问题。

我国现行的经济体制，存在着许多不能适应国民经济高速度发展和实现四个现代化的情况，已经到了非从根本上进行改革不可的时候了。但是改革涉及的问题面极广，而且一环套一环，牵一发则动全身。最基本的环节应当抓什么呢？我们认为应当从确定社会主义制度下企业的性质入手，以此为基准，再进而研究整个国民经济的组织与管理，这样，才能由此及彼，顺理成章，使经济体制的改革有一个牢靠的基础和依据。这就是“企业本位论”的基本思想。

当前经济体制存在的问题很多，但最突出、最根本的问题是，社会主义经济的基本单位——企业不能发挥更大的主动积极性。这种情况已经被公认，并引起了大家的重视。因此，扩大企业权限成为普遍的呼声。但是，把问题归结为权限的大小，我们认为这只说明了问题的现象，并未深入问题的本质。

建国以来，我国对经济体制作过多次的改革，但主要是在中央与地方之间划分权限上做文章，只考虑如何更好地发挥中央与地方两个积极性，却忽视了一个更根本的问题，那就是如何发挥直接掌握生产力的企业与劳动者的积极性问题。现在认识到不能只考虑中央与地方的积极性，而应当发挥中央、地方、企业、劳动者四个积极性，这是一大进步。但又把行政组织（中央与地方）和经济组织（企业）混为一谈，似乎中央、地方、企业是相同性质的三级组织，于是在考虑中央与地方的分权问题同时，也考虑要适当扩大企业这一级的权限。

我们认为，企业是经济组织，不是一级行政组织，因此不能把中央与地方的权限概念套用在企业身上。作为社会主义企业，它和政府（包括中央或地方）之间是存在着如何规定权利与义务的问题的。但这个“权利”决不同于行政上下级之间的“权限”。企业的权利与义务，取决于企业本身的性质。它是由企业这一经济组织的特性所派生的，它是客观经济规律所要求的、固有的东西，不是由主观意志来任意决定扩大或者缩小的问题。

在社会主义制度下，企业应当是个什么性质的组织？它和资本主义企业有什么本质的区别？它和社会主义国家之间是什么关系？企业与企业之间、企业与消费者之间又是什么关系？要从理论与实践上回答这一系列根本性的问题，才能最终确定企业的权利与义务。

对企业性质的规定意义重大，还在于它很大程度上是社会主义制度的直接体现。社会主义制度的最根本特征，如公有制、消灭剥削、按劳分配等等，都要在企业这个经济细胞中体现出来。因此，为社会主义企业“定性”，可以说，是确定社会主义制度的一个带有根本性的问题。

南斯拉夫的社会主义经济体制，适合于南斯拉夫的具体国情，当然不能完全适合我国的国情。但有一点是值得我们重视的，那就是他们首先确立“工人自治”的企业体制，在这个基础上建立整个国民经济的体制。他们的经济管理体制也经过多次改革，但工人自治的原则不变，而且经济管理体制的改革，都是从如何更好地适应工人自治的企业体制的要求出发，而不是相反。南斯拉夫的这种做法，就是以企业为本位来建设经济体制的做法。我们认为，这种做法在理论上是合乎逻辑的，在实践上也证明是有成效的，值得我们借鉴。

本文基于上述思想，试就社会主义制度下企业的性质、特征，以及国家与企业的关系等问题作一些探讨。为了行文方便，只以工业生产企业为代表来阐述，实际上所涉及的问题和原则，大部分对其他企业，包括商业企业、农业企业（农业生产队也相当于农业企业）等等也是适用的。

（二）企业是现代经济的基本单位

人类是制造工具的动物，又是社会的动物。有史以来人类的生产活动总是程度不同的社会化劳动。由于生产力的发展，社会化的生产组织形式也不同。但是迄今为止，不论哪一种生产方式的社会，总有它的与生产力水平相适应的一定形式的基本生产单位。

原始社会生产力极其低弱，单个的人无法单独地同自然力和猛兽作斗争，必须集体劳动，形成由血统关系组成的氏族，作为社会生产的基本单位。随着农业的发展，生产工具的改善，一个家庭已能耕种一片土地，并取得比氏族经济更高的劳动生产率，于是氏族经济就瓦解了，取而代之的是以家庭为生产基本单位的私有制。生产力再进一步发展，产生了由奴隶主组织的强制性的奴隶集体劳动形式。随着奴隶制的崩溃，又产生了以农民家庭为生产基本单位的封建制。

从原始社会到封建社会，商品生产虽然有所发展，但基本上都还是建立在以手工劳动为基础的自给自足的自然经济上的，劳动社会化的程度很低，因此社会生产以家庭为基本单位，保持了相当长的时期。商品生产的高度发展和现代机器的采用，出现了资本主义的生产方式，社会生产的组织形式才随之而发生根本的变革；社会生产的基本单位不再是狭小的家庭或作坊，而是资本家雇佣大批工人，使用现代化的生产设备，组织高度社会化劳动的现代企业。

随着资本的集中和积聚，企业的规模和组织形式也不断发展，从个别企业发展为各种不同形式的资本主义公司组织。在一个公司组织的大企业内，可以包含许多小企业，或者固定联系许多小企业。但不论采取什么形式，企业终归是资本主义所创造的现代经济的基本单位。

在资本主义制度下，企业作为社会生产的基本单位，毫无疑问，它具有资本主义的特征。资本主义的私有制决定了：企业的生产资料和全部财产归资本家所有；生产劳动者不是生产资料的主人，而是资本家的雇佣，出卖劳动力，受资本家的剥削；企业具有绝对的独立性，企业经营的内容与发展方向完全由它的资本主决定，经营成果好坏，盈利亏损，直接决定资本家的利益。但是，如果撇开这些由资本主义私有制所决定的特征，而单纯从作为社会生产的基本单位来考察，企业还具有以下特征：

一、企业是从事生产的经济组织。它集聚一群生产劳动者（包括体力劳动者和脑力劳动者），为共同的生产目的而协作劳动。

二、它从事的是商品生产，它的产品必须能满足一定的社会需要。

三、在极其广泛而复杂的社会需要中，它只承担一定的分工任务，根据专业分工的特点在技术上自成一个独立的生产体系。

四、它通过交换（原则上是等价交换）和其他生产单位以及消费者发生经济联系。

五、它具有独立的经济权益，并为取得自身的利益而积极努力。

六、为了取得更多更大的利益，它主动积极发展和壮大自己的生产力。

七、它是整个社会经济的基本单位。它客观上构成社会经济力量的基础，社会生产力是所有企业生产力的总和。

以上这些特征，归根到底是商品生产高度发展的产物。资本主义企业是资本主义社会经济几百年历史所形成的。从个别企业发展为公司组织，其作为经济基本单位的这些特征并无改变，说明它与资本主义所造就的生产力是相适应的。资本主义的内在矛盾及其危机，并不是企业这种经济组织形式与生产力不相适应而引起的，而是资本主义私有制所决定的全社会生产的无政府状态而引起的。

社会主义制度是新生的社会制度，它消灭私有制，使社会生产有可能实行统一计划、统一管理，以克服资本主义社会生产无政府主义的盲目状态，这是社会主义制度的极大的优越性。但是，社会主义的统一经济，是否就意味着应当取消企业的独立性，而把整个国民经济变成一个庞大无比的经济整体，把整个国家变成一个大“企业”呢？显然，这只能是一种“乌托邦”式的幻想，而我们现行的经济体制，事实上正是按照这种“乌托邦”式的幻想而行事的。

我们现行的经济体制，形式上也以企业作为社会生产的基本单位。但是企业缺乏独立性，特别是全民所有制的企业，生产资料归全民所有，被认为是国家企业，因此一切都要由国家决定。任务由国家下达，产品由国家收购，人员由上级调派，设备由国家调拨，利润全部上缴，亏损也由国家包干。在某些条文上虽然也规定企业具有一定的独立性，实行独立核算，实际上企业只是作为国家这个独一无二的大企业的分支机构而存在。由全国几万个全民所有制企业所构成的“大企业”，国务院就好像是总经理，计划委员会就像是这个大企业的计划科，经济委员会是生产科，基建委员会是基建科，物资总局是供应科，劳动总局是劳资科，各业务主管部类似以产品为对象的车间。当然，形成这种体制是有其历史原因的。但是在理论上，则是由于对马克思主义关于社会主义实行计划经济的一种误解，以为实行计划经济就必须把全国经济活动纳入一个统一的组织机构之中，而忘了马克思主义关于生产关系必须适应生产力发展的客观要求这一根本原理，没有从根本上考虑，在社会主义这个向共产主义过渡的历史阶段，社会生产是否还应当是由许多独立的基本单位组成，然后考虑这种基本单位应当采取什么样的形式，和资本主义的企业有什么异同点。

从现有的社会主义国家来看，生产力水平都还没有超过发达的资本主义国家。社会制度的革命，为解放生产力、发展生产力创造了更加有利的条件，运用这个优越性，我们有可能用较短时间把生产力水平提高到超过资本主义发达国家的水平。但这是要经过一个历史过程的。在这个过程里，生产组织形式不能脱离和超越当前的生产力水平。因此，企业作为现代经济的基本单位，在发达的资本主义国家是适应的，在社会主义国家同样也是适应的。当然，在社会主义制度下，和资本主义私有制相联系的一些企业特征，应当按照社会主义原则加以改造，而与资本主义私有制不相联系的一些基本特征，则是可以继承的。

商品生产在资本主义社会达到了高度的发展，但商品生产关系并非资本主义所特有，不能认为从事商品生产与交换就是资本主义。社会主义社会不但不能取消商品生产，还应当大力发展商品生产，这一点在理论上是可以肯定的。因此前面所说，由于商品生产而形成的企业的若干特征，在社会主义制度下加以继承，决不会与社会主义原则相违背，相反，它只会更有力地促进社会主义经济的发展。

基于以上认识，我们认为社会主义生产的基本单位仍然是企业，而且是具有独立性的企业。社会主义经济体系只能是由这些具有独立性的企业联合而组成。企业保持独立性，并不违反社会主义原则，而且恰恰相反，具有独立性才能充分实现社会主义的经济民主。在社会主义国家的统一组织下，既有企业的独立性，又有国民经济的统一性，社会主义的民主集中制原则才能在经济体系中完整地体现出来。这是“企业本位论”的第一个论点。

（三）企业必须是一个能动的有机体

“企业本位论”的第二个论点，是认为企业必须是一个能动的有机体。

如果仅仅说社会主义经济应当以企业为生产的基本单位，这就没有什么新的意义。现行的经济体制不也是把企业作为一个个单独的生产单位吗？问题是这些“单位”组成国民经济体系，是像一块块砖头砌成一个庞大的建筑物呢？还是像一个个活的细胞组成有机的生物体呢？砖头是无生物，它组成的建筑物也是没有生命的。生物体内的细胞却不一样，每一个细胞本身就是有生命、能动的有机体。它能呼吸，能吐纳，能成长，能壮大，对外界的刺激能产生自动的反应。低级的生物由比较简单的一些细胞组成；高级的生物则由多种的细胞组成十分复杂的肌体。作为现代经济基本单位的企业，决不能是一块块缺乏能动性的砖头，应当是一个个具有强大生命力的能动的有机体。国民经济的力量既然是企业生产力的总和，国民经济力量的强弱就不仅仅取决于它所拥有的企业数量，更重要的还取决于每个企业细胞的活力大小，就好像一个人的强弱、盛衰，归根到底取决于他体内细胞活力大小一样。

我们经常说，要充分发挥现有企业的作用，也强调了现有企业必须革新、挖潜、改造，使其对国民经济的发展作出更大的贡献。但是有一点却并不明确，即国民经济的扩大再生产主要靠什么？是主要靠运用积累建设新企业、新基地呢？还是同时重视现有企业的更新、改造和扩展呢？也就是说，发挥现有企业的作用，是仅仅依靠它在现有的条件下挖掘潜力呢？还是把它看成是一个能动的有机体，允许并鼓励它自行增殖，自行扩大再生产呢？

多年的实践已经证明，在一般情况下，同样的投资，用于老企业的改造和扩建，要比新建同样的企业，经济效果大得多。如果我们把企业看作一个自身能够新陈代谢的有机体，就应当给予企业以自我扩充、自我发展的条件。而且，即使是新建企业，也要尽量采取细胞分裂的方式，利用原有企业人员、经验和某些物质条件，这要比凭空组织起来的效果好得多。新生婴儿从母体中来，是自然规律，也是经济发展的客观规律。

把企业看作是一个能动的有机体，就必须使企业具有能够呼吸、吐纳的能动条件。企业进行生产要具备三个要素，即劳动力、劳动手段和劳动对象。这三方面都应当能呼吸，能吐纳，企业才会有能动性。具体来说，就是对劳动力、劳动条件、劳动对象这些要素，企业都应当有增减权和选择权。

从劳动对象来说，企业生产什么、生产多少，除了接受国家安排的任务外，应当允许它发挥主观能动作用去承担计划外的任务，并且应当主动预测市场需要的发展，而积极发展新品种或提高质量水平以满足新的需要。

作为劳动对象的原材料，除了依靠国家按计划供应外，应当有市场的来源，允许它向其他企业进行计划外的订货，并且对任何方面供应的材料，有选择权和一定条件下的增减权。

从劳动手段来说，企业应当有扩建、改建厂房和生产设施的自主权，有增减和选择设备和工具的自主权。

从劳动力来说，企业对职工也应当有选择权和增减权。对新职工可以择优录用，对多余的职工可以裁减。至于被裁减职工的生活问题，则应当由国家以社会保险的方式予以保证，不应当由企业包干。

三要素在价值上所形成的资金，企业同样也应当有增减权，以取得更好的经济效果。

所有这些权力之所以必要，是企业作为能动的有机体的客观要求，是企业在国民经济运动中发挥主动积极作用的必要条件，说到底，是企业性质所决定，不是可以凭主观意志给多一点或给少一点的问题。

当然，作为社会主义企业，既有权利，也有义务，包括优先保证完成国家规定的生产任务，按规定向国家纳税，或以其他方式向国家提供积累，等等。但在保证履行这些义务的前提下，企业应具有独立经营和自主发展的能动条件。

（四）企业应当具有独立的经济利益

“企业本位论”的第三个论点，是认为企业应当具有独立的经济利益。

所谓企业的独立性，归根到底是表现在具有独立的经济利益。上一节说，为了使企业成为能动的有机体，必须给予它以能动的主动权，这是就条件而言的。但是，有了条件，企业是否就会自然而然地“动”起来呢？并不尽然。还要解决一个能动的内在动力问题。这个动力就是企业具有独立的经济利益。

把经济利益说成是企业的动力，岂不否定了“政治挂帅”，走上“经济主义”的邪路了吗？这种疑虑现在应该不再存在了。“四人帮”曾经把物质利益划为禁区，他们制造一种谬论，似乎马克思主义是不讲物质利益的，讲物质利益就是修正主义，以至许多同志不敢触及利益二字。事实上马克思主义从来就认为，人们进行生产斗争和阶级斗争，都是直接间接为了物质利益。无产阶级革命正是为了争得无产阶级和全体劳动人民的利益。

企业是从事生产活动的经济组织。人类从事任何经济活动，从来都是为了取得一定的经济利益，不论这个利益是劳动者自身的利益，或少数剥削者的利益，终归是要实现一定的经济利益。社会主义的企业也不例外。

物质利益原则是马克思主义的一个基本原则。只讲高尚精神，不讲物质利益，不是什么马克思主义，只能是愚弄人民的牧师说教。共产党人的根本任务就在于为无产阶级和广大劳动人民谋利益。但是，对于无产阶级利益，要区分整体利益与局部利益、长远利益与眼前利益，要把整体利益与局部利益相结合，长远利益与眼前利益相结合，而不是割裂开，或者只讲一头，不讲另一头。

社会主义制度消灭了私有制，消灭了人剥削人的现象，使整个社会的经济活动都是为了全体劳动人民的利益。作为社会主义经济的基本单位——社会主义企业，它的生产经营活动，毫无疑问，归根到底也是为了全体劳动人民的利益，我们把它叫作国家利益或者社会利益。但是，是不是企业的活动就只能讲国家利益，不能讲企业自身利益以及与它相联系的劳动者的个人利益呢？社会主义社会作为向共产主义过渡的历史阶段，在现有物质条件与精神条件下，要求广大劳动人民在经济生活中“有公无私”，只能是一种超越现实历史条件的空想。

在社会主义历史阶段，还不能取消商品经济。不但不能取消，而且要大力发展商品生产，才能极大地发展社会主义的物质基础。既然要发展商品生产，就必然要充分利用价值规律，而且在消费品的个人分配上实行按劳分配原则。如果这些原则是肯定的，那么企业作为商品生产的基本单位，就必然要以一个商品生产者的身份出现，也必然有它作为一个商品生产者的独立利益。从全社会的观点来看，在企业内部贯彻按劳分配原则，必须使劳动者个人所得与企业集体对社会贡献的大小相联系，才是更完整的按劳分配原则。

使企业全体职工的个人利益与企业经营成果好坏相联系，必然促使全体职工从物质利益来关心企业的经济效果。应当看到，企业经营成果好，不仅对本企业的职工有利，同时也对国家所代表的全体劳动人民有利，所以这种物质利益的关心，客观上是对国家利益与个人利益的共同关心，完全符合社会主义制度下整体利益与个别利益相结合的原则，根本不存在什么走个人主义和资本主义道路的问题。

当然，在社会主义制度下，任何时候也不能放弃对广大群众进行共产主义的思想教育。但是这种教育绝不是让劳动人民去为实现什么“理性的王国”“永恒的正义与公平”而作殉道式的献身，而是教育劳动人民把整体利益与个别利益、长远利益与眼前利益正确地结合起来，教育劳动人民在两者发生矛盾的时候，要使个别利益服从整体利益，眼前利益服从长远利益，而绝不是不讲利益，只讲抽象而空洞的精神道德。

谋求经济利益，应当说，既是资本主义企业的动力，也是社会主义企业的动力，所不同的是资本主义企业所获得的利益主要归资本家所占有，而社会主义企业则直接间接最终都归劳动人民所有，区别是在于谁占有利益，而不在于谋求不谋求利益。

权利和义务是矛盾的统一，讲经济权利，实际上同时也就规定了经济责任。企业具有独立的经济利益，并使它和职工的个人利益相联系，就是要求职工对所在企业的经济效果共同负责。一句话，就是要"共负盈亏"。这种"共负盈亏"的责任感，只会加强劳动群众的集体主义思想，而决不会助长个人主义。恰恰相反，如果不与企业利益相联系，单纯地讲个人的按劳分配，倒有可能产生个人主义倾向。

现在大家都同意一个原则：应当用经济方法来管理经济，或者说应当按照客观经济规律来管理经济。究竟什么是用经济方法管理经济呢？简单地说，用经济方法管理经济，就是在经济活动中充分运用价值规律的作用，对经济活动的成果，用经济手段进行控制。但是要实行这种符合客观经济规律的办法，首先也必须确定企业具有独立的经济利益，并使企业职工对企业经济效果共负经济责任，否则用经济方法管理经济只能是一句空话。举例来说，企业与企业之间实行合同制，规定不履行合同的要罚款，这应当说是一种用经济方法的管理吧？如果企业没有独立的经济利益，盈亏又与职工个人利益不联系，那么罚款起什么作用呢？无非是这个企业因付出罚款引起成本增大，上缴给国家的利润减少；另一个企业因收入罚款而降低成本，上缴给国家的利润增多。这等于说，把国家的钱从这个口袋挪到另一个口袋中去，能起多少控制的作用呢？其他类如固定资产实行有偿使用，流动资金实行贷款付息等等，也都一样。由此可见，用经济方法管理经济，其根本前提是企业必须具有独立的经济利益，而且由企业职工"共负盈亏"，才能真有成效。

（五）社会主义制度下国家与企业的关系

社会主义国家具有两种职能：一是政治职能，执行无产阶级专政的任务；一是经济职能，组织与管理社会主义的国民经济。随着社会主义社会的发展，向着共产主义逐步过渡，无疑，国家的经济职能将日益成为主要的任务。现在的问题是国家应采取什么方式管理经济？

由于社会分工，现代经济不可避免地要由许许多多、大大小小的基本经济单位组成。国家可以把整个国民经济当作一个"大企业"，而把许许多多的经济单位作为这个"大企业"的分支机构，而直接指挥它们的活动；也可以把整个国民经济看为是一个经济联合体，由许许多多具有独立性的基本单位联合组成，在高度民主的基础上，实行集中统一的领导。后一种做法就是"企业本位论"的中心思想。

社会主义消灭了生产资料的私有制，有可能在国家的统一领导下，有计划地组织社会生产，克服资本主义盲目竞争的无政府状态，使国民经济按比例地高速度发展，这是社会主义制度优越性的重要表现。但是这只能是社会主义制度优越性表现的一个方面。应当看到，社会主义制度优越性更为重要的另一个方面，那就是生产资料公有化，消除了劳动者和生产资料的隔离，劳动群众成为生产资料的主人，将更加自觉地为自身利益也是为全体劳动人民的共同利益而积极劳动。发挥这一优越性的一个重要条件，就是把社会主义民主运用到经济上，实行高度的经济民主，创造一个比资本主义更生动、更活泼的经济发展的局面。因此，让每一个基本经济单位有充分的独立自主性，在民主集中制的原则下联合起来，受国家的统一领导，做到既有企业的独立性，又有国家的统一性，既有民主，又有集中，既有计划，又有自由，将是社会主义优越性更加全面的体现。

现行经济体制一个重大缺陷表现为权力过于集中，其根本症结所在，不在于中央、地方、企业三者之间的权限划分不适当，而在于把国民经济当成一个“大企业”来管理。目前许多同志提出了，国家对企业的管理应当运用经济手段，而少用或不用行政手段的问题。但究竟什么是行政手段？为什么会形成单纯用行政手段来领导企业？没有作进一步的分析。实际上，产生这种现象，正是把国民经济当作一个“大企业”来管理而必然造成的结果。

所谓行政手段，确切一点说，就是“直接指挥”。也就是说，用下达指令的办法指挥下属的经济活动。所谓经济手段，就不是直接指挥，而是运用经济利害的后果来影响和控制一个经济单位的活动。前者是在一个独立的经济体内部运用的管理手段；后者则是从外部对一个独立的经济体而运用的管理手段。在一个工厂的内部也是如此，如果以工厂作为核算单位，在工厂内部，一般都是用行政手段：厂部直接指挥车间，车间直接指挥班组，等等。我们不能说这种直接指挥有什么不好。如果这个工厂实行车间独立核算，并且使车间具有一定的独立经济利益，例如对完成某项技术经济指标实行经济奖罚，那么厂部对车间的这项管理，也可以变直接指挥的行政手段为经济手段。因为在这项管理上，厂部是把车间作为一个独立经济体来看待的。由此可见，在被管理的对象作为一个独立的经济体而存在的时候，才产生经济手段的管理方式。否则，就必然是用行政手段。现行经济体制既然把整个国民经济当作一个“大企业”，在经济上实行统收统支。所属企业都是这个“大企业”的直属的分支机构，用行政手段直接指挥这些分支机构就是理所当然的事了。

现在我们认为企业是具有独立经济利益的基本经济单位，那么国家和企业是个什么关系呢?

社会主义国家的职能有政治与经济两个方面，因此国家与企业之间也有政治关系与经济关系两种关系。就经济方面而言，国家与企业之间不应当是行政的隶属关系（某些特殊的如军工系统、交通运输系统等必须由国家直辖的部门除外)，而只能是一种经济关系。这种关系，实质上是社会总体劳动者与企业局部劳动者之间的关系的体现。在经济利益上，国家代表着总体劳动者的整体与长远利益，企业则代表着局部劳动者的局部与眼前利益。当然这只是相对而言，绝不是说国家就不关心企业的局部与眼前利益，也不能说企业就可以不顾整体与长远利益。由于利益的一致性，整体利益与局部利益是矛盾统一体，但是矛盾双方也必然有不同的代表性，国家与企业各代表着不同的一方，这是必然的。国家作为领导的一方，企业作为被领导的一方，只是局部利益必须服从整体利益的表现。

国家与企业之间的经济关系，说到底还是利益关系，因此国家对企业的领导和管理必然要采取经济手段。它表现为多种方式，主要有以下几种方式：

一、制定经济政策，指导和约束企业的经济活动，使企业不脱离社会主义的轨道。在社会主义制度下，企业有义务严格遵守和执行国家制定的方针和政策。企业党组织的一个根本任务就在于监督和保证企业贯彻执行各项经济政策，维护企业的社会主义性质。

二、制定经济计划，指导企业经济的发展。国家应着重于抓长远规划和经济区域规划。至于年度的经济计划应自下而上的制定，充分发挥企业的积极主动性。同时应当贯彻“大计划、小自由”的原则，对国民经济活动采取计划调节与市场调节相结合，而以计划调节为主的方针，允许一定的市场经济的存在，以适应企业进行商品生产的客观需要。

三、采取经济手段，调节和控制企业的经济活动。充分运用税收、信贷、利息、奖罚、价格、国家订货、政策性补贴等经济杠杆，调节国家与企业、企业与企业、生产与消费等之间利益的矛盾，并以此来引导企业的发展方向，保证国家经济计划的实现。

四、实行经济立法，通过法律保护企业与职工的正当权益，并监督企业执行国家的政策、法令，处理国家与企业、企业与企业之间的经济纠纷。

法律关系是经济关系的反映，因此经济立法实质上也是一种经济手段。首先国家要通过制定“企业法”，明确规定企业的性质，规定企业对国家，对其他企业，以及企业内部职工的基本权利与义务。

企业是一个具有独立利益的经济组织，在法律上具有“法人”的身份。要实行企业注册制度。新企业的建立必须经过严格的审查和批准，但一经注册，取得“法人”资格，就具有“企业法”所规定的权利与义务。这也是国家控制经济发展方向的一个重要手段。现行经济体制对企业的经济活动管理得很死，但对企业的成立却缺乏必要的控制，地方或公社都可以任意兴办企业，这种不符合社会主义原则的无政府主义现象是应当制止的。

（六）简要的结论

综上所述，“企业本位论”的基本思想可以概括为如下几点：

第一，由于社会分工和商品经济的客观存在，社会主义经济必然还要以现代企业作为基本经济单位而组成。

第二，在社会主义制度下的企业，应当是一个能动的有机体，并且具有独立的经济利益。它和资本主义企业的不同，只在于它的所有制不同了，利益的归属不同了。

第三，社会主义的经济民主是社会主义制度优越性的重要方面。这种民主性表现为两个方面：一方面，国民经济是具有独立性的企业联合组成；另一方面，企业由共产党领导下的全体职工直接管理。

第四，社会主义国家与企业之间是一种经济关系，国家主要应用经济手段的管理方式来领导企业。

第五，社会主义的经济体制，要以企业为本位来建设，必须适应企业作为具有独立经济利益、能自我运动、自我发展的经济体的客观要求，要把发挥企业的能动作用作为体制建设的出发点。

本着以上原则，经济体制所采取的方式可以在实践中不断探索，不断改进与完善，逐步形成一个适合我国国情的，中国式的社会主义经济体制。

有人也许会认为讲“本位”，讲“本位利益”，会导致“本位主义”的泛滥。我们说，“本位主义”是要坚决反对和防止的，但不能因此而否定“本位”的客观存在；就像反对“个人主义”不能否定个人和个人利益的存在一样。在实践中也可能会出现“本位主义”倾向的产生，那也不必大惊小怪，可以因势利导，加以纠正。水与火可以成灾，也可以成利，决不能因噎废食，为了害怕水灾、火灾而消灭作为动能的水力与火力。这是任何一个有常识的人都能理解的道理。

（本文发表于《经济管理》1979 年第 6 期）

论企业股份制

刘纪鹏

从健全法制的角度看，刚刚通过的《民法通则》对企业法人作了详细规定。企业法人地位的明确，要求我们从法律的角度研究企业。而在这种研究中遇到的第一个问题，就是企业的财产所有权问题。

根据宏观经济理论，生产关系和企业组织形式要适应生产力的发展。过去那种公有制的范围越大、越公越好的观点和全民、集体、个体三种所有制形式互相隔离的状况，已不适应我国社会主义有计划的商品经济和社会化大生产的要求。股份所有制开创了全民、集体、个体三种所有制互相融合的多元所有制结构，不失为我们探讨改革向纵深发展的一条思路。

一　实行股份制的意义

第一，迅速广泛集资，提高资金使用效率。当前，经济改革和经济发展的一个突出矛盾是资金不足。我国单一的融资手段及金融管理体制，使得企业过于依赖财政和银行，以致任何金融政策上的任何变化，都会影响企业的生产经营。实行股份制，可广泛筹集社会上一些单位或个人手中的闲置资金，既可减少企业对财政和银行的消极依赖，又可增强企业活力，使直接和间接融资手段互相补充。此外，企业处在生产、经营的前线，对市场状况、社会需求比较了解，通过集资可以迅速产生经济效益。企业的利润信号又可调节资金流向，使社会资金的使用和配置更趋合理。同时，企业的经营成果与股东利益直接相关，可以促使企业有效地运用资金，慎重考虑资金的投向和效益。这样就有利于根治“投资饥饿症”和盲目扩大生产规模的痼疾。

第二，有利于实践所有权与经营权适当分开，从法制上确保国家利益。党的十二届三中全会的《中共中央关于经济体制改革的决定》，提出所有权与经营权是可以适当分开的。但在现有的所有制关系下，在实践中难以真正实现。因为，一方面全民所有制企业的财产归国家所有，厂长由国家任免，厂长要充当国家驻在企业的代表；另一方面，企业的法人地位又要求厂长是法人代表。厂长的双重身份，无法使所有权同经营权真正分开。同时，理论上说要使企业成为自负盈亏的法人，实际上企业的国家所有又使企业只负盈，不负亏。一旦亏损，最多换个厂长，蒙受损失的只有一个抽象的股东——国家，亦即全国人民。因此，在实际工作中，厂长只顾局部利益和眼前利益，不顾国家利益和长远利益的现象时有发生。所以，目前合理把握搞活企业和使企业行为合理化的界限是十分困难的。实行企业财产股份化，则可使所有权与经营权真正分开：设置一个董事会，把行使所有权的主体与行使经营权的主体区别开来。股份分散化，又使经营风险由全部股东承担。尽管私人或集体的股份所占比例不会很大，但这些小股东对厂的压力，远比国家这个股东的压力大得多。

第三，有利于发展企业之间的横向经济联合。横向经济联合要向纵深发展，就必须从长期经济合同或固定协作关系向资金上的融合过渡。开放股票市场，恰好为企业之间相互持股提供了可能。企业间相互持股，必将产生一批内聚力很强的企业集团；而联系的紧密程度，又依赖于持股多少。如是，企业即可通过股票的买卖，随时调整联合关系。同时，通过股份制融资，还有利于克服不同所有制关系和不同隶属关系给横向联合造成的障碍。各个股东通过股息获得自己应得的利益，不存在谁占便宜谁吃亏的问题。此外，随着《破产法》的出台，破产企业的财产可以通过股票市场被其他企业用自有资金吸收，从而避免国家损失过重。

第四，在企业内部，通过职工集资入股，可使劳动者和生产资料直接结合，真正体现职工的主人翁地位。由于企业生产经营的好坏直接影响职工的股息收入，因此实行股份制能把企业经营和职工的物质利益联系起来，使职工时刻关心企业，更好地发挥职工的积极性和创造性。

二　实行股份制的理论依据

马克思曾对股份制作过科学的分析。他认为，“那种本身建立在社会生产方式的基础上并以生产资料和劳动力的社会集中为前提的资本，在这里直接取得了社会资本（即那些直接联合起来的个人的资本）的形式，而与私人资本相对立，并且它的企业也表现为社会企业，而与私人企业相对立。这是作为私人财产的资本在资本主义生产方式本身范围内的扬弃”。[①] “是在旧形式内对旧形式打开的第一个缺口……资本和劳动之间的对立在这种工厂内已经被扬弃，虽然起初只是在下述形式上被扬弃，即工人作为联合体是他们自己的资本家……资本主义的股份企业，也和合作工厂一样，应当被看作是由资本主义生产方式转化为联合的生产方式的过渡形式，只不过在前者那里，对立是消极地扬弃，而在后者那里，对立是积极地扬弃的。”[②]

我认为，马克思这两段话是在资本主义商品经济生产方式范围内对股份制的高度评价。我们不能忽视这样一个事实：马克思所指的联合的生产方式——科学社会主义，是指在整个社会范围内实现，是建立在高度发达的生产力基础之上的。那时将是产品经济，不再存在商品货币关系。而苏联及以后出现的社会主义国家，由于生产力水平所限，都不同程度地保留着商品经济。这就使马克思的科学社会主义理论与今天的社会主义实践存在某种程度上的不一致。因此，我们当前的根本任务，是按照马克思主义的基本原理进行经济体制改革，借鉴资本主义发达国家的先进经营管理经验和好的组织形式，大力发展商品经济，提高生产力水平。

党的十二届三中全会的《中共中央关于经济体制改革的决定》指出：“商品经济的充分发展是社会经济发展的不可逾越的阶段，是实现我国经济现代化的必要条件。”显然，这一阶段要经过产生、发展、成熟、衰退、消亡的过程，才能最终实现产品经济的共产主义大目标。因此，我们必须按照实事求是的原则，积极地扬弃资本主义国家和企业在管理经济上的各种手段和组织形式。由于企业股份制既是向全社会的联合生产方式转化的过渡形式，又是发展商品经济的有效手段，所以我们实行社会主义的股份制，在理论上是正确的，在实践中也是可行的。

三　我国实行股份制的可能性

第一，各国股份公司的发展，无一不要求完善的法律环境。目前，我国法制正在逐步完善，党和国家越来越重视用法律手段调整经济关系。我国

① 马克思《资本论》第3卷，第493页。

② 马克思《资本论》第3卷，第497～498页。

《民法通则》已经颁布,《破产法》《公司法》正在制订之中。随着改革的深入，由经济手段、法律手段和必要的行政手段所组成的间接管理企业的体制必将逐步完善，这就为股份制在我国的发展提供了良好的环境。

第二，经济的发展，人民收入的提高，使个人存款和社会沉淀资金大量增加。这笔资金对我国有限的消费品市场和价格体制改革形成很大压力。若能通过发行股票使之转化为生产资金，对改革意义很大。此外，目前企业的自留资金越来越多，外资大量涌入国内，都为股票市场的建立提供了雄厚的资金来源。

第三，经济体制改革是我国的第二次革命。改革的思想已在人民心中扎根。股份制作为改革的产物，具有广泛的社会基础。同时，企业相对独立的商品生产者和经营者地位的确立，也为股份制的实行提供了较好的社会经济条件。

第四，发达的资本主义国家实行股份制已有几百年历史，他们的一些有益经验，可供我们借鉴。东欧一些社会主义国家实行股份制的做法，也为我们提供了宝贵的经验。比如在罗马尼亚，把由企业的工人和干部的股金形成的企业固定资产，称为共同所有制。应该说，这一制度的建立，为社会主义公有制理论和实践增添了新内容，具有重大意义。

四 实行股份制必须澄清的几个问题

第一，实行股份制会不会改变我国公有制的主导地位?

在现代资本主义经济中，企业股份和资本所有权不但分散到社会各阶层，而且大量分散到企业的每一个职工手中，股东成千上万。如日本三菱重工拥有股东 22 万人，起控制作用的资本家或资本家集团在公司中所占股份远低于 51% 。但只要有一个资本家（或资本家集团）大于其他个别资本的适当额度，即可控制公司全部业务。这样就形成一种趋势：资本的所有权越分散，资本积累和生产经营的规模越大，企业盈利越多，自有资本的数额便越少。然而，这并未使资本家或资本家集团的大权旁落，更没有改变资本主义所有制的性质。我国是社会主义国家，实行的是有计划的商品经济，具有远比资本主义经济更强有力的宏观控制机制。而且在我国，仅全民所有制企业的固定资产即达 5000 多亿元，任何一个团体或个人的力量再大，也不可能与国家竞争，国家完全可以通过资金市场和健全的法律制度，去控制那些企图脱离社会主义轨道的企业。无论是现在还是将来，公有制在我国经济中都占有绝对的主导地位。况且，我们发放私人和集团股份是有一定限度的。假设在企业中国家股份占51%，那么，同样数量的国家资金将使国家控制的企业数大量增加；必要时，国家甚至有实力实现对全国企业的全面控制。

实行股份制不仅不会改变公有制的主导地位，还会使公有制的主导地位在股份制企业中鲜明地体现出来，并为国家在更大范围内实行公有制提供资金上的可能。

我国实行股份制后，现有的全民、集体、个体企业在形式上和性质上将有哪些变化呢？可以设想如下：

（1）国有企业：即国家独资拥有并直接经营的企业。这类企业完全不吸收个人资金和外资，所有权与经营权也不分离，厂长（经理）只对国家负责。这在社会主义国家是不可缺少的，但数量不应很多。

（2）国控企业：国家控制企业的大部分股份，私人和社会团体只拥有少数股份，所有权与经营权分离，经理对全体股东负责。实行股份制后，我国绝大部分企业都应成为这种形式。

（3）民办企业：国家股份不足以控制企业局面或企业中无国家股份，完全由私人和社会团体拥有并经营。这类企业在不同的行业或部门及社会经济发展的不同阶段，数量可多可少，由国家通过资金市场吸收和转让其股份，进行调节、掌握。

第二，实行股份制会不会改变社会主义的按劳分配原则，产生食利者阶层？

从表面看，社会主义股份制与资本主义股份制在分配方式上有相似之处：股东都按股金多少分得股息。实际上二者有本质区别。社会主义股份公司建立在以公有制为主体的基础上，劳动群众是生产资料的主人，他们在生产中新创造的价值，首先要依照按劳分配原则进行分配，这就是工资。工人剩余劳动所创造的价值——利润，则首先由国家代表全体人民作必要扣除，然后由企业扣除生产发展基金、职工福利基金。扣除之后剩下的利润，才在股东之间进行分配。由于国家是最大的股东（假设拥有51%的股份），仍会获得大部分股息。国家应得的股息，可设想由股份制企业代领，然后再转化为新的股份（持股者仍是国家），用以购买新的生产资料或改善劳动者的工作条件，使劳动者能在更优越的环境下工作，并在下一次按劳分配中由此而获得更多的收入。这样，按劳分配在股份制企业中仍占统治地位。至于私人股东的股息收入，应承认其确属按“资”分配，但这个“资”并非资本。因为货币向资本转化需要一系列条件，而在我国是不存在这些条件的。同时，由按“资”分配带来的股息，归根到底是人们在过去的劳动中由于收入差别和消费不同所形成的，不能看作是剥削收入。股息收入和我国银行发放的利息收入及金融债券收入，在性质上是一样的。由于它们与社会主义国家的主体分配形式相比十分微小，并在社会主义的商品经济中起了巨大作用，因此是不应受到指责的。

至于是否会产生食利者阶层，我认为也是不可能的。首先，我国绝大部分有劳动能力的人都是劳动者，股息并非主要收入，寄生虫会受到社会的鄙视。在我国，不具备产生食利者阶层的社会环境。其次，我们可以通过各种经济、法律、政治手段加以控制。例如，可对股息率和股份数实行限制。近年来，上海、广州、重庆等地的一些股份公司的股息率，一般在15%～20%之间[①]。而国家银行八年定期存款利率为10.44%；全国各地工商银行和“农行”去年以来发行的一年期金融债券利率为10%。若规定年股息率为17.5%，股东最高限额为1万元，其股息与金融债券的利息一年之差仅为750元。但股票持有者要担风险，国家对股息收入还要征收个人所得税。因此不必担心食利者阶层的产生。

第三，实行股份制会不会冲击国家金融体制，影响银行存款？

股票市场的形成，肯定会冲击现有的单一国家银行间接融资体制。但以股票和债务为主要形式的社会集资，不仅可以解决资金的集中问题，而且有利于资金的横向流动，有利于搞活企业、提高经济效益。这对打破国家银行一家垄断、“官银”作风严重的状况很有好处。通过竞争，将迫使专业银行改善管理、加速改革，最终向企业化过渡，提高整个社会的资金使用效率。

第四，现已形成的全民所有制企业怎样股份化？

对新办企业，可根据国家需要分别采取国有、国控、民办的形式来解决。困难的是对现有的8.3万个全民和10.6万个城镇集体工业企业怎样实行股份化。显然，仅靠现在的企业自留资金、吸收外资及1600亿元的城乡个人存款，是无法在短期内实现多数企业股份化的。但必须跨出这一步。首先，对全民企业中的中央和地方企业，可维持原有的隶属关系和财政上缴渠道，把国家股分为中央股和地方股；经过与企业协商，适当减少企业生产发

① 股息＝红利，将它们分为两部分是不对的。

展基金和设备技术改造贷款的数额，让企业通过在内部或向社会发行股票，尽可能筹集来自其他企业或个人的闲置资金，并使这部分资金尽快达到预定的股份比例。在颁布《破产法》后，还应允许企业通过集资购买破产企业的财产。其次，对城镇集体企业的财产要进行具体分析，划分其归属。但这项工作难度很大，因为大多数集体企业都是由各区、县、街道政府拨款发展起来的，实际上是一种“地方小国营”。因此，原则上可把这些企业的财产划归“地方股”（确属个体工商业者集资或各级合作社投资发展的，可按原始资产归原办法解决），然后按全民企业股份化的办法进行，逐步形成中央或地方的控股企业。

五　我国实行股份制应分两步走

目前，世界上的公司主要是指股份有限公司和有限责任公司。鉴于我国目前法律环境尚不健全，《公司法》《票据管理法》《破产法》均未出台，《个人所得税法》尚需修改，资金市场也未形成，且股份有限公司筹办手续繁多、股票发行复杂、管理困难、社会影响大，因此，搞股份有限公司的时机尚未成熟。而有限公司开办简单，管理容易，只需颁布一个《有限公司管理暂行规定》，即可开展这项工作。因此，我国企业股份化的进程可分两步走：

第一，先搞有限公司；

第二，待我国经济、法律环境基本完善，人们对股份制的所有环节基本熟悉，并在组建有限公司中积累了一定经验后，逐渐使一些条件具备、国家需要的国控有限公司向股份有限公司过渡，最终形成“以有限公司为主，以股份有限公司为辅”的股份所有制格局，形成一批内聚力强的企业集团。

（本文发表于《经济管理》1986 年第 10 期）

评增强企业活力的几种不同思路

汪海波　刘立峰

1984 年 10 月召开的党的十二届三中全会提出：增强企业的活力，特别是增强全民所有制的大、中型企业的活力，是以城市为重点的整个经济体制改革的中心环节。其后，由于各种因素的制约，国有企业改革相对滞后，因而相对于其他经济成分企业来说，活力显得不足。特别是 1984 年第四季度实行经济调整以来，国有企业改革不仅受到限制，而且难以避免某些旧体制复活的影响。结果，国有企业活力相对不足的局面又有进一步发展，以致 1990 年 12 月召开的党的十三届七中全会再次重申：继续增强企业特别是国营大中型企业的活力，是深化经济体制改革的中心环节。

现在，这个问题已经引起我国学术界和理论界的普遍重视，但人们认识并不一致。概括起来，主要有四种观点：一是“体制论”，认为增强企业活力的关键在于深化经济体制改革；二是“外因论”，认为增强企业活力的关键是改善企业的外部经营环境，包括体制、政策以及经济等方面的环境；三是“内因论”，强调加强企业内部管理是增强企业活力的关键；四是“内外因结合论”，认为增强企业活力既要靠改善企业的外部经营环境，又要靠加强企业的内部管理。显然，循着这些不同思路去增强企业活力，其后果将是大相径庭的。因此，检讨不同的思路，努力循着正确途径去增强企业活力，具有重要的现实意义。

一　深化经济体制改革是增强企业活力的根本途径

为了说明这个问题，首先需要分析企业活力的基本内涵。这个问题当前在学术界还没有弄得很清楚，还存在着分歧；而且，这也不仅仅是个理论问题，还是涉及探索增强企业活力基本途径的实践问题。我们发现，近来发表的一些文章中，把企业活力的含义列出很多条，与此相联系，把增强企业活力的途径也列了很多条。但企业活力的基本内涵及增强活力的主要途径是什么，仍然没有说清楚。

企业活力具有多层次、多方面的内容，在商品生产再生产过程的各个环节（包括生产、流通、分配和消费）和经济周期发展的各个阶段（包括波峰、下降、波谷和上升），有着多种表现形态。这些表现形态后面隐藏的基本内容，是企业实现资金价值增殖的能力以及与此相联系的竞争力。这种力不只是从生产过程的观点来看的，而且是从再生产过程的观点来看的；就是说，是企业持续不断地实现资金价值增殖的能力和竞争力。这一点之所以成为企业活力的基本内涵，是因为：第一，它是支配企业活力诸种表现形态的基本力量。比如，无论是生产中的新产品开发能力，还是流通中的市场占有能力，或是分配中的积累能力，都是为实现资金价值增殖力服务的，都是竞争力的具体表现。第二，企业活力的诸种表现形态，只有在适合持续不断的资金价值增殖力和竞争力的限度内，才能成为持久的、真正的活力。比如，企业的新产品开发能力和技术改造能力，可以作为企业活力的重要标志。但是，如果这种产品开发和技术改造不是建筑在资金增殖的基础上，不能为资金进一步增殖创造条件，反而导致资金利润率下降和亏本，那么，这种产品开发能力和技术改造能力就是不能持久的，就不能真正成为企业活力的表现形态。

企业持续不断的资金价值增殖力和竞争力产生的基础，是以社会化大生产作为物质技术基础的社会主义商品生产。因为无论是资本主义商品生产，还是社会主义商品生产，都要求实现资本（资金）价值增殖。区别只是在于前者是为了满足作为资本人格化的资本家追求剩余价值的需要，后者则为了满足提高人民生活的需要。社会主义商品生产和资本主义商品生产，都是以社会化大生产作为物质技术基础的。这种物质技术基础与作为简单商品生产的物质技术基础的手工劳动有一个重要的差别，就是不断地发生革命。实现这种革命的一个必要条件，是不断地增加积累，因而要求不断地实现资金价值增殖。而实现资金价值增殖的一个基本条件，就是企业具有竞争力。所以，无论是就社会主义商品生产的经济关系来说，还是就其物质技术基础而言，持续不断的资金增殖力和竞争力，都是这种商品生产生存和发展的基本需要。

既然企业活力的基本内涵是持续不断的资金价值增殖力和竞争力；这两

力产生的基础又是商品生产，搞活企业的基本途径，显然只能是通过改革使得企业从原来作为国家行政机关的附属物变成独立的商品生产者。1979 年以来的改革，我国在发展商品经济方面已经取得了巨大的成就，计划与市场相结合的运行机制已经有了很大的发展，但就国有企业来说，在由产品经济迈向商品经济的征途中，仍然处于步履维艰的状态。据有关单位统计，在全国范围内，真正活起来的大中型企业大约只占 1%，缺乏活力但还能维持生产经营的约占 60%，陷入严重困境的约占 30%。因此，增强国有企业活力的根本途径仍然是深化改革。

为了进一步说明这一点，有必要把当前国有企业和“三资”企业、乡镇企业的活力状况做一比较。现在人们普遍认为，国有企业的活力不如“三资”企业和乡镇企业。如前所述，企业活力的基本内涵是持续不断的资金价值增殖力和竞争力。这种活力表现在多方面，生产的增长能力和抗周期波动能力是其中的两个重要方面。比如，1981 ~ 1989 年，国有工业平均每年增长 8.3%，1990 年比 1989 年仅增长 2.9%；同期，乡镇工业分别增长 29.1% 和 12.5%；主要由“三资”企业构成的其他经济类型企业分别增长 43.3% 和 56%。[①] 可是，1981 ~ 1989 年，乡镇企业和“三资”企业工业产值增长速度分别比国有企业高出 2.5 倍和 4.2 倍；而在处于经济周期波谷的 1990 年，乡镇企业和“三资”企业工业产值增长速度竟比国有企业高出 3.2 倍和 18.3 倍。当然，其中有不可比因素。但这些数据确实表明，“三资”企业和乡镇企业比国有企业“活”得多。

现在需要进一步探讨的，是国有企业与“三资”企业、乡镇企业活力差异形成的原因。

我们认为，这个差异不是来自生产资料所有制的差别。因为就国有制本身来说，它同社会化大生产是相适应的，消除了剥削和压迫，实现了按劳分配和共同富裕的原则，就这些基本点来说，显然优于其他经济成分的企业。但历史经验和现实情况表明，仅仅有先进的所有制，没有相应的经济管理体制和经济运行机制，仍然不能解决企业的活力问题。其实，经济管理体制和经济运行机制束缚企业活力的情况，在资本主义制度下也曾发生过。二战后初期的日本，就实行过由战时延续下来的统制经济体制。在这种体制下，企

① 《中国工业经济统计年鉴（1989）》第 36 页，《中国统计年鉴（1990）》第 412 页，《人民日报》1991 年 2 月 23 日第 2 版。

业在人、财、物和供、产、销各方面权限很小，企业活力受到极大的压抑。而当改为国家调控下的自由市场体制以后，企业活力就得到了充分的发挥。我国社会主义制度虽然根本有别于资本主义制度，但如果体制不能适应作为商品生产者的企业的要求，则仍然不能解决企业活力问题。

这个差异主要也不是来自国家对各种经济类型企业实行的政策差异。国家对“三资”企业和乡镇企业实行的优惠政策（如减免税收），无疑是增强这些企业活力的重要因素，但不是基本原因。在国有企业的商品生产者的地位没有根本确立以前，即使国家对它实行优惠政策，也不能使它具有“三资”企业和乡镇企业那样的活力。就是说，这个差异主要来自国有企业与“三资”企业、乡镇企业在经营机制方面的差别。

从发达商品经济的一般观点看，作为商品生产者的企业经营机制的根本特点，是自主经营、自负盈亏。“三资”企业和乡镇企业之间尽管存在许多差别，但都具有这个特点。而在传统体制下，国家对国有企业是统负盈亏的。即使在目前国有企业普遍实行承包制的条件下，也没有从根本上改变这种状况。与这个基本点相联系，在经营机制方面，国有企业与“三资”企业、乡镇企业也存在着许多重要区别。

1. 在“三资”企业和乡镇企业里，形成了激励与风险、约束相结合的机制。这不仅使得企业具有旺盛的活力，而且能够约束企业的短期行为。在当前新旧体制转换时期，国有企业虽然形成了一定的利益激励机制，但并没有实现与风险、约束机制相结合。这不仅限制了企业活力，还易于诱发企业投资的低效行为和消费的短期行为。

2. 在“三资”企业里，竞争、风险和淘汰机制被引入劳动者（包括经营管理人员）的雇用、使用、考核、升降、奖惩和解雇的全过程，有利于提高劳动力的使用效益。在这方面，乡镇企业不及“三资”企业，但比国有企业好些。目前，国有企业对劳动者基本上还是实行“铁饭碗”，对于干部基本上还是实行“铁交椅”，极大地压抑了劳动者和干部的积极性。

3. 在“三资”企业里，收入自主分配，劳动者的收入随企业经济效益和自己提供的劳动而浮动，劳动严格考核，收入严格计量，形成了强有力的利益激励机制。乡镇企业在某种程度上也是如此。国有企业在 1979 年以后的头几年，在贯彻按劳分配原则、克服平均主义方面取得了某种进展。但 80 年代中期以后，伴随着经济过热和通货膨胀，提高工资实际成为物价补贴，奖金基本上平均分配，又形成了平均主义的复归。这是束缚劳动者积极性的另一个极重要因素。

所以，总的结论是：增强国有企业活力的根本途径，是通过深化改革，使得企业真正成为自主经营、自负盈亏的商品生产者。

二 对增强企业活力的几种不同思路的商榷意见

有一种观点认为，增强企业活力的关键是改善企业外部经营环境，包括经济体制环境，国家实行的经济政策环境，以及与经济总量、经济结构失衡状况相联系的市场供求环境。

乍看起来，这种观点很全面，但仔细推敲却值得商榷。国家实行的经济政策范围很广，对企业活力也有多方面的影响。但就当前情况看，值得着重提出的有两类：一类是国家对某些经济成分的企业实行的优惠政策。但如前所述，这种政策对各种经济成分企业的活力虽有影响，但不是决定企业活力基本内涵的根本因素。另一类是经济总量紧缩政策。这种政策对企业活力也有重要影响，但它只是在经济高速发展造成经济总量和结构严重失衡的情况下采取的，而不是一项经常性的政策。而且，经济高速发展尽管有多方面的成因，根源却是传统经济体制内含的膨胀机制。从这种意义上说，紧缩政策对企业活力的影响只是流，而不是源——源是经济体制。依据相同的道理，对于与经济总量、经济结构失衡状况相联系的市场供求状况给企业活力造成的影响，也可以做这样的分析。因此，把国家实行的经济政策以及与经济总量和结构失衡相联系的市场供求状况同经济体制改革放在同等的地位，认为它们对企业活力具有相同的影响，是不够妥当的。

还有一种观点认为，增强企业活力的关键，是加强企业的内部管理。

毫无疑问，加强企业管理，对于增强企业活力具有重要的意义，但是，无论怎样加强企业管理，都不可能再造作为商品生产者的企业的微观机制（即自主经营、自负盈亏的机制），因而也不可能形成作为企业活力基本内涵的持续不断的资金价值增殖力和竞争力。

我们绝不否定当前加强企业管理的重要性和迫切性。一般说来，在社会化大生产条件下，企业管理是企业生产顺利进行和企业进一步发展的重要条件之一。而在我国，尽管 1979 年开始改革以来，对企业进行了多次整顿，但迄今为止，企业并未真正成为独立的商品生产者，市场发育程度不高，企业对国家行政机关的附属关系并未根本变化；企业办社会的状况不仅没有改变，社会又给企业增加了各种负担。结果，企业不仅缺乏改善管理的内在动力和外在压力，厂长（经理）甚至不能把主要精力放在改善企业管理上。这就使当前的企业管理状况很不理想，不少企业的基础管理工作很不健全。在这种情况下，加强企业管理实为迫在眉睫之事。但是，企业管理并不能解决企业成为商品生产者的问题，因而也不能从根本上解决增强企业活力的问题。

有人还根据内因与外因的辩证关系的哲学原理，论证加强企业管理是增强企业活力的关键。其实，这是一种似是而非的“理论”。这里的问题不在于哲学原理的本身，因为它是正确的；而在于正确原理的错误运用。因为，第一，马克思主义的最本质的东西，马克思主义的活的灵魂，就在于具体地分析具体的情况。尽管马克思主义关于内因和外因相互关系的原理是正确的，但在具体运用这个原理时，一定要从具体事物的具体情况出发，对什么是内因、什么是外因做出具体分析。对增强企业活力问题的分析，也必须如此。如果不对当前企业活力问题作具体分析，只是简单地套用内因和外因关系的哲学原理，并由此作出加强企业管理是增强企业活力的主要途径的结论，这种思维方法本身就是不可取的。第二，如果对当前的企业状况做些具体分析，那就不难看出，要解决作为企业活力基本内涵的持续不断的资金价值增殖力和竞争力问题，就必须从根本上改革传统的经济体制，建立适合社会主义有计划的商品经济要求的新经济体制。这个新体制应当包括使企业成为独立的商品生产者、发育市场体系、建立以间接调控为主的宏观管理体系这样三个相互联系、不可分割的部分。如果在分析增强企业活力问题时仅以企业为限，把居于企业外部的市场体系和宏观经济管理与居于企业内部的经营机制问题割裂开来，把前者看作是外因，把后者看作是内因，显然是欠妥的。第三，即使以企业为界限来区分内因和外因，从增强企业活力的角度看，内因除了企业管理以外，还有居于更为重要地位的企业自主经营和自负盈亏，以及党委的政治核心作用、厂长责任制和职工的民主管理等。从这个意义上说，把增强企业活力的主要因素仅仅归结为企业管理，也是欠妥的。

当然，在两个企业的外部条件和内部条件（企业管理除外）大体相同，而企业活力却有很大差别的情况下，在一定限度内，把决定企业活力差异的主要因素归结为企业管理，是有道理的。

另有一种观点认为，增强企业活力，既要靠改善外部经营环境，又要靠加强企业内部管理。表面看来，这种观点是最全面的，其实也有不妥之处。

但在分析了“外因论”和“内因论”之后，对这种“内外因结合论”的不妥之处就容易看得清楚了。简言之，这种观点把增强企业活力的各种因素并列起来，而没有指明把深化经济体制改革作为基本因素。这样，在探索增强企业活力的途径方面，就难免把握不住要领，从而延误这项工作。

（本文发表于《经济管理》1991 年第 9 期）

国有企业的股份制改造

袁　卫　黄泰岩

一　国有企业股份制改造的进程与形式

国有大中型企业股份制改造从1986年底开始，到现在大致可分为以下三个阶段：

第一阶段（1986年底~1990年10月）。开始对国有大中型企业进行股份制试点，从理论和实践上探索股份制在中国的可行性。在理论上争论的主要问题是股份制究竟是姓“公”、姓“资”还是姓“社”；在实践上主要摸索股份制企业的建立程序、组织结构和运作方式等。

第二阶段（1990年11月~1993年10月）。1990年底和1991年初，上海和深圳两个证券交易所的开业，标志着中国股份经济的正式诞生和运作。中国对国有大中型企业的股份制改造进入实质性阶段。1993年底发行A股股票的上市公司已从1990年的10家迅速发展到176家。1991年11月开始发行B股，到1993年底发行B股的上市公司达40家。1993年又发行H股，拉开了国有企业海外上市的序幕。

第三阶段（1993年11月起）。1993年11月，中国明确提出了国有企业改革的目标是建立现代企业制度，即公司制度。1994年又颁布了《公司法》，将公司制度纳入了法制化的轨道。这标志着中国股份经济进入了正规化的迅速发展时期。特别是1997年9月十五大报告明确指出：股份制是现代企业的一种资本组织形式，资本主义可以用，社会主义也可以用。这解决了股份制是公有还是私有的长期争论，为中国股份经济的迅速发展开辟了广阔的道路。1998年12月颁布了《证券法》，中国证券市场得到了法律上的确认和规范，为国有大中型企业的股份制改造创造了良好的资本市场条件。

到1998年底，中国发行A股股票的上市公司已扩大到845家，发行B股的上市公司89家，股票市值21000多亿元，流通市值6200多亿元，投资者3800多万。在海外（美国、英国、新加坡）上市的公司有115家。

中国对国有大中型企业的股份制改造，从企业的具体组织形式来看，采取有限责任公司和股份有限公司两种类型。在这两种类型中，在数量上，有限责任公司占绝大多数，如在1996年的3.6万多家股份制企业中，有限责任公司为2.68万家，占74.4%，股份有限公司为9200家，占25.6%。但从企业规模和经济实力来看，股份有限公司则占优势，9200家股份有限公司的固定资产净值占全国工业企业固定资产净值的13.6%，占全国国有大中型企业的24.9%。在股份有限公司中，股票能够上市的公司占少数。

为了保证对国有大中型企业股份制改造的健康发展，改造对象优先选择那些经济效益好、有市场、有发展前景的优势企业，并依据有利于生产力发展的标准，针对不同企业的不同情况，采取了多种多样的具体改造方式，概括起来主要有以下几种。

1. 整体改造。这种改造方式是将原有企业的全部资产经过资产评估为新企业的股本，然后将企业的一部分股本出售给其他法人和原企业内部职工个人，组建成有限责任公司；或者将原企业资产作为股本，通过公开上市，发行股票增资扩股，组建成股份有限公司。这种改造方式的好处是有利于原有企业的平稳过渡，但不利的是将原有企业的问题如不良资产带入新的企业。

2. 分解改造。这种改造方式是把原有企业的全部资产进行分解，将有效益的经营性资产进行股份制改造，非经营性资产留在原企业或组成新的企业。在这里，原有的一个企业可以分解为两个或多个独立的法人企业，也可以组建成企业集团，即原有企业成为控股公司，新组建的企业成为其控股子公司、全资子公司或参股子公司。这种改造方式的优点是剥离了原有企业的不良资产，有利于股份制改造，特别是有利于优化公司资产结构，提高资产质量。

3. 资产重组改造。这种改造方式主要是通过联合、兼并等资产重组方式进行股份制改造。具体方式主要有：一个企业与另一个或多个企业合并，组建成股份公司；一个企业联合其他企业（全部资产进入或部分资产进入）组建新的股份公司：一个企业通过兼并其他企业（兼并全部资产或控股），将被兼并企业改造为股份公司；一个企业通过债权换股权，改造为股份公司；一个企业通过控股或参股，将下属的子公司改造为股份公司。

二 国有企业股份制改造的效率分析

从动态效率来看，其突出表现是：国有资产总量，随着改革的深化，增长速度不断加快，1950 年以来年均增长 12.4%，1980 年以来年均增长 14.5%，1990 年以来年均增长 17.9%；全要素生产率（TEP）具有较明显的提高，1980～1992 年年均增长率为 2.5%，其中 1986～1988 年呈加速增长，对产出增长的贡献率提高到 43%，1988～1991 年，TEP 的贡献率达到 89.15%，具有明显的动态效率；“股份制”与“承包制”相比，股份制企业适应市场能力增强，抓住市场获利机会实现利润最大化的能力增加。其次，从 1993 年上市的 51 家上市公司调查看，上市后 4 年的年均劳动生产率是上市前两年的 2.55 倍。

从比较静态效率来看，实行股份制改造的国有企业的增长率要高于未改造的国有企业。1994 年，股份制企业的平均销售额增长率为 62.73%，净资产平均增长率为 42.39%，大大高于其他国有企业。从经济效益指标来看，1993 年股份制企业的总资产报酬率、净资产收益率、资金利润率分别为 10.68%、10.27%、11.33%，高于国有企业的 8.27%、4.1%和 8.01%。从国有控股上市公司来看，国有控股上市公司整体经济效益高于非上市的国有企业。1996 年，国有控股上市公司销售利润率为 9.7%，是国有大中型企业销售利润率 1.8%的 5 倍；国有控股上市公司净资产收益率为 9%，是国有大中型企业净资产收益率 1.5%的 6 倍；国有控股上市公司资产总额只占国有企业资产总额的 3%，但利润却占国有企业利润的 23%；工业类上市公司平均资产负债率为 50.37%，比国有工业企业平均水平 65.29%低 14.92 个百分点。

以上分析表明，股份制改造是搞好国有大中型企业的有效途径，在国有企业改革中必须坚定不移地贯彻这一战略方针。

三 国有企业股份制改造的规范发展

为了确保股份制改造的健康、顺利进行，在今后的股份制改造过程中，应按照股份制度的规范化要求，注意以下主要问题。

1. 国有大中型企业的股份制改造必须遵循分类改革的原则。对于竞争性行业的国有大中型企业实行股份制改造，使其以追求利润最大化为目标，成为自主经营、自负盈亏的法人实体和市场竞争主体。对于非竞争性行业的国有大中型企业则不能简单实行股份制改造，要根据不同情况采取不同的企业制度形式。通常情况下，对于提供公共物品的国有企业应实行国家所有政府直接经营的形式，追求利润并不是其主要的经营目标，而是要更多地考虑社会目标，兼顾经济目标。对于那些可以实行股份制改造的非竞争性行业的国有大中型企业，主要是基础设施和基础产业的一些企业，通常情况下应实行国家控股的股份制度形式，以确保国家在这些行业的影响力和控制力。

2. 国有大中型企业的股份制改造必须与国有经济的战略性重组结合起来。一是将国有企业主要分布在关系国民经济命脉的重要行业和关键领域，对于不适宜也不需要建立国有企业的行业，国有企业要逐步退出来，以便能够集中国家的财力和物力，加强重点，提高国有资产的整体质量。在国有企业要退出的那些行业，国有企业的改革就不是股份制改造的问题，而是推行非国有化。二是要求以资本为纽带，通过市场形成具有较强竞争力的跨地区、跨行业、跨所有制和跨国经营的大企业集团。在这种情况下，股份制改造就要依据组建大企业集团的要求组织实施，即根据大企业集团内部组织管理的要求，对母公司进行改造，形成母子公司的合理体制，对下属公司实行全资子公司、控股公司和参股公司的改造。三是要求依据优胜劣汰的市场法则，通过兼并、破产等形式淘汰一批无法生存的国有企业，特别是要淘汰因重复投资、重复建设导致低水平重复劳动、生产能力严重过剩的那部分企业。

3. 国有大中型企业的股份制改造必须与企业的技术改造和加强管理结合起来。这主要取决于以下因素：（1）造成国有企业陷入困境的原因是多方面的，既有体制的原因，也有经济结构失衡、技术设备落后、管理水平低等方面的原因。虽然体制原因是根本性的，但要使国有企业摆脱困境，单纯依靠股份制改造实现的制度创新是不够的，甚至，如果没有企业的技术改造和加强管理相配合，国有企业的股份制改造将会隐含着巨大的金融风险和社会不稳定。（2）股份制改造成功的前提是股票投资能为投资人带来良好的投资回报，否则，投资人就不会购买股票。这就意味着，实行股份制改造是针对在市场竞争中处于优势的那些企业而言的。那些技术设备落后，管理水平低、产品没有市场的企业根本不可能实施股份制改造。可见，技术改造和加强管理与实施股份制改造是相辅相成的。

4. 国有大中型企业的股份制改造必须与居民的投资需求相适应。中国目前股份制改造的主要筹资对象是社会公众和企业内部职工，也就是说，居民能有多少资金用于购买股票就决定了股份制改造的进程。国有大中型企业的股份制改造，特别是股票上市不能操之过急，更不能搞股份化运动，违背居民意愿，搞强行摊派，而应根据社会资金的吸纳能力、居民的承受能力有条不紊地展开。当然，随着居民投资意识和风险意识的增强、金融制度的改革与完善、新的投资渠道和投资工具的推出，会有利于加快股份制改造的步伐，但这是一个逐步发展的过程。

5. 国有大中型企业的股份制改造必须与中国特殊的社会文化相结合。股份制度强调的是“资和”，即以资本为纽带的联合和在资本面前的平等，但在中国的传统文化中更注重的是“人和”，强调人际关系，特别是家族关系、亲戚关系、朋友关系，这正是在华人社会中成功的大企业大都是家族性企业而缺少像西方国家那样的股份制企业的原因所在。因此，在中国推行股份企业制度，就必须考虑这一特定的社会文化背景，从而设定出一套特定的制度，将股份制度的“资和”与中国社会文化中的“人和”因素有机地融合起来，防止股份制度在中国的“水土不服”。这应该说是中国股份制改造中面临的一个重大课题。

6. 国有大中型企业的股份制改造必须与法律的完善和规范结合起来。股份制改造，特别是股票上市公司的改造，涉及众多投资人的直接利益，必须尽快建立起一整套法律体系，防止“圈钱”“伪装上市”、违规操作等现象的发生，切实保障投资人的利益。否则，会直接损害投资人的利益，挫伤他们直接投资的积极性。

（本文发表于《经济管理》1999 年第 7 期）

二十年来我国企业改革与管理的基本经验

袁宝华

经过20年的改革开放，我国的企业无论是在总量上还是在质量上都产生了翻天覆地的变化，可以说是一场大革命，挣脱了传统计划经济的束缚，生产力水平不断提高，市场竞争能力大为增强，为我国的社会主义现代化建设事业、不断满足人们的物质文化需要和综合国力的增强做出了巨大贡献。回顾20年历程，集中起来有下面一些主要经验。

一　不断深化企业改革和提高企业管理水平，就要始终坚持社会主义方向和解放思想、实事求是的思想路线

在我国，把社会主义同市场经济结合起来，是一个伟大创举。20年来，我国在坚持社会主义方向的前提下，结合社会主义初级阶段的实际，围绕以经济建设为中心发展社会主义市场经济，深化企业改革，强化企业管理，其中一条十分重要的经验是必须坚持解放思想，实事求是，不断打破传统观念的束缚。只有思想解放，只有扫清思想障碍，才能够落实把发展生产力作为企业的根本任务。在企业改革中，按照社会主义市场经济发展的要求，由表及里，由点到面，选准选好突破口，不断推进，要以纲带目，注意对不同时期改革的内容有所侧重。通过不断改革，企业由传统计划经济体制下的政府附属物，逐步转变成为适应市场经济要求的法人实体和竞争主体，极大地促进了企业发展和综合国力的增强。为适应市场经济的发展，必须提高企业经济效益和管理水平，在企业的经营管理思想、管理方法、管理手段、管理组织和管理人才等方面要不断进行调整和加强。要有所创新，有所突破，才能使企业管理水平有一个新的提高。

二　把企业改革同企业改组、改造和加强管理紧密结合起来

经过20年企业改革的实践，企业体制的改革不断演进，最终确立了实行与社会主义市场经济体制要求相适应的现代企业制度这一企业改革的基本方向。通过企业制度的改革，使企业实现产权清晰、权责明确、政企分开、管理科学，从而更加有利于我国社会主义市场经济的发展。但是，我们在实践中也看到，改革的孤军深入，往往难以奏效，这些年来，出现了"以包代管""以改代管"，特别是企业粗放经营，在结构上出现了许多问题。因此，在不断深化企业改革的同时，必须根据企业发展的实际和经济增长方式的转变，把企业改革同企业改组、改造和加强管理结合起来。通过改组，使现有企业资源得到更加合理的配置；通过改造，使企业形成面向市场的新产品开发的技术创新机制，提高企业的生产技术水平；通过加强企业科学管理，探索建立符合市场经济规律和我国国情的企业领导体制和组织管理制度，以建立决策、执行和监督的科学体系，建立有效的激励和制约机制。改革的深化，必须以管理为依托和载体，管理的创新，也必须以改革为保证。许多优秀企业的经验表明，加强内部管理对企业的改革与发展十分重要。20年的实践使我们看到，搞活、搞好企业是一个系统工程。要全面考虑各种因素，尽量避免企业改革单项孤军深入。从企业讲，则必须将"三改一加强"有机地结合起来，企业才能健康地发展，才能有旺盛的活力。

三　在搞活国有经济的同时，推动非公有制企业的共同发展，并注意总结、推广这方面的经验

党的十一届三中全会以来，我们党认真总结了以往在所有制问题上的经验教训，制定出以公有制为主体、多种经济成分共同发展的方针，逐步消除所有制结构不合理对生产力的羁绊，出现了公有制实现形式多样化和多种经济成分共同发展的局面。党的十五大进一步明确了公有制为主体、多种所有制经济共同发展是我国社会主义初级阶段的一项基本经济制度。最近宪法修改，更进一步从法律上完成了这一重大的转变。

国有企业是我国公有制经济的主体，也是我国国民经济的支柱。搞好国有企业，对建立社会主义市场经济体制和巩固社会主义制度，具有极为重要的意义。当然我们在搞活国有企业的同时，必须继续推动其他经济类型企业的发展。我国非公有制企业作为国民经济的重要组成部分，发挥着越来越大的作用，在一些行业中已成为骨干力量。多年来，我们强调国有企业要学习、吸收乡镇企业、外资企业和私营企业的经营机制，取长补短。今后更要大力推动国有企业、城乡集体企业和非公有制企业共同发展。这方面我们还有许多事情要做。

四　大力培养和造就企业家队伍，提高企业全体职工素质

建设有中国特色的社会主义市场经济，需要一支宏大的企业经营管理者队伍，特别是培养造就一大批优秀的经营管理者——企业家。在传统计划经济体制下，由于企业是政府的附属物，不直接面向市场，企业领导者一般都以官员的身份执行和完成政府部门下达的生产计划，企业家队伍的成长和发展更无从谈起。改革开放以后，随着我国市场经济的发展，企业家的地位和作用显得十分突出。企业的兴衰在很大程度上取决于企业经营管理者的素质和决策管理水平。所以，党的十四届三中全会提出了“要造就企业家队伍”的重大任务。20 年来，我们是逐步认识并发挥企业家的作用的。通过建立健全培养教育机制，使企业经营管理者的经济与管理知识水平和思想修养有了很大提高；通过建立健全选拔机制，逐步破除传统的政府委派任命制，探索实行公平竞争条件下的市场选拔方式，形成企业经营管理者市场，促进企业经营者向职业化、市场化方向转变；通过建立健全利益激励机制，逐步使企业经营管理者的收入与其承担的责任和经营业绩相对称，并将物质利益的追求与人生价值的实现紧密结合起来；通过建立健全约束机制，使企业经营管理者的行为进一步规范化。总之，社会对企业家的作用在逐步认识，企业家队伍在不断扩大，素质在不断提高。企业要搞好，关键是要有一个好的领导班子和好的带头人。在这问题上，我们必须坚持德才兼备的原则，坚持政治素质要高，经营管理能力要强，要讲政治，要公正廉洁。

企业的改革与管理，职工是主体，也是创造财富、推动生产力发展的主要力量。企业改革与管理没有企业中广大职工的支持、理解，发挥他们应有

的作用，是难以奏效的。20 年来，我们一方面注重发挥广大职工的积极性、智慧与创造力，推动改革与管理的发展；另一方面，通过专业教育和组织各种培训，不断提高职工的文化水平和业务能力，从而更好地适应企业改革与发展的需要。

五　学习借鉴国外先进管理经验，建立有中国特色的企业管理科学体系

西方国家的市场经济比较发达，在企业管理方面积累了许多先进经验。改革开放以来，为适应企业向市场竞争主体的转变，我们在引进国外先进技术设备、利用外资的同时，始终强调学习借鉴国外的先进管理和科学的运行机制。在这方面，我们的政府有关部门、企协等民间经济团体和教育、科研、新闻出版机构，都是热心的宣传者。企业也积极利用各种机会，结合各自实际，学习和运用国外先进管理技术，以提高管理水平。因此，我们企业的经营管理思想发生了很大变化，逐步以市场为导向来进行生产经营，并采用了许多现代化管理方法，创造出具有中国特色的企业管理，逐步形成了有中国特色的企业管理科学体系，丰富和推动了管理科学的发展，直接推动了企业经济效益和市场竞争能力的提高。

六　按照政企分开、转变政府职能的要求，发挥社会团体的桥梁和纽带作用

经过 20 年的努力，企业由政府的附属物逐步转变成为市场竞争的主体。政企分开，转变政府职能是建立社会主义市场经济体制的一项重要任务。在这个过程中，政府由对企业的直接管理向间接管理过渡，一些管理与服务的功能正在逐步由社会经济团体组织来承载；社团组织在市场经济中的特殊作用不断为人们所认识，培育和发展社团组织已成为实现政企分开的基本条件之一。社会团体以其在市场经济中的特殊作用得到健康发展，为推动企业改革与管理做了许多有益的工作。

20 年来，中国企业管理协会、中国企业家协会和各地区、各行业企协，作为社会团体，始终秉承服务于企业、企业家和政府的宗旨，为推动企业改革、加强企业管理、实现管理的现代化做出了积极努力，为国家和地方、部

门制定和实施与企业相关的政策发挥了重要作用。目前，已形成了一个从上到下相当完整的企协组织体系，拥有一大批热心于企协工作的积极分子，探索出具有一定特色的工作和运行方式。

（本文发表于《经济管理》1999 年第 9 期）

关于国有企业改革与发展的若干建议

李铁映

国有经济为主导，是社会主义市场经济的重要特征之一。国有企业是我国国民经济的支柱，是财政收入的主要来源。国有企业改革是整个经济体制改革的中心环节，是改革成败的关键。因此，国有企业的改革和发展，事关新体制的建立、国民经济持续快速健康发展、国家实力的增强、人民生活水平的提高、社会的长期稳定、社会主义制度巩固发展的大局，必须引起我们的高度重视。

20 年来，我国国有企业改革的确取得了很大的成就，但距社会主义市场经济的要求还有相当距离。随着市场机制作用的增强、其他所有制经济的发展、相对过剩经济的出现、供过于求矛盾突出、对外开放程度提高，以及亚洲金融危机的冲击，我国国有企业正面临着国内外市场竞争的强大压力。由于国有企业内部尚未形成适应市场的经营机制，仍然背着沉重的历史包袱，在新的环境下，深层次的矛盾和问题更显突出，困难加剧。如果不下决心加快国有企业的改革，将严重影响整个经济体制改革和经济发展，危及国家的前途和命运。

进一步明确国有企业改革的目标与方向

1. 国有企业改革的总体目标是：建立产权明晰、政企分开、责权明确、管理科学的现代企业制度，使国有企业成为自主经营、自负盈亏、自我积累、自我发展的法人实体和市场竞争主体。

近期目标：到 20 世纪末力争大多数国有大中型骨干企业初步建立起现代企业制度；大多数国有大中型亏损企业摆脱困境。

有必要提出国有企业改革的中期目标，以衔接好实现难度较大的近期目标。中期目标拟为：力争到“十五”期末，大型，特大型国有企业基本建立现代企业制度；中小型国有企业完成改制工作，步入正常规范发展轨道；国有经济的战略调整和国有企业的战略性重组基本完成、国有经济布局基本合理、整体素质有较大提高。

解放思想，加快建立现代企业制度，对国有企业实行分类改革

2. 把国有企业与国有经济、国有资本区分开来，搞活国有经济的关键是搞活国有资本。企业作为产权存在的组织形式，其本身不存在姓“公”姓“私”问题，关键在于产权或资本，股权归谁所有。从理论上突破这一点，有利于从整体上把握国有经济的战略性调整，有利于从搞活单个国有企业转向搞活国有资本，有利于从对单个国有企业的实物资产管理转向价值形态的国有资本管理。改革并非都要让以往的所有国有企业身份不变，而关键在于要提高整个国有经济的素质，要让整个国有资本保值增值，这样，国有资本在一个企业的进退就成了顺理成章的事，而不被看作“性质”变化问题。因为只要规范操作，国有资本的这种进退，在数量上没有任何减少，而在质量上则会有所提高。

3. 把建立一般的现代企业制度与建立特殊的现代国有企业制度区分开来，实行分类改革。建立现代企业制度是所有各类企业努力的方向。现代企业制度应该是一个完整的体系。就国有企业改革而言，建立现代企业制度有两种含义：一种是多数国有企业应按一般现代企业制度的要求对企业进行公司制改造，则这些企业在性质上就将不再是原来意义上的纯粹国有独资企业，有些成为国有控股企业，有些成为国有参股企业，有些则国有资本完全退出；一种是仍然保持国有企业的性质不变，即国有独资企业。后一类企业实质上就不是要建立一般的现代企业制度，而是应建立特殊的现代国有企业制度。

特殊的现代国有企业制度具有其自身的特点，从产权制度看，国有企业都是由政府直接持有全部或绝大多数产权；从对人事管理看，多实行公务员制度，即将国有企业的高层管理人员作为公务员进行管理与使用；从国有企业的经营目标看，具有两重性，即社会目标与经济目标并存，基本上以社会为主；从监控制度看，政府往往进行直接控制，国有企业的董事会、监事会通常由一定级别的各政府部门派出的公务员组成，等等。

现代国有企业制度应与一般现代企业制度相区分，单独立法，如制定《国有企业法》，使之从《公司法》中分离出来。对于以社会目标为主的国有独资企业，必须采取各种保护和优惠政策，以支持其发展，使之与经济和社会事业的发展相一致。

有效实施国有经济战略性调整，收缩战线，降低比重，优化国有资产配置

4. 对国有经济实施战略性调整的目的，是提高国有经济的整体素质，充分发挥国有经济在国民经济中的主导作用。有效发挥国有经济主导作用的关键是要实现国有企业的战略性重组。目前影响国有经济发挥主导作用的主要因素是国有企业数量太多，国有经济布局不合理，战线拉得过长。

对国有经济进行战略性调整的总体目标是：通过改制、改组、改造，“抓大放小”、国有资产流动重组等措施，收缩国有经济战线，使国有资本主要集中分布到国民经济的关键性、基础性、先导性领域，以优化国有资产的配置，提高其效率和效益，真正发挥其在国民经济中的主导作用。

对国有经济进行战略调整应遵循的基本原则：以市场与产业政策为导向，集中力量，加强重点，有进有退，有生有死，有合有分，有先有后。

5. 对国有经济进行战略性调整，要处理好几个关系。一是要处理好国有经济战略性调整与国民经济调整的关系；二是要处理好存量调整与增量调整的关系；三是要处理好国有经济调整与培育新的经济增长点和发展非国有经济的关系；四是要处理好发挥市场机制和运用行政手段的关系；五是要处理好区域与行业内的国有经济结构调整与全国国有经济调整的关系，加强统一协调工作；六是要处理好国有经济调整与世界产业结构调整的关系，将调整置于世界产业结构调整的大背景之中。国有经济的战略性调整不是也不应该简单地理解为退出竞争性领域，而是依其目标地位和是否能发挥其主导作用而定。

建立有效的国有资产监管、营运体系，实现政资、政企分开

6. 按照国家统一所有、政府分级监管、政资职能分开、委托授权营运、企业自主经营的原则，建立适应社会主义市场经济要求的国有资产监管、营运体系。对经营性国有资产管理制度改革的基本方向，就是建立国有资本出资人制度和营运主体，在实现企业公司制改造的基础上，逐步从对国有资产的实物管理转向价值形式的资本管理，实现国有资本的有效运行和保值增值。

鉴于我国拥有庞大巨额的国有资产，有必要建立一个统一的国有资产管理机构，代表国家行使国有资产的所有权，负责制定国有资产管理的重大政策，并监督保证这些政策的贯彻实施。建议在总结一些地方实践经验的基础上，组成由各相关政府部门组成的各级政府的国有资产管理委员会，由它们代表同级政府统一行使所有者代表或出资人的职能。在此基础上，建立三个层次的国有资产监管、营运组织系统。第一个层次是国有资产的行政管理机构，即国有资产管理委员会及其执行机构。第二个层次是授权委托经营的国有资产营运组织。第三个层次是生产经营性企业中由国有资产营运主体派出的国有资产的代表或国有股的股东。通过这样的组织形式，国家可以落实所有者代表或解决出资人到位问题，逐步实现政企、政资、政事分开。

7. 把建立国有资本出资人制度、构建国有资产营运主体，作为搞活整个国有经济、推动结构调整和实现政资、政企分开的关键环节来抓。可按照目前的财政隶属关系或投资关系，明确各级政府国有资本的出资人地位，依法行使出资人权力，并承担相应的风险责任。总结上海、深圳、武汉及其他地方经验，着力构建不同形式的国有资产营运主体。一类是授权大型国有独资企业或国有控股的大集团、大公司，作为国有资产营运主体。一类是结合政府机构改革，将原专业主管部门的有关职能，从政府中分离出来，建立国有控股公司或国有资产经营公司，通过委托代理，成为国有资产营运主体。这类公司尽管开始时不可避免地带有“政企不分”的痕迹，但有利于在较广范围内实现对国有资产的调整和重组，也是政资、政企职能逐渐分离必然要采取的过渡形式。关键是这类过渡性公司在未来改革发展中，必须做到：（1）由专业性投资向综合性投资的方向发展，逐步摆脱行业的局限性；（2）从对实物资产管理逐步转向价值形式的管理，即最终实现把国有资产作为一种资本来运作和管理，而不去直接干预企业的生产经营活动。

加快国有企业公司制改造步伐，着力实现投资主体多元化

8. 公司制（主要是股份制）是经过人类社会长期筛选出来的符合社会化大生产和市场运行要求的一种企业资本组织形式，是现代企业制度的一种基本和典型的形式。这些年的改革实践证明，它是公有制经济的有效实现形式。要建立起稳固有效的社会主义市场经济微观基础，必须对多数国有企业，尤其是竞争性领域的国有大中型企业，进行公司制改造。也就是按照《公司法》，有计划有步骤地把符合条件的国有大中型企业改造成为有限责任公司或股份有限公司。要结合国有经济战略性调整和国有企业战略性重组，积极探索国有企业公司制改造的各种有效途径，以加快国有企业制度创新的进程。

9. 对国有企业实行公司制改造，关键是要实现投资主体多元化。从某种意义上说，没有投资主体的多元化，就没有真正规范化的公司。从长远看，国有独资公司只能是特殊的少数。在国有和集体资本控股的条件下，实现投资主体多元化，是扩大公有资本支配范围、发挥国有资本主导作用、构建公司治理结构的前提条件，也是解决国有企业资产负债率过高的重要举措。从目前情况看，如何实现投资主体多元化，是国有企业公司制改造过程中的难题之一，必须下决心采取积极有效措施加以解决。

在国有企业改制中，可以通过多种途径实现投资主体多元化。一是在国有资产分级管理的基础上，在一个企业中可以有由多个各级或各地政府国有出资人组成的国有股东（而不像现在这样只有一个国有股东），从而有利于依法改制为由多个具有相对独立利益的国有股东组成的有限责任公司。二是鼓励建立由多个法人持股组成的股份制企业。三是符合条件的企业，可通过境内外上市，实现投资主体多元化。四是可试行从国有企业中划出一部分股权交由社会保障基金持有，其收益用于补充社会保障基金的不足。五是债权转股权，除了通过“贷改投”和将企业的一部分银行债权转为“资产管理公司”的股权外，企业之间的债务，也可以经协商通过适当的方式转为股权。六是在有条件的国有企业实行职工持股。七是在企业并购、技改、搬迁过程中，通过多种方式实行投资主体多元化。八是与建立企业高层管理人员激励约束机制相结合，实行高层管理人员持股。九是通过中外合资实现投资主体多元化，等等。

10. 要从政策上消除国有企业公司制改造的障碍。目前许多国有企业愿意“改”为国有独资公司，而不愿意改组为多元投资主体的公司制企业。其中一个重要原因，是担心因此失去国有企业地位后无法享受各种优惠政策待遇。由于我们在政策上规定只有国有独资企业才能享受诸如人员分流、减债、破产等方面的政策优惠，使得一些国有企业不愿意改组为多元投资主体的公司制企业，甚至有的国有企业在已经改组为上市公司以后，还要在自己之上做出一个国有独资公司来，以享受优惠政策。有鉴于此，应制定有利于鼓励国有企业进行多元投资主体公司制改造的政策，例如，对原来100%的国有资产的企业，改制后国有股的比重降到75%以下、51%以上的国有控股企业，是否可执行中外合资企业的税收政策，国有股则参与分息分红。同时，在解决企业办社会、减轻债务负担、人员分流等难题方面给予适当优惠。

形成正常的资本金补充机制，进一步开拓资本市场，解决国有企业资产负债率过高问题

11. 国有企业资产负债率过高，这是一个带有普遍性的问题，尽管我们为解决债务问题采取了多种措施，但如果不从机制上根本上解决国有企业正常补充资本金来源问题，即使一时冲销核销了坏账，降低了负债率，但难免将来又会生出类似问题，很难步入良性循环。要解决这一问题，一是建立资本金制度，新建企业必须按规定注入资本金，杜绝再出现做“无本生意”的情况。二是应规定国有资本的投资收益和国有产权的转让收入，原则上都要用作国有资本的再投入。三是对现有资本金不足，债务过高的国有企业，区分不同情况，按规定分别采取“贷改投”、债权转股权、出售拍卖债权等措施，转增资本金。四是进一步发展和完善资本市场，充分利用资本市场为国有企业补充资本金，如对国有企业进行股份制改革，通过发行股票增资。要通过资本市场，实现国有经济战略性调整，根据国有企业战略性重组需要，出售要退出企业的国有股份；逐步推动上市公司的国有股、法人股上市流通；对非上市企业，在严格规范产权交易办法的前提下，利用产权交易市场，推动国有资产的转让变现，等等。所有这些国有股份成资产的变现收入，主要用作需要国家重点扶持的企业的资本金。还可以考虑，对那些目前经营困难，但有发展潜力和前景的国有大中型企业，经审核批准可发行由财政担保的可转换债券，一旦企业注资后经营状况好转，债券可转为股权。

继续实行大公司、大集团战略，巩固和扩大国有小企业改革成果，加大国有中型企业改革力度

12. 加速我国大公司、大集团的发展。韩国的金融危机使得人们怀疑我们原来提出的“大公司、大集团战略”。事实上，大公司、大集团并不是造成金融危机的根本原因。从当今世界经济发展趋势看，大企业之间合并浪潮方兴未艾。目前我国的大公司不仅数量少，而且规模小，很难参与国际市场的竞争。要充分发挥国有经济的主导地位，要提高我国经济的国际竞争能力，很有必要发展一批行业的“排头兵”，发展一批跨地区、跨行业的大公司、大集团。根据国际国内市场和产业结构调整的需要，按照《公司法》组建或将大型、特大型国有企业改建为大公司、大集团。有些可以通过企业之间的兼并、合并来组建；有些可以通过资本市场筹集股份来组建；有条件的也可通过国有资产的行政划拨来组建。要增强大公司、大集团的筹资融资功能。创造条件，鼓励有实力的外向型企业集团逐步向跨国公司过渡。要进一步理顺企业集团母子公司的关系，企业集团的母公司应能够完整地行使对其子公司的出资人权利。企业集团实行合并纳税，以鼓励重组，减少集团中效益差的企业。

13. 将国有小企业之有效的改革措施扩展到国有中型企业中去，改变国有中型企业改革普遍滞后于国有小企业的状况。以往我们将国有中型企业划入大型企业之列，称国有大中型企业，对这种企业缺乏针对性强的改革措施。事实上国有中型企业的特点更接近于小企业，而且国际上不少国家均将中型企业并入小型企业之列，称中小型企业。在今后我国的国有企业改革中，除了少数特殊的、垄断性的和有条件发展成大公司、大集团的国有中型企业外，其他国有中型企业应比照国有小企业，采取更加灵活的改革措施，以加快其制度创新的步伐。

目前，我国大约80%以上的国有小企业已经改制。要进一步巩固和扩大国有小企业的改革成果，完善企业内部经营机制，理顺各种关系，并将改制的小企业及时引导到上质量、上规模、提高技术和管理水平的发展轨道上来，转变增长方式，不断提高企业的效率和效益。

建立有效的公司治理结构，形成企业技术进步机制，强化科学管理

14. 建立所有者与经营者之间的制衡机制，形成有效的公司治理结构，是现代公司制度的核心。股份制公司应按照《公司法》，健全由股东会、董事会、监事会、经理层构成的公司治理结构。严格界定各权力机构的权责界限，分别制定各自议事规则和行为准则，依法和依公司章程运作。要积极探索各种有效途径，切实解决好目前存在的“老三会”，即党委会、工会、职代会和“新三会”，即股东会、董事会、监事会的矛盾。把党管干部的原则与《公司法》的有关规定有机结合起来，把管资产与管人有机结合起来，改变多头决策、多头监管问题，既形成有效的制衡机制，又形成统一决策和监管的机制。

15. 建立有效的企业高层管理人员的激励与约束机制。必须把企业经理等高层管理人员的收入与其经营业绩挂起钩来，让他们既要承担管理责任和经营风险，又要获得良好的经营业绩带来的丰厚报酬。在这个问题上，要注意克服平均主义思想的束缚，理直气壮地合理拉开收入分配档次。不这样就难以形成有效的激励机制。激励方式应灵活多样、行之有效，包括工资、奖金，可实行年薪制，也可给予股票期权等。除了物质奖励外，还应注意精神奖励。

16. 在国有企业制度创新的同时，要注重管理创新，切实加强科学管理。要把加强科学管理贯穿于企业改革、改组、改造的始终。在企业制度创新的过程中，要建立科学规范、权责明确、各司其职、有效运作的组织管理机构，制订一整套符合市场运行要求的管理规章制度，在企业生产经营活动的各个环节、各个层次逐步建立起科学的管理体系，实现现代化管理。在企业管理制度创新的过程中，既要从我国的实际出发，总结以往经验，又要借鉴国外先进的企业管理方法。当前，要注重强化企业的基础管理工作，提高管理人员素质，尤其要注意加强人才、质量、成本、财务等方面的管理。

17. 加强企业技术改造，形成企业技术进步激励机制。我国目前大量产品库存积压，从某种程度上表明，我国经济已进入大规模固定资产更新周期。但在市场需求不旺、企业负债率过高的情况下，企业对技改裹足不前，缺乏积极性。一个重要原因是国有企业缺乏正常的技改资金来源，企业不愿过度负债搞技改。必须采取各种有效措施，从根本上解决“不改造等死，改造找死”的现象，要把企业的技改与其改制、改组结合起来。在对企业进行投资主体多元化公司制改造和企业之间的相互重组中，增资减债，扩大权益资本，增强企业技改能力。对重点技改项目，符合条件的可发行可转换债券，到资本市场筹资；有些技改项目，可以从原有企业中分离出来，采取多方入股的方式，组建新的公司制企业；有些则通过引入新的投资者，既筹集技改资金，又实现公司制改造。目前采取的用财政贴息办法，鼓励企业贷款，启动技改，收到一定效果。在总结经验、完善制度的基础上，可继续坚持并适当扩大规模。此外，还应研究加速折旧的办法，提高企业技改能力。

要继续推动科研机构与生产企业的结合，着力在企业建立科研开发机构，增强企业开发新产品的能力。鼓励企业引进吸收消化国外先进技术。

健全社会保障制度，为国有企业改革创造各种有利条件

18. 着力解决社会保障机制转换中的突出问题，进一步完善社会保障制度，为国有企业战略性重组服务。要逐步解决养老保障隐性债务和养老保险基金严重不足问题。可结合扩大内需，发行特种国债，用来补充社会养老保险基金；在离退休比重较大的老国有企业公司制改造中，可试行将部分国有股权划归社会保障基金专项管理，股本仍是国有性质，仅用股权收益支付离退休职工的养老金。为做到社会保障“低水平、广覆盖”，应制定具体政策，积极发展补充保险、个人储蓄性保险等多层次的保障体系。要积极推进医疗、失业保险等方面的改革。进一步完善保险基金营运和监督体制，加快社会保险制度的立法进程。

19. 逐步解决企业办社会问题。企业的非生产性资产和福利机构要逐步面向社会，自主经营，自负盈亏。企业所办学校、幼儿园、托儿所、医院等要逐步从企业中剥离出去，交由有关政府部门或社会组织管理。企业的供水、供电、住房等管理也要逐步社会化。

20. 广泛开展多层次、多形式的职业培训和技术教育。随着经济、技术的迅速发展，产业结构的调整升级，新兴行业的不断涌现，就业结构、劳动技能、工作岗位等变化很快，职业培训和技术教育成为再就业过程中不可或缺的重要环节。就业者如果没有新知识、新技能方面的培训提高，就很难胜任新岗位的工作。因此，应把失业救济、最低生活费保障与再就业职业培训、技术教育有机结合起来。这不仅有利于提高劳动者的素质，而且有利于扩大就业、扩大市场和保持社会稳定。

企业的再就业中心要逐步融入劳动力市场，不由企业来办，做到下岗、培训、再就业一条龙服务与管理。

（本文发表于《经济管理》1999 年第 10 期）

建立现代企业制度是国有企业改革的方向*

陈清泰

党的十五届四中全会《关于国有企业改革和发展若干重大问题的决定》（以下简称《决定》）再次强调，“建立现代企业制度，是发展社会化大生产和市场经济的必然要求，是公有制与市场经济相结合的有效途径，是国有企业改革的方向”。

社会主义市场经济体制的一个要点就是，既坚持公有制为主体、多种所有制经济共同发展、发挥国有经济的主导作用，同时又使市场在资源配置上起基础性作用，发挥市场在提高经济运行效率方面的积极作用。为此必须解决的一个难题就是，能否既坚持企业国有资本国家所有，同时又能政企分开，使千万个企业成为各自独立的企业法人实体。因此，必须通过企业制度创新，克服传统体制的弊端，实现国有经济与市场经济的有效结合。

一　传统“国有企业”制度的弊端

“国有企业”是在传统计划经济体制下为完成政府计划而建立的生产单位。那时，实施国家经济计划的基础是国有企业，而国有企业赖以生存的条件是国家的计划。改革开放之后，通过扩权放权、减税让利、鼓励竞争、实行承包等对国有企业进行了多次改革。为规范国有企业的地位、权利，1988年颁布了《中华人民共和国全民所有制工业企业法》。为进一步明确国有企业与政府的关系，1992 年颁布了《全民所有制工业企业转换经营机制条例》。但这些并未从根本上解决国有企业走向市场的基本问题。传统“国有

---

* 本文根据国务院发展研究中心党组书记、副主任陈清泰同志在“在京中央企业党政领导干部十五届四中全会精神学习班”上的讲话整理。

企业”制度的弊端主要体现在以下几个方面。

1. 政企不分，职能错位，所有权与经劳权混为一谈，企业不能成为独立法人实体。政企不分是国有企业走向市场的一大障碍。长期以来，政府集社会管理职能和国有资产管理职能于一身，各级政府都在办企业。直接干预企业的生产经营。由此看来，对于国有企业，不仅财产为国家所有，而且重大事项也由政府代表全民直接决定，整个政府就像一个董事会，所有权与经营权混为一谈，企业并不是一个独立的主体。在经营者看来，那些重大问题既然已由政府决定和批准，自己还有什么责任？有了业绩是自己努力的结果，而经营不善的后果却有足够的理由推给政府，使企业负盈不负亏，政府陷入了要承担无限责任的境地。另外，政府要求每个国有企业要有与政府对应的机构承担社会管理和服务职能，各自办一个小社会。从职责上看，每个国有企业又像一级政府，要承担许多非经营性目标。当企业领导者站在经营者立场考虑问题时，他要追求最好的经济效益，排除各类与生产经营无关的事项，降低成本（包括劳动成本）；当他站在小社会管理者的角度考虑问题时，就要保一方平安，保证职工就业岗位稳定，保证离退休职工安度晚年，保证职工及家属的生活福利、医疗、住房条件年年改善，甚至要保证职工子女就业。这种互相矛盾的双重目标使得企业领导者不知所措，来自职工的现实压力往往冲淡了他们追求经济效益的动机。这种政企不分的体制使企业不能给自己一个准确的定位，不能集中于经济效益的目标，成为独立法人实体和市场竞争主体。

2. 企业国有资产管理、运营、监督的责任不清，按照现行体制，企业国有资产为国家所有，政府代表国家行使所有者职能。因此政府各部门都可以以国家所有者自居，对国有企业的决策、经营、人事等说三道四，但对由此产生的后果并不承担责任。由于权利与责任的严重不对称，各部门或将国有企业作为推行本部门行政管理职能的手段，或争相通过设置各种审批程序，给自己增加权利。事实证明，政府部门不能成为只以国有资产增值和提高经济效益为目标的“合格国有股东”。一些企业则利用政府部门各管一段，谁都不关心、谁也难以了解企业全局的情况，架空了国家所有者，形成企业内部人控制一切的局面，或推卸经营不善的责任，或为自己筑巢。在这种体制下，企业的盈亏无论对政府部门或企业经营者都没有切肤之痛。由于没有集中统一的机构代表国家股东对资产的管理、运营和监督承担责任，在利益主体多元化、各种所有制资产大规模交叉和流动重组中，侵蚀国有资产的形式变得更加隐蔽和多样。当发现企业决策失误或国有资产经营不善甚至流失时，各方面都有理由相互推诿、不承担责任，政府要追究时，打板子都不知应打在谁的身上。

3. 传统“国有企业”的资产不具有流动性，难以实施优化配置。国有企业唯一的股东是国家，唯一的注资渠道是国家财政，它既排斥其他股东的进入，也使国有资本难以流动和重组。在财政以公共职能为主，无力也不应再对一般行业的国有企业注资之后，这就使得绝大多数国有企业注资无源，出现了一些几乎没有资本金的“国有企业”和“不改造等死，改造也找死”的情况。经营性资产只有在不断流动中发现机会、运用机会才能实现保值增值，但纯而又纯的国有企业，它的资产不能与其他所有制资本相互融通，这成了国有资本流动重组的障碍，使国有企业要进入或退出某一市场十分困难。一般来说，要进入某一市场就得从零开始大量投资，重复建设；要退出某一市场就会损失惨重。这就出现了国有企业“有生无死”，都“长命百岁”，但资产运作效率不高的局面，使大量问题长期沉淀和积累下来。

4. 企业内所有者代表缺位，难以形成动力和约束机制。政府远在企业之外行使所有者职能，企业内并无所有者（代表）。同时，政府管理着千万个国有企业，鞭长莫及。对于每个企业来说，来自所有者追求经济效益的压力并不强烈，来自所有者的监督更不严格。由于既缺乏来自所有者追求经济效益的强大动力，也缺乏来自所有者规避市场风险的有力约束，因此在国有企业中屡屡出现有损所有者权益的非正常行为。实行厂长（经理）负责制后，在提出政企分开情况下，厂长（经理）的身份是代表所有者还是经营者的问题含糊不清，使得厂长（经理）往往看部门领导的脸色行事，只顾领导“满意”，并不真正关切经济效益。在这种制度安排下，企业的命运在很大程度上取决于一个人的能力和水平，经营过程缺乏科学民主的决策机制，运作过程又缺乏有效的监督和风险制约机制，企业被内部人控制，国家所有者被架空的事例层出不穷。

总体上讲，依《企业法》运行的“国有企业”制度所适应的是计划经济体制，国有企业以完成国家生产任务为己任。它是国家的生产计划单位和财政预算单位，由国家决策、国家承担后果，所有权与经营权相统一，本质上是国有国营。这样的企业不存在自主经营，当然也无所谓自负盈亏。因此这种“国有企业”制度不能适应企业走向市场的需要。

二 建立现代企业制度要解决的问题

现代企业制度，是符合社会化大生产要求，适应市场经济的“产权清晰、权责明确、政企分开、管理科学”的依法规范的企业制度。可以认为，现代企业制度是实现政企分开的组织手段；是理顺产权关系的组织形式；是使企业成为独立法人的组织保障；是转变企业领导体制、组织制度，实现管理科学的组织措施。

通过建立现代企业制度，可以综合地解决国有企业走向市场中所遇到的一系列体制性矛盾。

1. 实现所有权与企业法人财产权分离，使企业成为独立的市场主体。通过政府机构改革和职能转变，政府管理职能面对全社会，不再直接干预企业的生产经营；通过国有资产授权经营，由授权经营机构依照《公司法》代表国家所有者拥有股权，以法定方式派代表（股东代表或董事）进入企业，行使选择经营者、重大决策和收益分配等权利。这既从根本上改变了政企关系，也改变了企业内国家所有者（代表）缺位的状况。企业拥有包括股东投入资本和借贷形成的企业法人财产，并依此确立企业的法律地位，在市场中独立经营运作法人财产，自主经营、自负盈亏，对出资者承担资产保值增值的责任。由此形成了所有者拥有股权，即对企业的最终控制权；企业拥有法人财产权，亦即对法人财产的经营权（或称管理权、控制权）。所有权与经营权相分离，分别由两个独立主体运作。这就解决了既使企业国有资本保持国家所有，又使企业可以以独立法人的身份进入市场、投身竞争、优胜劣汰，使市场机制发挥作用的问题。

2. 建立有限责任制度，改变国家与企业的债务责任关系。企业以全部法人财产自主经营，并以企业全部法人财产对债务承担责任；当企业破产清盘时企业要以全部法人财产清偿债务，包括国家在内的出资者则只以投入企业的资本额为限对企业债务承担有限责任。这就从根本上改变了国家对国有企业债务承担无限责任的状况。

这里讲的破产清盘和有限责任制度，都是分散市场风险的制度。有限责任制度主要是保护投资者；而破产制度主要是保护债权人。有限责任制度从根本上减少了国有资本经营运作的风险，使得国家所有者有可能将经营权交给企业；破产机制形成来自市场的刚性约束，可以改变国有企业只负盈不负亏的状况。这就使得市场机制的优胜劣汰对国有企业也可以发挥作用，使国有企业“有生有死”成为现实，使长期亏损、资不抵债、不能清偿到期债务的企业通过破产“退出市场”成为可能。

3. 所有者职能到位，将形成企业的动力机制和风险约束机制。国家所有者以派股东代表或董事的形式进入企业，行使所有者的三大权利，股东代表或董事对股东承担信托责任。与远离企业的政府行使所有权相比，派股东代表或董事进入企业，可以真实、及时地掌握企业信息，易于所有者职能到位；与承担社会管理职能的政府行使所有权相比，有利于端正所有者行为，排除非经济性目标的困扰。围绕一个企业有多个利益相关者，但政府期望的是就业和税收，经理人员和职工得到的是工资，而最终承受企业亏盈的是所有者。因此推动企业持续发展的原动力来自所有者；避免市场风险的约束力也来自所有者。国有出资人不到位，企业必然出现众多非正常行为；国家所有者职能到位将从根本上端正企业的行为。来自所有者追求最高经济效益的动机形成了对企业的激励；避免经营风险的谨慎会形成对企业的约束。

4. 通过公司制改革，建立国有企业的资产流动机制。对于传统国有企业，只有“授予其经营管理的财产”（见《企业法》）的规定，并无“资本”和“资本金”的概念。这使得从财产权意义上讲，政府与企业处于“联体”状态。国家是企业财产唯一拥有者；企业财产是国家财产的一部分。这就使得其他投资者的资本无法进入国有企业，国有企业资产也不具有流动性。通过公司制改革建立企业资本金制度，实行股份制，同股同权、同股同酬，使出资者所有权与企业经营权分离。包括国家在内的所有者以股权形式可以进入或退出某一企业；企业也可根据需要引入新的投资者（包括国有投资者和非国有投资者）募集资本金。这种资本流动机制可以使国有资本和其他资本一样，以追求最高效益为目标，随市场变化及时、灵活、迅速地调整投向，从而使产业结构、企业结构不断趋于合理。这是资产保值增值、经济保持活力的重要途径。

5. 拓宽融资渠道，放大国有资本功能。传统“国有企业”和财政、国有银行捆绑在一起，只能由财政注入资本金。《决定》指出：“国有资本通过股份制可以吸收和组织更多的社会资本，放大国有资本的功能，提高国有经济的控制力、影响力和带动力。”对于关系国家经济命脉的行业和领域，除少数必须由国有资本垄断外，大多数可以吸收民间投资，国家控股；对于一些新兴产业、高新技术产业，国有资本可以参与投资，起到引导和带动作用。这样，国有资本的功能将成倍放大；国有经济在保障国民经济总量迅速扩大、结构日趋合理等方面的不可替代作用就能更好地发挥。

6. 建立企业法人治理结构，形成科学合理的企业领导体制和组织制度。实践证明，无论是党委领导下的厂长负责制，还是厂长（经理）负责制，都不适应企业成为独立法人、走向市场的需要。在所有权与经营权分离之后，所有者对经营者如何控制和制衡、如何防止经营者滥用权力就是一个大的问题。现代公司治理结构可以形成这样的机制：所有者通过法定形式进入企业行使职能，通过在企业内的权力机构、决策机构、监督机构和执行机构，保障所有者对企业的最终控制权，形成所有者、经营者和劳动者之间的激励和制衡机制，建立科学的领导体制、决策程序和责任制度，使三者的权利得到保障、行为受到约束。从而在有国有资本的企业中建立起自负盈亏、优胜劣汰以及激励和约束相结合的经营机制。

三　建立现代企业制度要解决好几个难点问题

既然要通过建立现代企业制度综合性地解决国有企业深层次体制问题，那么企业制度创新就绝非易事。简单地将国有企业翻牌为公司解决不了任何问题。从建立现代企业制度试点看，企业制度创新必须搞好配套改革。《决定》要求突出抓好以下四个环节。

1. 继续推进政企分开。政企分开绝不是国家将全国人民长期创造积累的几万亿经营性国有资本撒手不管，一放了之。所谓政企分开，一是政府作为宏观经济管理者的职能，不再直接干预企业日常经营活动；二是政府作为所有者，必须通过一套制度安排使所有者代表进入企业，而且行使权能到位；三是政府承担着社会管理和公共服务职能，必须创造条件为企业摆脱“办社会”之苦。

实行政企分开必须并行地做好以下几项工作。

（1）改革政府机构，转变政府职能。自 1998 年开始的中央政府的机构改革即以实现政企分开为第一原则，使政府职能转变到宏观调控、社会管理和公共服务上来，把生产经营的权利真正交给企业。把那些曾主要管理企业的专业经济管理部门转向主要制定行业规划和行业政策，进行行业管理，引导本行业产品结构调整，维护行业平等竞争秩序，不再直接管理企业。1998 年这次政府机构改革充分体现了这一原则，已将 7 个专业部改成国家局。

1998 年底政府各部门和公检法、党政军又与所办经济实体脱钩。这些都为政企分开奠定了重要基础。

（2）确立政企分开后国家行使所有者职能的方式按《决定》要求，“政府对国家出资兴办和拥有股份的企业，通过出资人代表行使所有者职能”。也就是说，对一般企业，政府通过“出资人代表”而不是政府部门行使所有者职能。国有资本的出资人是国家，由政府行使职能。出资人代表是受政府委托的国有资本经营机构。政府行使社会管理职能，出资人代表（机构）行使国家所有者职能。这就实现了政府社会管理职能与国家所有者职能的分离。

（3）确立政企分开后国家投资企业的企业制度。在政企分开，企业以独立法人身份走向市场之后，包括国家在内的所有者对其投资企业的最终控制权必须有企业制度的保障。在传统“国有企业”制度下，往往在下放经营权时将所有者的权利一起下放，国家所有者被架空，在加强所有权管理时又一并将企业经营权上收，把企业管死。这种企业制度上的缺陷，不能切实保证所有者权益。根据党的十五大和《决定》的要求，通过规范的公司制改革，使所有者按出资额享受所有者权益，对企业债务承担有限责任；企业自主经营、自负盈亏，对所有者的净资产承担保值增值的责任；通过建立规范的法人治理结构，使所有者权能到位。这是政企分开后，既使企业成为独立法人走向市场，又能保障国家所有者权能的基本制度。

（4）建立和完善政企分开的投融资体制。企业自负盈亏的条件是能自主决策，重要的一点是要有投融资自主权。过去那种“企业申请，政府审批，银行出钱，企业投资”的做法几乎无人考虑投资风险，最终都由国家或通过国有银行承担了风险责任。在完善的公司法人治理结构中，所有者（代表）进入企业，对企业重大问题进行决策，企业自担风险，权责对称而明了。这要比远离企业的政府作决策科学、实际和负责得多。银行商业化后，银行对企业投资的项目要自主评估，要自主决定放贷、自主承担呆坏账的风险。这要比奉政府之命“提供资金”慎重和负责任得多。这就可以构成企业和银行双重自负盈亏、自担风险的投融资责任机制，为政企分开后把投融资决策权交还给企业创造条件。

（5）建立和完善社会保障体制，发展中介服务。政府要发挥社会管理和公共服务职能，推进和支持建立以养老、医疗、失业保障为主的社会保障体制，建立劳动力市场，为企业解脱办社会的职能，形成人员可以流动的机制。同时，大力发展和规范中介服务，使它们在企业与政府之间、企业与企业之间发挥服务、沟通、公证和监督作用。

2. 积极探索国有资产管理的有效形式。无论从政企分开、使国有企业走向市场的需要，从保证国家所有者权益、防止国有资产流失的现实，还是从国有资产需要不断流动、重组的角度，从提高国有资产运作效率的要求等诸多方面，都提出了一个绕不过去的问题，就是如何建立符合市场经济要求的企业国有资产的管理、运营和监督体制。正因为如此，现代企业制度四个特点中第一项就是“产权清晰”。

《决定》规定了国有资产管理体制的原则：“国家所有、分级管理、授权经营、分工监督。”就是“国务院代表国家统一行使国有资产所有权，中央和地方政府分级管理国有资产，授权大型企业、企业集团和控股公司经营国有资产”，“从体制上、机制上加强对国有企业的监督”。由于我们尚缺乏成熟的实践，《决定》对具体的管理体制未作明确规定，但“允许和鼓励地方试点，探索建立国有资产管理的具体方式”。

在各地试点中有几点是重要的。

（1）建立国有资产管理、运营、监督体制要解决三方面问题。第一，国家所有者职能到位。对每部分经营性国有资本都必须确定唯一的、排他性的国有出资人机构，落实国有资本的管理、运营和监督职责，形成可追溯经营、管理、监督责任的体制；第二，通过一系列制度和体制安排，使政府的社会管理职能与国有资本经营管理职能分开，为各类企业创造公平竞争的条件；第三，确立企业法人财产制度和有限责任制度，实现国家出资者所有权与企业法人财产权的分离，使企业可以以独立法人身份进入市场，投身竞争，优胜劣汰。

（2）上海和深圳在探索国有资产管理体制方面进行了有益的探索，积累了实践经验。他们通过设立国有控股公司作为国有股权持股机构，使各企业每部分国有股权都有了具体的、明确的、统一的、排他性的企业国有资本出资人（法人，非自然人）。出资人（机构）是国有资本经营机构，没有行政权力，以追求经济效益为目标，按《公司法》对授权经营的资本以股东方式行使所有者权能，通过这套体系使企业国家所有者职能到位，使企业每一部分国有股权的管理、运营、监督责任落到实处，形成一个可以追溯资产经营责任的体系。国有持股机构持股的企业从产权意义上与政府脱钩，严格地讲，在这些企业中存在的已不是“国有资本”，而是“国有法人资本”。这样就理顺了企业的产权关系。一方面，国有资本经营机构属企业性质，向国家承担授权经营国有资产的保值增值责任。另一方面，它们与“国家”又保持着“特殊”的关系。一般来说，政府（或通过设立的委员会）代表国家对国有控股公司管三件事：重要人事即董事的任免；年度经营目标的确认和以年度目标为基础对其经营业绩的考核与评价。

（3）关于授权经营。国有资产由政府代表国家行使所有者职能，而政府的社会管理职能又必须和参与市场竞争的国有资本管理分开，以保证自身的公正地位，其中重要的方式是将经营性国有资本信托给资产经营机构作为出资的代表，由他们代行国家股东的权利。《公司法》规定“经营管理制度健全、经营状况较好的大型企业、国有独资公司，可以由国务院授权行使资产所有者的权利”。这就是《决定》所指的“授权大型企业、企业集团和控股公司经营国有资产”。“授权经营”可作如下理解。

——政府将边界清楚的国有资本委托给授权经营机构。

——授权经营机构按委托协议，对委托的国有资本拥有占有、使用、处理和收益权。重大问题要向政府报告。

——授权经营机构是政府单独出资设立的国有独资公司，属特殊企业法人性质，代表国家所有者的政府为其出资人、授权经营机构按政府批准的公司章程运作，不受《公司法》调节。它可以单独设立国有独资公司，对外投资允许超过自身净产值的50%。

（本文发表于《经济管理》1999年第10期）

“入世”与国有企业的改革与发展

江小涓

我国加入世界贸易组织在即，国有企业和国内其他所有制形式的企业一样，在许多方面面临新的机遇和挑战，对这个问题已有许多角度的研究和论述。本文专门探讨“入世”与国有大企业改革的关系，特别是与其产权结构多元化的关系。对大型国有企业来说，多元化其产权结构有许多现实难点，在“入世”后有可能出现新的有效解决途径，同时也面临新的问题和不确定性。

一 国有大企业改革面临哪些难点问题

党的十五届四中全会作出的《中共中央关于国有企业改革和发展若干重大问题的决定》（下称“决定”），在理论和实践上都有重大突破。但是，国有企业特别是大型国有企业的改革仍然面临许多困难和挑战。“决定”中有关推进大型国有企业改革的内容包括：突破多年来大型国有企业主要采取吸收新的投资者多元化其产权结构，即“增量改革”的改革模式，允许国有资产存量流动和退出，包括上市公司减持部分国有股和非上市公司变现部分国有资产；除少数企业国家要继续保持控制地位外，多数企业不要求国家控股；继续推进并加大兼并破产工作；少数企业可以实行债转股，等等。从这些内容可以看出，针对以往存在的限制国有企业改革的许多框框，“决定”已经有了突破。

但是，大型国有企业改革的难度依然很大。难点在于：第一，缺乏能够较快推进国有企业产权结构多元化的非国有投资者；第二，更缺乏有能力明显改善企业内部治理结构、从而提高企业效率的非国有投资者；第三，能够对企业行为形成有效约束的法律、习惯与政策及政府行为远没有形成。

1. 缺乏足够的非国有投资主体。我国国有资产的数量很大，据财政部的最新统计，经营性国有资产达6万多亿元，即使改变其中一小部分的产权形态，也需要有巨大数额的资金投入。但是，我们的非国有投资者还没成长到足够富裕、能够有效推进国有企业产权多元化过程的程度。在以往放开搞活国有小企业的实践中，一些地区特别是经济相对落后的地区，就存在着缺乏买主、“卖不掉”的问题。因此，国有大企业要多元化其产权结构，无论是证券市场对已经上市国有控股公司减持国有股的承受能力，还是非证券化资本市场对非上市国有企业变现部分国有资产的承受能力，都会出现承接能力明显不足的问题。

2. 缺乏有能力的非国有投资主体。就大型国有企业的改革来说，与一般意义上的投资者相比，更缺乏的是有能力的投资者。这里“有能力”的含义，是能够形成和改善公司内部治理结构，从而提高企业效率的非国有投资者。如果仅仅着眼于国有企业存量资产的多元化，当投资者不足时，一个可能的选择就是将国有资产量化到每个公民，这也正是一些东欧国家的改革模式。但是，无论从理论还是实践上看，这种改革不是一种成功的模式，因为全体公民持股，形成人数很多但每人持股量很小的股东群，不能形成一个能够持有相对大股，从而对企业资产运作效率真正关心的投资者群体，产生不了通过“负责任”的投资者形成对企业有效监管的作用。另一个可能的选择是，形成一批投资机构，成为国有企业改革中能够集中必要股权的投资者。但是，目前我国的机构投资者，一方面投资能力远不能满足大型国有企业产权多元化的要求，更重要的是，其投资行为、对资产运营状况和保值增值的关心程度等，在很大程度上与国有企业相似，远不足以在国有大企业中形成有效的法人治理结构。

3. 缺乏能有效约束企业行为的法律和政策环境。国有企业的改革成效可以有三种衡量标准：第一种是规则标准，即是市场机制还是政府管制在资源配置中发挥主导作用；第二种是行为标准，即企业的行为近似于计划经济中的企业还是近似于规范的市场经济中的企业；第三种是效率标准，改革前后国有企业效率水平有什么变化。我们常将中国的改革模式称为渐进式的，将苏联、东欧国家的改革模式称为激进式的，但这种区分只是在第一种标准即规则标准下有意义，因为只有规则标准——是市场机制还是政府计划在资源配置中发挥主导作用——是可以突然改变也可以渐进改变的。用其他两种标准衡量，两种改革的区分并不清楚。例如，中国建立在国有独资或国有控股基础上的公司化改造与苏联建立在私有化基础上的公司化改造，在规则方面完全不同、显示出渐进与激进的区别，但在行为方面却有许多相似之处。又例如，在财政补贴“硬化”时，两国企业分别发展出相同的“软化约束”的方法：拖欠银行债务和企业间相互拖欠。再如，破产威胁并未对企业形成有效约束，相反，两国的企业对此做出相同反应：竞相破产以达到逃避债务的目的；公司治理结构方面，两国企业也存在同样问题，即如何约束代理人的行为问题，等等。这些经验表明，国有企业产权结构的多元化，甚至大规模的非国有化，并不能保证企业在新的产权形态下改变行为和提高效率。这是因为行为和效率的变化既需要与新规则相匹配的法律、人才、社会保障制度、行政能力等等，需要重建与之相适应的政治与社会价值标准，还需要行为主体对变化了的环境的适应，不可能突然改变。

二 “入世”与大型国有企业的改革

加入 WTO 之后，我国利用外资的环境将进一步改善，近几年外资流入减少的状况有可能扭转，流入外资的质量会有明显提高，这将有利于推动我国企业特别是国有大型企业的改革与发展。如果暂且不论其“外”字的含义，大型跨国公司正是我们国有大型企业改革中希望寻求的非国有投资者。

1. 有能力进行较大数额的投资。跨国公司实力雄厚，有能力在大型企业的股权结构中占有一个显著的份额，从而关心企业资产的收益，形成对企业长期发展负责的控制权。通过利用外资，一批国有大型企业的低质量资产存量有可能变成高质量的资产存量。过去 20 年我国利用外资的经验充分表明，利用外资，使一大批国有企业的竞争力明显提高。

2. 有能力推动企业技术进步。与发达国家的跨国公司相比，我国国有企业普遍存在技术与装备水平落后、产品竞争力差的问题。跨国公司的进入能显著提高我国企业的技术水平，因为世界范围内的技术开发与技术流动，愈来愈依靠跨国公司，跨国公司掌握着先进技术开发与跨国转让的主要份额，几乎所有的跨国投资都与某种形式的技术转移联系在一起。因此，跨国公司参与我国国有企业产权结构多元化的过程，本身也是提升企业技术水平的过程。

3. 有能力加强人力资源开发。人力资源是一种具有特殊创造性的资源，所有提高生产率和要素产出率的途径，都需要人力资源加以开发、传播和利用，人力资源缺乏和水平低，是我国国有企业竞争力差的重要原因。跨国公司在我国的投资项目要有效地运转，必定要和当地人力资源的开发结合在一起。这种开发主要通过国内企业技术和管理人员与跨国公司总部派遣的专家一起工作，对当地人员进行培训、当地技术人员参与对技术，产品和工艺的改进工作甚至研究与开发活动，高级管理人员了解和参与跨国公司全球网络的运作过程等方式进行。

4. 能有效促进国有企业的产业升级。下个世纪国有企业的发展，要在结构升级的基础上发展，特别要在信息、生物制药、通信设备、光机电一体化等高新技术产业中占有重要地位，发挥先导作用。这些高新技术行业都是跨国投资最密集的行业，在跨国公司进入之前，我国这些行业中国有企业的技术起点低，技术水平与发达国家相比差距较远，竞争力较弱。最近几年，其中一些国有企业引进外资后，使用更先进的技术，生产更高档次的产品，改进售前售后服务，不断提高效率，在海内外市场的竞争力明显提高。

5. 能推进法制建设和政府行为的转变。如何消除政府对企业的不当干预，是国有企业改革与发展面临的主要难题之一。跨国公司参与国有企业的改革与发展，使得政府必须采用符合市场经济原则的方法管理企业，这正是以往一些国有企业有强烈合资意愿的重要原因。外资对国有企业改革另一个重要推动作用，表现在法治建设方面。由于跨国公司要求在适用于市场经济的法律框架下运营，并将能否提供这种法律框架作为衡量我国投资环境的重要标准，在这种压力下，与外商直接投资有关的法律文件是我国最早制定的与市场经济接轨的法律文件。由于法律体系内在一致性的要求，为利用外资而制定的法律中的相当一部分内容，后来构成通用于国内企业和外商投资企业法律的基础，并推动着相关法律建设的开展。

总之，跨国公司参与国有企业改革和发展，其投资行为是一种“一揽子投资”，这对国有企业改革和产生的积极影响，是其他方式难以替代的。

三　新的挑战

跨国公司参与我国大型国有企业的改革，虽然有上述种种益处，但是，跨国公司毕竟姓“外”，外资参与国有企业改革与发展，会带来许多新的问题。

1. 使产业发展方向不易把握和控制。以往各级政府部门习惯于做产业发展规划，目前都在考虑制定下个世纪的第一个五年计划和十年规划。政府规划、引导产业发展方向的重要手段之一，是决定、引导国有企业的发展方向。然而，由于跨国公司在华大量投资，政府的规划很可能因为与跨国公司投资方向不一致，而不能真正得到贯彻，甚至使制定产业长期发展规划本身变得十分困难。如果外资通过收购、合并控制了较大一部分现有国有企业，政府通过国有企业技术改造和产业升级，引导产业发展的努力很难收到显著效果。

2. 有可能增加新的矛盾和压力。由于我国高新技术产业整体上实力较弱，人们担心跨国公司的进入会形成垄断力量，阻碍未来的竞争者进入，抑制国内投资者，进而索取高价，损害国内消费者的利益。也就是说，如果跨国公司进入的结果，导致减少行业内竞争和加强市场集中，就意味着技术进步的利益不是以较低价格的形式转移给消费者，而是以较高利润的形式被跨国公司吸收。此外，跨国投资特别容易受到与跨国投资处于同一行业中的企业的异议，如果这些企业是国有企业，会向政府施加影响。跨国公司参与国有企业改革，还会引起集中出现的失业问题。上述问题如果处置不好，有可能形成新的利益集团，导致新的社会和政治方面的压力。

3. 有可能影响国内产业发展的自主性和配套性。跨国公司的大量投资，会使我国产业的发展特别是高新技术产业的发展被纳入跨国公司全球分工体系，而且可能不是处于我们所期望的层次；核心制造技术和设计技术不在我国国内，国内高新技术产业的完整性、独立性难以形成。这种局面会使我国高新技术产业与外部经济的关系不是主要通过市场来形成，而是在跨国公司的管理之下，通过不断加强的一体化的生产过程来形成。此时，决定我国高新技术产业参与国际分工的主要因素是跨国公司的全球分工战略，而不是自由贸易体系中分工的决定因素或我国政府、企业的国际化战略。

由于存在上述问题，允许外资参与大型国有企业的改革过程，可能会引起一些有道理的疑虑和担心。当然，我们尽可以设想，国有企业的改革过程宁可慢一些，也要稳一些，可以等待我国国内有能力投资者的出现和成长，成为我国国有大企业改革的主要参与者。但是，正在发展的贸易与投资一体化的趋势、技术进步加速的趋势，跨国公司成为主要技术载体的趋势，跨国投资可以影响一国法律和政策环境的趋势，都不是要我们去评断其优劣、决定其发展方向和速度的问题，而是必须面对的现实。在我国加入 WTO 后，竞争环境更加开放，如果国有企业改革不积极吸引外资参与，结果就是愈等愈落后，愈等愈被动，愈等国有资产的损失愈大。比较现实的态度是，如果我们没有办法改变它，就只能加入进去，一起前进，在多元化的产权结构中，改善国有资产的运营效率，真正做到保值增值。

四 趋势与对策建议

1. 积极创造条件，推动外资参与国有企业改革和发展。我国国有企业利用外资，以往的主要形式是外商投入新的资金，与原有部分国有资产一起，设立新的合资企业，即通过增量投资使产权结构发生变化。但是，近些年来，国际上跨国投资的主要形式已经从新增投资变为兼并收购，投资针对的是原有企业的存量资产。近两年通过兼并收购方式发生的国际资本流动，已超过直接投资。我国利用兼并收购方式吸引外商投资存在许多成文和不成文的障碍，实际上将占最大份额的跨国投资排斥在我国利用外资的方式之外，这是近两年我国利用外资数额停滞、下降的重要原因。因此，要继续扩大利用外资，吸引较多外资参与我国国有企业的改革与发展，就要为外资参与我国国有产权市场、资本市场创造更宽松的环境和条件，并加紧制定相应的法律和法规。

2. 加快社会保障体系的建立和完善。外资参与国有企业改革与发展，或者说国有企业自身改革速度的加快，会使国有企业职工下岗、失业问题在相当长时间内存在甚至有所加重。为了在改革的同时保持稳定，需要加快社会保障体系的建立和完善。国有企业资产流动、退出的收益，应该主要用于补充社会保障资金的缺口，支持国有企业加快改革。

3. 给予国有企业平等的竞争机会。我国已有一批优势国有企业，正在通过收购、兼并、国内合资等方式寻求发展。但是，外商投资能够得到的优惠，包括国有企业在内的内资企业却不能得到，这实质上形成了对内资的歧视，今后国内企业之间的合资、合作、兼并、收购等，条件应该与利用外资平等，给外商的优惠政策，也应该给有实力的国内企业。

4. 在重要领域形成有控制力的技术与产业能力。在一些重要、关键领域，还需要在政府的支持下，形成我们有自主知识产权的技术与产业能力，包括一些代表技术发展方向、市场潜力巨大、对多个行业发展有重要影响、外商又不愿在我国进行投资的前沿技术领域，以及一些与国家经济、与军事安全有关的行业和领域，如芯片设计与制造技术、空间技术、国防工业技术、网络技术等，在这些关键技术领域占有一席之地，事关我国经济军事安全和长期发展潜力。由于只选择在有限的领域中攻关，我们能保证充足的财力和人力资源，需要政府加大投资，在支持各种所有制企业进入这些领域的同时，形成少数国家具有控制力的重要企业。

（本文发表于《经济管理》2000 年第 1 期）

建立和健全企业经营者的激励与约束机制

吴家骏

一　有限责任的企业制度，是建立和健全激励与约束机制的前提

建立和健全企业经营者的激励与约束机制，特别是采用期权制，需要具备一定的条件，诸如证券市场是否规范，股票价格的形成机制是否健全、能否正确反映企业的经营状况，经营者市场是否已经形成，现行的法律法规的限制能否突破，用于奖励经营者的股票有没有合法的来源，等等。这些外部条件都很重要，但笔者认为这还是第二位的，更重要的还是企业自身的条件。就企业自身来说，最重要的条件是有没有建立起有限责任的企业制度。

有限责任是现代企业制度的最基本的特征。无限责任的公司制度，出资者对企业的经营要承担无限连带责任，企业财产同出资人的其他财产连在一起，没有边界，是一个无底洞。可以说出资者的身家性命都押在企业的经营上，他必须亲掌企业的经营大权，才能自己掌握自己的命运。因此，在这种企业制度下，所有权和经营权不可能分离，经营者集团也不可能产生。有限责任制度的出现是公司发展史上的一次质的飞跃。只有在这种制度下，才能够分散经营风险，这时才会有两权分离，才会有经营者集团的出现，对经营者的激励与约束机制才真正提到日程上来。

我国的国有企业，原本是无限责任的企业制度，经营的一切后果全部由出资者——政府承担。因此，企业由政府直接经营，经营者由政府委派，是必然的。经过20年的改革，特别是经过现代企业制度试点，许多人认为这个问题已经解决了。其实并没有解决。

在市场经济国家，企业的有限责任和无限责任的区别，集中表现在债

权、债务关系上。而我国国有企业的无限责任却是双重的，既表现在无限的债权、债务关系上，同时也表现在无限的社会责任上；而且两者相互作用、相互影响，使企业的无限责任难以摆脱。

按照我国《公司法》的规定，企业的出资者以其全部出资承担有限责任，企业以其全部法人财产承担有限责任，似乎债权、债务关系上的有限责任已经不成问题。其实不然，改革至今，企业冗员问题远远没有解决，多数企业还不得不背着应由政府承担的社会责任，这反过来又影响着企业债权、债务关系的明确性。国有企业承担的本应由政府承担的社会责任不解除，它的债权、债务关系也就必然是一种软约束。这是因为，它的债权人多为以政府为背景的银行和企业，而企业的债务又是为承担同政府有关的社会责任而背上的，这就变成了一笔糊涂账，责任难以扯清，激励与约束也就失去了客观基准。正因为责任扯不清，企业的无限责任反倒变成了无责任，企业家反而变成了可以不负责任，经营责任很容易被经营者推掉，企业的无限责任实际上还是由政府承担着。

为了使企业经营者能够认真负责地搞好企业，就不能不把希望寄予觉悟高、责任心强的好的领导班子特别是一把手，于是政府就不得不把注意力放在领导班子的选拔上。这又进一步固化了政企不分。在这样的企业制度下，孤立地谈激励与约束机制是本末倒置。因此，对于尚未真正解决有限责任问题的企业来说，要建立与健全激励与约束机制，还得先回到企业制度上来，先从根本上解决有限责任问题，这样才能创造前提条件。

二　解脱不应由企业承担的社会责任，是实现有限责任的当务之急

国有企业在人才和设备方面本来是有优势的，但目前这种内在优势不能很好地发挥，一个最大的障碍，就是人浮于事。企业为了解决已离退、下岗人员的生活问题，就已感到难以应付，对于在岗的人浮于事问题，就更难提到日程上来考虑，于是3个人的事5个人做，只好勉强凑合。其实这样凑合也是要付出代价的，不仅效率低、成本高，而且无法改进技术、加强管理，难以把企业搞好。

作为政府当然要保持社会的稳定，而这种保持社会稳定的责任，又不得不压给国有企业。初看起来这样做可以分散一些负担，实际上这样做的成本

可能更高。企业在人浮于事的状态下运转，勉强凑合，必然效益下降、亏损增加，于是不得不靠银行贷款过日子，结果造成了呆账，最终还是要由政府承担。分散负担的结果，担子最终还是落到政府身上。也就是说，社会负担对政府来说是“背着抱着一般沉”。

目前正在运转着的国有企业，人员普遍超过实际需要。如果各地政府根据本地的财力能够多投入一些力量，有步骤地彻底解决一些企业的人浮于事的问题，这些企业就可以集中优秀的资产和精干的队伍，轻装前进。这样就可以使这些企业由吃财政变为创造更多的效益，更好地支援财政。这比大家都勉强凑合要好得多。另外，还有一些效益比较好、经济实力比较强的大企业集团，政府可以鼓励和支持它们加大力度解决下属企业人浮于事的问题，比如，可以把一部或大部下属企业的多余人员收上来，由集团公司统一安置，使基层企业轻装前进，创造更大的经济效益以增强整个集团的经济实力。

总之，要尽快地、最大限度地解决企业人浮于事的问题。当然，要想一步到位，是不现实的，但应尽快把方向明确起来。要从各地和各大企业的经济实力出发，因地制宜，解决一个是一个、解决一批是一批。这样做，付出同样的代价却可以换来企业机制的转换和效益的提高。只有这样，才能使企业按照规范的有限责任的体制来运营，从而使企业实现两权分离、形成经营者阶层和法人治理结构，在此基础上才能有效地建立和健全经营者的激励与约束机制。

三　股票期权制与高薪制的比较和选择

1. 股票期权制。股票期权，就是公司授予其经营者的在一定期限内按预先确定的价格，购买本公司一定数量股票的权利。

预先确定的价格称为“执行价”；“执行价”是固定的，和到期后股票的出售价之间的差价，就是被授予者的收益。在此期间，本公司股价升值越高，被授予者的收益越大，这是对经营管理者未来工作业绩的一种奖励，因此，它会形成一种有效的激励机制。

执行价一般按股票期权授予日的市场最高价与最低价的平均值计算，也有的如香港《创业板上市规则》规定，执行价不得低于期权授予日的收盘价和授予日前 5 个营业日的平均收盘价两者中的较高者。

股票期权授予时，就同时确定了执行价，但需要间隔一段时间后才能行使期权（即按执行价购买股票）。期权授予和期权行使有这样一个时间差，就会形成差价。以香港创业板为例，必须在授予日的3年以后才能行权，而且最多不得超过10年，即有效期为10年。也就是说，行使期权的权利是分批实现的，例如，满3年后的第一年行使10%，以后每年再行使一定的百分比，到第10年行使完毕。这种行权的时间表是事先安排好的。

实行股票期权制，股票的来源是一个重要的问题。正规的期权制度，是由证券交易所公布的《上市规则》中认定的。凡有期权制度的证券交易所，都要求股票发行人（上市公司）提出公司内部"雇员或行政人员股份计划"，在计划中要按规定的比例预留股票用于授予期权，例如香港《创业板上市规则》中规定这一比例为发行股票总数的10%，发行人（上市公司）需拟定这10%股票期权在10年内分批实施的进度安排。

授予股票期权，属于企业行为，计划要经股东大会通过，在公司董事会下设专门委员会掌管计划的实施。具体做法各国、各企业不尽一致，但专门委员会的组成都必须包括外部董事。例如香港《创业板上市规则》规定，这个专门委员会必须包括公司的独立非执行董事。由这个委员会决定期权的授予范围、授予条件、授予数量，根据公司业绩和经营者个人的表现，对其授予适当数量的期权。

由上面介绍的情况可以看出，期权制度有以下特点：

（1）股票期权对被授予者来说是一种权利而非义务，按规定的进度被授予者有权购买该项股票，但没有必须购买的义务。如果到期后股票的出售价和执行价之间的差价为零或者为负值，被授予者可以不买。因此，它带有浓厚的"负盈不负亏"的色彩。

（2）由于期权的收益源于股价的上升，上升的幅度越大收益越多，因此，这是对企业经营管理者未来业绩的奖励，是一种长期的激励机制。这种制度适用于上市公司，对处于创业阶段、上升阶段的高速发展的企业，以及处于困境或亏损状态而且扭亏有望的企业激励作用最为明显。特别是进行风险投资的高科技企业，激励作用尤为明显。至于一般的平稳发展的企业，股价变化幅度不大，其激励作用则相对较小。但由于股票期权的数量可以很大（香港创业板规定，每名被授予者可获得期权数的上限为期权总数的25%，可见数量很可观），每股差价虽小但收益总量可能很大，故其激励作用也不可低估。

（3）股票期权制理想的状态应该是企业经营管理者通过努力工作，推进企业经营业绩的提升，而企业经营业绩的提升又能够得到市场投资者的认同以致推动股价上升，其结果会加大期权持有者的收益，从而发挥其激励作用。由此可见，有没有成熟的、规范的股票市场，是一个非常关键的问题。如果股票市场很不规范，投机性很强，甚至企业经营管理者有可能参与操纵市场，炒作各种消息，使股价偏离企业业绩，在这种情况下，期权的作用就不可能很好地发挥。正因为如此，在证券市场的上市规则中都有限制条款。例如，香港《创业板上市规则》中规定，授予期权的股票发行人（上市公司），在可能影响股价的情况发生时，或者在做出有可能影响股价的决定事项时，不得授予任何期权；尤其是在初步公布全年业绩或公布中期业绩前1个月内，不得授予任何期权。出现上述情况时，直至股价敏感资料按上市规则的规定公布之后，方可授予期权。

2. 高薪制。高薪制既包括高工资，也包括高奖金，是和经营管理者的业绩挂钩的一种激励制度。业绩好，个人收益高；业绩不好，收益降低，有些收益项目甚至还可能会失去。很多国家的企业多采用这种激励方式。

有些国家的企业，高薪制和股票期权制是结合使用的，如美国的企业经营管理人员的薪酬，一般包括基本工资、年度奖金和股票期权，前两部分是对过去工作成绩的肯定，第三项是对今后工作业绩的奖励。美国企业传统的薪酬制度，主要是前两部分，近一二十年来第三部分逐渐增加。

有些国家的企业，股票期权使用不多，主要靠高薪制，如日本的企业，采用股票期权制的就比较少。据了解，像新日铁这样的著名企业，至今还没有采用股票期权制，据悉今后可能要在下属的高科技企业实行这种制度。就总体来说，日本的企业主要采取高薪制，而且它的高待遇是多方位的，不仅有高工资、高奖金的薪酬制度，而且还有高退休金、高交际费和高社会地位等多方面的利益。以交际费为例，据笔者掌握的1990年的数据，全日本企业由经营管理者掌握使用的交际费为5万亿日元，而同一口径的企业股东分红却只有4万亿日元，即交际费总额大于股东分红的总额（这种格局近几年也没有大的改变）。这些都是对经营管理者业绩的奖励，是和经营业绩紧密联系在一起的。如果经营业绩很差，所有这些都可能失去。例如董事的退休金，是按在任年限乘以年收入的30%计算的，比普通职工高出许多倍（普通职工的退休金按工龄乘以1个月的基本工资计算，差别很大），董事工作成绩好，可连选连任，在任时间就长，退休金收入就很高。相反，如果干了一届就被免职，这项收益就会受到很大影响。这种制度对经营管理者来说，既有激励又有约束，而且力度是很大的（关于日本企业经营者收入“五高”的详细资料，见拙作《论企业自负盈亏》，原载《中国工业经济研究》1992年第5期）。

3. 对比分析。（1）高薪制是一种常规的激励办法，比较容易实施，它以奖励过去为主，但实施得好，也可以形成一种约束机制，对以后的业绩也有明显的激励作用。对于我国的企业来说，只要把有限责任的企业制度真正健全起来，把经营管理者的产生机制真正健全起来，就可以在此基础上进一步调整利益结构，按照经营管理者的业绩提高他们的待遇，从而形成有效的激励与约束机制。我认为这是现实可行的、可以广泛采用的办法。

（2）股票期权制是一种对今后的业绩起长期刺激作用的激励办法，把企业的发展和经营管理者的收益紧紧地联系在一起，其激励作用比较大，但它的适用条件有一定的限制，不能广泛采用。就我国目前企业的状况来说，笔者认为实行股票期权制的条件还很不成熟，不应一窝蜂似地搞试点。目前应当下力量对国际经验进行调查研究。

（3）转轨期间的我国国有企业，由于内外条件的限制，一方面难以按照国际惯例实施规范的股票期权制度，另一方面，由于目前职工仍普遍实行着偏低的工资制度，而且平均主义的影响仍严重存在，如果加大对高级经营者实行高工资的力度，难以行得通；如果力度不够，在日趋激烈的人才竞争面前，又难以留住人才。面对这种两难局面，必须积极采取变通的办法，建立有效的激励与约束机制。

目前有些企业试行“虚拟期权制”，即在企业奖励基金中单列出期权专用基金，通过内部结算的办法，以期权授予时和行权时股价的差价乘以持有的股数，计算应得的收益。这样做既有了激励作用，又解决了股票的来源问题，而且由于和未来业绩紧密挂钩，比直截了当地发高工资，容易被职工所接受。此外，还有一些非上市的企业，由于不能形成股价，试行授予一定股份的分红权的办法。这些都是值得进行研究和总结的。笔者认为，对于国内企业自发地实行的各种各样的“期股制”，要进行跟踪调查，及时总结经验，向积极的方向引导，努力避免国外实行期权制碰到的道德风险，防止不良行为的蔓延。

（4）还有一种既非通常所说的期权，但又类似期权的激励制度，很值得注意。这就是通过内部职工持股的办法分享创业利润的制度。有些高风险、高科技、高速发展的企业，特别是向股票上市的目标奋进的企业，采用这种办法、对于增强企业的凝聚力、吸引优秀人才，起了重要作用。笔者在1990年调查日本企业时，曾经发现过这样的案例：有家企业在4年前公开上市，上市前就建立了企业内部职工持股制度，上市后股价为面额的60倍，职工持股率很高，职工持股会成为第二大股东，持股职工从中得到很大一笔创业利润；还有家企业有位女职员，在报纸上发表文章说、她几年前大学毕业时，人们争相到大企业就职，但她选择了有发展前途的小企业，而且持了股，没过几年这个公司的股票就上市了，她得到了一大笔收入，甚至在市区买了自己的公寓。目前我国的一些高科技企业，也已经有了这方面的成功经验。

（本文发表于《经济管理》2000年第6期）

中国国有企业混合所有制改革研究

黄速建

《中共中央关于全面深化改革若干重大问题的决定》将混合所有制经济提高到“公有制为主体、多种所有制经济共同发展”这一中国基本经济制度的重要实现形式的高度。混合所有制经济包含了两层含义：一是指从整个国民经济的所有制结构来看，既有国有和集体所有等公有制成分，还有其他非公有制的经济成分，形成一种以公有制经济为主体，多种所有制经济共同发展的格局；二是指从企业的产权结构而言，除了有国家所有或集体所有的成分外，还有其他的非公有制成分，在企业的层面形成国有资本、集体资本和非公有资本交叉持股、相互融合的状况。本文从第二层含义来讨论国有企业的混合所有制改革。① 混合所有制经济在中国发展的基本状况如何？为什么要发展混合所有制经济？国有企业混合所有制改革的基本路径是什么？国有企业在进行混合所有制改革时遇到的主要问题是什么？本文将就这些问题进行讨论。

一　混合所有制经济发展的基本状况

混合所有制经济在中国已经有了长足的发展。国家统计局按企业登记注册类型将企业分为内资企业、港澳台商投资企业和外商投资企业三大类。内资企业又分为国有企业、集体企业、股份合作企业、联营企业、有限责任公司（包括国有独资公司和其他有限责任公司）、股份有限公司、私营企业和

① 混合所有制企业具体地可以分为国有股份与非公有股份共同组成的企业、集体股份与非公有股份共同组成的企业和国有股份与集体股份共同组成的企业。在前两种混合所有制企业中，在一定条件下，非公有股份可以是企业员工所持的股份，也可以是外资。这里讨论的是由国有股份与其他非公有股份共同组成的混合所有制企业。

其他企业；港澳台商投资企业又分为合资经营企业（港或澳、台资）、合作经营企业（港或澳、台资）、港澳台独资经营企业、港澳台商投资股份有限公司和其他港澳台商投资企业等；外商投资企业分为中外合资经营企业、中外合作经营企业、外资企业、外商投资股份有限公司、其他外商投资企业等。在二级分类下面，有的还有细分。

在这些企业类别中，股份合作企业、国有与集体联营企业、其他联营企业、其他有限责任公司、股份有限公司、港澳台商投资股份有限公司、其他港澳台商投资企业、中外合资经营企业、中外合作经营企业、外商投资股份有限公司等，基本上都是多种所有制资本混合的，也大量地存在着国有资本。为统计方便，本文将这些企业纳入混合所有制经济的统计范围。

表1　2012年中国混合所有制工业企业有关数据

单位：亿元

项目	企业单位数（个）	资产总计	主营业务收入	利润总额
规模以上工业企业总计	343769	768421	929292	61910
股份合作企业	2397	3138	4074	302
国有与集体联营企业	101	203	171	12
其他联营企业	146	138	232	21
其他有限责任公司	65511	175674	191041	12284
股份有限公司	9012	98057	90112	7651
港、澳、台商投资股份有限公司	472	3952	3362	206
其他港、澳、台商投资企业	63	178	228	13
中外合资经营企业	11498	48726	63255	4737
中外合作经营企业	861	2743	2991	235
外商投资股份有限公司	505	5595	5080	425
小计	90566	338404	360546	25885

资料来源：据《中国统计年鉴（2013）》整理。

从表1可以看到，2012年，混合所有制工业企业数量占规模以上工业企业单位数的26.3%；资产占44.0%；主营业务收入占38.8%；利润总额占41.8%。按注册登记类型分全社会固定资产投资中，扣除国有、集体、私营、个体、港澳台商和外商投资外，股份合作企业、联营企业、有限责任公司和股份有限公司的固定资产投资占33.9%；按注册登记类型分城镇就业人员中，扣除国有企业、城镇集体企业、私营企业、港澳台商投资企业、外商投资企业和个体企业外，股份合作企业、联营企业、有限责任公司和股份有限公司就业人数为5218万人，占城镇就业人员的14.1%；[①] 2012年我国企业税收总额为11.074万亿元，其中，混合所有制的公司制企业税收总额为5.1823万亿元，占47%（陈永杰，2014）。

中央企业及其子企业引入非公资本形成混合所有制企业，已经占到总企业户数的52%。2005~2012年，国有控股上市公司通过股票市场发行的可转债，引入民间投资累计达638项，数额累计15146亿元。截至2012年底，中央企业及其子企业控股的上市公司总共是378家，上市公司中非国有股权的比例已经超过53%。地方国有企业控股的上市公司681家，上市公司非国有股权的比例已经超过60%。2010年，"新36条"颁布以来，到2012年底，民间投资参与各类企业国有资产产权的交易数量的总数是4473宗，占到交易总宗数的81%，数量金额总共是1749亿元，占到交易总额的66%（黄淑和，2013）。2007年至2012年第三季度，中央企业通过改制上市，共从境内外资本市场募集资金约9157.5亿元（黄群慧，2013）。

截至2014年2月，中国境内上市公司共有2537家，总股本达到34223.220亿股，总市值达到236625.062亿元，其中，流通股本达30276.268亿股，流通市值达199927.294亿元，投资者开户总数为196953.360万户。[②] 在境内上市公司中，有着大量的国有控股、参股或集体控股、参股的混合所有制股份有限公司。在境外上市公司中，也有不少是国有控股的特大型企业，通过在境外上市，这些企业也成为混合所有制企业。在境内上市公司中，按总资产规模作为依据排名在前的，几乎全部为国有控股的上市公司。

截至2012年底，股份制商业银行总股本中，民间资本占比达到45%；而城市商业银行总股本中，民间资本占比则超过半数；农村中小金融机构股本中，民间资本占比超过90%。1999~2011年，混合所有制经济对全国税收的贡献率是逐年提高的，1999年占11.68%，2005年占36.57%，2011年占48.52%（张卓元，2013）。

2012年，限额以上批发业企业中，混合所有制批发企业有20937家，占全部72944家批发企业的28.7%；年末从业人数占37.0%；商品购进额占43.7%；商品销售额占42.8%；资产占31.6%；所有者权益占39.0%；主

① 国家统计局编，《中国统计年鉴（2013）》，中国统计出版社，2013。

② 万得资讯。

营业务收入占42.6%；主营业务收入占32.3%。限额以上零售业企业中，混合所有制零售企业数占33.7%；年末从业人数占18.4%；商品购进额占51.5%；商品销售额占52.7%；资产占53.2%；所有者权益占52.7%；主营业务收入占51.8%；主营业务利润占50.7%。混合所有制连锁零售企业总店数占52.0%；连锁零售企业门店总数占60.6%；年末从业人数（2008年的数据）占71.2%；年末零售营业面积占76.2%；商品销售额占75.5%；商品购进额占74.4%。①

2013年，中国（不含港澳台）进入世界500强的企业数量达到了85家，其中，除了几家国有独资公司外，多数为混合所有制企业。

从以上列举的数据可以看到，混合所有制经济在中国早已是不争的现实，它已经对中国的经济社会发展发挥着不可替代的作用，在国民经济中有着重要的地位。今天强调发展混合所有制经济，强调混合所有制经济是基本经济制度的微观实现形式，除了提供制度合法性以外，还进一步明确了这种混合所有制的制度意义与高度，明确混合所有制是建立现代企业制度、现代国有企业制度的主要组织形式和实现形式，为公有制经济和非公有制经济的进一步发展提供新的空间。同时，也能够进一步推动国有企业实行包括混合所有制在内的股份制改革，且这种多元投资主体的股份制改革不一定非要国有控股，也不一定只能进行增量改革，必要时国有资本存量也可以适当减持。

二　发展混合所有制经济的正当性

既然混合所有制经济在中国是过去完成时和现在进行时，而不是将来时，为什么还要提出大力发展混合所有制经济？其主要理由可能至少有以下几点：

1. 对中国混合所有制经济提供制度的合法性

混合所有制经济并不是现在才提出来的一条改革路径。人们早在20世纪80年代就开始讨论混合所有制经济或与混合所有制经济相关的一些

---

① 万得资讯。本文粗略地将股份合作企业、国有与集体联营企业、其他联营企业、其他有限责任公司、港澳台商投资的合资经营企业与合作经营企业、港澳台商投资股份有限公司、中外合资经营企业和合作经营企业、外商投资股份有限公司等列入混合所有制的统计范围。

问题。[①]“公有制经济不仅包括国有经济和集体经济，还包括混合所有制经济中的国有成分和集体成分”。[②] 党的十五大报告就提出了“除极少数必须由国家独资经营的企业外，积极推行股份制，发展混合所有制经济。实行投资主体多元化，重要的企业由国家控股”。[③] 党的十六大报告也提出“要适应经济市场化不断发展的趋势，进一步增强公有制经济的活力，大力发展国有资本、集体资本和非公有资本等参股的混合所有制经济，实现投资主体多元化，使股份制成为公有制的主要实现形式”。[④]

党的十八届三中全会通过的“中共中央关于全面深化改革若干重大问题的决定”进一步明确指出：“国有资本、集体资本、非公有资本等交叉持股、相互融合的混合所有制经济，是基本经济制度的重要实现形式，有利于国有资本放大功能、保值增值、提高竞争力，有利于各种所有制资本取长补短、相互促进、共同发展。允许更多国有经济和其他所有制经济发展成为混合所有制经济。国有资本投资项目允许非国有资本参股。允许混合所有制经济实行企业员工持股，形成资本所有者和劳动者利益共同体”。[⑤]

经过30多年的企业改革，企业所有制结构发生了巨大变化，原来那种只有全民所有制和集体所有制的所有制结构早已经打破，以公有制为主体，多种所有制经济共同发展的所有制结构也早已形成。在发展具有中国特色的社会主义市场经济过程中，人们也一直在探索国有和集体所有等公有制经济如何适应市场经济的环境，与市场经济相兼容，也一直在探索社会主义市场经济条件下公有制的有效微观组织形式和实现形式。

---

① 比如，在《公司论》一书中，作者就提出“应该选择多种经济成分混合的、多元主体共同投资的公司作为我国有计划商品经济条件下的主导企业组织形式”，“在公司的各投资主体中，可以有国家、有关的机构，也可以有个体劳动者，还可以有外资；可以有公司内部的职工，也可以有不在公司中工作的劳动者个人”。参见黄速建：《公司论》，中国人民大学出版社，1989，第271页，第450页。

② 江泽民：《高举邓小平理论伟大旗帜，把建设有中国特色社会主义事业全面推向二十一世纪》（在中国共产党第十五次全国代表大会上的报告），1997年9月12日。中国政府门户网站，http://www.gov.cn/test/2008-07/11/content_1042080.htm。

③ 江泽民：《全面建设小康社会，开创中国特色社会主义事业新局面》（在中国共产党第十六次全国代表大会上的报告），2002年11月8日。中国政府门户网站，http://www.gov.cn/test/2008-08/01/content_1061490.htm。

④ 《中共中央关于完善社会主义市场经济体制若干问题的决定》，2003年10月14日中国共产党第十六届中央委员会第三次全体会议通过。

⑤ 《中共中央关于全面深化改革若干重大问题的决定》，2013年11月12日中国共产党第十八届中央委员会第三次全体会议通过。

党的十四届三中全会通过的《中共中央关于建立社会主义市场经济体制若干问题的决定》提出，“建立现代企业制度，是发展社会化大生产和市场经济的必然要求，是我国国有企业改革的方向”。[①] 在国有企业中建立现代企业制度，主要是以股份制作为基本企业组织形式对其进行改造。在推进国有企业建立现代企业制度的过程中，多数国有企业在企业组织形式上进行了公司制、股份制的改革，尤其是大量的国有企业成了上市公司，也有不少国有企业在对外投资、设立新的企业时，吸收了非国有或非公有的股份，或入股了非公有的项目、企业。[②] 混合所有制企业事实上已经大量存在了。实践表明，在以“公有制为主体，多种所有制经济共同发展”基本经济制度的社会主义市场经济条件下，在微观层面，公有制企业的所有制结构不可能都是单一的，非公有制企业的所有制结构也不一定是单一的，大量的是混合所有的。这种混合所有制的企业是能够适应社会主义市场经济环境的公有制有效微观组织形式和实现形式。明确混合所有制经济的地位，为改革中大量出现与存在的混合所有制企业提供了制度合法性。

2. 更有效地发展公有制经济

“公有制的主体地位主要体现在：公有资产在社会总资产中占优势；国有经济控制国民经济命脉，对经济发展起主导作用。这是就全国而言，有的地方、有的产业可以有所差别”。[③] 通过在微观层面发展混合所有制，比起单一所有制的国有独资企业，可以只用一定量的国有资本吸收、带动其他非国有的资本去扩大原有企业的生产经营、投资、技术创新，去实施建设项目，从而放大了国有资本的功能与力量。在公共建设的领域也是如此。举例来说，北京市国有首创集团和香港地铁公司共同投资建成的北京市地铁 4 号线，总投资 150 多亿元，引资 46 亿元（张卓元，2013）。公有制经济的主体地位、国有经济的主导或控制力、影响力，会通过混合所有制经济中的国有资本功能与力量的放大而体现出来，却不一定是表现在与其他非公有制经济相比整体上比重的变化。

3. 有利于改善公司治理

混合所有制企业一定是按《公司法》规范的多元投资主体的股份制企

① 《中共中央关于完善社会主义市场经济体制若干问题的决定》，2003 年 10 月 14 日中国共产党第十六届中央委员会第三次全体会议通过。

② 在这一过程中，也有一批国有企业通过拍卖、改制等多种方式转变为非国有企业。

③ 江泽民：《高举邓小平理论伟大旗帜，把建设有中国特色社会主义事业全面推向二十一世纪》（在中国共产党第十五次全国代表大会上的报告），1997 年 9 月 12 日。

业，在这样的企业中，至少在形式上要严格按《公司法》要求，建立起规范的公司治理框架，其公司治理也要按《公司法》运转，从而有利于改善企业的公司治理（张卓元，2013）。此外，社会资本尤其是机构资本的加入，有利于改善“一股独大”带来的内部人控制和监管失效等问题。多元产权主体的构成必然要改进董事会结构和决策流程，健全信息披露制度，这些都有利于改善国有企业的公司治理。

4. 有利于打破国有资本在一些行业中的垄断

混合所有制经济的发展也有利于打破一些自然垄断或行政垄断行业的国有资本垄断。我国除了存在着一些自然垄断行业外，还存在着一些行政性垄断或行政性寡头垄断的行业，这些行业的母公司几乎都是国有独资的。所谓垄断是企业经营业务的垄断，而不一定是国有资本的垄断。通过一定形式与合理定价，增量吸收一定比例的非国有股份，或存量减持一部分国有股份，在这类企业中形成混合所有制的格局，可以改变国有资本垄断的状况，为国有资本控制力的增强、功能与力量的放大和公司治理的改善提供可行的路径。

5. 进一步推动非公有制经济的发展

在社会主义市场经济环境中，公有制经济与非公有制经济各有长处。公有制经济中的国有经济在公用事业、基础设施、垄断性行业和包括战略性新兴产业在内的一部分竞争性领域，相对地具有经营规模大、技术实力强、员工素质高、发展比较早等多方面优势，而非公有制经济则相对具有经营灵活、市场适应度高、竞争力强、投资者人格化程度高等多方面优势。公有制经济与非公有制经济在企业层面相互融合，可以实现优势互补。发展混合所有制经济也可以为非公有制经济的放大提供微观条件。在某些竞争性领域，公有制资本竞争优势不强，也完全没有必要绝对控股或相对控股，可以退出或只是参股，而由非公有制资本控股。这样也能够相应地放大非公有制资本，提高非公有制资本在一部分领域的控制力、功能与力量。发展混合所有制经济，可以为非公有制经济发展拓宽投资渠道，为非公有制经济进入一些原来不能进入或难以进入的领域提供微观组织条件，为非公有制经济的发展提供新的空间。也能够体现非公有制在生产要素利用、投资领域、竞争条件等方面的公平性，从而为非公有制经济与公有制经济公平竞争、共同发展创造组织条件。为非公有制经济进入垄断、特许行业提供条件，有利于打破所谓的“玻璃门”和“弹簧门”，放大非公经济，为共同发展提供微观组织条件，实现要素利用、投资领域的公平，拓宽非公投资渠道。

从中国改革开放的实践情况看，混合所有制经济对国有企业改革的深化、资源配置效率的提高、企业竞争力的增强起到了重要作用。

三　国有企业混合所有制改革中需解决的重点问题

虽然混合所有制经济在中国已经有了长足的发展，但在国有企业进行混合所有制改革的过程中，依然会遇到一些需要解决的问题。

1. 对国有企业进行切合实际的功能分类与分类监管

国有企业由于所处的行业不同，所承担的功能不同，由同一种制度去进行监管显然不恰当。对国有企业进行功能分类是国有企业改革的一个基础性条件，要在此基础上实行分类监管与分类治理。同样，对于哪些国有企业应该实行国有独资，哪些国有企业可以实行混合所有制，以及国家对其中哪些国有企业可以一般性参股，对哪些国有企业必须绝对控股，对哪些国有企业可以只是作为第一大股东相对控股，也要建立在对国有企业科学合理分类基础之上。

2. 国有独资的国有企业的混合所有制改革

虽然已经有大量的国有企业实行了股份制改革，实行了混合所有制，但是，还存在着大量的按照《全民所有制工业企业法》登记、规范的国有独资的国有企业。国有企业和国有独资公司虽然企业数占全部规模以上内资工业企业数的比重很小，但从它们的资产、主营业务收入和利润总额的占比看，还是比较大的。

2012 年，按《全民所有制工业企业法》登记注册的国有独资的国有企业有 6770 家，按《公司法》登记注册的国有独资公司有 1444 家。分别占全部规模以上内资企业数的 0.02% 和 0.005%，但资产分别占 17.1% 和 8.2%；主营业务收入分别占 11.0% 和 4.7%；利润总额分别占 8.1% 和 3.4%。[①]

国有企业和国有独资公司是所有登记注册类型的规模以上工业企业中平均规模最大的企业。2012 年，全国规模以上工业企业按资产总额、主营业务收入和利润计算的平均规模分别为 2.08 亿元、2.59 亿元和 0.19 亿元。而国有企业按这三个指标计算的平均规模分别为 13.23 亿元、10.29 亿元和 0.53

① 万得资讯。

亿元；国有联营企业的平均规模分别为9.98亿元、7.17亿元和0.27亿元；国有独资公司的平均规模分别为35.32亿元、23.8亿元和1.57亿元（如表2所示）。

表2　2012年规模以上工业企业平均规模

单位：亿元

项目	企业单位数（个）	按资产总额计算	按主营业务收入计算	按利润总额计算
总计	343769	2.24	2.70	0.18
内资企业	286861	2.08	2.47	0.17
国有企业	6770	15.07	11.45	0.57
集体企业	4814	1.18	2.28	0.19
股份合作企业	2397	1.31	1.70	0.13
联营企业	481	2.15	2.35	0.14
国有联营企业	103	5.73	4.85	0.18
集体联营企业	131	0.80	1.74	0.13
国有与集体联营企业	101	2.01	1.69	0.12
其他联营企业	146	0.94	1.59	0.14
有限责任公司	66955	3.36	3.35	0.21
国有独资公司	1444	33.99	22.93	1.13
其他有限责任公司	65511	2.68	2.92	0.188
股份有限公司	9012	10.88	10.00	0.85
私营企业	189289	0.81	1.51	0.11
私营独资企业	34678	0.50	1.39	0.12
私营合伙企业	5576	0.49	1.23	0.11
私营有限责任公司	141884	0.84	1.49	0.10
私营股份有限公司	7151	1.78	2.62	0.20
其他企业	7143	1.24	1.93	0.15
港、澳、台商投资企业	25935	2.55	3.11	0.19
外商投资企业	30973	3.41	4.56	0.29

资料来源：根据《中国统计年鉴（2013）》有关数据计算。

发展混合所有制经济，对公有企业进行混合所有制改革，其对象就是国有企业、国有独资的有限责任公司、一些新设立的国有资本控股或参股的企业，也包括一些集体所有的企业、集体资本新投资设立的企业、国有资本参股或控股其他所有制的企业、非公有资本参股公有企业等。

多年来，虽然通过对国有企业的股份制、公司制改造，尤其是通过国有企业的上市，混合所有制有较大的发展，但如何在现存的国有企业、国有独资公司推进混合所有制改革，仍是一个待解的问题。由于有些国有独资公司有一些历史遗留问题尚未解决，比如，存在着不宜直接上市或不宜马上并入所控股上市公司的存续企业；认为承担着重要的政策使命，处于国计民生的关键行业或命脉行业，不宜直接实行股权多样化或让非国有资本入股（黄群慧，2013）；或是其他一些具体原因，这个层面的企业虽然多已改组为国有独资的有限责任公司，但并未实行股权多样化，整体上市的工作推进不快。现存的国有独资的国有企业的股份制改革也比较缓慢。下一步推进国有企业混合所有制改革的主要对象就是这些国有独资的国有企业、国有独资公司和国有绝对控股的公司。

3. 防止国有资产流失，平等地保护公有与非公有产权不受侵犯

有些人担心，国有企业混合所有制改革会不会造成国有资产的流失？理由是在上一轮国有企业的改制过程中，出现了不少国有资产流失的现象。所谓国有资产流失是指在国有企业改制、重组过程中，由于不同原因，以严重低估的价格出售企业国有资产所造成的国有资产的损失。“严重低估”大致可以分为两类情况：一是由于腐败的原因有意地严重低估企业的国有资产；二是由于信息不对称或有关部门为了减轻自己的负担与“后患”而严重低估企业国有资产。应该说，在前三十多年的国有企业改革、改组过程中，确实存在着国有资产流失的情况，但是，国有资产流失不是前三十多年国有企业改革的主流。主流是盘活了企业国有资产，调整了国有资产的结构与布局，壮大了国有经济的同时，给非公有制经济的发展提供了空间，调整了所有制结构，在市场经济的环境中，公有制经济与非公有制经济都得到了极大的发展。

在国有企业混合所有制改革过程中，如何防止国有资产的流失，是一个需要高度重视的问题。这方面如果没有适当的措施与规则，那么，无论是国有企业本身还是有关的审批部门都会冒被人质疑“国有资产流失”的风险，从而影响国有企业混合所有制改革的进程。在国有企业混合所有制改革过程中，国有企业股权严重偏离合理价格的“贱卖”或“贵卖”都不恰当，国有企业购买非公有企业股权的“贵买”与“贱买”也不恰当。在国有企业推进混合所有制过程中，既要保护国有产权的合法权益，使其不受侵犯，同

样也要保护非国有产权的合法权益，使其不受侵犯。

4. 推动国有企业的“去行政化”

在国有独资的国有企业和国有独资公司中，仍然有着不同的行政级别，企业的高层管理人员一方面享受到同级别党政官员的或公务员的所谓政治待遇、荣誉声誉、与党政机关间往返通道畅通、有着升迁做官的预期机会，等等，又享受着远高于同级别党政官员和公务员的各种物质待遇，既“当官”又“挣钱”（黄群慧，2013）。企业内部各职能管理部门以及下属企业也相应地设立的比照公务员的级别，管理人员习惯、喜欢处长、局长之类的“官称”。这些有着行政级别的国有企业的高层管理人员，既是“企业家”，又是“官员”，既不是真正的企业家或职业经理人，又不是真正的官员。要对多数国有企业和国有独资公司进行混合所有制改造，如何打破国有企业的行政级别，推动国有企业的去行政化，是需要解决的又一个重要问题。

5. 在国有绝对或相对控股的混合所有制企业中如何建立规范的、透明的公司治理

建立规范、透明的公司治理是为了保障非公有资本投资者的合法权益，尤其是保障非公有资本投资者在混合所有制企业中的话语权，也就是如何让非国有资本在企业“有利可图”的情况下愿意来。在国有资本绝对或相对控股的混合所有制企业中，非公有资本通常实力相对弱，单个的非公有资本是小股东。受多种因素的限制，与国有资本相比，非国有资本面临着在市场主体权益、机会、规则、生产要素等关键资源获得与使用、市场准入、贷款融资、财产安全保障等方面的不平等。如果缺乏法律、执法、诚信、公司治理等多方面的保障，非国有资本在混合所有制企业不是控股的话，就会话语权不足，就会担心合法权益得不到保障，担心这不是有利可图的“馅饼”，而是“陷阱”，通常就不会愿意参与国有企业的混合所有制改革。

非国有资本的投资者作为混合所有制企业的委托人，面临着严重的信息不对称问题，面临着双重的“道德风险”与“逆向选择”问题。一方面，非国有的委托人要面临企业高层管理人员的一般的“道德风险”和“逆向选择”问题；另一方面，他们还要面临混合所有制企业国有大股东的“道德风险”和“逆向选择”问题。如果没有规范的公司治理，如果这种公司治理或对国有控股的混合所有制企业没有保障小股东的话语权、合法权益的制度，那么大股东相对小股东的“道德风险”与“逆向选择”是有可能产生且难以防范的。由此，就难以动员或吸引非国有资本的投入。混合所有制企

业中不可能全由非国有资本控制，非国有资本所担心的“被控制”实际上是担心只是出资本，没有话语权，一切由大股东说了算①。

6. 所谓“玻璃门”、“弹簧门”、“旋转门”和“天花板”的问题

这个问题是要解决如何让非国有资本进得来，保证各种所有制投资者在生产要素使用、市场竞争等方面得到平等对待。在讨论非国有资本进入原来由国有资本垄断或行政垄断的行业、允许非国有资本参与国有企业的混合所有制改造时，人们用“玻璃门”、“弹簧门”、“旋转门”和“天花板”等一些十分形象的词汇来表达政策允许非国有资本“进入”，但实际上难以操作的现象。在认为“无利可图”，只有“骨头”没有“肉”的情况下，非国有资本不会愿意进入，或者有些行业非国有资本愿意进入，但还没有真正放开进入。

7. 不同所有制投资者或企业在文化与管理方面的融合问题

这个问题是要解决非国有资本与国有资本能够真正“混”起来。国有企业与非国有企业有着不同的文化与管理风格、习惯和特点。比如，国有企业往往有行政级别，有的管理人员有“官气”，尤其是国有企业作为所谓“体制内”企业，有着制度优越感，在企业管理上有着一定程度的官僚作风，在公司治理方面许多问题要向上级请求，要听上级指示。非国有企业在管理上往往有家长作风，不够规范，随意性强，尤其不少非国有企业是家庭或家族企业，管理素质平均较低。这些都会在国有资本与非国有资本融合以后在企业的管理、文化方面形成或多或少的冲突②。

8. 协调好存量改革和增量改革的问题

混合所有制的改革涉及对存量产权的改革和对增量资产的产权多元化，目前来看，增量的改革相对容易，而存量改革由于涉及固有利益格局调整相对更难。不同的企业可以有不同的混合所有制改革路径，有些企业则可能既涉及存量又涉及增量的改革，那么这类企业在改革过程中就需要协调两部分的关系，在同一子公司层面，既要做到不同产权主体的责、权、利对等，又

---

① 《中国经济周刊》的记者问福耀集团董事长曹德旺：“在当前推进混合所有制改革中，让您参股国有企业，比如中石化、中石油，您会愿意吗?”曹德旺回答道：“我没钱，也不敢。它的本钱太大，我的太小。它说增资，比如动辄增资100亿，我能占多少股份呢？你抓一头鲸扔到锅里，叫我撒一把盐巴，我没有那么多钱买盐巴啊。”姚冬琴：《国企、民企老总对话混合所有制改革》，《中国经济周刊》2014年3月10日。这十分形象地反映了非国有投资者所担心的投资国有企业后没有话语权而在企业增资或其他重大决策方面“被控制”。

② 方烨：《企业家纵论发展混合所有制》，《经济参考报》2014年3月25日。

要设计各方能接受的改革方案，有效化解改革成本，消除阻碍改革的不利因素，保障改革中利益相关方的权益。

四　推进国有企业混合所有制改革的若干措施

针对上述国有企业发展混合所有制可能会遇到的一些问题，可以采取以下一些措施来推进国有企业的混合所有制改革。

1. 在对国有企业进行合理分类的基础上，建立明确的进入机制

一般说来，绝大多数领域都可以发展混合所有制经济（对外资要有一定规范性限制）。“混合”是指企业层面的产权混合；垄断或竞争是指市场结构，是指企业经营的内容。对于非公有资本有吸引力的是有利可图的领域与项目。

要明确限定国有资本独资的领域，相应地也限定必须由国有资本绝对控股、相对控股和一般性参股或可以完全退出的领域。这样也就相应地明确了非国有资本可以进入的范围与领域以及进入的程度。要在推进水、石油、天然气、电力、交通、电信等领域价格改革，放开竞争性环节价格的同时，要积极推进这些竞争性环节的公平准入。可以在金融、石油、电力、铁路、电信、资源开发、公用事业等国有资本相对集中的领域，在这些领域的可以竞争的环节，向非国有资本开放，为非国有资本提供进一步发展的空间。在一些大型、特大型国有企业和国有独资公司难以马上直接进行混合所有制改革的情况下，可以通过业务拆分、环节拆分的方式，在一些具体的业务与环节上放开非国有资本的准入。即使是一些提供准公共产品的公用事业领域，也可以通过特许经营的方式，允许非国有资本的进入。自然垄断的行业也不一定非要国有资本独家经营，这些领域的一些竞争性环节可以放开非国有资本的进入。即使是垄断性环节也只是指业务的垄断，不是资本的垄断，非国有资本（不包括对外国资本）照样可以通过适当的方式进入。比如，在公开市场上购买已上市垄断性公司的股票。要保证产业安全，对于外资的放宽准入，要区分不同的行业制定标准，包括能否允许进入、进入的比重等。

2. 建立明确的退出机制

与建立明确的进入机制一样，实质是要建立混合所有制企业产权流动的市场机制，使公有资本投资者与非公有资本投资者的产权都能够按投资收益的预期或投资者的经营战略安排进行流动，能够在规则之下自由地进入与退

出，而不是进得来、出不去。只有建立制度化的能够切实保障投资人权益的退出机制，才能解决潜在投资者的后顾之忧。而这种机制的建立不仅需要资本市场和外部监管制度的改革相配合，还需要混合所有制下公司治理结构中对各方权益分配及其实现进行微观制度安排。

3. 明确规定国有企业混合所有制改革的程序与方式

无论是原有的国有企业或国有独资公司要进行混合所有制改造，还是这些企业下属的企业要进行混合所有制改造，或是国有企业、国有独资公司要参股、控股非国有企业，国有资产监管部门或其他相关部门应该制定明确程序，规定符合市场规则的具体可供选择的方式。从上海、广东、重庆等多个地方国有资产管理体制改革和国有企业改革的做法看，各地都对实行混合所有制的对象选择、国有与非国有资本的比例、混合所有制改革的程序与方式、各种所有制资本的权益保障等多个方面做了规定。① 安徽对实行混合所有制改革规定了“六个一批”的路径与方式，即股份制改造培育一批、整体上市发展一批、资本运作深化一批、员工持股转换一批、开放项目引进一批、参股民企投入一批。②

4. 公平、公开、公正，充分尊重市场规则

在国有企业混合所有制改革过程中，要在完善相关的法律、法规、规范性文件方面，对公有资本与非公有资本实施平等的保护，公有资本与非公有资本都可以平等地参与市场竞争，平等地利用生产要素等各种资源；改革的程序、方法、政策等都要公开；在执法或执行相关规范性文件规定时，要公正对待所有的投资者，不能只是单方面地保护国有或公有投资者。在公有股权或公有资产定价方面，要遵循公开、公允和市场化的原则，存量公有产权或资产的出让要通过公开市场操作，由市场决定产权或资产的价格。无论是非公有资本参股公有企业，还是公有资本参股非公有企业，都要遵循上述原则。在资产评估、资产估值或产权定价等方面，市场上有比较成熟的方法，并不是难题。

5. 在混合所有制企业建立运转协调、制衡有效、保障平等的公司治理

对于未上市的混合所有制企业，要参照上市公司，建立与完善能够保障

---

① 刘奇洪：《对实行混合所有制的顾虑》，“人民网”，http://finance，people. com. cn/n/2014/0404/c383324 - 24829605. html。

② 何苗：《安徽国资改革启动：六种路径实现混合所有制》，《21 世纪经济报道》2014 年 3 月 20 日。

中小股东合法权益、话语权的公司治理制度。比如，关联交易中关联股东的决策回避、控股股东与上市公司实行“五独立”（人员、资产、财务、机构、业务），控股股东不得占用和支配上市公司资产或干预上市公司对该资产的经营管理，不得干预公司的财务与会计活动，控股股东及其职能部门与上市公司及其职能部门之间没有上下级关系，控股股东要避免同业竞争，以及独立董事制度、专门委员会制度、绩效评价与激励约束制度、信息披露制度等，还有国务院《关于进一步加强资本市场中小投资者合法权益保护工作的意见》，都可以在非上市的混合所有制企业中根据实际情况参照运用。这种治理制度要保障的不仅是在国有控股的混合所有制企业的非国有中小股东的合法权益与话语权，也要保障在非国有资本控股的混合所有制企业中的国有小股东的合法权益与话语权。

6. 切实按照市场机制推进国有企业去行政化

国有企业的去行政化主要是指两个方面：一是要取消所有国有企业的行政级别，确立国有企业作为企业的身份。在国有企业、国有独资公司或大型、特大型国有控股的企业，非市场化聘任的主要高层管理人员可以有相应的行政级别，但对他们的考核、激励、约束、报酬等都要按公务员管理办法，并根据企业经营的特殊性作出特别安排。在国有企业高层管理人员的安排上，不要成为对一些官员的照顾性或“近水楼台”的“红利”。要完善并运用好职业经理人市场，尽可能增加市场化聘任管理人员的比例，减少非市场化聘任的管理人员。对于市场化聘任的企业管理人员与员工，要做到能进能出，职务要能上能下，收入能高能低；二是要改变国有企业经营管理中的行政化作风，要“在商言商”，不要“在商言官”。这也是政企分开的一项重要内容。

7. 继续推进国有企业的配套改革

要对国有企业进行混合所有制改革，需要实行相关的配套改革，尤其是劳动、人事、分配制度的改革。要在国有企业中实行市场化的用工机制与收入分配机制。要防止和制止国有企业在“减员增效、下岗分流”后或经营状况好转后的用工机制与收入分配机制向着市场经济体制方向回溯。大庆油田对职工大学毕业的子女分配制度和中石油“减员”没几年人员数量和成本就开始双升的例子，就典型地反映了坚持国有企业配套改革的重要性。

（责任编辑：鲁言）

参考文献

[1] 常修泽：《完善社会主义市场经济体制的新议题：发展混合所有制经济》，《21世纪经济报道》2003 年 10 月 22 日。

[2] 陈永杰：《混合所有制经济约占我国经济总量的 1/3》，《中国民营企业》2014年第 2 期。

[3] 黄群慧：《新时期如何积极发展混合所有制经济》，《行政管理改革》2013 年第2 期。

[4] 黄淑和：《黄淑和就深化国资国企改革答记者问》，国资委网站，http://www.sasac.gov.cn/n1180/n1566/n259730/n264153/15631809.html，2013 - 12 - 19。

[5] 黄速建：《公司论》，中国人民大学出版社，1989。

[6] 江泽民：《高举邓小平理论伟大旗帜，把建设有中国特色社会主义事业全面推向二十一世纪》（在中国共产党第十五次全国代表大会上的报告），1997 年 9 月12 日。

[7] 江泽民：《全面建设小康社会，开创中国特色社会主义事业新局面》（在中国共产党第十六次全国代表大会上的报告），2002 年 11 月 8 日。

[8] 张卓元：《为什么要发展混合所有制经济》，《湖北日报》2013 年 12 月 23 日。

[9] 张卓元：《混合所有制经济是基本经济制度的重要实现形式》，《经济日报》2013 年 11 月 22 日。

[10]《中共中央关于完善社会主义市场经济体制若干问题的决定》，2003 年 10 月14 日。

国有企业合并重组提高了企业绩效吗？
——以电信业为例

戚聿东　张任之

自2003年国资委成立以来，为了实现提升国有企业国际竞争力和优化产业结构的目的，中央和地方政府通过国有企业间的“强强联合”“强弱合并”，组建了一些大规模的企业集团。按照2006年国务院发布的《关于推进国有资本调整和国有企业重组指导意见》确定的“将央企数量调整至80～100家甚至30～50家”的并购目标，国资委始终在坚持加快国有企业战略性重组这一持续性动作。到2015年年底，央企数量已由2003年的196家重组为106家。不仅如此，地方国有企业也如法炮制，加快了合并重组的步伐，如广州市属130家国有企业拟变成40家。对于这种由政府主导的大规模国有企业合并现象，存在着两种截然不同的认识：一种观点认为，国有企业合并重组能够打破国有企业之间的内耗，实现国有企业参与全球竞争的规模效应，提升国有企业的国际竞争力；另一种观点认为，国有企业的合并重组会显著提高产业集中度，加剧市场的垄断程度，而且由政府主导的国有企业合并重组不是一种市场化行为，合并企业之间并没有实现内在深度融合，企业的经营效率并没有得到提升，同时，随着企业规模的扩大，会使企业丧失由于竞争所带来的发展动力（郑海航、孟领，2011）。基于此，本文以2008年最近一轮的电信重组为例，从企业层面分析这种合并重组行为给企业经营绩效带来的变化，通过对国有企业合并重组的初衷动因进行效果检验，以期为国有企业合并重组的政策提供建议。

一　文献综述

1. 企业并购绩效的评估

国内外学者对于企业的并购绩效展开了大量的实证研究，主要是从并购的市场绩效和财务绩效两个方面来评估并购重组对企业价值的影响。

（1）并购的市场绩效。并购的市场绩效是基于有效资本市场的假设前提，通过观察并购重组消息披露日前后一段时间内并购公司的累积超额收益率走势来判断并购的绩效，常用的方法为事件研究法。学者最早利用这种方法检验企业并购重组对股东的短期财富效应。Jensen & Ruback（1983）以美国 20 世纪 70 年代末发生的 13 起成功并购案例为样本进行分析，发现被并购企业的超额收益率平均为 30%，而并购企业仅有 4%；Bruner（2002）梳理了 1971—2001 年发表的 130 多篇有关公司并购重组的经典文献，发现在并购重组过程中，被并购企业的股票超额收益率一般能达到 10% ~30%，而收购企业的股票超额收益率并不确定，且呈现负的趋势。由于投资者不能在短期内系统地估计与并购相关的信息，因此，许多学者开始转向研究并购对企业中长期绩效的影响。Dodd & Ruback（1977）对发生在 1973—1976 年期间的 172 个要约收购案例进行分析，结果发现，收购方在收购事件的前一年里，不论要约收购是否成功，均能获得相当显著的正超额累积收益率，而只有要约收购成功的被收购公司才能获得显著的超额累积收益率；Asquith（1983）以 1962 ~1976 年间 211 家被成功收购和 91 家没有被成功收购的公司为样本进行对比分析，结果发现，未被成功收购的公司的超额收益率要高于被成功收购的公司；Langetieg（1978）研究发现，并购成功的企业长期超额收益率为 -6.69%，但经过行业配对调整后，收益并不显著；而 By 等（1991）采用价值加权基准发现，并购公司的长期超额收益率显著为正；Agrawl 等（1992）以 1955 ~1987 年发生在美国的 937 个并购案例为样本，通过计算长期累积超常收益率来度量企业并购绩效，进而考察这些样本在并购交易完成后 1 ~6 年的并购绩效变化情况，实证研究结果表明，在并购后的 1 ~3 年，共有 673 个企业的并购绩效为负数，而在并购后 1 ~5 年，所有样本的并购绩效的平均值和中位数均为负数，同时，通过对发生在不同时间的并购交易进行分析，发现不同时间段的并购绩效平均值均为负数。国内学者对发生在中国资本市场上并购交易事件的市场绩效进行了相关研究。陈信元、张田余（1999）选取了 1997 年发生在上海证券交易市场上的 58 家并购企业作为样本，检验了累积超额收益率在并购公告日前后 20 天的变化情况，结果发现，并购企业的累积超额收益率在研究时间段内显著为正；洪锡熙、沈艺峰（2001）以申华实业的并购事件作为案例研究，采用事件研究法对并购交易公告日前后的 88 个交易日进行分析，结果发现，并购交易并不能给并购企业的股东带来明显的财富效应；李善民、陈玉罡（2002）对发生在1999～2000年间上海证券交易市场和深圳证券交易市场的349起并购案例进行事件研究，结果发现，并购重组有利于提升并购企业的股东财富效应，但是，对于提升被并购企业的财富效应并不显著，同时，究发现，并购企业的国家股比重或者法人股比重越大，财富提升效应越显著；张新（2003）对1993～2002年发生的中国上市公司并购重组事件是否创造价值进行了全面分析，结果发现，被并购公司的股票溢价达到29.05%，而收购公司的股票溢价为-16.76%；陈萍、程耀文（2005）选取了2003年中国上市公司发生的472起并购事件为样本，采用事件研究法分析并购的协同效应，结果发现，并购并没有实现协同效应，股东的财富减少了。

（2）并购的财务绩效。并购的财务绩效是通过选取单一财务指标或建立财务指标体系对并购前后的企业业绩进行对比分析，常用的方法有因子分析法、主成分分析法和DEA等。Ravenseraft & Scherer（1987）以1950～1987年发生并购的95家公司为样本，发现被并购企业的息税前利润比控制样本低1%，且差异显著，而并购企业的财务变化趋势存在不确定性；Healy等（1992）以发生在1979～1984年间的美国最大的50起并购案例为样本，发现企业的业绩在经过行业调整后会有所提升；Meeks（1977）研究了1964～1971年发生在英国的233个并购交易案例，发现收购公司的资产收益率呈现递减趋势，在交易完成后的第五年达到最低。国内的学者也通过构建财务指标来评价并购重组的财务绩效。冯根福、吴林江（2001）以1994～1998年中国150家发生并购事件的上市公司为样本，采用以财务指标为基础的综合评价方法来评估企业的并购绩效，结果发现，并购交易完成后的两年内，大部分样本企业的并购绩效得到了显著提升，但是，并购绩效的长期效应并不十分明显，同时，研究还发现，不同的并购类型对并购后的绩效影响不一致；李善民等（2004）以1998～2002年发生在沪深两市的40起并购事件为样本，选取了48个财务指标对收购公司和目标公司绩效改善的配对组合特征进行了研究，结果发现，收购公司绩效逐年下降，而目标公司绩效有所上升；李心丹（2003）以发生并购重组的103家上市企业为样本，采用DEA方法测算这些样本企业在并购前后三年的并购绩效并进行t检验，以检验在并购前后绩效是否发生显著差异，结果发现，并购企业和被并购企业的合并绩效均得到了显著提升，而且与国有股权比重呈负相关关系、与法人股比重呈正相关关系。

2. 政府干预对企业合并重组的影响

近年来，随着企业合并尤其是国有企业合并越来越受到行政力量的干预，学者们开始研究政府干预对企业并购绩效的影响。李善民、朱滔（2006）研究发现，政府关联对企业的并购绩效有着负向作用，这种影响在管理混乱和经营绩效差的公司更为显著；谭劲松等（2003）通过分析发生在我国证券市场上的10起换股合并案例，发现追求经济效率只是合并各方宣称的合并目的，而政府主导下的多方利益博弈才是企业合并的真正动因；潘红波等（2008）以2001～2005年发生的地方国有上市公司收购非上市公司的事件为样本，研究地方国有企业并购绩效是否受到地方政府干预的影响，结果发现，在盈利样本公司中，地方政府干预对并购绩效有负面影响，而在亏损样本公司中，地方政府干预对并购绩效有正面影响；刘星、吴雪姣（2011）研究了政府干预、行业特征与国有企业并购创造价值三者之间的关系，结果发现，地方政府干预降低了盈利企业并购价值的创造，提高了亏损企业并购价值的创造，而且行业特征会对政府干预与并购价值之间的关系产生调节效应。也有部分学者认为，政府主导的国有企业合并有利于企业的并购绩效。王霞、饶颖颖（2013）以上海国资委推动的友谊股份吸收合并百联股份的案例为研究样本，发现此次并购不仅为合并双方的股东都创造了正的财富效应，而且改善了并购方的财务状况。

3. 2008年电信业重组的并购绩效评估

对于2008年电信业重组，学者们采用不同的方法对此次合并重组的绩效进行了检验，得到的结论也存在着较大的差异。赵树宽等（2013）以2003～2010年电信业市场结构和省级电信业面板数据为研究资料，对2008年电信业重组效率和全要素生产率进行了实证研究，结果发现，重组对于电信业综合效率、纯技术效率、规模效率有明显的促进作用，并且对于提升行业的全要素生产率具有积极的正向作用，但是，合并后的年平均增长速度要低于合并前的年平均增长速度；张娜（2012）选取2006～2009年我国31个省（市、自治区）的面板数据，采用DEA和Malmquist方法对我国电信行业的生产效率进行评估，结果发现，我国电信业的规模效率在2008年重组后出现下滑，但是，全要素生产率较重组前显著提升；蔡呈伟、于良春（2016）通过构建反事实框架，分别从电信业经济效率和消费者福利的角度测度2008年电信业重组的效果，结果表明，2008年电信业重组改革虽然显著提高了消费者福利，但是，对电信业经济效率并没有显著影响；刘劲松（2014）利用

2001 ~2012 年 31 个省份的中国电信业面板数据，使用不同数学模型对中国电信业生产效率和全要素生产率增长率进行分析，结果发现，电信业重组对中国省际电信业运营效率具有一定的促进和改善作用，但是，对用户效率的影响甚微。此外，电信业重组从长期来看对全要素生产率增长具有促进作用，但是，对技术进步、技术效率、规模效率等有短暂的抑制作用。张权等（2014）利用 1999 ~2012 年电信行业的投入产出数据，对电信业市场结构的集中度、纯技术效率、配置效率、规模效率、综合规模技术效率和经济效率之间的关系进行了研究，结果发现，电信市场的高集中度对提升纯技术效率具有单向正向影响，而且只要纯技术效率与规模效率的提升能够抵消配置效率降低引起的经济效率下降，垄断是可行的，因此，2008 年的电信业重组实现了经济效率增长的目的；韩磊、苑春荟（2012）选取中国电信业 2003 ~2008 年的省际面板数据，运用四阶段 DEA 方法，对中国 31 个省份的电信业运营效率进行了测度与评价，结果发现，2008 年的电信业市场结构重组对当年的电信业运营效率造成了较大的负面影响。

通过对上述文献进行分析，发现现有文献基本上是从行业层面入手，以 31 个省级面板数据为样本，分析合并重组对行业的全要素生产率、规模效率、技术效率等经济效率的影响，局限性非常明显，主要是忽视了合并重组对企业本身经营绩效的影响。因此，本文将重点从企业层面切入，对比分析电信企业合并前后的财务绩效，以期发现合并重组对企业经营效率所产生的影响。

二　案例介绍

中国电信业迄今为止共经历了三轮改革。第一轮改革以 1994 年中国联通公司的成立为标志，打破了政企合一的原中国电信独家垄断的局面。第二轮改革始于 1998 年，继续以引入竞争为目标，分拆中国电信公司，成立了中国移动公司，形成了电信、移动和联通三家公司的竞争格局。第三轮改革以 2001 年中国电信南北分拆为标志，形成了中国电信、中国网通、中国移动、中国联通、中国铁通、中国卫星通信六家公司共同竞争的格局。表 1 列示了合并重组前 2007 年年末的电信行业市场结构。

表 1　2007 年电信产业市场结构现状

运营商	业务范围	营业收入（亿元）	用户数（亿户）	市场份额（%）
中国移动通信集团公司	移动业务	2584.65	3.866	71
中国联合通信集团公司	移动业务	957.5	1.63	29
中国电信集团公司	固定业务	610.25	1.48	37.5
中国网络通信集团公司	固定业务	1771	2.26	57.2
中国铁通集团有限公司	固定业务	166	0.2079	5.3
中国卫星通信集团公司	固定业务	17.3*	—	—

注：* 表示由 2002 年的 8.6 亿元按照年增长 15% 计算而得。

资料来源：各公司年报，本文整理。

如表 1 所示，移动业务市场中，中国移动一枝独秀，占市场份额的 71%，而中国联通只占市场份额的 29%；固话市场的竞争状况稍好一些，中国电信与中国联通的市场份额分别约为 38% 与 57%，而中国铁通份额不足 6%，中国卫通更是微不足道。2008 年 5 月，中国对电信业进行了第四轮改革，改革的主要目标是科学合理设计电信竞争架构、进一步优化配置电信资源；提升自主创新能力、培育具有核心竞争力的世界一流电信企业；进一步提高电信行业服务能力和水平。改革的重点是把原有的移动通信与固话分开经营的六个专业运营商，通过合并重组形成三个专业运营商，最终形成中国移动、中国联通和中国电信有效竞争的格局。具体的改革方案为：中国铁通并入中国移动，中国电信收购中国联通 CDMA 网络和中国卫通基础电信业务，中国联通 GSM 网络与中国网通合并。其中，中国电信以 1100 亿元人民币购买中国联通 C 网和用户；中国联通以 1.508∶1 比例换股合并中国网通，交易金额为 320 亿美元。表 2 列示了 2008 年重组初期三大运营商的市场状况。

表 2　2008 年重组初期三大运营商的市场状况

	移动业务		固话业务		所有业务	
	用户数（亿户）	比重（%）	用户数（亿户）	比重（%）	用户数（亿户）	比重（%）
中国移动	3.866	70.40	0.2079	11.45	4.08	44.54
中国联通	1.20564	21.96	1.1878	65.44	2.4	26.20
中国电信	0.41926	7.64	2.26	23.11	2.68	29.26

资料来源：各公司年报。

如表 2 所示，重组后的中国移动拥有 4.08 亿固网与移动用户，中国联通拥有2.4亿固网与移动用户，中国电信拥有2.68亿固网与移动用户，三家企业的市场份额分别约为45%、26%、29%。由此可见，三家运营企业的市场规模差距不大，中国电信产业的竞争格局初步形成。

三 评估企业合并绩效

1. 样本选择

本文选取中国移动、中国联通和中国电信三家运营商2006~2012年的相关财务数据进行并购绩效的评估。为了克服重组当年带来的短期交易效应，本文不考虑2008年的业绩变化，将2009年视为并购后的第一年，同时，选取2009~2012年每年进入世界500强的电信运营商进行横向对比，以分析三家运营商的国际竞争力在并购交易完成后是否得到提升。相关数据选自历年公司年报和《全球电信运营企业发展报告》。

2. 财务指标的选取

企业并购的成败不仅在于交易是否完成，更要关注并购后所产生的效果如何，具体体现在并购能否提升公司的盈利能力和经营效率、降低经营管理成本和经营风险、产生经营协同效应和财务协同效应等方面。目前评价企业并购绩效的方法主要有两种：一是事件研究法；二是财务指标法。由于事件研究法是基于有效资本市场的假设前提，而中国的资本市场在信息完整性、分布均匀性和时效性方面与发达国家还存在着较大差距，股价易受到人为因素和内幕信息的影响，使得累积超额收益率并不能真正反映并购给企业经营业绩带来的变化，失去了研究的实践意义（张新，2003）。因此，本文将采用财务指标法对并购业绩进行评估，基于冯根福、吴林江（2001）、李善民等（2004）构建的关于企业并购绩效评估指标体系，并结合本案例的具体情形，侧重从盈利能力和运营能力两个方面选取指标建立指标评价体系，来考察并购事件给企业经营业绩带来的变化。具体指标及其含义如表3所示。

表3 评估企业并购绩效的主要财务指标

指标类型	指标名称	计算公式
盈利能力	净资产收益率	净利润/净资产
	成本费用利润率	利润总额/成本费用总额
	资产收益率	净利润/总资产

续表

指标类型	指标名称	计算公式
盈利能力	EBITDA 利润率	（税前利润 + 折旧与摊销 + 利息费用）/营业收入
	人均 EBITDA	EBITDA/员工人数
	资本支出占收比	资本支出/营业收入
	资本保值增值率	期末所有者权益/期初所有者权益
营运能力	总资产周转率	营业收入/总资产
	固定资产周转率	营业收入/固定资产
	应收账款周转率	营业收入/应收账款

3. 合并后主营业务构成分析

中国移动、中国联通和中国电信的此次合并重组属于纵向合并，三家公司由原来的专业运营商变为综合运营商。表 4 列示了三家运营商在合并后主营业务的构成比例。

表 4　2008—2012 年三家运营商的主营业务构成

单位：%

公司	年份 / 指标	2008	2009	2010	2011	2012
中国移动	原有移动业务收入与营业收入比重	95	95	96	96	95
	新增固定业务收入与营业收入比重	3	3	2	2	3
	移动业务市场份额	91. 93	88. 80	77. 23	73. 31	70. 64
	固定业务市场份额	7. 64	10. 25	8. 95	9. 25	11. 19
中国联通	原有移动业务收入与营业收入比重	43	45	48	49	51
	新增固定业务收入与营业收入比重	55	54	46	39	34
	移动业务市场份额	14. 72	14. 06	13. 45	14. 85	16. 36
	固定业务市场份额	29. 57	36. 47	29. 94	31. 04	30. 40
中国电信	原有固定业务收入与营业收入比重	96	82	75	66	58
	新增移动业务收入与营业收入比重	3	15	20	34	33
	固定业务市场份额	62. 79	73. 38	61. 11	59. 69	58. 41
	移动业务市场份额	1. 37	6. 26	7. 15	11. 55	11. 70

资料来源：公司年报，《中国电信业统计公报》。

如表 4 所示，中国移动的移动业务虽然受到中国联通和中国电信的冲击，但仍然保持着 70% 的市场份额，固定业务的市场份额相对较小，基本保持在10%以内。中国联通的移动业务市场份额和固定业务市场份额相对保持稳定，而中国电信的固定业务市场份额在合并后有所下降，说明两家运营商在合并后所表现出的资源协同效应并不明显。

4. 企业并购前后盈利能力分析

企业的盈利能力是指企业获取利润的能力，本文选取净资产收益率、成本费用利润率、资产收益率、EBITDA利润率、人均EBITDA、资本支出占收比、资本保值增值率七个指标来分析电信运营商的盈利能力。

（1）净资产收益率。净资产收益率是净利润与股东权益的比值，用以衡量公司运用自有资本的效率。该指标值越高，说明企业利用自有资本获得的收益越大。表5列示了三家电信运营商与世界500强中的电信运营商的净资产收益率变化状况。

表5　电信运营商净资产收益率变化状况

单位：%

指标	年份 公司	2006	2007	2008	2009	2010	2011	2012	并购前指标平均值	并购后指标平均值	指标变化幅度
净资产收益率	中国移动	20.70	18.43	25.50	22.75	20.76	19.29	17.84	19.57	20.16	3.01
	中国联通	7.25	10.03	16.14	4.49	1.76	2.01	3.31	8.64	2.89	-66.55
	中国电信	13.35	10.70	0.46	6.57	6.85	6.36	5.65	12.03	6.36	-47.13
	世界500强中的电信运营商均值	—	—	—	15.72	17.31	12.03	17.51	—	13.14	—

资料来源：公司年报，《全球电信运营企业发展报告》。

如表5所示，合并后的中国移动净资产收益率出现了小幅上升，其主要是由于中国移动收购的中国铁通规模较小、市场份额相对较少。相关数据显示，2006年中国铁通的资产规模不到中国移动的十分之一，固话的市场份额只有5%左右，而中国移动在移动业务领域的市场份额接近80%。因此，此次并购对中国移动的影响相对较小。而合并后的中国联通和中国电信的净资产收益率下降幅度较大，分别达到了66.55%和47.13%。从横向对比来看，除了中国移动之外，中国联通和中国电信的净资产收益率都远远低于世界500强中的电信运营商同期指标值，反映了这两家电信运营商在盈利能力方面与其他电信运营商还存在着较大的差距。为了探究中国联通和中国电信净资产收益率在合并后下滑的原因，本文接下来利用杜邦分析法对此进行分析。表 6 列示了对两家运营商进行杜邦分析的结果。

表 6　中国联通和中国电信杜邦分析指标

单位：%

公司	指标＼年份	2006	2007	2008	2009	2010	2011	2012	并购前指标平均值	并购后指标平均值	指标变化幅度（%）
中国联通	销售净利率	4.53	9.28	22.08	5.92	2.08	1.94	2.74	6.91	3.17	-54.12
	资产周转率	0.56	0.7	0.44	0.38	0.4	0.47	0.49	0.63	0.44	-30.16
	权益乘数	1.78	1.55	1.56	2.01	2.13	2.2	2.44	1.67	2.2	31.74
中国电信	销售净利率	15.55	16.93	0.52	6.99	7.23	6.67	5.31	16.24	6.55	-59.67
	资产周转率	0.42	0.44	0.42	0.49	0.54	0.58	0.52	0.43	0.53	23.26
	权益乘数	2.03	1.83	2.05	1.92	1.76	1.63	2.05	1.93	1.84	-4.66

资料来源：公司年报。

通过对净资产收益率指标进行杜邦分析，发现销售净利率对两家企业净资产收益率下降的影响程度最大，进一步对销售净利率分析，发现中国联通和中国电信的营业收入在并购后平均每年保持着 10% 左右的增长，而合并后的净利润没有保持同步增长，它是导致净资产收益率下滑的主要原因。为此，本文接下来将从成本费用的角度对合并绩效进行考察。

（2）成本费用利润率。成本费用利润率是一定时期内企业实现的利润总额与成本费用的比值，反映了企业在一定的经营耗费下所实现的经营成果。该指标越高，反映了企业的经营效率越高，反之，则越低。表 7 列示了三家电信运营商和世界 500 强中的电信运营商的成本费用利润率变化情况。

表 7　电信运营商成本费用利润率变化状况

指标	公司＼年份	2006	2007	2008	2009	2010	2011	2012	并购前指标平均值	并购后指标平均值	指标变化幅度（%）
成本费用利润率	中国移动	0.47	0.55	0.55	0.5	0.47	0.44	0.42	0.51	0.46	-9.80
	中国联通	0.12	0.15	0.06	0.09	0.03	0.03	0.04	0.14	0.05	-64.29
	中国电信	0.24	0.21	0.10	0.10	0.10	0.10	0.08	0.23	0.10	-56.52
	世界 500 强中的电信运营商均值	—	—	—	0.45	0.50	0.46	0.49	—	0.48	—

资料来源：公司年报、《全球电信运营企业发展报告》。

如表7所示，中国移动的成本费用利润率在合并后出现了小幅下滑，而中国联通和中国电信的成本费用利润率在合并后分别下降了64.29%和56.52%。与世界500强中的电信运营商相比，除了中国移动的成本费用利润率大致接近均值水平之外，中国联通与中国电信的指标值均远远低于世界500强中的电信运营商的均值水平，说明合并没有使得这两家企业的国际竞争力得到提升。为了更好地分析中国联通和中国电信指标值下滑的原因，本文接下来将对中国联通和中国电信的成本费用结构与收入的比值进行深入分析。表8列示了中国联通和中国电信两家运营商2006～2012年营业成本和一般性管理费用与营业收入比值的变化情况。

表8　2006～2012年中国联通和中国电信的成本费用与营业收入比值的变化情况

公司	年份/指标	2006	2007	2008	2009	2010	2011	2012	并购前指标平均值	并购后指标平均值	指标变化幅度（%）
中国联通	营业成本与营业收入比	0.31	0.24	0.19	0.32	0.31	0.30	0.29	0.27	0.31	14.81
	一般性管理费用与营业收入比	0.54	0.61	0.63	0.67	0.7	0.72	0.7	0.58	0.7	20.69
中国电信	营业成本与营业收入比	0.6	0.6	0.64	0.64	0.64	0.65	0.65	0.6	0.64	6.67
	一般性管理费用等与营业收入比	0.18	0.19	0.2	0.25	0.25	0.25	0.27	0.18	0.26	44.44

注：营业成本主要指网络运行与支撑成本、网络折旧及摊销、网间结算支出等；一般性管理费用主要指销售费用、管理费用及为维护企业正常运行所发生的费用。

资料来源：公司年报。

如表8所示，可以发现，中国联通和中国电信合并后的营业成本与营业收入比值分别上升了14.81%和6.67%，反映了合并重组并没有给两家公司带来显著的规模效应；而一般性管理费用与营业收入比值却大幅上升，分别达到20.69%和44.44%。这主要由于两家运营商的合并均属于纵向合并类型，对于原有的决策者和管理人员而言，需要花费更多的时间和精力去管理和协调新业务、新产品，这反映了随着企业规模的扩大和业务范围的拓展，企业内部的组织协调成本不断上升，内部的组织管理低效问题逐渐凸显出来，新业务所创造出来的利润逐渐被企业内部较高的管理成本所消耗。因此，中国联通和中国电信两家企业在此次合并中并没有实现规模效应和管理协同效应。

（3）资产收益率。资产收益率等于净利润与平均资产总额的比值，用来衡量每单位资产所创造的净利润。该指标值越大，说明企业资产的盈利能力越强，反之则越弱。表 9 列示了三家电信运营商和世界 500 强中的电信运营商的资产收益率变化情况。

表 9　电信运营商资产收益率变化状况

单位：%

指标	年份 公司	2006	2007	2008	2009	2010	2011	2012	并购前指标平均值	并购后指标平均值	指标变化幅度
资产收益率	中国移动	13.37	17.20	17.17	15.37	13.91	13.17	12.30	15.28	13.69	-10.41
	中国联通	2.56	6.45	9.72	2.24	0.83	0.91	1.36	4.50	1.34	-70.22
	中国电信	6.58	5.83	0.22	3.43	3.90	3.90	2.76	6.20	3.50	-43.55
	世界 500 强中的电信运营商均值	—	—	—	5.33	6.40	5.72	5.49	—	5.74	—

资料来源：公司年报，《全球电信运营企业发展报告》。

如表 9 所示，三家运营商合并后的资产收益率均降低了，其中，中国联通和中国电信的下降幅度分别达到 70.22 和 43.55，这反映了中国联通和中国电信在合并后没有很好地整合双方的资源，最终导致合并后企业资产盈利能力的降低。从横向对比来看，中国移动的资产收益率要高于世界 500 强中的电信运营商的均值，反映了中国移动具有较强的国际竞争力，而中国联通和中国电信合并后的指标值远低于世界 500 强中的电信运营商均值水平，说明合并后的两家运营商在资产盈利能力方面仍有待进一步提高。

（4）EBITDA 利润率。EBITDA 是衡量电信运营商盈利能力的一个重要指标，它等于企业一定时期内的息税前利润与折旧和摊销之和。由于通信企业在网络基础设施方面需要投入大量的资本，折旧与摊销费用巨大，因此，计算 EBITDA 具有非常重要的现实意义。EBITDA 利润率等于 EBITDA 与营业收入的比值。该指标值越高，说明企业的盈利能力和回收折旧与摊销的能力越强，反之则越弱。表 10 列示了三家电信运营商和世界 500 强中的电信运营商的 EBITDA 利润率变化情况。

表 10 电信运营商的 EBITDA 利润率变化状况

单位：%

指标	年份 公司	2006	2007	2008	2009	2010	2011	2012	并购前指标平均值	并购后指标平均值	指标变化幅度
EBITDA 利润率	中国移动	54.03	54.35	52.50	50.66	49.33	47.54	45.26	54.19	48.20	-11.05
	中国联通	39.45	32.43	37.80	37.94	33.85	29.33	28.45	35.94	32.39	-9.88
	中国电信	48.49	48.12	46.05	39.78	40.25	38.45	25.59	48.31	36.02	-25.44
	世界 500 强中的电信运营商均值	—	—	—	34.00	34.07	31.40	27.87	—	31.84	—

资料来源：公司年报，《全球电信运营企业发展报告》。

如表10所示，三家运营商的 EBITDA 利润率在合并后均出现了下滑。由于 EBITDA 等于营业收入减去付现成本，因此，EBITDA 利润率下滑意味着三家运营商的成本管理费用与收入的占比在合并后均出现了不同幅度的上升，这也反映了合并后的企业并没有降低经营成本和提升盈利能力。从横向对比来看，除了中国移动的指标值要高于世界 500 强中的电信运营商均值水平之外，中国联通和中国电信的 EBITDA 利润率与世界 500 强中的电信运营商相差不大，反映了中国联通和中国电信的折旧与摊销费用较大。

（5）人均 EBITDA。人均 EBITDA 是一定时期内实现的 EBITDA 与员工数量的比值，反映了企业内部的组织管理效率。该指标值越大，说明企业内部的组织管理效率越高，人均创造利润的能力越强，反之则越低。表 11 列示了三家电信运营商和世界500 强中的电信运营商的人均 EBITDA 变化情况。

表 11 电信运营商的人均 EBITDA 变化状况

指标	年份 公司	2006	2007	2008	2009	2010	2011	2012	并购前指标平均值	并购后指标平均值	指标变化幅度（%）
人均 EBITDA	中国移动	1.42	1.52	1.56	1.57	1.46	1.43	1.39	1.47	1.46	-0.68
	中国联通	0.66	0.68	0.28	0.28	0.28	0.29	0.33	0.67	0.30	-55.22
	中国电信	0.35	0.30	0.27	0.27	0.28	0.30	0.23	0.33	0.27	-18.18
	世界 500 强中的电信运营商均值	—	—	—	1.09	1.10	0.90	0.96	—	1.01	—

资料来源：公司年报，《全球电信运营企业发展报告》。

如表11所示，三家运营商的人均EBITDA均出现了下滑，其中，中国联通的人均EBITDA下滑幅度十分明显，达到了55.22%。进一步深入分析发现，合并重组后的中国联通员工数量比重组前增加了五倍左右，而合并后创造的EBITDA却远远低于五倍，这反映了中国联通在并购交易完成后，并没有较好地实现人力资源的整合以创造企业经营效益的最大化。从国际对比来看，中国移动的人均EBITDA要高于世界500强中的电信运营商均值水平，中国联通和中国电信的指标值要远低于世界500强中的电信运营商均值水平，反映了合并后的中国联通和中国电信在内部组织管理效率方面还存在很大的差距。

（6）资本支出占收比。资本支出占收比等于企业一定时期内的资本支出与营业收入的比值。由于电信业的技术更新速度非常快，电信运营商每年都要投入大量的资本用于网络基础设施的维护与更新，因此，资本支出占收比能够大致反映这些资本支出的经济效益以及电信网络的经济效率。该指标值越小，说明投入的资本支出的经济效益越高。表12列示了三家电信运营商和世界500强中的电信运营商的资本支出占收比变化情况。

表12　电信运营商的资本支出占收比变化状况

指标	年份 公司	2006	2007	2008	2009	2010	2011	2012	并购前指标平均值	并购后指标平均值	指标变化幅度（%）
资本支出占收比	中国移动	0.29	0.29	0.33	0.29	0.26	0.24	0.23	0.29	0.25	-13.79
	中国联通	0.27	0.26	0.46	0.71	0.40	0.36	0.39	0.26	0.46	76.92
	中国电信	0.28	0.26	0.26	0.18	0.20	0.20	0.19	0.27	0.19	-29.63
	世界500强中的电信运营商均值	—	—	—	0.16	0.14	0.15	0.16	—	0.15	—

资料来源：公司年报，《全球电信运营企业发展报告》。

如表12所示，中国移动和中国电信的资本支出占收比在合并后分别下降了13.79%和29.63%，说明这两家公司的资本支出产生了较高的经济效益；而中国联通的资本支出占收比在合并后上升了76.92%，进一步深入分析发现，中国联通的资本支出占收比之所以大幅上升，是因为自2009年以来，中国联通为了培育新的利润增长点，投入大量的资本用于3G网络的建设，3G 网络的投资周期长，在短时间很难实现盈利。因此，中国联通的资本支出占收比上升主要不是受到并购重组事件的影响。然而，从横向对比来看，中国移动、中国联通和中国电信的资本支出占收比均高于世界 500 强中的电信运营商均值，说明这三家运营商在资本支出的经济效益方面与世界 500 强中的电信运营商存在较大的差距。

（7）资本保值增值率。资本保值增值率等于期末所有者权益与期初所有者权益的比值，它反映了企业资本的运营效益与安全状况。该指标值越大，说明企业的资本保全状况和经营效益越好。表 13 列示了三家电信运营商和世界 500 强中的电信运营商的资本保值增值率变化情况。

表 13　电信运营商的资本保值增值率

单位：%

指标	年份 公司	2006	2007	2008	2009	2010	2011	2012	并购前指标平均值	并购后指标平均值	指标变化幅度
资本保值增值率	中国移动	116.94	104.00	118.35	114.61	113.75	112.65	111.51	110.47	113.13	2.41
	中国联通	105.70	122.96	115.59	99.93	99.68	100.21	101.74	114.33	100.39	-12.19
	中国电信	111.43	107.09	94.94	103.76	104.20	104.37	103.55	109.26	103.97	-4.84
	世界 500 强中的电信运营商均值	—	—	—	107.99	109.57	112.79	105.95	—	109.07	—

资料来源：公司年报，《全球电信运营企业发展报告》。

如表 13 所示，中国移动的资本保值增值率在合并后出现了小幅上升，而中国联通和中国电信的指标值在合并后分别下降 12.19% 和 4.84%，国有资本并没有得到保值增值，这与合并重组的初衷相违背。导致资本保值增值率下降的原因是中国联通和中国电信的净利润在合并后有所下降。从国际对比来看，除了中国移动的指标值高于世界 500 强中的电信运营商均值水平之外，中国联通和中国电信的资本保值增值率均低于世界 500 强中的电信运营商，说明这两家电信运营商的自有资本盈利能力与国际知名电信运营商还存在着较大的差距。

5. 企业并购前后营运能力分析

企业的营运能力反映了企业资产的创收能力。以下将从总资产周转率、固定资产周转率和应收账款周转率三个方面对电信运营商的营运能力进行测量。

（1）总资产周转率。总资产周转率是一定时期内营业收入与平均资产总额的比值，反映了企业全部资产的经营质量和利用效率。该指标值越大，说明企业全部资产的运营效率越高，创造的营业收入越多，反之则运营效率越低。表14列示了三家电信运营商和世界500强中的电信运营商的总资产周转率变化情况。

表14 电信运营商的总资产周转率变化状况

公司	指标＼年份	2006	2007	2008	2009	2010	2011	2012	并购前指标平均值	并购后指标平均值	指标变化幅度（%）
总资产周转率	中国移动	0.60	0.70	0.63	0.59	0.56	0.55	0.53	0.65	0.56	-13.85
	中国联通	0.56	0.70	0.44	0.38	0.40	0.47	0.49	0.63	0.44	-30.95
	中国电信	0.42	0.44	0.42	0.49	0.54	0.58	0.52	0.43	0.53	23.84
	世界500强中的电信运营商均值	—	—	—	0.52	0.49	0.49	0.51	—	0.50	—

资料来源：公司年报，《全球电信运营企业发展报告》。

如表14所示，除了中国电信的总资产周转率在合并后有所上升，中国移动和中国联通的总资产周转率分别下降了13.85%和30.95%。进一步深入分析发现，由于中国移动和中国联通在合并重组时分别吸收了中国铁通和中国网通的全部资产，导致其资产总额迅速增加，然而，新增加的固网业务收入增加幅度并不明显，进而导致总资产周转率出现明显的下滑，而中国电信合并后，移动业务对其收入的贡献程度迅速增加，使得其营业收入的增长率要大于资产的增长率。从横向对比来看，除了中国联通的指标值低于世界500强中的电信运营商均值水平之外，中国移动和中国电信的总资产周转率均高于世界500强中的电信运营商。

（2）固定资产周转率。固定资产周转率是一定时期内营业收入与平均固定资产余额的比值，反映了企业固定资产的运营效率。该指标值越大，说明固定资产的运行效率越高。表15列示了三家电信运营商和世界500强中的电信运营商的固定资产周转率变化情况。

表 15 电信运营商的固定资产周转率变化状况

公司	指标＼年份	2006	2007	2008	2009	2010	2011	2012	并购前指标平均值	并购后指标平均值	指标变化幅度（%）
固定资产周转率	中国移动	1.06	1.17	1.26	1.26	1.26	1.29	1.30	1.12	1.28	14.57
	中国联通	0.70	1.01	0.63	0.56	0.58	0.66	0.70	0.86	0.63	-26.90
	中国电信	0.50	0.53	0.62	0.73	0.8	0.91	0.76	0.52	0.80	55.34
	世界 500 强中的电信运营商均值	—	—	—	1.53	1.55	1.58	1.56	—	1.55	—

资料来源：公司年报，《全球电信运营企业发展报告》。

如表 15 所示，中国移动的固定资产周转率在合并后上升了 14.57%，主要是由于移动业务市场的迅速增长以及中国移动在移动业务市场的垄断优势；中国电信的固定资产周转率在合并后上升了 55.34%，说明中国电信较好地利用自己的固网优势来推动自身移动业务的发展，而中国联通的固定资产周转率下降了 26.90%，反映了中国联通在并购后并没有实现固定资产的整合与利用，导致其营运效率有所降低。从国际对比来看，除了中国移动的指标值接近世界 500 强中的电信运营商均值水平之外，中国联通和中国电信的固定资产周转率均远低于世界 500 强中的电信运营商的均值水平，说明两家电信运营商在固定资产的营运方面仍有待进一步提高。

（3）应收账款周转率。应收账款周转率是一定时期内的营业收入与平均应收账款余额的比值，反映了一定时期内公司应收账款转为现金的平均次数。该指标值越大，说明应收账款的运营效率越高，反之则越低。表 16 列示了三家电信运营商和世界 500 强中的电信运营商的应收账款周转率变化情况。

表 16 电信运营商的应收账款周转率变化状况

指标	公司＼年份	2006	2007	2008	2009	2010	2011	2012	并购前指标平均值	并购后指标平均值	指标变化幅度（%）
应收账款周转率	中国移动	41.29	51.10	59.65	70.59	63.58	57.61	47.81	46.20	59.90	29.66
	中国联通	22.99	30.70	16.40	16.04	16.93	17.33	17.92	26.85	17.06	-36.47
	中国电信	11.08	10.69	10.80	12.01	12.69	13.27	15.08	10.89	13.26	21.84
	世界 500 强中的电信运营商均值	—	—	—	18.48	18.26	18.07	18.15	—	18.24	—

资料来源：公司年报，《全球电信运营企业发展报告》。

如表16所示，中国移动和中国电信的应收账款周转率在合并后有所上升，而中国联通的应收账款周转率下降了36.47%，进一步深入分析发现，中国联通之所以应收账款周转率下降幅度较大，是因为在合并时吸收了中国网通大量原有的应收账款，而且账龄期较长，导致中国联通的应收账款周转率在合并后始终处于较低的水平，这也加剧了合并后企业的财务风险。从国际对比来看，除了中国移动的指标值高于世界500强中的电信运营商均值水平之外，中国联通和中国电信的应收账款周转率均低于世界500强中的电信运营商的指标均值，反映了两家运营商在应收账款的营运能力方面与世界500强中的电信运营商的指标均值仍存在着较大的差距。

6. 小结

本部分通过构建财务指标评价体系，从盈利能力和营运能力两个方面，对中国移动、中国联通和中国电信三家运营商合并前后并且与其他世界500强电信运营商进行对比分析。结果发现，中国移动的盈利能力和营运能力在合并前后变化不明显，而中国联通和中国电信由于合并后企业内部一般性管理费用的急剧上升，导致其盈利指标在合并后均出现了大幅下滑，而受益于合并后移动业务收入的迅速增加，中国电信的营运指标值有所上升，相反，中国联通的营运指标值在合并后却出现了下降。从国际竞争力的比较来看，中国移动的盈利能力和营运能力指标值均高于世界500强中的电信运营商均值水平，而中国联通和中国电信的指标值均低于世界500强中的电信运营商的均值水平，这说明了这次合并重组并没有彻底提升企业的国际竞争力。

四　结论与建议

1. 研究结论

本文以2008年电信业重组为例，通过构建盈利能力和营运能力方面的指标，对中国移动、中国联通和中国电信三家运营商在合并前后的经营效率和运营效率进行对比分析，得到以下结论。

（1）中国移动的经营效率和运行效率在合并前后变化不明显，这主要是由于中国移动收购的中国铁通规模相对较小、市场份额相对较少，合并对企业经营效率和运行效率的影响并不明显。中国联通的盈利能力和营运能力在合并后均出现了大幅度下滑，这说明，中国联通在合并后既没有很好地整合原有的资产和业务，也没有控制由于企业规模扩大而导致的成本费用上升，最终使得企业的盈利能力和营运能力同时降低。中国电信的盈利能力指标在合并后大幅下滑，但是，营运能力指标得到明显提升。这反映了中国电信在合并后充分利用原有的固网优势来推动移动业务的发展，但是，受制于合并后企业内部庞大的组织管理费用开支，使得企业的盈利能力无法得到提升。

（2）企业间的规模差异较大，难以形成有效竞争的格局。按照《关于深化电信体制改革的通告》提出的重组方案，目标是我国将形成三家拥有全国性网络资源、实力与规模相对接近、具有全业务经营能力和较强竞争力的市场竞争主体。但在整个电信市场上，市场结构极不平衡，中国移动的垄断优势依然十分明显。截至 2012 年年底，中国移动的市场份额是 50.96%，中国电信的是市场份额是 25.94%，中国联通的市场份额为 23.08%，而且随着移动电话对固定电话的替代效应，中国移动的市场份额越来越大，中国联通和中国电信越来越难以与其同台竞争，这显然与电信业合并重组的初衷不符。

（3）从国际竞争力角度而言，合并后的中国联通和中国电信在盈利能力和营运能力方面与世界 500 强中的电信运营商还存在着较大的差距，这说明，此次合并重组并没有实现提升企业国际竞争力、培育世界一流电信企业的目标。

综上所述，从合并后企业的运行状况来看，此次电信业重组并没有实现预期的目标。

2. 政策建议

本文的研究结论不仅适用于电信行业的发展，如果放眼于时下正在进行的大范围、大规模的国有企业重组浪潮，同样可以得到众多启示。为此，特提出如下两个层面的政策建议。

第一，对行业层面而言，大规模的国有企业合并重组会加重市场集中和垄断程度，降低资源配置效率。一个产业中的企业数目取决于该产业内厂商的平均成本曲线和整个产业需求曲线之间的关系，具体的影响因素主要有市场容量和技术水平。一般而言，市场容量越大，行业中的企业数目就越多。以电信业为例，美国电信运营商超过 20 家，服务的消费者有 2.63 亿人，每家企业供给强度大约为 1315 万人/企业，而中国的消费者用户总数截止到 2015 年年底达到 15 亿人，电信运营商却只有三家，供给强度是美国企业的 33 倍左右。在 2015 年世界 500 强企业中，中国移动、中国电信和中国联通分别位居第 55 位、160 位和 227 位。以中国巨大的通信市场容量而言，本应支撑更有竞争性的市场结构，允许更多企业进入。因此，为了实现竞争性的市场结构，一方面，要对企业重组特别是国有企业合并进行严格的前置性竞争审查；另一方面，要放开电信行业以及其他垄断行业的市场准入，打破市场进入壁垒特别是制度性壁垒。

第二，从企业层面而言，重组形成的巨型企业往往会产生 X 非效率、组织管理低效、动态技术低效等诸多“大企业病”。国有企业之间的合并重组显著提高了产业集中度，加剧了企业垄断程度。这种外部环境的变化会从上至下传导到企业中的每个员工，使企业可以坐享垄断利润“平静的生活”，逐渐丧失追求成本最小化与利润最大化的动力，从而导致了企业内部 X 非效率的产生（刘健，2014）。三家电信运营商均已成为高管腐败的“重灾区”即是一个明显的例证。此外，企业并购后整合更是一件非常耗费成本的事情，例如，1998 年德国奔驰公司和美国克莱斯勒公司进行了“联姻”，到 2008 年还是落得“不欢而散”的结局。对中国国有企业而言，合并后的巨型企业集团管理幅度更广、管理层次更多。仅就管理层次来看，2016 年有 34 家中央企业的管理层级超过五级，最多的甚至达到九级。对此，李克强总理在 2016 年 5 月 18 日国务院常务会议上质问道：“连董事长自己都说不清楚自己的企业到底有多少家子公司、孙子公司，这怎么能提高企业管理效率、增强竞争力呢?”从电信业重组案例中可以发现，合并后的中国联通和中国电信两家运营商，由于企业规模的扩大引起企业内部的一般性管理费用急剧上升，最终导致企业盈利能力的下降。这反映了合并后的企业内部确实存在着组织管理低效问题。过去常讲“船大好撑浪”，但在 1997 年亚洲金融危机、2008 年国际金融危机面前，包括长期稳居世界 500 强榜首的通用汽车公司在内的众多大企业都是不堪一击，沦为“大而不能倒”的反面典型。因此，企业不能一味通过合并去扩大企业规模，从长期来看，企业核心优势乃至国际竞争力的提升最终还是源自企业内部的积累和成长。

（本文发表于《经济管理》2016 年第 12 期）

参考文献

［1］ Agrawal A, Jaffe J F, Mandelker 6 N, “The Post – Mesger Performance of Acquiring Firms: A Re – Examination of an Anomaly,” *Journal of Finance*, 1992, 47, (4):

1605 - 1621.

[2] Asquith P. Merger Bids, "Uncertainty, and Stockholder Retnrus," *Journal of Financial Economics*, 1983, (11): 51 - 81.

[3] Bruner R F. , "Does M&A Pay: a Survey of Evidence for the Decision - Maker," *Working Paper*, 2002.

[4] By R H J, Titman S, "The Post - merger Share - price Performance of Acquiring Firms," *Journal of Financial Economics*, 2010, 29, (1): 81 - 96.

[5] Dodd P, Ruback R, "Tender Offers and Stockholder Returns," *Journal of Financial Economics*, 1977, (5): 351 - 371.

[6] Healy P M, Palepu K G, Ruback R S, "Does Corporate Performance Improve After Mergers?" *Journal of Financial Economics*, 1992, 31, (2): 135 - 175.

[7] Jensen M C, Ruback R S, "The Market for Corporate Control: the Scientific Evidence," *Journal of Financial Economics*, 1983, 11, (1 - 4): 5 - 50.

[8] Langetieg T C. , "An Application of a Three - factor Performance Index to Measure Stockholder Gains from Merger," *Journal of Financial Economics*, 1978, 6, (4): 365 - 383.

[9] Meeks G. , "Disappointing Marriage: a Study of the Gains from Merger," Cambridge University Press, 1977.

[10] Ravenscraft D J, "Scherer F M. Life After Takeovers," *Journal of Industrial Economics*, 1987, 36, (36): 147 - 156.

[11] 蔡呈伟、于良春:《中国电信业重组改革的效果与启示——基于反事实框架的实证分析》,《经济与管理研究》2016 年第 1 期。

[12] 陈萍、程耀文:《我国资产重组的协同效应分析——基于 2003 年事件的研究》,《金融发展研究》2005 年第 4 期。

[13] 陈信元、张田余:《资产重组的市场反应——1997 年沪市资产重组实证分析》,《经济研究》1999 年第 9 期。

[14] 冯根福、吴林江:《我国上市公司并购绩效的实证研究》,《经济研究》2001 年第 1 期。

[15] 韩磊、苑春荟:《中国电信业省际运营效率评价与影响因素研究——基于四阶段 DEA 方法的实证分析》,《产业经济研究》2012 年第 3 期。

[16] 李善民、陈玉罡:《上市公司兼并与收购的财富效应》,《经济研究》2002 年第 11 期。

[17] 李善民、朱滔:《多元化并购能给股东创造价值吗? ——兼论影响多元化并购长期绩效的因素》,《管理世界》2006 年第 3 期。

[18] 李善民、朱滔、陈玉罡、曾昭灶、王彩萍:《收购公司与目标公司配对组合绩

效的实证分析》，《经济研究》2004 年第 6 期。

[19] 李心丹、朱洪亮、张兵、罗浩：《基于 DEA 的上市公司并购效率研究》，《经济研究》2003 年第 10 期。

[20] 刘健：《垄断、竞争与效率——机车车辆业改革的国际比较》，《首都经济贸易大学学报》2014 年第 2 期。

[21] 刘劲松：《中国电信业改革重组过程中的全要素生长率增长及内外影响因素研究》，北京邮电大学出版社，2014。

[22] 刘星、吴雪姣：《政府干预、行业特征与并购价值创造——来自国有上市公司的经验证据》，《审计与经济研究》2011 年第 6 期。

[23] 潘红波、夏新平、余明桂：《政府干预、政治关联与地方国有企业并购》，《经济研究》2008 年第 4 期。

[24] 谭劲松、刘炳奇、谭燕：《企业合并：政府主导下的多方利益博弈——来自 10 起换股合并案例》，《管理世界》2005 年第 2 期。

[25] 王霞、饶颖颖：《企业并购的短期财富效应与绩效增长——政府主导的友谊股份吸收合并百联股份的案例研究》，《华东师范大学学报》（哲学社会科学版）2013 年第 4 期。

[26] 张娜：《市场结构变革对行业生产效率的影响研究——以中国电信业重组为例》，《甘肃社会科学》2012 年第 6 期。

[27] 张权、韦久丽、陆伟刚：《中国电信业市场结构演变与效率变动研究》，《邮电大学学报》2014 年第 5 期。

[28] 张新：《并购重组是否创造价值？——中国证券市场的理论与实证研究》，《经济研究》2003 年第 6 期。

[29] 赵树宽、王晨奎、王嘉嘉：《中国电信业重组效率及 TFP 增长研究》，《现代管理科学》2013 年第 2 期。

[30] 郑海航、孟领：《中央企业重组的历史沿革及发展研究》，《财经问题研究》2011 年第 3 期。

中国管理学问题的探索研究

经济管理创刊四十年选粹

下册

《经济管理》编辑部 / 选编

社会科学文献出版社
SOCIAL SCIENCES ACADEMIC PRESS (CHINA)

下册目录

管理思想与管理科学化

经济管理是一门科学 …………………………………………… 牛中黄（273）
我国工业企业管理为什么落后 ……………………………… 吴家骏（277）
试论我国企业管理的基本原则 ……………………………… 黄津孚（283）
关于蒋一苇同志的企业理论和企业“四自”的提法 ………… 周叔莲（290）
现代管理学的发展与回顾 …………………………………… 孙耀君（298）
经济学和管理学：研究对象与方法及其相互借鉴
………………………………………………… 黄群慧　刘爱群（314）
社会学方法对于企业管理理论与实践的意义 ……………… 张其仔（324）
管理学发展模式的现代性、超现代性与后现代性的论争 …… 罗　珉（337）
人力资本与组织资本互动的管理学体系 …………………… 范　徵（347）
中国管理学发展进程：1978～2008 ………………… 苏　勇　刘国华（356）
管理学百年与中国管理学创新发展 ………………………… 陈佳贵（372）
企业战略理论形成与发展的辩证逻辑 ……………… 吴照云　余长春（378）
管理的动轮机制 ……………………………………………… 张国有（393）

战略管理、财务会计与公司治理

企业核心能力与技术创新 ……………………………… 仝允桓　戴　浩（421）

母子公司管控模式选择 …………………………………… 陈志军（428）
中国上市公司治理对公司成长能力影响的实证分析
…………………………………………………… 冯根福　黄建山（441）
金字塔结构下股权激励的双重效应研究
——来自我国上市公司的经验证据 …………… 徐向艺　徐　宁（454）
制度环境与我国企业海外投资进入模式 ……………………… 吴先明（467）
企业战略转型的概念框架：内涵、路径与模式
…………………………………………… 薛有志　周　杰　初　旭（489）
会计稳健性、信息不对称与并购绩效
——来自沪深A股上市公司的经验证据 ……… 李维安　陈　钢（505）
企业关键资源、权变因素与升级路径选择
——以广东省宜华木业股份有限公司为例
……………………………… 毛蕴诗　林彤纯　吴东旭（524）
创新能力：发包方对接包方的影响机制研究
——战略外包情境中合作冲突与长期合作导向的调节效应
…………………………………………… 王永贵　刘　菲（542）
新时代中国企业管理创新研究
——以海尔制管理模式为例 ………… 李海舰　李文杰　李　然（566）

人力资源、市场营销与旅游管理

关于企业组织意识与企业凝聚力的探讨 ……………………… 郑海航（591）
企业家行为激励及报酬机制的改进 ………………… 高　闯　刘　冰（595）
组织能力的源泉：企业家能力与个体特征分析 ……………… 贺小刚（604）
跨国公司工效学：跨国公司人力资源管理新学派
…………… 赵曙明　朱久华　Allen D. Engle Mark　E. Mendenhall（616）
开放式创新下的组织网络能力构架 ……… 高良谋　韵　江　马文甲（628）
企业选择销售渠道的策略 ………………………… 宗泽后　徐金发（641）
商店会消失吗？
——信息时代的市场营销 ……………………………… 陆雄文（648）

亚马逊经营模式剖析 …………………………………………… 荆林波（652）
渠道权力：依赖、结构与策略 ……………………… 张　闯　夏春玉（661）
深化乡村旅游认知的多维视角 …………………………………… 孙明泉（671）
中国旅游发展：新世纪以来的探索与未来展望 ………………… 张广瑞（682）

编后记………………………………………………………………………（700）

管理思想与管理科学化

[illegible]网上书店以顾客为中心的业务流程

[illegible]	业务及对策
[illegible]	挑选关键词，利用搜索引擎
[illegible]	URL，网页设计独特，便利下载网页
[illegible]	众多图书提供，多品种服务，配套体系
[illegible]	搜索查询服务，多种语言网站，顾客特性识别
[illegible]	利用后台数据库支持系统，提供顾客偏好的相关内[illegible]
[illegible]	[illegible]
[illegible]	[illegible]
[illegible]	[illegible]
[illegible]	[illegible]
[illegible]	[illegible]
[illegible]	[illegible]
[illegible]	[illegible]
[illegible]	[illegible]
[illegible]	[illegible]
[illegible]	[illegible]

[illegible]

[illegible]网上书店的收入状况上也体现出[illegible]

经济管理是一门科学

牛中黄*

1. 什么是经济管理

经济管理，是对社会生产总过程（生产、交换、分配、消费）的经济活动进行组织、指挥、监督和调节。

它由一系列的组织和管理的职能所构成。例如：就生产过程来说，管理是进行社会化生产所必需的。凡是许多人在一起共同劳动，都必须有管理。这种管理就表现为计划生产、组织劳动、指挥和协调各个生产环节的活动等一系列的职能。马克思说：“一切规模较大的直接社会劳动或共同劳动，都或多或少地需要指挥，以协调个人的活动，并执行生产总体的运动——不同于这一总体的独立器官的运动——所产生的各种一般职能。一个单独的提琴手是自己指挥自己，一个乐队就需要一个乐队指挥。”（《资本论》第一卷，《马克思恩格斯全集》第23卷，第367页）

共同劳动的规模越大，劳动分工和协作越精细、复杂，管理工作也就越精细、复杂和重要。在手工业企业里，分工协作的共同劳动，已经使企业管理成为进行生产所不可缺少的条件。但是，一般说来，手工业企业的生产规模比较小，生产技术和劳动分工也比较简单，因此，管理工作也是比较简单的。现代工业的生产，情况就大不相同了。现代工业运用机器和机器体系，不仅生产技术复杂、企业内部分工精细，而且社会化程度高，社会联系更加广泛，因此，现代工业的管理比手工业的管理，更加复杂、更加重要。

生产过程的管理是这样，整个生产总过程的管理也同样如此。

2. 经济管理的研究对象

关于经济管理的研究对象，有三种意见：（1）主要是研究生产力的问

---

* 牛中黄系马洪先生曾用名。

题，着重研究生产力的合理组织；（2）主要研究生产关系，即着重研究生产过程中的经济关系；（3）主要研究上层建筑，如体制的集权分权、计划、价格政策、财政和税收政策等等。我倾向于三个方面都要研究，不能只抓一个方面，它有边缘科学的性质。也就是说，经济管理的研究，应当以马克思主义政治经济学的理论为指导，在对生产力和生产关系矛盾运动规律的研究中，掌握经济管理的规律性。它既包括政治经济学，也包括生产力的组织学和技术科学。可以这样说，经济管理的研究对象是如何合理地组织生产力，不断地完善生产关系，适时地调整上层建筑，以适应生产力发展的需要。当然，这里也有一个侧重的方面。就整个国民经济的管理来说，经济管理的问题，主要是如何按照客观的经济规律，正确处理工业、农业、商业、交通运输业之间，以及国家和企业之间，国家和部门、地区之间，各个部门之间，各个地区之间，各部门、各地区和企业之间，各个企业之间的经济关系，以促进生产力的发展。就整个工业管理来说，大体上也是如此。就工厂的管理来说，情况有所不同。它要花很大的力量，在直接生产过程中，解决合理地组织生产力的问题。但是，生产力的组织管理，包括人的管理和物的管理两个方面。毫无问题，在一定的物质技术条件之下，人是基本的因素。而人的生产活动，又是社会的生产。人们在生产中要互相协作，互相交换劳动。所以在工厂内部这一部分工人与那一部分工人之间，直接生产的工人与管理人员、技术人员之间，领导者与被领导者之间，企业与职工之间，以及企业与国家、部门、地区之间，企业与企业之间，客观地存在着复杂的经济关系（如价格、利润、奖金、贷款、合同等经济问题），这些问题解决不好，生产力也组织不好。所以从马克思主义政治经济学的观点来说，经济管理的研究对象，不能只是生产力的组织问题（虽然这个问题十分重要），也不能只是上层建筑问题，而应当是结合这两个方面深刻地研究社会主义国民经济内部、工业内部、企业内部，以及它们相互之间的经济关系即生产关系问题。现在大家经常谈论的用经济方法管理经济，主要也是要着重研究经济关系，解决经济关系即生产关系方面的问题。

很明显，这并不是说，经济管理可以不重视生产力的研究。生产力的合理组织，是管理的研究对象的一个极其重要的组成内容。生产力发展水平不同，对管理的要求也就不同。以质量管理为例，在手工业生产中，主要靠工人本身的经验、技艺来保证；在现代化、机器化生产的条件下，则要靠产品的设计，设备的性能，以及按统一的质量标准，运用仪器仪表，对每道工序进行科学的检验来保证；在生产自动化的条件下，就要靠自动控制。现代科学技术的发展，使管理从组织劳动，日益渗透、扩展到技术过程中去，技术管理在整个管理中的作用越来越突出了。

当然，这也不是说，经济管理可以忽视上层建筑的研究。经济管理与上层建筑也有密切的联系。进行经济管理，离不开方针、政策、法令、管理体制的集权分权、计划，以及某些规章制度等等。这些属于上层建筑的东西，要反映经济规律的要求，才能对生产起保护作用和促进作用。因此，这也是管理的研究对象的一个方面。

3. 管理的社会性质

资本主义的管理，具有两重性质。

马克思说："凡是直接生产过程具有社会结合过程的形态，而不是表现为独立生产者的孤立劳动的地方，都必然会产生监督劳动和指挥劳动。不过它具有二重性。

"一方面，凡是有许多个人进行协作的劳动，过程的联系和统一都必然要表现在一个指挥的意志上，表现在各种与局部劳动无关而与工场全部活动有关的职能上，就象一个乐队要有一个指挥一样。这是一种生产劳动，是每一种结合的生产方式中必须进行的劳动。

"另一方面，——完全撇开商业部门不说，——凡是建立在作为直接生产者的劳动者和生产资料所有者之间的对立上的生产方式中，都必然会产生这种监督劳动。这种对立越严重，这种监督劳动所起的作用也就越大。"（《资本论》第三卷，《马克思恩格斯全集》第25卷，第431页）

马克思在《资本论》第一卷里也明确讲过："资本家的管理不仅是一种由社会劳动过程的性质产生并属于社会劳动过程的特殊职能，它同时也是剥削社会劳动过程的职能，因而也是由剥削者和他所剥削的原料之间不可避免的对抗决定的。"（《马克思恩格斯全集》第23卷，第368页）

资本主义管理的二重性，是由它所管理的生产过程本身具有二重性所决定的。资本主义生产过程，一方面是制造产品的社会劳动过程，另一方面是资本的价值增殖过程。

资本主义企业的管理权从属于资本，表现为资本的职能，成了资本的属性。"资本家所以是资本家，并不是因为他是工业的领导人，相反，他所以成为工业的司令官，因为他是资本家。"（《资本论》第一卷，《马克思恩格斯全集》第23卷，第369页）

社会主义的管理，具有根本不同的性质。

在社会主义条件下，现代化大生产的劳动过程本身，仍然需要管理，而且需要比资本主义更广泛、更科学、更严密的管理。

但是，在社会主义条件下，有以下三种因素发生了变化：（1）生产资料的公有制，使各个企业之间像资本主义那样你死我活的相互竞争、生产的无政府状态，被国民经济有计划、按比例地发展所代替；（2）剥削和被剥削的关系，被同志式互相合作的关系所代替；（3）专制的统治和饥饿的纪律，被民主的管理和自觉的纪律所代替。因此，马克思讲的资本主义制度下管理的二重性，在社会主义制度下，就发生了本质的变化。所谓本质的变化，主要的是：第一，马克思所说的由剥削和被剥削者之间的阶级对立引起的那种“监督劳动”的管理职能，不存在了；第二，马克思所说的，管理作为“剥削社会劳动过程的职能”，也不存在了。但是，这并不是说社会主义经济管理只是生产力的组织问题，而不再需要解决生产关系问题了；也不是说社会主义经济管理就没有阶级性质了。

社会主义的经济管理，从本质上来说，就是工人阶级对于经济的管理。我们知道，社会主义社会中，贪污、盗窃、投机倒把，以及蓄意的破坏事故还不时出现。在这种情况下，旧的习惯势力的意识，在我们的经济管理中必然还会有所反映。例如，我们有的领导干部和管理人员，往往不以普通劳动者的身份出现，不和工人搞“三同”，甚至以老爷态度对待群众；我们有的职工，有时也不能真正意识到自己的主人翁地位，不能以主人翁的姿态对待劳动，对待自己的企业，相反甚至像对待资本家那样对待企业的领导。这种旧的影响同社会主义社会劳动者之间同志式互助合作的关系极不适应，妨碍社会主义新型关系的建立。这种旧的观念如果不自觉地改变，在领导就会产生官僚主义，在群众就会产生雇佣观点，不利于社会主义事业的发展。所有这些，都是需要通过加强思想教育和社会主义管理来不断解决的问题。

在社会主义条件下，群众劳动的自觉性空前高涨，但是应当看到，劳动毕竟还没有成为人们生活的第一需要，而仍然是谋生的手段。在提倡自觉纪律的同时，管理仍然作为一种监督劳动而起着作用。但这种监督劳动，不体现剥削和被剥削关系，而是一种同志式的监督，并且是群众性的互相监督，是建立在根本利益一致的基础上，彼此促进的互相监督，是促进社会主义生产关系不断巩固、发展和完善的互相监督。

（本文发表于《经济管理》1979 年第 1 期）

我国工业企业管理为什么落后

吴家骏

我们掌握全国现代工业，已经30年了。工业企业总数，从解放初期的12万个，发展到现在的35万个，现代化水平也有了很大提高。随着生产力的发展，随着生产规模的扩大和社会化程度的提高，企业管理也在不断改善。但是，目前我国工业企业管理水平还很低，与生产力发展的要求极不适应。对于我国工业企业管理的现状，大家都很不满意，普遍觉得我们的管理落后。但是，管理落后的原因在哪里，为什么这种落后的局面长期不能改变？大家对这个问题的看法却很不一致。如果不能求得统一的认识，就容易消极等待或者怨天尤人，不利于迅速有效地改变管理落后的面貌。

有一种意见，认为企业管理落后主要是因为管理手段落后，要改变落后状态，就要大量引进电子计算机等现代化的管理手段。

这种意见是值得商榷的。电子计算机在现代工业生产的管理上重不重要呢？当然非常重要。现代科学技术的发展，使企业管理从组织劳动日益渗透、扩展到生产技术工艺过程中去，技术管理在整个企业经营管理中的地位和作用越来越突出。在我国工业现代化建设的进程中，电子计算机的使用有非常广阔的前景。然而，在我国工业发展的现阶段，由于技术和经济条件的限制，还不可能大量采用电子计算机。如果把实现管理现代化仅仅看作是电子计算机化，就容易觉得无能为力，只能消极等待。其实，即使是经济发展水平比较高、工业技术比较先进的国家，搞管理现代化也不是光靠电子计算机。他们在采用现代化管理手段的同时，非常重视改善管理组织和改进管理方法。那种认为计算机万能的迷信思想，对于管理现代化不但无益而且有害。运用电子计算机固然可以提高管理水平，然而要运用它首先必须具有一定的管理水平作为前提。如果管理水平很低，组织工作很落后，管理方法很不科学，没有全面、系统的统计和数据资料，甚至连原始记录都搞不准确，即使有了电子计算机，也不可能真正发挥作用。

还有一种意见，认为管理落后主要是因为解放初期我们学了苏联的一套企业管理办法，受苏联的影响，把企业管得很死。

这种意见也是值得商榷的。苏联的那套企业管理办法确实问题很多，对我国工业企业管理的影响也很大。但这也不是我国企业管理落后的根本原因。因为苏联的企业管理办法本身就是一分为二的，虽有缺陷的一面，如计划统得过死，不注重用经济的方法调节经济的发展和管理企业，企业管理办法也过于烦琐，等等，但它也有科学的一面。列宁、斯大林在领导苏联社会主义工业化的过程中，经过多年努力，反复摸索，在实践中切实加强企业生产经济活动的计划性，实行经济核算，努力降低成本，建立责任制度，实行社会主义劳动竞赛，实行按劳分配，提高劳动生产率，实行社会主义劳动保护制度，巩固劳动纪律等等，形成了一套基本上符合社会化大生产要求的企业管理制度和办法。解放初期我们学习苏联的企业管理办法，就其主导方面来说，对我国大规模的经济建设不是起了阻碍作用，而是起了积极的促进作用。当然，这并不是说苏联的企业管理没有问题。多年来他们也一直在不断改革，到目前为止也还没有突破统得过死的集中管理的格局。但问题并不在于苏联企业管理中的问题是不是已经解决了，而在于我们为什么三十年一贯制，总也改不动？这就使我们不能不从自己身上寻找原因。

怎样从我们自己身上寻找企业管理长期落后的原因呢？我认为应当从根本上找，从指导思想上找。指导思想不科学化、现代化，就不可能实现管理的科学化、现代化。事实也正是这样。我国企业管理落后的主要原因，既不是管理手段落后，也不是苏联那套管理办法的束缚，而关键在于企业管理的指导思想落后。

我们的企业管理思想是怎样形成的，它有哪些基本的特点呢？

为了说明这个问题，需要简单地回顾一下历史。我们党抓工业企业管理工作并不是全国解放以后才开始的。早在第二次国内革命战争时期，在江西中央苏区就开始发展工业生产，但那时的公营企业很少。在抗日战争时期，从 1938 年起，陕甘宁边区就开始强调公营工业的建设和发展。到 1942 年，已有公营企业 60 多家，职工人数达到 4000 人，取得了相当可观的成绩。抗战胜利以后，在解放战争时期，随着一些工业城市的解放，我们党才逐步地掌握了现代工业。

简单回顾这段历史，可以清楚地看到，我们在民主革命时期形成的管理思想和管理经验有以下几个特点。

第一，具有优良的革命传统。

革命根据地的工业是为着解决革命战争的军需和民用而发展起来的，是和党领导的革命军队和革命根据地一起建设和发展起来的，在党的领导下，要把革命战争坚持下去，就必须努力发展生产。因此，在指导思想上有许多优点，这就是：革命和生产的关系十分明确；艰苦奋斗、因陋就简、自力更生的革命精神很强；实行三大民主（政治民主、经济民主、管理民主），具有革命队伍中的官兵一致、军民一致的革命作风。这也就是毛泽东同志后来所总结的党的领导、政治挂帅和群众路线。这些优良的革命传统，比较好地调动了群众革命和生产的积极性。

第二，实行供给制。

当时的革命根据地处于被封锁的、经济条件十分困难的战争环境，军队和革命根据地的党政机关都实行供给制，所以工厂也基本上实行供给制。虽然当时毛泽东同志就提出了加强计划性，实行企业化，建立经济核算制等经济工作的指导思想，但是由于物质条件的限制，由于工业企业处于供给制的社会环境之中，这就使当时的企业管理工作缺乏必要的经济核算，不大注意经济效果。

第三，小生产的经营管理方式。

当时革命根据地的工业主要是手工业，又处于农村环境，一家一户就是一个生产单位的个体经济的影响相当大，小生产的经营方式和管理方法极为普遍。正像马克思在《资本论》里所指出的，“这种生产方式是以土地及其他生产资料的分散为前提的。它既排斥生产资料的积聚，也排斥协作，排斥同一生产过程内部的分工，排斥社会对自然的统治和支配，排斥社会生产力的自由发展”。这种小生产的经营管理思想，习惯于“小而全”的经营方式，同社会化大生产的要求是极不适应的。

第四，发展自给经济。

当时政府办了许多自给工业，毛泽东同志说：“军队和机关学校所发展的这种自给经济是目前这种特殊条件下的特殊产物，它在其他历史条件下是不合理的和不可理解的，但在目前却是完全合理并且完全必要的。”（《抗日时期的经济问题和财政问题》）这种自给经济帮助我们战胜了困难，但在这种自给自足的自然经济思想的影响下，商品经济观念非常薄弱，不大重视流通领域里的问题，容易忽视价值规律的作用和市场的调节作用。

长期以来形成的这些管理思想和管理习惯，一直对我们的企业管理发生着巨大的影响。如何发扬革命传统，去掉落后的、小生产的习惯势力的影响，把革命传统同现代工业的社会化的生产条件很好地结合起来，始终是我们需要认真解决的问题。

全国解放以后，我们对于从敌人那里接收过来的官僚资本主义企业进行了民主改革和生产改革，迅速改变了企业的机构和经营管理制度。在所有制的社会主义改造完成以后，又对所有的企业都实行了计划管理，不断发扬革命传统，以适应社会化生产的需要，使企业管理制度和办法不断完善，向革命化和现代化相结合的方向迅速前进。但是，当时对资本主义企业中的那些符合大生产要求的、科学的管理方法研究和吸收得不够，特别是由于后来在几个直接同企业管理有关的问题上开展的批判运动，使我们的企业管理出现多次反复，没有能够比较快地把革命传统同社会化大生产的条件结合起来，形成一套适合我国情况的、科学的企业管理办法。这几次批判就是如下几点。

第一，批判一长制，否定了专家的作用和严格的责任制度。

马克思和恩格斯多次论证过，共同劳动、社会化的生产必须服从统一意志，必须有权威，而这个统一意志既可以由一个人来体现，也可以由一个委员会来体现。恩格斯在《论权威》一文中指出：进行生产活动需要有一个起支配作用的意志，“不论体现这个意志的是一个代表，还是一个负责执行有关的大多数人的决议的委员会，都是一样”。这里，恩格斯突出地强调了问题的实质在于必须有一个统一的意志，即由一个人或一个委员会为代表的统一的意志。

列宁从苏联社会主义建设的实践中更进一步得出结论，认为必须实行一长制，并把它作为一个管理的原则肯定下来。他说：“集体管理制在最好的场合下也要浪费大量人力，不能保证集中的大工业环境所要求的工作速度和工作的精确程度。”并且指出：“关于集体领导制的议论，往往贯串着一种极愚昧的精神，即反对专家的精神。”因此，列宁认为集体管理制是初期的萌芽的形式，一长制才是成熟的、高级的形式。而斯大林则把具有大批精通技术、业务的专家看作是推行一长制的前提条件，指出：只要“在布尔什维克中间还没有足够的精通技术、经济和财务问题的人才，我们就不会有真正的一长制”。因为要推行这种制度，企业领导干部就必须具有当机立断地正确处理各种问题的能力。同时，由于责任明确，遇事无法互相推脱、互相依赖，既促进了工作效率的提高，也锻炼和造就了大批管理干部。因此，一长制在苏联社会主义工业化建设的实践中，不但成为有效地管理现代工业企业的一项重要制度，而且也成为促进精通技术、业务的专家迅速成长的一个十分重要的因素。

建国初期，我国的一些企业曾经实行过一长制，加强了责任制度，促进了领导干部业务水平的提高，逐步建立了一套适应社会化生产需要的企业管理制度。当然，在实行一长制的过程中也出现了一些缺点，如：发扬民主不够，不注意发挥集体智慧，在一些领导同志身上表现出独断专行、不走群众路线的官僚主义作风，等等。但是在解决这些问题的时候，我们没有从现代工业生产的特点出发，在加强民主管理的同时，从思想认识上和工作作风的改进上来保证企业领导人能够正确履行自己的职责，而是根本否定和批判一长制。一长制虽然可以批掉，可是社会化大生产需要统一指挥的客观要求是批不掉的，结果在很多场合，厂长的一长制变成了书记的一长制；内行的一长制变成了外行的一长制；严格的责任制度变成了职权不清和无人负责。这样就使党的工作削弱了，专家的作用被忽视了，那种不发扬民主、不走群众路线的官僚主义作风并未因此而得到转变，管理水平不是提高而是降低了，管理干部的成长不是加速而是延缓了。

第二，批判工业七十条，否定了科学的管理体系。

1961 年党中央发出了《国营工业企业工作条例》草案（即工业七十条）。这个条例草案系统地总结了我国五十年代的工业企业管理的经验，特别是总结了 1958 年以后的企业管理的经验，它既强调党委的集体领导，又强调行政管理上的厂长负责制，建立厂长负责的统一的生产行政的指挥系统；既强调依靠群众，开展轰轰烈烈的群众运动，又强调实行严格的责任制度和管理上的分工负责制，建立正常的生产秩序；既强调破除迷信、解放思想，又强调尊重科学，按照客观经济规律、技术规律的要求办事；既强调加强政治思想工作，对职工群众进行共产主义的思想教育，又强调贯彻按劳分配原则，关心群众的物质利益，把精神鼓励和物质鼓励结合起来。总之，这个条例草案比较充分地反映了生产力发展的客观要求，比较好地体现了社会主义的生产关系，初步形成了一套比较完整、比较科学的企业管理体系，在把革命传统同现代工业生产条件结合起来的道路上迈出了重要的一步。在试行这个条例草案的短短的三四年时间里，我国工业企业的面貌发生了很大的变化，工业总产值以平均每年 18% 的增速飞跃发展。

但是，“文化大革命”期间，由某地的报纸带头，连篇累牍地发表文章，攻击工业七十条，说它是“复辟资本主义的黑纲领”，是“反革命修正主义路线的代表作”，并从根本上否定了工业七十条规定的企业管理的正确原则，使我们刚刚建立起来的科学的管理体系遭到了破坏，使我国工业企业的管理出现了大反复、大倒退。

第三，批判“管、卡、压”，否定了合理的规章制度。

“反对管卡压”的口号，是打着批判资产阶级的旗号提出来的。但是这个口号本身并不科学，根本不能反映资本主义企业管理的阶级本质。资本主义企业管理是“为掠夺而管理”，是“借管理来掠夺”，其本质在于剥削。用“反对管卡压”的口号去批判资本主义管理，显然不能打中要害。其实，“四人帮”提出所谓“管卡压”问题是把它作为反对把国民经济搞上去的一根大棒，是为他们篡党夺权的阴谋服务的。他们喊叫“反对管卡压”的口号，是要根本否定管理。他们说，“规章制度都姓修，彻底砸烂不保留”，谁要提整顿和加强企业管理，建立和健全合理的规章制度，他们就给谁扣上对工人群众进行“管卡压”和“搞资产阶级专政”的大帽子。结果搞乱了人们的思想，把合理的规章制度否定了，弄得企业无章可循，有章不循，组织涣散，秩序混乱，事故增多，生产下降。企业管理实际上被取消了。

总之，在我们全面掌握了我国现代工业以后，没有始终不渝地坚持发扬过去的优良革命传统，没有随着生产力的发展，适应社会化大生产的需要消除过去那种供给制思想和小生产的经营习惯的影响。相反，在很多问题上违反了经济规律和自然规律的要求，使管理水平长期提不高。尤其是“四人帮”推行极左路线，大搞空头政治，用资产阶级政治冲击无产阶级政治，更是破坏了党的优良传统，使企业的领导干部和管理人员无法抓生产、抓管理，使企业管理的基础工作遭到破坏，使职工的经济利益得不到关心，在工作上好坏不分，干与不干一个样，干好干坏一个样，严重挫伤了广大群众的社会主义积极性。这种搞法，企业管理怎能不落后呢？

工业企业的生产经济活动是处于整个社会经济生活之中的。企业管得好坏，同工业的管理体制以至整个国民经济的管理体制密切相关，绝不只是企业内部的问题。必须把企业管理的改革放到整个国民经济的改革这个全局中去解决。对于整个国民经济的改革来说，发扬优良的革命传统，去掉供给制思想，去掉自给经济和小生产的经济思想、经营习惯，同样是异常重要的。

（本文发表于《经济管理》1979 年第 12 期）

试论我国企业管理的基本原则

黄津孚

管理既是一种组织艺术，又是一门完整的科学。谈到艺术，就使人们联系到想象力和灵活性；谈到科学，就必然涉及概念、原则和原理，即所谓管理理论。管理原则，是管理理论的重要组成部分，是管理规律的一种表现形式。要发展管理科学，就必须研究管理原则。

一　什么是管理原则

管理原则是管理行为必须遵循的法则、规则和准绳。

在长期的管理实践中，人们经历了成功与失败，逐步认识到哪些做法可以达到目的，哪些做法会导致失败或事倍功半，于是就归纳出若干经验法则，再经过反复实践验证，最后形成一系列管理原则，诸如分工原则、统一指挥原则等等。可见，管理原则是具有普遍意义的管理经验，它具有以下共同特点。

1. 科学性。管理原则是对长期管理实践经验的理论概括，它必然是对客观自然、技术、社会、经济规律的反映，因此带有普遍的正确性。例如组织中的管理幅度原则，就是管理工作负荷与管理人员能力保持平衡规律的反映。

2. 指导性。管理原则要为管理活动指明方向，同时又包含一定的方法，因此有很强的指导意义。它告诉管理者怎样做才能达到目的。例如思想政治工作要从实际出发的原则，就是告诫人们必须注意工作对象及环境特点，不能搞“一刀切”，否则就难取得预期效果。

3. 可检验性。管理原则作为对管理工作的要求，可作为一种尺度来检验管理工作的质量。例如调动各方面的积极性是管理原则之一，如果某企业没有将大多数职工、协作单位的积极性调动起来，说明该企业在管理方面存在某些缺陷，就应当作认真地检查、分析，并采取必要的措施。

二 管理原则的作用和价值

管理原则是前人付出了很高代价才换来的，是对盲目的管理行为的批判。

例如，在组织工作中必须统一指挥，并不是一开始就被人们普遍承认的，相反，国内外都曾为此付出了很高的代价。法国管理学家法约尔在描述20 世纪初双重、多头指挥的严重性时说："双重指挥比比皆是，它在所有大小企业里都起着破坏作用，对家庭和国家也一样，这种弊病极其可怕……在整个人类社会中，在工业、商业、军队、家庭、国家里，双重指挥经常是冲突的根源……"（法约尔著《工业管理与一般管理》，中国社会科学出版社，第 27 ~28 页）。

而我国，在第二次国内革命战争时期的根据地公营企业中，曾实行"三人团"（厂长、党支部书记、工会委员长）的领导体制。由于"厂长的权限没有正式规定，一切工厂还没有负责的工头领班，生产品完全没有检验。甚至卫生材料厂由工会的小组长来管理各部分的生产。有些厂长这样宣布说：'工会要我怎样办我就怎样办。'"结果造成当时大多数工厂"处在非常严重的状态"，造的子弹打不响，刺刀不能用，军衣不合身，失窃浪费"达到完全不能容忍的地步"［刘少奇：《论国家工厂的管理》（1934 年 3 月），《文献和研究》1984 年第 12 期］。建国以后，我们在六七十年代，曾实行党委集体领导下的分工负责制，实际上重犯了多头指挥的错误，导致了严重的损失。由于经过了近半个世纪的反复实践，我们才明确在企业中必须实行厂长（经理）负责制。

可见，我们要想在管理工作中避免盲目性，少走弯路，多得效益，就必须重视管理原则的研究和应用。

诚然，管理需要有相当大的灵活性，需要丰富的具体管理知识，但这丝毫也不能降低管理原则的价值。

管理原则不仅对实践有直接的指导意义，而且也是管理理论的一个重要组成部分。因为管理理论就是管理学概念、范畴、原则、规律和方法的总和。

三 管理原则的体系

管理业务的复杂性及多样性必然形成数量很多的管理原则。20 世纪初，法约尔总结了十四条原则。经过半个多世纪的实践和研究，管理科学的内容极大地充实了，美国著名的管理学家哈罗德·孔兹与西里尔·奥唐奈在他们 1976 年出版的《管理学》一书中，按不同的管理职能分列了五十多项原则。

我国企业管理和其他管理实践还总结出诸如物质利益的原则，思想领先的原则，民主集中原则，思想政治工作要从实际出发、要结合经济工作一道去做、要言教身教相结合、要以表扬为主，要采用民主方式等原则；企业经营要坚持质量第一的原则，企业生产要确保安全的原则，企业用人要坚持任人唯贤的原则等等。

仔细分析以上这些管理原则，不难发现以下两点。(1) 不同的原则，具有不同的指导作用范围。有的是某项管理职能的管理原则，如计划要提前的原则、计划要与政策、策略协调的原则等是专属计划职能的原则，统一指挥原则、管理跨度原则是专属组织职能的原则等；有的是某项管理业务的原则，例如保证物流通畅是生产管理的一个原则，任人唯贤是人事管理的一个原则等；同样是计划职能的原则，指导作用范围也不同，如计划的协调性原则，适用于整个职能范围，而计划工作领先的原则，就与计划结构无关，因而指导作用范围更小。也就是说，管理原则具有不同的层次。(2) 存在若干跨职能、跨业务领域的原则。它们或者是各管理领域共有的，例如灵活性原则，无论计划、组织、控制职能还是经营、生产、人事管理业务，都有这一原则；或者是统率许多局部原则的，例如协调原则，就统率计划职能的综合平衡原则、组织职能的统一指挥、责权对应的原则、控制职能的标准与方法对称的原则等。调动各方面积极性的原则，统率着物质利益原则、思想教育的原则、民主的原则、竞争或竞赛的原则等等。

可见，管理原则是一个由若干基本原则、管理职能和管理业务主干原则及大量局部原则组成的多层次结构体系。

四 管理的基本原则

研究管理的基本原则，总结管理的基本经验，或者如孔兹所说，找出管理的“几个关键点”，无论从理论上还是实践上，都是有意义的。

从企业管理的角度看，以下原则可认为是最基本的原则。

1. 调动各方面积极性的原则

企业或其他社会组织之所以产生积极性问题，是由于这些组织的目标不一定与组织成员个人目标相吻合，特别是在剥削制度社会中，企业及其他社会组织不过是实现剥削阶级目标的工具，从而出现了目标的对立，这样就势必造成劳动者积极性下降，生产效率低下的结果，从这点上说，积极性问题是伴随管理的产生而同时产生的。不过把激励，即调动各方面积极性作为一个管理原则，其历史并不长，正像管理作为一门科学的历史并不长一样。

调动一切积极性的问题，起初没有引起社会主义管理学者的足够重视。人们曾以为，在生产资料公有制的社会组织中，个人目标与组织目标是一致的，因此，劳动群众必然能自发地迸发出无比的劳动热情。实践表明，社会主义企业同样存在调动积极性问题。这是因为个人目标与组织目标只有在一定条件下才能统一，例如必须实行按劳分配，而此条件不是自发形成的，它正是社会主义企业管理所必须解决的课题。

调动各方面的积极性，首先是调动下级人员的积极性，这是每一个主管人员的基本职责，是完成本部门任务的基础，同时，也要调动同级协作单位，甚至上级主管的积极性，为本部门目标的实现创造有利的条件。

调动各方面的积极性，是管理的基本和首要的原则。不论是公司经理、厂长、车间主任、科长、班组长，都要通过调动各方面的积极性去更好地完成本组织的任务。在计划、组织和控制职能中，要反映调动积极性的要求，例如计划的目标要鼓舞人心，责权分配要有利于各方面发挥主动性和创造性，生产、质量、成本控制要努力体现自主性等等。要把职工积极性状况作为企业及各部门管理成效的重要标志，作为企业提高经济效益潜力的重要要素。

2. 系统协调的原则

任何社会组织的产生，都是为了达到分散的个人达不到或很难达到的目的。从系统论的角度看，就是为了利用系统的整体功能。这种整体功能的产生，必须依赖于系统内各要素、各部门的协调。企业及其他社会系统的协调状况，是决定其社会功能的关键因素。例如，企业领导班子团结一致，干部与群众关系融洽，工作互相配合和领导班子成员钩心斗角，干群关系紧张，各部门工作互不配合，在经济效益上必然大不一样。因此系统协调是管理的基本原则之一。

协调，最初作为企业管理的一项职能与计划、组织、指挥、控制等相并列，但后来有些学者指出（如美国的穆尼、厄威克、孔兹等），协调只是组织的一项基本指导原则，因为“任何一项职能都离不开协调”。原则与职能的主要区别在于，原则可作为指导管理的具体法则和尺度，而职能只是一种管理活动、管理过程。

作为企业管理的基本原则，无论公司、工厂、车间、科室、班组的主管人员，都应当遵循。计划中要注意政策与目标的协调，产品与资源的协调，搞好综合平衡；在组织中要搞好分工协作，实现业务流程标准化，建立强有力的调度指挥系统；在控制中要注意标准、监督及调节手段的协调。既要协调好人与人之间的关系，又要协调好人机关系、机物料与厂房的关系，使各项生产要素发挥出最大的效能。

3. *灵活性与创造性原则*

所谓灵活性，就是根据生产经营的实际形势决定或调整管理的目标、策略和方法。如果这种灵活性中增添了非经验的成分，即称之为创造性。可见创造性与灵活性有本质上的联系，创造性是灵活性的特殊表现。

企业管理必须保持灵活性及创造性，是由企业的社会职能及其自身生存发展的需要决定的。企业的社会职能是为社会提供价廉物美适销的产品。这一职能履行得好，企业就能生存和发展，否则就要衰亡。而要履行好这一职能，就必须灵活、创新。原因有如下几条。①社会需求是变化的、发展的，对产品和服务的要求越来越高，不灵活、不创新，就难以满足社会需求。②要满足社会需求，取决于众多而错综复杂的因素，企业内部有人、财、物、供、产、销等因素，企业外部有政治、经济、科技、市场、气候等环境因素，其中有些因素的未来变化可以预见而纳入企业计划，而有些因素则难以预计或难以精确预计。例如，流行的服装式样、花色等。对这些未曾预计的变化，若不及时作出反应，就不能很好满足社会需求。③在存在竞争的商品社会中，效率就是生命，时间就是财富。当今市场瞬息万变，科技发展日新月异，产品不断推陈出新，如企业在计划、组织和控制方面僵硬滞迟，就会丧失经营时机，如投标、申请专利、外贸谈判、采购紧缺物资、广告、新产品投放等，稍一犹豫，就会陷入被动。

由于计划、组织、控制各项职能，生产、经营、人事各项业务，经理、科长、班长各层主管人员，都有灵活和创新的必要，因此，灵活性和创造性，又是管理的一个基本原则。

计划必须有灵活性，有的叫计划弹性。目标不能定得太高太死，要留有一定余地，并尽可能制订出应急备用计划；下期计划要根据上期计划执行情况及当时形势修订，实行“滚动法”。企业组织应当有灵活性，权力要适当分散，使各级主管有随机处置的可能；机构、人员的设置，应根据生产经营需要及时调整；控制也要有灵活性，例如国外对生产成本实行“弹性控制”，即根据子公司或工厂生产条件拟定几套控制标准；经营方面，如采购、筹资、广告、推销等方面尤其需要灵活；生产方面，国外出现了适宜多品种生产，随时可调整的流水生产线，以便应付市场变化；至于在做人的工作方面，更应该强调灵活性。因为人的个性差异很大，激励、培训、考核都不能搞“一刀切”。

4. 民主集中制原则

民主集中制，既是我国政治生活中一项重要原则，又是经济管理的一个基本原则。这是由社会化大生产的特点及社会主义生产资料公有制性质决定的。

从社会化大生产的特点看，由于企业生产经营活动环节多，过程复杂，变化迅速，其计划和控制的要求是个别人或少数人的能力难以达到的。要求最大限度地发挥各层、各岗位人员的主动性和创造才能；同时，这么多的环节和过程，不加统一协调指挥，就会出现互相牵制而不能获得高效率及高效益。因此，在实行民主以克服个人管理的局限性的同时，必须实行集中以保证必要的协调和灵活反应能力。

在生产资料公有制的社会主义企业中，广大职工是企业的主人，理应对企业的经营管理享有民主权利。如果企业的事情仍由少数人说了算，广大职工对生产经营大事没有发言权，对涉及切身利益的问题没有决定权，对各级领导干部没有监督权，企业的公有制性质实际上就蜕变了。因此，在国家与企业的关系上，必须在扩大企业自主权的同时，强调企业服从国家的法律、政策和统一计划，企业党委及国家委派的厂长代表全体人民的利益对企业实行领导和管理；在企业内部，实行厂长（经理）负责制，制订必要的规章制度，实行严格的纪律，克服本位主义、无政府主义，以保证企业内部生产经营的高效率及整个社会经济的高效益。

民主集中制原则同样是企业管理各项职能、各种业务和各级主管都必须遵循的原则。在计划职能中，企业必须自觉接受国家法律、政策、计划的指导，国家必须给企业以生产经营方面的必要的自主权；企业内部要发动群众参与计划的制订，并实行目标管理。在组织职能中，要正确处理好厂长（经理）负责制与民主管理的关系，有时间性要求的日常生产经营活动，必须有高度统一的指挥，而企业的年度计划、长远规划、涉及职工切身利益的问题，应当充分发扬民主，由职工代表大会行使审议权、决策权和对干部的监督权。在控制职能中，要采用多种形式吸收职工群众参加管理，如实行班组经济核算，提倡相互监督和自我教育等。厂长在决策过程中，既要当机立断，敢于拍板，同时又要尊重企业党委、职代会的意见，以充分发挥“智囊团”的参谋作用。其他各部门主管，在本系统内都应享有统一指挥权，同时又都必须依靠群众的智慧，有事多找下属商量。

探讨符合中国国情的企业管理原则是一种初步的尝试，期望能引起理论工作者和广大企业管理干部的关注，起到“抛砖引玉”的作用。

（本文发表于《经济管理》1985 年第 4 期）

关于蒋一苇同志的企业理论和企业“四自”的提法

周叔莲

蒋一苇同志的企业理论最初是以“企业本位论”为名提出来的，环绕这一理论一直存在着激烈的争论。最近还有一篇文章说：“国有企业的改革，多年来都是沿着‘以企业为本位’的‘自我积累、自我发展、自我决策、自负盈亏’这条道路进行的，其理论基础来自匈牙利经济学家科尔内的‘变预算软约束为预算硬约束’的理论。这种理论的本质是把生产资料公有制基础上的经济责任制变为资本约束机制，认为只有资本增值机制才能产生高效率。以后又有人发明了以职工持股和国家控股形式改造社会主义生产资料公有制的理论。此后他们又把生产资料公有制范畴改换成产权，或者改换成资产的价值形式，实质是希图在所谓‘产权明晰’‘量化到人’的主张下实现资本的复归。其实，不管用什么名词，说到底都是要把形成社会主义基本制度的物质基础——即社会主义生产资料公有制变成资本主义私有制，以为在资本私有制基础上的资本价值增值才能符合市场经济体制。说简单明白点，这就是‘资本化、私有化’道路。”

也有同志从另一个角度不赞成企业“四自”，即企业自主经营、自负盈亏、自我发展、自我约束的提法。不久前有同态说“十四届三中全会以前，大家都说‘四自’，但在十四届三中全会明确提出建立现代企业制度以后，我认为再讲这四句话不行。自主经营的‘自’，是经营者，自负盈亏的‘自’，是所有者。四个‘自’说的不是同一个主体，是无法组合到一起的。‘四自’的说法混淆了所有者、经营者的关系，带来的问题就是在企业中不可能建立起健全的、有效的所有者与经营者之间的制衡关系”。

本文想着重谈谈蒋一苇同志的企业理论和企业“四自”问题。

一 蒋一苇企业理论的科学性

蒋一苇同志在《企业本位论》一文中曾把他的理论概括为四个主要论点。

1. 企业是现代经济的基本单位。他说：不论哪一种生产方式的社会，总有它的与生产力水平相适应的一定形式的基本生产单位。在资本主义制度下，企业是基本的生产单位和经济单位。社会主义经济的基本单位仍然是企业，而且是具有独立性的企业。社会主义经济体系只能是由这些具有独立性的企业联合组成。

2. 企业是一个能动的有机体。他认为，作为现代经济基本单位的企业，决不能是一块块缺乏能动性的砖头，而应当是一个个具有强大生命力的能动的有机体。把企业看作是一个能动的有机体，就必须让企业具有能呼吸、吐纳的条件，就是对劳动力、劳动条件、劳动对象这些要素，企业都应当有增减权和选择权。作为社会主义企业，既有权利，也有义务，在保证履行义务的前提下，企业应具有独立经营和自主发展的条件。

3. 企业具有独立的经济利益。他说所谓企业独立性，归根到底表现在具有独立的经济利益。这是企业成为能动的有机体的动力问题。社会主义企业作为商品生产的基本单位，就必然要以一个商品生产者的身份出现，也必然有它作为一个商品生产者的独立利益。使劳动者个人所得与企业整体对社会贡献的大小相联系，才能更完整地贯彻按劳分配原则。企业具有独立的经济利益，并使它和职工的个人利益相联系，就是要求职工对所在企业的经济效果共同负责，这样做将会加强劳动群众的集体主义思想。

4. 国家与企业之间应该政企分离。他说：国家的政权组织和经济组织应当分离。国家应当从外部领导和监督经济组织，而不是作为经济组织内部的上层机构，直接指挥经济单位的日常活动。在社会主义社会，就经济方面而言，除某些特殊行业，国家与企业之间也不应当是行政隶属关系，而只能是一种经济关系，国家对企业领导和管理必然要采取经济手段。

提出“企业本位论”以后，蒋一苇同志又提出了“职工主体论”“两次按劳分配论”“经济民主论”等思想，形成了系统的企业理论。他的许多著作使人读了茅塞顿开，感到他把理论上的创造性和科学性紧密结合起来了。这里有必要强调一下蒋一苇企业理论的科学性，这至少可以从两个方面加以说明。

一方面和改革以前流行的企业理论进行比较。改革以前我国高等院校普遍采用的教科书把现代工业企业概括为如下六个基本特征：第一，拥有比较复杂的技术装备；第二，生产具有高度的科学性、技术性；第三，劳动分工非常精细，协作关系非常复杂；第四，生产过程的各个部分联系非常密切；第五，现代工业企业之间、工业企业同其他经济部门之间，有着广泛而密切的联系；第六，集中着最进步、最革命的现代工业。至于我国国营工业企业社会性质，强调其全民所有制性质表现在以下几方面。第一，企业的生产资料都属于国家所有。没有国家的指令和上级行政主管机关的批准，企业不能把生产资料转移、出让或者赠送给别的企业和单位。第二，企业的生产活动服从国家的统一领导和统一计划。第三，企业的产品属于国家所有，由国家统一分配和统一调控。第四，企业要按照规定向国家缴纳利润和税金，由国家统一支配集中使用。第五，企业职工由国家按计划统一分配，企业的职工工资标准和工资制度，由国家统一规定。

蒋一苇同志曾说过，如果仅仅说社会主义经济应当以企业为生产的基本单位，这就没有什么新的意义。问题是这些“单位”组成国民经济体系，是像一块块砖头砌成一个庞大的建筑物呢？还是像一个个活的细胞组成有机的生物体呢？改革前流行的看法是把企业看成是一块块砖头，上述教科书的观点不过是对传统计划经济体制下企业的抽象概括，并为此构造理论依据。蒋一苇同志的企业理论显然比上述观点全面深刻得多。

另一方面和目前流行的西方企业理论进行比较。例如有的同志认为科斯1937年发表《企业的性质》一文以后，才解决了什么是企业的问题，形成了系统的企业理论。有人甚至主张用科斯的理论指导我国建立现代企业制度。有一本书中说：企业的本质是什么，为什么会出现企业的问题，只是在科斯提出“交易成本假说”以后，才出现了解决的门径。

书中还说，科斯在《企业的性质》一文中，从与古典经济学家不同的角度提出了为什么会有企业的问题。他说道：“在企业之外，价格变动指挥生产，只是由一系列市场交换交易来协调的。而在企业之内，这种市场交易被取消，复杂的市场结构连同交换交易被企业家这种协调所取代，企业家指挥生产，显然十分清楚的是以上二者是可以相互替代的协调生产的方法。然而，考虑到这样的事实，如果生产由价格变动协调，它在没任何组织的情况下也完全能够进行，我们就要问为什么还要有组织存在呢?”科斯对这个问题的回答是，这是因为运用企业组织“交易”，较之通过市场进行“交易”，其“交易成本”较低。……总之，当通过一个组织（企业），让某个权威（企业家）来支配生产要素，能够以较之市场外部更低的成本实现同样的交易时，企业就产生了。科斯指出，“企业的显著标志是，它是价格机制的替代物”。

科斯的假说自有其功能地位和作用，我无意贬低它的意义。但从我国企业的现状和面临的改革任务出发，至少可以提出以下几个疑问。第一，科斯提出来的问题是：如果在市场上能够买到所有的商品和劳务，为什么要组织企业来进行生产呢？这个问题在一定意义上是可以成立的，但不是在任何意义上都成立的。因为，在现代大生产条件下，如果没有企业进行生产和提供劳务，市场上是不可能买到它们的。毕竟是先有生产再有交换啊！第二，科斯是在市场经济已经相当发达的条件下提出为什么要组织企业的，这种条件下可以假定企业和市场二者可以相互替代，但是从历史看，绝不是先有发达的市场经济和价格机制然后再出现企业，因此科斯的假说并不能说明企业产生和演变的真实的历史过程。第三，上引书的作者也承认，科斯对企业替代市场的说明中，还存在着一些不甚清楚的问题，尤其科斯使用的“交易成本”概念过于含糊。事实上，科斯的“交易成本”是绝难计算出来的，因此，又有什么根据判断企业组织和市场交易各自“交易成本”的高低呢？第四，社会主义公有制企业和资本主义私有制企业毕竟有其区别。现在我们面临的问题既有它们的共同性问题，又有它们的特殊性问题，最难的是社会主义公有制改革的特殊性问题。科斯的假说即使有参考价值，其局限性也是极大的。

蒋一苇同志的企业理论则是从我国实际情况出发，着眼于解决我国社会主义企业改革问题提出来的，他的理论来源于实践，又通过实践接受检验，得到发展。这种理论和实践紧密结合的学风，是蒋一苇同志理论工作的鲜明特色。值得强调的是，蒋一苇同志是一个马克思主义经济学家。他以邓小平同志有中国特色的社会主义理论为指导，在自己的研究领域既坚持马克思主义，又发展马克思主义。正是这种坚持和发展的有机结合，使他在社会主义企业乃至社会主义经济的理论研究上取得了很大成绩。最近看到有人说新制度经济学是 20 世纪 80 年代末 90 年代初在中国最为成功的经济理论。仅以蒋一苇同志为例，一直到 1990 年初，他仍活跃在中国经济界和经济理论界，这个时期中国似乎还没有一位新制度经济学派的人物在经济理论上可以和他匹敌，更不用说能超过他。他的业绩也足以说明，在中国只有马克思主义经济学才是最为成功的经济理论。

二 应当坚持企业“四自”的提法

蒋一苇同志和其他有些经济学家早就提出了企业自主经营、自负盈亏、自我发展、自我约束的要求。他在《企业本位论》中主张企业必然是一个能动的有机体，就蕴含着企业应当自主经营、自负盈亏、自我发展、自我约束。因为只有做到“四自”，企业才能真正是一个能动的有机体。事实上，“四自”中的有些要求，他在这篇文章中已经明确提出来了。他说，“企业进行生产要具备三个要素，即劳动力、劳动手段和劳动对象。对这三方面都能呼吸、能吐纳，企业才会有能动性”。因此他主张企业对劳动力、劳动手段和劳动对象都要有“增减权和选择权”。他还说：“三要素在价值上所形成的资金，企业同样也应当有增减权，以便取得更好的经济效果”。这里他不仅提出企业应该有简单生产的自主权，而且提出了企业应该有扩大再生产的自主权。后来在一些文章中他明确提出：“企业不但有自主经营权，还应有自我改造和自我发展权。因为任何一个经济实体的经营者，总是要努力提高自己的生产经营能力。国家也希望每一个企业能自力更生，新陈代谢，永葆青春与活力。”（《价格社会上的企业模式》第59页）关于企业自负盈亏，他在《企业本位论》中也提出来了。例如他说，我们主张企业自负盈亏，对企业全体职工来说，则是共负盈亏，使职工的个人利益和企业经营成果相联系。不过他那时对企业完全自负盈亏是有保留的。在1981年的一次报告中他说：“有些同志认为，全民所有制不能实行自负盈亏，实行自负盈亏和全民所有制的性质不相适应。还有一种看法，自负盈亏在一个非常大的全民所有制企业，比如像鞍钢，或者像我们广州市的重型机器厂，这些厂，如果由于各种原因造成了亏损，那么几千个职工，它怎么能够负担得起呢？所以自负盈亏，是不是可以普遍应用，还有问题。一个小商店，一个小饭馆，也许还可以。在我们研究这个问题时，就觉得自负盈亏这个提法不很确切，不如改为盈亏责任制。”（《我的经济改革观》第155~156页）企业自负盈亏是需要条件的，首先要求企业作为法人有财产权，而直到党的十四届三中全会明确企业法人财产权以前，即使说要企业自负盈亏，实际上是不可能做到的。所以，蒋一苇同志当时的保留是有根据和道理的。后来他研究了股份制，认为“随着我国社会主义商品经济不断完善和发展，股份制必然会成为我国企业的主要形式”。而股份制企业由于明确了法人财产权，“企业要以这笔法人财产来承担民事责任”，就可以做到自负盈亏。（《论股份制》）所以他在 1991 年撰写的《完善社会主义企业制度的三十条建议》中，明确提出要“完善企业经营机制，真正做到自主经营，自负盈亏”。关于企业自我约束，也是蒋一苇同志一直关心的问题，我体会他提出的“职工主体论”也为的是解决这个问题。企业自我制约是同企业自负盈亏以及企业独立的经济利益联系着的，《企业本位论》强调企业应当具有独立的经济利益，同时指出：“权利和义务是矛盾的统一。讲经济权利，实际上同时也规定了经济责任。企业具有独立的经济利益，并使它和职工的个人利益相联系，就是要求职工对所在企业的经济效果共同负责。”蒋一苇曾说企业自负盈亏即企业职工共负盈亏，认为这种自负盈亏的责任感会加强劳动群众的集体主义思想。这显然有助于形成企业的自我约束机制。

企业“四自”的提法后来在党和政府的文件中明确规定下来了。中共中央《关于经济体制改革的决定》中指出：“要使企业真正成为相对独立的经济实体，成为自主经营、自负盈亏的社会主义商品生产者和经营者，具有自我改造和自我发展的能力，成为具有一定权利和义务的法人。”六届全国人大四次会议通过的《关于第七个五年计划的报告》规定：要“进一步增强企业特别是全民所有制大中型企业的活力，使它们真正成为相对独立的经济实体，成为自主经营、自负盈亏的社会主义商品生产者和经营者”。中共中央《关于制定国民经济和社会发展“九五”计划和 2010 年远景目标的建议》，进一步明确：要“加大改革力度，使大多数国有大中型骨干企业在 20 世纪末初步建立现代企业制度，成为自主经营、自负盈亏、自我发展、自我约束的法人实体和市场竞争主体”。

在企业“四自”问题上的争论早已有之。有的同志曾经认为政企结合是社会主义经济的优点和特点，借口国有经济不能政企分开而反对企业自主经营。那种把企业自负盈亏和企业本位论说成是要把社会主义国有制企业变成资本主义私有制企业的观点，也早有人说过。有的主张国有企业应该是商品生产者和市场主体的同志也反对企业“四自”的提法，甚至用现代企业制度为由来否定这种提法。对此不能不稍加辨析。

“四自”是不是说不同的主体无法组合到一起呢？我认为不是。在这里“四自”的主体都是企业。在传统计划经济体制下，由于政企不分，国有企业就是国营企业，因而企业成为政府的附属物和算盘珠；为了使企业成为商品生产者和经营者，提出了企业“四自”的要求。企业自主经营是针对企业没有自主权而言的。大家记得日本经济学家小宫隆太郎正是以我国企业缺少经营自主权而说中国没有真正企业的。企业自负盈亏是针对政府统负盈亏而言的。企业自我发展则是为了改变企业难以扩大再生产的情况。自我约束的主体也是企业，是为了改变企业只受主管政府机构约束以及不能自我约束的情况。

有的同志说：自主经营和自我约束的主体是经营者，自负盈亏的主体是所有者。这种说法是似是而非的。首先，企业作为商品生产经营者的自主经营权，绝不都是由经营者行使的，因为企业里还有所有者和其他职工以及他们的各种组织，这些个人和组织在企业的经营中都有自己的职责，怎么可以把企业自主经营改为经营者自主经营呢？其次，企业自负盈亏和所有者自负盈亏也是不同的，在传统经济体制下政府统负盈亏也就是所有者的自负盈亏，难道能说那时已实现了自负盈亏？而在社会主义市场经济体制下，企业以其全部法人财产自负盈亏，同出资者以其投入企业的资本额享有所有者的权益和对企业债务负有限责任也是有区别的。事实上，企业自负盈亏除了涉及所有者的利益，还涉及经营者和其他职工的利益，因此也不能把企业自负盈亏说成是所有者自负盈亏。再次，企业的经营者是有自我制约的问题，但是企业自我制约的内涵比经营者自我制约要丰富得多。企业自我制约主要是指企业作为组织的自我制约。有人会说企业不是一个个人组成的吗，除个人自我制约难道还有组织自我制约？诚然如此，作为商品生产经营者的企业，必然解决企业组织的自我制约问题。这也是不能用经营者自我制约来取代的。

是不是提出建立现代企业制度以后不必再提“四自”了呢？我认为也不是。尽管企业“四自”早就提出来了，但是迄今远远未完成任务。我们多年来工作的重点放在企业自主经营上，经过不懈的努力，落实企业经营自主权成绩不算小，但也不能说已完成了任务。企业自负盈亏由于长期没有明确企业法人财产权等原因，实现了的企业极少，甚至可以说长期未提上重要议事日程。企业自我发展不仅要以企业自主经营为前提，还要减轻企业税负使之能够自我积累，这项任务也可以说没有放在重要议事日程上，因而进展甚微。企业自我约束机制也远未建立起来，加上其他原因，不仅企业过去的短期行为依然存在，还出现了大家关心的新的内部人控制失控现象。所以，企业“四自”仍是经济改革面临的既重要又艰巨的任务。其实，在一定意义上，提出建立现代企业制度正是为了能够实现企业“四自”。在这之前，企业改革的指导思想是两权分离，因而在扩大企业自主权、实行经济责任制、实现经营承包制等阶段都未触及产权制度改革，从而不能真正解决企业“四自”问题。提出建立“产权清晰、权责明确、政企分开、管理科学”的现代企业制度，抓住了深化改革的关键问题和主要环节，从而有可能使这一问题得到解决。如果放弃企业“四自”的提法，可能使建立现代企业制度失去方向和目的。

有的同志说，现代企业制度的核心，也是最难处理的关系就是大公司治理结构中所有者和经营者这两种人之间的关系；“四自”的提法恰恰掩盖了这种矛盾，因此会出现两种倾向：或者是所有者任意干预企业经营，或者导致西方理论界所说的“内部人控制”，经营者为所欲为，损害所有者的利益，两者只属其一，或者兼而有之。这种说法也缺乏充分根据。前面我已经说明了为什么企业要成为商品生产经营者必须“四自”，因此企业“四自”的提法是有根据的。说企业“四自”的提法会引起上述两种倾向，实际上是说企业这个名词会引起这些倾向，因为仅仅提“企业”也没有分清所有者和企业经营者啊！如此说来，岂非“企业”这个名词也应废弃。再说，传统体制下没有“四自”的提法，可是也普遍出现了所有者任意干预企业经营的现象，经营者损害所有者的利益的现象也不鲜见，这又该如何解释？事实上，在现代企业制度中，所有者和经营者的关系是要靠公司治理结构及有关的法律制度解决的，这确实不是一件容易的事情。把问题的根源说成是由于什么提法，至少是把问题看得过于简单。还要指出，建立了现代企业制度以后处理所有者和经营者的关系是一回事，尚未建立现代企业制度处理所有者和经营者的关系是又一回事，它们的内涵和意义都有不同。在后一场合，最核心也是最难处理的也许是政企关系，它同所有者和经营者关系纠缠在一起可又不是同一个问题。企业“四自”的提法对解决这里的问题是绝对必要的。

（本文发表于《经济管理》1996 年第 6 期）

现代管理学的发展与回顾

孙耀君

人类有关管理的实践和思想由来已久，如古代的中国、埃及、希腊、罗马等，都有许多关于管理的思想，这些思想以后也不断有所发展。如法国经济学家萨伊在 19 世纪早期，首先明确地把管理与土地、劳动力、资本并列而作为生产的第四要素。但是，现代管理学则基本上是随着发达的市场经济和科学技术的进一步发展而于 20 世纪形成和发展起来的。中国自改革开放以来，在经济和管理方面取得了举世瞩目的成就，这是对现代管理学的重大贡献。但其总结和概括，显然不是本文的篇幅所能完成的，有待专文论述。所以本文不包括这方面的内容。

现代管理学在 20 世纪的发展，基本上可以分成三个阶段：第一阶段，大致自 20 世纪初到 20 世纪二三十年代，科学管理理论形成，现代管理学形成基本框架；第二阶段，从 20 世纪二三十年代开始，人际关系学说和行为科学产生并得到发展；第三阶段，大致上从 20 世纪五六十年代开始，进入了“管理理论的丛林”，各种新理论层出不穷。但这三个阶段并不是截然分开的，不但在时间上有交叉，而且前一阶段的学说和理论，在以后的阶段并未湮灭，而是其中的许多内容被以后的学者所吸收和发展；后面阶段所着重发挥的思想，往往在以前的阶段中已有萌芽和论述。所以，这种阶段的划分，只是表明一个发展的趋向。现代管理科学的发展是一个螺旋上升的过程。

第一阶段：科学管理产生，现代管理学形成基本框架

人类进入 20 世纪，美、欧工业先进国家的生产力和科学技术都有了较大的发展。但是，当时的管理却还相当落后，一般建立在狭隘经验和主观臆断的基础上，缺乏科学的依据。要进一步发展生产，就必须在管理方面有一个较大的突破，这是当时资本主义社会提出的客观要求。另一方面，以往管理思想的发展又为管理的突破提供了思想资料。所以，当时在美、法、德等国几乎同时有科学管理运动的产生，形成了各有特点的科学管理理论（又称古典管理理论或传统管理理论）。由于它们都是以“经济人”的观点对企业管理进行研究，所以被人称为管理思想发展中的“经济人模式”。

这一阶段的主要成就和作出突出贡献的人有以下一些。

（一）提倡科学，反对主观臆断和狭隘经验，明确指出管理的主要目的是提高劳动生产率，并提出了一套原则和方法

在这方面，美国的泰罗（1856～1915 年）最为突出，法约尔、韦伯等人也作出了重大贡献。现在先介绍泰罗。

泰罗在工厂中从学徒工干起，以后被提升为总工程师，对工场作业等问题深有了解。当时美国工人的生产率和工资都比较低，而每周的劳动时间则在 60 小时以上。工人和管理人员对一天到底应该干多少活，如何合理地干活，都心中无数。为了改变这种状况，泰罗系统地分析工人的操作方法和作业所花的时间，提出了一套措施和方法，以后逐步发展成为被称为“科学管理”或“泰罗制”的管理理论。他的主要著作有：《工场管理》《科学管理的原理和方法》《在美国国会众议院委员会上的证词》等。

泰罗指出：科学管理如同节省劳动的机器一样，其目的正在于提高每一单位劳动力的产量，即提高劳动生产率。他并为此提出了许多原则和方法。

他提出的科学管理原则有四条：（1）由管理人员和工程技术人员有意识地搜集和归纳存在于工人中的传统技能和知识，经过实验，设计出科学的操作方法和工具，加以推广；（2）管理人员科学地选择并不断地培训工人；（3）使经过科学的选择和培训的工人同作业的科学方法结合起来；（4）工人和管理人员合理分工，工人从事作业，管理人员从事管理。

作业管理在泰罗的科学管理中占有重要的地位。它有四项原则：（1）高的日作业定额；（2）标准的作业条件；（3）完成作业的工人，按高工资率付给报酬；（4）未完成作业的工人，按低工资率付给报酬。以上四项原则中，前两项属于标准化原理，后两项属于刺激性工资制度。

此外，他还提出了职能化原理和例外原则等。

（二）为管理学提出了总的框架

在这方面，法国的法约尔（1841～1925 年）成就最大，韦伯等人也作出了贡献。法约尔作为一个青年采矿工程师进入法国一家采矿冶金公司工作，以后逐步在管理职位上提升。当公司处于破产边缘时，他出任总经理，并按照自己的管理思想对公司进行了改革和整顿，终于把公司整顿得欣欣向荣。他的著作有：《工业管理和一般管理》《管理的一般原则》《国家管理理论》等。

他与泰罗不同，从早期就参加了企业的领导阶层，并担任企业最高领导达30年之久。他的研究是以大企业为对象的，所以能够提出管理整个企业的理论和方法。这一理论不仅适用于公私企业，也适用于其他各种组织，因而他的管理理论被叫作“一般管理理论”。

一般管理理论的主要论点有以下一些：

1. 管理活动有5项要素

（1）计划。一个良好的计划有以下一些特点：统一性、连续性、灵活性和精确性。（2）组织。它包括组织结构、各种活动和相互关系的规章制度，以及职工的招募、评价和训练等。（3）指挥。其目的是使职工都能做出最大的贡献。（4）协调。企业的一切工作都要和谐地配合。（5）控制。控制就是检验每一件事情是否同所拟订的计划、发出的指示和确定的原则相符合。

2. 管理的原则

法约尔根据自己的管理经验得出了14条管理原则。但他认为，这些原则只是显示他提出的管理理论的一些“灯塔”，并不是固定不变的。这些原则是：（1）劳动分工；（2）权力与责任相当；（3）纪律严明；（4）统一指挥，一个下属人员只应接受一个领导者的命令；（5）统一领导，目标相同的一组活动，只能有一个领导和一项计划；（6）个体利益服从整体利益；（7）人员的报酬应该合理；（8）集中的程度必须随着情况的不同而改变；（9）等级系列；（10）秩序井然，每件东西和每个人在恰当位置上；（11）公平；（12）人员稳定；（13）首创精神；（14）团结精神。

（三）制定了现代管理在组织上的理论和制度

对此作出系统阐述的是德国的学者韦伯（1864～1920年）。他的著作有：《新教伦理和资本主义精神》《社会和经济组织的理论》等。他提出了一套现代管理的组织理论——行政集权制理论。

1. 理想的行政集权制的管理制度

管理意味着以知识为依据来进行控制。领导者应在能力上胜任，应该依据事实而不是主观想法来领导，应遵循以下一些准则：（1）组织中的官员在人身上是自由的，只是在官方职责方面从属于上级的权力；（2）这些官员按照明确规定的职务等级系列组织起来；（3）每一职务都有一个明确规定的职权范围；（4）职务是通过自由契约关系来承担的；（5）官员是以技术条件为依据从候选人中选拔出来的；（6）他们有固定的薪金作为报酬；（7）这个职务是任职者唯一的、或至少是主要的工作；（8）它成为一种职业，存在着一种按年资、成就，或两者兼而有之的“升迁”制度；（9）官员同组织的生产资料所有权完全无关，不能滥用职权；（10）官员从事职务时，受到严格而系统的纪律的约束和控制。

这种类型的组织，从原则上讲，同样适用于各种不同的领域，如盈利企业、慈善性组织、政治组织和宗教组织等。

2. 理想的行政集权制的结构

（1）上层是最高领导层，主要做有关整个组织的重大决策。（2）中间层是行政官员，主要职能是贯彻上级领导层的重大决策并拟定实施方案，将下层的意见和建议反映给上层领导。（3）基层是从事实际工作的一般工作人员。

泰罗、法约尔、韦伯等人，都把企业组织中的人主要看成是“经济人”，严格地用科学方法和规章制度来进行管理。如泰罗的科学管理制度，由工程技术人员设计出科学的操作方法和工具，要工人严格地照章执行，以此来提高劳动生产率。法约尔则从整个企业的角度推行科学的制度和方法，提出了一套管理理论和管理原则。韦伯的行政集权制理论是有关科学地进行组织和管理的理论。它们的共同特点是强调科学性、精密性和纪律性，却很少注意人的因素。

古典管理理论曾一度受到一些人的怀疑，但目前各国管理学界有一种重新肯定和学习古典管理理论的趋势，出现了“回到泰罗去”“重新认识法约尔”“韦伯热”等现象。如德鲁克就提出，“泰罗的最大影响可能是在今后”“不论在发展中国家或发达国家，科学管理理论可能都会产生重大的影响”。

第二阶段：产生了人际关系学说和行为科学，强调管理中人的因素，反对片面强调物的因素

现代管理学中的人际关系学说出现于20世纪二三十年代，以后发展成为行为科学，在20世纪60年代中期又出现了组织行为学的名称。由于它们把组织中的人不是单纯地作为“经济人”，而是作为“社会人”来研究，所以被叫作管理理论中的“社会人模式”。

科学管理把工人主要看成是机器的附属品，是“活的机器”。这样，虽然在提高劳动生产率方面取得了相当的成绩，却激起了工人的反抗，使得企业主感到单纯用科学管理已不能有效地控制工人，提高劳动生产率和利润。有些管理学家和心理学家也意识到社会化大生产的发展需要有一种与之相适应的新的管理理论。这就是人际关系学说产生的时代背景。

（一）人际关系学说

人际关系学说着重研究组织中的职工在生产中的人群关系，研究作为“社会人”的职工及其社会需要的满足等问题。人际关系学说最著名的代表人物是梅奥和罗特利斯伯格。

梅奥（1880～1949年）主持了有名的霍桑试验，为人际关系学说和行为科学的创立奠定了基础。他的著作主要有：《工业文明的人类问题》、《工业文明的社会问题》和《工业中的团体压力》等。罗特利斯伯格（1898～1974年）参加了霍桑试验，同梅奥合作研究达20年之久，是创建人际关系学说的主要代表者之一。他的著作主要有：《管理和工人》（合写）《管理和士气》《组织中的人》等。

1. 霍桑试验

霍桑试验，指从1924年11月到1932年5月在美国西方电器公司的霍桑工厂中进行的一系列试验，这些试验对人际关系学说和行为科学的创立有很大的作用。其中影响最大的有以下几次：（1）电话继电器装配试验；（2）访谈试验；（3）电话线圈装配工试验。

2. 人际关系学说的基本要点

（1）职工是“社会人”。工厂中的职工不是单纯追求金钱收入的，还有社会方面、心理方面的需求。这就是追求人与人之间的友情、安全感、归属感、受人尊重等。梅奥等指出，工业化破坏了促使社会团结的文化传统，造成了“社会解体”。因此，新的激励重点必须放在社会、心理方面，以便人们之间更好地合作，从而提高生产率。（2）企业中存在着“非正式组织”。人们在企业内共同工作的过程中，相互之间发生一定的关系并进而形成非正式的集团或团体。在这种团体中，又形成了共同的感情，进而构成一个体系，即非正式组织。它还包括一些惯例、价值观、准则、信念和非官方的规则。（3）新的领导能力在于通过提高职工的满足度来提高其士气。职工的满足度，主要是指职工对安全和归属等社会需求方面的满足程度。工人劳动生产率的提高与生产条件、工资报酬的变化，只是第二位的关系，最主要的因素是工人的共同态度及士气。而士气又同工人的满足度有关。士气越高，劳动生产率就越高。

以后，许多行为科学在梅奥等人奠定的基础上作了更细致深入的研究。从“社会人”假设发展到“自我实现人”假设和“复杂人”假设等。研究的内容也更为广泛。从研究对象所涉及的范围来看，基本上可分为三个层次，即个体行为、团体行为、组织行为（包括组织同环境的关系）。

（二）关于个体行为的行为科学理论

它主要有两类，第一类是有关企业中人的特性的理论，如“X 理论 – Y 理论”、成熟 – 不成熟理论等。

第二类是关于需要、动机、激励的理论，又分为四种。（1）激励内容理论。主要研究激励的内容和因素等，如人类基本需要等级论，“生存、关系、发展”理论，双因素理论，成就需要激励模式，成就需要理论等。（2）激励过程理论。主要研究从动机的产生到采取行动的心理过程，如期望概率模式理论、公平理论、归因理论等。（3）激励强化理论。强调行为的结果对以后行为的影响，如强化理论等。（4）综合型激励理论。这是把激励的内容、过程、强化三个方面综合起来研究的理论，如波特 – 劳勒期望概率模式理论。

对这些理论我们不可能一一介绍，举几个例子稍作说明。

1. X 理论 – Y 理论

这是麦格雷戈提出来的。他认为传统的管理理论可以叫作“X 理论”。其要点如下：（1）一般人的本性是懒惰的，想尽可能地少工作；（2）他缺乏进取心，不愿承担责任，情愿受人领导；（3）他天生以自我为中心，对组织需要不关心；（4）他本性反对变革；（5）他轻信，不大聪明，容易受骗子和政客的煽动；（6）因此，管理者必须对工人说服、报酬、惩罚、控制。

麦格雷戈把他提出的新的管理理论叫作“Y 理论”，要点如下。（1）人们并非天生就对组织的要求采取消极或抵制态度的。他们之所以会如此，是由于他们在组织内的经历和遭遇所造成的。（2）人们并不是天生就厌恶工作的。（3）人们能积极实现自己参与制定的目标。（4）对目标的参与是同获得成就的报酬直接相关的。这些报酬中最重要的是自我意识和自我实现需要的满足。（5）在适当条件下，人们不但能接受，而且能承担责任。（6）大多数人都具有相当高度的想象力、独创性和创造力，但在现代工业社会的条件下，一般只是部分地得到了发挥。（7）管理者的基本任务是，使人们的智慧潜能充分发挥出来，更好地为实现组织的目标和自己的个人目标而努力。

2. 人类基本需要等级论

这是马斯洛提出的。他把人的需要归纳为互相有关的五大类。按照其重要性和发生的先后次序可排列成：（1）生理上的需要；（2）安全的需要；（3）感情和归属上的需要；（4）地位或受人尊敬的需要；（5）自我实现的需要。以上五类需要，人们并不是都能得到满足的。一般讲来，等级越低的需要，越易得到满足；等级越高的需要，得到满足的比例越小。

3. 成就需要理论

这是麦克利兰提出来的。他认为，人的需要主要有：成就需要、权力需要、情谊需要。其中成就需要的高低对一个人、一个企业、一个国家的发展和成长，起着特别重要的作用。世间的人大致可分为两类：少数人愿意接受挑战，艰苦工作，以便有所成就；大多数人则对取得成就的愿望不是那样强烈。

成就需要高的人具有以下三项特点：（1）他们希望有独立解决问题的工作环境，以便发挥自己的能力；（2）他们在从事某项挑战性的工作以前，往往经过一番考虑，然后再确定一个在他们看来有相当难度，但经过努力能够达到的目标；（3）他们需要有明确的、不间断的关于自己工作成就的反馈，知道自己的工作成就得到了组织和别人的承认。这样能促使他们继续努力，不断取得新的成就。

4. 强化理论

这是斯金纳等人提出的一种理论，又叫作“行为修正理论”。它依据的是强化刺激以加强记忆的一些学习原则。强化指的是对一种行为的肯定或否定的后果（报酬或惩罚），会决定这种行为在今后是否重复发生。

（三）关于团体行为的行为科学理论

它大致可以分为三类：第一类，有关团体动力的理论，包括团体动力学，关于团体规范和压力、团体的内聚力和士气的理论等；第二类，有关信息交流的理论，包括信息交流的重要性和障碍、信息交流的分类、正式信息交流的网络、非正式信息交流渠道、信息交流效率的提高等理论；第三类，有关团体及其成员相互关系的理论，包括社会关系计量学、团体成员相互影响分析法、团体间竞争和冲突等理论。

现简要介绍其中几个例子。

1. 团体动力学

这是卢因提倡的一种理论，它的要点如下。(1) 团体动力学所研究的团体指非正式组织。团体同正式组织互相影响，并共同接受“投入”，提供“产出”。同正式组织一样，团体也有三项要素：活动、相互影响、情绪，这三项要素密切相关。(2) 团体是处于均衡状态的各种力的一种“力场”，叫作“生活场所”“自由运动场所”。团体行为就是各种相互影响的力的一种错综复杂的结合。这些力不仅影响团体结构，而且修正个人行为。(3) 团体的目标。除了正式组织的目标以外，团体还必须有它自己的目标，以维持团体的存在，使团体持续地发挥作用。(4) 团体的结构。这个结构包含正常成员、非正常成员、领导成员和孤立者。正常成员接受并遵守团体的绝大多数规范。非正常成员接受其中的一些规范，而拒绝另一种规范。(5) 团体的领导方式。有三种：专制的领导方式、民主的领导方式、自由放任的领导方式。(6) 团体的参与者。民主的领导方式比专权的领导方式能吸引更多的人来参与。(7) 团体的规模。由于非正式组织的实质在于人与人之间的相互关系和作用。所以，基本团体以规模小为好。

卢因等人还论述了团体的内聚力、团体的规范、团体对变革的反应、变革的过程等。

2. 社会关系计量学

这是莫雷诺创立的，又叫作团体成员关系分析法，是一种分析和计量团体中人际关系的学说和方法。

团体成员的相互关系和相互作用的关键在于彼此的好恶感情。莫雷诺制订了一种由团体成员自行填报的调查表，填报内容为自己对团体中其他各成员的好恶感情，分为“吸引”、“排斥”和“无所谓”三类。然后，依据调查内容绘制“社会关系计量表”和“社会关系计量图”。这些图表不仅可以了解团体中成员之间的相互关系，而且可据以把关系好的成员编在一起，以便提高劳动效率。

（四）关于组织行为的行为科学理论

它大致有四类。第一类，关于领导行为的理论，包括关于领导者品质的理论、领导方式的双因素模式、管理方格法、支持关系理论、团体目标 - 维持关系理论、适应 - 反应理论等。第二类，经理角色理论。第三类，权变管理理论，包括超 Y 理论、伍德沃德权变论、皮尤权变论、劳伦斯权变论、赫里格尔权变论、菲德勒的权变领导模型、雷定的三因素领导效率模型、豪斯的目标—途径领导理论、领导方式连续统一体理论、领导—参与模型理论、领导方式生命周期等。第四类，关于组织的变革和发展等方面的理论，包括卢因的组织变革学说、卡斯特的组织变革学说、沙因的适应循环学说、唐纳利的组织变革模式、敏感性训练、工作生产质量学说、Z 理论等。

现在举几个例子。

1. 支持关系理论

这是利克特提出来的。他认为，管理的领导方式有四种制度：（1）专权的命令式；（2）温和的命令式；（3）协商式；（4）参与式，这是效率最高的管理方式。

为了实行参与式，必须做到以下三点：（1）管理人员必须应用支持关系原则，即领导者要支持下属；（2）应用集体决策和集体监督；（3）要给组织树立高标准的目标。

2. 超 Y 理论

为了验证 X 理论 - Y 理论，有的行为科学家选了两个工厂和两个研究所做实验。其中一个工厂和一个研究所应用 Y 理论，另一个工厂和另一个研究所应用 X 理论。结果，工厂应用 X 理论的效率高，而研究所应用 Y 理论的效率高。他们据此提出超 Y 理论。其要点如下。（1）人们是怀着许多不同的需要加入工作组织的，有的人需要更正规化的组织结构和规章制度，有的人却需要有更多的自治和发挥个人创造性的机会。（2）不同的人对管理方式的要求也是不同的。如上述第一种人欢迎以 X 理论为指导的管理方式，第二种人欢迎以 Y 理论为指导的管理方式。（3）凡是组织结构、管理层次、职工培训、工作分配、工资报酬、控制程度等适合于工作性质和职工素质者，其效率就高；不适合者，其效率就低。（4）当一个目标达到以后，可以继续激起职工的胜任感，使之为达到新的更高的目标而努力。

超 Y 理论是以行为科学中的“复杂人假设”为依据的，而超 Y 理论本身则成为多种权变管理理论的理论基础。

3. 工作生活的质量学说

它主要包含以下四个方面的内容：（1）要满足职工参与管理的要求；（2）要满足职工对工作内容更富有意义的要求；（3）要满足职工在工作和学习两方面轮替进行的要求；（4）要满足职工享有更多个人自主的要求。只有从以上四个方面综合考虑，全面改进，才能使工作生活的质量有大幅度的提高，进而提高劳动生产率。

人际关系学说和行为科学既有值得肯定的也有不足的部分。值得肯定的是，它包含有科学的成分，反映人类社会发展的进步要求，重视人力资源的开发和利用。它们还吸收了心理学、社会学、人类学等学科的科学知识，进行研究，提出了一些调动人的积极性的学说和方法，并在企业中实际应用，收到了相当的效果。

不足的地方是，它们的看法不够全面和科学，过于强调非正式组织而忽视正式组织的重要作用。有些术语的概念还不够确切和一致。各个行为科学家的主张有较大的分歧，还没有形成一个大家公认的严密的科学体系。有些假说和理论还缺乏足够的数据资料和严密的逻辑推理，提法过于泛滥，成了“管理理论的丛林”的一部分。这些都有待于今后进一步的发展和提高。

第三阶段：进入管理理论的丛林，各种学说百花齐放

现代管理学的发展，在 20 世纪五六十年代以后又出现了许多新的理论和学派，形成了盘根错节、争相竞荣的局面。其中有些应属于行为科学，已在前面介绍过了。

下面我们择要介绍几个学派的理论。

（一）社会协作系统理论

社会协作系统理论从社会学和系统论的观点来研究管理理论，把企业中人的相互关系看成是一种协作的社会系统。创始人是巴纳德（1886 ~ 1961 年）。他也是一个长期在企业中工作，有丰富实践经验的人。他的主要著作是《经理人员的职能》。

社会协作系统理论认为，组织是“两个或两个以上的人的有意识协调的活动或行为的系统”。具体讲来，包括以下一些基本概念。（1）组织是由人的活动或效力（即人的行为）组成的系统。（2）组织是一个系统，即按一定的方法进行调节的人的活动和行为的相互关系。（3）组织是动态的和发展的。（4）协作系统有四个组成部分：一是组织，它是协作系统的一个子系统，但起着核心的作用；二是物质子系统；三是人员子系统；四是社会子系统，即一个协作系统同其他协作系统交换效用的系统。

一个组织如果没有效率（指实现组织成员个人目标的程度），就不能吸引、激励、保持其成员。如果没有效力（指实现组织整体目标的程度），组织就不能存在。经理人员必须既维持组织的效力，又维持组织的效率。

正式组织有三个基本要素：（1）协作的愿望；（2）共同的目标；（3）信息联系。

经理人员有三项职能：（1）规定组织的目标；（2）从组织成员那里获得必要的服务；（3）建立和维持一个信息联系的系统。

一个组织必须内部平衡和对外适应。

社会协作系统理论有以下一些特点。（1）古典管理理论把组织和整个管理系统的结构作为研究对象，可以称为是宏观管理理论；人际关系学说把组织成员的个人动机、激励等看作是最重要的因素，可以称为是微观管理理论；社会协作系统理论把上述两者的特点结合了起来，是一种综合性的组织理论和管理理论。（2）从另一角度来看，管理理论可以分为三类。一是技术性的管理理论，如古典管理理论。它所探讨的是从实践中总结出来的各种有关管理的原则和方法，并使之系统化。二是规范性的管理理论，如管理科学理论。它探讨的是"为了达到某个特定的目的，必须采取某种行动"这种规范化原理。三是描述性的管理理论。社会协作系统理论对组织的本质（组织中人的行为）进行描述性的分析和预测，并进一步加以控制，以便改进经营管理。（3）组织中人的行为是由决策和作业两个部分组成的。古典管理理论着重研究其作业部分，阐明最大限度地提高作业效率的各种原理和技术。社会协作系统理论不是把作业，而是把组织的决策过程作为主要研究对象。这在以后西蒙等人的决策管理理论中，表现得更为明显。

（二）决策管理理论和企业行为理论

决策管理理论是西蒙、马奇等人继承社会协作系统理论并加以发展而提出来的。西蒙的主要著作有：《管理行为》《组织》（与马奇合写）《管理决策的新科学》等。马奇是决策管理理论的一个重要代表人物，以后又同赛叶特一起创建了企业行为理论。他的主要著作有同西蒙合写的《组织》、同赛叶特合写的《企业行为理论》等。赛叶特的由要著作有：《企业行为理论》（与马奇合写）《企业的理论：关于市场经济的资源分配》等。

决策管理理论对决策问题特别重视，认为决策贯彻于管理的全过程，管理就是决策。他们把"决策人模式"（即"管理人模式"）作为一种独立的管理模式。

决策过程有四个阶段：（1）搜集情报阶段；（2）拟订方案阶段；（3）选

定方案阶段；(4) 对已选定的方案进行评价的阶段。

信息联系在决策过程中起着重要的作用。与巴纳德不同，西蒙等人对信息传递的非正式渠道更为重视，而把权力机构的正式网络放在次要的地位。

用“令人满意的”准则代替“最优化”准则。对工商企业来说，令人满意的准则就是“适当的市场份额”“适度的利润”“公平的价格”等。

决策有两种技术：(1) 程序化决策技术，主要适用于例行活动；(2) 非程序化决策技术，主要适用于非例行活动。非程序化决策的现代化技术有运筹学和电脑的应用等。西蒙等人通过对人的思维过程的研究，提出了“目标—手段分析法”等决策技术，以及利用电脑的“通用问题解算机”等决策辅助工具。

企业行为理论是马奇和赛叶特提出的，它主要包括四个部分。(1) 企业的组织目标。不能把追求最大限度的利润看成是企业的首要原则。企业应着重考虑以下四个目标：生产目标、库存目标、销售目标、收益目标。(2) 企业的组织设想。可以认为，企业是收集、处理、传递有关环境情报的信息系统。(3) 企业的组织选择，指怎样在企业中选择实现企业经济目标的手段，以及如何规定选择手段的程序。(4) 企业的组织控制，即关于执行企业的组织决策的设想。

此外，索尔伯格还提出一种非理性决策模式。他认为，管理者在作出有关非经济性、非重复性的决策时，往往会采用这种非理性的决策模式。因为，在处理这类新问题（如收购或兼并别的企业）时，没有规章制度可以遵循。

(三) 系统管理理论

系统管理理论，是以一般系统理论为基础的。近代比较完整地提出“系统”概念进行研究并把它引入社会学之中是亨德森。他强调社会是一个工作着的系统，而有机平衡是开式系统的重要特征。以后，贝塔朗菲提出“一般系统理论”这一名称。他在 1968 年发表的《一般系统理论的基础、发展和应用》一书，系统而全面地阐述了动态的开放系统的理论，被认为是一般系统理论的经典著作。他强调一般系统理论属于逻辑和数学的领域，任务在于确立适用于“系统”的一般原则。

韦纳首先提出了“控制论”这一术语，用来指对控制系统的一般规律性的研究。控制论的研究表明，所有的系统都可被设计得能够通过通讯线路来控制它们自己。韦纳开创了对“人－机相互影响”及其广泛的社会意义的研究。

一般系统理论建立后，有的学者把它应用于工商企业的管理，形成系统管理理论，其代表人物有：约翰逊、卡斯特、罗森茨韦克等。

系统管理有四个特点：（1）注重系统的客观成就和客观效果；（2）要求整个系统的最优化，而不是子系统的最优化；（3）对每个管理人员都分配给一定的任务，使其负责，并衡量其投入和产出；（4）以人为中心，每个工作人员都被安排进行有挑战性的工作，并根据其工作成绩来付给报酬。

系统动态学是系统管理的进一步发展，它利用数学模型和电子计算机技术对复杂系统的行为进行模拟和研究。系统动态学是从福莱斯特创立的工业动态学发展来的。

工业动态学只限于分析研究工业企业的行为，以后有人把这种分析问题的方法扩大应用于分析研究社会和经济系统的各种问题，如城市问题、人口问题、环境污染问题，以至全国和全世界的系统动态，于是工业动态学就发展成为系统动态学。

系统管理理论中的许多内容，有助于自动化、控制论、管理信息系统、权变管理理论等的发展。至于系统动态学的建立和发展，及其应用于社会和全球问题的研究，更是值得注意的。

（四）管理科学理论

管理科学理论，又叫作管理中的数量理论，并可看作运筹学（即作业研究）的同义语。它认为，管理就是制定和运用数学模型与程序的系统，用数学符号和公式来表示计划、组织、控制、决策等合乎逻辑的程序，求出最优的解答，以达到组织的目标。

它的主要特点有：（1）从系统观点出发研究各种功能关系；（2）应用多学科交叉配合的方法；（3）应用模型化和定量化来解决问题；（4）随情况的变化而修改模型，求出新的最优解。

管理科学解决问题的七个步骤：（1）观察和分析；（2）确定问题；（3）建立一个代表所研究系统的模型；（4）从模型得出解决方案；（5）对模型和得出的解决方案进行验证；（6）建立对解决方案的控制；（7）把解决方案付诸实施。

管理科学应用的科学方法很多，主要有：盈亏平衡分析（又叫作量本利分析）、库存控制模型、决策理论（如决策树）、计划评审法（PERT）和关键线路法（CPM）、线性规划、运输方法、动态规划、马尔可夫分析、排队论、模拟、对策论（即博弈论或竞赛理论）、概率论、整数规划、目标规划等。

管理科学理论是当代的一种重要的管理理论，如果恰当应用，的确能发挥相当的作用。但它必须同实际情况和管理工作者相结合，才能发挥其应有的作用。

（五）经理主义理论

经理主义理论，又被叫作经验主义学派。他们以向大企业的经理提供管理企业的成功经验和科学方法为目标。其主要研究对象是大企业的管理经验，以便把这些经验加以概括和理论化，传授给企业管理的实际工作者和研究工作者。他们的主要代表人物有德鲁克、戴尔、纽曼、斯隆等。他们的一些主要观点如下。(1) 管理是有关对工商企业中的人进行管理的技能和知识的一个独立领域。德鲁克认为，管理学所研究的“管理”，只同生产商品和提供各种经济服务的工商企业有关。管理学是由管理一个工商企业的理论和实际的各种原则组成的。管理的技巧、能力、经验，不能移植并应用到其他机构中去。管理侧重于实际应用，是一种应用科学，而不是一种纯理论的学科。(2) 管理的任务，主要有以下三项：一是取得经济效果；二是使工作具有生产性，并使工作者有成就；三是妥善处理企业对社会的影响和承担企业的社会责任。(3) 除了一般管理者的职责以外，作为主要管理者的经理，有两项别人无法替代的职责：一是他必须造成一个“生产的统一体”，其生产力要大于各个组成部分的生产力的总和；二是他在作出每一决策和采取每一行动时，要把当前利益和长远利益结合起来。(4) 管理技能，包括作出有效的决策，在组织内部和外部进行信息联系，恰当控制与衡量，正确地应用管理科学和分析工具等。(5) 目标管理，是使管理人员和广大职工在工作中实行自我控制并达到工作目标的一种管理技能和管理制度。它的基本要点如下。第一，企业中的目标，可以分为战略性目标、策略性目标、方案和任务。这些目标分别由企业中的各级管理人员和一般职工来制定。第二，目标管理成功的先决条件是：高层管理人员参加；下级人员积极参与目标的制定和实现；有充分的情报资料；对实现目标的手段有控制权；对由于实行目标管理而冒风险的人，要予以激励；对职工要有信心等。第三，实施目标管理的三个阶段是：制定目标；实现目标；检查和评价成果。(6) 组织结构的类型主要有五种：职能制结构、矩阵结构、联邦分权制结构（即事业部制）、模拟分权制结构、系统结构。

以上我们简要回顾了现代管理学在20世纪的发展轨迹。总的看来，现代管理学是不断向前发展的。而且，随着时间的推移，各种理论越来越多，令人目不暇接，成为孔茨所说的“管理理论的丛林”。其中不乏真知灼见的名著（如巴纳德的《经理人员的职能》），但也有滥竽充数之作。

为什么会出现这种情况，许多学者发表了不少意见。归纳起来，原因不外两点。(1) 随着社会经济和科学技术的发展，出现了许多新现象，如灵活生产、网络经济等，需要新的理论来说明和指导。(2) 早期的管理理论，都是由一些富有实践经验的人提出来的，如泰罗、法约尔以至巴纳德等。但从1950年代中期以来，现代管理学的研究，主要在高等学府中由受过专门训练但缺乏实际管理经验的人来做。这有点像在医学院中学了外科学而从来不曾做过手术的人，却大谈做手术的方案，那就难免造成混乱。其中也不乏有人为了自己的晋升，甚至名垂后世，对别人（包括泰罗、法约尔等）大加贬斥甚至歪曲，自己标新立异，试图独树一帜。这要经过时间的考验，才能分辨出哪些是真正站得住脚的。至于现代管理学今后的发展趋向，恐怕会更加趋向人间性、知识性、科学性、系统性、国际性（如跨国公司的管理）等。

本文限于篇幅，对于许多新提出的学说及今后的发展趋向，未能详加评介，有待专文论述。

（本文发表于《经济管理》2001年第2期）

参考文献

[1] F. W. 泰罗：《科学管理原理》（中译本），中国社会科学出版社，1984年版。

[2] H. 法约尔：《工业管理与一般管理》（中译本），中国社会科学出版社，1982年版。

[3] 唐·赫尔雷格尔、小约翰·瓦·斯洛克姆：《组织行为学》（中译本），中国社会科学出版社，1989年版。

[4] C. T. 巴纳德：《经理人员的职能》（中译本），中国社会科学出版社，1997年版。

[5] 赫伯特·A. 西蒙：《管理决策新科学》（中译本），中国社会科学出版社，1982年版。

[6] 欧内斯特·戴尔：《伟大的组织者》（中译本），中国社会科学出版社，1991

年版。

[7] 陈佳贵:《现代企业管理理论与实践的新发展》，经济管理出版社，1998 年版。

[8] M. Weber, *The Theory of Socialand Economic Organization* (FairLawn, N. J.: Oxforduniversity Press, 1947).

[9] E. Mayo, *Human Problems of anlndustrial Civilization* (Cambridge, Mass: Harvard University Press, 1933).

[10] F. Roethlisbergerand, W. J. Dickson, *Management and the Worker* (Cambridge, Mass: Harvarduniversity Press, 1939).

经济学和管理学：研究对象与方法及其相互借鉴

黄群慧　刘爱群

从理论上明确经济学和管理学的区别，无疑有助于这两门对我国经济改革与发展具有重要意义学科的相互借鉴和各自完善，有助于中国经济学的构建。

一般认为，经济学和管理学的根本区别在于对人性假设和人们相互关系认识的不同，经济学中的近似于"坏人假设"、人们之间的等同关系，管理学中近似于"好人假设"、人们之间的差序关系，导致了两门学科的一系列差异（孙继伟，1998）。然而，这是一个值得商榷的观点。其一，我们不否认经济学和管理学之间有关人性假设的重要区别，但这不是学科的根本区别。所谓独立学科之间的根本区别一般应表现为学科研究对象的不同，对人性假设和人们相互关系认识的不同，只是经济学与管理学研究方法差异的前提；同一研究对象的不同前提假设和研究方法，只会产生同一学科的不同学派或分支，而不应是不同的独立学科。① 其二，不仅经济学和管理学学科之间对人性的假设不同，而且无论是经济学还是管理学，每门学科内部对人性

① 我国经济学界一直存在一种观点，认为企业管理学是经济学的一个分支学科。在我国颇具影响的高校本科权威教材《现代西方经济学》《西方经济学》，就把企业的经营管理方法和经验，诸如行情研究、存货管理、产品质量控制、车间生产流程布局等，归为西方经济学的内容。甚至于个别经济学家根本就不承认管理的独立存在，"我认为'管理水平'是一个很模糊的概念，我甚至怀疑是否有一个独立的'管理'的东西存在（张军，1998）"。与此截然不同的是我国自然科学界对管理学的看法。1996 年 7 月，国家自然科学基金会在原管理学组的基础上成立了管理科学部，使管理学与数学、物理学、化学等自然科学有了同样的学科地位。本文的分析表明，虽然企业管理学应用了很多微观经济学的知识，甚至于可以认为，微观经济学构成了企业管理学的一个基础，但企业管理学是一个独立的学科，而不仅是经济学的一个分支。

的假设也是不统一的，从而形成了每门学科的不同流派或学派。对于经济学而言，虽然理性人假设作为主流经济学的人性假设，得到绝大多数经济学家的认同，但理性人假设不断得到一些经济学家的质疑。凡勃伦、西蒙、凯恩斯、哈耶克等经济学大师都曾对理性人假设进行否定（张雄，1995，PP. 80～90）。科斯则极力主张放弃人是理性的效用极大化这种观点，以实际的制度为出发点，恢复实际的人的显著特点。莱宾斯坦则认为人具有双重性，完全理性的经济人是一种极端的和个别的情况，他提出了X效率理论（弗朗茨，1988）。与经济学相比，管理学的人性假设分歧更大，存在经济人、社会人、复杂人和文化人等诸多假设，演化出众多方法、理论和学派，很难用一个近似的“好人假设”来概括。因而，以人性假设差异是无法区分经济学和管理学的。其三，经济学隐含的人们之间的等同关系，与管理学隐含的人们之间的差序关系的差异，的确存在，但这种差异却隐含着一个更为基本的前提：作为经济学研究领域中的人是独立的，不依附任何组织的行为主体（市场交易主体）；而管理学研究领域中的人一定是某个层级组织内、依附组织而存在的行为主体。由此可以引申出经济学和管理学围绕组织是有研究“分工”的，本文接下来对这种“分工”以及由这种“分工”引起的两门学科研究方法差异研究表明：经济学和管理学围绕企业组织的研究领域分工所形成的研究对象的差异，才是两门学科的根本区别所在。

一 经济学与管理学研究领域的“分工契约”

经济学，按照新古典经济学的通用而简洁的定义，是研究将稀缺的资源分于不同用途的学科，即在给定生产力和资源稀缺的条件下，研究各种产品的相对比例如何在市场上决定。由于资源的稀缺性，每个经济必须解决生产什么、如何生产、为谁生产三个基本的资源配置问题，这正是经济学面临的问题和任务。管理学，虽然至今仍不存在统一的定义，但一般认为是研究管理活动、过程及其基本规律和一般方法，解决管理问题、指导管理实践的学科。而所谓管理，则是指在一定组织中通过计划、组织、控制、指挥、协调等职能充分调动与利用各种资源、协调组织成员的行为，从而以尽量少的投入实现组织目标的活动或过程。从直观的学科定义看，二者各不相同，似乎没有区分的必要，但当两门学科都把研究“目光”集中于企业——当今社会最重要、最普遍的经济组织时，区分的问题也就产生了。[①]

经济学认为，企业作为经济活动的主要的行为主体，其交易行为决定了市场和价格机制的产生和运行，而生产什么、如何生产、为谁生产三个基本的资源配置问题的有效解决有赖于市场和价格机制的有效运行。针对三个基本经济问题，价格或价值理论、厂商理论、分配理论及一般均衡理论形成了主流微观经济学的主要研究内容。[②] 其中，价格理论是微观经济学的核心，它从均衡价格论出发，并加以引申扩展，分别研究个别市场或个别商品的需求及供给问题；厂商理论是价格理论的延伸和扩展，分析一家厂商在不同的竞争条件下的产量和价格是如何决定的；分配理论研究各种生产要素在各种竞争性用途中的分析，总产量在工业部门、产品和厂商中的划分；在单个市场分析的基础上，一般均衡理论分析在市场、市场参与者共同作用下所有市场如何同时达到均衡，并证明在完全竞争市场及其他一些假设条件下，存在稳定的均衡价格体系，使所有市场达到供求均衡，并满足帕累托最优。主流微观经济学的内容，可以用被认为经济学领域中得到最好发展和最具审美合意性的模型阿罗（Arrow）和德布罗（Debreu）的竞争－均衡范式来概括：从可供选用的物品的非常精确的定义开始，假定消费者完全了解物品的所有特性，对物品组合有一个偏好次序，生产者（厂商）服务于消费者，赋有生产可能性集合。然后再加上市场组织范式，所有行为主体都是价格接受者。消费者在支出不超过其收入的条件下，使福利达到最大，从而产生了需求函数。生产者在技术可行的范围内使利润达到最大，这就产生了供给函数。竞争均衡是由需求函数和供给函数决定的一组价格，使所有的市场都出清（泰勒尔，1997，PP. 6～7）。以上分析表明，企业作为经济学的研究对象，在主流经济学中只被作为“黑箱”组织，经济学感兴趣的是其追求利润最大化的行为导致市场均衡的作用和过程。只要企业是追求利润最大化的投入产出组织，至于其内部组织构造怎样，如何有效地进行生产经营，管理运行机制如何，对于经济学而言无关紧要，这并不属于经济学的研究范围。而这些问题

---

① 分析经济学和管理学的区别，显然只有集中于微观经济学（或更为具体地说是企业经济学，如果承认这是一个独立的学科的话）和企业管理学这两门密切相关又分属于经济学和管理学的子学科的研究上才有意义。本文的研究是针对微观经济学和企业管理学的，但在行文中并没有每次都单独指出。

② 一般教科书中把福利经济理论也列为微观经济学的内容，但实际上福利经济学是涉及微观和宏观两方面。

恰恰正是企业管理学所要解决的。企业管理学自泰罗（F. Taylor）开拓性的贡献以来，至今已形成包括管理原理、生产管理学、经营决策、营销管理、财务管理、人力资源管理、信息管理、战略管理等众多分支学科，以及管理科学学派、系统学派、人际行为学派、权变学派等诸多理论流派在内的庞大的知识体系。虽然企业管理学并不具有微观经济学那样的可以用公理化形式表示的理论体系，但企业管理学的知识体系是围绕企业组织生存和发展这一企业管理目标而建立的。也就是说，企业管理学研究的问题是一个具体企业组织的生存手段。企业管理学同样追求效率，但不是社会范围内的资源配置效率，而是研究如何有效配置企业的资源，改进企业的经营管理效率，服务于企业组织目标。分析至此，我们可以这样认为，经济学和管理学在企业问题研究上，达成了一种默契的“分工契约”：经济学站在整个社会经济角度上，研究企业的性质、企业行为对市场价格机制的影响及对经济稀缺资源配置的作用；管理学则站在一个具体企业的角度上，研究如何有效组织、运营、管理一个具体的企业，使企业适应社会经济外部环境，不断发展，实现企业组织的目标。借用系统论的语言可能更能说明这种研究“分工”：经济学关于企业问题的研究，是把企业作为整个经济系统的构成要素，研究企业这个要素是如何影响经济系统运行机制的构成和运行效率、经济系统的整体功能的，因而没有必要过多关注作为系统要素的企业的内部构造及运行问题；对于管理学而言，正如系统管理学派所认为的，企业是一个独立的开放的社会技术系统，整个社会经济是企业系统的环境，管理学研究的是企业系统的内部构成、要素配置、运行机制，以及如何适应系统的外部环境，实现系统的功能，达到企业系统的目标。

值得注意的是，现代经济学和管理学的一些发展，似乎在尝试着突破这种隐含的“研究分工契约”。这些有必要进一步分辨的尝试至少表现在以下两方面。第一，经济学中“企业理论”的产生和迅速发展。20 世纪 30 年代，科斯（Coase，1937）以及伯利（Berle）和米恩斯（Means，1933）等人的开拓性的贡献表明经济学家开始试图打开企业这个“黑箱”，也标志着不同于传统的新古典微观经济学厂商理论的企业理论的产生。但直到 20 世纪 70 年代以前，新兴的企业理论并没有引起经济学家的兴趣。1970 年代，由于微观经济学的基础研究引入了“不完全信息”，才使企业理论迅速发展为一门全新的微观经济学分支。企业理论是近二十多年来成长最为迅速的经济学研究领域之一，以严格数学模型为基础的“信息经济学”“激励理论”

“契约理论”“委托－代理理论”等都可以归属于企业理论领域。企业理论旨在研究企业的本质和界线、企业的资本结构、企业的所有权与控制权的分离和企业的层级组织的内部结构等问题（钱颖一，1989）。由于对这些问题的进行研究，“加深了人们对现代公司或现代企业的认识，以至于人们以为这是管理学的进展，把一些在这方面稍有研究的人看作是企业管理专家”（芮明杰、袁安照，1998，P. 2）。然而，进一步仔细分析可以看出，经济学中企业理论主要关注的是企业的经济性质、企业所有权与控制权的经济含义，即使对企业内部层级结构和激励机制的研究也是服务于这些目标的。关于所有权与经营权分离的现代企业，经济学的企业理论主要服务于企业所有者的利益，研究所有者与经营者的关系；而企业管理学则用于指导经营者的经营管理实践。企业理论的发展虽然把经济学家的目光引向企业内部，但仍然只是停留在企业的性质及企业所有者层次，因而，我们仍可以认为经济学和管理学的“研究分工契约”依然存在。第二，企业战略问题成为经济学中的产业组织理论和管理学中的战略管理共同关注的焦点。现代经济学的发展已突破了适用完全竞争条件的阿罗和德布罗的竞争－均衡范式，开始着重研究不完全竞争市场的运作机制，增加了经济学理论对现实经济的解释力。尤其是研究市场运行的产业组织理论，在20世纪70年代引入非合作博弈方法以后的发展迅速，其在研究企业间博弈行为方面的成果对企业战略分析极富指导意义。同时，由于市场竞争日趋激烈，企业为了生存和发展，更加关注企业外部环境和企业竞争战略问题，企业战略管理也成为企业管理学的重要分支。在企业战略问题上，经济学和管理学的研究目光交织在一起。但这并没有与经济学和管理学的“研究分工契约”相冲突。产业组织理论研究不完全竞争市场下的市场结构、企业间博弈行为和经济绩效，虽然其成果对企业战略分析极富指导意义，其目的却在于为政府制定与企业有关的政策服务，重点是反垄断政策和管制政策，促进有效竞争，提高社会资源配置效率。而管理学对战略的研究则是把企业战略作为研究对象，以企业的生存和发展为目标，探讨企业战略的分析、决策、计划、组织和实施过程。

二　经济学与管理学的研究方法差异

研究方法服务于研究目的和研究对象。经济学和管理学在各自的长期发展中，都形成了自己的独特的方法论。两门学科的方法论差异十分巨大，反映了各自的鲜明学科特色。

经济学的研究方法十分独特，“最大化行为、市场均衡和偏好稳定的综合假定，及其不折不扣地运用便构成了经济分析的核心”（贝克尔，1995，中译本，P. 8）。许多经济学家都以此引以为豪，对经济分析方法津津乐道。贝克尔（1995，中译本，P. 11）认为，“经济分析是一种统一的方法，适用于解释全部人类行为。”但也有许多人对泛经济分析方法持批判态度。西蒙（1988，中译本，P. 18）指出：“经济学家们给经济人赋以一种全能的荒谬理性。这种经济人有一个完整而内在一致的偏好体系，使其总是能够在所面临的备选方案中作出抉择；他总是完全了解有哪些备选的替代方案；他为择优而进行的计算，不受任何复杂性限制；对他来说，概率计算既不可畏，也不神秘。”那么，具体地说，什么是经济分析方法呢？一般经济分析方法分为四个层次或步骤（杨小凯，1998，PP. 5 – 10）。第一层次是把人们决策前的经济环境用数学函数描述，如用效用函数描述人的嗜好和欲望，用博弈论中的博弈规则描述经济制度，用生产函数描述生产条件等。第二层次是决策的比较静态分析，用数学中的最优决策理论分析人的自利行为。第三层次为均衡的比较静态分析，用均衡概念分析不同人的自利行为的相互作用形成的结果。如果在进行第二、第三层次分析时考虑时间因素，则为决策的比较动态分析和均衡的比较动态分析。这三个层次的分析都被称为实证分析，即不对问题做价值判断，只说明在什么条件下出现什么结果。第四层次的分析是与价值判断有关的所谓福利分析或规范分析，研究人们自利行为相互作用形成的结果是否对或有利。这四个层次的研究方法所依据的主要分析工具就是数学。由于数学语言的精确性，借助数学可以降低经济学家之间的沟通费用，数学模型有助于经济学知识的积累。经济学的这种研究方法使经济学与其他社会科学相比，内在逻辑统一，论证严密，知识可积累性强，更符合科学性原则。

与经济学相比，管理学缺乏这种内在逻辑统一的方法论，这决定于管理学的学科目的及管理学研究问题的性质。管理学是一门综合性、强调实用的学科。为了对组织进行科学有效的管理，必须考虑组织内外的多种错综复杂的政治、经济、社会、文化、科学技术、心理等方面因素，针对组织中的各类管理问题，运用经济学、数学、运筹学、工程技术、心理学、社会学、系统工程、控制论、信息论的等多种学科的方法和研究成果，对管理活动进行定性描述和定量分析。这就决定了管理学的研究方法的多学科移植交叉性

(崔援民、黄群慧，1998)。从管理学的发展过程可以更清楚地说明管理学的多学科移植交叉性的方法论特征。管理学发展大致可以划分为如下几个阶段：20 世纪初到 1920 年代末，以泰罗、法约尔（H. Fayol）、韦伯（M. Weber）等人为代表的古典管理阶段，其核心内容是科学管理、管理过程和职能分析、古典组织理论等；20 世纪 30 年代到 50 年代则是梅奥（E. Mayo）人际关系学说及随后发展的行为科学理论支配的阶段；进入 60 年代以后是现代管理阶段，这被孔茨（H. Koontz）在 1961 年和 1980 年的两篇文章中描述为“管理理论丛林”时期；进入 80 年代以后，世界管理学界又掀起企业文化的研究热潮。上述管理学发展过程反映了随着对管理学认识的深化，管理学研究重心的不断转移，而这种转移变化有赖于其他学科理论方法向管理学的移植。古典管理阶段侧重于物、财及组织过程的管理，是以工业工程、经济学方法及社会学为基础的；以人为中心的管理——人际关系学说、行为科学则是建立在心理学、社会学和人类学等学科方法基础之上的；至于现代管理阶段则更是移植了数学、计算机科学、统计学、文化学等诸多学科方法，形成了“管理理论丛林”。最初孔茨所谓的“管理理论丛林”包括六个学派，即管理过程学派、经验或案例学派、人类行为学派、社会系统学派、决策理论学派和数量学派。这些学派的根本差异就是来自不同学科的研究方法的区别。进入 80 年代，孔茨又宣称原来的 6 个学派已发展为 11 个学派，即经验或案例学派、人类行为学派、群体行为学派、协作社会系统学派、社会技术学派、决策理论学派、系统学派、管理科学学派、权变和情景学派、经理角色学派和经营理论学派，并认为所谓学派（school）应叫作方法（approach）更为合适。显然，管理学的这些学派或研究方法，基本都是移植其他学科的方法，单一或交叉使用发展而来的。

三　经济学和管理学的相互借鉴

当着重分析了经济学和管理学的研究领域和研究方法之后，我们有必要说明两门学科的相互依赖关系。上述经济学和管理学在企业问题研究上达成的默契“分工”，显然只是学科理论上的划分，不是绝对的，如同现实中的契约也有所差异一样。有分工，必须有协作，这种理论研究分工的存在绝不会妨碍解决现实企业问题。两门学科知识的综合运用，将会促进我们从不同角度对企业有全面而深入的认识。从学科发展看，经济学和管理学是相互借鉴、互为促进的，一方面，微观经济学作为更一般意义上揭示经济运行规律的科学，它给企业管理学提供基础经济理论支持，管理经济学就是以此为己任的经济学分支；另一方面，对管理学提出的实际问题的研究，有助于经济理论的修正和发展。如西蒙通过对管理性组织的决策过程的研究，提出“有限理性”和“令人满意准则”两个决策理论的基本命题，对微观经济学的基本命题提出了挑战，促进了经济理论的发展。学科间的相互借鉴、互为促进无疑有利于各自的完善和发展。

然而，由于学科性质和研究方法的不同，两门学科之间相互借鉴的程度差异很大。管理学是一门综合性、实践性很强的学科，被认为具有科学性和艺术性双重属性。[①] 其研究方法具有多学科移植交叉的特征。因而管理学是一个开放的知识体系，任何有利于解决管理问题的知识，无论其属于什么学科，都可以被吸收、借鉴到管理学中（当然这是以牺牲管理学自身的科学性为代价的），管理学家对此进行综合创新，促进管理学的发展。因此，管理学吸收、借鉴了大量的经济学知识，甚至完全可以认为企业管理学是以微观经济学为基础的。与管理学相比，经济学崇尚理性，追求科学主义，有自己固有的研究分析方法，任何没有用数学语言表达的知识都难以进入主流经济学并被经济学家所接受。这无疑保持了经济学的纯洁性和科学性，有利于经济学知识的长期积累，但也阻碍了经济学从除数学以外的其他学科汲取营养、学习借鉴相关知识。这应是经济学中较少有管理学知识的原因之一。

经济学为追求形式的科学性，有时是不惜代价的。这一点在经济学对待企业家的研究上很有代表性。在早期的经济思想中，企业家是作为生产、流通、分配过程的关键角色，被认为对经济增长具有决定作用。但随着新古典主义经济学的兴起，企业家在经济理论中消失了。由于新古典主义理论强调完全信息和完全市场，这种市场会进行一切的必要协调，无须企业家的干预，管理和决策变得无足轻重，最具审美合意性的阿罗和德布罗的竞争 - 均衡范式中没有企业家的地位。因而，到 19 世纪末企业家这个术语几乎在主流经济理论著作中消失了（Baumol，1968）。巴雷托（Barreto，1989）曾以一本专著的篇幅对这个现象产生的过程、原因、理论背景等进行了论述，其核心论点是：主流经济理论之所以抛弃企业家，是因为任何把企业家引入主

① 管理的科学性，是指可以通过科学的方法探索管理活动的客观规律，形成可供传授的、用于指导管理实践的理论、方法、知识体系；管理的艺术，是强调其实践性，说明仅靠管理理论和知识不能保证管理活动的成功，还必须依靠在实践中获得的运用知识的能力和技巧。

流经济理论体系的尝试都会破坏理论模型的内在逻辑的一致性。为了追求经济理论体系本身的完美，主流经济学家们把对经济增长具有决定作用的企业家“扫地出门”。但很多经济学家认为牺牲经济学的现实性复杂性、建立经济数学模型、追求经济学研究方法的科学性，从长期来看对经济学的发展更为有利。“正像15世纪化学中的炼金术与当时认真做简单的化学实验相比，前者看似离现实更近，而后者由于不成熟，看似远离现实。但从长远而言，严格的科学方法终将靠数代人的连续有效知识积累，用现代化学替代了炼金术”（杨小凯，1998，P. 11）。

显然，进一步详细研究数学方法与经济学的发展超出了本文的论述范围。但本文从经济学与管理学的研究对象、研究方法差异引申到两门学科的相互借鉴问题，这无论是对经济学发展还是管理学发展都具有重要的意义。一般地说，吸收借鉴其他相关学科的知识，对一门学科的发展至关重要，经济学和管理学都不例外。关于经济学的发展，我们应该有经济学家卡森（M. Cassom）的胸怀，把其置于整个社会科学中考虑。他在为《新帕尔格雷夫经济学大辞典》撰写的“企业家”词条中最后指出（中译本，1992，P. 164）：“对企业家的研究开阔了经济学的视野，不再囿于推导出一组连贯的价格与数量的等式。人类个性方面的因素——如自信——发挥了决定的作用，文化状况影响下性格的可塑性也是如此。因此，关于企业家的理论不是使普通的价格理论走向完整的最后一步，而是使经济理论发展成为更广泛的社会科学整体一部分的第一步。”

（本文发表于《经济管理》2001年第2期）

参考文献

[1] 孙继伟：《经济学与管理学的区别》，《经济学家》1998年第3期。

[2] 高鸿业、吴易风：《现代西方经济学》，经济科学出版社，1998年版。

[3] 高鸿业：《西方经济学》，中国经济出版社，1996年版。

[4] 张军：《国企改革与经济学家的作用》，《中国经济时报》，1998年9月2日。

[5] 张雄：《市场经济中的非理性世界》，立信会计出版社。

[6]〔美〕罗杰·弗朗茨：《X效率：理论、论据和应用》（中译本），上海译文出版社，1993年11月版。

[7]〔法〕泰勒尔：《产业组织理论》（中译本），中国人民大学出版社，1997 年版。

[8] 钱颖一：《企业理论》，载汤敏、茅于轼主编《现代经济学前沿专题（第一集）》，商务印书馆，1989 年 9 月版。

[9] 芮明杰、袁安照：《现代公司理论与运行》，山东人民出版社，1998 年版。

[10]〔美〕加里·S. 贝克尔：《人类行为的经济分析》（中译本），上海三联书店、上海人民出版社，1995 年 4 月版。

[11]〔美〕西蒙：《管理行为》（中译本），北京经济学院出版社，1988 年版。

[12] 杨小凯：《经济学原理》，中国社会科学出版社，1998 年版。

[13] 崔援民、黄群慧：《21 世纪管理学发展与现代管理方法论》，《中国软科学》1998 年第 3 期。

[14]〔美〕哈特：《企业、合同与财务结构》（中译本），上海人民出版社，1998 年 8 月版。

[15] Baumol, W. J (1969), "Entrepeneurship in economic theory", *American Economic Review.* Papers and Proceedings 58. 64 – 71.

[16] Barreto, Humberto (1989), *The Entrepreneur in Microeconomic Theory*: *Disappearance Explanation*, London and New York: Routledge.

[17]〔美〕卡森：《企业家》，载《新帕尔格雷夫经济学大辞典》第一卷（中译本），经济科学出版社，1992 年版，第 162 ~ 164 页。

社会学方法对于企业管理理论与实践的意义

张其仔

管理是一种实践的艺术，而每门社会科学往往只是从一个独特的角度或侧面揭示了现实世界的真理，所以，不同门类的社会科学都只能为管理实践提供一个视角，社会学也不例外。社会学不同于经济学，其最突出的特点就是强调经济现象是嵌入在社会结构之中的，个人与组织行为受结构制约。社会学的这一看法，既代表着一种对现实的解释，也代表着一种构建现实的策略。把这种方法引入管理理论研究中，可以为管理理论提供新的洞见，而在管理实践中运用这种方法，则可以提高管理的效能与效率，扩大管理的策略空间。

一 社会学的方法论

方法论包括两个层面的含义，从其一是看问题的一个角度，如制度经济学就是一个看待经济现象的一个角度。另一个就是技术性的，如时间序列分析，实验经济学方法等。经济学可以视为一种研究方法，经济学强调个人，以个人的行为为分析的出发点，强调个人效用的最大化。社会学的流派众多，每个流派都有自己的视角，但从整体上来说，社会学最具特色的一面就是强调社会的相互作用，强调社会结构对个人行为的影响，经济学假定了理性的个人，社会学则假定了嵌入性。过去强调的是“强嵌入”假定，现在开始转向“弱嵌入”假定。

嵌入性的思想在社会学中古已有之，但嵌入性这个概念却是在20世纪50年代由实体主义经济学提出来的。在那个时期，人类学界发生了实体经济学与形式经济学的争论。争论由波兰艺（Karl Polanyi）发起和领导。波兰艺把人们使用经济这个词的两种意义作了区分，一种是实体的意义（Substantive

Meaning），另一种是形式的意义（Formal Meaning），由此，经济学被区分为实体经济学与形式经济学。

实体主义批评形式经济学假定所有的经济形式都具有共同的内核，忽略了对经济至关重要的因素的历史相对性，如果形式主义所关心的这些因素的存在和具体的社会和历史条件相联系，那么显而易见的是适用于这些因素存在的经济分析方法就不能用来分析这些因素不存在的经济，如形式经济学必须借助价格形成的市场进行分析，而事实上很多经济形态并不存在所谓的价格。波兰艺区分 3 种主要的关系形式，即互惠、再分配与交换，前两者中就不能说存在所谓市场价格。再如经济行动者理性概念也不是所有经济形式都必须具备的因素。实体主义对形式主义的批判是建立在嵌入性命题的基础之上的，嵌入性是实体主义者著作的核心。无论是波兰艺、霍普金斯（Hopkins. T. K.），还是后来的德尔敦（Dalton. G.）、布哈南（Bohannan. P.）和沙林斯（Sahlins. M.）等都强调，没有必要的经济过程赖以存在的社会条件概念，就不可能有合理的经济理论。实体主义强调，经济过程在社会中的被制度化和经济过程嵌于社会关系之中。所以，对于实体主义学者来说，他们必须致力于经济过程嵌入性的机制研究。

在实体主义看来，嵌入性是不可避免的，它是保证经济秩序所必需的。形式经济学建立在理性行动的逻辑之上。这里的理性既不是工具，也不是指目的，而是指工具对于目的的实现是否合理。形式经济学把资源视为稀缺，为了满足需求，行动者必须进行选择。所以，经济行动是一个选择过程。形式经济学把这个选择过程同市场联系起来，所有的商品与服务都从市场上购买，在市场上每一种商品或服务都有自己的价格，所有的收入都来自商品和服务的出售，通过引入市场与价格，形式经济学的需求满足问题就转化为稀缺资源在不同用途间进行分配的问题，转化成求解最大化的问题。

经济的实体主义概念建立在经验基础上，实体经济简单地说就是人与环境的互动的制度化过程（Instituted Process）。这里的“过程”是指位置的变动与比例的变动（Appropriate Movement），位置的变动包括如生产、运输等，比例变动包括商品的易手和处置（Disposition）。经济过程的制度化就是上游一体化和稳定特征的过程，它生产出完成一定功能的结构。过程的一体化（Unity）和稳定却是建立在这种变动之间的相依赖和变动的循环的基础之上的，而社会背景（Social background）是支持各种变动之间的相互依赖性和循环（Recurrence）的力量。所以，人类的经济嵌于制度之中，包括经济的非经济的制度。非经济制度至关重要，宗教、政府对于经济的结构与功能的实施和货币制度、工具等一样重要。①

实体主义还探讨了嵌入性程度的变异。在霍普金斯看来，经济过程嵌入其中的社会安排只是不同层次的社会系统的组成单位，对于不同层次的社会系统来说，这个组成单位的地位是不一样的，如一种经济行动只是经济角色的一部分，经济角色只是组织的一部分，组织又是一个更大的结构的一部分。所以，在不同的层次上，经济与非经济的整合程度有所不同，嵌入性的意义也有所不同。从霍普金斯的分析看，经济过程嵌入于社会关系之中包括下述几种意义。

第一种是以非经济角色从事经济行动，这种形式的嵌入性程度最高，是最大化的嵌入水平。这个水平的嵌入性，其特点是经济行动与非经济考虑完全整合在一起，实际的经济行动依角色的形式进行组织，依这种角色定义的行动的基本价值并不首先指向经济过程。非经济通过角色标准介入经济行动的组织。只能由具有某种宗教信仰的成员才能生产某种特殊的工艺品就是一个这方面的例子。

第二种以非经济组织从事经济活动，从事经济活动的角色是经济角色，但经济角色只是非经济角色的构成部分。这种意义上的嵌入，是一种较低程度的嵌入。非经济因素在经济角色结构化组织层次介入。如按政治角色进行生产组织。

第三种就是非经济因素在经济组织的层次上介入。在这个层次上，非经济因素作为一种结构背景存在，对经济组织的行为起到修正作用。

第四种就是以经济组织从事经济活动，但经济组织与非经济组织一起介入共同的价值系统。这种水平的嵌入性是相对去嵌性（Relative Disembeddedness）。在这个水平，经济组织以经济为导向，非经济因素介入极少，只在下述意义上经济与非经济因素才被整合：它们介入了共同的价值系统，定义角色的要素。②

1985 年美国的新经济社会学家格兰诺维特（Mark Granovetter，1985），在《美国社会学杂志》上发表《经济行动与社会结构：嵌入性问题》的文

---

① 参见 Karl Polanyi，"The Economy as Instituted Process，" *The Sociology of Economic Life*，Mark Granovetter，Richard Swedberg，eds，pp. 29 – 50，（Westview Press，1992）.

② 参见 Alan Jenkins，"Substantivism as a Comparative Theory of Economic Forms，" *Sociological Theories of the Economy*，Barry Hindess，eds，pp. 66 – 91，（The Macmillan Press Limited，1977）.

章，再次提出嵌入性问题，并从嵌入的角度出发对交易成本经济学提出了批评。后来他在《经济社会学的解释性问题》的文章中对此作了进一步的阐释。格兰洛维特提出的嵌入性概念是一种弱嵌入性（Weak Embeddedness）概念。

对待经济与社会关系存在两种对立的立场。一种立场就是社会关系对理性的、自利的行为影响极小，就是零嵌入性立场。另一种立场就是强嵌入立场，主张经济行动与经济制度完全受社会关系的宰制，不得独立运作。社会学家、人类学家、历史学家在处理原始社会、非市场社会时，通常采取强嵌入性立场，对待市场社会、资本主义社会往往采取零嵌入立场，认为随着原社会、非市场社会走向市场社会，经济具有了自主性，经济行动开始脱离社会关系的影响，进入零嵌入时期。格兰诺维特对上述两者都不同意，他提出了不同于强嵌入性与零嵌入性的弱嵌入性概念。弱嵌入性概念不同于以上两者，一方面它承认经济嵌入于社会关系之中，另一方面它还承认经济过程的自主性。所以，弱嵌入性实际上就是部分嵌入性。从弱嵌入性立场来看，一个社会向现代的转型，并没有改变嵌入性水平。原始的、非市场社会的经济嵌入社会关系的水平比起持强嵌入性立场的学者要低，现代社会经济对社会关系的嵌入水平比起持零嵌入立场的学者要高。这正是新经济社会学的嵌入性概念与波兰艺的嵌入性概念的不同之处。

弱嵌入性概念一方面指出了结构对行动者的制约，另一方面不把行动者当成结构的奴隶，既非原子主义立场，也非结构主义的立场，它给结构与行动者都留下了作用的空间。对待个人与结构的问题上一直存在着两种对立——社会化不足与过度社会化的对立。霍布斯（Thomas Hobbes）曾提出过一个难题。他在谈论人的自然本性时，认为在人类的天性中能发现3种造成争斗的原因，第一是竞争，第二是猜疑，第三是荣誉。第一种原因使人为了求利、第二种原因使人求安全、第三种原因则使人为了求名誉而进行侵犯。在第一种情形下，人们使用暴力去奴役他人及其妻子儿女与牲畜。在第二种情形下则是为了保全这一切。在第三种情形下，则是由于一些鸡毛蒜皮的小事，如一言一笑、一点意见上的分歧，以及任何其他直接对他们本人的蔑视，产生直接对他们的亲友、民族、职业或名誉的藐视。根据这一切，霍布斯让我们看出，在没有一个共同权力使大家慑服时，人们便处于所谓的战争状态之下。这种战争是每一个人对每一个人的战争。[①] 霍布斯描述的这种

① 霍布斯：《利维坦》，黎思复、黎廷弼译，商务印书馆，1996，第94页。

每个人对每个人的战争，人们通常把它称为“霍布斯难境”。在这种难境中，格兰洛伍特认为霍布斯所持有的关于人的观念是一种“社会化不足”(Undersocialization)的观念。[①] 此时，社会不可能获得秩序。

在提出这个难境的同时，霍布斯还提出了解决方案。在他看来，作为一个自然人，他们有倾向和平的激情，这种激情出自对死亡的恐惧，对舒适生活所必需的事物的欲望，以及通过自己的勤劳取得这一切的希望。于是出于人的理性，人们相互间同意订立契约，放弃个人的自然权力，把它托付给一个人或一个组织，这个人或集体能把大家的意识化为一个人的意识，能把大家的人格化为一个人的人格，大家服从他的判断，服从他的人格。通过这种形式社会就产生了秩序。格兰洛维特把在这种秩序之下的人称为“过度社会化”。过度社会化的人会自然而然地达成某种秩序。

上述两种立场同样存在于经济学之中。主流经济学家长期以来把社会因素排除在外，这种立场始于李嘉图，到经济学中的边际主义革命，取得了决定性胜利。这种立场实际就是社会化不足的立场。另一种立场重视社会因素影响的研究，把社会因素的影响看成是行动者机械地自动地遵循习惯、规则，而不管行动是否理性。这种立场与上面所讲的过度社会化概念接近。

但无论是社会化不足还是过度社会化，格兰诺维特认为二者都是原子主义。社会化不足忽视社会因素对个人的影响，其原子化的特征自不必言，过度社会化的观点表面上看起来强调社会因素对个人的影响，但是由于过度社会化概念强调社会因素被个人内化，强调社会因素完全内化为个人头脑与身体之中，到头来社会关系只起到边缘作用。过度社会化的结果同样是不见了社会因素。格兰洛维特的嵌入性概念既反对社会化不足的概念，也反对过度社会化的概念。他指出行动者既不可能脱离社会背景采取行动、做出决策，也不可能是规则的奴隶，变成社会的编码，相反行动者在具体的动态的社会关系制度中追求目标的实现。所以，弱嵌入性概念，并不完全否定社会化不足，也不完全否定过度社会化，而是主张两者的相互支持，主张个体与结构二者之间的融合、互动。[②] 个体自我并没有完全汩没于种种关系之中，相反，个体有广阔的社会空间和心理空间自主地行动。个体的行动或多或少地受固

---

① Mark，Granovetter，“Economic Action and Social Structure：The Problem of Embededness，” in *AJS* Volume 91 Number 3，November 1985，p. 483.

② Mark，Granovetter，“Economic Action and Social Structure：The Problem of Embededness，” in *AJS* Volume 91 Number 3，November 1985，p. 487.

定的身份和责任规定之外，有相当的自由决定是否同他人发生人为的关系。自我乃是一个积极主动的实体，他能够为自己，为他人构造角色，在建构个人关系网时享有行动的自由。①

二 社会学方法在企业管理理论研究中的应用

社会学方法对于企业管理来说，并非一个全新的领域，运用社会学方法研究和分析管理问题，在企业管理理论中已有很长的历史，关于这个方面的广为人知的例子就是管理学中的人际关系学派、组织行为学派和社会协作学派。这三个学派都运用了社会学的方法分析人的行为和组织的行为。

人际关系学派是最早运用社会学方法研究管理的管理学理论，它产生的依据是霍桑试验，其基本要点有3个。第一个要点是，职工是社会人。梅奥等人反对当时流行的古典管理理论关于职工只是追求高工资的“经济人”的假设，提出职工是“社会人”，必须从社会系统的角度来对待之。他们依据霍桑试验的成果指出，职工不是单纯追求金钱收入，还有一种社会方面、心理方面的要求。这就是追求人与人之间的友情、安全感、归属感和受人尊重等。因此，必须从社会、心理方面鼓励工人提高生产率而不能单纯从技术条件着眼。第二个要点是，企业中除了“正式组织”外，还存在着“非正式组织”。非正式组织相互依存，对生产率的提高有很大的影响。第三个要点是，新的领导能力在于提高职工的满足度。企业管理人员要同时具有技术——经济的技能和人际关系的技能。

人际关系学说创建以后，在企业和其他组织的管理中发挥了一定的作用，这方面研究大量出现，特别是第二次世界大战以后，许多心理学家、社会学家、人类学家同管理学家一起积极进行研究，并从各个方面丰富了人际关系学说，并在此基础上产生了运用社会学视角研究分析企业管理的理论，如组织行为学派、社会系统学派等，这些理论研究的内容与人际关系学派有所不同，但都秉承了人际关系学派的基本理念。②

20世纪70年代，社会学兴起了一个新流派，就是网络分析学派，这个学派不仅能真实地体现社会学的基本假定，而且还发展了一系列的分析工具

---

① 金耀基：《中国社会与文化》，牛津大学出版社，1993，第9～10页。

② 孙耀君：《西方管理思想史》，1987，第849～852页。由于这些流派国内已较为熟悉，所以，这里不详述。

与技巧，企业管理研究中的网络分析学派正在形成与发展之中。①

网络分析的源流可以追溯到二次世界大战以后英国的社会人类学。英国的结构功能主义以网络描述社会结构，但结构功能主义的真正兴趣在于探究文化如何规定人的行为。这种规范分析（Normative Analysis）对有界群体（Bounded Group）内的研究是有效的，但不能研究跨群体的各种关系。为了研究这种跨界关系（Cross Cutting Ties），20 世纪 50 年代，一些人类学家如拉达尔（S. F. Nadel）、伯尼斯（J. A. Barnes）开始系统地发展网络概念。他们把网络定义为联系跨界、跨社会的社会成员的一种关系。特别是二战后一些人类学家在研究移民问题时发现需要网络分析工具。他们发现，这些移民不但在城市中形成了强力的支持关系，而且和他们的家乡保持着强烈的联系。网络跨越了部落、居住和工作场所的界限。1954 年，伯尼斯用“社会网络”（Social Network）去分析挪威一个渔村的跨亲缘和阶级的关系。在此研究中，网络概念不但使他精确地描述了村庄的结构，而且在解释诸如获得工作和政治行为上比规范概念（Normative Concept）更为有用。不久后，波特（Elizabeth Bott）第一次发展出网络结构的明确测量工具——结（Knit），现在称为密度（Density），从而引起了社会科学家的广泛注意。

很多美国的社会学家在英国的人类学家研究关怀从质的研究转到网络形式的时候，就开始关心诸如网络中的关系形式是否影响社会制度的运行。美国的社会学家深受齐美尔（G. Simmel）的影响。他的著作二战后被译成英文，只是美国的学者更加关心从他著作中引申出来的如社会的规模和关系交互作用的形式是如何制约人的行为和影响二元交换（Dyadic Exchange）的。这种研究多少受到了当时在美国占主导地位的结构功能主义的鼓舞。英国人类学家著作的传播进一步推动了美国社会学界中结构分析兴趣的增长，不但研究范围扩大了，而且大量地增加了定量分析的内容。早期的社会计量学家以网络图代表小群体间的人际关系，并把数学中的图论引入社会关系的研究中。但这种方法只适用于极少量如二人、三人等关系的研究，一旦研究的人数超过十几人，图形中的点和线就会变得十分复杂，从而失去了简明性的优势。结果是随着研究范围的扩大，社会学家开始运用矩阵研究社会网络。矩阵的引入不但为研究社会中更多成员间的关系提供了可能，而且有利于研究

① 管理学中的网络分析学派是笔者对运用社会网络分析方法与理念进行管理分析与操作的一个称谓，既有的管理学思想研究中并无此流派的介绍，但网络分析的思想正在进行管理理论与操作中却是无可怀疑的事实。

中计算机的应用。到20世纪70年代中期，“网络分析的国际网络”得以形成，网络分析日益成为社会学中有影响力的领域。网络分析已经日益成熟，一批分析网络的模型和软件开始建立起来，为直接分析结构提供了技术工具，为模式化社会结构和直接研究社会结构提供了可能，一种新的研究范式——结构分析方法得以最后形成。① 目前网络分析在西方社会学界已经很有势力，从事网络分析的一批社会学家，已经十分积极地对一系列重要的经济现象展开了研究。美国的网络分析大师哈里·怀特还积极推动从事网络分析的学者进入商学院。越来越多的网络分析专家开始进入商学院，运用网络分析工具从事企业管理的研究，其影响也日益广泛，出现了一批将网络分析应用于企业管理的著作，如伯特（R. Burt）的《走向结构行动理论》《结构洞》，贝克（Wayne Baker）的《巧妙地建立社会网络》《社会资本制胜》等。

网络分析法，为企业管理研究提供了一些新的很有特色的视角，根据维尔曼（Barry Wellman）的研究，这种方法包括5大基本特征。

1. 结构化的社会关系较社会成员的特点是社会学解释更有力的源头

社会学研究中存在一种把社会结构和过程化约为个体行为者特性集合的理论取向。罗纳德·伯特把它称为原子社会学。这种社会学分析个体的特性，然后把具有相同特性的个人划入同一个类型。这种方法尽管目的是要研究社会结构，但由于方法论上的个体主义特点，使它忽视社会结构和个人间的关系，引起了下述一系列问题。

（1）把每个社会成员看成结构上相互独立的单位，不存在模式化的联系。相反，个人同个人之间的联系是一系列的随机联系（Random Linkages）。

（2）分析集中在个人所具有的特性上，把结构现象如社会阶级当作了个人品质。

（3）许多分析家比较品质的总体类型的相关性和分布，如建立个人的社会经济地位同投票行为之间的相关关系。

（4）分析者相信类型间的联系是真实的，而不是一种假集合。他们相信，寓于同类型的个体会以相似的方式行动。

（5）把跨群体、跨类型的联系当作一种边际联系。

（6）把分析者推向把个体行为作为受规范指导的现象处理。

---

① S. D. Berkowitz, “Afterword: Toward a Formal Structure Sociology,” in Barry Wellman, S. D. Berkowitz, eds, *Social Structures*, (Cambridge University Press, 1988), pp. 487 - 489.

（7）规范的解释导致分析者去探讨类别成员间的共同的、被预订的行为。

结构分析不同，它认为，应该研究社会关系而不是个人的品质。社会成员应根据他们联系方式的不同而分为不同的类别，个人应通过相同的结构化位置（structural location）组成群体，而不是靠相同的类别化成员性（equivalent categorical memberships）的方式组成群体。

2. 规则源于社会关系结构体系中的位置（Location）

主流社会学家把个人当作被动地以和他内化的规则相适应的方式行动的个体。这种处理方式使分析者关心个人行为的总体动机，最终是心理的而不是社会学的特性。他们把社会整合当作一种规则状态。如杜尔凯姆就十分注重集体意识，把原始社会作为一种享有共同价值的社会。

结构分析不同。它把动机的解释留给心理学。它最先追求的不是解释关于人们应该如何做的规则，而是力图解释人们或集体实际如何行动的规则。他们把规则当作结构位置的结果而不是原因。

3. 社会结构决定二人关系的运作

在研究社会关系时，很多学者把二人关系作为分析的基本单位而不关心网络中其他关系的特点和它们之间是如何相互适应的。结构分析则认为，只有在结构的背景下才能理解二人关系。社会的结构特性决定了二人关系运作的形貌，绝大多数个人是在社会结构创造的框架中选择伙伴的，如亲缘群体、工作场所、邻里等。一旦发生关系，社会结构同时影响各种资源在特定关系中的配置。因此，个人不但没有完全自由地选择伙伴关系，而且关系的维持也跟二人关系附之于上的社会结构有关。二人关系只是作为社会结构的一部分才是有意义的。

4. 世界是由网络组成的，而不是由群体组成的

结构分析并不排斥对群体的研究，但它并不假定分析应从把社会划成数个群体如资产阶级和无产阶级开始，它也不假定联系紧密的群体是大范围体系联结的基础。结构分析从网络开始，但它既可以分析没有形成群体的网络，同时也可以分析组成群体的各种网络，具有较大的选择余地和较大范围的适应性。

5. 用结构分析代替和补充了个体方法

网络分析对于社会学理论的最重要贡献就是用结构方法替代和补充个体方法。主流的社会学家广泛采用的统计方法把个人作为一个独立的单位处

理。方法论上从个体主义到结构分析的转化提出了发展新的关系分析方法要求。分析的单位被重新定义一个关系而不是个人。①

网络分析法是社会学方法的最典型的实现形式，在管理理论研究中，运用网络分析法，将为管理理论引进一些新的元素，补充新的要素，从而有助于管理理论的丰富和发展。

三 社会学方法的导入与管理的策略空间

把社会学方法引入管理理论研究会得出用其他的方法得不出的结论，从而为管理学理论的大厦增加新的洞见。把社会学方法引入到管理实践中，由于在它一定意义上反映了社会现实，所以，对于提高管理的效率和效力有着十分重要的作用。这是从管理者被动地适应现实的角度得出的结论，但社会现实与自然现实不同，它包含了人的能动性，至少部分是可以能动地被构建的。从社会现实是能动地被构建这个角度分析，把社会学方法导入管理之中，代表的是一种构建现实的策略。从把社会学方法导入管理代表的是一种管理策略选择角度来说，社会学方法具有扩展管理策略空间的作用。

管理的内涵十分丰富，每个人、每个学派对管理都有着不同的理解，但实现人与人、单位与单位之间的合作，无疑是管理的最重要的任务。运用社会学方法进行管理，其中心内容就是要建立跨“域”的联系，在不同域之间协调其策略。由于有了跨域协调的可能性，参与人的决策空间随之扩大，以前因缺乏这种关联而不可能产生的新制度现在则有可能出现。② 在管理中引入社会学的方法可以实现无它就难以实现的合作。

假定有行动者集合 A_i，其行动的空间分为经济空间与社会空间。经济空间为实现经济动机的空间，社会空间为实现经济动机的空间，他们之间的关系由此区分为两种形式，社会关系和经济关系，社会关系是为了实现非经济动机的关系，是一种发生于社会空间的博弈，经济关系是为了实现经济动机而建立的关系，为发生于经济空间中的博弈。在这两种关系中，经济过程就嵌入于社会背景之中，我们把它简称为嵌入性，对于 A_i 和 A_j 来说，我们称之

① Barry Wellman, “Structure Analysis: from Method and Metaphor to Theory and Substance,” in Barry Wellman and S. D. Berkowitz, eds, *Social Structures* (Cambridge University Press, 1988), pp. 40 – 47.

② 青木昌彦：《比较制度分析》，上海远东出版社，2001，第 212 页。

为相互间存在嵌入性。并把这种嵌入性称为关系性嵌入。

从博弈的角度如何描述这种嵌入呢?

假定只有两个行动者 A_i 和 A_j，他们进行博弈时有两种选择，合作或欺骗，他们在社会空间中一次性博弈的支付矩阵如表 1 所示，C、D 分别代表合作与欺骗。在社会空间内一次性同时移动的博弈用 S 表示，无限次重复博弈用 S^{∞} 表示。A_i 和 A_j 在经济空间内进行博弈，每个行动者同样存在两种行动选择，合作（C）与欺骗（D），一次博弈的支付矩阵如表 2 所示。如果不存在嵌入性，博弈次数为确定的有限次，根据逆推法，和都会选择欺骗。

表 1　社会空间的一次性博弈支付矩阵

A_I			
		C	D
A_J	C	∂^*，∂^*	$\underline{\partial}$，$\bar{\partial}$
	D	$\bar{\partial}$，$\underline{\partial}$	0，0

其中，$\bar{\partial} > \partial^* > 0 > \underline{\partial}$，$\underline{\partial} + \bar{\partial} = 2\partial^*$

表 2　经济空间的一次博弈支付矩阵

		A_J			
		C		D	
A_I	C	ω^*,	ω^*	$\underline{\omega}$,	$\bar{\omega}$
	D	$\bar{\omega}$,	$\underline{\omega}$	0,	0

其中，$\bar{\omega} > \omega^* > 0 > \underline{\omega}$，$\underline{\omega} + \bar{\omega} = 2\omega^*$

考虑每一局中人知道博弈将重复一固定次数的情况，考虑局中人给予最后一轮实施之前的推理，在此时，每个人都在认为他们在进行一次性博弈。由于在最后一次移动后没有没有下一次，双方都将选择背叛。

现在考虑最后一次之前的移动。这里，似乎使每一局中人重视合作，以便能在最后的博弈中进行合作，但是，当最后一次博弈来临时，局中人将选择背叛。因此，双方都相信其他局中人将在最后移动中背叛，现在的合作并不能改变最后一次博弈双方的选择。同样的逻辑也只用于倒数第二次，第三次……所以，根据逆推法，在知道固定重复次数的重复囚徒困境中，每一回合的纳什均衡将是背叛。

假定每个行动者对对手的行动历史完全了解，有完全信息，A_i 和 A_j 在经济空间中的博弈就不仅仅取决于此类博弈中的支付矩阵，而且还取决于双方在社会空间中的博弈支付矩阵。假定社会空间中的博弈为重复的无限次博弈，在这个博弈中的战略为一函数序列，它表明每一局中人在一特定阶段是否合作或背叛，是作为此阶段之前博弈历史的函数。重复博弈中的赢得是每一阶段赢得的折现和。从表1看，社会空间的博弈，如果双方选择合作，每一方在T时刻获得赢利 ∂^*，他的赢得在无限次重复博弈中就是 $\sum_{t=1}^{\infty}\partial^*(1-r)^{t-1}$，这里，r为折现值。局中人在社会空间中的博弈采取合作策略的条件是：

$$\sum_{t=1}^{\infty}\partial^*(1-r)^{t-1} \geqslant \bar{\partial} \tag{1}$$

如果社会空间中的博弈与经济空间中博弈没有联系，也就是不存在嵌入性，社会空间中的博弈不会影响经济空间中的博弈。如果存在嵌入性，两者就会相互影响。假定社会空间中的博弈先移动，此时经济空间内局中人的策略选择将如何呢？假定是一次性博弈，如果不存在嵌入性，此时，局中人都将选择背叛，引进嵌入性，合作完全有可能变为纳什均衡，只要下列条件满足：

$$\sum_{t=1}^{\infty}\partial^*(1-r)^{t-1} \geqslant \bar{\omega} \tag{2}$$

四 结语

社会学方法从嵌入性的角度分析个人行为和组织的运作。它和经济学相比，是从社会结构的背景下来关注经济议题的和企业管理的，这个角度是否比经济学的方法更为正确呢或者说比经济学方法更为有效呢？不能一概而论。如我们可以设想，存在经济与社会两个领域，从逻辑上说，两者存在多种关系，一种就是完全分立，各不相关；一种就是完全重叠，还有一种就是部分重叠，两者的关系可以表示为一种连续谱。很显然，完全重叠时，以社会学为分析和操作的出发点没有问题，完全分立时，这个出发点就应让位于经济学，部分重叠时，这个出发点和经济学的出发点一样存在着局限性。由于任何一门学科都是对现实的抽象，都或多或少地忽略了现实中的一些未必不重要的因素，因而与现实相比，难免会存在这样或那样的局限性，但重要的是必须记住，那些没有包括进来的东西至少可能同包括进来的东西一样重要。运用社会学方法进行管理，通过构建跨域之间的联结可以拓展管理的策略空间，但这种策略的运用并非有百利而无一害，它会增加变革的难度，使局部改革变得极其困难。

（本文发表于《经济管理》2005 年第 2 期）

参考文献

[1] Karl Polanyi, "The Economy as Instituted Process," *The Sociology of Economic Life*, Mark Granovetter, Richard Swedberg, eds, (Westview Press, 1992).

[2] Alan Jenkins, " Substantivism as a Comparative Theory of Economic Forms," *Sociological Theories if the Economy*, Barry Hindess, eds, pp. 66 – 91, The Macmillan Press Limited.

[3] 霍布斯：《利维坦》，商务印书馆，1996 年版。

[4] Mark, Granovetter, "Economic Action and Social Structure: The Problem of Embededness," in *AJS* Volume 91 Number 3, November 1985, p. 483.

[5] Mark, Granovetter, "Economic Action and Social Structure: The Problem of Embededness," in *AJS* Volume 91 Number 3, November 1985, p. 487.

[6] 金耀基：《中国社会与文化》，牛津大学出版社，1993 年版。

[7] 孙耀君：《西方管理思想史》，陕西经济出版社，1987 年版。

[8] Wellman, S. D. Berkowitz, eds, *Social Structures* (Cambridge University Press, 1988), P. 487 – 489.

[9] Barry Wellman, "Structure Analysis: from Method and Metaphor to Theory and Substance," in Barry Wellman and S. D. Berkowitz, eds, *Social Structures* (Cambridge University Press, 1988), pp. 40 – 47.

[10] 青木昌彦：《比较制度分析》，上海远东出版社，2001 年版。

[11] 张其仔：《新经济社会学》，中国社会科学出版社，2001 年版。

管理学发展模式的现代性、超现代性与后现代性的论争

罗　珉

随着知识经济时代的到来和新技术革命的发展，建立在工厂化背景下的管理学向着什么方向发展的问题已经成为管理学发展的重要课题。进入新世纪，管理学发展的焦点已不再是20世纪60～80年代“管理理论的丛林”（The Management Theory of Jungle）的理论流派之争，而是现代性、超现代性与后现代性之争。现代性、超现代性与后现代性之争的核心是管理学未来的发展方向和发展模式问题，它直接关系到管理学在21世纪的发展与演变。

从某种意义上说，现代性（Modernity）、超现代性（Hyper-modernity）与后现代性（Post-modernity）是一种属性，但这种属性与管理、组织等实体、过程、关系和运动结合，就构成了现代管理学（Modern Management）、超现代管理学（Hyper-modern Management）和后现代管理学（Post-modern Management）。由此，今天的管理学研究领域中出现了坚持管理学的现代性、超现代性与后现代性三种不同的发展模式，形成了持续学派（Continuing School）、超现代学派（Hyper-modern School）与后现代学派（Post-modern School）三大学派并存的格局。

一　现代管理学的持续学派：寻求对已有的管理理论进行适当的修正

在管理学研究领域，现代管理学始终是围绕着“人—组织—技术”以及它们之间的关系来进行建构的。不过，对这三个要素排列的顺序以及它们之间关系的认识不同，就形成了现代管理学“丛林”的各个理论流派。

管理学的现代性，其核心内涵最集中地体现在西方管理启蒙思想中。其

主要内容是指近代以来发展资本主义工厂制度造就的现代组织，以及按照其价值观、组织目标、组织结构、管理机制和管理原则确立的以人为主体中心的理性主义、个体主义与集权主义等基本价值，即西方管理启蒙思想所强调的科学精神和人文精神。

寻求对已有的管理理论进行适当的修正，一直是现代管理学各个理论流派对管理学发展模式的基本选择。这些理论流派主张管理学应当坚持对科学主义范式的追求，认为管理学可以通过时间的隧道，使管理理论缓慢地、自然而然地、平稳地取得根本性进步。管理学发展模式应当是坚持管理学发展的现代模式（Modern Model），通过对已有的管理理论进行适当的修正，可以对超现代学派的不确定性与不可逆性以及后现代学派的“非理性”与多元化范式进行消解。管理学界一般将持这种观点的学者称为持续学派，这是今天居主流地位的学派。

持续学派的重要观点是，管理学追求的终极目标始终是对科学、效率和效能的追求，主张通过在理性基础上吸收人本主义范式的内容来消解互联网的发展和新经济对管理学发展的冲击。西方管理启蒙思想所强调的科学精神和人文精神在后工业社会的环境下，仍然是有价值的。因此，管理学发展问题的核心是如何在现代管理学的理论框架下对其进行适当的修正，使其适应后工业社会环境。

现代模式建立在两种支配性论断的基础上：一是建立在泰罗主义或是新泰罗主义的科学主义范式基础之上。泰罗主义倾向于强调确定性、稳定、有序、均匀和平衡，过程具有可逆性（Reversibility），科层制度的“永恒不变”、内部稳定的等级制和人性的 X 理论的假设。各种假定都是以这样的基本信念为中心的，即相信在某个层次上组织及其管理是简单的，而且被一些时间可逆的基本定律所支配。因而，管理学既具有普遍性原理的适用功能，又具有对未来的预言功能。二是建立在人际关系学派的人本主义范式基础之上。人本主义范式以新康德主义（Neo-Kantianism）、现象学（Phenomenology）、诠释学（Interpretation）等哲学思潮为理论基础，强调管理学与自然科学的差异，认为组织及其管理现象的本质是人的主体精神的外化或客体化，是“精神世界”和“文化世界”。因此，认识组织及其管理现象不能用反映的方式，更不能用自然科学的方法，唯一可行的是“理解”“感受”“分析”或“解释”。管理学研究对象是“一种个别的、仅仅一度发生于一定时间内的事件”，它只能运用“个别化方法”去进行研究。

这两个支配性论断可以看成是管理学启蒙范式的核心，现代管理学不断地在对这个启蒙范式进行修正和改善，修正的目的就是使它更加名副其实。今天这种启蒙范式仍然在不断地影响着管理学的发展。这种情况引起了亨利·明兹伯格、美国阿莫斯·塔克商学院（Amos Tuck Business School）布坎南讲座荣誉教授詹姆斯·布莱恩·奎因、美国哈佛大学教授罗伯特·G. 埃克尔斯等人的忧虑。明兹伯格等人（Mintzberg et al.，1998）提出用理性与直觉的结合来取代现代管理的理性范式；奎因（Quinn，1980）则主张管理学发展模式的合理的逻辑渐进主义（Logical Incrementalism）；埃克尔斯等（Eccles et al.，1994）则主张用生物学隐喻来取代理性范式的机械论隐喻，管理学界一般把他们归为后理性主义（Post-rationalism）。

持续学派主张管理理论应当缓慢地、自然而然地、平稳地取得根本性进步。这种进步表现在系统管理学派用开放系统取代古典管理学的封闭系统；用肯尼斯·J. 阿罗（Arrow，1951）的有限理性（Bounded Rationality）取代古典管理学的理性主义；用赫伯特·A. 西蒙（Simon，1960）的“管理人”与合理化或是满意解取代古典管理学的“经济人”和最大化或最优化；用动态均衡取代古典管理学的静态均衡；用团队管理范式取代高度科层化、严格的等级层级、规章制度和非人性的、正式的关系的科层制组织范式；以垂直整合组织形式的解体和组织灵活性的日益加强，大型组织缩小规模，合同承包越来越多被采用作为特征，将组织分散为更具自主性经营单位的“后福特主义”（Post-Fordist）组织结构模式来取代大规模提供标准化产品以及控制市场的“福特主义”（Fordist）生产方式，以包含了自主性、知识工人、授权、扁平型组织结构、有机体、员工自我控制、任务导向等概念的“基于知识的，本质上是自我传导的”组织范式（Drucker，1988）取代传统泰罗主义的“他组织”或“被组织”范式，等等。

我们在表1中总结了现代性范式的演变中管理学现代性的启蒙范式与管理学现代性的修正范式之间的差异，这有助于我们更好地把握现代管理模式的发展情况。

表1　现代性范式的演变

现代性的启蒙范式	现代性的修正范式
封闭系统	开放系统
科层制组织范式	团队管理范式

续表

现代性的启蒙范式	现代性的修正范式
理性主义	有限理性主义
最大化或最优化	合理化或是满意解
理性决策	尽可能地理性，或者运用后理性主义
线性思维	循环思维或因果思维
静态均衡	动态均衡，动态平衡
科学方法	科学性与艺术性
逻辑	逻辑和直觉
数量化	在可能的地方进行量化
组织及其管理的刚性	组织及其管理的柔性
福特主义	后福特主义

二　超现代学派：抛弃任何连贯的理论

以美国管理学家汤姆·J. 彼德斯为代表的超现代学派主张接受超现代性所带来的危机，抛弃任何连贯的理论和任何重要的陈述。而使管理学转向追寻汤姆·J. 彼德斯的路线，改追求卓越为在混沌中求发展，通过建立一种认同感来承认非理性、不确定性、偶然性和瞬时性的价值，不断地破坏所有的障碍和藩篱，用解放型管理学和追求标新立异来取代现代模式。

所谓的“超现代”（Hyper-modern），可以理解为“高度现代”，它是指广泛存在于组织及其管理实践中的偶然性、随机性、非理性和不确定性。不确定性并不排斥确定性，不确定性中包含着确定性，或者说不确定性是绝对的，确定性是相对的。因此，超现代学派强调超现代模式是现代模式在知识经济时代的一种新面孔和一种新发展方向。英国牛津大学管理学教授维尔莫特（Willmott，1994）认为，面对超现代性带来的危机，所有的管理学权威和管理学范式都变得漏洞百出，甚至滑稽可笑。

超现代学派的兴起是与社会经济的发展密切相关的。信息技术的革命、互联网的发展和新经济的兴起，催生了企业组织经营模式的变革，使原有的建立在工厂化背景下的现代管理学理论显得不适应了。“过去曾假定为稳定的、可预测的环境已不存在，需要将混沌当作一种既定的条件，学会在混沌之中求生机”（Peters，1988）。要适应未来竞争的需要，管理学必须摧毁确定性和时间可逆性在管理学范式中的主导地位，建构管理学理论的新范式。

如果说现代管理学的特点是需要管理事物和人，超现代管理学的特点则是需要处理复杂性和混沌。美国马萨诸塞州立大学管理学教授戴维·L. 利维（Levy，1994）认为，超现代管理学隐含的管理含义是："通过把产业理解为复杂系统，经理们就能改善决策，就能找出创新的解决办法"，超现代管理学是"用来说明产业的动态演变和随从人员间复杂相互作用的一个极富有前景的框架（Promising Framework）。通过把概念化产业（Conceptualizing Industries）视作混沌系统，便能开掘出大量的管理涵义（Managerial Implications），对混沌系统来说，长期预测几乎是不可能的，重大变化的发生是不能预期的。由此可以得出，灵活性和适应性对组织的生存是基本的。不过，混沌系统展示出一定程度的有序性，它能使短期预测成为可能，并且有可能辨别出内在的样式（Underlying Patterns）。"

抛弃任何连贯理论和任何重要陈述的思想来源于汤姆·J. 彼德斯。1982年，汤姆·J. 彼德斯和小罗伯特·沃特曼（Peters and Waterman，1982）出版了轰动世界的《追求卓越》（*In Search of Excellence*）一书，这本书把高生产率归功于个体企业的特质。但汤姆·J. 彼德斯（Peters，1988）在《混沌中的生机》（*Thriving on Chaos*）一书中已经改变了这个观点。彼德斯的核心思想是："没有卓越的企业"。因为《追求卓越》所描述的多数企业的运营都不再是处于平均水平之上。换言之，他最初的理论是一个失败，《追求卓越》中所提到的企业的成功看来都是偶然的。

几年之后，汤姆·J. 彼德斯（Peters，1992）又写了一本题为《解放型管理》（*Liberation Management*）的书。这本书是管理学自诞生以来争议最大的一本著作，持续学派认为该书思路混乱（Jackson，1995），是在把管理学引向一条不可知的不归之路；而超现代管理学者却认为，该书是自管理学诞生以来最好的一本著作，是超现代的理论宣言。彼德斯在这本书中提出了言之较易，却行之极难的迈向优质管理的两个步骤：一是为组织设定明确的任务或目的；二是给人们实践和失败的机会。通过允许失败，员工们将找到获得成功的新方法，这又是为他们自己，也是为了整个组织。他认为，我们告别了命令和控制的时代，迎来了一个"好奇、创造力和发挥想象力的新时代"。

爱尔兰管理学家查尔斯·汉迪（Handy，1989）在谈到抛弃任何连贯的理论这一问题时说："我们过去习以为常的东西开始动摇，未来的形态就掌握在我们这些雕塑者手中，我们为自己而雕塑未来。"

超现代学派认为，今天西方现代管理学的学术危机来源于一个世纪前的选择。这种选择强调脱离语境的文本和脱离综合的分解。这种方法只教人们解构世界，却不教人们如何将解构了的世界整合复原。萨姆·E. 奥维曼（Overman，1996）认为："传统的社会科学方法是否能处理今日管理所面临的复杂而不确定的问题呢？科学逻辑和方法与管理理论和实践的结合，既不太多且成问题，科学探索的过时模式已减缓了我们前进的步伐！混沌和量子理论复杂性为新科学提供了有价值的隐喻与方法，连同自组织概念，耗散结构和动力学复杂性向下世纪的管理研究议程提出挑战。"

超现代管理学范式主要集中于对组织及其管理实践中广泛存在的不确定性和复杂性问题的研究，在研究中引进协同论（The Synergetics）、耗散结构论（Dissipative Structure）、突变论（Catastrophe Theory）、分维论（Dimensions Theory）、分形论（Fractal Theory）、超循环论（The Hypercycle）、混沌论（Chaos Theory）和模糊论（Ambiguity）等前沿学科的理论，力图在超现代旗帜下开展的复杂性范式的各项研究取得突破。这些研究对整个管理学所产生的震撼，丝毫不小于20世纪早期的科学管理（Scientific Management）和人际关系学说（The Human Relations）。

这一方向的研究首先从根本上改变了偶然性与不确定性的地位。从管理学成为一门独立的科学以来，偶然性与不确定性一直被认为是来自组织外部的扰动，应该避免或忽略不计，即使是对它有所考虑，至多是"为必然性开辟道路"。现在，人们已经认识到，偶然性、不确定性与确定性一样，都是客观存在。在一定的条件下，确定型系统也会表现出不确定的行为，即随机的、原则上无法预测的行为，这就是混沌。汤姆·J. 彼德斯（Peters，1988）指出："混沌理论向人们熟知的管理知识提出了挑战，也向传统的管理实践提出了挑战。"

随着深入地研究，人们发现，对不确定性和时间不可逆性探索的旅程将会越发艰难，留给我们的将是更多的疑问，而不是解决之道。管理学范式向不确定性（Uncertainty）和时间不可逆性（Irreversibility）方向转变，既富暗示性，也具有现实性。不确定性明确表示，管理学范式不能通过短时间的分析而找出解决企业组织及其管理问题的灵丹妙药；而时间不可逆性表明，管理学并不具备整体的可预测功能，只有局部的预测功能。

三　后现代学派：挑战二元论的理论和实践

后现代学派的选择就是要寻找一种激进的后现代模式（Post-modern Model），挑战二元论的理论和实践。后现代思潮表达了人类对管理学发展状况的不安和焦虑，以及对一个更为合理的物质和精神世界的渴求。所谓的后现代性，是指西方管理理论的发展状态、管理实践、管理机制与组织文化在知识经济时代的重大变迁、转折。现代与后现代并非是截然分开的两个阶段，后现代性无疑是隐藏在现代性中的一部分，“后现代总是隐藏在现代里，因为现代性、现代的暂时性自身包含着一种超越自身、进入一种不同于自身状态的冲动。……现代性在本质上是不断地充满它的后现代性的”（利奥塔，1997）。

事实上，后现代理论观点早在20世纪80年代已经开始进入组织及其管理领域（Clark，2000），但严格地说，直到20世纪90年代中期，这种对于现代管理学基础的严重挑战或所谓的后现代管理模式才得以出现，并形成了对当今西方现代管理学的强烈冲击和回响（Boje and Dennehy，1994；Boje et al.，1997）。

后现代学派认为，客观的、公正的管理学认识论基础是不存在的，事实和知识是一种科学理性的权威产物的观点应当受到质疑，人们应当认识到在认识论上存在着相对性和复合性。既然我们对世界的看法不再存在毋庸置疑的固定基础，笛卡儿关于认识者与认识物的二元论观点就被这样一种观点取代：管理学知识是随组织及其管理的演化而发展的。

后现代管理模式的核心是消解、破坏和批判现代管理思想，尤其是科学主义模式的思想和方法。主要表现为对管理的理性主义和管理的普遍主义的否定，反对用单一的、固定不变的逻辑和公式来阐释和衡量现实世界，在方法论上反对管理学研究的独断论和实证技术方法的霸权。主张方法论的多元化（Diversification）和差异性（Differentiation），主张对所有的权威和不同学派奉行怀疑主义，对那种二元论模式的影响也要进行怀疑（Willmott，1994）。

严格地说，后现代管理学并不是一个新的时代，而是要重写现代管理学所代表的某些特征。应当看到，在那些严谨的源流思想家那里，并没有一场“后现代管理学”对“现代管理学”的革命召唤，也没有以后现代管理学替代现代管理学的宏伟纲领。事实上，这些后现代管理源流思想家之间有不小的差异，有些甚至是相互对立的。他们各自从不同方面对管理启蒙以来的管理理性主义传统提出了不同性质的问题，有些是建设性的，有些是挑战性的、解构性的和颠覆性的，但其中没有任何一位管理学家把自己的理论视为彻底瓦解这一传统的“思想武器”，也从未声称能够全面取代管理理性主义在组织及其管理等各个方面的实践。

后现代学派的目的是要动摇管理实践与解释之间的那种习以为常的推导关系，特别是20世纪初以后发展起来的现代管理理论与实践，解构以各种管理原则、管理方式和技巧及其隐含的人际关系准则来确立管理学应包含的世界观的思维方式。后现代学派的管理学家高举反传统、反权威的旗帜，力图颠覆和解构现代管理学的理论体系。

后现代学派强调，组织及其管理的每一个对象，它所处的环境或包括主客体关系在内的“关系”，以及它的由来或“记忆”，都不是相同的，不具有明确的边界或时段，对它们的研究都有各自的环境和游戏规则。因此，管理学的普遍性特征并不存在，管理的普遍性理应受到挑战。

后现代学派认为，管理问题中更具有特性的问题是组织及其管理并不是“存在”的，它是不断发生和演化的，因而把始终处于高度变化的组织及其管理问题归纳成科学概念的可能程度是相当有限的；因为在人类从事管理活动的每一个阶段，新的东西总在发生，这些东西是从前从来没有过的。我们的确需要一种理论来帮助我们处理这些问题，但我们无从相信、也无法相信它会成为一种完美的理论。这是因为管理学作为历史科学的性质决定了它是不完美的。从一个较长的时间来看，管理学不是“静止”的，而是不断演化发展的。所以，管理学不像自然科学，而更像历史科学。管理学的概括，仅仅是人类管理活动历史的说明和其理论的逐步呈现，每一个步骤只是对具体发展阶段中所认识到的真理的概括。没有一个理论，也没有一批这样的理论能够称作是终极性的。

后现代学派的管理学家认为，事物并没有固定的本质，人们的认识绝不可能只找到一个确定的阿基米德支点（Archimedes' Fulcrum）。后现代模式把管理理论当作“话语”（Discourse），这些话语因历史而变化，因语境而变化，它不可能超出语言之外从某一实体那里获得它的意义，它们之间是不可通约的（Incommensurable）。

从某种意义上说，后现代管理模式是一种反传统的人本主义，其方法论则将人性与科学、竞争与协作看成是互补的整体，力求对其进行整合，并用伙伴关系和信任机制取代企业之间的对抗、规则与人性的对立、厂商与顾客的对立，以及竞争对手之间的相持。这种思维方式颇似中国古代哲学的“天人合一”“和而不同”的思想。

在后现代管理学家眼中，现代管理学的“知识”根本就不能称为“真理”，而是“信息知识”，它只有与特定文化背景下的具体管理问题相结合才具有知识和真理的特性；“事实”根本就不是“事实”，而是“迹象”，它是那些使用它们的人所赋予的意义。由于不同的人在不同的文化背景下对同样的“事实”赋予不同的意义，所以，现代管理学除了在“暂时稳定”和“在使用中不断构造”[①] 的意义存在之外，一个不可避免的结果就是持续而长久的含义不明确。因此，后现代模式并不否定现代模式的价值和用处，而是在现代模式中寻找“合理性”，这不是为新的思维和行动寻找坚实的基础，只是寻找一种“合理的”出发点。

后现代学派强调，管理学的性质具有两个特征：一是强调管理学是历史科学，而不是逻辑的、整体的，也不是分析的、定性的和定量的；二是管理学者进行管理学研究的身份不是观察者（Observer），也不是观察者身份的参与者（Participant-as-observer），而是以参与者或以参与者身份的观察者（Observer-as-participant）来进行管理学研究的，其角度是认为组织的概念和边界是研究者与实际操作者共同建构的行为空间，有关组织的概念和边界的知识本身就是社会建构的产物。

四　结束语

不可否认，管理学当前占主导地位的思维方式正在显现出致命的缺陷。人们正在认识到，在很多重要的组织及其管理实践方面，传统管理学的理论已经不能很好地对其进行解释了。

我们对组织及其管理的了解具有局限性，包括人、组织的构成，自然和社会环境在内的所有的复杂性动态系统在本质上具有的不确定性，还没有完全被我们认识，我们还没有完全揭示组织中人的选择和目标的多样性。

---

① 托马斯·S. 库恩用的是“在使用中不断构造”的说法，而组织行为学的主要代表人物美国哈佛大学教育学和组织行为学詹姆斯·B. 科南特讲座教授克里斯·阿吉里斯（Argyris，1992）用的是“使用中的理论”（Theories-in-use）这个词，二者具有异曲同工之妙。参见：Argyris，Chris，*On Organizational Learning*（Oxford，Massachusetts：Blackwell，1992）pp. 216～217。

今天，管理学发展的历史背景和动力因素也不同于过去。随着知识经济时代的到来和新技术革命的发展，建立在工厂化背景下的管理学向着什么方向发展的问题，已经成为管理学发展的重要课题。这需要我们不断地站在历史和今天两个不同的角度，从系统整体的视角出发，关注管理学的发展模式与发展方向。

（本文发表于《经济管理》2006 年第 4 期）

参考文献

[1] Arrow, K. J., *Social Choice and Individual Values* (New York: Wiley, 1951).

[2] Clark, P., *Organization in Action: Competition between Context* (London and New York: Routledge, 2000), p. 7.

[3] Drucker, P. F., "The Coming of New Organizations," *Harvard Business Review*, 66 (1/2) (1988): 45 –55.

[4] Eccles, R. G., Nitin Nohria and James D. Berkley, *Beyond the Hype: Rediscovering the Essence of Management* (Cambridge, Massachusetts: Harvard Business School Press, 1992).

[5] Handy, C., *The Age of Unreason* (London: Century Hutchinson, 1989).

[6] Overman, S. E., "The New Science of Administration: Chaos and Quantum Theory and Method," *Public Administration Review*, 56 (9/10) (1996): 487 –491.

[7] Peters, T. J., *Thriving on Chaos: Handbook for Management Revolutions* (New York: Alfred P. Knopf, 1988).

[8] Peters, T. J. & Robert H. Waterman, Jr., *In Search of Excellence: Lessons from America's Best Run Companies* (New York: Harper & Row, 1982).

[9] Peters, T. J, *Liberation Management: Necessary Disorganization for the Nanosecond Nineties* (New York: Alfred P. Knopf, 1992).

[10] Quinn, J. B., *Strategies for Change: Logical Incrementalism* (Homewood, Illinois: Irwin, 1980).

[11] Simon, H. A., *The New Science of Management Decision* (New York: Harper and Row, 1960).

[12] 包亚明:《后现代性与公众游戏——利奥塔访谈、书信集》，上海人民出版社，1997 年版。

人力资本与组织资本互动的管理学体系

范　徵

一　问题的提出

经济学家与管理学家一直在探索企业竞争力的命题。Prahalad（1990）的核心能力（又译核心竞争力）理论值得关注。虽然之后各学派关于核心能力的内涵、外延界定不尽一致，但基本都在不同程度上涉及了企业的知识资本。

人力资本是企业知识资本的首要载体。然而，在一个自由的社会中，人力资本只能被租用，不能被占有。一个富有竞争力的企业的“人”与“知识”应该是分离的，企业不仅仅是一个经济的实体，还应是一个知识的实体。于是“结构资本”或“组织资本”的概念被提了出来，指的是员工下班后企业仍存留的东西，是工作时间之外还存在于公司内的资产。它是支撑企业人力资本创造财富的基础设施，被盖茨称为“公司智商”，它是企业真正的竞争力之所在。

然而，企业的组织资本并非多多益善，组织资本的累积会呈现出一定程度的刚性，进而阻碍人力资本的发挥与发展。于是，企业竞争力的核心便在于其人力资本与组织资本间的良性互动机制与模式的探索。

因此，知识资本管理的根本目标与整个管理的目标是一致的。通过持续开发相关利益人的价值，形成组织的长期生存能力。知识管理提供了一个新的透镜，通过它可以观察组织及管理过程本身。

二　现有相关命题研究评述

基于核心能力的企业人力与组织资本的良性互动机制与模式的探索，涉及战略管理、知识管理等管理学、经济学知识范畴，相关领域研究综述如下。

1. 战略管理范畴核心能力的研究

已深入知识资本范畴。范徵在此基础上构建了“基于知识资本的企业核心能力”理论体系。本文人力与组织资本的互动研究将是上述基础研究的继续，并深入应用领域。

2. 企业的知识资本

并非多多益善，只有具有价值创造、可延展性、难以模仿和自学习性的知识资本及其整合才构成企业的核心能力。因此，人力与组织资本的互动研究的实质命题即是探求基于核心能力的富有竞争力的组织资本，目前关于此方面研究还基本是空白。

3. 关于知识管理的研究

基本上沿用知识管理领域两位最具影响力的日本思想家（Nonaka & Tskeuchi，1994，1995）所采用的知识分类，即围绕显性、隐性知识展开论述。事实上，他们后来的研究已提及这个分类过于笼统。介于其间的若显若隐知识（如流程、结构、关系等知识）与企业竞争力的联系更为密切。许庆瑞、陈劲等的研究也涉及了，但没有见到有系统的成果出版。本文将突破这个分类体系，采用本我、自我、超我三知识的转换体系展开论述。

4. 新管理学构架体系

目前管理学构架体系沿用的基本是占主导地位的 Koontz 的管理职能体系（计划、组织、人事、领导控制等），以及 Donnelly 的管理应用体系（组织、人、运营）。这些老旧的构架很难回答日新月异的管理实践提出的新问题，于是中外管理学者纷纷进行了新的探索。其中，芮明杰《管理学：现代观点》综合了诸多管理新研究，Magretta 的《什么是管理》更是打破了这个体系，将管理学纳入了“设计”与“执行”两大范畴，让人感觉耳目一新。但是，还是没有见到围绕管理的核心——人力资本与组织资本的互动机制展开的论述体系。

基于此，本文将从人力资本与组织资本的互动出发，探究基于核心能力的知识资本管理机制，从而探索管理学的新构架体系，从本质上揭示企业培育公司智商的内在机制与根本规律，丰富企业自主创新、管理创新的理论基础与实践指导。

三　知识分类矩阵及其发展

知识是指所有与工作活动有关的，并可以被学习的智慧产品，包括工作输出、经验总结、理论成果、时间安排技术、技巧、人际沟通技术、管理技术、思维定式、心理体验等，是组织核心竞争力的资源库。可以从以下两个维度对知识进行分类。

1. 存在论角度

企业的知识或者存在于个人层次，或者在企业组织成员之间分享。前者称为个人知识，后者称为共有知识。个人知识为个人所拥有，可以独立应用于特定任务或问题的解决。个人知识也是可以转移的，随着个体的移动，引起了这类知识保持和积累方面的潜在问题。共有知识是企业的累积性知识，储存在企业的规则、程序、惯例和共同的行为准则中，可以指导企业解决问题的活动和企业成员之间的交互活动。共有知识代表着企业组织的记忆，可以保存在企业的知识库中，或者由于企业成员之间的交互而处于流动状态。共有知识可以大于或小于个人知识之和，这取决于个人知识转化为共有知识的机制。

事实上，知识的存在形态并不仅限于个人拥有知识和组织共有知识两种，组织又可进一步分为团队、组织和企业间。因此，可以将知识分为：（1）个体知识：群体中的个人所拥有的知识；（2）团队知识：为完成某一任务或达成某一目的的个体组合所拥有的知识；（3）组织知识：拥有较完善管理系统的个体组合所拥有的知识；（4）组织间知识：组织与重要客户、供应商和竞争对手之间的知识。

2. 认识论角度

从认识论的角度基于知识的复杂性分析，著名管理大师 Polanyi 对知识进行了明确的分类：显性知识与隐性知识。显性知识是那种能用正规的语言明确表达，可以用语言或机器编码压缩成几个简单的符号，易于在人与人之间传递的知识；隐性知识是指那些根植于个人经历中的个人知识，它包含如个人信仰、观点、本能和价值观等无形因素，隐性知识难以被编码，适合通过面对面、同步传递的模式传播。

虽然从概念上可以将知识区分为显性知识和隐性知识，但在实践中这两类知识不是彼此分离的。Nonaka 将隐性知识定义为模拟知识，将显性知识定义为数字知识。并指出，隐性知识还包括两个层面：一是“技术”层面，包括非正式和难以明确的技能或技艺；二是更重要的“认知”层面，涉及信念、领悟、理想、价值观、情感及心智模式等。第二个层面始终影响着我们对周围世界的感受方式，但往往被认为是天经地义、理所当然的事情。

基于此，本文对知识的分类做进一步的补充，借用弗洛伊德（Freud）的用语，本文认为，在个人、团队、组织、组织间这 4 个层面上，知识分别有 3 种表现形式：超我知识、自我知识、本我知识。

（1）超我知识。相当于显性知识的那一部分，它可以独立于知识主体而存在，是组织知识中最易于转换和共享的那一部分，它易于编码和文本化，便于学习和模仿。

（2）自我知识。它是相对于隐性知识“技术层面”或“若显若隐”的那一部分，它是个人或组织在工作和学习过程中不断积累的经验和技能，需要选择恰当的渠道和方式实现它的转换，它不能独立于知识主体而存在，不易编码和被模仿。

（3）本我知识。它是比自我知识更深层次的“认知层面”内容，它是知识主体在长期学习和工作过程中逐渐形成的潜在知识（如心智模式等），是一种不可言传而只能意会的知识，也可能是一种与生俱来的天生的才能，不易被模仿和转移，只能通过长期的潜移默化的形式实现在知识主体间的转换。

四　“人力→组织资本”的管理矩阵与实现方法

人力→组织资本的最终目的是实现个人、团队和组织间知识向组织知识的转换，从而提高组织的智商，增强组织的可持续竞争力。图 1 显示了知识在个人、团队、组织和组织间 4 个层面上的 3 种不同表现形式。

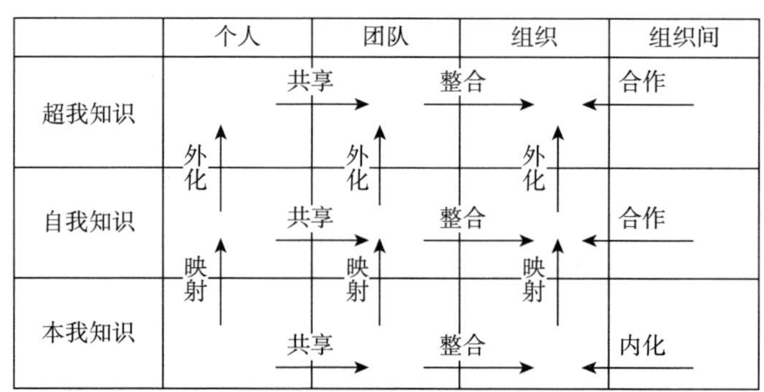

图 1　组织中的知识转换矩阵

超我知识、自我知识、本我知识在个人、团队、组织和组织间的转换过程如图 2、图 3、图 4 所示：

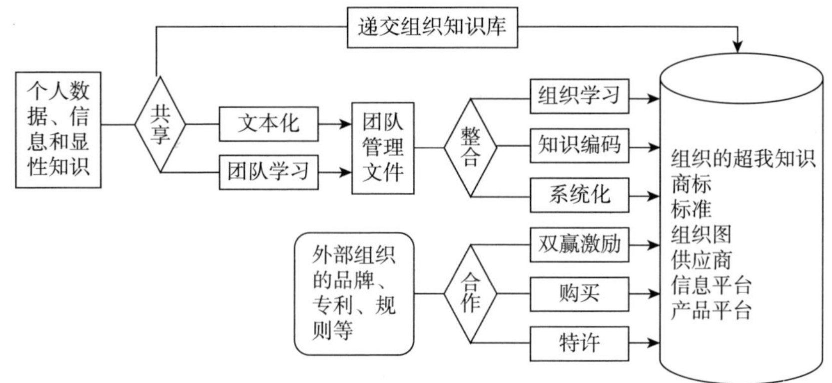

图 2　超我知识在个人、团队、组织和组织间的转换

资料来源：钟俊元著《个体智力资本向组织资本转化的机理、模式与机制研究》，浙江大学，2002。

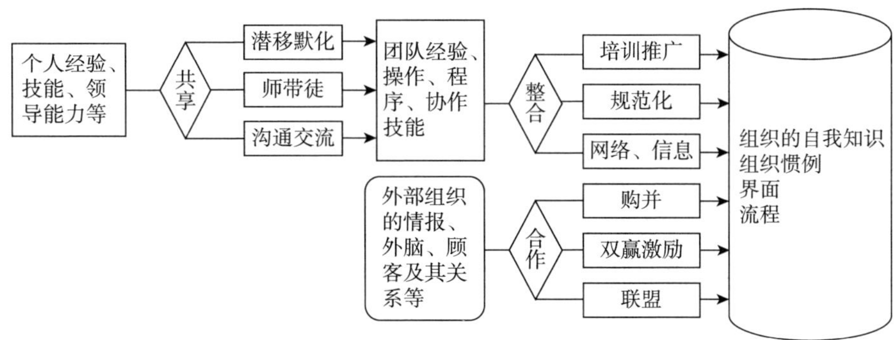

图 3　自我知识在个人、团队、组织和组织间的转换

资料来源：钟俊元著《个体智力资本向组织资本转化的机理、模式与机制研究》，浙江大学，2002。

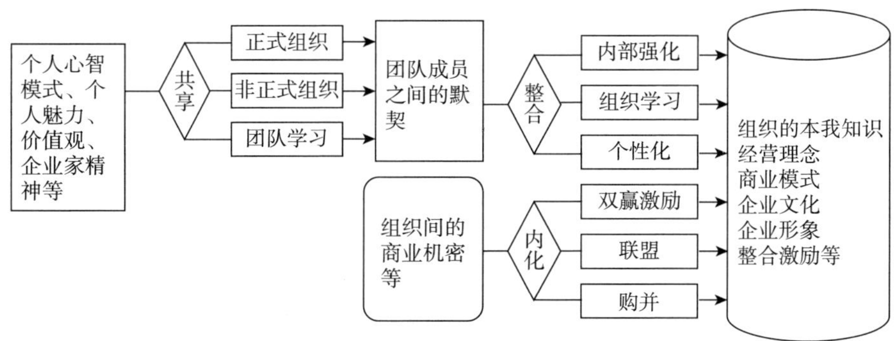

图 4　本我知识在个人、团队、组织和组织间的转换

资料来源：钟俊元著《个体智力资本向组织资本转化的机理、模式与机制研究》，浙江大学，2002。

处于个人、团队、组织、组织间 4 个层面上的知识主体，它们各自所具备的知识又可以分为超我知识、自我知识和本我知识 3 种类型，它们之间也可以相互转换，最终目的是实现本我知识、自我知识向超我知识的转化，从而提高企业知识利用的效率。其中包含了两个转化过程：（1）映射过程。从本我知识到自我知识，通过这个过程，使知识主体的潜在才能转化为实际的技能。（2）外化过程。从自我知识到超我知识，这是一个把知识规范化、编码化的过程，类似于隐性知识显性化。这 3 类知识之间的转化过程和具体实现方法如图 5 所示：

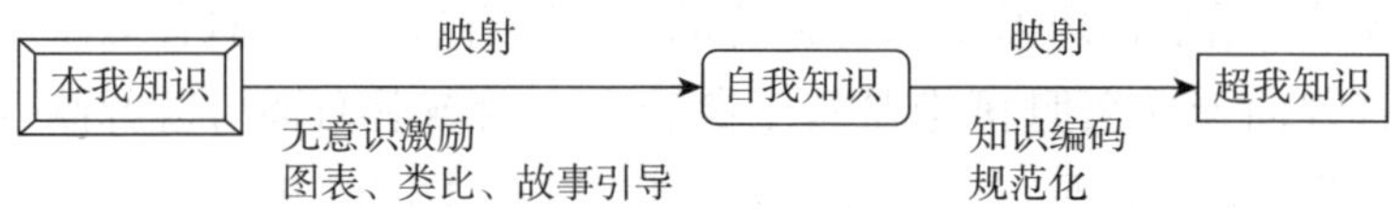

图 5　本我知识、自我知识、超我知识之间的转换

五　“组织→人力资本”的领导方式与指导罗盘

核心能力必须具备 4 个必要条件：价值创造、可延展性、难以模仿和自学习性。基于核心能力的人力与组织资本互动模式涉及如图 6 所示的 4 方面：（1）本我知识的转换：相对客户的价值创造机制；（2）自我知识的转换：相对对手的难以模仿机制；（3）超我知识的转换：相对未来的可延展机制；（4）人力与组织资本间的转换：相对过去的组织自学习机制。

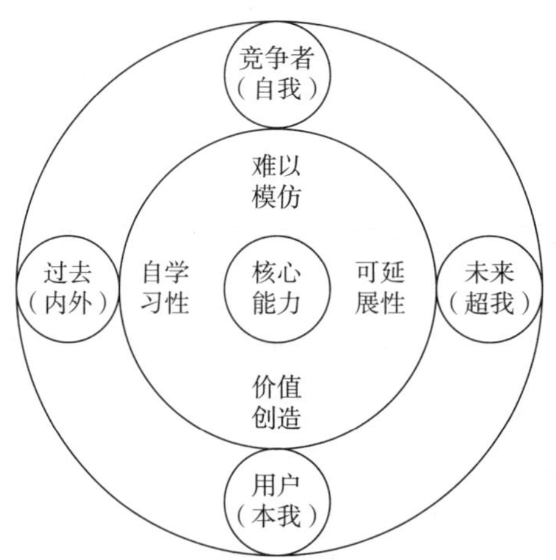

图 6　基于核心能力的人力与组织资本互动模式

1. 基于本我知识的价值创造性：经营理念+商业模式

知识资本通常以两种方式给公司带来价值：战略定位和财务/经济价值。前者以质的指标考察（如形象、进展姿态）；后者以量化的指标来考察（如销售收入、股价、现金流等）。本文立足的是前者。按照 Freud 理论，创造和创新思维均源于无意识，即本我知识。

组织资本的价值创造性主要来源于两个方面：经营理念以及商业模式，两者都是基于本我知识的创造和创新。经营理念是从思想上对价值创造形成一种意识，并通过对人的思维模式的塑造从而潜移默化地推广价值创造的概念、实现价值创造的目的。商业模式则从具体的操作上为价值创造提供了物质与结构、制度上的保障。如果说经营理念是使人“心动”的源泉，那么商业模式就是让人积极“行动”的前提。

2. 基于自我知识的难以模仿性：结构资本+流程知识

难以模仿性，即独特性，独特性=社会的复杂性+原因的模糊性，即企业的核心能力所具有的独特性是由于复杂的社会和基于种种巧合所造成的，因此，复制或模仿的可能性很小。当一个公司的竞争优势并不来源于一个单一的价值活动，而是来源于几个不同的价值活动的合理搭配、整合形成独特的流程时，是难以模仿的。因为这种有效地将不同的价值活动进行搭配整合涉及大量细致的工作和有关人员的长期合作，尤其关联到企业的隐性知识（即本文定义的自我知识）和企业文化。

基于自我知识的难以模仿主要来源于两个方面：结构资本+流程知识。两者都属于自我知识范畴。组织构架与结构资本指的是企业的内部的组织方式，体现为组织的静态形式方面；工序流程指的是企业的内部各部门的连接方式，体现为组织的动态内容方面。

3. 基于超我知识的可延展性：产品平台+信息平台

可延展性指的是从企业未来成长角度考察，通过结构性的知识平台实现规模经济或范围经济的能力。核心能力像是一个“技能源”，通过结构化的网络、构架等知识、信息平台的发散作用，将能量不断扩展到最终产品身上，从而为消费者源源不断地提供创新产品，使消费者的需求得到满足。通过 IT 技术，利用一个相关的数据库，为企业层层特征间的因果关系制作一个模型。

基于超我知识的可延展机制主要源于两个方面：产品平台+信息平台。企业可以通过基于技术价值链的“产品平台”及“信息平台”，使得企业的技术资本与创新能力得到延展。

4. 基于本我知识、自我知识、超我知识转换的自学习性：个人学习 + 组织学习

所谓自学习性，是从企业过去考察，指的是企业能像一个人那样进行有机地学习、记忆并积累知识。核心能力是企业的综合学习能力，是企业内部在过去逐渐学习积累起来的。它往往体现了企业本我知识、自我知识、超我知识的积累和相互转换，它是集体“干中学”的结晶，并将在不断应用和分享过程中得到改进和精练。持续学习有助于组织获得持续的竞争优势。

基于超我知识、自我知识、本我知识的自学习主要来源于两个方面：个人学习 + 组织学习。个人学习的路径是个人 – 组织 – 个人；而组织学习模式的路径则是组织 – 个人 – 组织。彼得 · 圣吉的《第五项修炼》中开篇即引用壳牌公司营销总监的话：“一个企业唯一持久的竞争优势即是比你的竞争对手学习得更快的能力”。所谓“学习型组织”的核心就是一个组织能像一个人那样，能够不断地学习，不断发现问题、解决问题。

六　基于人力与组织资本互动的管理学新体系

竞争环境的复杂性要求用新的方式思考管理人员的职责。因此，有的学者提出管理新定义：“管理是对组织的学习、变革和执行进行领导。”本文认为，“管理是人力资本与组织资本间的良性互动机制的探寻。”在此过程中，它与传统管理职能的关系如表 1 所示。计划的核心，就是探寻相对客户的价值创造机制，涉及本我知识的转换；组织的核心，就是探寻相对对手的难以模仿机制，涉及自我知识的转换；控制的核心，就是探寻相对未来的可延展机制，涉及超我知识的转换；领导的核心，就是探寻相对过去的组织自学习机制，涉及本我知识、自我知识、超我知识的积累与相互转换，尤其体现为组织对人力资本的激活方面。相对而言，可以将人力向组织资本的转化方面概括为管理，体现为传统的计划、组织和控制职能的综合。

表 1　基于知识角度的管理学体系新构架

<table>
<tr><th>传统管理职能</th><th colspan="2">基于知识的管理学新体系</th></tr>
<tr><td>计划</td><td>本我知识的转换：相对客户的价值创造机制</td><td rowspan="3">管理：人力→组织</td></tr>
<tr><td>组织</td><td>自我知识的转换：相对对手的难以模仿机制</td></tr>
<tr><td>控制</td><td>超我知识的转换：相对未来的可延展机制</td></tr>
<tr><td>领导</td><td>人力与组织资本间的转换：相对过去的组织自学习机制</td><td>领导：组织→人力</td></tr>
</table>

（本文发表于《经济管理》2007 年第 3 期）

参考文献

[1] Prahalad, C. K. , Hamel, "G. The Core Competence of the Corporate," *Harvard Business Review*, 1990, (5 - 6).

[2] 范徵:《核心竞争力：基于知识资本的核心能力》，上海交通大学出版社，2002。

[3] Edvinsson, *Developing Intellectual Capital at Skandia*, *LRP*, 1997, (130).

[4] 盖茨:《未来时速：数字神经系统与商务新思维》，蒋显璟，姜明译，北京大学出版社，1999。

[5] Bukowitz, Wiliams, *The Knowledge Management Fieldbook* (Parson Education Limited, 1999).

[6] Brooking, *Intellectual Capital* (International Thomson Business Press, 1996).

[7] 范徵:《论知识资本与核心能力的整合》，《经济管理》2002 年第 11 期。

[8] Nonaka, I. A, *Dynamic Theory of Organizational Knowledge Creation* (Organization Science, 1994).

[9] Nonaka, I. , Takeuchi, H. , *The Knowledge - creating Company*: *How Japanese Companies Create the Dynamics of Innovation* (New York: Oxford University Press, 1995).

[10] 许庆瑞、钟俊元、陈劲:《基于组织学习的人力资本向组织资本的转化》，《经济管理》2002 年第 6 期。

[11] Koontz H. , *Management* (McGraw - Hill, 1985).

[12] Donnelly, *Fundamentals of Management* (IRWIN, 1995).

[13] 芮明杰:《管理学：现代观点》，复旦大学出版社，1999。

[14] Magretta, *What Management Is* (The Sagalyn Literary Agency, 2002).

[15] Glynn, Mary Ann, "A framework for relating individual and organizational intelligence to innovation," *Academy of Management Review*, 21 (1996): 1081 - 1111.

中国管理学发展进程：1978～2008*

苏　勇　刘国华

一　引言

中国管理学，虽然有着悠久灿烂的传统，但是真正成为一个独立的学科，走进中国人的专业视野，全面进入中国的科学研究和高等教育体系，也就是最近20多年的事情。① 关于新中国改革开放以来管理学的发展历程，很多资深管理学家和领导都给予了高度关注。国务院前副总理李岚清同志在2005年亲自将其列为“复旦管理学奖励基金会”资助的第一个项目。

为了更客观、全面地完成本课题，我们对涵盖管理科学与工程、工商管理、公共管理3个管理学研究领域的众多历史资料进行了系统整理，对教育部管理学重点学科主要负责人、全国著名的管理类研究所负责人、全国重点高校的商学院或管理学院院长、在任或退休的资深教授、国务院及教育部管理学科负责人、重要管理类期刊的主编等进行了问卷调查，一共发出问卷317份，部分专家给予了积极的回应。同时，我们从2006年5月开始，先后对汪应洛院士、刘源张院士、赵纯均教授、苏东水教授、郑绍濂教授、王浣尘教授等我国管理学科的最资深教授进行了面对面的访谈，对夏书章教授进行了多方的联系。

课题组查阅了大量的文献资料、历史档案，并在对管理学领域重要专家进行问卷调查的基础上，确定了1978～2007年间的163件管理学重要事件。随后遴选、增补，得到相对更重要的77件。最后，考虑到客观性和重要性，

---

* 基金项目：复旦管理学奖励基金会资助课题“改革开放以来中国管理学界重大事项及成果研究”（2006）。

① 摘自李岚清在2007年7月18日“复旦管理学国际论坛”上的讲话。

经组织小组讨论和教授访谈，对原有事件进行再次筛选，去掉一些涉及个人的事件，最终确定了本文要论述的改革开放以来中国管理学界重要事件，共计55件①。

二 1978 ~2008 年中国管理学发展的三阶段

我们以国家自然科学基金委员会对管理学科的两次重要改革为分界点，将改革开放以来中国现代管理学发展分成三个阶段：萌芽期（1978 ~1986年），重视期（1987 ~1996 年），发展期（1997 ~2007 年）。这三个时期的发展历程，不仅是一个历史的演变，更是管理学深化和演进的过程。

1. 中国现代管理学建立的萌芽期：1978 ~1986 年

从新中国成立到改革开放以前，我国基本上不存在真正意义的、以企业主体和市场绩效为主导的现代管理研究，如果说有的话，也只是一些对如何提高生产绩效的管理方法的探索。1978 ~1986 年这段时期，中国现代管理学处于萌芽阶段，各方面都反映出这一特点。本文从国家层面、企业和管理教育层面、学术层面等来分别阐述这些情况。

（1）政府开始意识到管理学的重要性。1977 年 12 月，国家成立了经济管理协作组，这是从操作层面上国家第一次对管理学开展有步骤的工作。1978 年 3 月，中共中央、国务院在北京召开了全国科学大会。这次大会对于管理学的发展也有非常的意义。会议通过了《1978—1987 年十年科学技术发展规划》，将“技术经济和管理现代化”列为第 107 项，强调了 1977 年提出的“技术经济和管理现代化”的工作地位。1978 年 9 月 27 日，钱学森、许国志、王寿云在《文汇报》上发表了中国第一篇全面深刻地阐释系统工程的文章《组织管理的技术——系统工程》。文章指出，要做两方面的工作：“第一个方面是要改革目前我国上层建筑中同生产力发展不相适应的部分，特别要打破小生产的经营思想，按照经济发展的客观规律改革组织管理……第二个方面是要使用一套组织管理的科学方法，……建立起比较严密的组织管理科学技术体系，以及培养组织管理的科学人才。”文章还重点强调，“要办好管理方面的专门高等院校……培养更多的组织管理学院或大学的教学人

① 关于整理的其他具体的事件，课题组将以另外的形式发表。因为刊发时已是 2009 年，课题组把研究的下限发展期延伸到 2008 年。这一年的重大事件未及论述，待以后补论。特此说明。

员，培养更多组织管理科学的研究人员。”该文在当时引起了社会各界对管理科学的重视，文章第一次从理论上全面阐述了系统工程在现代化建设中的重大意义，这为管理科学与工程的建立奠定了基础。没过多久，“系统工程”这一新颖而陌生的名词被人们广泛引用，一时间成为使用频率最高的词汇之一。1982 年是对中国管理学发展有着重要意义的一年，这一年的 9 月 1 日至 11 日，党的“十二大”在北京召开，正式提出了加强管理科学的研究和应用。胡耀邦同志在大会上作《全面开创社会主义现代化建设新局面》的报告。报告中指出：“必须加强经济科学和管理科学的研究和应用，不断提高国民经济的计划、管理水平和企业事业的经营管理水平。”这是我党历史上第一次把管理科学研究和应用列入党的政治报告，成为中国管理学发展史上的一个里程碑。从政府层面对企业管理进行全面推进，始于 1984 年 1 月 17 日至 21 日召开的“第二次全国企业管理现代化座谈会”。在这次会议上，当时的国家经委提出了推进企业管理现代化的进程，即加速推进管理思想现代化、管理组织现代化、管理方法现代化、管理手段现代化、管理人才现代化的进程，并推荐 18 种在实践中应用效果较好、具有普遍推广价值的现代化方法。国家经委的号召和 18 种方法，在企业和学术界产生了广泛的影响①。座谈会还确定了 20 个企业管理现代化试点单位，将企业管理开始有组织地从理论向实践推行。1986 年 3 月 4 日，国务院还作出了《关于加强工业企业管理若干问题的决定》，国家经委专门制定和颁发了《企业管理现代化纲要》，进一步明确了我国推进企业管理现代化的指导方针、奋斗目标、基本内容、实施途径和政策措施。这些国家领导部门的文件和具体措施，极大地强化了全民对管理学在国民经济发展中重要性的认识，有力地推动了各行各业尤其是工业企业推进企业管理、提升管理水平的工作。而且在此期间，企业的管理提升和机制、体制变革交替进行，成为当时管理学发展的一大特点。

（2）管理学研究机构和期刊开始出现。有了国家对管理学的强调和定位，有关管理学的研究和机构也开始在这个时期出现。尽管数量不多，但是，对此后中国管理学的发展起到了很好的启蒙作用。首先是受到国家将

---

① 这 18 种方法包括：1. 经济责任制；2. 全面计划管理（包括目标管理）；3. 全面质量管理；4. 全面经济核算；5. 统筹法（网络技术）；6. 优选法（正交试验法）；7. 系统工程；8. 价值工程；9. 市场预测；10. 滚动计划；11. 决策技术；12. ABC 管理法；13. 全面设备管理；14. 线性规划；15. 成组技术；16. 看板管理；17. 量本利分析；18. 微型电子计算机辅助企业管理。

“技术经济和管理现代化”列为科学规划第 107 项的影响，各个管理学方面的学术团体相继成立。1978 年 11 月 15 日，中国管理现代化研究会（China Research Society for Modernization of Management）成立。紧接着在 1979 年 3 月 3 日，中国企业管理协会[①]在北京成立。同年 10 月，中国国防科工委等单位在北京京西宾馆联合召开系统工程学术会议。在会上，钱学森、关肇直、李国平、薛葆鼎、许国志等 21 位专家学者联合倡议并组建了中国系统工程学会筹委会。另外，在 1980 年也成立了 3 个重要的研究机构，分别是中国管理科学研究会[②]、中国数学会运筹学会[③]、中国系统工程学会。1981 年，在马洪、蒋一苇倡议下，中国工业企业管理教育研究会在北京成立后于 1995 年 3 月，经民政部批准更名为中国企业管理研究会。这些学会的成立为管理科学与工程等研究领域的崛起起到很好的铺垫作用，为该学科的发展培养了大量的储备人才。一个国家管理学的发展水平往往体现在管理类学术期刊的水平和数量上，而在此之前我国没有专门的管理类期刊。我国最早的管理学学术刊物，是由中国社会科学院主管的 1978 年 7 月试办、1979 年 1 月正式创刊的《经济管理》。该杂志是许涤新、薛暮桥、马洪、袁宝华、蒋一苇等著名学者亲手创办的，在当时给人耳目一新的感觉，起到开风气之先的作用。随后，由国务院发展研究中心主管、主办的如今被许多管理学院定为权威期刊的《管理世界》也在 1985 年创刊。同年，另一本由国务院办公厅主管、中国行政管理学会主办的《中国行政管理》杂志也创刊，该刊后来成为行政管理类的权威刊物，为行政管理学的发展起到了重要的作用。

（3）一些重要的管理学文章、书籍和著作开始出现。一些重要学者的文章和著作，包括一部分最先从国外引进的翻译书籍起到了很好的引领作用。从 1977 年开始，我国对管理学研究开始起步，随后几年，出版了很多著作。其中，较早对管理学进行系统、全面介绍的主要有《国外经济管理名著》丛书《中国工业企业管理学》系列和大连培训中心编写的一套教材《中国工业科技管理》。

中国管理理论和企业实践在新中国成立后的一段时间里得不到快速发展，原因之一就是我们过去一向不强调企业在市场中的主体地位，而把企业当作一个完全的命令执行组织。蒋一苇《企业本位论》的发表，为中国现代

---

① 中国企业管理协会后于 1999 年 4 月 24 日更名为中国企业联合会。

② 中国管理科学研究会后于 1991 年更名为中国管理科学学会。

③ 后来在 1991 年成立了专门的中国运筹学会。

管理学的发展提供了重要的理论基础，给研究人员由从政府角度转向从企业角度研究管理学吃了一颗定心丸。在此之前，关于经济体制改革应当从何处入手的问题，理论界有不少争议。蒋一苇先生经过深入研究，提出了“企业本位论”这个以后闻名国内外的重要观点①。在《企业本位论》一文中，蒋一苇先生提出“国家本位论”“地方本位论”和“企业本位论”，他认为“企业本位论”应该成为改革的指导思想。《企业本位论》的发表在当时引起理论界的巨大反响，也受到高层决策者的重视。尽管“企业本位论”这一用语并未写入官方正式文件中，但从以后的改革实践来看，这一主张得到广泛认同，对此后 20 多年来经济和企业管理体制的改革进程产生重要的影响②。

（4）管理学教育与研究的开始。中国管理学的发展，与管理学的教育和研究是分不开的。中国管理学的发展和传播在很大程度上依赖于管理学教育工作者和学者对管理学的研究。在管理学的教育上，首先具有重要意义的是，1984 年教育部批准部分院校成立或恢复管理学院，这对中国管理学的发展起到至关重要的作用。自此，中国的管理学研究和管理学人才的培养才开始出现勃勃生机的景象③。

管理学教育与研究的发展，与国家对它的经费支持是分不开的。20 世纪 80 年代初，为推动我国科技体制改革，改革科研经费拨款方式，中国科学院 89 位院士（学部委员）致函党中央、国务院，建议设立面向全国的自然科学基金，此项建议得到党中央、国务院的同意。随后，在小平同志的亲切关怀下，国务院于 1986 年 2 月 14 日批准成立国家自然科学基金委员会（简称自然科学基金委）。在国家自然科学基金委员会成立之初，就设置了管理科学组，这标志着自然科学基金委将承担推动我国管理科学发展的历史责任，这为中国管理学研究提供了重要的资金保障。

---

① 该观点的提出，最初以《企业本位论刍议》为题，发表在 1979 年第 6 期《经济管理》月刊上。后经过修改，又以《经济体制改革的一个根本问题》为题，发表在 1979 年 8 月 14 日《人民日报》上。后又以《企业本位论》为题，发表于 1980 年 1 月的《中国社会科学》创刊号上。

② 这篇论文在 1979 年底的中央工作会议上被选为“参考文件”散发给与会代表，受到中央领导同志的重视。

③ 1984 年 4 月教育部首先批准清华大学、武汉大学、上海交通大学、天津大学 4 所高校成立管理学院或经济管理学院，同年批准复旦大学、西安交通大学、哈尔滨工业大学、同济大学等 10 所院校成立或恢复管理学院。

（5）国际合作项目开始引入。中国管理学最初的发展，还得益于与国外的合作项目和一些国际交流。这为西方管理学理论和实践方法的引入起到了桥梁作用，推动了中国的管理学发展。在这个方面，首先要提到的是小平同志 1979 年 1 月 31 日的访美之行为西方现代管理学引入中国带来了新的契机。在访问期间，邓小平与卡特总统签署了培训中国企业管理人才、引入哈佛案例教学法的中美合作协定书，合作项目名称为“中国工业科技管理大连培训中心”，这是中国改革开放以后第一个引进国外现代管理教育的办学机构，并于 1980 年启动第一批厂长培训班。1979 年 3 月，国家经委也开始举办企业管理培训干部研究班。这是新中国企业管理学培训史上首次由国家层面命名的企业管理培训班，标志着我国高层次、大规模企业管理培训的开始。继大连培训中心之后，一个对中国管理学教育的发展产生重要影响的合作项目开始实施，即 CIDA 项目，这是由我国和加拿大国际开发署（CIDA）之间合作开展的。CIDA 组织 1982 年正式进入中国，并决定与中国的管理教育机构开展交流与合作，当时的国家教委决定 8 所学校参加这个项目，1983 年两国签署了《中国和加拿大政府关于发展合作总协定》。

而在国际交流上，一些世界级的管理学大师也在这个时期开始进入中国进行演讲，给中国管理人员带来了西方现代管理理念，对企业和学术界起到了很好的触动作用。例如，在 1986 年 7 月，被誉为“现代营销学之父”的科特勒教授应邀首次访问中国，在对外经济贸易大学做了题为《市场营销对计划经济的贡献》的专题演讲。同年，其名著《营销管理》第 5 版被首次引入中国大陆。此外，在 1986 年访问中国的还有战略管理大师明茨伯格。在管理实践上，1982 年冬天，可口可乐公司在北京的一次大型促销，可谓在中国开了企业促销活动的先河。在这年冬天的一个周末，可口可乐公司在北京各大商场推销其产品。当时的促销方式是买一瓶可乐，送一个气球或一双带包装的筷子，一时间人潮如涌。这在当时的中国市场一石激起千层浪，北京各大报纸的标题竟为：“可口可乐侵入中国，引进了资本主义经营方式”。但是，随着时间的推移，中国逐渐地开始接受国外先进的管理思想和实践方式，中国企业界和理论界开始关注营销理论，学习科学的营销方法。

2. *管理学受到普遍重视时期：1987～1996 年*

经过前十年萌芽期的发展，特别是社会主义市场经济思想的提出，使得管理学开始受到各方面重视，管理学研究、实践活动也逐渐开展起来。

（1）政府层面对管理学高度重视。如果说第一个阶段政府开始了对管理学关注的话，那么在第二个阶段就是高度重视管理学的发展了。首先要提到的就是1992年小平同志的南方谈话。小平同志的南方谈话，不仅把中国改革开放再次推向了高潮，更重要的是它彻底改变了中国人对“商”的态度和认识，使全体中国人从“抑商”走向了“重商”。我们国家为全民办企业付出了一些代价，但是，却根治了导致中国贫穷、落后、挨打的千年顽症——抑商、厌商、轻商的思想。随后在1993年党的十四届三中全会上，正式提出要在企业中建立“现代企业制度”，提出要进一步转换国有企业经营机制，建立适应市场经济要求的企业制度。全会提出了“产权清晰、权责明确、政企分开、管理科学”的现代企业制度。该制度的提出为企业加强管理，提升管理水平提供了强有力的动力。

（2）国家各个部委对管理学的重视。这主要表现在一些保障管理学地位的标准在这个阶段得以制定。1992年11月1日，经国家技术监督局批准，由国家科委与国家技术监督局共同提出，中国标准化与信息分类编码研究所、西安交通大学、中国社会科学院文献情报中心负责，国家科委综合计划司、中国科学院计划局、国家自然科学基金委员会综合计划局、国家教育委员会科学技术司、国家统计局科学技术司、中国科协、中国科协干部管理培训中心等单位参加起草的《中华人民共和国学科分类与代码国家标准》正式在北京发布，1993年7月1日实施。《中华人民共和国学科分类与代码国家标准》（GB/T1374592）共设5个门类、58个一级学科、573个二级学科、近6000个三级学科。其中，它将管理学列为工程技术科学门类下的一个一级学科。“管理学”（代码630）下设管理思想史、管理理论、管理心理学、管理计量学、部门经济管理、科学学与科技管理、企业管理、行政管理、管理工程、人力资源开发与管理、管理学其他学科共11个二级学科和48个三级学科。《中华人民共和国学科分类与代码国家标准》首次确认了管理科学在整个科学知识体系中的地位，正式提出了管理科学的学科层次结构。1996年，国务院学位委员会与教育部在学位设置中，将管理学科升格为大门类，成为12大门类之一。

（3）教育界和理论界对管理学的重视。案例教学是管理学授课中不可缺少的重要部分，目的是增强管理教学的实务性、应用性，增强学生运用理论分析和解决实际问题的能力。然而，长期以来，案例教学并没有在我国实行，更没有我们国家自己的管理案例库。

作为全国管理学的第一个案例库，大连理工大学企业管理案例库在1987

年开始建立。20 多年来，为普及和推广案例教学这一新型教学法，该机构共出版各种案例教学指导书籍 16 部，主编出版《管理案例研究》刊物，为工商教育界提供案例教学交流渠道与争鸣园地。该案例研究中心先后在全国各地举办过 40 多期高等院校师资和教学行政干部案例教学法培训班。后来随着清华大学、北京大学等案例库的建立，我国三大管理学案例库也基本形成。尽管自然科学基金委成立之初已经成立了管理科学组，但是，随着管理学的发展，这一架构已经越来越不适应要求。1996 年，国家自然科学基金委员会将管理科学组升级为管理科学部。管理科学部的成立进一步支持和提升了管理学的地位。尤其重要的是，时任国务院副总理的朱镕基同志在当年 7 月 25 日管理科学学科战略研讨会上作了题为“管理科学，兴国之道”的讲话，对基金委成立管理科学部表示热烈祝贺。他明确指出：“我国国有企业的改革和发展，没有轻巧的道路可走，只有老老实实地研究改善经营管理，建立一套现代企业制度才行。”朱镕基同志把管理科学提高到兴国之道的高度来强调，极大地提升了管理学的学科地位，对管理学发展起到了很好的引导作用。

（4）企业实践界对管理学的重视与 MBA 教育的创建。由于中国企业的迅速发展，很多企业管理人员开始意识到自身管理理论知识的缺乏，迫切想回到学校系统学习管理学理论知识、掌握更科学的管理学方法。为满足这一要求，以企业管理人员为教育对象、注重理论和实践相结合的 MBA 教育开始创建。

1990 年，国务院学位委员会正式批准设立 MBA 学位和试办 MBA 教育，首批批准了中国人民大学、清华大学、南开大学、天津大学、哈尔滨工业大学、复旦大学、上海财经大学、厦门大学、西安交通大学 9 所高校开展试点工作，并于第二年开始正式招生。当时全国范围只招收了 86 人。1997 年，MBA 又在全国范围内实行联考，更是提升了 MBA 学生的总体素质。2001 年，中国 MBA 教育结束试点，走向正常发展。

3. 中国现代管理学的快速发展时期：1997 ~2007 年

近 10 年来，随着中国经济的迅速发展和中国国力的提升，管理学作为一门显学，也伴随着中国经济的快速发展而壮大。主要体现在如下几个方面。

（1）管理学教育体系的健全和管理学研究机构的扩展。1997 年 6 月，国务院学位委员会和国家教委联合发出通知，正式颁布实施修订后的《授予博士、硕士学位和培养研究生的学科专业目录》。修订后的《目录》中增加了管理学学科门类，使授予学位的学科门类增加到 12 个（哲学、经济学、法学、教育学、文学、历史学、理学、工学、农学、医学、军事学、管理学），一级学科在原有的 72 个的基础上增加到 88 个，二级学科由原来的 654 个调整为 381 个。在国务院学位委员会通过的学科目录管理学门类项下，增设公共管理，使之同管理科学与工程、工商管理、农林经济管理、图书档案情报学等其他管理学门类项下的一级学科或二级学科，并列出现于专业目录之中，这对公共管理学的发展起到重要作用。1999 年，中国高校首次授予管理学科学学位，这改变了以往学管理学专业的学生被授予的却是经济学学位的状况。这年的 4 月 9 日，经清华大学学位评定委员会审议通过，清华大学颁授了 3 名管理学博士、12 名管理学硕士学位，这标志着管理学科学学位从经济学中分离出来，为管理学科更好的发展奠定了坚实的基础。

中国作为一个历史悠久、文化积淀深厚的国家，在长期历史发展过程中积累了丰富的管理思想。对这些思想进行挖掘和研究，是中国式管理思想和实践研究的开始。1999 年 11 月，作为中国管理思想研究的重要基地，复旦大学东方管理研究中心成立。这是全国第一个专门的东方管理研究机构。该中心宗旨是联合国内外学界精英共同研究东方管理思想，群策群力，缔造管理学的东方学派。此后，其他一些高校也纷纷成立东方管理研究中心。这些研究机构的设立，改变了长期以来讲管理“言必称西方”的局面，为深入挖掘中国等东方各国文化中的管理思想，向世界管理学界传播中国和东方的管理理念和实践方法起到了重要的推动作用。

随着国家自然科学基金委对管理学基础研究的重视，2000 年 6 月 7 日，中国工程院第五次院士大会做出一项非同寻常的决定：设立工程管理学部。这是我国工程界为适应 21 世纪中国现代化建设需要，加强工程管理研究与实践的有力举措。工程管理学部界定为 4 个方面：重大工程建设实施中的管理；重要、复杂的新型产品、设备、装备在开发、制造、生产过程中的管理；重大技术革新、改造、转型、转轨、与国际接轨中的管理；涉及产业、工程、科技的重大布局、战略发展的研究、管理。这一年，中国工程院刘源张院士获“哈灵顿 - 石川”奖（Harrington-Ishkawa Award），这是中国唯一获得的最高个人荣誉奖，这一奖项的授予，是表彰刘源张院士在理论与实践上为质量工程和管理所做的贡献。

（2）管理学学位教育的多样化。继工商管理领域设立 MBA 学位之后，行政管理领域的 MPA 在 1999 年出台。1999 年 5 月，国务院学位委员会第十七次会议审议通过《公共管理硕士专业学位设置方案》，正式批准在中国设立公共管理专业硕士学位（Master of Public Administration，MPA）。其培养目标是政府部门及非政府公共机构的高层次、应用型专门人才。2000年8月，国务院学位委员会办公室下发了关于开展公共管理硕士（MPA）专业学位试点工作的通知，批准24所高校为首批MPA培养试点单位，定于2001年秋季招生，2002年初入学①。2001年5月，人事部下发了《关于2001年在职人员攻读公共管理硕士（MPA）专业学位报名推荐工作有关问题的通知》；2001年7月，全国共有11864人报名。2001年10月13日，全国24所MPA招生院校首次举行MPA联考，8960名考生参加了首届MPA入学考试。2002年2月，首届全国公共管理硕士（MPA）专业学位3942名学生（其中80%为国家公务员）进入24所试点院校参加在职学习。

此外，虽然在1995年中欧商学院已经开始招生EMBA学员，但是，教育部系统高校设立EMBA教育项目却比这个时间晚很多。7年之后，也就是在2002年8月30日，国务院学位委员会办公室才批准30所高等院校开展EMBA教育，招生对象是企事业单位的高级管理人员②。随着工商管理设立MBA教育、行政管理设立MPA教育，管理学的另一个研究领域，即管理科学与工程领域也开始实行相应的改革。2003年，项目管理工程硕士学位（Master of Project Management，MPM）设立，是工程硕士的一个方向，牵头院校为清华大学和北京航空航天大学。2004年，批准设立该学位课程的院校扩充为72家。另外，为了适应社会主义市场经济发展和经济全球化的需要，健全和完善国家高层次会计人才培养体系，建设高素质、应用型的会计人才队伍，2003年12月，国务院学位委员会通过设立会计硕士专业学位（Master of Professional Accounting，MPAcc）。2004年4月30日，国务院学位委员

① 这24所MPA招生院校分别为：北京大学、中国人民大学、清华大学、北京航空航天大学、北京科技大学、中国农业大学、北京师范大学、天津大学、东北大学、吉林大学、哈尔滨工业大学、复旦大学、同济大学、上海交通大学、华东师范大学、南京大学、浙江大学、中国科技大学、厦门大学、武汉大学、华中科技大学、中山大学、西安交通大学、国防科技大学。

② 首批批准的30所高等院校为北京大学、清华大学、中国人民大学、北京理工大学、北方交通大学、同济大学、对外经济贸易大学、复旦大学、上海交通大学、上海财经大学、上海海运学院（现上海海事大学）、南开大学、天津大学、武汉大学、华中科技大学、南京大学、西南财经大学、浙江大学、湖南大学、电子科技大学、暨南大学、中山大学、西安交通大学、中南财经大学（现中南财经政法大学）、大连理工大学、重庆大学、哈尔滨工业大学、华南理工大学、东北财经大学、厦门大学。

会办公室下发通知，批准北京大学、清华大学、复旦大学等21个研究生培养单位开展会计硕士专业学位教育试点工作，并就试点工作有关事项进行了说明①。

（3）对外交流增多。由于中国经济高速发展引起了全世界的广泛关注，也由于中国管理学水平和企业管理实践水平的提升，中国管理学界及企业界开始改变以往单向“输入”的局面，也开始走向世界。1998年3月25日，海尔集团CEO张瑞敏应邀登上哈佛大学讲坛，为哈佛商学院学生讲授中国企业的管理之道，《海尔文化激活休克鱼》的案例也被收入哈佛案例库，这是中国企业管理经验开始获得世界认可的一个标志。继海尔之后，联想集团、阿里巴巴公司等企业的领导也陆续登上世界各著名商学院的讲台。中国在2001年12月正式加入世界贸易组织（World Trade Organization，WTO），也是管理学发展上的一件大事，这在实践和理论两个层面都对中国的管理学发展起到了很好的促进作用。如果说1978年以来的改革开放是自觉、自主的，由于没有现成的经验，中国是在摸索中前进，具有鲜明的中国特色，那么加入WTO后，开放则是全方位的，参与国际竞争需要遵循国际规则、参照国际惯例。中国加入WTO，标志着中国对外经济发展战略做出了重大调整，这为跨国公司按照市场经济规则和企业自身发展规律进入中国投资经营创造了前提。这一时期的管理学领域的对外交流日趋活跃。2002年9月，《哈佛商业评论》（*Harvard Business Review*）开始在中国大陆地区推出中文简体版，使中国读者能同步分享世界最新的管理思想和管理经验，同时帮助中国企业管理者更好地开展管理实践。2002年9月26日，管理大师彼得·圣吉博士应邀在华举行了“第五项修炼——10年来学习型组织发展历程”的主题演讲，这在中国企业界和理论研究界刮起了一股建立学习型组织的浪潮。另外，作为全球最知名的战略管理学教授，迈克尔·波特（Michael B. Porter）于2004年6月首次来华演讲，也引发了国内企业界对世界一流管理学理论的学习热潮。

（4）管理学重要奖项开始设立。

管理学发展的评价制度一直尚未建立。1995年5月25日，“蒋一苇企业

① 这些培养机构分别为北京大学、中国人民大学、清华大学、中央财经大学、南开大学、天津财经学院、东北财经大学、复旦大学、上海交通大学、上海财经大学、南京大学、厦门大学、武汉大学、中南财经政法大学、湖南大学、中山大学、暨南大学、重庆大学、西南财经大学、西安交通大学、财政部财政科学研究所。

改革与发展学术基金”经中国社会科学院正式批准成立。这是由马洪、袁宝华、高尚全、陈佳贵、周淑莲、张卓元、林凌等经济、管理理论界知名人士倡议，以著名管理学家蒋一苇名字命名的专门基金。随着管理学理论成果和实践成果的增多，2004 年 12 月 27 日，中国企业管理科学基金会推出“袁宝华企业管理金奖”。该奖从 2005 年开始，每年奖励 2 ~ 3 名在管理创新方面有杰出贡献的企业家，奖金为每人 10 万元人民币。设立该奖的目的，是奖励在中国企业管理领域做出杰出贡献的中国企业家，进一步促进中国企业管理思想和管理模式的创新，提升中国企业管理水平，推进具有中国特色的企业管理现代化事业。首次奖励颁发给了谢企华、鲁冠球、常德传 3 位著名企业家。2005 年，管理学界的另一重要奖项“复旦管理学奖”设立。复旦管理学奖励基金会由中共中央政治局原常委、国务院原副总理李岚清同志发起成立，其原始基金额为人民币 200 万元，来源于李岚清同志个人稿费捐赠。其宗旨是奖励我国在管理学领域做出杰出贡献的工作者，倡导管理学理论符合中国国情、并密切与实践相结合，推动我国管理学长远发展，促进我国管理学人才的成长，提高我国管理学在国际上的学术地位和影响力。2005 年 9 月 25 日，复旦管理学奖励基金会第一次理事会在复旦大学举行，选举李岚清为会长，全国人大常委会副委员长成思危为副会长。复旦管理学奖励基金会虽然设在复旦，但它面向全国，参评者不受地域、单位、身份的限制，该奖只奖励在管理学领域做出卓越成就的中国人。基金会聘任了世界一流的管理学科领军者和专家担当评委，每年分别在管理科学、企业管理、公共管理 3 个子领域中的其中一个领域评出一、二、三等奖。首届“管理学杰出贡献奖”分别授予中国科学院数学与系统科学研究所陈锡康研究员（一等奖）、复旦大学管理学院朱道立教授（并列一等奖）、清华大学经济管理学院陈剑教授（三等奖）。

三 问题与展望

纵观中国管理学 30 年来的发展历史，我们认为，中国管理学在取得重大进展的同时，还存在着一些问题，这些问题也是今后中国管理学发展要努力的方向。

1. 管理类学术研究协会和组织专业性不强、权威性欠缺

相对于其他的学科而言，管理类学术协会和组织还十分欠缺，到目前为

止，基本上还没有比较权威的和被共同认可的管理类学术团体。当我们在本研究调研中问及："您认为现在中国比较权威的管理类协会或组织有哪些"时，很多教授在脑中搜寻很久都找不到答案。目前成立的一些管理类协会，很多都还停留在"挂名"阶段，对管理学科理论或管理实践的影响力还很不够。很多管理类的研究机构也还挂靠在经济类或其他社会科学类协会里面。很多管理学研究者只能加入经济类或其他社会科学类的协会或组织，以显示其权威性。

另外，目前的管理类学（协）会试图"统领"整个管理学的研究领域，很少有专业性很强的分支类管理协会和组织。另外，有大量的管理学研究领域的学术组织还挂靠在其他学科类组织中，如挂在心理学、经济学、数学、计算机科学下面。在这样的情况下，管理学科被极大地弱化。

2. 学术期刊定位模糊、专业性不强

管理学的研究水平，主要是在该领域学术期刊文献中展示出来，学术期刊的良好定位是学者们选择该期刊的重要理由，一个明确定位的学术期刊也可以引导研究者的方向。从改革开放以来学术期刊的创建和发展来看，我国管理领域学术期刊还存在着诸多问题。我们很少有像国外的学术期刊那样，每一本都有自己的明确定位，研究者完成一个研究成果之后，也很难明确自己的研究成果适合在哪几本刊物上发表。我们目前的各类期刊在学术上的定位模糊，文章类别、研究方法、研究视角等都缺乏较为明确的定位。往往同一杂志包罗万象，各种类别的文章，经济类、管理类以及其他各类社会科学类的文章出现在一本刊物上，学术性和实践性的文章混杂在同一本期刊甚至一本期刊的同一个栏目中，而且很多刊物的栏目也是三天两头更换，未能形成鲜明的学术风格。

另外，我国目前纯管理研究类刊物还十分欠缺，很多刊物都是把经济与管理放在一起。刊物的名称也很模糊，往往不细化自己的专业领域，给研究者错误引导。因为很多刊物对太"专业"的研究领域没有划分栏目，使得一些实际上做得很不错的研究成果不能发表。这在一定程度上导致了研究者因为找不到自己研究领域的专业期刊，很难把自己的研究向精深方面发展。管理学有很多细化的领域，每一个领域都有很多值得研究的问题，今后应该创办这些细化领域内的专业期刊。这一点，我们跟国外研究期刊差距还十分大。比方说在营销领域，在美国就有 *Marketing Research*、*Journal of Marketing*、*Journal of Marketing Research*、*Journal of Consumer Research* 等，各自都有自己很明确的文章类型的定位，有的注重数理，有的注重实证，有的注重思想等。而我国目前专业类营销的学术期刊几乎没有，只有一本市场营销协会主办的《市场营销导刊》，近两年才有一本现在仍然是以书代刊的《营销科学学报》（JMS）。

3. 管理学院定位不清

从 1984 年国家批准设立管理院系到现在 25 年时间，我国管理学院系的发展突飞猛进，几乎所有大学都设有管理类院系，有的还设有多个。但是，我们也看到其中出现了一些有待改进的情况。一是过分追求大而全，没有自己优势学科定位。我国一流的管理学院，在管理学科建设上应该清楚自己的能力，选择一些可能与国际研究水平接近的方向，快速缩小与国际水平的距离，甚至在个别方向和国际一流学者的研究同步。但目前我国各大学的管理学院不论师资状况如何，都是系科齐全，同质化倾向严重。二是过分注重经济效益。目前我国各管理学院，从经济效益考虑，有忽视质量大量招收 MBA 和 EM－BA 学生的现象，同时，良莠不齐地大办各类培训。没有招收 MBA 资格的，则采用各种方法和手段争取招生资格。结果教学质量与之完全不能匹配，严重违背学科发展所遵循的客观规律，最终不仅所培养的人才不能很好地服务于社会，而且还损坏了学校的长期声誉，扰乱了正常的教育市场。特别是现在的 EMBA 教育过早进入恶性竞争，某些管理学院的 EMBA 项目学费还低于个别一流管理学院的普通 MBA 项目，导致 EMBA 价值严重贬值，给社会带来不良的影响。事实上，如何鼓励与维持学术的严密性与实用性的平衡，已经成为衡量一个国家管理学研究成熟与否的尺度。三是对被教育对象该教授什么内容认识不准确。由于管理学的实践性很强，使得管理教学与企业需求存在着密切的关系，于是不少管理学院的 MBA、EMBA 学员就开始被作为“上帝”对待，这种定位实际上颠倒了大学的本质精神。严格来说，大学从来都不应该是市场导向的。大学更应该是一座殿堂，一座致力于人类知识与质疑精神的殿堂。因此，学生也绝不是顾客，更不是所谓的“上帝”，而应该是追随知识的虔诚信徒，无论学生是身无分文的本科生，还是身家上亿的总裁。真正的顾客应该是雇主，是企业，是社会。我们不能忘记，管理学院是大学的一部分，不是一个职业培训学校；MBA 是一个专业性的学位项目，而不是一般的技能培训。如果说企业老板聘请咨询顾问是消费，那么他作为“顾客”也许可以获得眼前的“柳暗花明”，但学管理是一项投资，学生获得的是理论思想、分析工具、管理技能，是学习如何确立企业的长期定位和持久竞争优势，所带来的利益是长远的，受益终身的[①]。

4. 研究资金不足、论文质量有待提高

近些年，管理学的研究资金获得大幅上升，特别是1996年国家自然科学基金委员会将原来管理科学组升级为管理学科部后，给管理学的研究以非常重要的资金支撑。但是就整个管理学的地位和目前的资金额度来看，还是比较欠缺的。今后，国家要适度加大管理类研究资金的投入，学校和管理学院也应该争取企业资金的投入，争取合作项目。

与此相关的是，目前管理类的研究论文质量还有待提高。根据当前国际通行的学术水平衡量标准，我国与许多国家还存在相当的差距。目前最大的问题是研究方法的不规范，导致相当部分研究成果不能得到国际认可。当然，我们也欣喜地看到，2008年的自然科学基金申请的条件中，特地加入了对科学的研究方法的规定，这是对我们规范研究方法的一个很好的引导。

5. 博士培养方向偏斜。管理学博士生的培养是推动管理学发展的关键因素，培养的好坏直接关系到今后我国管理学的研究发展水平

从我国目前的博士培养目标来看，对所培养的管理学博士存在多重定位，从学者到企业家再到政府官员应有尽有。我们试图通过同一专业、同一类课程、同样的导师来培养不同能力的博士，这种多目标的培养思路势必带来课程设置混乱，兼顾左右的结果往往是无法高质量地完成任何一个目标，从而导致我国自己培养的管理学博士研究能力普遍不高，难以做出在国际学术界有影响力的研究成果。这点我们就远远不如国外对管理学博士培养定位那么清晰。比如众所周知的哈佛商学院，培养了世界上众多顶级的CEO和其他企业高层管理者，但是，这些都是通过本科和MBA教育培养出来的。他们的博士项目的目标很简单，在他们的招生目录上写得非常清楚，“是培养在一流商学院和大学中从事研究和教学的杰出学者”。

6. 学术会议形式重于内容

学术会议是一种重要的交流研究成果的方式，很多国际的学者或者博士生都把参加学术会议当作是向他人学习和接受别人意见的一种难得的机会。目前的管理学学术会议仅就形式上而言，也还问题重重。一是参与者不积极，很多学术会议收到的论文数量有限；二是即使递交了会议论文，往往也不参加会议，这导致了很多管理学学术会议进行过半就找不到报告人和听众

① 谭劲松著《关于中国管理学科发展的讨论》，《管理世界》2007年第1期。

的情形，出现十分尴尬的场面。很多与会者参加学术会议的目的，不是为了去和别人交流自己的研究成果，或去倾听别人的研究进展，而是为了作为应对学校评估的策略。这就导致形成很多人即使论文被选中（甚至交了会议费）也不去参会，去参会也不听会的风气。导师与研究生共同参会，本来是导师为学生树立榜样、同时将自己的学生介绍给其他老师的非常好的场合，然而，经常出现研究生在作学术报告、而导师虽然挂了名却根本不在场支持的情形。

我国的管理学发展，虽然已有了来之不易的长足进步，但和适应我国经济高速发展的时代要求相比，还有不少距离。回首过去是为了更好地总结经验，正视现实，开拓未来。我们相信，通过管理学界同仁的共同努力，中国管理学将在 21 世纪迎来更加灿烂的明天！

（本文发表于《经济管理》2009 年第 1 期）

参考文献

[1] 罗纪宁：《论中国管理学理论的基本问题与研究方向》，《经济研究导刊》2005 年第 1 期。

[2] 罗纪宁：《当代中国管理学主要流派研究范式和方法评析》，《商业研究》2006 年第 12 期。

[3] 郭菊娥、席酉民：《我国管理科学研究的回顾与发展展望》，《管理工程学报》2004 年第 3 期。

[4] 成思危：《管理科学的现状与展望》，《管理科学学报》1998 年第 1 期。

[5] 郭菊娥：《我国管理科学发展若干趋势分析》，《预测》2004 年第 5 期。

[6] 赵纯均、雷曜、杨斌：《中国管理教育报告》，清华大学出版社，2003。

[7] 谭劲松：《关于中国管理学科发展的讨论》，《管理世界》2007 年第 1 期。

[8] 谭劲松：《关于中国管理学科定位的讨论》，《管理世界》2006 年第 2 期。

管理学百年与中国管理学创新发展

陈佳贵

1911年，以泰勒制为代表的古典科学管理理论的出现具有划时代的意义，从此理性开始代替经验，管理学作为一门科学开始登上历史舞台。此后，管理科学不断随着时代而发展，新观点、新方法、新工具不断出现，逐渐形成了“管理理论丛林”。管理思想和管理理论在不断演变中逐渐得以丰富和发展。

管理学经过百年发展形成了巨大的知识积累，这些管理知识如何能够为中国管理学创新提供有效的经验和借鉴，中国管理学又如何结合中国文化和社会情景进行创新发展，这些问题是我们中国管理学者所关注的焦点。

一 “持续创新”是管理学百年发展的主要特征

回顾管理学百年发展历程，有研究者认为整个管理学的百年发展史可以分为四个阶段：第一阶段是科学管理阶段；第二阶段是人际关系与行为科学理论阶段；第三阶段是“管理丛林”阶段；第四阶段是以企业文化理论等为标志的“软管理阶段”。这四个阶段的划分虽可商榷，但基本反映了百年管理学从“以物为本”到“以人为本”的基本路径，反映了人类根据社会环境的变化，在“控制”和“自由”之间寻求平衡的过程，是一个“持续创新”的发展过程。

在“科学管理阶段”，管理理论的着重点主要就放在通过对工人动作、行为的规范，以科学的工具和科学的方法来提高劳动效率。科学管理最重要的成果就是发现并界定了“管理工作”，明确了“管理工作”的中心任务就是“提升效率”，目标、指令与控制成为管理工作的主要内容。“责任”意识成为科学管理阶段人们观念变革的起点。泰勒（1911）曾指出，“除非工人们从思想上对自己和雇主的责任问题发生了完全的革命，除非雇主们对自己工作和工人们的责任认识发生了完全的思想革命，否则，科学管理不能存在，科学管理也不可能存在。”可以说，福特制是这一阶段最为典型的管理实践基础。

在“人际关系和行为科学理论”阶段，更偏重于对管理行为本质的思考，并将工作场所视为一个社会系统。管理者为追求效率使用的管理方法，都与组织中对人的关心相联系，将员工放在“社会系统”中去思考，更加重视对于“人”的研究，这成为这一阶段管理学发展的一个特征。这一时期的代表人物梅奥，就是1926年洛克菲勒基金会为哈佛大学工业心理委员会提供资助项目中的一个成员，这个项目的中心议题就是要回答“人们工作为了什么？如何激励人进行工作？影响人们心理和工作效率的因素是什么？”这样一系列问题（克雷纳，2003）。霍桑试验就是这个项目中的一项内容。虽然，在这个时期，人类依然在享受着科学管理的成果，“控制”依然是管理的重要职能，但对于“人”的研究，以及对“人类自由”的追求，已经进入管理学研究的视野。马斯洛、赫茨伯格和麦格雷戈等学者都在探索着关于“人”的认识，对人的需求、人的激励因素和人的基本假设成为他们关注的焦点。

随后的“管理丛林”阶段，各种管理理论纷呈。管理过程学派、管理决策学派、经验主义学派、行为主义学派、社会系统学派、管理科学学派、权变主义学派、经理角色学派，等等，这些理论纷纷登上了管理学舞台，对管理行为从不同视角下进行探索和研究。虽然对于管理学派之前的分歧的讨论以及是否存在“管理丛林”的争论从来没有停止，但是，对于“人性”的研究，对于组织系统的范围研究，以及组织内外部环境适应性的研究都成为这一阶段关注的焦点。研究者基本上都是以科层组织作为管理行为发生的基本组织背景，在这一阶段，通用公司的事业部制，丰田生产系统，都是管理学发展实践基础。

20世纪80年代，以“企业文化理论”“学习型组织”理论等为代表的“软管理阶段”则是与技术和社会变化密切相关的。随着互联网兴起和知识经济的产生，人力资本在企业竞争中的作用日益凸现，管理学的发展趋势转向更注重于无形的组织文化氛围、组织框架内的成员学习、组织能力建设，以及更深层次的价值观塑造。对于如何激发员工内心的追求、如何使员工成为创新者、如何提升组织适应能力等等这些问题，都成为管理学研究的重点。在这一阶段，可以说是一个管理实践百花齐放的时代，崭新的、优秀的企业快速涌现。在快速变化、不确定性明显增强的环境下，明天会是怎样呢？这同样给管理学研究带来了极大的挑战，管理实践者也在进行着持续的创新。因此，概括来讲，管理学百年发展的主要特征就是“现实不断发展，理论持续创新”。

二　中国管理学百年发展的三个阶段

根据中国近现代企业的发展历程，我大致把中国管理学分为三个阶段。

第一阶段：1949 年前的“管理学萌芽”阶段。在这一阶段，国内民族企业发展，开始引入西方企业管理的思想，但是还保留了一些东方传统。例如，民国时期的棉纺专家穆藕初，曾几次拜访过被后人尊称为“科学管理之父”的泰勒，1916 年中华书局出版了由穆藕初翻译的泰勒著作《科学管理原理》。此外，还有张謇在南通、荣氏兄弟在无锡创建民族企业，卢作孚创办民生公司，侯德榜等人创建纯碱厂等等。这些人大都抱有“实业救国”的思想，强调“洋为中用”“中学为体，西学为用”。在这一阶段，中国企业管理除了在提升企业效率方面做了大量的努力之外，在处理劳资双方关系、企业和社会关系方面都做出了很多创新。

第二阶段：1949 ~ 1978 年的“管理学初步形成”阶段。在这一阶段，我国社会主义企业管理学初步形成，并建成了独立的、比较完整的社会主义工业体系和国民经济体系。20 世纪 50 年代，我国企业管理主要以学习借鉴苏联模式为主，在全国范围内系统引进了苏联的整套企业管理制度和方法，强调集中统一领导，推行苏联的“一长制”模式和“马钢宪法”，在计划管理、技术管理、经济核算制等方面奠定了生产导向型管理的基础。20 世纪 60 年代初开始，为克服照抄照搬苏联管理方法的缺点，针对管理学存在的问题，结合国情，我国开始探索与建立社会主义企业管理模式，“鞍钢宪法”、《工业七十条》就是当时具有代表性的成果。可以说，借鉴苏联模式，从管理实践出发，创新发展本土模式成为这一阶段管理学发展的重要特征。同时，需要指出的是，在这一阶段，企业并不是一个市场主体，属于生产型管理模式，因此，中国管理学语境更多是具有“计划经济”的特色，更多涉及的是生产计划管理、班组建设、安全管理等方面的内容。

第三阶段：1979 年至今的“融合发展与创新”阶段。1979 ~ 1992 年，我国企业管理模式开始从生产型转向生产经营型，学习国外管理学知识的重点从苏联转向美、日、欧等发达国家，管理学在学科建设、学术研究、教育培训等方面都有很大发展，我国管理学进入全面“恢复转型”阶段。1983年，袁宝华提出我国企业管理理论发展的16字方针：“以我为主，博采众长，融合提炼，自成一家”，为建立有中国特色的管理理论和管理模式指明了方向。在1992年之前，主要是以引进和学习国外先进经验和方法为主。1992年以后，在社会主义市场经济条件下中国管理学发展更加强调“两个注重”，即注重对先进理论的引进，注重中国经济体制改革的特殊国情。在管理学研究方面，我国学者开始追踪国外管理学研究前沿，国标管理学权威期刊逐渐为国内学者所熟悉。中国管理学研究的规范性得以增强，实证研究方法受到重视，越来越多的管理学研究成果发表于国外顶级学术期刊。中国管理学发展同样离不开管理实践的发展，一些中国企业的优秀管理实践也逐步走进了国际一流商学院的案例库。例如，海尔的“休克鱼”“人单合一双赢管理模式”“自主经营体”等案例。可以说，中国企业实践也越来越多地吸引国外学者的关注。总体上，这个阶段是一个管理学学科体系不断完善、研究水平不断提高、研究成果不断创新的阶段。

三　未来中国管理学创新发展面临的挑战

在人类工业化进程中经历了两次工业革命。第一次工业革命的标志是英国“纺织机”的出现，“纺织机”的使用使工业生产组织实现从手工作坊向工厂的转变。这次转变的背后是以煤炭为能源基础，以蒸汽机为动力基础。第二次工业革命的标志是“福特流水线”的出现，“福特制”促使工业的大规模生产组织方式得到迅速普及。它的背后是以石油为能源基础，以内燃机作为动力基础。目前，新技术范式正在加速形成。大数据、智能制造、3D打印机等新技术正在加速应用，使“第三次工业革命”的轮廓更加清晰。“数字化、智能化和定制化”的制造成为“第三次工业革命”的一个重要特征，大规模定制将成为未来主要的生产组织的方式。

对“第三次工业革命”的理解不应局限在技术基础、生产组织方式和生活方式变革方面，更深层次的是制度和管理方式的变革，是资源配置机制的变革。前两次工业革命出现了工厂制和现代公司制，未来是否会有新的企业制度出现？大型企业是当下经济生活的领导者，今后我们又需要什么样的商业组织？金字塔的科层组织还能够适应未来的发展吗？企业和消费者之间还仅仅是生产者和购买者的关系吗？未来员工与企业之间关系又会是怎样？

以大数据、智能制造和无线网络为代表的新技术范式正在激发企业组织、制造模式和商业生态等一系列管理变革（王钦，2013）。企业组织将从扁平化真正走向网络化。进入大数据时代，海量数据搜集、存储和处理变得轻而易举。企业能够迅速发现、合并、管理多种数据源，这将使管理预测准确性进一步提高，内部组织协调成本大大降低，为企业组织网络化发展创造条件，"层级组织"正在被"节点网状组织"所替代。智能制造正在加速深入推进。除了供应链管理领域自动化技术和信息系统正在广泛应用外，计算机建模、模拟技术和全新的工业设计软件等数字制造技术正在加速推广，工业设计理念和流程都在加速变化。人工智能在工业领域快速应用，新的工业制造系统具备了自决策、自维护、自学习甚至自组织的能力。商业生态正在发生重构，企业将处于一个全新的商业生态之中。消费者具有了更大的选择权和更强的影响力，对价值体现的要求更高。企业与企业之间交易成本的降低以及客户对响应速度的要求提高，促使企业从追求内在一体化转向合作制造、社会制造。企业内部对透明度的要求越来越高，对部门或团队间协同的即时性要求更高，节点、节点连接和动态组网成为必需。员工对公平性和价值观的追求更高，雇佣关系已经不是企业和员工间关系的全部。

四 中国管理学创新发展需要正确处理的三个关系

一是正确处理理论引进和本土现实的关系。西方的管理学思想和方法为中国管理学提供了研究基础，中国的企业家和管理研究学者从中学习了很多。但是，单纯的理论引进还不能够满足本土现实的需要。中国是制造业大国，但是我国制造业面临着产业创新不足、劳动力成本提高等问题，传统制造业发展模式已愈来愈难支持制造业的发展。需要实现具有中国本土特征的管理理论和实践创新，从而提升中国企业的创造力和竞争力。在中国管理学未来的发展中，既要立足区域特征和制度特点，也要辅以严谨的方法论支撑和大规模的经验研究，使中国管理学研究既在国际上受到认可，又具有强有力的解释问题和解决问题的能力。

二是正确处理基础理论研究和现实热点研究的关系。在管理学研究领域，新概念层出不穷，概念快速引入，但是基础理论研究重视不够。其中一个典型现象是，在商学院的教学、研究中，战略、组织、文化一类课程较受重视，而对于生产运营、技术创新等课程的关注程度就没有那么高。一些新的管理概念，例如蓝海战略、长尾战略、基业长青等迅速受到业界和学者的关注，但是人们在关注这些热点的同时，还需要重视基础理论层面的研究，还应该进一步强调加强企业基础管理工作。

三是正确处理学院型教育和实践型教育的关系。1990 年，MBA 教育获得国务院学位委员会批准，我国九所大学开始试办 MBA。经过 20 多年的发展，MBA 教育有了长足发展，为经济发展做出了贡献。但在实际发展中，“学院型”教育的色彩较为浓厚，“实践型”教育的特色还显不足。作为专业学位教育，强调的是以如何解决实际问题为中心开展教育。MBA 教育如何做到真正面向企业、贴近实践将是未来必须思考和回答的一个问题。

总之，中国经济快速发展的背后是中国企业丰富的实践，丰富的企业实践为管理学理论研究提供了广袤和肥沃的土壤，为国际学术话语体系中“中国元素”的丰富提供了历史机遇。可以预见，未来的中国管理学研究将会更加丰富多彩，也将会更加国际化。

（本文发表于《经济管理》2013 年第 3 期）

参考文献

[1] 陈佳贵等著，《中国管理学 60 年》，中国财政经济出版社，2009。

[2] 陈佳贵：“把握世界发展趋势，加快中国管理学创新”，在“管理学百年与中国管理学创新”学术研讨会暨企业管理研究会 2012 年年会（9 月 15 日，中国开封，河南大学）的讲话，2012。

[3] 斯图尔特・克雷纳：《管理百年：20 世纪管理思想与实践的批判性回顾》，海南出版社，2003。

[4] 王钦：《第三次工业革命引发管理变革》，《人民日报》（理论版），2013 年 1 月 7 日。

企业战略理论形成与发展的辩证逻辑

吴照云　余长春

一　企业战略理论形成与发展问题的提出

自1962年钱德勒在《战略与组织：工业企业史的考证》一书中正式开启企业战略问题研究之先河以来，企业战略的内涵及其发展问题，一直被众多学者争相探讨。遗憾的是，时至今日，对此问题的认识与理解，仍旧呈混乱之态（王亚刚、席西民，2008）。不少学者对企业战略理论做了系统、详尽的阐述，也对其今后的发展方向做了富有建设性和现实性的判断与预测。归纳起来，现有研究存在"概念论""学派论"与"分期论"等相应的见解和主张。

对企业战略理论的研究，始于对企业战略概念的界定。由于战略一词源于军事战争，因此，学者们最初往往从对抗、竞争的角度来理解企业战略。从管理学科视角来分析企业战略概念的早期代表人物有安德鲁斯和钱德勒等，相关的认识还比较含糊、零乱。明茨伯格（Mintzberg）较为明确、完整地提出了非单一的战略内涵，即战略"5P"论（计划、模式、定位、观念、计策）。安索夫提出的战略四要素（产品与市场范围、增长向量、协同效果、竞争优势），则将企业战略的概念分析由单纯的组织内部转向了组织与环境的关系。随后，对企业战略概念的认识转向了经济学、生态学和伦理学等多学科视角，并形成了不同的见解。

明茨伯格在《战略历程：纵览战略管理学派》一书中，基于学派划分，诠释了设计学派、计划学派、定位学派等十大战略管理学派的逻辑框架和战略主张。尔后，资源基础、边缘竞争和战略转折点等新型企业战略学派纷纷涌现。借用孔茨的"管理理论丛林"一说，以学派的形式来探析企业战略理论的形成与发展，厘清了不同派别的战略理论，形成了百花争艳的企业战略理论丛林。

从分期的角度阐述企业战略理论形成与发展的研究主要存在“三阶段论”及“四阶段论”，譬如，杨林、陈传明（2005）将国外企业战略管理理论的演变历程划分为建立在对抗竞争基础上的战略管理理论、建立在有限合作基础上的战略理论和建立在互惠共存基础上的战略理论三大阶段；邹统钎、周三多（2010）则按照时间顺序将企业战略理论演化划分为五个阶段：20 世纪 60 年代的战略规划理论、70 年代的环境适应战略理论、80 年代的产业组织理论与通用战略理论、90 年代的资源基础论与核心能力说、2000 年前后超越竞争的创新与创造战略理论。

企业战略理论的研究范畴是什么？鲁梅尔特（1995）曾归纳出战略的四个基本问题，即企业如何行事？为什么企业存在差异？集团公司总部的功能与价值是什么？什么决定企业在国际竞争中的成败？项保华（2001）则提出，企业战略研究的根本问题包括三个层面：第一层面是目标追求（活得了、活得好和活得久）；第二层面是实践回答（做什么、如何做及由谁做）；第三层面是理论阐明（为何生、凭啥存、因何亡）。企业战略的核心研究范畴问题，当属竞争优势问题。研究竞争优势，一直是企业、区域及国家在战略层面追求的中心目标。因而，与竞争优势相关的企业战略理论异彩纷呈。

然而，企业战略“大象”的本质到底是什么？带着这种疑问，本文立足于哲学语境，着力从战略依据、战略视野、战略性质、战略状态、战略核心、战略主体和战略目标七个方面，运用辩证思维来诠释企业战略理论的形成与发展，试图在新的学科背景下重新审视和思考企业战略理论。

二　企业战略理论形成与发展的对立与统一

1. 战略依据：“动”与“静”的环境假设

战略管理的本质是“企业与变化着的背景和环境不断对话的过程”（周三多，2002）。环境假设是企业制定战略的出发点，同时，也制约着企业战略理论的演化，企业战略学派对环境的判断处于持续的调整状态。

从企业战略学派看，以安索夫、安德鲁斯、钱德勒和安东尼等先贤为代表的战略规划学派把环境假定为相对稳定或可以预测，由此着重分析了市场机会与企业资源的匹配性，推导出了 SWOT 模型和波士顿矩阵两大分析工具。在批判和继承规划学派的基础之上，以明茨伯格和奎因为代表的环境适应学派借鉴达尔文的“物竞天择，适者生存”的自由选择论和适应进化论，依据“实在主义”的方法论进行分析，认为企业战略是在其经营实践中持续试错的产物，战略需要根据环境的变化而不断进行调整，由此形成了“SMFA”法和“脚本分析法”两种主要的分析工具。显然，环境适应学派认为企业环境是动态变化且不可预测的。结构学派认为环境动态却能够预测，因而，形成的战略方案同未来的环境可以基本保持一致，不会有太大的偏离。资源学派和能力学派指出，企业外界环境动态且难以预测，企业的竞争优势来源于其内部独特的资源和能力，该学派避开了难以把握的外部环境，把研究的视角由“外因”转向“内因”，主张培育核心竞争力来以不变应万变。

从管理学家看，彼得·圣吉在其著作《第五项修炼》中从组织角度分析了企业战略管理问题，认为战略管理的最终目的是企业经营管理活动适应环境的变化，而组织学习就是适应环境变化的有效方法，由此提出了学习型组织应具备的五项修炼，圣吉的战略管理思想应组织外部条件变化而生。迈克尔·哈默和詹姆斯·钱皮提出了企业再造理论，其核心领域是业务流程再造，即对企业原有的工作流程进行全面的改造，以适应企业制度、技术、分工与管理者等环境的变化。布格尔曼、葛洛夫提出了战略转折点观念，认为环境的剧烈变化及其所带来的不确定性会导致企业的战略意图和战略行动发生偏差，这种偏差将阻碍企业的转型，是组织面临“战略转折点”的标志。布朗、艾森哈特借鉴进化和环境复杂性等理论，指出未来企业经营环境的主要特征是快速变化和难以预测，企业战略管理最重要的任务是调整组织结构形式等管理变革。在美国学者查尔斯·惠兹曼全面地分析了企业战略信息系统问题之后，不少学者将引进信息技术和采用信息系统看成是企业竞争战略的重要组成部分，可见，战略信息是应对环境变化而实施战略管理的重要资源。

2. 战略视野：“对内”与“朝外”

不同流派对企业战略问题所关注的重点对象左右摇晃，企业战略视野存在如下发展轨迹：重点关注外部因素（强调战略与环境的匹配性）→重点关注企业内部条件（强调战略性资源及核心能力）→重点关注外部环境与内部条件的有机结合（强调战略联盟）（陈建校，2009）。

以安德鲁斯为代表的设计学派和以安索夫为代表的计划学派都强调战略

是计划和规划的过程，其战略视角侧重于组织内部战略方案的制定与实施。定位学派建立在企业“同质性”假设的逻辑基础之上，把战略视线转向组织之外，尤其是来自产业和竞争对手的外部环境，提出了企业竞争优势外生的市场结构决定理论。建立在企业“异质性”假设的逻辑基础之上，遵循“资源－战略－绩效”的研究范式，沃纳菲尔特提出了“基于资源的企业观”，其核心思想是：企业内部资源差异导致竞争优势差异，公司的竞争优势取决于其拥有的高价值资源。波特的价值链理论反映，企业创造的总价值源于基本生产活动和辅助生产活动，该分析方法也把战略视野转向了企业内部活动。普拉哈拉德和哈默尔的企业能力理论认为，企业是能力体系或能力的集合体，在获取竞争优势方面，企业内部资源比外部资源更重要，它是企业拥有的智力资本，也是企业决策、创新的源泉。企业能力理论极少关注企业外部环境，主张企业的战略目标在于识别和开发竞争对手难以模仿的内部核心能力。以彭罗斯、尼尔逊和温特等人为代表的企业知识战略理论亦认为，企业成长是通过积累知识来拓展其生产领域的持续过程，企业内生知识的积累是企业竞争优势的来源，该学派重点关注企业内部的默会性知识。以客户价值为中心的战略逻辑扩展和超越了传统企业战略理论的内容，将视线移向企业外部顾客，把培育和提升顾客让渡价值作为竞争的焦点，主张围绕客户价值这一核心命题来重构自己的战略分析框架。平衡计分卡理论从企业绩效评价的角度出发，基于企业内部制度来分析企业战略，把研究的主要立足点放在企业内部的管理制度。环境学派把战略视线转移到企业外部，指出环境是组织以外的所有东西，领导力和组织都从属于外部环境，战略的形成是个适应环境的过程，从而提出了“权变理论”。伊丹敬之的战略适应性观和奎因的逻辑改良主义便是对环境学派主要思想的有力诠释。战略联盟理论也主张企业关注于外，通过与外部组织的合作来创建优势互补的企业有机群体。以穆尔为代表的学者提出的有机战略理论否定了割裂内、外环境的思想，强调将公司内部各要素与外部环境在时间和空间上相互协调一致、融合在一起思考。无独有偶，商业生态系统理论和战略网络理论也主张把企业战略的内在条件和外在因素放在同等重要的位置。

3. 战略性质：“竞争”与“共生”

企业战略的根本目的是为了可持续发展，所采取的手段有竞争、亦有合作。虽然企业战略的主旋律是竞争，但是，不同的理论命题强调的竞争程度却各异，从时间发展维度看，遵循着由弱到强，直至对抗，然后到合作乃至共生的战略主张。

明茨伯格等著的《战略历程》中提到的十大传统战略管理学派中，除定位学派外，对于竞争问题是很少关注的，或者说没把竞争作为战略管理的重点。20 世纪 80 年代，企业战略理论的研究视线逐渐转移到竞争的主题上。以环境为基础的企业竞争战略观认为，竞争战略行为是对企业环境的适应过程。以产业结构分析为基础的企业竞争战略观提倡运用“五力模型”来分析产业结构，运用总成本领先、差异化和目标集聚三种手段参与竞争。以企业资源为基础的战略观认为，企业竞争优势源于其拥有的独特资源，强调其核心问题是企业的异质性（Peteraf，1993）。以知识积累及知识创新为基础的战略观强调知识积累及创新决定着企业要持续地发展、整合资源并获得超越竞争对手的核心竞争力（姚玉成、朱文忠，2007）。20 世纪 90 年代，战略联盟观和商业生态论的出现，标志着企业战略理论进入关注企业间竞争合作和共同演化的超越竞争新阶段。与以往的学派不同，战略联盟观和战略生态观研究的是合作竞争与共同演化，关注的重点是协同与共生。战略联盟观遵循“战略制定—战略实施—竞争合作—竞争优势—经营业绩”的研究范式。詹姆斯·莫尔提出了新的竞争战略形态，即企业生态系统观，表明了“共同进化”的思想。穆尔的商业生态系统理论用生态理论来解析企业战略，为企业制定和执行竞争战略提供了一个新思路：企业战略的重点是同其他商业主体之间相互协作、相互依存、共同学习和共同进化，而非仅仅彼此单向、孤立竞争。基于商业生态系统的竞争分析从系统整体上来设计竞争；依据系统成员之间的相互关系来建立合作，以合作来取代竞争；并通过系统的开放来吸引外部成员，以扩大系统的共同“做大饼”的方式来避免共同“分小饼”式竞争（钟耕深、崔祯珍，2009）。纳尔巴夫和布兰登伯格提出了合作竞争的新理念：企业经营活动是一种可以实现双赢的非零和博弈，企业之间既有竞争也有合作。伽雷诺、理查特和古莱特的战略网络理论认为，战略网络是一个企业接近信息、资源、市场和技术的关键渠道，企业战略网络对企业行为和业绩有重要影响，并强调企业家之间的关系在战略网络中的重要性，必须将战略网络观念整合于战略管理理论的研究之中。实质上，战略网络是企业所面对的一张关系网络，它包括顾客、竞争者、企业员工、生产者、政府、股东、科研机构及其他利益相关者。与商业生态论不谋而合，战略网络的竞争观强调企业之间的竞合，实质上也彰显了一种“系统共生”战略理念。20 世纪 90 年代以来，新的企业战略观表明，产业环境激烈变化，以创新和创造为特点的发展趋势，要求企业在面对竞争性挑战方面，不仅要做内部调整以适应变化，而且企业的战略管理必须具有更前瞻的眼光和更强的战略主动性。这种企业战略观，超越了20世纪90年代以前的战略管理理论中偏重竞争而忽视合作的缺陷，要求企业更加关注核心能力发展和资源积累，更加关注合作与竞争并重，塑造新的企业竞争规则。从理论基础上分析，它把理论建立在网络经济而不是传统的规模经济或范围经济的基础之上，因此，其视野更宽广，更具前瞻性（吕健华，2005）。

日本的“战略先生”大前研一认为，日本企业在国际商战中取得成功，与其重视竞争地位是密不可分的。日本企业与对手展开竞争的具体做法包括四个方面，即强化企业的经营职能性差异、利用对手的弱点、不断问为什么、为使用者寻求最大利益（罗珉，2000）。企业集群战略理论认为，在一定的地理位置上集聚的相互关联的企业及机构，可以共享集群带来的规模经济和范围经济的好处，同时，也能减少交易费用，可使知识、经验、技能在企业之间快速传播。企业集群理论主张集群内部企业之间的共同成长，而集群之间则主要表现为竞争。席酉民（2008）基于和谐管理理论，提出了企业战略“和谐论”。本质上，这种战略“和谐论”是一种共生的战略理念。

总的来看，“设计学派”源于较弱的竞争性，“计划学派”则建立在竞争性趋强的基础之上，到了“结构学派”“能力学派”和“资源学派”时代，尽管他们对于竞争优势来源的认识各不相同，但更多地强调对抗性竞争，这一点却是相同的。“战略生态”“战略联盟”和“企业集群”理论则完全不同于以上各种理论，制定企业战略的竞争空间在扩展，竞争力的研究对象不再局限于单独的企业个体，主张企业间通过合作建立共生系统以求得共赢。

4. 战略状态：“孤立静止”与“动态持续”

20世纪80年代以前，企业战略理论对战略状态持“孤立静止”的观点，或者说忽略了战略的动态性。例如，结构、能力和资源三大主流竞争战略学派有一个共同的特点，即把企业自身独立于其他组织之外，忽视了竞争企业间的互动关系和竞争环境的剧烈变化。其后，学界逐渐转变看法，把企业战略状态置于动态持续之中加以重新审视，认为战略状态是动态调整、突变的，例如，以提斯等为代表的学者提出了动态能力理论。该理论秉承了熊彼特“创造性毁灭”的思想和演化经济学的组织惯例观点，进而把企业行为与能力模型引入其中，认为要获取持久的竞争优势，企业必须具备能够进行

“创造性毁灭”的动态能力。动态能力理论将构建企业学习与研究进程中产生能力的机制作为战略重点，从而能够迅速地适应突变的环境。

就竞争而论，企业的竞争行为会引发其他竞争者的反击行为，而企业动态战略便是从企业之间竞争互动角度来探析企业战略行为的。动态竞争的路径之一是多点竞争。多点竞争的理论起源于产业组织经济学（主要关注寡头独占的情况），着力研究企业间横跨多个市场的竞争问题（Gimeno，1994）。该理论认为，企业间多市场关联程度越高，企业间的攻击和反击越可能“相互克制”，从而降低企业间的竞争强度，产生较稳定并且可预期的竞争行为。动态竞争的另一个走向是竞争互动，它以研究对手间的对抗为目标，认为企业通过采取一系列的进攻和回应行为来建立和保持竞争优势，其背后逻辑是，如果企业善于迅速而持续地毁掉现有优势条件，并不断创造空前而非传统的竞争，便能取得卓越的业绩，组织生态学为企业环境与企业战略的互动模式提供了理论依据。它强调组织之间的合作，认为组织不是孤立的，而是存在于复杂的组织生态系统之中，组织的生存与发展依赖于组织生态系统中不同组织之间的相互适应。在 Moore 所提出企业生态系统战略理论的框架下，企业不再仅仅把自己看作是单个的企业或扩展的企业，而是把自己当作一个企业生态系统的成员。在该生态系统中，企业与环境的边界是动态的，企业战略与环境是互动的。

理查·达维尼在研究短期竞争优势和持久竞争优势的关系时提出了超强竞争理论，指出企业所处超强竞争环境是一种优势迅速崛起并迅速消失的环境，企业必须顺应市场竞争的动态发展，积极瓦解对手的优势，不断创造新的、暂时的优势，以一连串短暂的行动积累成持久的优势，战略目标将是打破现状而非维持稳定及平衡。边缘竞争战略理论主张，企业应该通过不断变革管理来构建竞争优势，该理论解决了公司在高度变革及不确定性的市场上所面临的战略挑战，即不断地创新公司自身，以获取持续的竞争优势。与动态能力理论及动态竞争理论相比，超强竞争理论和边缘竞争理论所关注的战略动态程度要大得多。

5. 战略核心：“价值瓜分”与“价值创新”

企业战略理论的核心命题是围绕构建竞争优势展开的，竞争优势的背后隐喻即为“价值瓜分”。换言之，市场价值瓜分的能力取决于企业是否具有竞争优势以及竞争优势的强弱。

波特认为，企业获取竞争优势的关键在于制定行之有效的竞争战略，从而在与竞争对手的激烈竞争中瓜分更多的市场，夺取更大的价值。隐藏于背后的逻辑是，在总蛋糕不变的情况下，切到更大的一块。企业资源学派认为，企业所拥有的异质性资源能够带来李嘉图租金收入，并且，这种异质性的资源不能被自由地扩大或者模仿。拥有独特资源是企业得以创造李嘉图租金的结果。企业的异质性资源是瓜分市场价值的重要法宝。乔治达伊基于价值分割思想，在《市场驱动战略》中提出了基于顾客价值与竞争对手的价值来制定企业竞争战略方法。可见，这三种观点均强调通过建立企业的竞争优势来瓜分价值。

金昌为、莫博涅（1997）首次提出了价值创新的概念，并把价值创新导入企业战略管理中。他们归纳了传统战略逻辑和价值创新逻辑在战略的基本层面上的不同：大多数企业认为自己所处行业的条件是既定的，并据此制定相应的战略，而价值创新则寻求价值上的重大飞跃；传统的竞争发生在明确的界限之内，但价值创新者常常跨越这些界限；许多组织的战略思维经常跟随竞争对手的变化而变化，而价值创新者则不把竞争对手当作比较基准；价值创新者不关注客户之间的差别，而是从客户所看重的一些东西中寻找共同点。

“价值创新”战略思想的产生，使企业战略管理的中心发生了转移，即由通过竞争优势瓜分价值转向了为顾客创造更好的价值和开辟新的市场价值。菲利普·科特勒提出的“顾客让渡价值”理论认为，企业必须构造完整的产品价值链，从整体顾客价值着手，谁的基本竞争战略更能够提高顾客让渡价值，谁就能够在竞争中获胜。其背后逻辑是，只有为顾客创新价值，才具有更大的竞争优势。能力学派认为，企业竞争优势的来源是通过“熊彼特租金”显现出来的，因此，企业战略管理的重点是获取及维持生产与研发的独特能力、洞察市场需求变化而改善产品或服务质量及功能的能力、拥有业务流程再造及改善管理水平的能力、跳转到新市场或新领域的能力，因为这些能力是企业价值创新的源泉和法宝。

以戴维尼为代表的超强竞争理论与熊彼特创新理论十分相似，该理论的基本逻辑是，不可能存在一个长久持续的优势，不论是张伯伦租金还是李嘉图租金，都会很快趋于消散。企业对可持续竞争优势的全神贯注不仅是幼稚的，而且可能是致命的。企业的主要战略目标是通过不断地创新，破坏已存在的优势来源，并创造新的优势来源。具体的手段就是不断地进行价值创新。换言之，企业应追求获得一系列暂时优势，不断创造新的利基，从而不断比竞争对手领先一步。

蓝海战略认为，聚焦于红海等于接受了商战的限制性因素，而运用蓝海战略能够把视线从超越竞争对手移向买方需求，也能够将不同市场的买方价值元素筛选并重新排序，还能够由给定结构下的定位选择向改变市场结构本身转变。蓝海战略的基石是价值创新。蓝海总是很短暂的，所有的蓝海最终将会被染成红色；红海总是表象的，任何一片红海里都隐藏着某些蓝色的海沟。红海与蓝海是一种理论上的相对概念，紫海才是市场的常态。紫海是红海与蓝海的混合区域，红海与蓝海夹杂在一起，就组成了紫海。如果说红海战略的战略核心是价值瓜分，蓝海战略的战略核心是价值创新，那么，紫海战略的战略核心便是二者兼有。

6. 战略主体：“上下”与“内外”

站在企业内部，企业战略主体涉及上层领导及下层员工两大主体。以明茨伯格提出的十大战略学派为例，在早期的几个战略流派中，战略决策的责任都是由企业高层承担，如设计学派是高级主管、计划学派是计划管理人员、定位学派是分析管理人员、企业家学派是企业高层领导。从认知学派开始，战略制定者开始向中下层延展。学习学派认为，人人都有权了解战略，他们都是战略设计者与执行者；权力学派认为，所有拥有权力的人都参与战略的制定；对于文化学派，则更加信赖集体决策。彼得·德鲁克指出：“现在真正占主导地位的资源和具有决定意义的‘生产要素’既非资本，也非土地或劳动力，而是知识。”现代企业管理回归到“以人为本”，因为人是知识的根本载体。企业战略管理也不例外，战略主体也更加注重“全员”而非仅仅是“高管人员”。“人本”战略的实质，是以促进人自身自由、全面发展为根本目的的管理理念与管理模式，而人自身自由、全面发展的核心内容，便是个体心理目标结构的发展，以及个性的完善。

从企业外部看，企业战略的主体已由单个企业自身转向与企业外部相关的系统网络。20 世纪 90 年代以前的企业战略理论，往往注重战略的内源性，强调“自我依赖”这种战略独立性。计划学派、资源学派和能力学派等均在其列，以资源基础学派为例，该学派认为，企业内部资源同外部资源相比，对获取竞争优势更具有重要意义，在企业内部，依赖于企业的异质性的、非常难以模仿的、效率高的专有资源，并且企业有不断产生这种资源的内在动力，保持企业的竞争优势在于不断地形成、利用这些专有的优势资源。企业在实施企业战略的时候，首先是确定公司的独特专有资源。显然，资源基础学派强调“独善其身”，即认为，只要企业自己拥有关键、核心资源，就会拥有竞争优势，从而在市场竞争中立于不败之地。20 世纪 90 年代之后，在开放性经济格局下，国家、地区、产业及企业之间的依赖性增强，企业战略理论则把企业自身同外界环境的多种主体利益捆绑起来，从更大战略网络层面，分析相关利益主体构成的系统战略问题，突出了战略的整体性、关联性和协同性。尤其值得一提的是，网络经济条件下，企业的“无边界”化，必然会催生战略的网络化，关系战略管理是企业成功的关键。商业生态系统理论、战略联盟理论和企业集群理论等战略思想都位居其列。以战略生态理论为例，该理论以系统生态学为研究范式，把企业看成是嵌入一定战略网络中的子利益单元，从而跨越了战略思维中过分关注对手和自身的战略视野。企业战略既关法企业的资源与能力，又不断深化探讨公司愿景、组织学习、知识管理、文化管理及创新管理；既关注产品、市场、顾客，也关注价值链、供应链；既关注竞争优势的培育，还注重顾客让渡价值的提升。这些被关注的要素已经远远超过了企业自身独立的系统，因而，企业战略必须向外看，从全球化出发，从跨行业和无国界的范围来考虑配置自身的资源，以获得最佳的管理整合效果。未来企业战略将打破地理区域和行业界限，更多的是在无边界的范围内对商业机会的洞察、创造和捕捉，企业战略理论的发展体现出多维空间的哲学观，也诠释了多维空间对一维空间的“否定之否定观”。

7. 战略目标：“经济性”与“社会性”

企业具有“经济性”与“社会性”的双重属性。经济性即盈利，是企业存在的根本目标，社会性要求企业为相关利益主体付出更多的代价，可能会减少企业的有限资源，从而抵触经济性。企业战略目标的经济性，即仅仅追求经济性目标，或者没有把企业的社会性纳入战略体系之中加以考虑。无论是波特的竞争战略，还是哈默尔和普拉哈拉德的能力基础理论；无论是战略设计学派，还是战略规划学派；诸如此类的企业战略强调的是如何制定、实施战略，如何在竞争中击败对手，如何获取、维持及提升竞争优势，从而赢得最大的利益。这些战略的目标设计单一，即定格为经济性，没有涉及社会性。

其实，社会性并不否定和排斥经济性，如果运用得当，社会性目标能够促进经济性目标的更好实现。从企业战略的形成与发展的演化思想来看，企业战略成分中的“经济性”逐渐由“社会性”部分取代，悄然成为“经济性”与“社会性”互补共依的战略格局。20 世纪 20 年代，一些西方国家出现了企业战略的社会性倾向，这种倾向可以理解为战略性社会责任，它表现在企业不断加强慈善活动，培训工人，以及提升服务质量，并将这些手段纳入企业公关策略中。20 世纪 70 年代初期，西方出现了社会反应战略。Wilson（1974）全面阐述了这种战略理念，提出了四种不同的社会反应战略，即通过各种手段推脱社会责任的消极反应战略，最低限度地遵守规章制度和法定义务等强制性要求的防卫战略，自觉地按照利益相关者的期望来采取行动的适应战略，以及积极响应预期到的利益相关者要求的预反应战略。20 世纪 80 年代中期，美国学者弗里曼基于利益相关者视角，将企业战略划分为五种类型：最大化少数利益相关者利益的特定利益相关者战略、最大化股东利益的股东战略、最大化社会利益的功利主义战略、改善弱势利益相关者利益的罗尔斯战略和营造社会和谐的社会协调战略（爱德华·弗里曼，2006），这种对利益相关者的责任承诺，充分诠释了企业战略的社会性尺度，也是对企业纯经济性战略的一种补充和拓展。20 世纪 90 年代以后，西方学术界出现了两种不同的整合战略理论，其一是将企业的经济、伦理和环保责任整合的三底线战略；其二是将企业社会责任与企业竞争战略整合的企业社会战略。总的来看，以上社会性战略理论一致认同，企业应从战略角度出发，决定将自身资源运用到哪些社会性活动之中，并根据外部环境来抉择应承担哪些社会责任，这样对于企业的长期生存与发展是更有益的。企业要持续增强国际竞争力，必须注重商业伦理和社会责任问题。从战略的角度来审视，企业应主动介入并自我调适，把企业社会责任与其核心战略相整合，以此识别机会，促进未来价值的创造（眭文娟等，2012）。

实质上，企业战略社会性的核心是通过整合内部资源，将社会责任转变成竞争优势。如果企业可以有效阻止其竞争者模仿其战略决策，那么基于社会性的战略就会带来超额回报（Reinhardt，1999），企业社会性行为作为一种企业策略行为，可以被用于建立或提升可持续竞争优势（Mcwilliams，2002）。基于资源依赖，可将企业社会性行为看成组织的一种潜在资源和竞争能力（Wernerfelt，1984），还能把资源依赖引入环境企业社会责任，因为环境企业社会责任可构成一种资源或能力，从而获取持续竞争优势（Hart，1995）。企业社会责任战略管理的目标是获取可持续竞争优势，从这一点看，企业战略目标的经济性与社会性是在矛盾中相统一的。在企业战略理论发展的进程中，企业“社会性”日益成为战略的重要组成部分，诚如彼得·F. 德鲁克（1984）所言，未来的企业从善方能制胜，而且唯有将社会责任融入市场机会中，企业才能更好地承担起这一责任。为此，企业战略必须在经济性与社会性之间取得平衡。当然，社会性嵌入企业特定业务，这是个渐进的学习过程，但是，此过程能够推动企业创新，由此增强企业竞争力（J. vilanova M.，Lozano J，Arens D，2009）。

三 结束语

管理哲学属高级管理学。企业战略作为系统性、思辨性、概念性及经验性极强的高层管理理论，用哲学的理念来理解恰如其分，在哲学语境中讨论企业战略理论问题，是对企业战略理论形成与发展的顶层设计与认识。

本文依据企业战略自我完善的内在驱动力和环境变化的外部推进力这两大动力因素，沿着企业战略理论形成与发展的辩证逻辑主线，简要回顾了企业战略理论形成与发展的研究现状，并在分析企业战略的基本研究范畴基础上，着重从战略依据、战略视野、战略性质、战略状态、战略核心、战略主体、战略目标七个方面阐述了企业战略演化的对立面与统一性。必须指出，企业战略理论形成与发展的辩证逻辑并非仅仅体现在这七个方面，其他方面，诸如归核化战略与多元化战略、战略思维的不变与蜕变、战略发展的线性化与非线性化、战略组织的实体化与虚拟化等，这些都无不揭示出辩证发展规律。

企业战略理论的矛盾面及统一性，恰恰反映了演化轨迹的辩证逻辑，这些都深刻折射出企业战略理论的丰富性、科学性和发展动力性。企业战略理论的矛盾性并不排斥它们之间的联系面，新锐的思想火花是在先贤的理论基础之上所发展而来，它继承并密切联系着先前的战略理论思想、观点，并在联系中向前，向高级的状态运动着。例如，网络化战略并不否定一维性的战略，它只是要求战略要考虑产业链的多维主体（包括竞争者、顾客等），并不排斥重视企业“一维”自身。同样，虚拟化战略也并非全盘否定实体化战略，恰恰相反，后者才是企业战略的根本，而前者只是一个补充与拓展。科学问题是需要不断发展修正的，企业战略理论正是随着所处时代环境的变化而经历着持续的“肯定—否定—肯定”的循环往复过程，并逐渐趋向理性。企业战略理论的科学性既体现在符合客观存在，更体现在不断地修正偏差而愈加合理。企业战略理论的发展动力也正是由矛盾着的理论所推动着，并不断尝试着解释这种矛盾，或者寻求矛盾问题的共同点，不回避矛盾，并解决矛盾，使企业战略理论向更高级的思想体系迈进，从而更加贴近现实。

本文在理论层面的贡献有：一是系统梳理了企业战略理论流派的代表思想和代表人物，力图厘清企业战略理论的全貌；二是从辩证的视角，对企业战略理论的形成与发展进行了有力诠释，创新性地阐发企业战略理论演化的逻辑脉络；三是把以往企业战略理论的研究内容作为基础，重新选择战略依据、战略视野、战略性质、战略状态、战略核心、战略主体、战略目标七大主题来分析企业战略理论形成与发展的轨迹，突破了以往战略理论的研究范畴。实践层面，便于企业从内部条件和外部形势出发，动态调整战略思维和方法，克服战略一维、僵化及盲从，保持战略有机、弹性及恰适，有效指导战略决策及战略实践。

本文的不足之处是，仅仅运用规范性分析方法来归纳、演绎出企业战略的形成与发展，却未能结合具体的案例加以深入剖析，理论分析缺乏针对性和现实性；也未能理论建模，以此量化分析企业战略理论的演化进程，思辨分析有欠科学检验。

（本文发表于《经济管理》2014 年第 10 期）

参考文献

[1] Barney J. B. , "Firm Resources and Sustained Competitive Advantage," *Journal of Management* 1 (1991): 91 – 95.

[2] Birger Wernerfelt, "A Resource – based View of the Firm," *Strategic Management Journal* 5 (1984): 22 – 26.

[3] Chandler, A. D. , *Strategy and Structure: Chapters in the History of the American Industry Enterprises* (MIT Press, 1999).

[4] C. K. Pralahad, G. Hamel, "The Core Competence of the Corporation," *Harvard Business Journal* 3 (1990): 88 – 91.

[5] David J. Collis, "Cynthin A Montgomery Competing on Resources: Strategy in the 1990s," *Harvard Business Review* 7 (1995): 11 – 12.

[6] Drucker, P. F. , "The New Meaning of Corporate Social Responsibility California," Management Review 2 (1984): 78 – 83.

[7] Grant R. M. , "The Resource – Based Theory of Competitive Advantage: Implications for Strategy Formulation," *California Management Review* 33 (2005): 20 – 24.

[8] Helena Yli - renko, Erkko Autio & Harry J. Sapienza. , "Social Capita, Knowledge Aquisition, and Knowledge Exploitation," *Strategic Management Journal* 22, (2006): 33 - 36.

[9] James F. Moore, *A New Ecology of Completion* (New York: Harvard Business Review, 2004).

[10] Moore, J. F. , "The Rise of A New Corporate Form," *Washington Quarterly* 21 (1) (1998): 66 - 69.

[11] Porter, M. E. , *Competitive Advantage of Nations* (London: Macmillan, 1990).

[12] Porter, M. E. , Kramer, M. R. , "Strategy & Society: the Link between Competitive Advantage and Corporate Social Responsibility," *Harvard Business Review*, 80, (12) (2006): 47 - 49.

[13] Prahaled C. K. , Hamel G. , "The Core Competence of the Corporation," *Harvard Business Review* 5 (1990): 39 - 42.

[14] Teece D. J. , Pisano G, Shuen A. , " Dynamic Capabilities and Strategic Management," *Strategic Management Journal* 7 (1997): 66 - 69.

[15] Waddock S. A. , " The Multiple Bottom lines of Corporate Citizenship: Social Investing, Reputation and Responsibility Audits," *Business and Society Review*, 105, (3) (2000): 65 - 69.

[16] Werneifelt B. , "The Resource - Based View of the Firm," *Strategic Management Jorunal* 5, (2) (1984): 38 - 45.

[17] 爱德华·弗里曼:《战略管理—利益相关者方法》, 王彦华、梁豪译, 上海译文出版社, 2006。

[18] 眭文娟、谭劲松、张慧玉:《企业社会责任行为中的战略管理视角理论综述》,《管理学报》2012 年第 9 期。

[19] 迈克尔·波特:《竞争战略》, 华夏出版社, 1997。

[20] 倪义芳、吴晓波:《论企业战略管理思想的演变》,《经济管理》2001 年第 6 期。

[21] 王亚刚、席酉民:《和谐管理理论视角下的战略形成过程: 和谐主题的核心作用》,《管理科学学报》2008 年第 11 期。

[22] 吴照云:《战略管理》, 中国社会科学出版社, 2008。

[23] 吴照云:《管理学》(第六版), 中国社会科学出版社, 2011。

[24] 吴照云:《中国管理思想史》, 经济管理出版社, 2012。

[25] 项保华:《战略管理——艺术与实务》, 复旦大学出版社, 2010。

[26] 许可、徐二明:《企业资源学派与能力学派的回顾与比较》,《经济管理》2002 年第 2 期。

[27] 詹姆斯·弗·穆尔：《竞争的衰亡——商业生态系统时代的领导与战略》，北京出版社，1999。

[28] 钟耕深、崔祯珍：《商业生态系统理论及其发展方向》，《东岳论丛》2009 年第 6 期。

[29] 周三多、邹统钎：《战略管理思想史》，复旦大学出版社，2003。

管理的动轮机制

张国有

管理的机制是什么？国外学者通常将“管理”看成计划、组织、领导、控制等若干要素的组合体，并以此来组成“管理”的架构（斯蒂芬·P. 罗宾斯，1994）。这种观点从法约尔提出计划、组织、命令、协调和控制这五项管理要素以来，已经有100年的历史（丹尼尔·A. 雷恩、阿瑟·G. 贝德安，2014）。进入21世纪之后，美国架构仍然如此（理查德·L·达夫特、多萝西·马西克，2012）。这种架构被引入中国，至今仍无大的变化。就对“管理”的阐释而言，“计划、组织、领导、控制”这种架构无疑是个巨大的贡献。但此架构诸要素之间的独立性较强，各自都有无边界延伸的可能性，和100年前比，内容愈加繁多，但又缺乏相互间的有机勾连。如果从管理运行的本性出发，细究其中的关联，有助于更好地理解管理的功能及其机制。

总体上，“管理”是由管理对象体、管理者及一系列的管理工具构成，并为追求“有成果的效率”的功能系统。即使在互联网机制下，使用人工智能，管理工具的性能和效率大为改观，但管理的本性依然是追求“有成果的效率”。管理功能大致由12个部分组成：对象体、管理者、意图、模式、配置、规则、运行、沟通、激励、产出、习惯、变革。这12个部分各自有自己的功能和动力，如同一个动轮组合，相互之间既依序影响又交互作用，形成管理的动轮机制。12个动轮中，除对象体作为核心之外，其他11个动轮都是围绕对象体、为对象体提供管理服务。12个动轮总合起来，其动力源自对象体的生存及更好生存、对管理的需求和管理者适应需求的进取精神。此三者结合在一起，驱动对象体有序、有效、有益地运行，进而不断获得所期望的结果，在不断产生的结果中继续获得更好生存的动力。

一 对象体的核心需求与管理者的基本功能

管理有两个内置的基本要素：对象体与管理者。对象体的存在及其需求是所有管理者实施管理的出发点和归宿点，没有对象体，所有的管理者及管理工具都无所用场。管理者及其管理能力是协调对象体有序、有效、有益运行的基本条件，没有管理者，对象体就没有成果，也没有效率。对象体和管理者同时同域存在，相生相辅相成，共始并终，相依为命，缺谁都成不了事情。

1. *对象体是需要管理的机制体*

世界上各种事物由于某种联接而发生联系，形成相互作用的机制。这种内在机制外化出某种系统，成为某种“机制性的体系”。这种机制体被人类看中，纳入管理之列，为人类服务。例如，植物生长机制被人类看中，纳入管理，种出小麦、稻子、玉米等，这就有了各种务农机制体。人们理解了物体的制造机制，就有了飞机、冰箱、水坝、玩具等各种制造机制体。类似的还有运输机制体、经商机制体、金融机制体、医疗机制体、科技机制体；政府机制体、教育机制体、军事机制体、生态环境机制体；还有营利的机制体、非营利的机制体；基层班组的机制体、高层决策的机制体；全球事务的机制体、区域事务的机制体、国家事务的机制体、星际事务机制体；机器人运作的机制体、虚拟现实的机制体等，不一而足。这些机制体不能自我形成和运行，都有赖于人对其组合，都需要“管理”，因而，都有可能成为管理的“对象体”。

就务农机制体中的经营机制体来看，就有农户机制体、农户合作机制体、公社机制体、互联共营机制体、一人股东运作机制体等。每类机制体都可能衍生出细类的机制体。凡是需要人为管理而期望得到结果的对象，都在管理的“对象体”之列。日出日落星体运行、地震海啸飓风等，凡不能或不需要进行人为管理的机制性对象，都不在“管理的对象体”之列，或暂且不在“管理的对象体”之列。

对象体并不都是正式组织。例如，朋友之间为去某地旅游，因共同兴趣而联结起来。尽管是临时的，但其活动需要管理，这就形成一个需要管理的对象体。为使旅游有条不紊，大家会推举一个人或两个人作为协调人来处理各种相关事务，其目的是使这次活动有大家满意的结果，同时，花费尽可能少一些，人人安全健康等。对象体的运行有自身的核心需求，归纳起来主要有三个：一是运行要有结果；二是运行要有效率；三是整个运行和结果要有序、有效，有益。临时的对象体有这样的核心需求，持续循环运行的对象体更是如此。对象体与管理者成为共事搭档的基本状态如图 1 所示。

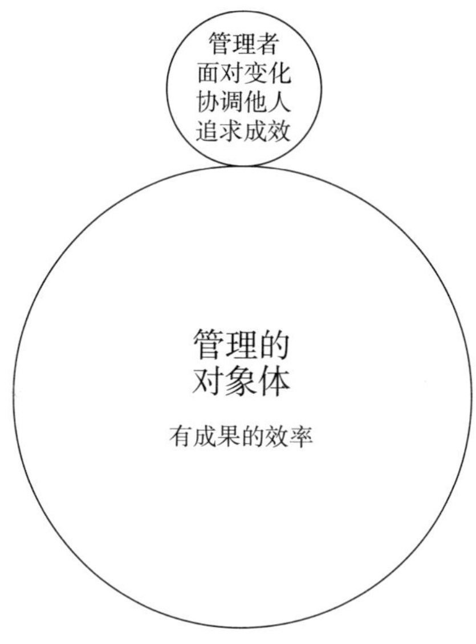

图 1　管理者与对象体相依为命

资料来源：本文绘制。

对象体之所以需要“管理”，是因为对象体的运行需要明确目的，运行需要有序，有序的运行需要有结果，得到的结果要符合目的，过程和结果对个人和社会都要有益。对象体若没有管理，没有管理者运作其中，对象体及其中的每个人对利益的追求就不能实现。

2. 对象体“有成果的效率”源于管理者的功能

管理者是面向对象体从事管理活动的人，是对象体管理活动的中枢和原动力。管理者可以是有职衔的人，其按职衔的要求履行管理职能。如组长、场长、校长、军长、市长、省长、总理等，各自在履行自己职衔所规定的职能；也可以是没有职衔却在从事管理事务的人，如家庭里的母亲、父亲，同学聚会时自愿担负协调责任的人，邻居相处中大家公认的联络人等。管理者可以是管理者个人或管理者团队。当对象体人数少时，管理者可以是一个人；对象体人数多时，管理者可能是多个人，形成管理者团队。管理者可以是人工系统或人工智能系统。人工智能管理系统是人的化身，机器人在算法控制下行使管理职能，但最终要遵从人的意志。管理者都兼有当前事务管理与未来事务管理的职能，因为层级位置不同，有的较多侧重于当前事务的运作与处理，有的较多侧重于未来事务的思考与规划。

管理者是在自我管理的基础上对他人进行协调。管理者个人常常将自己的经历、经验、认知、规范、习惯等不自觉地加持于对象体，使对象体的风气越来越像管理者自己的秉性。所以，做不好自我管理的个人及管理者团队，很难做好对象体的协调。有时还可能会将人格缺陷带到对象体中，形成对象体的缺陷。卓越的管理者会将对象体的运行及发展看作是自己的作品，从头至尾尽心尽力，精雕细琢，追求至善。学校是校长的作品，城市是市长的作品，家庭是家长的作品。企业管理者是因为企业卓越才有了卓越管理者的社会评价。社会根据管理者的“作品”来评价管理者的能力及其成就。

管理者经常面对不确定的前景，必须为对象体选择要做的事情和做事的方法，并极力追求某种结果，追求某种效率。在对象体核心需求的驱使下，管理者尽力运用各种管理工具发挥管理功能。所以，“管理者”作为管理动能系统中提供原动能的一个组成部分，不但为对象体提供管理服务，同时，自身也在循环运行。其自循环经常面对的问题是：如何使自身的素质和品格从一般转向优秀，从优秀转向卓越；如何使管理者团队保持有效与和谐；如何将个人品格能力和团队素质加持于对象体，使对象体能够有序、有效、有益地运行。

二　意图与方向，模式与盈余

对象体的运行，要求有成果的效率。管理者实施管理，首先使用两个工具，这就是“意图”和“模式”。意图和模式的功能在于考虑和预设对象体究竟往什么方向发展，究竟想要什么样的结果；要得到这样的结果选择什么样的经营方式比较好。明确方向、预设结果、选择模式，这是管理者首先要确立的基本事项。

1. 管理者的意图

“意图”是管理者预定的对象体运行的基本方向和总体构思。管理者实施管理，首先要界定对象体存在的理由和根据、对象体做事应坚守的基本信条，以及确立在可预见的时期内对象体的愿景、设想下一周期想得到的结果等。管理者有两种意图：一种是基本意图，是管理者在创立对象体时所确立的存在的理由和依据；另一种是发展意图，是在对象体创立之后的发展过程中管理者确立的愿景、期望的结果、大致的规划等。对象体存在的理由有可能根据变化在发展过程中更改。

创立时的基本意图是对象体长远存世立足的指导思想。例如，阿里巴巴公司创立于1999年。一开始，创始人就致力于通过互联网平台为小企业创造通达且公平的竞争环境，让小企业都能够通过互联网扩展业务，并在参与市场竞争时能处于比较有利的位置。让原来对于小企业很难做的生意，变得容易起来。其创立时的基本意图就是“让天下没有难做的生意”（张国有，2017）。北京大学的前身是京师大学堂，1898年创立时，清朝中央政府对创办国立大学的基本意图是“为各省之表率，万国所瞻仰。规模当极宏远，条理当极详密，不可因陋就简，有失首善体制”（张国有，2011）。后来又逐步延伸发展为“端正趋向、造就通才”（张国有，2011）；“以中国学术且有进步，能发明新理以著成书，以制造新器以利民用为成效”（张国有，2011）。

创立后的发展意图是对象体阶段性发展对预期结果的设想。如阿里巴巴公司的发展意图是“构建未来的商务生态系统，让客户相会、工作和生活在阿里巴巴，并持续发展最少102年”（张国有，2017）。北京大学的发展意图是“坚持守正创新”“追求真理、追求卓越、培养人才、繁荣学术、服务人民、造福社会”“在2030年左右学校整体水平进入世界一流大学前列”（北京大学，2017）。发展意图是在基本意图的基础上逐年明确、深化，更具现实的指导作用。

管理者意图与对象体意图有时一致，有时不一致。当管理者是对象体创始人时，管理者对为什么要创立对象体比较清楚，管理者的意图就转化为对象体人的群体意图。当管理者并非创始人，而是在发展中进入对象体管理领域、掌管对象体管理事务时，管理者并不太清楚对象体原先的意图。此时，管理者需要弄清对象体原先的意图是什么，确定是接受对象体原先的意图，还是用新的意图替代对象体原先的意图。如果选择替代，管理者就会将自己的意图加持于对象体，对象体就按新的基本方向发展，按新的总体构思运行。

要想使对象体获得有效率的成果，管理者的意图与对象体的发展必须一致。在不一致的情况下，管理者可以通过自己的远见、卓识、权威及说服力使两者保持一致。“意图”是管理动能系统中首要的一个动轮，是管理者实施管理的第一个工具。“意图”在其自循环、为对象体提供“意图”功效的时候，经常面对的问题是：对象体究竟往什么方向发展、究竟要干什么事情等。若意图不明确，管理者就无法明确地实施后续管理。

2. 对象体获得盈余的模式

根据基本方向和总体构思选择对象体的经营模式。经营模式是管理者如何经营对象体的方式，是对象体获得盈余、取得进步的基本途径。管理者在确立了做事的领域、发展方向，并预设了产出的成果后，就要考虑对象体通过什么样的方式获得成果、获得“盈余”。经营模式就是获得成果、如何获得“盈余”的方式。

“盈余”是对象体运行一个时期后的“多出部分”。以企业为例，其“多出部分”通常是收入减去成本后的“利得”。“利得”就是对象体的盈余，是更好生存的条件。对象体需要盈余，管理者有追求盈余的天然动机。而如何获得盈余、如何不断进步，就成了管理者对经营模式的思考、选择和确定。

不同领域、不同业务有不同的“盈余”，一般来看，营利性对象体，如各类企业，其“盈余”是利润，但也不能只看利润，更重要的还有产出能力提高、产品影响扩大、新技术产生、人员素质提高、社会声誉上升等各方面的进步。所以，“盈余”应该是综合的。政府是为人民服务的非营利性对象体，政府谋求的盈余是由公共利益增长、官员服务品质上升等而使民众获得的福祉及其满意度增加。民众福祉及其满意度“增加”就是政府所追求的“盈余”。再有，学校存在的依据是培养人才。学校谋求的盈余，不仅仅是毕业生增多、适应性增强，更重要的是每个学生素质构成中的知识、技能、人品等综合性增长。学生素质“增长”是学校应该追求的“盈余”。

图 2 显示了依据对象体的运行目的、管理者与意图及模式之间的相互关联和作用。

在不同领域面对不同业务的管理者，必须选择合适的经营模式。用已定经营模式去获得一定的盈余。意图和预设成果发生改变，经营模式有可能面临新的选择。经营模式是管理动能系统中的一个动轮，是管理者的第二个工具，目的在于帮助对象体获得盈余。在其自循环、为对象体提供“模式”功效的时候，经常面对的问题是：对象体以何种模式进行经营；这种模式能不能获得盈余，能不能持续地获得盈余等。现实生活中，各类对象体都有自己特定的盈余。问题在于，有的管理者并不清楚对象体特定盈余究竟是什么，不清楚获得盈余的比较好的经营方式是什么。所以，理解对象体的盈余并根据基本方向和总体构思去选择合适的经营模式，对管理者而言是极具挑战性的事情。

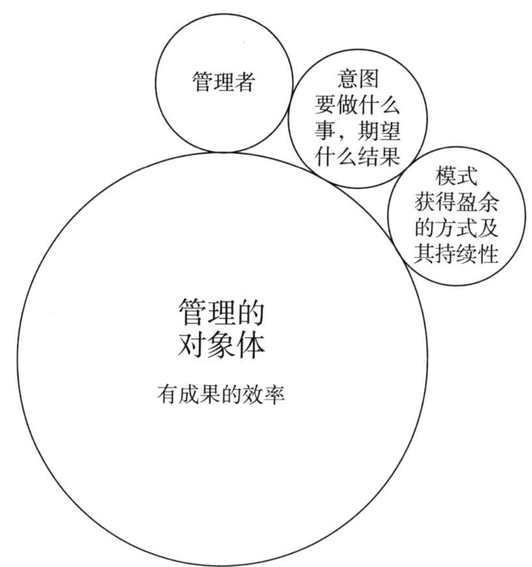

图 2　对象体 – 管理者 – 意图 – 模式的关联

资料来源：本文绘制。

三　流程配置与规则体系

盈余是经过流程产生的。管理者必须将意图和经营模式转化成流程，预设的成果才能得以形成。学生素质通过学校流程培养出来，产品利润通过企业流程生产销售出来，对政府的赞誉通过政府服务流程在民众中显现出来。流程须依据意图和模式进行配置，依据配置制定规则。通过配置和规则，形成一个能够得到结果并且有效率的流程。

1. 流程的技术列装和职位安排

在意图明确并预定了结果及经营模式之后，就应以结果为导向，配置作业流程。例如，软件按其结构进行设计流程配置，智能手机按其结构进行制造流程配置，学生素质按其结构进行培养流程配置，政府按服务领域及要求进行服务流程配置等。流程主要进行两个方面的配置：一是技术列装；二是职位安排。技术列装和职位安排是任何一个流程都必须经历的基础性配置工作。

技术列装是将产生预期结果所需要的设备、设施、器械、工具、方法等技术手段，按照结果要求顺序排列装置起来，形成一个节点连着一个节点的技术叠加过程。例如，就汽车制造而言，按照制造工艺要求，把冲压、焊接、喷涂、装配、试验、检验等工艺阶段，按加工顺序配置起来，形成汽车制造技术不断叠加的流程。这样，每经过一个节点，就叠加上一种技术，经过一步步叠加，最后就能得到功能齐全的汽车。经过销售、装运，到达用户手中。又如，设计某种软件，根据软件的总体要求，管理者将需经过的环节、路径排列起来，依次经过这些节点，软件就设计出来。经过检验成效，合格后就可以投入使用。有的软件设计流程全球流转，在一国日落下班的时候，传给另一国日出要上班的设计团队继续设计，构成软件设计的全球流程。其他流程的技术列装，如学校、政府、军队等流程的技术列装，都是管理者根据预设结果的要求配置起来的作业链条。

职位安排是根据技术列装在各个节点对人员操作的要求，进行必要的职能岗位安排。在技术流程中，有些节点由机器操作，有些节点由人操作。在由人操作的岗位上，需要安排人的职位。在什么位置上需要人操作，需要什么人操作，需要多少人操作，这与技术列装对职位的要求直接相关。当汽车制造过程引入机器人操作之后，人员操作岗位就会减少或消失，但仍然需要监视、看护、维修机器人的人员，还有一些机器人难以承担的加装、检查、调整等服务工作也需要人员。技术流程各节点的职位位置、职位数量、职位标准等相关职位安排，为技术流程正常发挥作用提供了相应的职位结构。

技术列装和职位安排共同构成流程配置，形成作业流程的能力系统。流程配置是管理系统中为对象体提供“配置”功效的一个工具性动轮，在其自循环过程中，经常面对的问题是：如何以结果为导向将做事的流程配置起来，并能不断吸收新的配置方式，最大限度地发挥流程的效率。作业流程是做事的平台，技术列装和职位安排是管理者建立新机构必须要进行的建设工作，也是老机构进行更新改造时必须进行的建设工作。

2. 流程的规则体系

规则是流程运行所依据的章程、规定、标准、办法、程序、细则等的总和。规则不是一个，而是一套规则体系，流程依据规则来建设，更需依据规则运行。规则是对象体运行的另一个基本条件。技术列装的各个部分、各个节点如何配置、如何运行都应有一定的技术标准，职位安排的每个职位都应有如何工作的操作规范，整个流程运行都应有总体要求和基本规定。所有应该规范的部位都应该编制规则。应有的规则全部明确后，流程才能正常启动和正常运行。在流程技术列装和职位安排之后，管理者依据流程正常运行的需要，对流程各部分各节点进行各种规则的构思和编制，形成对象体做事的规则体系。图 3 显示意图、模式与流程配置、规则编制之间的关联。

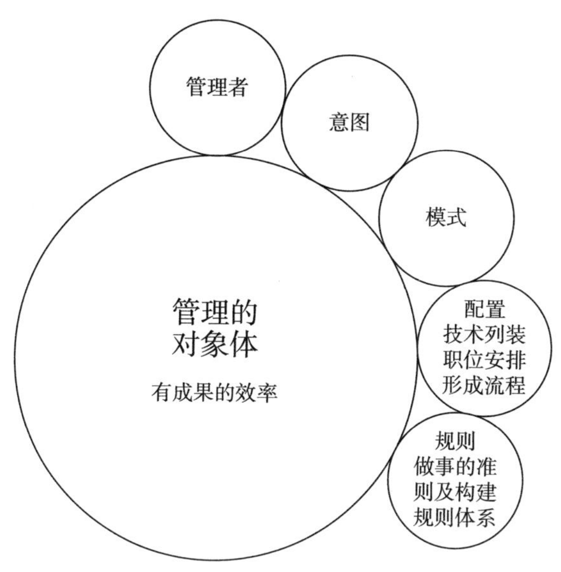

图 3　模式 – 配置 – 规则的关联

资料来源：本文绘制。

一个相对简单的流程，例如烹饪流程及餐食供应，管理者的意图是做一个餐馆对外营业，经营模式是通过提供特色餐食来营利。技术列装就是后厨、前厅的餐食制作及对食客的服务流程，职位安排就是厨师、收银、服务人员的岗位设置等。这些方面妥当后，就要设计各项规则，包括后厨操作规则、前厅服务规则、上下班规则、奖惩规则、报酬计算与支领规则等。所有规则确定后，餐馆才可聘人做事，开张营业。餐食服务流程就可以在规则下有序、循环往复运行。管理者再根据运行中的问题修订规则，修订后的规则继续规范流程更合理地运行。新出现的对象体，如无人机投递包裹、无人驾驶摆渡客车、无人值守超市等，其流程也必须处于规则之中。若事先没有规则，任何技术手段和人员都将处于无序之中。无序将导致对象体的混乱和失败。

就同一类对象体而言，不同国家流程技术列装和职位安排差异不大。例如，城市公共交通是对象体，在现代化条件下，各国大城市公共交通的道路、信号、智能化系统等技术列装，定点观察、不定点巡逻、维护等职位安排有趋同趋向，但不同国家、不同民族、不同地域、不同群体，交通规则并不完全一样，遵守交通规则的情形也不完全一样。适用于德国人的规则，不一定适应希腊人；适用于北美人的规则，不一定适应非洲人。在许多场境中，不同经历、不同文化背景的人，对工作时间、工作强度、发薪安排、质量精准等有不同认知。不同群体，例如主要是知识分子的群体、主要是官员的群体、主要是军人的群体、主要是农民工的群体，即使做同一类事情，所适用的规则也不完全一样。所以，设计和编制规则，除了考虑技术、职位外，有时还要考虑所面对群体的文化背景、习惯传统的影响。

“规则”在于确立做事和做成事的规矩。规则及规则编制也是管理动轮系统中为对象体提供“规则”功效的一个动轮，在其自循环过程中，经常面对的问题是：怎样规范对象体的各种行为；各种规则如何形成相互协调的规则体系；如何依据规则来做成事情等。通常情况下，编制规则以技术流程为基础，上行到财务流程、人事流程、决策计划等信息流程的规则编制，这样，将对象体的运行放在以技术流程为基础的整套规则体系中进行协调。

四　流程的运行与产出

运行是对象体以结果为主导进行投入—转换—产出—循环的过程。当技术列装、职位安排、规则编制等基本条件到位之后，流程就可以开启，进入运行之中。流程的投入产出过程，需要特别关注三个因素：阶段性目标与计划、“沟通”和“激励”。即在一个时间阶段内，如一月或一年内，要达成什么目标、保持什么样的进度能如期完成；在运行中如何保持信息沟通，使人们能达成基本共识；如何在共识下进行激励，保持过程的效率，得到阶段性产出的结果。

1. 流程进入运行

技术、职位、规则等所有条件就绪后，管理者依规则按计划适时启动流程。如同炼钢炉点火、流水生产线首次开工、学校第一次招生上课、军营训练场第一次进行军事训练一样，流程进入运行状态，管理者也进入对运行的管理。“运行”作为管理系统中的一个动轮，在其自循环、为对象体提供“运行”功效的时候，其经常面对的问题是：如何以结果为主导，依规则按进度协调流程各方面的活动；如何保证正常投入产出能够循环往复地运行。

面对上述问题，管理者对“运行”的管理，首先是确定阶段性目标，如一天、一周、一月、一季度、一年等每一阶段的运行目标。依照阶段性目标为流程的不断运行做好一个接一个的阶段性计划，使流程运行时间，运行所需资金、人员、动力、物资，要达成的数量规模以及质量与进度控制标准等，都和流程投入产出相匹配。按时间进度确保投入和不间断地投入，确保转换过程的协调性，确保产出与不间断的产出。在投入—转换—产出—再投入的循环过程中，对出现的问题进行调整和反馈，利用节点网络、网络结构（丹尼尔·A. 雷恩、阿瑟·G. 贝德安，2014）对整个运行进行协调与控制。

2. 流程运行中的沟通与共识

流程运行和运行结果都需要在所有人员共识的基础上实现。例如，对时间节点、质量标准、数量保证、成本水平、上下岗位如何衔接、左右部门如何协调的共识；公共信息如何周知、特殊问题如何通报、出了纰漏如何解决、什么问题报告到哪个层次等方面的共识；节假日怎样上班替班、何时发放工薪、先进工作者如何评价、如何奖励等方面的共识；尤其是有关对象体的使命、核心理念、愿景、章程等，所有人员都应有基本共识。共识是降低成本和提高效率的先导，而“沟通”过程又是理解的前提，为共同目的进行协作的意愿（丹尼尔·A. 雷恩、阿瑟·G. 贝德安，2014）的前提。沟通是流程运行中的信息通过互联、互通、共享而达成协作共识的过程。

“沟通”作为管理工具，也是管理动轮系统中的一个动轮，在其自循环、为对象体提供“沟通”功效的时候，经常面对的问题是：如何构建流程正常运行所需要的全覆盖信息共享系统；这个系统如何发挥沟通共识的作用；如何能够自动反应、自动调节等。尽管管理者编制了各领域的规则，但编制规则和规则付诸行动往往是有差别的。通过信息共享系统可以确保各方面达成协作的共识，若发现偏差，及时调整，始终保证整个流程在共同理念、共同规则之下运行。为此，通过整个对象体的信息互通系统和调节机制，通过网上网下的互联反应与调节机制，通过信息互联共享系统的维护与更新等，沟通人员共识，可以保证对象体及流程的正常运行。

3. 流程运行中激励与主动性

激励是对流程运行中人的生动性与积极性的激发、鼓励和保持。激励要求信息互联互通，要求在知道规则的基础上达成共识，要求知道什么是对的，应该去做的，什么是错的，不应该去做的，什么是一般，什么是优秀，什么是卓越。信息互联互通给对象体成员以理念、规则、自尊和尊重，对象体成员对流程运行报以协作时主动性和积极性，使流程运行尽可能保持在蓬勃活力状态之中。除信仰和自我鼓舞之外，对象体成员的积极性、主动性，多数时候需要激励。运行中的激励，既包括人们劳作获得相应经济报偿、职位报偿、技术报偿，还包括心理愉悦、知识提升、群体关怀等，既有精神激励，也有物质激励。

“激励”作为管理工具之一，为对象体提供“激励”的功效，成为管理动能系统中的一个动轮。在其自循环过程中，经常面对的问题是：如何在共识基础上对人员进行激励和引导；如何使报偿效果、心理需求与激励方式方法保持一致等。管理者通常会观察流程中工作人员的需求层次（丹尼尔·A. 雷恩、阿瑟·G. 贝德安，2014），揣摩其各自动机结构，区分维护性因素和激励性因素（斯图尔特·克雷纳，2003），在人们期望目标和期望概率之间进行调节（哈罗德·孔茨、海因茨·韦里克，1993），利用目标导向机制，使人们情绪经常保持在积极主动状态，保持流程运行的激励力和持续力。图 4 表达的就是从运行开始，经过沟通、激励到产出之间的关联。

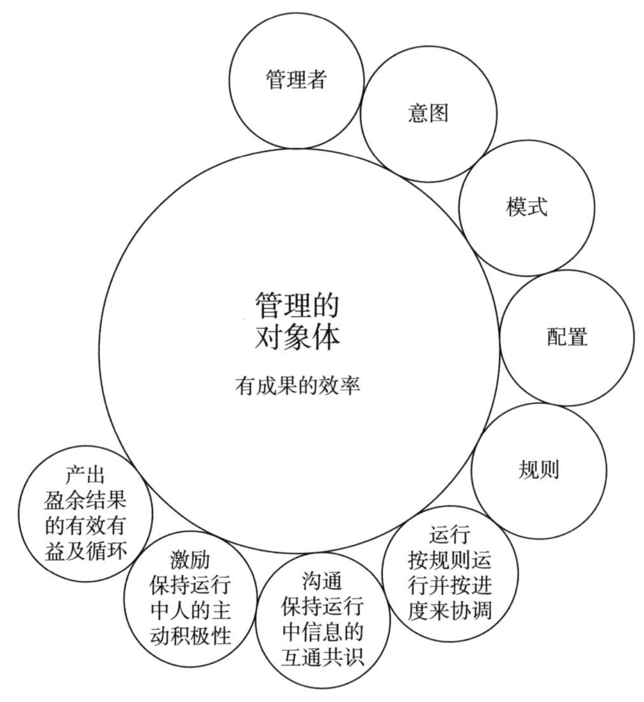

图 4　运行－沟通－激励－产出之间的关联

资料来源：本文绘制。

4. 产出及对阶段性结果的审视

产出是流程运行的阶段性成果和为再次运行创造的条件。流程一旦启动运行，就要持续进行下去，总是处在不断投入、不断产出的持续状态，流程总体是连续的，但任何一个时点上的结果都是阶段性的。管理者通常会在某个时点上，例如月末、季末、年末等，截出一段运行结果进行观察和评审。

“产出”作为管理动能系统中的一个动轮，在其自循环、为对象体提供“产出”功效的时候，经常面对的问题是：产出的阶段性结果究竟是什么，是否得到了所期望的盈余；如何在结果评价的基础上对流程再运行进行调控等。

这里的“产出”既是流程运行的结果，也是这个结果到达用户手中的效果。例如，食品是食客吃到口的效果，游戏软件是玩家玩游戏后的感受，电子商务平台是交易者进行交易后得到的效率和效果，知识和能力是学生毕业后在实际工作中得到回报的效果等。如果是钢材、石油等中间产品，要看使用钢材、石油的用户对效果的反应。只有用户才能对流程产出给予回报，才能从用户回报中实现“盈余”。

管理者截出一段流程运行结果进行观察和评审，将结果和意图、规则、标准、能力等进行比较，对偏差进行分析。如有必要，还可对意图、规则、标准、能力进行调整。流程产出不但涉及流程运行过程是否合理，还涉及流程配置及规则是否合理，还可能涉及经营模式是否合理，甚至管理者的意图是否合理等。例如，通过观察流程运行结果，管理者发现没有盈余，或者没有得到满意盈余，可能分析认为是经营模式问题。如果确实如此，就应调整经营模式。经营模式发生大的调整，就会引起流程配置和规则变动。总之，对结果的评价，既是对以往流程运行的审视，又是对下一个运行过程的更新，并为持续运行创造更合理的条件。

管理者将意图和模式融入流程配置并启动运行，运行又将投入—沟通—激励—产出关联起来，形成一个以结果为主导的对象体循环过程。如果没有特别的终止原因，这个运行将无休止地循环下去。

五　习惯、变革与管理者

对象体流程不断运行，不断得到阶段性结果，管理者不断进行分析评价，不断进行调整更新。从运行的投入到产出，长期循环往复。假定运行30年、上百年，对象体就会积淀下来一些相对稳定的东西，形成一些习惯。有的习惯是动力，有的习惯是阻力。对成为阻力的习惯，管理者就要对其进行改革，建立新的理念和规则。管理者再以新理念为指导，产生新的意图，推动对象体进入新一轮运行。

1. 习惯及习惯的力量

习惯是人们如何想、如何做的习以为常的成套范式。这套范式一有条件就会发生作用，如同中国人中秋节吃月饼、北方人春节吃饺子一样，一到这些节日就有不由自主的行为。对象体的习惯是流程长期运行、不断循环中沉淀下来的习以为常的惯例。这些惯例久而久之变成了对象体成员的思维定式和行为定式，成为对象体的习惯。对象体成员通常会将成功的、有益的经验和方法保留下来，变成规则，以规则为指导再贯彻于行为。运行中再对其效果继续验证和筛选，仍然将有益的经验和方法保留下来，变成规则，继续使用。许多年延续下来，规则成了机制，机制积成了习惯。长期运行的企业、机关、学校、公益组织等也会积淀下不同类型的习惯，养成一些不易改变的行为和工作方式。北京同仁堂坚守“遵肘后，辨地产，炮制虽繁必不敢省人工、品味虽贵必不敢减物力”的堂训而形成的品质操守（张国有，2017）、华为公司“以奋斗者为本，自强不息，与公司共同成长”的奋斗精神（张国有，2017）、北京大学“思想自由、兼容并包”的学术传统（北大档案馆校史馆，2010）等，都是长期循环运行积累下来的习惯。图 5 显示的就是在运行循环中生成的习惯及变革等关联状态。

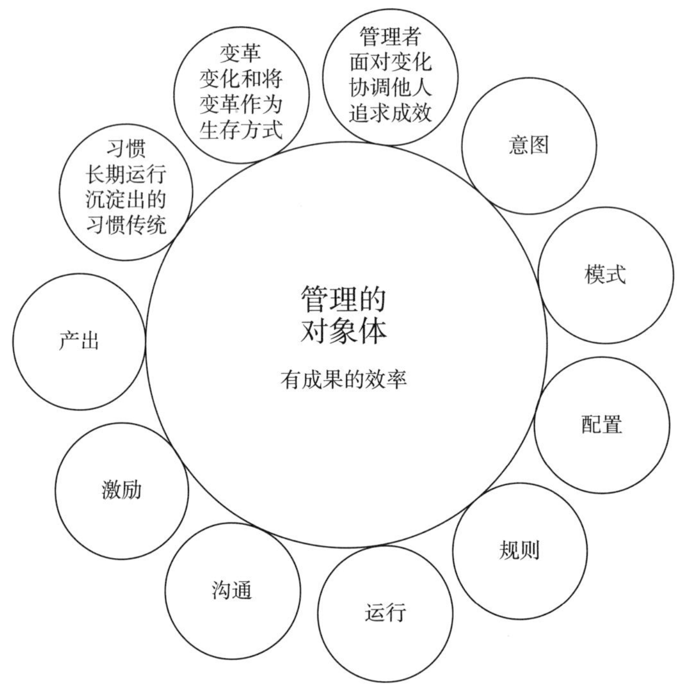

图 5　循环 – 习惯 – 变革 – 管理者之间的关联

资料来源：本文绘制。

习惯形成之后，作为一种惯性力量，影响着对象体成员的群体行为。从长周期或更长时间来看，多数情况下，流程是由习惯维持和推动的。习惯自动地发挥作用，并传续下去。管理者利用习惯作动力，推动对象体运行。只有将理念、规则转化为习惯和传统，对象体才能获得持久的运行力量。“习惯”是管理者的一个管理工具，也是管理动能系统中的一个动轮。在其自循环、为对象体提供“习惯”功效的时候，经常面对的问题是：对象体需要什么样的惯性动力；管理者将哪些规则着力转化成惯性力量等。管理者经常以好的理念、规则为基础，长期训练员工，促进对象体形成具有促进作用的习惯力量。

2. 将变革作为一种生存方式

变革是对过时的理念、规则、模式、行为进行改变与革新。流程长期运行而沉淀下来的习惯，其中的惰性因素成为流程持续运行的遏制性力量，与环境、需求变化趋势、流程健康运行不相适应。环境变化了，对象体成员的理念和规则却没有变化，因循守旧成为常规的惰性力量。面对这种情况，管理者就要设法发动变革，吐故纳新，树立新理念、新规则、新机制，使对象体由此获得新动力。

“变革”是管理者的管理工具之一，也是管理动能系统中的一个动轮，为对象体提供“变革”的功效。在其自循环过程中，经常面对的问题是：对象体的运行为什么要革新；为什么要将变革作为对象体生存和更好生存的方式等。如果对象体所处的需求环境、政策环境发生变化，导致盈余获得受阻；或者对象体自身流程结构缺陷导致质量及成本问题不断出现；或者对象体成员因沟通不畅、激励不公、报偿不到位而影响流程效率等，所有这些因管理懈怠而发生的问题，都要通过管理者的积极变革来解决。懈怠和阻力会经常出现，管理者力求将“变革”作为对象体生存和成长的方式，贯彻于对象体的长期运行中，以便长久地保持对象体生存和更好生存的活力。

3. 流程回到管理者

流程的运行经过一个循环，经由“变革”回到了“管理者”，将变革压力和对下一周期循环的领导力又施加在管理者身上。此时的管理者将再次面对变化，继续追求下一循环的成效。经历一次循环，管理者就多一份体验。不断累加后的体验与初始进入流程的体验有很多不同。体验的不断累加使管理者愈加成熟，愈加有能力解决下一周期的问题。

管理者经过以往周期循环后，得到两个更新：一是管理者的自我更新，进而焕发新的使命感和责任心；二是将新意图楔入下一周期流程循环之中。经过全流程循环后的管理者经常面对的问题是：如何使管理者继续成为具有新理念的管理者；如何使对象体守正出新；如何使下一循环更有效率、更有成果等。这些问题经常能够促使对象体明确，下一周期循环要新做什么事情，预设下一周期的新结果，用新意图推动对象体更新及发展。

从管理者出发，经历了意图、模式、配置、规则、运行、沟通、激励、产出、习惯、变革等十个动轮各自提供的不同管理功效之后，又回到“管理者”位置上，如图 5 所显示的状态。管理者再次作为管理的原动力推动管理动能系统运行，为对象体服务。在无数次互动中，管理者将自己的经历经验、对经历经验的归纳梳理、从中抽象出的规则和原则等上升为理念，将理念作为指导思想，又回到对象体流程之中。管理者帮助了对象体，对象体培育了管理者。管理者和对象体相辅相成，共同积累新的更高质量互动力，推动对象体不断履行自己的使命，不断追求更好的生存状态。

六 多动轮切合、轮次递延、顺序联动的机制

管理的动轮系统从管理者开始，经过十个动轮，相互切合，轮次递延，顺序联动，促成整体的管理效应，共同支撑着对象体循环运行。

1. 前后联动机制和始点终点循环机制

管理动轮机制中，有前后联动的组合效应。例如，“管理者”这个动轮将之前的“变革”和之后的“意图”切合起来。此相邻三轮联动的效应使管理者将感应到的新变化、新趋势转化为新意图、新对策，进而策动下一周期的循环运行。前轮是前接，后轮是后续，“管理者”处于中心位置。以管理者为中心，可以考察分析其前因后果，考察分析自身的地位、功能、作用，研究三轮联动效应。依此类推，以某一动轮为中心，三个动轮为一组，可以观察前后联动加于对象体时候的效应。有的可能是四个、甚至五个为一组观察起来比较合理。例如，将运行—沟通—激励—产出作为一组，前与“规则”、后与“习惯”分别联动比较，前因后果更加明晰。

管理动轮机制是从管理者开始又回归管理者，但循环起来之后，没有固定的始终。循环中的每个动轮，都可以看作是一个始点和终点，以此类推。例如，从意图开始，经过循环再回到意图，这时的意图是新的意图。意图从旧到新，实际上是在测度着整个流程的循环效果。一般情况下，循环一次

后，流程的有序性、有效性等方面，多少会发生变化，有时甚至会发生重大变化。这时，就会出现新意图，于是，流程就在新意图的指导下，开始新的循环。图 6 表示的就是管理动轮系统顺序联动的状态及效应。

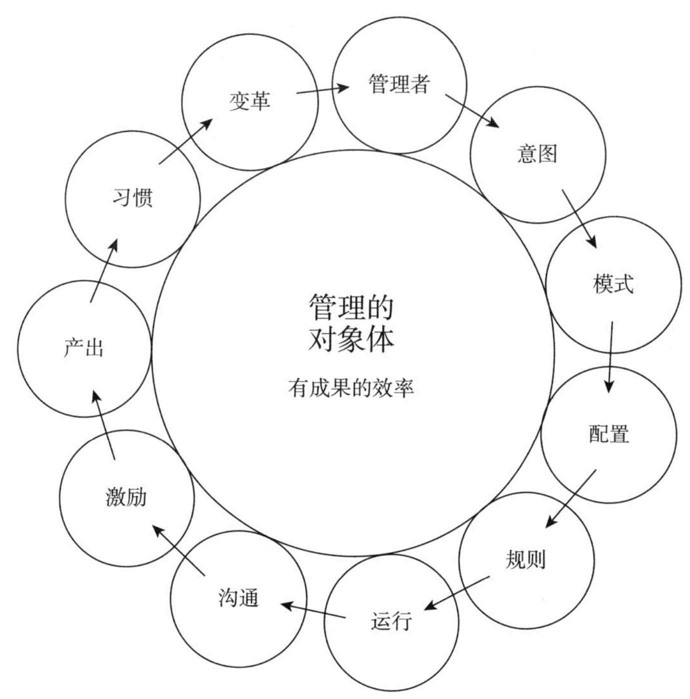

图 6　管理动轮系统顺序联动效应

资料来源：本文绘制。

2. 工具性的动轮与长路径短路径的循环

在管理的动轮机制中，将“管理者”这个动轮拿出来，与对象体组合一起，形成管理者与对象体之间生死搭档的特别关联。同时，将其他十个动轮组成一个系统，在管理者的协调下进行管理动能的工具性集结。这十个动轮集结在一起，共同运转，实施管理，对象体在这个管理的动能系统之中发生某种变化。如图 7 所示。

这十个工具性动轮，可以根据管理者意图和对象体运行需求，进行不同路径的排列组合，形成不同循环。一种是较长路径循环。这种循环，大多是在对象体新设立时，或者在对象体进行新改造时，面临经营模式选择、技术组合变动、新设职位和规则等，经历的工具动轮比较多，路径比较长。如图 8 所示。

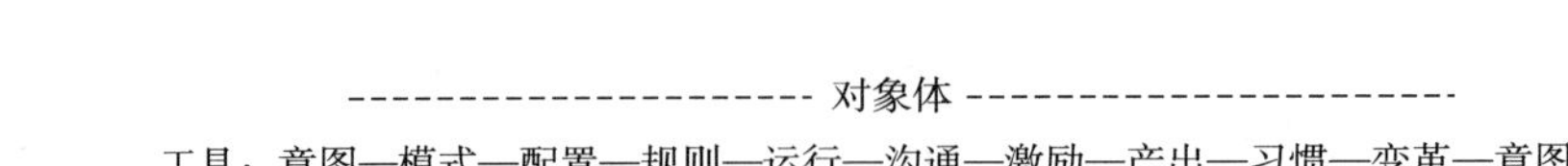

图 7　管理动轮机制中的管理者与管理用工具

资料来源：本文绘制

对象体

意图—模式—配置—规则—运行—产出—习惯—变革—意图

管理者

图 8　管理动轮机制中较长路径的循环

资料来源：本文绘制。

如果对象体基本建设已经完成，或者基础设施更新改造已经完成，则再次循环时，就减少了模式、配置、规则的变动，循环路径就比较短。这种较短路径循环是在基础配置到位、经营模式稳定的情况下，经由“意图”中的产品方向和规划指导，依据进度安排来运行循环。此时的“运行”中，前期技术、职位、规则所构成的平台功能已发挥作用，而“沟通”“激励”也在维护着群体的积极主动性，“习惯”的影响也渗透其中，再循环只显示出了意图指导、经过投入产出和变革，再到意图的较短路径，如图 9 所示。

对象体

意图—运行—产出—变革—意图

管理者

图 9　管理动轮机制中较短路径的循环

资料来源：本文绘制。

长路径、短路径的变动与选择，往往伴随着是否增加新产品品类、是否扩大生产能力、是否进入国际市场等新问题而进行、无论循环路径的长短，其动轮机制仍是“顺序联动”。

七　非顺序多指向联接、交互联动的机制

除了管理动轮“顺序联动”之外，还有一种多指向联接的“交互联动”机制。即在管理动轮系统中，管理的输出并非是顺序联动，也可以是非顺序的交叉联接，单指向的和多指向的“交互联动”。图 10 反映的就是非顺序多指向的“交互联动”状态。

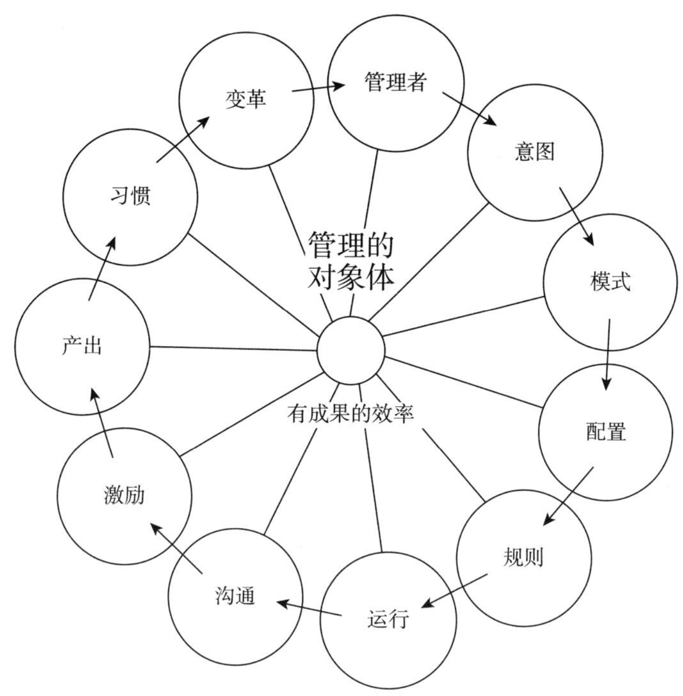

图 10 非顺序多指向的“交互联动”

资料来源：本文绘制。

1. *以“有成果的效率”为核心，多指向交互联动*

交互联动主要体现在各动轮之间“你中有我，我中有你”的交互影响。例如，“配置”与“产出”并非直接顺序关系，但其交互联动表现在技术列装和职位安排所形成的能力对产出规模是先期约束，而产出结果会对能力配置提出改进要求，它们之间的交互作用虽非直接，但都和对象体运行需求直接相关，通过作用于对象体而相互感应。“规则”与“习惯”之间的交互联动也不是直接的，但其表现是在规则形成之后的渗透效应。通常以规则为基础训练对象体成员，以规则为准绳约束人的行为，反复这样做，就形成了习惯。它们之间的交互作用也是通过对象体进行传导和反应的。另外，所有动轮运转都有“意图”的作用在其中，而并非仅仅传导给“模式”和“配置”。因为意图是基本方向、总体构思和预设的某种产品或服务。流程就是为产品和服务的形成而构建起来的，整个流程都有意图的影响，只是在不同动轮位置，有其特别的内涵所在。

“沟通”和“激励”两个工具性动轮，看上去与对象体运行中所有人为活动都有关联，所有人为活动都有沟通与激励的问题。例如，管理者的作为、意图确立、模式选择、规则制定、甚至习惯的有意塑造等，都有勤勉懈怠之分，都需要激励。现在将其放在运行领域，是因为它们与运行效率及结果直接相关，但并不妨碍它与其他动轮之间的交互影响。“变革”也一样，“变革”发生在每个动轮之中，意图变更、技术调整、标准改进、对产出结果的评价等都有变革的影响。但与变革直接相关的是“习惯”和“管理者”。因有不好的习惯成为阻力需要变革，因变革结果需要通过管理者再转化成意图，所以，将它放在“习惯”和“管理者”之间。这个位置并不妨碍它与其他动轮之间的交互影响。上述跨动轮的“交互联动”，有单向的需求与供给，也有双向相互指向的联动。这些交互联动的交互影响并非动轮自身所求，而是对象体的运行所求，都是根据对象体“有成果的效率”需求而发生和进行的。

2. 单一对象体与联合对象体之间的多指向联动

对象体形态中，有的是单一对象体，有的是联合对象体。单一对象体是单纯一项业务的自运行体，每个单一对象体都对应着由 11 个动轮组成的特别循环，例如，生产一款产品的管理动轮系统、设计一类软件的管理动轮系统、提供一种服务的管理动轮系统、咨询一个专门领域问题的管理动轮系统等。对于单一对象体，管理者对流程各部分、各节点进行协调，构成对单一对象体的管理。联合对象体是由两个以上不同的单一对象体组成，并为各个单一对象体服务的管理平台。各单一对象体之间业务关联不大，同属一个联合对象体平台，各自循环发展。联合对象体的管理动轮系统面对多个单一对象体的运行，如图 11 所示。

单一对象体组成联合对象体，源于某种联接组合关系。例如，洗衣机、电冰箱，空调等，各有各的生产线，其联接关系源于都是同类领域同类服务对象。这个家电类的联合对象体，也有自己的管理动轮系统，即“家电联合对象体管理动轮系统”，统一为洗衣机、电冰箱、空调等各单一对象体服务。有的单一对象体组成联合对象体，其联接组合源于使用同样的资源、提供不同技术服务。例如石油采掘、炼制、运输、加油站等，各有各的技术平台，联接组合成石化类的联合对象体；还有的单一对象体组成联合对象体，其联接组合源于隶属同一资本或同一投资机构，例如机械制造、房地产、金融、教育等技术和市场互无关联的机构，联接组合成非相关多元化的联合对象体。联合对象体分为两个管理动轮系统：一个是联合对象体的管理动轮系

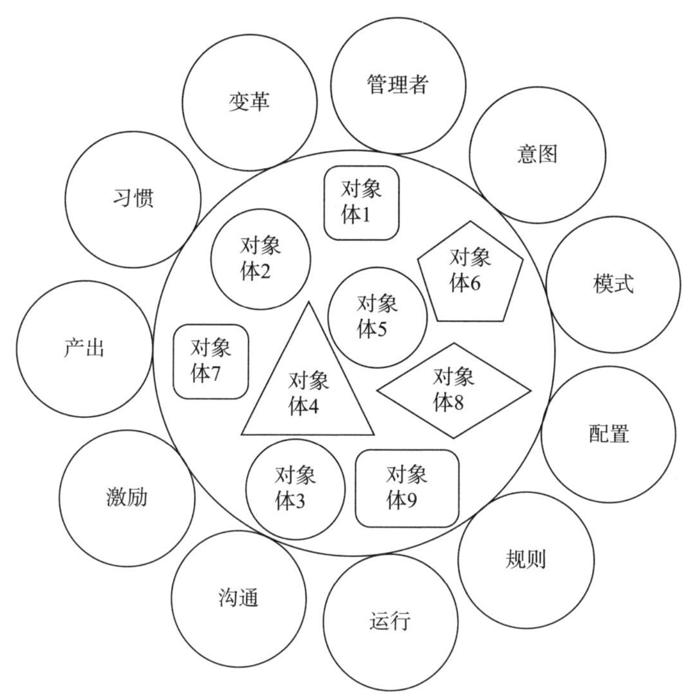

图 11 联合对象体的管理动轮系统面对多个单一对象体的运行

资料来源：本文绘制。

统，像石化集团层次的管理动轮系统；另一个是单一对象体的管理动轮系统，像集团下属的采掘、炼制、输油等多个分支机构的管理动轮系统。这就形成了双系统运转。单一对象体管理动轮系统协调的是自身节点间的联动，而联合对象体管理动轮系统协调的是单一对象体之间的联动。联合对象体的管理者关注的是各单一对象体集合起来运行的结果，要解决的是各单一对象体同时运转时如何协调的问题。联合对象体管理动轮系统履行对“多个单一对象体的集合成果”进行管理与协调的职能，反映的是单一对象体与联合对象体之间的多指向联动，呈现的是“多体组合、集成协调、双系统运转”的机制。

八 多体组合，集成协调，双系统多指向运转

本文以天津港（集团）有限公司为例，分析“多体组合、集成协调、双系统多指向运转”的实际状态，以便具体考察单一对象体及联合对象体管

理动轮机制的功效。

天津港（集团）有限公司是以海港为依托，主要从事港口装卸业务和港口建设的多企业、多机构聚合的集团公司（张国有，2015），是典型的联合对象体。这个联合对象体，有四万多成员，其管理者是集团领导人组成的管理者团队，管理者的基本意图是在主营业务上，保持全球一流规模吞吐量；追求装卸效率及工作效率提高；增强港口总体生存素质；建设世界级一流企业，建设员工快乐之家。管理者的基本意图与联合对象体自身发展规律相吻合，在基本意图引领下，天津港选择的经营模式是通过全功能高效率智慧化运作，集散中外物资、强化国际枢纽、辐射内陆、外联四洋，以提供超级服务的方式协调下属的各个单一对象体去争取订单，提高效率，获取盈余。

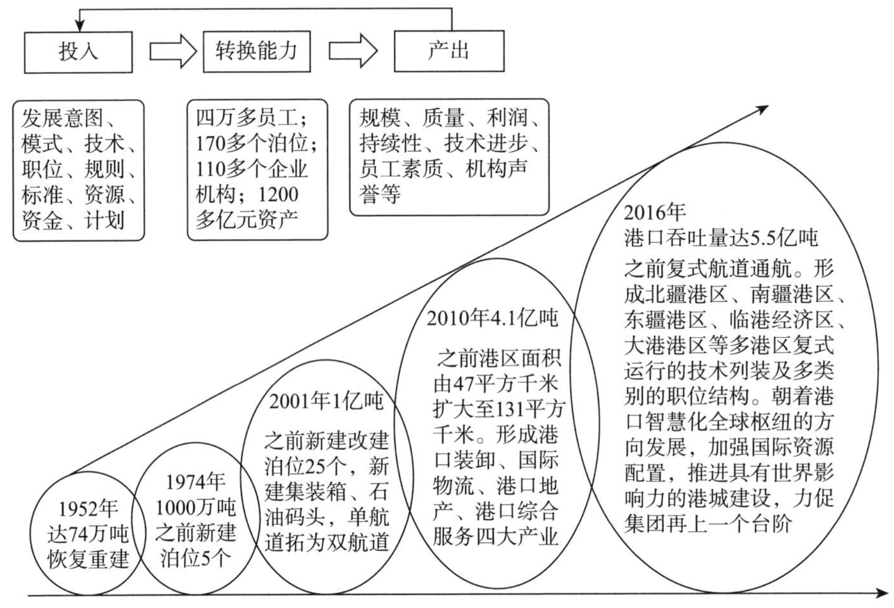

图 12　流程的投入产出循环、阶段性技术列装及成果

资料来源：本文绘制。

图 12 显示了天津港投入产出循环运行的基本态势和从 1952 年新开港以来，阶段性的技术列装及不断循环积累的成果。这个成果显示了多个单一对象体同时运行、联合对象体集成协调、双系统交互联动的总体效果。

1. “多体组合，集成协调”主要侧重于双系统、多指向的交互联动

根据天津港基本意图和经营模式要求，天津港的技术列装不是单一对象体流程，而是要新建、改造多个专业性码头，新建、改造多个单一对象体。

1952年，天津港经改造后以新的面貌开始港口经营活动。几十年来，天津港陆续进行了散粮散装、矿石、煤炭焦炭、原油及制品、钢材、集装箱、大型设备、滚装汽车、液化天然气、国际邮轮等十几个专业码头的技术列装、基本建设和职位安排等，先后形成170多个装卸泊位。与此相适应，编制各类装卸活动的技术标准、操作细则、行为规范、职业道德等详尽的规则体系，通过全覆盖的信息系统来协调和激励四万多员工的协作行为。在陆海330多平方千米的领域，分列110多个经营实体，运作1200多亿元人民币资产，联络180多个国家和地区的500多个港口，进行频繁的物流往来。2016年，货物吞吐量达到5.5亿吨，其成果和效率位列全球第四。天津港在上述的技术列装、职位安排、规则编制、沟通激励、运行结果方面的活动，都是多体组合下的既有单一对象体的自循环作业、又有联合对象体多指向协调的交互活动。

2. 单一对象体共享“集成协调”的资源和能力

从天津港各个码头来看，每个单一对象体都是一个自运行动轮，相互之间并无太多关联，但各自都在共享天津港的港口海域、双向航道，以及在进出、停靠起锚、维护修理、培训、法律、规划、公共关系等方面的能力和资源。联合对象体主要通过“集成协调”与各单一对象体之间进行“交互联动”。

天津港65年的循环运行，不断改革，不断进步，尤其在人工港建设方面，成就世界瞩目。长期以来，天津港联合对象体的四万多成员习惯于装卸业务、装卸技术和港口作业，将来，需要增进多元化产业的运营能力，强化全球化港口枢纽功能。另外，天津港还比较习惯于国内资源配置的港口建设和现实业务的经营平台，将来，需要熟悉有利于国际资源交流的港城建设和互联网机制的经营平台等。这些习惯性的沉淀，也是“集成协调、双系统运转”的结果。根据这些情况，管理者继续进行“集成协调”，使各单一对象体努力朝着港口智慧化全球枢纽的方向发展，加强国际资源配置，推进具有世界影响力的港城建设，力促集团发展再上一个台阶。

全球枢纽、港口智慧化、港城建设等基本意图主要是联合对象体的意图，不是单一对象体的意图。虽然如此，这个基本意图却不同程度地贯彻于各单一对象体的循环运行之中，各个单一对象体在“集成协调”中实现着联合对象体管理者的总体构思。由此，构成了多体组合条件下的双动轮驱动机制：一是驱动单一对象体运行的管理动轮机制，二是联动多个单一对象运行的联合对象体管理动轮机制。从两个驱动状态来看，管理者个人和管理者团队都是为对象体“有成果的效率”提供管理能力。管理能力的能量及有效性，通过意图、模式、配置、规则、运行、沟通、激励、产出、习惯、变革等十个工具性动能的相互切合，形成管理的动轮机制。管理的动轮机制通过“多动轮切合、顺序联动”“多指向联接、交互联动”或者“多体组合、集成协调、双系统运转”等多种方式发挥作用。不同条件、不同对象，采用不同方式。无论通过何种方式，管理动轮机制的总目的都是要保证对象体能够有序、有效、有益地持续运行。港口形态的联合对象体从一个特殊领域反映了多体组合条件下的双动轮驱动系统的作用机制。至于在其他形态的单一对象体或联合对象体的运行中，究竟如何，还可做进一步的探索和分析。

九　互联网机制、人工智能等新技术对管理动轮机制的影响

社会已经进入互联网机制基础上的互联智能阶段，所有的工具都将被影响、被改造。管理的人工部分有的也将被人工智能所替代。远程操纵、流程监控、装卸自动化、运输自动化、办公移动终端化、对差异的自动反应自动调整等，在天津港的不同领域逐步显现。这意味着单一对象体和联合对象体的运行将用新时代的技术逐渐装备起来。65 年前，天津港还有人拉肩扛的现象。后来经历了半机械化、机械化、自动化、信息化、智能化等不同时期的改造。每一次大的变化，对前一个时期而言，都意味着流程新的或全新的技术列装。

除天津港以外，许多对象体都在经历着新的或全新的技术装备过程。这个结果将使管理的动轮系统发生某些变化。一是流程以新技术列装起来。例如，植物的精准滴灌，不再需要漫灌和喷洒；植物进行无土栽培，在楼房中就可以进多层级的养殖；快递包裹不再需要汽车、摩托车运送，而是通过无人机投递；新闻稿不需要人来起草，而是机器人记者来撰写；学生在网上学习，不需要按时到学校和教室来听讲等。流程用新技术列装，这将是今后经常发生的事情。二是管理者、操作者转化为熟悉新技术的人。现在的管理者、操作者都要逐渐熟悉互联网、移动互联网、物联网、大数据、云计算、立体增材制造、人工智能、基因技术、环境生态等多方面的知识，否则就难以管理和操作。三是管理各功能要素，受到新技术的影响，逐步更新，变成渗透着新技术的功能要素。例如，各功能要素不再是人拉肩扛或传统机械系

统的意图、模式、配置、规则、运行、沟通、激励、产出、习惯、变革，而是信息化、智能化基础上的各功能要素。

尽管新技术使管理的动轮系统的某些方面发生了变化，但并未改变“多动轮切合、顺序联动”或者“多指向联接、交互联动”或者“多体组合、集成协调、双系统运转”等管理的动轮机制。无论出现什么新技术，其流程依然要进行技术列装、拟制规则，依然需要进行投入产出、对习惯进行变革，依然需要依照新的意图去规划新的循环。管理者依然可以将自己的理念、偏好、秉性通过算法、算力、大数据等，通过人工智能加持于对象体。只是在人工智能系统成型之后，智能系统按算法程序启动和控制，管理者就不能随心所欲地干预流程运行。管理的动轮系统可以非常的智能化，却并不改变动轮之间相互关联、相互影响的内在机制。还有个现象，就是管理者和对象体成员，可以使用21世纪的最新技术，却受若干世纪前的宗教和品德的支配。2000年前的“己所不欲，勿施于人”“礼义廉耻”“和为贵”等，现在仍未失效。人的本性、道德、品行并不随着新技术的出现而同步得到改观，出现了“技术—道德悖论”。由于动轮机制渗入的是人的信仰和意图，所以，动轮系统就成了管理者和对象体成员的工具。尤其是管理者，可以使用权力，通过动轮机制，实现自己的信仰和意图。善者善果，恶者恶果。最终，管理者的自省自悟、对管理者的教育和改造，成了管理动轮“良性”运行的基本前提。

互联智能的发展，将在越来越多领域出现全智能的现场无人管理状态。管理者将意图等所有管理工具整合在一个人工智能管理系统内，将原可独立显示、可人为干预的相关部分，集合成一体的、自动反应的管理动能系统。这个系统的效率很高，风险也很大。管理者此时面临的问题是：如何使管理的动轮机制具有应对不测事件的学习能力，如何有效地防备可能的事故、死机和可能的崩溃。

（本文发表于《经济管理》2018年第1期）

参考文献

［1］斯蒂芬·P. 罗宾斯：《管理学》（第四版），中国人民大学出版社，2002。

［2］丹尼尔·A. 雷恩、阿瑟·G. 贝德安：《管理思想史》（第六版），孙建敏、黄

小勇、李原等译，中国人民大学出版社，2014。

[3] 理查德·L. 达夫特、多萝西·马西克:《管理学原理》（第一版），机械工业出版社，2012。

[4] 张国有:《大学章程》（第一卷），北京大学出版社，2011。

[5] 北京大学:《北京大学世界一流大学和世界一流学科建设方案》，2017。

[6] 张国有:《企业驱动力：文化的力量》，企业管理出版社，2017。

[7] 斯图尔特·克雷纳:《管理百年》，邱琼等译，海南出版社，2003。

[8] 哈罗德·孔茨、海因茨·韦里克:《管理学》（第 9 版），郝国华等译，经济科学出版社，1993。

[9] 北京大学档案馆校史馆:《北京大学图史 1898－2008》（第一版），北京大学出版社，2010。

[10] 张国有:《天津港的发展历程及文化建设》，载《中国企业文化课程案例》，2015。

战略管理、财务会计与公司治理

企业核心能力与技术创新

全允桓　戴　浩

激烈的市场竞争中，不断地通过技术创新赢得竞争优势，是企业生存与发展的关键。然而，在现实经济生活中往往在同样的宏观经济环境下，条件相同或相近的企业，技术创新的效果却大相径庭。对造成这种差别的原因，世界各国的学者进行了大量的研究。特别是，对企业核心能力（Core Competence）及其与技术创新（Innovation）的关系的研究，已成为学术界关注的一个新焦点。

核心能力，是指一个企业能使自身在同行业竞争中建立和保持优势的能力，它是一组有互补关系的资产与知识的集合，是企业技术创新成功的关键因素。对于有远见的企业家来说，认识核心能力的作用及其构成无疑是十分重要的。

一　核心能力的构成及其在技术创新中的作用

一般认为，构成核心能力的要素包括知识技能、技术体系和管理体系；最近的研究表明，在企业中占支配地位的观念与行为规范也是构成企业核心能力的重要内容。企业核心能力是由上述四种要素构成的一个有机整体。核心能力是企业在其发展过程中就有关事件不断决策的衍生物，是基于企业成功经验积累的制度化的知识体系。企业核心能力直接或间接地影响着企业的技术创新战略、技术创新模式以及创新领域和创新项目的选择，影响着技术创新活动的效果和成功率。

体现在企业员工身上的知识技能及融合在技术体系中的知识积累与物质条件，是企业进行技术创新活动的基本资源。而创新活动的开展则需要通过相应的管理体系进行有效的计划、组织、激励与控制。企业独特的知识技能、技术体系与管理体系，都深深地带有在企业中占支配地位的观念与行为规范的烙印。在技术创新活动中，观念与行为规范往往融合于构成核心能力的其他三种要素之中，对创新的决策与实施过程产生影响。

对于不同的企业来说，构成核心能力的四种要素所起作用的重要程度可能有所不同，一个企业某一时期的创新活动可能侧重于利用其核心能力的某一方面。但从总体上看，核心能力的诸要素是相互关联，相互影响，相互促进，相互渗透，相互制约的。这是企业核心能力的一个基本特性。

企业核心能力的另一个基本特性，是能力的独特性。每个成功企业的核心能力都具有自己的特点，不易被潜在的竞争对手模仿。形成了自己的核心能力，企业就可能在某一领域建立竞争优势，极大地促进自身的发展。例如，日本 NEC 公司依靠其在数字技术、超大规模集成电路技术和系统集成技术领域的核心能力，在较短时间内发展成为在通信、半导体、大型计算机等方面居世界领先地位的大公司。卡西欧公司的核心能力，体现在它能够将微型化技术诀窍与微处理机设计、超薄精密铸造以及材料科学等方面的技术协调一致加以综合运用。这种能力使它在微型计算器，袖珍式液晶彩色电视机和数字式手表等领域具有明显的优势。

以核心能力为依托，企业可以通过技术创新将经营领域扩展到不同的行业。例如，佳能公司利用其在光学镜片，成像技术和微处理机控制技术方面的核心能力，成功地进入复印机、激光打印机、照相机、成像扫描仪、传真机等 20 多个领域的市场。3M 公司利用其在基质、涂层、黏合剂等方面的核心能力，开拓了不干胶带、磁带、胶片、压力传感带和涂层研磨料等多个行业的市场。

值得注意的是，企业核心能力及其作用是不断地发展变化着的。这种发展变化不仅表现在构成核心能力的诸要素自身的提高和完善，更重要的是，作为竞争优势基础的企业核心能力必须适应形成企业外部环境的技术、市场和社会条件的变化。不能适应客观环境的变化，矛盾的运动就会使事物向相反的方向变化，原有的核心能力就会成为阻碍企业创新与发展的所谓“核心刚性”，这种核心刚性在不同的侧面可能分别表现为知识刚性、技术刚性、管理刚性和观念刚性。

由此可见，企业核心能力对技术创新的作用具有二重性：一方面，企业核心能力作为技术创新的资源基础和出发点，当它适应竞争环境和企业发展战略的要求时，能有效地支持创新；另一方面，当外部环境发生变化时，若企业故步自封，不积极地转变观念，更新技术，改进管理，培养人才，则原有的核心能力就可能变为核心刚性，阻碍技术创新。

相比较而言，技术体系、管理体系不适应客观环境发展变化的情况，比较容易识别，并可采取相应的措施加以改进。而若体现在企业员工身上的知识技能和固化在企业领导人头脑中的思想观念不适应客观环境的变化，则往往不易被发觉，因而具有更大的危害性。

企业核心能力与技术创新活动之间的作用是双向的。核心能力影响创新活动，而创新活动本身也会影响企业核心能力的形成与发展。所以，不断进行技术上和组织上的创新是企业消除核心刚性最有效的方法。为了更好地理解企业核心能力与创新活动之间动态的相互作用关系，有必要对构成核心能力的诸要素分别进行考察。

二　核心能力构成要素之一：知识与技能

体现在企业员工身上的知识与技能，是企业核心能力诸要素中与创新活动最明显相关的要素。这种知识与技能包含两个层面，一是职工个人的知识技能水平与结构；二是企业职工的整体素质与知识技能结构。企业在市场竞争中，要建立与发挥知识技能优势，必须在职工队伍的建设与使用中，注意知识技能的学习、扩散、积累与更新。

在企业创新活动中，蕴含着两种类型的学习过程。一种是知识积累学习，即在创新实践中吸收新知识，掌握新技能，通过不断的积累提高职工的知识技能水平。另一种是决策反馈学习，即在创新活动中有意识地搜集、吸纳新的信息，通过决策、反馈、调整、优化的过程，不断修改相关的创新期望和创新方案，求得最佳的创新效果，同时提高创新活动的决策与组织水平。在实践中，这两类学习过程是紧密交织在一起的。

知识与技能在企业内部成员中的扩散是提高企业职工整体素质，促进创新活动的重要环节。实现知识技能扩散的关键在于消除扩散过程中往往存在的传递阻滞。这种阻滞会影响整个企业创新过程中的学习效率和创新效果，并增加创新活动的成本。决定传递阻滞大小的主要因素有：创新的复杂程度及创新技术与原有技术系统的兼容性；创新组织中不同人员间技术水平与能力的差异；创新组织形式决定的组织内的信息传递渠道及人员间结合的紧密程度。采用适当的创新组织结构，是消除企业内知识技能传递阻滞的有效途径。

无论是对于职工个人还是对于企业整体，经验积累都是知识技能的重要组成部分。企业在长期发展过程中，通过不断创新积累起来的经验是企业的宝贵财富，是一种无形资产。我国一些老企业如鞍山钢铁公司，第一汽车制造厂，北京人民机器厂等之所以能够以较少的投入成功地进行技术改造与技术创新，它们在长期的技术、管理等方面的知识积累无疑发挥了重要的作用。

但是企业职工队伍的建设和以职工队伍为载体的知识技能的积累与更新是一个持续的，动态的过程。当客观环境发生变化时，往往需要进行重构与更新。例如，随着我国经济由计划经济体制向市场经济体制转变，国有企业的经营方式和生产方式不得不进行相应的变革，而原有的人才结构和职工所掌握知识技能可能会不再适应企业发展的要求。在科学技术进步日新月异的情况下，职工原有的知识技能也需要不断更新。如果企业不重视人才结构的重组和知识技能的更新，就可能因知识技能刚性而制约企业的发展。

三　核心能力构成要素之二：技术体系

技术体系，是指实现企业目标所必需的、体现一定技术思想的、包括主体功能技术和相应支持技术的企业功能系统。它是由一系列配套的技术专利、技术诀窍、设施装备和技术规范组成的，包含有硬件和软件的相互联系的有机系统。一个企业特定的技术体系要与企业的生产方式、经营规模和技术支持条件相适应。建立先进的或有特色的技术体系，是企业制定与实施技术战略要考虑的主要内容。构成企业核心能力的技术体系通常以一项或几项关键技术为核心，企业的技术优势往往体现在这些核心技术上。识别、开发与有效使用这些核心技术，并围绕这些核心技术形成独具一格的技术体系，常常能为企业建立竞争优势奠定基础。

在当代技术进步日新月异，市场需求千变万化的情况下，企业要赢得或保持竞争优势，必须不断地通过技术创新发展、完善或者更新自己的技术体系。技术上的创新大体有两种情况，一种是渐进性的，指在原有技术体系基础上的发展与完善；另一种是革命性的，指在某些关键技术取得突破性进展的基础上，整个技术体系发生根本性的变革。革命性的技术创新可能会使一些企业面临技术体系的转换问题。企业技术体系的转换通常要付出相当大的代价，这种代价被称之为技术转换成本。显然，转换成本愈高，技术体系的转换就愈困难。

设备陈旧和技术落后是我国许多国有企业面临的严重问题，要适应改革开放形势下日益激烈的国内外市场竞争，必须花大力气进行设备更新和技术改造。技术体系的改造要兼顾经济性、适用性和先进性。所谓经济性，即要以尽可能少的投入实现改造目标；所谓适用性，即技术体系要与市场需求相适应，与资源条件和技术支持条件相适应，与相关的经济、技术、人文、社会环境相兼容，不对自然生态环境构成难以弥补的损害；所谓先进性，即技术体系的改造要符合技术发展的趋势，要有利于提高企业的技术能力，有利于建立与保持企业的技术优势。

四 核心能力构成要素之三：管理体系

企业的管理体系，是通过各种规章制度和组织系统体现的，对生产、经营和研究开发等活动进行计划、组织、激励、控制的系统。管理体系的功能与效率直接影响企业生产经营的绩效和技术创新的能力。

规章制度是企业管理体系运行的基本依据，是调节企业内部关系，规范职工行为的准则，是组织、协调企业内各种活动的基本程序和方法，是发挥企业功能，实现企业目标的保证。现代企业只有建立严格的规章制度，采取严格的管理措施才能有秩序、高效率地运转。规章制度是一套行为规则，只有企业职工严格按照规章制度行事，规章制度才能发挥应有的作用。但是，由于客观环境、技术条件的不断变化，以及人们认识能力的局限性，企业的规章制度难免会出现与已变化了的客观环境不尽适应或妨碍技术创新的情况，这就要求企业及时地通过制度创新以完善原有的规章制度，避免制度刚性给企业带来的有害影响。

企业的组织系统是管理体系运作的载体。组织的基本问题是根据所确定的系统目标，对系统中各个元素及其相互关系所提出的要求，选择与之相适应的控制方式或结构形式。管理者在寻求有效的组织形式的努力中，一般总要面临对两个彼此相悖的要求的权衡，一方面，为了便于组织内协调，必须使组织内的各种活动受到有效的控制；另一方面，过于严格的控制又会产生组织刚性，降低组织对外界变化的适应能力和创新能力。现代企业组织系统的设置，既要注意组织结构的稳定性，又要使它具有必要的应变能力，只有这样才能保证企业在复杂的市场环境中得以生存和发展。

企业组织形式主要是由企业的技术和制度特征所决定的，每一个企业都有各自不同的情况，有各自的特点，其组织形式、规模和结构必须适应企业的实际情况。在面临市场竞争的条件下，技术创新意味着导入新的技术手段和新的产品，而这种技术上的变革，往往要求企业的组织形式进行相应的改革，这种改革称为组织创新。组织创新是消除企业组织刚性，使组织适应环境变化和技术进步的有效途径。技术创新和组织创新是相辅相成的。在当代技术发展异常迅速，产品更新换代周期越来越短，市场竞争激烈的情况下，及时地获取有关技术信息和市场信息，在组织内部迅速、准确地传递和处理信息是企业技术创新成功的前提，任何在信息收集、传递和处理上的低效率都可能导致市场机遇的丧失和竞争的失败。因而，现代企业组织形式是否有效的一个重要标志，是组织对信息收集、传递和处理的效率。目前，我国的一些国有企业在组织形式上存在着机构臃肿，组织层次过多的弊病，这种情况严重影响信息传递和处理的效率。结合现代企业制度的建立进行组织创新，促进技术创新，是我国国有企业改革的一个重要方面。

五　核心能力构成要素之四：观念与行为规范

观念与行为规范，是指植根于人们头脑中的信念、理想、价值取向、道德标准、思想方法和行为准则。在企业中占主导地位的观念与行为规范，是伴随着企业的发展逐步形成的，往往表现为一种企业传统和企业文化，它是构成企业核心能力而又常被忽视的十分重要的第四种要素。

观念以及建立在观念基础上的企业文化和传统，有一种潜移默化的作用。它一方面通过理想、信念、追求等带有理想色彩的因素作用于人们的心灵，产生巨大的精神作用；另一方面则通过情感、直觉、偏好、习惯等非理性因素影响职工群体的心理、思维方式和行为方式，产生一种并不一定是自觉的惯性力量，规范人们的行为。观念和行为规范是一种无形的因素，但它是决定构成核心能力的其他三种要素能否有效发挥作用的关键因素。如果在企业中占主导地位的观念与行为规范适应客观环境的变化和企业发展的要求，就容易在企业内部形成巨大的凝聚力，促使构成核心能力的其他三种要素适应变化并形成有机整体，从而推动技术创新和企业发展。反之，则会阻碍技术创新和企业发展。

以企业文化和传统形式表现出来的观念和行为规范有较强的稳定性，这使得它难以被竞争对手模仿。但在客观的社会、经济、技术环境发生较大变化的情况下，这种稳定性很可能会成为束缚企业的观念刚性，使之墨守成规，因循守旧，在竞争中处于不利地位。由于观念是无形的，在酿成苦果之前企业的管理者很难意识到观念刚性的存在。

中国由高度集中统一的计划经济体制向社会主义市场经济体制转轨的过程中，企业的生存环境发生了根本性的变化。许多长期在计划经济体制下习惯于靠政府、等计划、要项目的国有企业，由于缺乏市场观念、创新观念和竞争意识，难以适应经营环境的变化，加上技术陈旧、资金缺乏、社会负担重等多方面的因素，一部分企业程度不同地陷入了困境。搞活国有企业固然涉及多方面的问题，需要进行综合配套的改革，但每一步改革，都要伴随着观念的变革。没有观念的变革，即使拥有先进的技术装备和政府政策的支持，仍然难以形成竞争优势。因而，转变观念应该是建立社会主义市场经济体制过程中国有企业改革的启动点。

核心能力是一种企业资金。开发核心能力这种资源属于企业战略行为的范畴。在市场竞争环境中，开展技术创新是建立竞争优势的重要途径，而任何有效的创新活动都需要相应的核心能力的支持，有意识地培育和不断发展核心能力，是企业赢得竞争优势的关键。

（本文发表于《经济管理》1995 年第 6 期）

母子公司管控模式选择

陈志军

母子公司管理控制模式是母子公司管理体制的表现形式，母子公司管理体制是母子公司间权力分配的概括和抽象，管理控制模式对这种概括与抽象赋予了具体的内容。母子公司管理体制一般可分为相对集权、相对分权和集权与分权相结合（或称之为相对均衡）等类型，管理控制模式也就反映着各种权力分配类型。总结母子公司管理控制模式的划分类别，探讨影响管理控制模式选择的权变因素是理论研究和实践指导的双重要求。

一　管理控制模式的分类

对于母子公司管理控制模式的划分，中外学者进行了积极探讨，取得了一系列成果，为后续研究奠定了良好的理论基础。

1. 国外学者的相关研究

威廉姆森等人（Williamson& Bhargava，1986）界定了六种集团公司用以控制其子公司的型态（模式），即：单一型态（U 型）、控股公司型态（H 型）、多部门型态（M 型）、过渡多部门（M’型）、集权化多部门（M’’型）、混合型态（X 型）；Goold &Campbell 利用规划影响及控制影响两构面，定义出八种不同的战略管理风格或控制型态，即集权化、战略规划、战略方案化、战略冒险、战略控制、财务方案化、控股公司与财务控制（徐金水，1992）。在八种控制型态中，以战略规划，战略控制及财务控制等三种型态最普遍（Goold，2004）。Ouchi（1979，1980）认为母子公司管理控制的方式一般分为三大类型，即官僚式控制、市场式控制和团队式控制。

2. 国内学者的相关研究

台湾学者余明助、秦兆玮（2002）将控制分为行为控制、产出控制、社会控制；台湾学者曾纪幸、司徒达贤、于卓民（1998）将管理机制划分为以下四类：行政管理机制、人员管理机制、绩效管理机制、文化管理机制；葛晨、徐金发（1996）认为，母子公司管理控制的模式有四种类型：资本控制型、行政管理型、自主管理型、平台控制型。

3. 新的管理控制模式类型的提出与检验

作者结合有关文献特别是 Pound（2004）关于治理型公司与管理型公司的论述及葛晨、徐金发对行政管理型管理模式的描述，并联系我国实际，从子公司治理作用角度把管理控制模式分为三种类型：基于子公司治理不作为的行政管理型控制模式，基于子公司治理的治理型控制模式和基于子公司治理的管理型控制模式（简称行政管理型模式、治理型模式、自主管理型模式），并分别对应于集权管理模式、统分结合管理模式和分权管理模式（陈志军，2006）。

为客观描述母子公司管理控制的现状，作者做了问卷调查，调查问卷对象为我国大型企业集团。共发放问卷 200 份，回收 130 份，问卷回收率 65%，其中有效问卷 122 份，有效回收率为 61%。在关于管理控制模式分为上述三类合理性的调查显示：90.7% 的被调查对象者认为这三类模式的提出意义在一般及以上，其中认为比较有意义和很有意义的占 85.1%，认为无意义的只占 1.9%。这说明实际工作者对本文提出的三种控制模式分类给予了充分肯定和认可。被调查集团公司数据统计分析显示，在 54 个样本中，行政管理型控制模式占 38.9%，治理型控制模式占 33.3%，自主管理型母子公司控制模式占 27.8%。

二　影响管理控制模式选择环境因素的理论分析

母子公司管理控制体系是一个有机系统，究竟选取哪种关键控制变量、采用哪些控制标准、运用哪些控制手段和控制模式，在很大程度上取决于母子公司所处内外部环境因素。管理控制系统的环境是指对管理控制模式等有影响作用的一切因素的总和，包括母子公司战略、组织结构、企业文化等。我国一些学者对内部控制环境问题的探讨总体上以 COSO 报告为基本框架。比如，罗彬（2004）认为，控制环境因素包括企业文化、董事会、管理者、员工、组织结构以及人力资源政策与实务；池国华（2004）认为，影响管理控制系统设计的组织背景关键变量包括企业外部环境、技术、组织结构、规模、战略、文化六个方面。张先冶（2004）则将管理控制环境分为管理控制系统的外部环境和内部环境，外部环境由国际环境，国家政治、经济、社会发展环境，行业环境，地区环境等构成，内部环境包括组织信奉的诚信原则和道德价值观、管理哲学和经营风格、董事会和审计委员会、组织结构、责任分配与授权、人力资源政策与实务等。根据以上所述，本文将母子公司控制的控制环境因素划分为外部控制环境和内部控制环境（或条件）两大类，并对影响管理控制模式选择的环境因素进行分析。

1. 外部环境分析

针对外部控制环境变量研究最为广泛的是外界环境的不确定性。关于环境不确定性的描述，坎德沃勒（Khandwalla，1977）认为，可以从混乱性（风险的、不可预测的、波动的、模糊的）、对抗性（压迫的、垄断的、受限制的）、多样性（产品、原料和顾客的多样化）、复杂性（技术的迅速发展）等四个不同维度进行描述。坎德沃勒的划分比较全面的概括了不确定性的各种特征，但不尽合理，比如在这四个维度中，有些因素是重叠的，如混乱性中的风险因素和对抗性程度就非常相关；邓肯（Duncan，1972）提出的外部环境的复杂性与稳定性两个维度，比较全面的概括了外部环境不确定性的整体特征。

由于企业集团所处行业、供应商、客户、生产技术等存在差异，其环境有的复杂多变，不确定性程度高；有的则相对较稳定、简单，不确定性程度低。Ezzamel（1990）和 Chapman（1998）在对管理控制系统的研究中发现，外界环境不确定性越高，其动态性越强，管理控制系统的开放性和外部性就越强，因而集团应当采用开放的管理控制系统。在这种开放系统下，为了应对复杂的环境，母公司应当更具有机性和更加关注子公司的行为因素，加大对子公司的分权力度，采用自主管理型模式。对于那些环境较为简单和稳定的企业，母公司则可以适当提高集权程度，采用行政管理型模式。对于一般不确定性环境下的母子公司而言，其管理控制体系则应兼具集权和分权控制的特点，即采用治理型模式。

2. 母公司层次内部环境因素

母子公司内部环境因素由集团类型、集团战略、组织结构、控股程度等众多因素有机构成。

（1）集团类型。根据经营性质不同，企业集团又可以分为资本经营型为主、生产经营型为主和资本、生产并重型企业集团。对于资本经营性为主的企业集团的母公司而言，其管理控制模式可为自主管理型或治理型模式。生产经营型为主企业集团宜采用行政管理型模式。而对于资本、生产并重型企业集团，它不但从事资本经营、战略决策和集团统一的经营活动，而且还直接从事生产经营活动，这类企业集团宜采用治理型模式。

（2）集团战略。根据 Rumelt（1974）对企业战略的划分，可以将其分为专业化战略、主导型多元化战略、关联型多元化战略和非关联型多元化战略四种。采用专业化战略的企业集团，其各个子公司之间的业务相同，实施集中经营和统一管理的行政管理模式有利于快速地进行经营决策，降低生产运营、市场营销以及筹融资等成本。而对于采用多元化战略的企业集团而言，其下属各企业由于经营品种增加、生产经营活动的复杂程度急剧上升，管理组织的适当分权成为必然，治理型模式与自主性管理模式便成为其理性选择。

（3）控股程度。根据母公司对子公司控股程度，如果母公司是子公司的全资股东或主要股东，母公司可以绝对控制子公司的一切业务。如果母公司是子公司的主要股东，母公司可以基本控制子公司的一切业务。但对于非绝对控股的实际控制子公司，母公司只拥有对子公司重大事务的控制权。母公司对子公司的持股程度往往反映出母公司的意图：是试图控制、影响子公司的业务还是稳定与子公司的协作关系。根据母公司对子公司的控制程度，可形成母子公司之间的三种控制关系（如图 1 所示）。

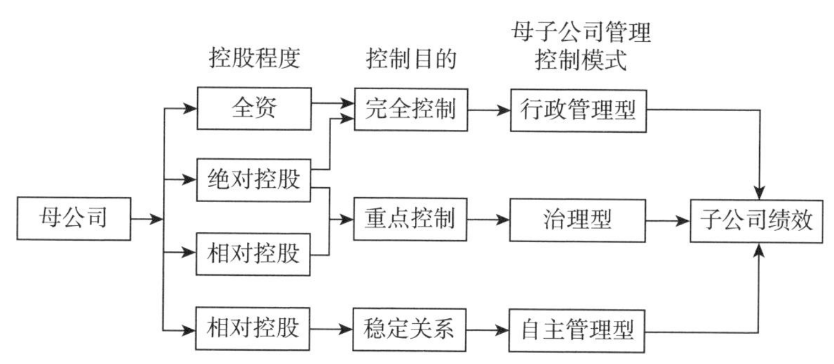

图 1　母子公司控股程度与管理控制模式关系

（4）信息化水平。由于信息技术的飞速发展，ERP、CRM 等信息管理系统为母子公司管理控制提供了更多更精确的信息，这间接促进了母子公司集权水平的提高。信息化水平越高，企业能够管理控制的东西越多，其管理控制水平也越高，因此，倾向于采用行政管理或治理型模式的可能性增加。

另一些学者则认为，信息技术的使用无疑促进了组织分权。信息技术与母子公司控制关系是非线性的。

（5）领导风格。组织领导人人格理论认为，组织领导人人格是影响组织结构、战略、控制模式及组织文化的最重要因素。Vries & Miller（1984，1986）研究发现，组织文化及由战略、结构、控制模式所组成的组织构形在本质上是组织领导人人格的一种反映。研究发现，在规模小、集权或领导人担当目前职位越久的组织，其组织领导人人格比信息处理理论相关变量更具解释能力，这说明组织领导人人格对组织结构、战略及控制模式有很大影响。以勒温的领导风格理论为例，领导风格可以分为独裁式、民主式和俱乐部式三种。独裁式领导风格往往运用行政管理控制模式来管理控制子公司；民主式领导风格倾向于治理控制模式；而俱乐部式领导风格则喜欢自主管理控制模式。

3. 子公司层次内部环境因素

除了上述影响因素外，下属子公司的特征也影响着母子公司管理控制模式的选择。

（1）子公司战略。根据不同的划分标准，企业战略可以分为许多各类。在此仅以波特和梅尔斯、斯诺为例。波特（1980）在分析组织如何获得相对于其他竞争者的竞争优势时将竞争战略分为成本领先、标歧立异和目标集聚三类。成本领先战略关心的重点是成本的降低，因此，其对生产过程的控制紧密，适宜行政管理型模式；标歧立异战略强调的是创新和变革，需要营造相对宽松的环境和氛围，因此，分权和授权成为必要，适宜自主管理型模式；而目标集聚则是介于前两者之间，治理型模式可能更适合。

梅尔斯和斯诺（Miles and Snow，1978）将业务单元分为防御者、探索者、分析者和反应者四种战略。在这四种分类中，大多数权变控制研究都集中研究探索者和防御者的区分和差异（Simons，1987）。防御者战略所处的行业是稳定的，其管理控制体系适宜使用行政管理型模式；而探索者战略则处于不稳定的行业，面临不确定性程度高的环境，需要经常寻找新的产品和市场机会，因此，其组织结构柔性程度高，其管理控制体系适宜采用自主管理型模式。

（2）子公司地域分布情况。企业集团按地域分布情况可以分为地区性集团、全国性集团以及全球性集团。如果子公司分布地域集中，则方便采取集权式管理，使用行政管理型模式，便于统一指挥，实现集中管理。但是，大多数企业集团的子公司分布地域较广，可采用自主管理型模式或治理型模式，以利于其根据当地客观情况和环境变化做出及时的经营决策。

（3）子公司地位的重要性程度与子公司规模。资源依赖理论认为次级单位的作为或产出在本质上是组织的一项资源，资源越重要，组织对其依赖越深，组织越会设法去控制它。Jaeger & Baliga（1984）指出，与其他子公司互赖程度较高且影响层面广的企业，母公司通常采集权控制方式，授权极少，一般可采用行政管理型模式。对母公司来说地位不太重要的子公司，可以采取治理型或自主管理型模式，从而有效地调动其积极性，促进其自主发展；对母公司来说地位不重要的子公司，其业务领域与母公司的关联度较少，宜采用自主管理型模式。子公司规模和母子公司控制水平之间存在着复杂的关系，一方面，规模的扩大意味着下属子公司经营实力的增强并减少对母公司的依赖；另一方面，由于大型的下属子公司在整个企业集团中占据举足轻重的位置，母公司对其关注自然较多。因此，对于小型的子公司，母公司并不会过多地关心，自然较多地采用自主管理型控制模式；对于规模偏大的子公司则需要逐步加强其管理控制的能力，以增强其凝聚力。

（4）子公司生命周期。企业生命周期可以分为创业阶段、集合阶段、规范化阶段和精细阶段。在创业阶段，企业规范化程度低，企业主要依靠创业者个人能力来管理和运作；在集合阶段，企业的规章制度初步建立并完善，企业权力还是主要集中于企业高层，下层管理人员权力较少；在规范化阶段，企业管理走上正轨，高层领导逐渐将权力下放；在精细阶段，企业进入变革图新阶段，以解决存在的官僚主义，企业进行分权成为理性选择（Daft，1999）。至于母子公司管理控制，在子公司成长初期，采用行政管理型模式可能是适宜的，随着子公司成长，治理型模式或自主管理型模式可能是合适的。

（5）子公司责任中心类型。责任中心是指企业内的成本、利润和投资发生单位，这些内部单位被要求完成特定的职责，其责任人则被赋予一定的权力以便对该责任区域进行有效的控制。对于为成本责任中心的子公司，母公司重点关注的是子公司的运营流程和成本控制，因此可采取行政管理型模式；对于成为利润中心的子公司，母公司不仅需要控制子公司的运营过程，还更需要控制其最终的产出绩效，这就要求母公司对子公司进行适当放权，亦采用治理型模式；对于担当投资责任中心的子公司，母公司关心的只有其最终产出结果，需要使子公司享有充分的经营自主权，可采用治理型模式或自主管理型模式。

三　影响管理控制模式选择因素的现实描述

作者在理论分析的基础上，通过对 54 家企业集团的 122 份问卷调查来分析上述影响因素与母子公司控制模式的关系。

1. 外部环境不确定性与母子公司控制模式

数据统计分析显示（见图 2），在不同的环境不确定性条件下，母公司总体较多地采用行政管理型为主，以治理型为辅的控制模式。在不确定性高的情况下，采用行政管理型模式的比例反而较多，与上述理论分析相悖。总起来看，我国企业集团外部环境因素对母公司的控制模式选择没有明显的影响。现实状况与理论分析基本不吻合。

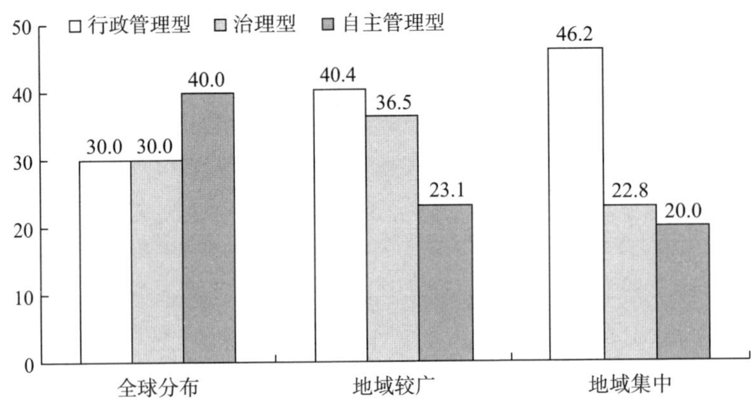

图 2　环境不确定性与母子公司控制模式

2. 子公司的地位与控制模式

数据统计分析显示（见图 3），在子公司重要性高的情况下，母公司会较多地采用行政控制型模式；而在子公司的重要性一般或者比较低的情况下，母公司会较多地采用治理型模式。现实状况与理论分析基本吻合。

3. 母子公司地域分布与控制模式

数据统计分析显示（见图 4），在母子公司是全球性分布时，母公司会较多地采用自主管理型模式；而在母子公司地域分布相对较广或者比较集中时，母公司会较多地采用行政管理型模式。现实状况与理论分析基本吻合。

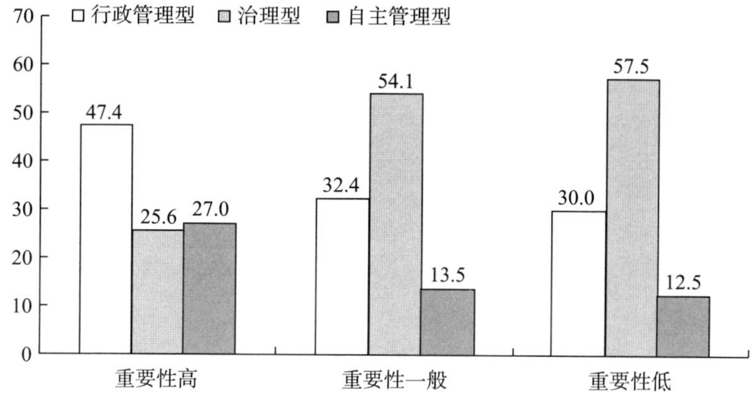

图3　子公司重要性与母子公司控制模式

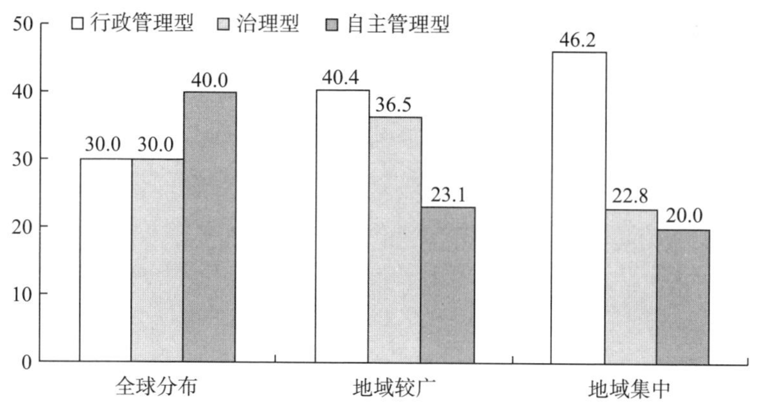

图4　母子公司地域分布与母子公司控制模式

4. 母公司持有子公司股权程度与控制模式

数据统计分析显示（见图5），在母公司高度持有子公司股权时，母公司会较多地采用行政管理型模式；在母公司持有子公司股权一般水平时，母公司会较多地采用治理型控制模式；而在母公司持有子公司股相对较低时，母公司会较多地采用自主管理型模式。现实状况与理论分析基本吻合。

5. 母公司领导风格与控制模式

数据统计分析显示（见图6），在母公司领导风格为集权式时，母公司会较多地采用以行政管理型为主的控制模式；在母公司领导风格为民主式时，母公司会较多地采用以治理型为主的控制模式；而在母公司领导风格为俱乐部式时，母公司会较多地采用以自主管理型为主的控制模式。

6. 子公司责任类型与控制模式

数据统计分析显示（见图7），在子公司为不同的责任类型时，母公司都会较多地采用以行政管理型控制模式；只是在利润中心和投资中心下，治理型控制模式也占一定的比例。现实状况与理论分析吻合度较差。

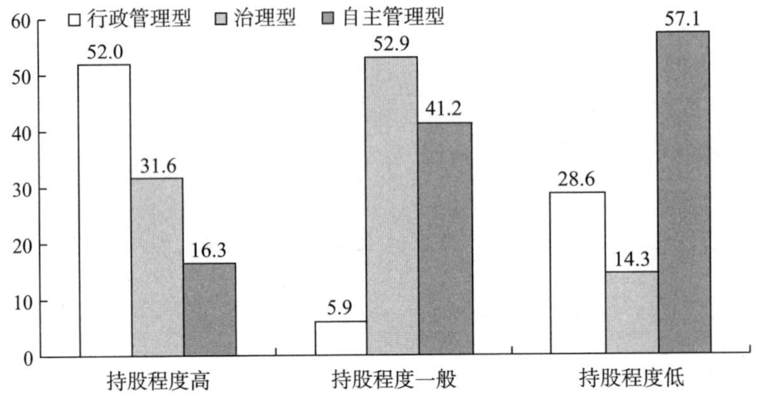

图 5　母公司对子公司控股程度与母子公司控制模式

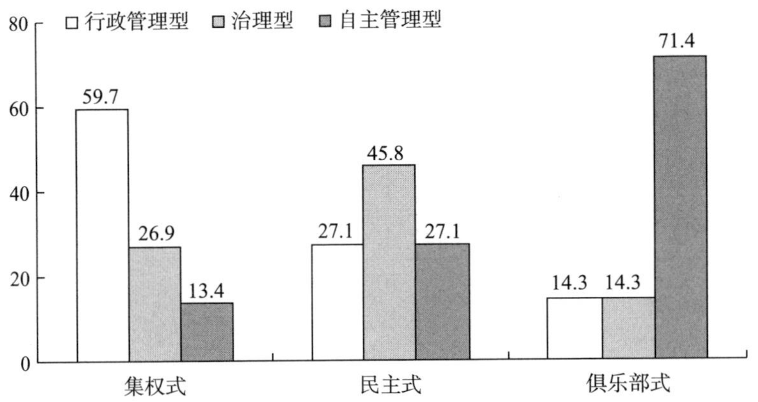

图 6　母子公司领导风格与母子公司控制模式

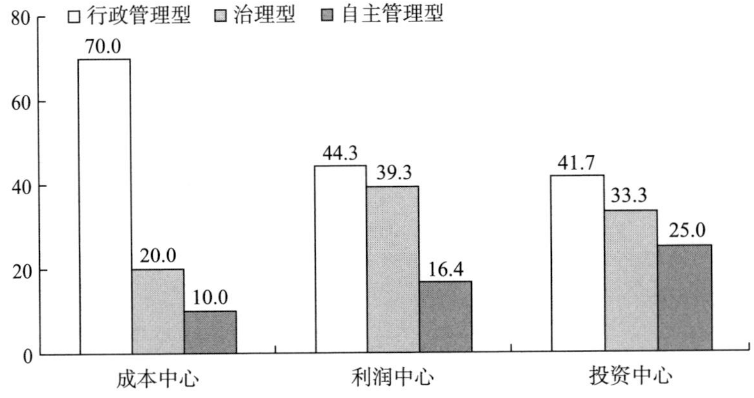

图 7　子公司责任类型与母子公司控制模式

7. 母公司战略类型与母子公司控制模式

数据统计分析显示（见图8），不论母公司采用何种战略，母公司的控制模式都较多地采用行政管理型模式，这说明母公司的战略类型对母子公司的控制模式选择没有明显的影响。现实状况与理论分析吻合度较差。

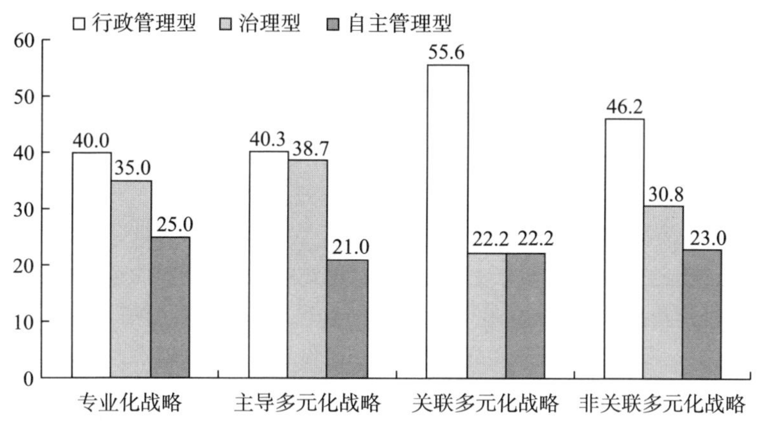

图8　母公司战略类型与母子公司控制模式

8. 母子公司文化差异与母子公司控制模式

数据统计分析显示（见图9），在母子公司文化差异大情况下，母公司会较多地采用自主管理型模式；在母子公司文化差异一般的情况下，母公司会较多地采用治理型模式；在母子公司文化差异较小情况下，母公司会较多地采用行政管理型模式。现实状况与理论分析吻合度较差。

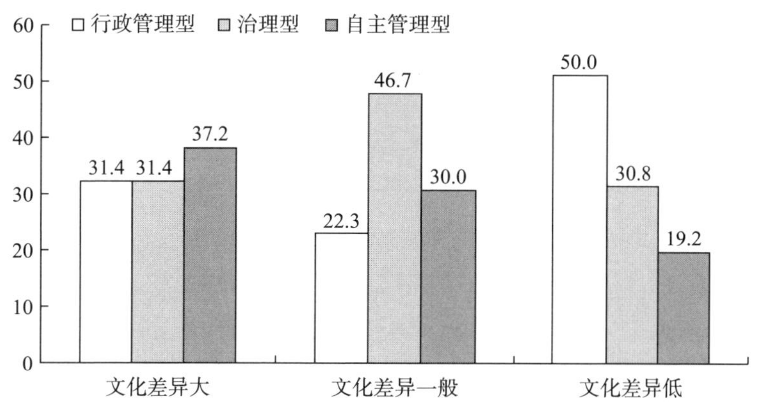

图9　母子公司文化差异与母子公司控制模式

9. 母子公司信息化水平与母子公司控制模式

数据统计分析显示（见图10），不管母子公司信息化水平如何，母公司都会较多地采用行政管理型模式，这说明母子公司的信息化建设对母子公司的控制模式没有显著的影响。

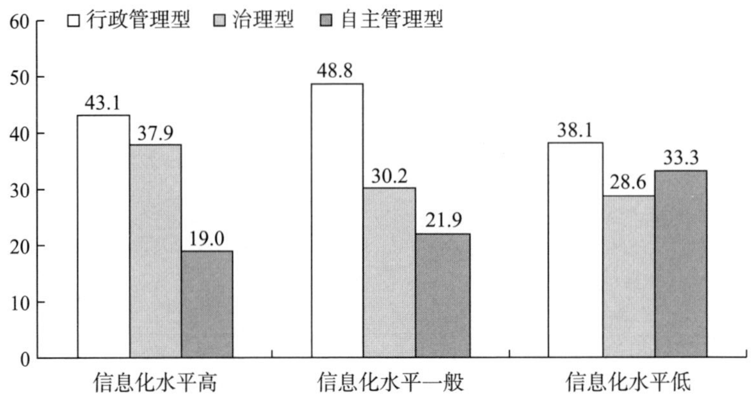

图 10　母子公司信息化水平与母子公司控制模式

四　环境与母子公司管理控制模式的匹配

根据上述理论分析和样本公司的调研现状，本研究提出母子公司环境因素与母子公司管理控制模式的匹配关系（如表 1 所示）。

表 1　控制环境对母子公司控制模式的匹配

控制环境因素	特征值	母子公司管理控制模式		
		行政管理型	治理型	自主管理型
外部环境不确定性	不确定性低	广泛使用	一般使用	一般使用
	不确定性适中	广泛使用	一般使用	较少使用
	不确定性高	广泛使用	一般使用	一般使用
集团战略	专业化战略	广泛使用	一般使用	一般使用
	主导型多元化战略	广泛使用	一般使用	一般使用
	关联多元化战略	广泛使用	一般使用	一般使用
	非关联型多元化战略	广泛使用	一般使用	一般使用
控股程度	全资	广泛使用	一般使用	较少使用
	绝对控股	较少使用	广泛使用	一般使用
	相对控股	一般使用	较少使用	广泛使用

续表

控制环境因素	特征值	母子公司管理控制模式		
		行政管理型	治理型	自主管理型
责任中心	成本中心	广泛使用	一般使用	较少使用
	利润中心	广泛使用	一般使用	较少使用
	投资中心	广泛使用	一般使用	一般使用
信息化水平	高	广泛使用	广泛使用	较少使用
	中	广泛使用	一般使用	一般使用
	低	广泛使用	一般使用	一般使用
领导风格	集权式	广泛使用	一般使用	较少使用
	民主式	一般使用	广泛使用	一般使用
	俱乐部式	较少使用	较少使用	广泛使用
子公司地域分布情况	分布地域集中	广泛使用	一般使用	一般使用
	分布地域较广	一般使用	一般使用	广泛使用
	全球性分布	一般使用	一般使用	广泛使用
子公司地位重要性程度、子公司规模	重要子公司	广泛使用	一般使用	一般使用
	一般子公司	一般使用	广泛使用	较少使用
	不重要子公司	一般使用	广泛使用	较少使用
子公司生命周期	初创阶段	广泛使用	一般使用	一般使用
	成长阶段	广泛使用	广泛使用	一般使用
	成熟阶段	一般使用	广泛使用	广泛使用
	衰退阶段	一般使用	一般使用	广泛使用
母子公司文化差异	较小	广泛使用	一般使用	较少使用
	一般	一般使用	广泛使用	一般使用
	大	一般使用	一般使用	广泛使用

（本文发表于《经济管理》2007 年第 3 期）

参考文献

［1］Michael Goold et al.，《公司层面战略》，黄一义等译，人民邮电出版社，2004。

［2］曾纪幸、司徒达贤、于卓民：《多国籍企业网络类型与管理机制选择之关系——在台外商公司之产品交易实证研究》，《管理学报》1998 年第 1 期。

［3］葛晨、徐金发:《母子公司的管理与控制模式——北大方正集团、中国华诚集团等管理与控制模式案例评析》,《管理世界》1999 年第 6 期。

［4］John Pound，《治理型公司的前景》，孙经纬、高晓辉译，中国人民大学出版社，2004。

［5］陈志军：《母公司对子公司控制理论探讨——理论视角、控制模式与控制手段》,《山东大学学报》（哲学社会科学版）2006 年第 1 期。

［6］罗彬:《内部控制环境理论若干问题探讨》,《企业经济》2004 年第 7 期。

［7］池国华:《基于组织背景的管理控制系统设计：一个理论框架》，《预测》2004 年第 3 期。

［8］张先治:《控制环境与管理控制系统演变》,《求是学刊》2004 年第 2 期。

［9］Chapman. C. S. ，“Accountants in Organizational Networks,” *Accounting*，*Organizations and Society* 23（8）（1998）：737 – 766.

［10］Richard L. Daft. ，《组织理论与设计精要》，李维安等译，机械工业出版社，1999。

中国上市公司治理对公司成长能力影响的实证分析

冯根福　黄建山

众所周知，公司治理作为上市公司运行的基础，对上市公司的稳定、持续和健康发展具有决定性作用，对上市公司的成长具有重要的影响。然而迄今为止，现有的国内外公司治理文献主要关注的是上市公司发展过程中的委托代理关系及其衍生的各种问题，而对上市公司治理与公司成长能力之间的关系这一问题几乎还没有涉及。因此，本文拟对这一问题进行分析和探讨。

一　公司治理影响公司成长能力的内在机理分析及假设提出

公司治理与公司成长有着密切的联系。按照公司成长的动力来源，公司成长理论可分为内生成长理论和外生成长理论。前者认为，公司成长是公司有效地协调其资源和管理职能的结果。因此，公司可通过改进内部治理提高公司内部组织机构效率、优化内部资源配置、协调内部人与人之间关系等实现公司的内生性成长。后者认为，公司成长源于公司外部环境和条件的作用，市场竞争、行业竞争，以及市场上的产品需求、要素供给、价格等因素均为公司成长的重要影响因素。因此，公司可通过提高外部环境有效性等外部治理手段，改善公司成长的外部条件，实现公司的外生性成长。公司治理的内、外部机制作为一种制度安排，一旦形成并有效地实现了它的功能后，本身也就成为公司持续成长的源泉。

1. 内部治理机制

公司内部资源对公司获利、改善效率并维持竞争优势具有重要意义，企业资源和能力是构成企业成长的基础，而企业成长的速度、模式和界限由企业能力决定，企业能力的关键是管理能力。上市公司内部治理作为提升管理能力的基础，对公司获取利润、实现内部资源有效配置、提高运行效率从而实现公司成长有着重要的影响。

（1）股权治理。委托代理理论认为，不同的股权结构决定着不同的公司代理问题。当公司股权分散时，代理问题主要表现为股东和经理层之间的利益冲突；当股权适当集中时，代理问题就会表现为控股股东与中小股东和经营管理层之间的双重利益冲突。控股股东可能会利用其在公司中的控股地位，阻止公司的合理兼并、重组或接管，制约优势资源的有效配置，导致经营管理效率低下，从而不利于公司的成长。从国内外上市公司股权结构的现状和经验研究结果来看，适度分散的股权结构更有利于促进公司的成长，而股权集中度过高则在一定程度上会阻碍公司的成长。

在投资者保护制度不完善的情形下，具有多个大股东的控制权结构可能更为有效，因为多个大股东之间的相互监督有助于改善公司的经营管理。已有的研究还发现，非控股大股东的存在有助于降低代理成本，非控股大股东在公司治理中发挥着监督控股股东和管理层的职能。因此，从理论上讲，相互制衡的股权结构能够降低代理成本，提升公司经营管理效率，促进公司成长。

由于国有控股公司具有复杂的委托代理关系和多元化的发展目标，因而在一定程度上制约着公司资源配置的有效性，进而制约着公司的成长能力。相对国有控股公司而言，非国有控股公司具有灵活性强、反应迅速、调整效率高等特点，有助于提高公司的资源配置效率，进而有利于提升公司的成长能力。

据上所述，可提出如下假设。

H_{11}：在其他条件相同的情况下，股权集中度与公司成长能力呈负相关关系。

H_{12}：在其他条件相同的情况下，股权制衡度与公司成长能力呈正相关关系。

H_{13}：在其他条件相同的情况下，非国有控股公司的成长能力较国有控股公司强。

（2）债权治理。债权治理旨在保护债权投资者的利益不受侵犯，改善公司资源配置结构，提高公司资源的利用效率，其效应主要体现在以下几个方面：一是缓解过度投资行为，提高投资效率，降低股东和经理层之间的代理成本，有助于缓解、防止公司将资源浪费于低收益的项目上（Jensen，1986）；二是债务融资有信号传递功能，有利于向所有者传递公司经营状况，有利于正确评估公司价值和公司经营管理者，形成有效的激励约束机制，从而有利于提高公司治理效率，促进公司的成长；三是良好的债务融资能力可为公司发展提供必要的资源和资金保障，从而有助于公司改善资源配置模式和效率。因此，良好的债权治理可以有效地促进公司的成长。基于上述分析可提出如下假设。

H_{21}：在其他条件相同的情况下，公司偿债能力与公司成长能力呈相关关系。

H_{22}：在其他条件相同的情况下，公司债务融资能力与公司成长能力呈正相关关系。

（3）董事会治理。董事会是监督经营管理层的一个成本最低的内部资源。一般主要从董事会规模、独立董事的比例、董事长与总经理的两职状态三个方面考察董事会治理情况。已有研究表明，适当规模的董事会更有效率，从而有利于提高公司资源配置的效率和促进公司的成长。Yermack（1996）认为，独立董事可提高董事会的独立性，弱化公司的内部人控制，降低代理成本，从而促进董事会在公司经营管理和资源配置中发挥积极作用，长期来看有利于提升公司成长能力。董事会的领导权配置状态主要指董事长与 CEO 是两职分离还是合一的状态。代理理论认为，董事长与 CEO 两职分离有利于提高董事会监督管理层的有效性，可以避免权力过度集中而引致的道德风险等问题，也有利于董事长脱离日常经营管理琐事的困扰而着眼于公司的长远发展。据上所述提出如下假设。

H_{31}：在其他条件相同的情况下，董事会规模与公司成长能力呈负相关关系。

H_{32}：在其他条件相同的情况下，独立董事比例与公司成长能力呈正相关关系。

H_{33}：在其他条件相同的情况下，董事长与 CEO 两职分离与公司成长能力呈正相关关系。

（4）管理层激励。管理层激励是降低内部人道德风险和代理成本的途径之一，已有研究表明，在美国、德国和日本，管理层薪酬与公司经营业绩之间呈正相关关系，管理层年度薪酬一般是基于公司经营业绩来确定的。管理层年度薪酬高，就能激励管理层提高公司绩效和经营管理效率，从而促进公司的成长。此外，当管理层没有公司剩余索取权时，管理层可能就会放弃投资于风险和收益较高的项目而选择风险和收益较低的项目；当管理层拥有剩余索取权时，管理层可能就会投资于收益较高的项目以提高其福利水平。因此，管理层拥有剩余索取权可以使公司利益与管理层的个人利益紧密地联系在一起，可以促进管理层致力于协调公司短期利益与长期利益之间的关系，从而有利于提升公司的长期成长能力。据此提出如下假设。

H_{41}：在其他条件相同的情况下，管理层年度薪酬与公司成长能力之间呈正相关关系。

H_{42}：在其他条件相同的情况下，管理层持股比例与公司成长能力之间呈正相关关系。

2. 外部治理机制

公司外部治理主要通过公司外部治理机制提供一种竞争的市场环境和交易成本低廉的优胜劣汰机制，对公司经营管理者进行有效的激励和监督，从而降低所有权与经营权分离引致的代理成本，提高公司资源配置效率，进而促进公司的成长。

（1）公司控制权市场。所有权与控制权的分离会促使管理者利用投资或成本灌水等策略偏离股东利益最大化的目标。由于上市公司股权往往分散于许多股东手中，而分散的股东难以对董事会、大股东及经营管理层形成有效的监督和制约作用，所以，公司代理权争夺往往是在大股东之间展开。公司控制权市场旨在降低管理者偏离利润最大化目标的风险，并保证公司资源能够得到有效配置。有效的公司控制权竞争市场可使有能力的管理者在短时间内取代无能的管理者，改善公司经营管理，提高资源配置效率，从而促进公司的成长。据此提出如下假设。

H_{51}：在其他条件相同的情况下，公司控制权市场竞争程度与公司成长能力呈正相关关系。

（2）法律基础和中小投资者利益保护。La Porta et al. 的研究表明，在实施普通法系的国家，公司治理的水平通常都比较高，中、小股东利益也得到了很好的保护；而在实施大陆法系的国家，通常对中、小股东利益的保护比较薄弱，公司治理的水平也相应比较低。此外，不同国家的股权价值、资本成本和外部融资的程度都不相同，而这些差异可由该国的法律起源来解释。显然，要保障投资者获取合理的投资收益，法律体系是一个颇为有效的外部治理机制。所以，保护投资者权益的法律体系越完善，越能够促进上市公司成长能力的提升。据此提出如下假设。

H_{52}：在其他条件相同的情况下，法律基础和中小投资者利益保护的完善程度与公司成长能力呈正相关关系。

（3）产品市场竞争。产品市场竞争对公司成长能力具有重要影响。首先，产品市场竞争使得经营管理不善的企业被清算或兼并的可能性增大，这对经营管理层构成一种硬性约束。其次，产品市场竞争能够揭示公司经营管理的信息，从而提高对经营管理层激励的有效性。当股东可以获取有关经理人业绩的充分信息时，经理人就必须努力工作，才能树立良好的声誉。此外，有关学者以德国、日本的企业为样本进行研究发现，产品市场竞争有利于提高企业的生产效率。因此，产品市场竞争有助于减少管理层的懈怠行为和控股股东的"隧道行为"，促使声誉机制发挥作用，遏制低效率的资源配置行为，提高公司经营管理效率和生产效率，从而促进公司的成长。据此提出如下假设。

H_{53}：在其他条件相同的情况下，产品市场竞争程度与公司成长能力呈正相关关系。

二　研究设计

1. 样本选择与数据来源

本文选取制造业类上市公司为研究对象，并进行了如下处理：①剔除2000年12月31日之后上市的公司；②剔除数据不完全的公司；③由于木材家具行业上市公司只有4家，在控制行业特征的研究中，样本量太小，因此剔除该4家上市公司。在做上述剔除之后，以最终剩下的510家上市公司作为样本公司，以样本公司2001～2007年的年报数据作为研究样本，数据来源于国泰安（CSMAR）数据库。

2. 公司成长能力的度量

与已有文献使用绩效指标衡量公司成长能力不同，本文认为，以反映公司资源配置效率和投入与产出关系的技术效率指标度量公司成长能力可能更为客观合理，更能揭示公司成长能力的本质。原因在于，一方面，企业成长理论认为，企业内部资源基础的异质性和核心能力是决定企业成长的重要因素。资源配置能力是企业的一种异质性资源和核心能力，决定着资源在企业内部进行配置的效率和模式，影响着企业作为资源配置者的竞争力，从而决定着公司的成长能力；另一方面，从公司成长的角度来说，公司效率是一个远比公司绩效、利润水平等更为客观的度量指标。如果上市公司本身是低效率的，不能实现资源的有效配置和转化，那么公司成长就不具有可持续性。也就是说，不具有效率的上市公司可以实现绩效的短期改善，但难以实现公司的长期成长。

本文应用随机前沿生产函数，选取了主营业务成本（主营业务成本 + 主营业务税金及附加）、费用（管理费用 + 营业费用 + 财务费用）、总资产（年末资产总计）、员工人数（年末在职员工人数）四项作为投入指标，以主营业务收入作为产出指标，采用随机前沿分析法（SFA）计算上市公司的技术效率值，记为 *Growth*。在计算过程中剔除了通货膨胀因素对公司成长能力的影响。使用的是 Frontier 4. 1 程序软件进行计算，结果如表 1 所示。

根据表 1，从上市公司的行业特征来看，石油化学、塑胶塑料行业的成长能力值最高（0. 892），电子行业（0. 881）次之，最后低是食品、饮料行业（0. 735）。从时间角度来看，上市公司成长能力均值从 2001 年的 0. 793 连年降低至 2004 年的 0. 711，此后能力值有所提升，2007 年能力均值为 0. 795。2001 ~2007 年整体公司成长能力为 0. 74。可见，我国上市公司的成长能力现状不容乐观。那么，从公司治理的视角来看，导致我国上市公司成长能力出现目前这种状况的原因是什么？作为上市公司运行基础的公司治理对公司成长能力产生了何种影响？下面本文将对这些问题进行分析。

3. 公司治理变量

股权集中度以前五大股东持股比例的平方和衡量，记为 CR_5；股权制衡程度以第二至第五大股东持股比例之和与第一大股东持股比例的比值度量，记为 $Z_{2345/1}$，$Z_{2345/1}$ 值越大，制衡程度越强；以虚拟变量 *GYG* 表示上市公司是否为国有控股公司，当公司第一大股东为国有股或国有法人股时，*GYG* 取值为 1，否则取值为 0。

债权治理主要体现在公司偿债能力和债务融资能力两个方面。前者主要有三个反映指标：流动比率、速动比率、现金流动负债比。由于三个指标与公司偿债能力的关系方向一致（即指标值越高反映偿债能力越强），所以，本文取三个指标经标准化处理后的算术平均值作为公司偿债能力值，记为 *DebtSolv*。同样地，后者主要由资产负债率、产权比率、有形净值债务率三个指标度量，而三个指标值越低，反映公司融资能力越强，故采取三个指标经标准化处理后的算术平均值度量公司债务融资能力，记为 *DebtF*。

表 1　中国制造业上市公司样本及公司成长能力计算结果

控制变量	制造业行业	公司数量	观测值	2001 ~ 2007 年公司成长能力均值							
				2001 年	2002 年	2003 年	2004 年	2005 年	2006 年	2007 年	2001 ~ 2007 年
参照	食品、饮料	42	294	0. 947	0. 904	0. 802	0. 723	0. 731	0. 729	0. 788	0. 735
Ind_1	纺织服装、皮毛	40	280	0. 808	0. 962	0. 877	0. 875	0. 874	0. 864	0. 928	0. 861
Ind_2	造纸、印刷	17	119	0. 985	0. 976	0. 902	0. 895	0. 979	0. 990	0. 926	0. 844
Ind_3	石油化学、塑胶塑料	96	672	0. 980	0. 977	0. 976	0. 872	0. 963	0. 980	0. 983	0. 892
Ind_4	电子	30	210	0. 982	0. 968	0. 974	0. 982	0. 954	0. 855	0. 865	0. 881
Ind_5	金属、非金属	79	553	0. 969	0. 844	0. 787	0. 743	0. 736	0. 905	0. 716	0. 793
Ind_6	机械设备、仪表	146	1022	0. 785	0. 794	0. 959	0. 868	0. 841	0. 961	0. 932	0. 805
Ind_7	医药、生物	60	420	0. 817	0. 834	0. 856	0. 963	0. 829	0. 832	0. 914	0. 783
	合计/均值	510	3570	0. 793	0. 785	0. 748	0. 711	0. 743	0. 711	0. 795	0. 740

数据来源：国泰安数据库及聚源数据库，并通过 Frontier 4. 1 程序（Coelli T. J. ，1996）计算而得。

董事会规模以董事会的人数表示，记为 *BDScale*；独立董事比例以董事会中独立董事人数占董事会总人数的比例表示，记为 *IDRatio*；关于董事长与 CEO 的两职状态，以虚拟变量 *CeoDir* 表示，当董事长与 CEO 两职分离时，*CeoDir* 取值为 1，反之，取值为 0。

根据管理层激励的假设，管理层年度薪酬以管理层年度薪酬总额表示，记为 *MPay*；管理层持股比例以管理层年末持股总数占公司年末总股数的比例表示，记为 *MRatio*。

本文借鉴白重恩等（2005）的研究方法，以第二至第十大股东持股比例平方和的对数作为反映公司控制权市场竞争程度的指标，记为 *MCC*。*MCC* 值越大，公司控制权市场竞争程度越激烈。此外，公司在 A 股市场及在除 A 股市场之外的市场上市，公司的法律基础和中小投资者利益保护较仅在 A 股市场上市的公司完善，因而设置虚拟变量 *BHSN*，当公司在 A 股市场及在除 A 股市场之外的市场上市时，取值为 1，否则取值为 0。关于产品市场竞争程度的度量，本文借鉴 Nickell（1996）的思路以行业内上市公司主营业务平均利润率来反映上市公司面临的市场竞争程度，记为 *PMC*。一般地，在竞争程度较低的市场上，公司可能以高于边际成本较多的价格出售产品，从而获取更高的利润，因此，行业平均主营业务利润率越低，市场竞争程度越高。

4. 控制变量

公司规模：以上市公司年末资产规模的自然对数控制公司规模对结果的影响，记为 *LnAsset*。

行业特征：研究表明技术效率具有较强的产业特性，产业成长与产业内企业成长具有正向影响（A. Coad，2007）。因此，本文在实证分析中参照了 2001 年中国证监会发布的《上市公司行业分类指引》，设置了 7 个虚拟变量对公司的行业特征进行控制。虚拟变量的参照行业为食品饮料行业。这 7 个虚拟变量及取值分别为：当公司为纺织服装、皮毛行业时，Ind_1 取值为 1，否则取值为 0；当公司为造纸、印刷行业时，Ind_2 取值为 1，否则取值为 0；当公司为石油化学、塑胶塑料行业时，Ind_3 取值为 1，否则取值为 0；当公司为电子行业时，Ind_4 取值为 1，否则取值为 0；当公司为金属、非金属行业时，Ind_5 取值为 1，否则取值为 0；当公司为机械设备、仪表行业时，Ind_6 取值为 1，否则取值为 0；当公司为医药、生物行业时，Ind_7 取值为 1，否则取值为 0。

政策控制变量：2005 年 4 月 29 日，中国证监会正式发布《关于上市公司股权分置改革试点有关问题的通知》，股权分置改革对我国上市公司的股权结构、经营管理以及资源配置等产生了重要影响。因此，本文设置了一个政策控制变量，记为 *Policy*。股权分置改革前（即 2001 ~ 2005 年），*Policy* 取值为 0，股权分置改革后（2006 ~ 2007 年），取值为 1。

三 中国上市公司治理与成长能力关系的实证分析

本文以 2001 ~ 2007 年中国制造业 8 个行业上市公司的成长能力（*Growth*）为被解释变量，以公司治理变量为解释变量，基于非平衡面板数据构造模型，实证分析中国上市公司治理与公司成长能力之间的关系。本文的模型设定如下：

$$
\begin{aligned}
Growth_{it} = \alpha_0 + \alpha_1 \mathrm{CR}_{5\,it} + \alpha_2 \mathrm{Z}_{2345/1\,it} + \alpha_3 \mathrm{GYG}_{it} + &(\text{股权治理变量,即 } H_{11}、H_{12}、H_{13})\\
\alpha_4 DebtSolv_{it} + \alpha_5 DebtF_{it} + &(\text{债权治理变量,即 } H_{21}、H_{22})\\
\alpha_6 BDScale_{it} + \alpha_7 IDRatio_{it} + \alpha_8 CeoDir_{it} + &(\text{董事会治理变量,即 } H_{31}、H_{32}、H_{33})\\
\alpha_9 MPay_{it} + \alpha_{10} MRatio_{it} + &(\text{激励约束变量,即 } H_{41}、H_{42})\\
\alpha_{11} MCC_{it} + \alpha_{12} BHSN_{it} + \alpha_{13} PMC_{it} + &(\text{外部治理变量,即 } H_{51}、H_{52}、H_{53})\\
\alpha_{14} LnAsset_{it} + \alpha_{15} Policy_{it} + \sum_{j=1}^{7} \alpha_{15+j} Ind_j + \varepsilon_{it} &(\text{控制变量及随机扰动项})
\end{aligned}
$$

在上述模型中，i 表示第 i 个上市公司，t 表示年份，α_1 至 α_{13} 表示公司治理对公司成长能力的影响系数，ε_{it} 为随机扰动项，服从 $N(0, \sigma^2)$ 分布。本文采用 EViews 6.0 统计软件，经 Hausman 检验采取随机效应模型进行估计和检验。回归结果如表 2 所示。模型拟合优度 R^2 为 0.9466，修正的 R^2 为 0.9459，F 统计量为 1342.3，可见模型拟合程度很好。

表 2 中国上市公司治理与公司成长能力之间关系的面板模型估计结果

变量	Coefficient	t - Statistic	变量	Coefficient	t - Statistic
CR_5	-0.0972***	-8.7732	*PMC*	-0.0015**	-2.4384
$Z_{2345/1}$	-0.0217***	-3.9459	*LnAsset*	0.0968***	9.6929
GYG	-0.0020	-0.7764	*Policy*	-0.0426***	-3.6531
DebtSolv	0.0091***	4.7565	Ind_1	-0.0462	-0.8509
DebtF	-0.0095***	-3.2312	Ind_2	-0.1110	-0.9600
BDScale	-0.0046***	-4.6085	Ind_3	0.0355	1.0024

续表

变量	Coefficient	t - Statistic	变量	Coefficient	t - Statistic
IDRatio	-0.2561***	-4.9208	Ind_4	0.0875	0.9236
CeoDir	-0.0040*	-1.9132	Ind_5	-0.0789	-1.1929
MPay	2.78E-05***	5.4680	Ind_6	0.0046	0.1055
MRatio	-0.1025	-1.2670	Ind_7	-0.0537	-1.1617
MCC	0.0013	0.9890	*Intercept*	-0.0810	-0.3588
BHSN	0.0071	0.2004	AR（1）	0.8989***	115.8582
R^2	0.9466				
Adj. R^2	0.9459				
F - Stat.	1342.3000				

注：***、**、*分别表示在1%、5%、10%的显著水平下显著。

1. 股权集中度对公司成长能力有着显著的影响

股权集中度与公司成长能力呈显著负相关关系，回归系数为-0.0972（在1%的置信水平下显著），说明我国上市公司股权集中度的增大不利于公司成长能力的提升。从股权结构的性质来看，虚拟变量*GYG*与公司成长能力的回归系数为-0.002，表明非国有控股公司成长能力较国有控股公司强，非国有控股公司在资源配置、经营管理以及应对外部市场环境冲击等方面具有较高效率，从而有助于公司成长能力的提高，但这一实证结果在统计上不显著。与理论假设不一致的是，股权制衡度与公司成长能力呈显著负相关关系，回归系数为-0.0217，在1%的置信水平下显著。说明在现行的制度安排下，我国上市公司大股东之间的相互制约不仅没有产生积极的作用，反而导致上市公司治理过程中相互扯皮以及资源配置效率低下。这种现象产生的深层次原因还有待进一步探讨。

2. 债权治理有助于提升公司的成长能力

公司偿债能力、债务融资能力与公司成长能力的回归系数分别为0.0091、-0.0095，且均在1%的置信水平下显著。说明公司偿债能力越强，公司成长能力越强；债务融资能力越强，公司成长能力也越强。这一实证结果与理论预期一致。

3. 董事会治理对公司成长能力有着显著影响

董事会规模与公司成长能力的回归系数为-0.0046，且在1%的置信水平下显著，表明董事会规模与公司成长能力显著负相关。值得注意的是，独立董事比例与公司成长能力的回归系数为 -0.2561，且在1%的置信水平下显著。这说明在我国上市公司实践中，独立董事尚未有效发挥应有的作用。出现这种现象的原因可能有：一是我国上市公司独立董事的遴选制度不完善，独立董事主要由控股股东提名，导致独立董事在一定程度上依附于控股股东，因而难以具有“独立性”；二是我国上市公司的部分独立董事缺乏专业素质，因而难以有效履行职责和发挥作用。此外，董事会与CEO的两职状态与公司成长能力呈现负相关关系，回归系数为 -0.004，且在10%的置信水平下显著。这说明两职分离不利于公司成长能力的提高。在我国上市公司中，两职合一的公司主要是非国有控股上市公司，它们在公司资源配置和经营管理中较为灵活，决策效率较高，进而促进了公司的成长。

4. *管理层激励对公司成长能力具有重要影响*

管理层薪酬与公司成长能力的回归系数为正值（2.78E -05），且在1%的置信水平下显著，即呈显著正相关关系。与理论预期所不同的是，管理层持股比例与公司成长能力呈负相关关系，回归系数为 -0.1025，但在统计上不显著，产生这种现象的原因可能是我国上市公司管理层持股计划的实施尚处于起步阶段，管理层持股比例还处于较低水平，加之我国股票市场不完善，管理层持股的收益分配机制不健全，因而致使管理层持股没有发挥应有的积极作用。

从外部治理机制来看，公司控制权市场竞争程度与公司成长能力呈正相关关系，回归系数为0.0013，但在统计上不显著；同样地，法律基础和中小投资者利益保护程度对公司成长能力具有积极作用，回归系数为0.0071，在统计上也不显著。上述两个回归结果不显著的原因可能是在我国股票市场诞生后相当长一个时期内，公司控制权市场不发达，法律基础和中小投资者保护机制不健全。应当指出的是，自从2005年我国开始实行股权分置改革以来，各项法律制度和中小投资者利益保护制度不断完善，公司控制权市场竞争日趋激烈。这也是公司控制权市场竞争程度、法律基础和中小投资者利益保护程度与公司成长能力呈现正相关的原因所在。本文的实证分析结果还表明，产品市场竞争程度与公司成长能力呈正相关关系，回归系数为 -0.0015，且在5%的置信水平下显著。这表明我国产品市场的竞争可能有助于缓解管理层监督不足而引致的懈怠等问题，有助于减少控股股东的隧道行为，从而降低了代理成本，促进了公司的成长。

四　研究结论及政策建议

本文以2001～2007年我国制造业8个行业共510家上市公司为样本，基于面板数据构造模型，对我国上市公司治理与公司成长能力之间的关系进行了实证分析。本文的主要发现和结论是：第一，股权集中度与公司成长能力呈现显著负相关关系；股权制衡度与公司成长能力呈现显著负相关关系；非国有控股公司成长能力较国有控股公司强，但在统计上不显著。第二，公司偿债能力和债务融资能力越强，公司成长能力也越强。第三，董事会规模、独立董事比例与公司成长能力呈显著负相关关系；董事长与CEO的两职合一有助于提升公司成长能力。第四，管理层薪酬与公司成长能力呈现显著正相关关系；管理层持股比例与公司成长能力呈负相关关系，但在统计上不显著。第五，公司控制权市场竞争程度、法律基础及中小投资者利益保护程度与公司成长能力之间呈正相关关系，但在统计上不显著；产品市场竞争程度与公司成长能力呈现显著正相关关系。

本文的发现和结论具有重要的政策含义。为了改善我国上市公司的资源配置效率，提升其长期持续成长能力，可从以下几个方面进一步改进和完善我国的上市公司治理：一是上市公司要适当降低股权集中度，加快改变大部分上市公司控股股东“一股独大”的局面。二是要加大支持和扶植民营控股上市公司的力度，促进民营控股上市公司的快速成长。三是要加快发展公司债券市场，进一步优化市场融资结构，为上市公司债权治理创造良好的市场环境和条件。四是进一步完善董事会的治理机制。董事会的规模要与公司的发展相适应，不应一味追求规模大的董事会；应不断完善独立董事的遴选机制，进一步提高独立董事的独立性和专业素质；国有控股上市公司不宜简单全面推行董事长与CEO两职分离模式，而应根据公司规模和行业特点来选择董事长与CEO两职合一或两职分离模式。五是在继续加大管理层激励与约束力度的同时，积极制定和实施合理的薪酬计划和管理层持股比例计划。六是进一步促进公司控制权市场的发展，继续完善上市公司的法律基础和中小投资者利益的保护措施，不断提高我国产品市场的竞争程度。

（本文发表于《经济管理》2009年第12期）

参考文献

[1] Bennedsen, M. and D. Wolfenzon, "The Balance of Power in Closely Held Corporations," *Journal of Financial Economics* 58 (2000).

[2] Eisenhardt, K. M. and J. A. Martin, "Dynamic Capabilities: What Are They?" *Strategic Management Journal* 21 (2000).

[3] Foss, Nicolai J., "Capabilities, Confusion, and the Costs of Coordination: On Some Problems in Recent Research On Inter—Firm Relations," *DRUID Working Paper*, 1999.

[4] Griffith, R., "Product Market Competition, Efficiency and Agency Costs: An Empirical Analysis," *Institute for Fiscal Studies Working Paper*, 2001.

[5] Januszewski, S. I., J. Koke and J. K. Winter, "Product Market Competition, Corporate Governance and Firm Performance: An Empirical Analysis for Germany," *Research in Economics* 56 (2002).

[6] La Porta, R., F. Lopez de Silanes, A. Shleifer and R. Vishny, "Law and Finance," *Journal of Political Economy*106 (1998).

[7] McKnight, P. J. and C, Tomkins, "Top Executive Pay in the United Kingdom: A Corporate Governance Dilemma," *International Journal of the Economics of Business* 6 (1999).

[8] Okada - Yosuke, "Competition and Productivity in Japanese Manufacturing Industries," *Journal of the Japanese and International Economies* 19 (2005).

[9] 白重恩、刘俏、陆洲等著，《中国上市公司治理结构的实证研究》，《经济研究》2005。

[10] 冯根福：《双重委托代理理论：上市公司治理的另一种分析框架——兼论进一步完善中国上市公司治理的新思路》，《经济研究》2004 年第 12 期。

[11] 孙兆斌：《股权集中、股权制衡与上市公司的技术效率》，《管理世界》2006 年第 7 期。

金字塔结构下股权激励的双重效应研究
——来自我国上市公司的经验证据

徐向艺　徐　宁

一　引言

传统的“贝利－米恩斯命题”认为，现代公司的主要矛盾是股东与经营者之间的利益冲突，形成了第一类委托代理问题：（Jensen & Meckling，1976）。但在金字塔结构下，投票权与现金流权的严重分离使控股股东产生了掠夺公司财富的强烈动机和能力，导致其与中小股东之间的矛盾更为凸显，构成了第二类委托代理问题（Shleifer & Vishny，1997；LaPort，1998）。这两类互相联系的治理关系普遍存在于我国上市公司中，因此，对于上市公司治理问题的研究也从单一治理关系框架向两者权衡分析转变（邓健，2009），股权激励作为解决公司第一类代理问题的重要方式已被广泛认知，但对于第二类代理问题，是否能够发挥相应的治理作用？是否能够成为控股股东、中小股东与经营者三个利益主体之间博弈的重要工具？这已成为公司治理研究的新趋势和股权激励效应研究的新领域。

鉴于此，本文首先提出金字塔结构下的双重治理关系分析框架，并运用2006～2009年我国上市公司的面板数据对股权激励的双重效应及其与控股股东之间的关系进行实证检验。探索构建公司治理研究的新框架，为我国上市公司的治理完善提供有益参考。

二　理论分析与假设提出

1. 金字塔结构下的双重治理关系

金字塔结构与交叉持股等都是集中型股权结构的重要形式，而经验数据表明，金字塔结构更为普遍（Khanna & Rjvkin，2000）。在金字塔结构下，存在三方面的利益主体：控股股东、中小股东与经营者，并存在两种相互联系的治理关系，即股东与经营者之间监督与被监督的关系，以及控股股东与中小股东之间的侵占与被侵占的关系，由此产生两类委托代理链条。控股股东在其中扮演双重角色，在第一类代理链条中，承担着对管理层进行监督的角色，即激励效应，而在第二类代理链条中，控股股东掌握中小股东难以知晓的内部信息，并能够以较小的现金流权实现对所有权关系链上企业的控制，使得控股股东既有能力（较高的投票权）又有动机（两权分离）对公司财富进行侵占以获取控制权私有收益，即侵占效应。为协调各利益主体之间的利益冲突，公司治理集激励与约束作用于一身，并通过公司治理机制实现。但是，在双重治理关系分析框架之下，公司治理体系中的各种治理机制除在第一类代理问题中发挥重要作用之外，亟须拓展其对第二类代理问题的治理作用。更为重要的是，各类具体的治理机制在其治理效应发挥的过程中存在相互替代或补充的关系，同时与具有双重角色的控股股东之间也存在一定的交互作用，如图 1 所示。

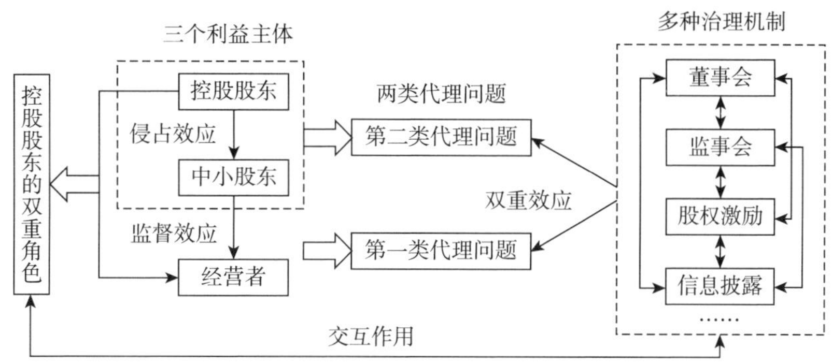

图 1 金字塔结构下的双重治理关系分析框架

2. 股权激励的双重效应

股权激励作为一种重要的长期激励机制，其效应存在两种对立的假说：利益一致假说认为，经营者持股会降低股东与经营者之间的代理成本（Jensen，1986；Bank & Dater，1989）；壕沟效应假说则认为，经营者持有大量股份会扩大其投票权与影响力，从而增强其抵制外部压力的能力（Stulz，1988）。国外多数学者研究表明，股权激励与公司的总体市场价值具有较强的正相关关系（Core & Guay，1999；Hall & Murphy，2003；Jensen & Murphy，2004）。

近几年，有学者研究证实，股权激励使代理人利益与组织目标相结合的效果同样可以作用于第二类代理问题，即股权激励安排能够抑制大股东对上市公司的侵占（丑建忠等，2008）。Van den Steen（2005）通过模型证实，赋予代理人的激励越强，代理人越关心决策的正确性，而代理人越坚持自己的观点，拒绝委托人命令的可能性也就越高。因此，股权激励力度的增加使经营者支持正确决策的动力与能力均得以加强，对控股股东的决策进行判断与选择性拒绝的可能性增大，对于控股股东侵占行为等非正确决策的抵触效应也随之增大，从而导致控股股东侵占的动机能会相对削弱。由此推断，股权激励对控股股东侵占效应具有一定的约束作用。因此，提出以下假设：

H1a：股权激励对第一类委托代理问题的治理效果具有正向效应，即激励力度越大，代理效率越高；

H1b：股权激励对第二类委托代理问题的治理效果具有正向效应，即激励力度越大，控股股东侵占效应越小。

3. 股权激励与控股股东之间的关系

股权激励与控股股东控制均为重要的治理机制，两者的互动关系问题成为公司治理领域内新的研究视角。对于两者关系的研究最初体现在研究股权激励有效性的经验分析中考虑了股权结构因素的影响，并取得了诸多成果（Benz，Kucher & Stutzer，2001；Mak & Li，2001）。如中小股东对大股东制衡力越强，股权激励实施的效果越明显（潘颖，刘广生，2009）。对于两者关系的直接研究源自 Kenneth & Anju（1995），他们通过实证检验发现，大股东监督与股权激励之间有较强的替代效应。周建（2008）以我国上市公司 2002～2005 年的平衡面板数据为样本，证实大股东股权竞争与股权激励存在互补效应。Van den Steen（2005）认为，当委托人与代理人对正确行动的先验判断存在冲突时，委托人的控制权与代理人激励之间就可能产生冲突。夏纪军，张晏（2008）在此基础上，基于我国上市公司 2001～2005 年面板数据的经验研究发现，大股东控制权与股权激励之间存在显著的冲突，且这种冲突与股权性质、公司成长速度有关。

通过对上述研究成果进行分析得出，若控股股东多表现为监督效应，其与股权激励之间即存在互补效应，而若控股股东多表现为侵占效应，其与股权激励之间的关系则转变为冲突。因此，本文认为，在我国上市公司中，虽然集中的股权结构使得控股股东有较强的积极性去监督管理者，使搭便车问题得以有效解决，有利于缓解管理者与股东之间的代理冲突，从而提升公司价值，能够产生一定的激励效应（Ghosh Chinmoy & C. F. Simans，2003）。但是，在缺乏法律与制度保护的情况下，控股股东往往谋求尽可能大的私人收益，而且当控股股东通过多层级组织结构方式，如金字塔结构来控制上市公司时，由于控制权与现金流权的严重分离，降低了公司的信息透明度，扩大了控股股东的财富效应，导致这种利益侵占行为将更加严重（LaPorta et al.，1999；Claessens et al，2002）。因此，提出以下假设：

H2a：在解决第一类代理问题的过程中，股权激励与控股股东超额控制存在冲突，即股权激励的边际效应随着两权分离系数的增加而递减。

H2b：在解决第二类代理问题的过程中，股权激励与控股股东超额控制存在冲突，即股权激励的边际效应随着两权分离系数的增加而递减。

三 研究设计

1. 样本选取与数据来源

本文选择2006～2009年为研究区间，以我国沪深两市中具有金字塔结构的非金融类上市公司作为研究对象。在剔除了ST类公司、被停止上市的公司以及数据缺失的样本之后，最终每年度分别得到528个上市公司，共计2112个有效观测样本的平衡面板数据。本文使用的上市公司数据来自深圳国泰安公司开发的CSMAR数据库。

2. 变量设计

变量设计如表1所示：

表1 变量设计

变量名称	符号	变量定义
被解释变量		
总资产周转率	AT	主营业务收入/总资产
控股股东资金侵占	TU	其他应收款/总资产
解释变量		
股权激励	EI	公司高级管理层持股比例
两权分离系数	VC	投票权除以现金流权，即VR/CR
投票权	VR	等于控制链上最小的持股比例
现金流权	CR	等于最终控制人控制链上各个控制环节持股比例的乘积

续表

变量名称	符号	变量定义
控制变量		
股权制衡度	Z	公司第一大股东与第二大股东持股比例的比值
财务杠杆	LEL	年度披露的资产负债表中的负债总额与资产总额的比值
公司规模	Siz	总资产的自然对数
所处行业	Ind	根据上证指数分类法，设置 12 个行业虚拟变量①

注：①分别为农、林、牧、渔业；采掘业；制造业；电力、煤气及水的生产和供应业；建筑业；交通运输、仓储业；信息技术业；批发和零售贸易；房地产业；社会服务业；传播与文化产业；综合类。

（1）被解释变量的选取。①选取总资产周转率（AT）作为衡量第一类代理问题治理效果的计量指标。管理费用率与总资产周转率是衡量第一类代理成本的主要指标（James，2000；李寿喜，2007），管理费用率一般是反映管理者由于在职消费所引起的浪费，而总资产周转率则反映了管理者运用股东资产创造收入的能力和动力，因此，后者更能反映股东与管理层之间代理成本的高低（陈建林，2010）。因此，本文选取总资产周转率（主营业务收入/总资产）作为衡量第一类代理问题治理效果的变量，同时，采用管理费用率进行稳健性检验。②选取控股股东资金侵占（TU）作为衡量第二类代理问题治理效果的计量指标。控股股东对上市公司资金侵占一般有两类主要渠道，在财务报告中体现为“应收账款”和“其他应收款”。应收账款是控股股东与上市公司信用交易形成的款项，反映了上市公司向其提供的商业信用支持，而其他应收款是其通过借贷等手段直接占用上市公司资金，是直接的侵占行为，且大多来自金字塔大股东或其交叉持股关联方的拖欠（李亚等，2009），因此，“其他应收款”更能反映在金字塔结构下上市公司资金被占用的情况。本文选取“其他应收款/总资产”作为衡量控股股东资金侵占的变量，同时，采用“应收账款/总资产”进行稳健性检验。

（2）解释变量的选取。①选取高级管理人员持股数（EI）作为股权激励的计量指标，高级管理人员包括总经理、总裁、CEO、副总经理、副总裁、董秘和年报上公布的其他管理人员。②选取两权分离系数（VC），即用投票权（VR）与现金流权（CR）的比值作为控股股东超额控制的计量指标。一般而言，对于控制权的界定有两种方式：一是依据股权集中度考察公司是否存在大股东（Claessens & Djankov，1999），其前提是用现金流权界定控制权；二是依据控制权链条考察公司是否存在终极控制人，即控股股东（LLS，1999），其前提是依据投票权界定控制权。本文认为，在金字塔结构下，投票权与现金流权的严重分离是使控股股东既有能力又有动机对上市公司以及中小股东利益进行侵害的前提。因此，结合上述两种方式，采用两权分离系数界定控股股东超额控制。

3. 研究方法与模型设计

横截面数据或混合数据分析中较易出现误差项的序列相关性与异方差性等问题，为克服上述问题，本文采用面板数据分析方法估计参数，该方法能够解决由不随时间变化的遗漏变量所产生的内生性问题，具有一定优势。为了检验股权激励与控股股东超额控制之间的关系，本文引入股权激励力度与两权分离系数的交互项，若交互项回归系数为正，则一个变量的边际效应随着另一变量的增加而递增，即两者之间存在一种互补关系；反之，若交互项回归系数为负，则一个变量的边际效应随着另一变量的增加而递减，即两者之间存在一种互替（冲突）关系。模型设计如下：

（1）第一类代理问题分析模型。

$$AT_{i,t} = \alpha + u_i + b_1 EI_{i,t} + b_2 CR_{i,t} + b_3 VR_{i,t} + b_4 VC_{i,t} + b_5 Z_{i,t} + b_6 LEL_{i,t} + b_7 Size_{i,t} + b_j \sum_{J=9}^{21} IND_{i,j} + e_{i,t} \quad ①$$

加入股权激励与两权分离系数的交互项之后，

$$AT_{i,t} = \alpha + u_i + b_1 EI_{i,t} + b_2 EI_{i,t} \cdot VC_{i,t} + b_3 CR_{i,t} + b_4 VR_{i,t} + b_5 VC_{i,t} + b_6 Z_{i,t} + b_7 LEL_{i,t} + b_8 Size_{i,t} + b_j \sum_{J=9}^{21} IND_{i,j} + e_{i,t} \quad ②$$

（2）第二类代理问题分析模型。

$$TU_{i,t} = \alpha + u_i + b_1 EI_{i,t} + b_2 CR_{i,t} + b_3 VR_{i,t} + b_4 VC_{i,t} + b_5 Z_{i,t} + b_6 LEL_{i,t} + b_7 Size_{i,t} + b_j \sum_{J=9}^{21} IND_{i,j} + e_{i,t} \quad ③$$

加入股权激励与两权分离系数的交互项之后，

$$TU_{i,t} = \alpha + u_i + b_1 EI_{i,t} + b_2 EI_{i,t} \cdot VC_{i,t} + b_3 CR_{i,t} + b_4 VR_{i,t} + b_5 VC_{i,t} + b_6 Z_{i,t} + b_7 LEL_{i,t} + b_8 Size_{i,t} + b_j \sum_{J=9}^{21} IND_{i,j} + e_{i,t} \quad ④$$

数据基本分析使用的是 SPSS16.0，面板数据分析采用的是 Stata1.0。

四 实证结果分析

1. 描述性统计分析

如表2所示，样本公司控股股东的投票权（VR）均值均在37%以上，且现金流权与投票权的分离系数（VR/CR）均值在1.46倍，最大值达到20.88倍，说明其存在严重的两权分离，呈现出明显的金字塔结构。但自2006年以来，两权分离系数均值呈下降趋势，其最大值也从20.88下降到了9.04，表明我国上市公司股权结构正在趋于优化。股权激励力度并没有显现出明显的攀升趋势，这与2006年之后推出股权激励的上市公司多数未被获批或推迟行权有关。

2. 面板数据分析

第一类代理问题分析模型的回归结果如表3所示。其中，第Ⅰ列是对上市公司总体进行回归，第Ⅱ列与第Ⅲ列是分别对国有控股以及非国有控制上市公司[①]进行回归，每一列分别对模型①与模型②进行检验。在第Ⅰ列模型①的结果分析中，股权激励的系数显著为正，说明其对于第一类代理问题具有明显的治理效应，H1a得到证实；在对模型②的检验中，股权激励与两权分离系数的交互项系数为负，但不显著，说明两者不存在显著的冲突，拒绝H2a。在对国有控股上市公司的回归分析结果中，股权激励效应并不显著，但当加入股权激励与两权分离系数的交互项之后，股权激励系数由正转负，表明在国有控股上市公司中股权激励效应之所以未能显现，除与国有控股上市股权激励力度普遍较低有关之外，在某种程度上亦可以归结为股权激励与金字塔结构之间的冲突，即控股股东超额控制对股权激励效应发挥抑制作用。在现实中，我国国有上市公司中普遍存在公司高管完全独立于控股股东的混合型治理模式（陈仕华、郑文全，2010），加之其严重的治理缺陷与僵化的管理机制以及政府在企业发展战略和投资决策中的影响力，导致控股股东对股权激励的冲突更为明显。在非国有控股上市公司中，股权激励效应得到显现，但股权激励与两权分离系数的交互系数并不显著。值得关注的是，投票权与代理效率呈显著的正相关关系，表明在非国有控股上市公司中，控

① 根据上市公司实际控制人的股权性质来确定，国有控股上市公司主要为中央直属、国资委控股、地方政府控股的公司，非国有控股上市公司包括民营法人控股与个人控股。

表 2　主要变量的描述性统计

年度＼变量	股权激励（EI,%）			投票权（VR,%）			现金流权（CR,%）			两权分离（VR/CR）		
	Min	Max	Mean	Min	Max	Mean	Min	Max	Mean	Min	Max	Mean
2006	0.00	27.86	0.43	7.07	84.5	38.80	0.54	84.5	32.92	1	20.88	1.50
2007	0.00	31.11	0.78	8.02	83.83	37.52	1.46	83.83	31.18	1	11.44	1.49
2008	0.00	28.33	0.55	9.23	82.16	38.78	1.86	82.16	32.55	1	10.12	1.41
2009	0.00	27.12	0.47	4.55	78.94	38.70	1.14	78.94	32.40	1	9.04	1.44
总体	0.00	31.11	0.56	4.55	84.5	38.45	0.54	84.5	32.26	1	20.88	1.46

股股东具有较强的激励性监督管理层，体现出一定的监督效应，作为约束机制的重要组成部分与股权激励在某种程度上能够形成互补关系，这对股权激励与两权分离的冲突效应不显著也是一种验证。

表 3 股权激励在解决第一类代理问题中的效应检验

总资产周转率	Ⅰ		Ⅱ		Ⅲ	
	①	②	①	②	①	②
股权激励	6.473* (5.055)	2.120* (6.877)	11.071 (11.041)	-2.690 (11.372)	2.909* (5.499)	4.591* (9.480)
股权激励 *两权分离系数		-3.108 (4.383)		-9.510 (10.035)		-1.215 (3.529)
两权分离系数	-0.105 (0.091)	-0.109 (0.093)	0.055 (0.397)	-0.048 (0.441)	-0.031 (0.066)	-0.029 (0.066)
投票权	-2.496 (2.270)	-2.271 (2.541)	-8.968* (5.279)	-9.194* (5.357)	2.369* (1.498)	2.328* (1.519)
现金流权	3.411** (2.135)	3.447** (2.137)	-5.708 (5.197)	-5.897 (5.276)	2.451* (1.611)	2.408* (1.640)
股权制衡度	0.003 (0.003)	0.003 (0.003)	0.003* (0.002)	0.003* (0.002)	0.003 (0.004)	0.003 (0.004)
财务杠杆	-0.151 (0.329)	-0.141 (0.330)	-1.663 (1.357)	-1.647 (1.352)	0.569 (0.391)	0.566 (0.391)
公司规模	-0.443*** (0.159)	-0.445*** 0.159	0.950*** (0.271)	0.955*** (0.273)	0.791*** (0.145)	0.790*** (0.145)
F/Wald 检验	*F* = 2.61 *P* = 0.01	*F* = 2.28 *P* = 0.02	chi2 = 14.76 *P* = 0.03	chi2 = 14.90 *P* = 0.06	chi2 = 44.45 *P* = 0.00	chi2 = 44.58 *P* = 0.00
Hausman 检验	*P* = 0.00 < 0.05 (FE)	*P* = 0.00 < 0.05 (FE)	*P* = 0.43 > 0.05 (RE)	*P* = 0.77 > 0.05 (RE)	chi2 (7) < 0 (RE)	*P* = 0.36 > 0.05 (RE)
样本数量	2112		606		1506	

注：***、**、*分别表示 1%、5%、10% 的显著性水平，括号内为标准差（se）；Hausman 检验：*P* 大于 0.05 则接受原假设，意味着模型为 RE 模型；否则拒绝原假设，采用 FE 模型；对 Hausman 设定检验无法判别的模型，采用 RE 模型；本表未报告常数项与行业虚拟变量的回归系数。表 4 同。

表 4 股权激励在解决第二代理问题中的效应检验

控股股东资金侵占	I		Ⅱ		Ⅲ	
	③	④	③	④	③	④
股权激励	-0.018 (0.085)	-0.061 (0.151)	0.092 (0.143)	-0.0843 (0.14857)	0.005 (0.110)	0.039 (0.213)
股权激励 *两权分离系数		-0.031* (0.052)		-0.021 (0.045)		-0.024* (0.079)
两权分离系数	0.007* (0.004)	0.007* (0.004)	0.001 (0.003)	0.001 (0.003)	0.007* (0.005)	0.007* (0.005)
投票权	0.087*** (0.031)	0.086*** (0.031)	-0.028 (0.023)	-0.029 (0.023)	0.095** (0.037)	0.094** (0.037)
现金流权	-0.067** (0.033)	-0.066** (0.033)	0.032 (0.037)	0.033 (0.037)	-0.065* (0.038)	-0.064* (0.038)
股权制衡度	-3.03e-06 (0.000)	-3.13e-06 (0.000)	0.000 (0.000)	0.000 (0.000)	-5.76e-06 (0.0000)	-5.96e-06 (0.0000)
财务杠杆	0.066** (0.027)	0.066** (0.027)	0.013*** (0.005)	0.013*** (0.005)	0.089** (0.036)	0.089** (0.036)
公司规模	-0.012** (0.002)	-0.0129** (0.002)	-0.003** (0.002)	-0.003** (0.002)	-0.014*** (0.003)	-0.014*** (0.003)
F/Wald 检验	chi2 = 566.71 *P* = 0.00	chi2 = 574.53 *P* = 0.00	chi2 = 15.32 *P* = 0.03	chi2 = 15.33 *P* = 0.03	chi2 = 47.32 *P* = 0.00	chi2 = 47.69 *P* = 0.00
Hausman 检验	*P* = 0.49 > 0.05 (RE)	*P* = 0.59 > 0.05 (RE)	*P* = 0.84 > 0.05 (RE)	*P* = 0.93 > 0.05 (RE)	*P* = 0.85 > 0.05 (RE)	*P* = 0.90 > 0.05 (RE)
样本数量	2112		606		1506	

第二类代理问题分析模型的回归结果如表 4 所示。其中，第Ⅰ列是对上市公司总体进行回归，第Ⅱ列与第Ⅲ列是对国有控股以及非国有控制上市公司进行回归分析，每一列分别对模型③与模型④进行检验。由第Ⅰ列可知，股权激励的系数为负，表明其对控股股东资源侵占呈负向关系，但不显著，H1b 未得到证实；但股权激励与两权分离系数的交互项系数显著为负，说明两者存在明显的冲突，即股权激励的边际效应随着两权分离系数的增加而递减，H2b 得到证实。此外，由实证结果可知，投票权与两权分离是产生控股股东侵占的最主要原因；而现金流权却与之呈显著的负相关关系，这与现实

基本一致——现金流权代表了控股股东从上市公司中所获得的利益，而投票权则代表了其对企业决策的影响程度（La Porta et al.，1999）。因此，投票权越大，现金流权越小，控股股东越有可能损害公司利益。该结论进一步解释了股权激励效应在第二类代理问题中不明显的可能原因，即受到控股股东超额控制的严重制约。在非国有控股上市公司中，两权分离与股权激励存在明显冲突，同时投票权对于控股股东侵占存在显著的促进作用，说明控股股东的侵占效应也较为明显，与表3结果相结合，可以得出，控股股东在非国有控股上市公司中的确扮演双重角色。

3. 稳健性检验

为保证研究结论的可靠性，分别采用“管理费用/营业收入”与“应收账款/总资产”作为第一类代理问题与第二类代理问题治理效果的替代变量进行稳健性检验，所得结果与结论基本一致。

五　结论与政策建议

本文在双重治理关系分析框架下，运用2006～2009年我国上市公司平衡面板数据对股权激励的双重效应以及股权激励与控股股东的关系进行了实证检验，主要结论如下：股权激励对于第一类委托代理问题具有显著的正向效应，股权激励与控股股东超额控制之间存在冲突，但并不明显；股权激励对第二类代理问题的治理效应并未显现，但股权激励与控股股东超额控制存在显著冲突，即在解决代理问题的过程中，股权激励的边际效应随着两权分离系数的增加而递减，这亦可作为对其效应未显现的解释；股权性质能够影响股权激励与控股股东不同效应的体现以及两者的关系，在国有控股上市公司中普遍存在集代理问题与剥夺问题于一体的混合型治理难题，而在非国有控股上市公司中，控股股东的监督效应与侵占效应并存。本文的局限性在于对于两类代理问题治理效果的计量指标仍需继续完善，如非公允关联交易等行为也是第二类代理问题的表现，在今后的研究中应加以考虑。根据本文的研究结论，对于我国上市公司完善公司治理提出以下政策建议：

（1）在投资者保护程度较低的背景下，通过股权激励实现利益主体之间的权力制衡，重构控制权配置方式，而抑制控股股东侵占行为。

（2）通过多种内生途径提高金字塔结构下控股股东的掠夺成本，降低其侵占效应并强化其监督效应，使股权激励效应得到真正体现。

（3）为了应对混合型治理难题，国有控股上市公司应积极推行股权激励，并进一步营造股权激励机制发挥效用的良好环境。国企高管的薪酬激励制度是关注的焦点，应采取如下的对策：一是选择合适的激励模式。如限制性股票适合在竞争力强、业绩稳定的企业中应用，而国有控股上市公司大多具备该模式的适用条件；二是由注册会计师等专业机构做出专项审计，按照专项审计的结果决定国有控股上市公司股权激励计划的制定与实施；三是建立业绩考核体系，确定科学的业绩考核指标体系和恰当的业绩考核标准，并聘请专业人士协助；四是对国企经理人选聘实行优胜劣汰的市场机制，在外部的竞争压力下，股权激励才能实现其真正成效。

（本文发表于《经济管理》2010 年第 9 期）

参考文献

[1] Claessens, Djankov S, Fan F, Lang H P L., "Disentangling the Incentive and Entrenchment Effects of Large Shareholdings," *Journal of Finance*, 2002, (57).

[2] Khanna T, Rjvkin JW., "Estimating the Performance Effects of Business Groups in Emerging Markets," *Strategic of Management Journal*, 2000, (7).

[3] La Porta R., Lopez - de - Silanes F., Shleifer A. and Vishny, R., "Investor Protection and Corporate Governance," *Journal of Financial Economics*, 2000, (58).

[4] Lemmon M. L., Lins K., V., "Ownership Structure, Corporate Governance and Firm Value: Evidence from the East Asian Fi - nancial Crisis," *Journal of Finance*, 2003, (58).

[5] 陈仕华、郑文全：《公司治理理论的最新进展：一个新的分析框架》，《管理世界》2010 年第 2 期。

[6] 陈建林：《家族企业高官薪酬机制对代理成本影响的实证分析》，《经济管理》2010 年第 4 期。

[7] 丑建忠、黄志忠、谢军：《股权激励能够抑制大股东掏空吗?》，《经济管理》2008 年第 17 期。

[8] 邓健：《双重治理关系的权衡分析》，《管理世界》2009 年第 2 期。

[9] 郝臣：《我国上市公司治理案例》，中国发展出版社，2009。

[10] 李亚：《民营企业公司治理实务与案例》，中国发展出版社，2009。

[11] 李寿喜：《产权、代理成本和代理效率》，《经济研究》2007 年第 1 期。

[12] 李增泉、辛显刚、于旭辉：《金融发展、债务融资约束与金字塔结构——来自民营企业集团的证据》，《管理世界》2008 年第 1 期。

[13] 夏纪军、张晏：《控股权与激励的冲突——兼对股权激励有效性的实证分析》，《经济研究》2008 年第 3 期。

[14] 王季：《控制权配置与公司治理效率——基于我国民营上市公司的实证分析》，《经济管理》2009 年第 8 期。

[15] 周建、刘小元、于伟：《公司治理机制互动的实证研究》，《管理科学》2008 年第 1 期。

[16] 周建波、孙菊生：《经营者股权激励的治理效应研究——来自我国上市公司的经验证据》，《经济研究》2003 年第 5 期。

制度环境与我国企业海外投资进入模式

吴先明

一 引言

中国企业国际化大潮初起。这些快速成长的后发企业正以全球竞争参与者的雄心进入陌生的海外市场。不管是联想收购 IBM PC 业务，还是三一重工在印度、美国、德国和巴西建立制造和研发基地，中国企业的国际化战略已清晰可见。然而，由于经验的缺乏和国际市场环境的复杂性，中国企业在进入海外市场的过程中也遭遇了许多困难与挫折。例如，中海油在竞购优尼科公司时即遭到美国外国投资委员会（CFIUS）的反对；华为在收购 3Com 和三叶系统公司（3Leaf Systems）时也遭到 CFIUS 的反对；上汽在收购韩国双龙汽车时遭到双龙工会的强烈抵制；同仁堂在进入海外市场时则面临西方国家对中医、中药的怀疑和排斥；小肥羊在国际扩展中因文化和口味的差异不得不退出大部分海外市场。这些案例对刚刚开始国际化的中国企业无疑具有警示作用：中国企业进入海外市场必须高度重视制度环境的差异。那么，究竟应如何理解制度环境差异对我国企业海外投资进入模式选择的影响呢？

对进入模式选择问题的早期研究偏向于采取 Dunning 的折衷理论[①]或交易成本理论，如 Gatignon & Anderson（1988）、Agarwal & Ramaswami（1992）、Kim & Hwang（1992）等人的研究。然而，交易成本理论视角有其固有缺陷，它对进入模式选择的解释往往是不够明晰，甚至是相互矛盾的。为了克

---

① Dunning（1977）的折衷理论是在整合 Hymer（1976）的垄断优势理论、Buckley & Casson（1976）的内部化理论和当时不太成熟的区位理论的基础上提出的，因此又称折衷范式。其中，Buckley & Casson（1976）的内部化理论即是将交易成本理论用于解释跨国企业的国际扩张。

服这一缺陷，学术界开始引入制度理论来解释企业的进入模式决策。制度理论强调组织与环境的关系，其核心问题是制度环境如何影响组织的行为，以及企业如何适应制度规则以获得合法性。制度环境通常由规则、规范和价值观所构成，当企业进入外国市场时，这些规则、规范和价值观会形成一种嵌入同构压力（Embedded Isomorphic Pressures），对企业进入模式选择产生显著的影响（Brouthers，2002；Slangen & Tulder 2009；Guler & Guillén，2010）。本文将从制度理论的视角，分析制度环境对中国企业对外直接投资进入模式选择的影响。这里所指的对外直接投资进入模式主要包括两个方面的内容：一是建立模式的选择问题，即新建还是并购；二是所有权模式的选择问题，即独资还是合资。进入模式的选择不仅关系到母公司的全球竞争力（Root，1987），而且关系到子公司在海外市场的经营绩效（Gielens & Dekimpe，2001；Canabal & White，2008）。

近年来，中国企业对外直接投资的快速发展引起了学术界的高度重视。中国企业，特别是一些旗舰企业，如海尔、联想、TCL、华为、中海油、中铝等在海外的直接投资及其成功或不太成功的并购活动，代表着一股新的力量进入到对外直接投资领域（Morck 等，2008）。Buckley 等（2007）运用宏观统计数据分析中国对外直接投资的决定因素，发现东道国的自然资源禀赋、对外开放政策以及文化的接近程度对中国对外直接投资具有显著的积极影响。有学者认为，中国企业的对外直接投资行为，不仅是企业实现国际化学习和成长的内在需要，而且是相关企业与国内外制度环境互动的结果（阎海峰等，2009）。案例研究显示，华为公司早期选择进入亚、非、拉国家，待技术和国际化经验积累到一定程度后再进入欧美等发达国家，这可能是其国际化成功的重要原因（许辉等，2008）；于开乐、王铁民（2008）对南汽并购罗孚的案例研究发现，基于并购的开放式创新对企业自主创新能够产生积极的影响；张建红等（2010）实证检验了中国企业海外并购的影响因素，发现交易双方政治体制和中国企业国际化经验是影响海外并购成功率的主要因素；李平、徐登峰（2010）对中国企业对外直接投资进入方式进行了实证分析，发现技术优势、公司国际化程度对企业选择并购方式有显著的负向影响，东道国资本市场发展水平对企业选择并购方式具有显著的正向影响，文化距离、产业壁垒对进入方式选择没有显著影响。

从现有的文献来看，虽然学术界日益重视中国企业对外直接投资问题的研究，但大部分研究是描述性的或是案例研究，少量的实证研究则主要运用宏观数据或上市公司数据。在进入模式选择方面，李平、徐登峰（2010）的研究具有一定的代表性。他们进行了问卷调查，并正确地选择逻辑回归分析方法。但他们的研究也存在明显的局限：一是没有考虑进入模式中所有权模式的选择；二是忽略了东道国的制度环境，特别是正式制度对进入模式选择的影响。针对目前的研究状况，本文试图在以下三个方面寻求突破：通过理论分析，提出制度环境对中国企业海外投资进入模式选择的作用机制及其分析框架；在问卷调查的基础上，从建立模式和所有权模式两个方面分析制度环境对中国企业进入模式选择的影响方式和程度；在理论和实证分析的基础上，对中国企业海外投资进入模式决策中如何考虑制度环境的影响提出建议。

二　理论框架与研究假设

1. 理论框架

North（1990）认为，制度是人为设计的限制性因素，这些因素形成了人们之间的互动。North 将这些限制性因素分为两类：一类是正式限制，如政治、司法条例、经济规则和第三方执法；另一类是非正式限制，如公约、行为守则和行为规范。制度减少了人们和组织互动的不确定性，这种不确定性产生于不完全信息条件下其他个人或组织的行为。North 强调，规则和程序发展而不是限制经济活动，它简化了个人或组织破译环境的过程，提升了交易价值，否则这些交易将不会发生①。有关制度的一个广泛接受的定义是由 Scott（1995）提出的。Scott 认为，制度由认知、规范、调控结构和活动所构成，它为社会行为提供稳定性和意义。制度传递的载体有多种，包括文化、结构和惯例，它们在不同的管辖层次上进行运作②。企业作为一种组织，它必须嵌入制度环境之中。企业的制度环境通常可分成两类：一类是企业内部的制度环境，它由结构、标准和过去设立的做法所构成（Meyer & Rowan，1977）；一类是企业外部的制度环境，它由其他组织如供应商、客户、竞争者和监管机构所构成（DiMaggio & Powell，1983；Granovetter，1985）。制度具有国家属性，即这些减少经济活动不确定性的游戏规则随着国家边界的变

---

① North（1990）所分析的组织不仅包括企业，而且包括政党、教育机构，以及社会和文化组织。

② Scott（1995）将制度力量概念化为三个不同的群体：调节、规范和认知。调节力量包括法律和规则；规范力量包括价值观和规范；认知力量是具有现实意义的框架和构想。

化而变化。因此，参与国际交易活动的组织将会遭遇环境的复杂性，这种环境的复杂性不能仅仅依靠本土的知识和技能就能完全破译（North，1990）。

在一篇开创性的文献里面，DiMaggio & Powell（1983）识别出制度扩散的三种机制：强制、规范和模仿。其中，模仿同构压力（Mimetic Isomorphic Pressures）的影响受到国际商务研究领域学者的格外关注。沿着这一线索，一些学者研究了跨国公司子公司如何寻求获得合法性的问题，包括在母公司眼中的合法性和在东道国制度情境下运营的合法性（Kostova & Zaheer，1999）。合法性被定义为“一个总体的看法或假设，即一个实体的行动在由规范、价值观、信念和定义构成的某些社会结构体系中被看作是可取的、适当的或适宜的”（Suchman，1995）。它反映了合法化企业行为与一群合法化参与者共同信念之间的协调。在不确定性条件下，企业往往选择符合制度压力的要求，通过模仿成功企业流行的组织行为和结构，获得当地制度环境中的合法性（Henisz & Delios，2001；Kostova & Roth，2002；Lu，2002；Yiu & Makino，2002；Chan & Makino，2007）。许多学者强调进入模式选择中的合法性动机，并实证检验了模仿在进入模式选择中的作用（Lu，2002；Yiu & Makino，2002；Chan & Makino，2007）。

然而，在最近的一篇文章里，一些国际商务领域的著名制度学者开始重新检验他们早期著作的基本假设（Kostova，Roth & Dacin，2008）。他们认为，虽然跨国企业确实呈现出一些同构的迹象，但这可能是企业选择的结果，而不是获取合法性的需要。在许多制度情境中，跨国企业拥有与当地制度参与者同样的力量。在某些情况下，跨国公司子公司与当地参与者的差异可能会受到重视，而不仅仅是它们适应当地行为规范的能力，因为这样可以提高当地的多样性。这一观点，代表了制度研究中思想的变化，即由强调跨国公司子公司对当地制度的嵌入转向强调跨国公司子公司的积极行动。

为了分析制度环境对企业海外投资进入模式选择的影响，需要将学术界不同的观点整合成一个相对清晰的框架，进而检验它们之间的关系。笔者认为，可以将 DiMaggio & Powell（1983）提出的制度扩散的三种机制与 Scott（1995）提出的制度的三个维度，即调节维度、规范维度和认知维度进行整合，并将跨国企业的能动性因素考虑进来，形成一个新的分析框架。实际上，Scott 提出的制度的三个维度与 DiMaggio and Powell 提出的制度扩散的三种机制在分类标准和概念含义上是基本一致的，前者是对后者的继承和发展。比较而言，Scott 提出的调节维度比 DiMaggio & Powell 提出的强制机制在概念上显得更为准确，因为它包含了限制性制度安排和激励措施两个方面的内容，而在外资政策方面，激励措施正变得越来越重要；DiMaggio & Powell提出的模仿机制相对于Scott提出的认知维度在定义和实际操作上显得更为清晰和具体。因此，笔者认为，可以用调节机制代替强制机制，用模仿机制代替认知维度，形成由调节机制、规范机制和模仿机制组成的制度环境框架。在这一框架中，跨国企业的能动性因素通过内部制度环境中的模仿机制发挥作用，包括跨国企业母子公司之间的一体化程度和跨国企业内部对成功进入方式的模仿。

依据上述思路，本文将从调节机制、规范机制和模仿机制三个维度展开对制度环境对我国企业海外投资进入模式影响的研究。分析框架如图1所示。

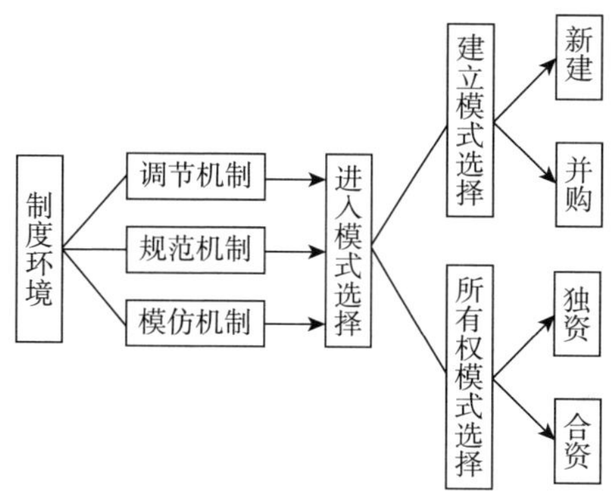

图1 制度环境对我国企业海外投资进入模式选择的影响

2. 研究假设

（1）调节机制与进入模式。制度环境中的调节机制通常以一种正式制度的形式影响跨国企业进入模式的选择。调节机制包括法律和法规，以及其他的政治和社会形态。调节机制提供了东道国的游戏规则和公司之间相互作用的结构（North，1990）。当跨国企业进入东道国市场时，它必须慎重处理与各种合法化参与者之间的关系。在一些国家，政府是最重要的合法化参与者，它可以制定政策或法规，限制外资企业对本国企业的并购或对外资进入特定行业进行股权限制。在另外一些国家，这样的限制可能非常少，跨国企业的进入模式会受到其他的合法化参与者，如供应商集团、工会、行业协会等的影响（Westney，1993；Kostova & Zaheer，1999）。在制度理论所强调的法律与政治因素中，法律调节是跨国企业面临的最为强大的环境压力（Scott，1995）。法律规则是一个国家的治理基础设施，它代表了交易的自由和产权保护的状况，以及政府和法律过程的透明度（Globerman & Sha-piro，2003）。法律规则对于跨国企业进入当地市场具有双重影响：一方面，它建立了减少不确定性的稳定结构，从而有利于保护跨国企业在当地的权益；另一方面，它也会成为一种阻碍因素，限制跨国企业的进入或限制跨国企业的进入模式。与此类似，政府政策也包括两种类型：一是限制性政策，一是刺激性政策。限制性政策会使企业感到某些进入方式可能不受欢迎，并选择低控制水平和低资源承诺的进入方式（Kim & Hwang，1992）。相反，如果东道国政府采取强有力的刺激性政策吸引外资企业进入，低控制水平的进入模式可能会限制企业获取收益的能力，或者不得不与其他合作伙伴分享利润。在这种情况下，跨国企业可能会选择高控制水平的进入模式（Grewal & Dharwadkar，2002；Ma & Delios，2007）。因此，本文提出如下假设。

假设1：东道国的正式制度越健全（调节机制的效率越高），中国企业越倾向于以并购方式进入当地市场。

假设2：东道国的正式制度越健全（调节机制的效率越高），中国企业越倾向于以独资方式进入当地市场。

（2）规范机制与进入模式。规范机制对于作为社会意义和社会秩序基础的道德信念和内在义务给予优先顺序（Scott & Christensen，1995）。组织行为不仅要考虑自己的利益和便利，而且要考虑到其他人的期望和内化的行为标准（Scott，1995）：因此，决策往往带有社会和文化的特征（Simon，1959）。母国与东道国之间的文化距离影响跨国企业进入模式选择（Kogut & Singh，1988）。研究显示，母国与东道国之间文化的相似性会促使跨国企业较早地进入和采取高控制程度的进入模式，因为在这种情况下，跨国企业可以很好地理解当地的行为规范和价值观，较少需要当地伙伴的帮助（Gatignon & Anderson，1988；Kim & Hwang，1992）。

越来越多的证据表明，企业的经营行为受到母国社会特征的影响（Kogut & Singh，1988；Tse et al.，1997）。许多进入模式的研究通过文化距离这一指标将某些外部不确定性进行结构化和测量，这时候文化距离被当作制度环境中的非正式部分（Hennart & Larimo，1998）。按照Hofstede（1980）的分类，国家文化可以从四个维度来测量：即权力距离、个人主义、男性化和不确定性规避。Kogut & Singh（1988）提出了一个公式，可以将Hofstede四个文化维度的记分换算成一个统一的文化距离指数，其公式如下：

$$CD_j = \sum_{i=1}^{4} \{ (I_{ij} - I_{iN})^2 / V_i \} / 4$$

其中，CD_j是东道国j与母国之间的文化距离；I_{ij}是东道国j在第i个文化维度上的记分；I_{iN}是母国在第i个文化维度上的记分；V_i是每一个文化维度记分的方差。

据此，本文提出如下假设。

假设3：东道国与中国的文化距离越大（规范机制的作用力越强），中国企业越倾向于以新建方式进入当地市场。

假设4：东道国与中国的文化距离越大（规范机制的作用力越强），中国企业越倾向于以合资方式进入当地市场。

（3）模仿机制与进入模式。制度理论的模仿机制解释为什么跨国企业在国际扩张中总是使用相同的进入模式。根据 North（1990）的观点，组织倾向于使用一致的海外投资模式。研究显示，日本跨国企业在进入模式选择上表现出很强的组织内部模仿行为（Lu，2002），Davis 等（2000）将这种行为称为“父母同构”（Parent Isomorphism）。跨国企业拥有内部的制度环境，这种内部的制度环境定义了行为的适当方式（Westney，1993；Kostova & Zaheer，1999）。当跨国企业国外子公司之间存在紧密的相互依存关系时，跨国企业会施加很大的压力要求国外子公司在规范与行动上符合母公司的要求；而当子公司被赋予较高的自治权时，这种压力会减小。因此，这种内部的一致性和合法性会驱使跨国企业采取独资或合资的进入模式（Davis 等，2000）。有鉴于此，本文提出如下假设。

假设5：母子公司一体化程度越高（内部模仿机制的作用力越大），企业越倾向于以新建方式进入当地市场。

假设6：母子公司一体化程度越高（内部模仿机制的作用力越大），企业越倾向于以独资方式进入当地市场。

除了组织内部的模仿行为之外，当跨国企业缺乏经验，而且当地市场存在较大的不确定性时，跨国企业会模仿其他企业（同行或竞争者）的进入方式。不确定性鼓励模仿。后来者模仿先行者的进入模式可以降低进入过程中的风险和成本（Lieberman and Montgomery，1988）。这种模仿行为可以大致分为两种类型：基于频率（Frequency-based）的模仿和基于特质（Trait-based）的模仿（Haunschild & Miner，1997）。基于频率的模仿意指跨国企业模仿其他企业广泛采取的进入模式；基于特质的模仿则关注被其他成功企业所采取的进入模式。被其他企业广泛采取的班人模式和被其他成功企业所采取的进入模式为后来者提供了模仿的理由。因此，本文提出如下假设。

假设7：企业国际化经验越少（模仿同行或竞争者的可能性越大），越倾向于以新建方式进入当地市场。

假设8：企业国际化经验越少（模仿同行或竞争者的可能性越大），越倾向于以合资方式进入当地市场。

三　数据、测量与模型

1. 数据与样本

本文的数据来自两个方面：国家层面的数据来自世界银行全球治理指标①和 Hofstede 的文化维度记分②，企业层面的数据来自问卷调查。笔者从国家商务部网站的《境外投资企业（机构）名录》③ 中选取开展海外直接投资的中国企业 865 家，然后通过电话或 E - mail 与这些企业进行联系，共有 283 家企业表示愿意参与调查。调查问卷在发放之前先在研究人员和部分经理人员中进行了认知性访谈和测试，在对少数表述和文字进行修改之后，以 E - mail 的形式发给接受调查企业的经理人员。最后共收到有效问卷 243 份。调查样本的行业与地理分布如表 1 和表 2 所示。

表 1　调查样本中跨国企业的行业分布

行业	跨国企业数	百分比（%）
采矿业	35	14.40
制造业	185	76.13
电力、燃气及水的生产和供应业	4	1.65
建筑业	1	0.41
交通运输、仓储和邮政业	5	2.06
信息传输、计算机服务和软件业	9	3.70
住宿和餐饮业	4	1.65
合计	243	100

① http://info.worldbank.org/governance/wgi/index.asp.

② http://www.geert-hofstede.com/hofstede_dimensions.php.

③ http://hzs.mofcom.gov.cn/.

表 2 调查样本中海外子公司的地理分布

地理区域	海外子公司数	百分比（%）
亚洲	84	34.57
非洲	21	8.64
欧洲	52	21.40
北美	41	16.87
拉美	24	9.88
澳大利亚	21	8.64
合计	243	100

为了检验调查样本的代表性，笔者从国家商务部《境外投资企业（机构）名录》中随机抽取样本进行 T 检验。检验的指标包括企业销售额和员工数。配对样本 T 检验显示，调查样本与比较样本在销售额指标均值上不存在显著差异（$t=0.63$，$df=242$，$p=0.53$），在员工数指标均值上也不存在显著差异（$t=0.67$，$df=242$，$p=0.50$）。笔者进一步检验调查样本的可靠性。可靠性统计显示，调查样本的信度系数为 0.92（销售额）和 0.77（员工数）。相关分析显示，两组样本销售额指标的 Pearson 相关系数为 0.85（$p<0.01$），员工数指标的 Pearson 相关系数为 0.63（$p<0.01$）。检验结果表明，调查样本具有良好的代表性和可靠性。

2. 测量

（1）因变量。因变量是中国企业海外投资进入模式选择，包括两个层面：一是国外子公司建立模式选择；二是国外子公司所有权模式选择。进入模式是虚拟变量，在建立模式中，新建用 1 表示，并购用 0 表示；在所有权模式中，独资用 1 表示，合资用 0 表示。

（2）自变量。为了检验制度环境对我国企业海外投资进入模式选择的影响，笔者选择如下四个自变量分别对制度环境中的调节机制、规范机制和模仿机制进行测量：

东道国治理品质。制度环境中的调节机制用东道国治理品质进行测量。数据来源于世界银行全球治理指标。世界银行全球治理指标（WGI）包括 212 个国家和地区 1996 ~ 2008 年间的总计和单项治理指标。WGI 由六个维度构成：公民呼声与责任、政治稳定与暴力缺失、政府效能、规制质量、法制和腐败控制。本文将从总体（六个维度记分的平均值）和各单个维度分别检验其对我国企业海外投资进入模式选择的影响。

文化距离。制度环境中的规范机制用文化距离进行测量。数据来源于Hofstede的文化维度记分。Hofstede的文化维度记分包括69个国家和地区在权力距离、个人主义、男性化、不确定性规避等四个方面的记分。本文采用Kogut & Singh（1988）的公式对Hofstede的文化维度记分进行综合，计算文化距离指数，用以测量规范机制对我国企业海外投资进入模式选择的影响。

母子公司一体化程度。用母子公司一体化程度测量企业内部制度环境中的模仿机制。数据来源于问卷调查。本文从三个方面测量母子公司一体化程度：母子公司整体战略的统一程度；母公司对子公司制定战略的干预程度；母公司文化在子公司贯彻和实行的程度。每一个项目均用5分Likert刻度计分（1 = 很低，5 = 很高）。为了检验三个方面的内部一致性，我们计算出信度系数 $\alpha = 0.83$，高于0.70的阈值水平，表明上述指标具有良好的内部一致性。

国际化经验。企业之间的模仿机制用企业的国际化经验来测量。企业如果拥有丰富的国际化经验，则会面临较少的当地知识劣势，对当地合作伙伴的依赖程度就会降低，在此情况下，企业选择独资的倾向会增强。拥有国际化经验的企业倾向于将过去的成功模式应用于类似的外国市场，而缺乏国际化经验的企业则倾向于模仿其他成功企业的进入模式（Hennart & Larimo，1998；Brouthers，2002）。企业的国际化经验用企业在海外设立的子公司数量来衡量。

（3）控制变量。为了准确测量制度环境对我国企业海外投资进入模式选择的影响，需要对其他重要变量进行控制。这些变量包括以下几点。

母公司的研发密度。母公司的研发密度代表企业竞争优势的基本特征。以技术能力为主要竞争手段的公司重视对海外子公司的控制，因而可能更加倾向于选择高控制程度和高承诺的进入模式（Kim & Hwang，1992；Dikova & Witteloostuijn，2007）。该变量用母公司的研发费用占销售额的百分比来测量。

母公司的营销密度。母公司的营销密度也是反映企业竞争优势特征的重要变量。以营销能力为主要竞争手段的公司更加重视对当地市场的适应，因而可能倾向于选择进入速度快并能很好地利用当地合作伙伴优势的进入模式，如并购和合资（Kim & Hwang，1992；Morck等，2008）。该变量用母公司的营销费用占销售额的百分比来测量。

市场寻求型投资。市场寻求型投资用于测量企业海外投资的战略动因。以获取东道国市场为主要目标的海外投资可能更倾向于低控制程度和低承诺的进入模式（Buckley等，2007；Canabal & White，2008）。数据来自问卷调查，用5分Likert量表测量市场寻求型动机，1 = 很低，5 = 很高。

技术寻求型投资。技术寻求型投资也是测量企业对外直接投资动因的重要指标。以获取技术为目标的海外投资重视对技术等战略性无形资产的控制和利用，因而可能更倾向于采取高承诺和高控制程度的进入模式（Henisz & Delios，2001；Buckley 等，2007；Canabal & White，2008）。本文从三个方面测量技术寻求型动机：获取和学习东道国的技术知识；获取和引进东道国创新性的人力资源；学习当地的管理经验。每一个项目均用 5 分 Likert 刻度计分（1 = 不重要，5 = 很重要）。三个方面的信度系数 $\alpha = 0.92$，表明上述指标具有很好的内部一致性。

自然资源寻求型投资。自然资源寻求型投资同样是测量企业对外直接投资战略动因的重要变量。以获取自然资源为目标的海外投资往往面临较高的进入壁垒，东道国对外国公司控制当地资源通常非常敏感，因而企业可能更加倾向于采取并购和合资的进入模式（Kim & Hwang，1992；Buckley 等，2007）。变量数据来自问卷调查，用 5 分 Likert 量表测量自然资源寻求型动机，1 = 很低，5 = 很高。

3. 模型

由于进入模式选择属于二分变量，应该采用逻辑回归模型进行分析。逻辑回归模型的基本形式是：

$$P(Y) = \frac{1}{1 + e^{-z}} P$$

其中，Y 是因变量；Z 是自变量和控制变量的线性组合。

$$Z = \beta_0 + \beta_1 X_1 + \beta_2 X_2 + \cdots + \beta_n X_n$$

其中，β_0是常数项，$\beta_1 \cdots \beta_n$是回归系数，$X_1 \cdots X_n$是自变量和控制变量。

分析软件采用 SPSS 16.0 版本。

四　结果

表 3 是所有变量和它们之间相关性的描述性统计。从表 3 中可以看出，所有自变量之间的相关系数均小于 0.60，说明不存在多重共线性问题。表 4 是以建立模式为因变量的逻辑回归结果。表 4 中各模型的卡方值全部显著（$p < 0.01$），总体预测准确率超过 85%，说明所有模型都具有较强的解释力。表 5 是以所有权模式为因变量的逻辑回归结果。从表 5 中可以看出，各

表 3　描述性统计和相关系数

变量	均值	标准误	1	2	3	4	5	6	7	8	9	10
因变量												
1. 建立模式	0.56	0.50										
2. 所有权模式	0.38	0.49	-0.408**									
自变量												
3. 东道国治理品质	61.97	28.38	-0.480**	0.631**								
4. 文化距离	49.47	44.49	0.057	-0.254**	-0.236**							
5. 母子公司一体化程度	4.05	0.86	0.099	-0.075	0.016	0.002						
6. 国际化经验	8.99	10.46	-0.030	-0.080	-0.040	0.129*	0.361**					
控制变量												
7. 研发密度	3.90	0.82	0.193**	0.077	0.063	-0.021	0.189**	-0.186**				
8. 营销密度	4.36	0.68	0.440**	-0.037	-0.065	-0.068	-0.094	-0.157*	0.420**			
9. 市场寻求型投资	3.88	1.08	0.458**	-0.111	-0.222**	0.044	-0.061	-0.153*	0.246**	0.577**		
10. 技术寻求型投资	3.34	1.01	-0.412**	0.58**	0.588**	-0.118	-0.053	-0.055	0.182**	0.032	0.015	
11. 自然资源寻求型投资	2.67	1.72	-0.202**	-0.092	-0.103	-0.037	0.168**	0.149*	-0.260**	-0.555**	-0.484**	-0.245**

注：$N=243$；双尾检验，** 表示相关系数在 0.01 水平上显著，* 表示相关系数在 0.05 水平上显著；建立模式：新建 =1，并购 =0；所有权模式：独资 =1，合资 =0。

表 4 逻辑回归结果：建立模式

变量	模型 1	模型 2	模型 3	模型 4	模型 5	模型 6	模型 7
东道国治理品质	-0.035^{***} (0.09)						
其中：公民呼声与责任		-0.032^{***} (0.01)					
政治稳定与暴力缺失			-0.032^{***} (0.01)				
政府效能				-0.028^{***} (0.01)			
规制质量					-0.03^{***} (0.01)		
法制						-0.032^{***} (0.01)	
腐败控制							-0.027^{***} (0.01)
文化距离	-0.05 (0.04)	-0.004 (0.004)	-0.002 (0.004)	-0.003 (0.004)	-0.004 (0.004)	-0.005 (0.01)	-0.005 (0.01)
母子公司一体化程度	0.566^{**} (0.27)	0.51^{*} (0.26)	0.573^{**} (0.27)	0.557^{**} (0.27)	0.534^{**} (0.27)	0.563^{**} (0.27)	0.502^{*} (0.27)
国际化经验	0.003 (0.02)	0.007 (0.02)	0.002 (0.02)	0.001 (0.02)	0.001 (0.02)	0.002 (0.02)	0.002 (0.02)
研发密度	0.257 (0.30)	0.297 (0.29)	0.288 (0.30)	0.255 (0.29)	0.237 (0.29)	0.261 (0.29)	0.275 (0.29)
营销密度	1.587^{***} (0.47)	1.641^{***} (0.48)	1.532^{***} (0.47)	1.513^{***} (0.46)	1.509^{***} (0.46)	1.617^{***} (0.47)	1.546^{***} (0.67)
市场寻求型投资	0.71^{***} (0.22)	0.717^{***} (0.22)	0.716^{***} (0.22)	0.77^{***} (0.22)	0.766^{***} (0.22)	0.732^{***} (0.22)	0.727^{***} (0.22)

续表

变量	模型 1	模型 2	模型 3	模型 4	模型 5	模型 6	模型 7
技术寻求型投资	-0.931*** (0.25)	-0.974*** (0.25)	-1.062*** (0.25)	-1.053*** (0.25)	-1.006*** (0.25)	-0.965*** (0.25)	-1.016*** (0.25)
自然资源寻求型投资	-0.049 (0.16)	-0.024 (0.16)	0.004 (0.15)	-0.049 (0.15)	-0.051 (0.15)	-0.066 (0.16)	-0.038 (0.15)
卡方 X^2	154.17***	155.04***	152.67***	148.75***	151.67***	153.03***	150.9***
-2 Log likelihood	178.74	177.86	180.23	184.15	181.24	179.88	182.01
Cox & Snell R^2	0.47	0.47	0.47	0.46	0.46	0.47	0.46
Nagelkerke R^2	0.63	0.63	0.63	0.61	0.62	0.63	0.62
总体预测准确率	86.4%	86.8%	85.2%	85.6%	86%	86.4%	85.6%

注：$N=243$；双尾检验，$^{*}p<0.10$，$^{**}p<0.05$，$^{***}p<0.01$；括号内为标准误差；因变量为建立模式，新建=1或并购=0。

表 5　逻辑回归结果：所有权模式

变量	模型 1	模型 2	模型 3	模型 4	模型 5	模型 6	模型 7
东道国治理品质	0.051*** (0.01)						
其中：公民呼声与责任		0.036*** (0.01)					
政治稳定与暴力缺失			0.051*** (0.01)				
政府效能				0.048*** (0.01)			
规制质量					0.049*** (0.01)		

续表

变量	模型 1	模型 2	模型 3	模型 4	模型 5	模型 6	模型 7
法制						0.046*** (0.01)	
腐败控制							0.041*** (0.01)
文化距离	-0.012** (0.01)	-0.014*** (0.01)	-0.012** (0.01)	-0.011** (0.01)	-0.011** (0.01)	-0.011** (0.01)	-0.012** (0.01)
母子公司一体化程度	-0.281 (0.27)	-0.216 (0.26)	-0.327 (0.27)	-0.317 (0.27)	-0.242 (0.26)	-0.268 (0.27)	-0.267 (0.26)
国际化经验	-0.004 (0.02)	-0.012 (0.02)	0.003 (0.02)	-0.003 (0.02)	-0.006 (0.02)	-0.004 (0.02)	-0.006 (0.02)
研发密度	0.126 (0.31)	0.069 (0.29)	0.167 (0.31)	0.137 (0.30)	0.156 (0.31)	0.11 (0.31)	0.08 (0.30)
营销密度	0.029 (0.42)	0.002 (0.41)	-0.024 (0.43)	-0.013 (0.41)	0.062 (0.41)	0.009 (0.42)	0.082 (0.42)
市场寻求型投资	0.182 (0.25)	0.142 (0.24)	0.073 (0.24)	0.065 (0.24)	0.14 (0.25)	0.127 (0.244)	0.134 (0.24)
技术寻求型投资	1.089*** (0.27)	1.243*** (0.25)	1.165*** (0.25)	1.153*** (0.26)	1.146*** (0.26)	1.114*** (0.27)	1.183*** (0.26)
自然资源寻求型投资	0.168 (0.15)	0.176 (0.15)	0.04 (0.14)	0.134 (0.15)	0.18 (0.15)	0.171 (0.15)	0.172 (0.15)
卡方 X^2	146.20***	137.58***	144.33***	141.23***	144.65***	144.20***	141.72***
-2 Log likelihood	176.20	184.82	178.07	181.17	177.75	178.20	180.69
Cox & Snell R^2	0.45	0.43	0.45	0.44	0.45	0.45	0.44
Nagelkerke R^2	0.62	0.59	0.61	0.60	0.61	0.61	0.60
总体预测准确率	85.2%	84.8%	84.4%	84.4%	84.4%	85.2%	85.2%

注：$N=243$；双尾检验，* $p<0.10$，** $p<0.05$，*** $p<0.01$；括号内为标准误差；因变量为所有权模式，独资 =1 或合资 =0。

模型的卡方值全部显著（$p<0.01$），总体预测准确率在 84% 以上，表明各模型都具有很好的解释力。

表 4 中的 7 个模型分别从东道国治理品质及其 6 个治理品质维度、文化距离、母子公司一体化程度、国际化经验等方面检验制度环境对中国企业海外投资建立模式的影响，同时控制了企业竞争优势特征变量和海外投资动因特征变量的影响。对于东道国治理品质及其 6 个治理品质维度对建立模式选择的影响，7 个模型均表现出高度一致的显著的负的影响（$p<0.01$），各模型的标准化回归系数界于 $\beta=-0.035$ 和 $\beta=-0.027$ 之间。这一结果与 Grewal & Dharwadkar（2002）、Ma & Delios（2007）和 Slangen & Hennart（2008）的研究结论相同。这说明，东道国治理状况越好，企业越倾向于采取并购的方式进入当地市场。据此，本文的假设 1 获得支持，即东道国的正式制度越健全（调节机制的效率越高），中国企业越倾向于以并购方式进入当地市场。对于文化距离变量，各模型均显示不存在显著的影响。这一结果与 Slangen（2006）和李平、徐登峰（2010）的研究结论相同。这意味着假设 3 没有获得实证支持，即东道国与中国的文化距离对中国企业海外投资建立模式（新建或并购）的选择没有显著影响。对于母子公司一体化程度，各模型均表现出正的显著影响（$\beta=0.502\sim\beta=0.566$，$p<0.05$ 或 $p<0.10$），表明母子公司一体化程度越高，中国企业越倾向于以新建方式进入当地市场。这一结论与Davis 等（2000）、Lu（2002）、Dikova & Witteloostuijn（2007）的结论相同。因此，假设 5 获得了实证支持，即母子公司一体化程度越高（内部模仿机制的作用力越大），中国企业越倾向于以新建方式进入当地市场。对于企业的国际化经验，各模型均表示不存在显著的影响。这与其他一些学者的研究结论不一致，例如，Dikova & Witteloostuijn（2007）和 Slangen & Hennart（2008）的研究证实经验对企业建立模式选择具有显著影响。出现这一情况的原因可能与中国企业国际化的动因有关，即中国企业国际化具有跨越式的特征，并不像发达国家跨国企业那样按照国际化过程模型依次展开①。这表明，假设 7

① IP 模型（Johanson & Vahlne，1977）用心理距离和经验解释企业的国际化进程，认为心理距离影响市场的选择，经验知识影响资源投入的样式。这一理论强调，企业进入国外市场的规模随着企业国际经营的经验积累而变化，基本遵循间接出口—直接出口—许可经营或直接投资建厂这样的轨迹。企业的早期投资通常选择与母国文化背景相似的国家。在对国外市场了解不多时，企业不会贸然使用资源投入较多的进入模式，随着国际经营经验的增加，企业对该国市场的投入就会增大。

没有获得实证支持，即国际化经验没有对中国企业建立模式选择产生显著影响。在控制变量中，竞争优势特征变量研发密度对建立模式没有显著影响，而营销密度则对建立模式选择具有显著的正的影响（$\beta = 1.509 \sim \beta = 1.641$，$p < 0.01$）。这说明，中国企业的竞争优势主要不在研发方面，而是在营销方面，企业的营销能力越强，越倾向于选择新建方式进入当地市场。对于海外投资动因变量，各模型显示，市场寻求型投资和技术寻求型投资均具有显著的影响（$p < 0.01$），但标准化回归系数显示，市场寻求型投资是正的影响（$\beta = 0.71 \sim \beta = 0.77$），而技术寻求型投资是负的影响（$\beta = -1.062 \sim \beta = -0.931$）。这说明，以寻求海外市场为主要目标的投资倾向于选择新建方式，而以寻求海外技术为目标的投资则倾向于采取并购方式。自然资源寻求型投资对建立模式选择没有显著的影响，原因可能是这类投资以获取国内急需的自然资源为目标，对建立模式选择没有明显的倾向性。

表 5 的 7 个模型检验各变量对中国企业海外投资所有权模式选择的影响。模型显示，东道国治理品质及其 6 个治理品质维度对所有权模式选择具有显著的正的影响（$\beta = 0.036 \sim \beta = 0.051$，$p < 0.01$）。这一结果与 Kim & Hwang，（1992）、Brouthers（2002）和 Slangen & Tulder（2009）的研究结论相同。这说明，东道国治理状况越好，企业越倾向于采取独资的方式进入当地市场。因此，本文的假设 2 获得实证支持，即东道国的正式制度越健全（调节机制的效率越高），中国企业越倾向于以独资方式进入当地市场。对于文化距离变量，各模型均显示出显著的负的影响（$\beta = -0.014 \sim \beta = -0.011$，$p < 0.01$ 或 $p < 0.05$）。这一结果与 Gatignon & Ander－son（1988）、Kim & Hwang（1992）和 Brouthers（2002）的研究结论相同。这说明，文化距离越大，企业越倾向于以合资的方式进入当地市场。据此，假设 4 获得实证支持，即东道国与中国的文化距离越大（规范机制的作用力越强），中国企业越倾向于以合资方式进入当地市场。模型显示，母子公司一体化程度和国际化经验对中国企业海外投资所有权模式选择没有显著影响，这表明，假设 6 和假设 8 没有获得实证支持。在控制变量中，只有技术寻求型投资对所有权模式选择具有显著影响（$\beta = 1.089 \sim \beta = 1.243$，$p < 0.01$），说明我国企业技术寻求型对外投资倾向于选择独资的进入模式。

五　结论与建议

本文聚焦于制度环境对我国企业海外投资进入模式选择的影响，提出了基于三种作用机制的进入模式选择模型，并通过调查研究，对其作用机制和影响程度进行了实证检验。实证检验发现，制度环境中的调节机制对我国企业海外投资进入模式选择具有显著的影响，东道国的政策法规等正式制度越健全，中国企业越倾向于采取并购和独资的进入模式。在制度环境的规范机制方面，研究发现，中国企业主要是通过所有权模式的调整来应对文化距离等规范机制的影响，东道国与中国的文化距离越大，中国企业越倾向于采取合资的进入模式。在模仿机制方面，企业的内部制度环境主要通过母子公司一体化程度来影响海外子公司进入模式决策，母子公司一体化程度越高（子公司的战略自由度越低），企业越倾向于以新建的方式进入当地市场。与许多发达国家跨国企业不同的是，中国企业由于缺乏国际化经验，且其海外投资带有明显的跨越式发展的特点，国际化经验因素对我国企业海外投资进入模式选择没有显著影响。研究还同时发现，以营销能力为主要竞争优势和以获取海外市场为主要目标的企业更倾向于采取新建的方式进入当地市场，而以获取海外技术为目标的企业则倾向于以并购和独资的方式进入当地市场。

本文的研究结论具有十分重要的实践指导意义：

第一，中国企业在进入海外市场的过程中必须高度重视制度环境中政策法规等调节机制的影响。健全的法律制度能够对外来投资提供有效的保护，刺激性的外资政策有利于企业选择高控制程度和高承诺的进入模式。与此同时，中国企业要特别注意东道国对外资的限制性政策法规，采取灵活变通的进入策略进入当地市场。当前，中国企业正处于国际化高速发展的新时期，以获取国外品牌、渠道、技术和自然资源为目标的并购活动此起彼伏，这很容易引起东道国的警觉，并加强对中国企业的限制。中国企业应该在国际化过程中学会国际化，不断提升跨国管理能力，既要抓住时机，大胆进入，又要善于规避政策法规的限制，选择切实可行的进入模式达成企业的目标。

第二，中国企业应该高度重视非正式制度特别是文化距离对进入模式选择的影响。非正式制度虽然不具有强制性，但其影响不容忽视。由于缺乏对东道国准则、价值观和行为方式的理解，跨国企业在当地的运营会面临很大的困难。中国企业由于国际化经验不足，往往忽视文化距离对进入模式选择的影响，这会直接影响子公司的经营绩效或导致企业内部的文化冲突。例如，联想收购 IBM PC 业务即面临文化整合的问题，导致企业经营绩效的下滑。因此，中国跨国企业应该重视对东道国准则、价值观和行为方式的研究，将文化距离作为一个重要变量纳入进入模式决策之中。

第三，中国企业在进入海外市场的过程中不能被动地适应东道国的制度环境，而应该制定明确的战略，与当地的制度环境展开积极的互动。中国企业进入当地市场，不仅带来了宝贵的资金和技术，而且可以促进东道国的就业和经济发展。作为一个合格的公司公民，中国海外投资企业拥有与当地制度参与者同样的权利。这意味着，不能仅仅将中国海外投资企业当作当地制度环境的接受者，而应当作当地制度的参与者。中国海外投资企业要善于发挥自身的优势，采取积极主动的措施与当地其他制度参与者展开互动，以维护自身权利，选择更为有利的进入模式，保障国际化战略的顺利实施。

（本文发表于《经济管理》2011 年第 4 期）

参考文献

[1] Agarwal, S., Ramaswami, S. N., "Choice of Foreign Market Entry Mode: Impact of Ownership, Location and Internalization Factors," *Journal of International Business Studies*, 1992, (1).

[2] Brouthers, K. D., "Institutional, Cultural and Transaction Cost Influences on Entry Mode Choice and Performance," *Journal of International Business Studies*, 2002, (2).

[3] Buckley, P. J., Casson, M., *The Future of the Multinational Enterprise*, London Macmillan, 1976.

[4] Buckley, P. J., Clegg, L. J., Cross, A. R., Liu, X., Voss, H., Zheng, P., "The Determinants of Chinese Outward Foreign Direct Investment," *Journal of International Business Studies*, 2007, (4).

[5] Canabal, A., White, G. 0., "Entry Mode Research: Past and Future," *International Business Review*, 2008, (3).

[6] Chan C. M., Makino, S., "Legitimacy and Multi - level Institutional Environments: Implications for Foreign Subsidiary Ownership Structure," *Journal of International Business Studies*, 2007, (4).

[7] Davis, P. S., Desai, A. B., Francis, J. D., "Mode of International Entry: An

Isomorphism Perspective," *Journal of International Business Studies*, 2000, (31).

[8] Dikova, D., Witteloostuijn, A., "Foreign Direct Investment Mode Choice: Entry and Establishment Modes in Transition Economies," *Journal of International Business Studies*, 2007, (6).

[9] DiMaggio, P., Powell, W. W., "The Iron Cage Revisited: Institutional Isomorphism and Collective Rationality in Organizational Fields," *American Sociological Review*, 1983, (48).

[10] Dunning, J. H., "Trade, Location of Economic Activity and the Multinational Enterprise: A Search for an Eclectic Approach," *University of Reading Discussion Papers in International Investment and Business Studies*, no. 29, 1976. Revised Version Published in Ohlin, B., ed., *The International Allocation of Economic Activity* (London: Macmillan, 1977).

[11] Gatignon, H., Anderson, E., "The Multinational Corporation's Degree of Control Over Foreign Subsidiaries: An Empirical Test of a Transaction Cost Explanation," *Journal of Law, Economics, and Organization*, 1988, (2).

[12] Globerman, S., Shapiro, D., "Governance Infrastructure and US Foreign Direct Investment," *Journal of International Business Studies*, 2003, (1).

[13] Gielens, K., Dekimpe, M. G., "Do International Entry Decisions of Retail Chains Matter in the Long Run?" *International Journal of Research in Marketing*, 2001, (3).

[14] Granovetter, M., "Economics Action and Social Structure: The Problem of Embeddedness," *American Journal of Sociology*, 1985, (91).

[15] Grewal, R., Dharwadkar, R., "The Role of the Institutional Environment in Marketing Channels," *Journal of Marketing*, 2002, (66).

[16] Guler, I., Guillén, M. F., "Institutions and the Internationalization of US Venture Capital Firms," *Journal of International Business Studies*, 2010, (2).

[17] Haunschild, P. R., Miner, A. S., "Modes of Interorganizational Imitation: The Effects of Outcome Salience and Uncertainty," *Administrative Science Quarterly*, 1997, (42).

[18] Henisz, W. J., Delios, A., "Uncertainty, Imitation, and Plant Location: Japanese Multinational Corporations, 1990 – 1996," *Administrative Science Quarterly*, 2001, (3).

[19] Hennart, J. F., Larimo, J., "The Impact of Culture on the Strategy of Multinational Enterprises: Does National Origin Affect Ownership Decisions?" *Journal of International Business Studies*, 1998, (3).

[20] Hofstede, G., *Culture's Consequences: International Differences in Work – related Values* (*Beverly Hills, CA: Sage Publications*, 1980).

[21] Hymer, S., *The International Operation of National Firms: A Study of Foreign Direct Investment* (Cambridge, Mass.: MIT Press, 1976).

[22] Johanson, J., Vahlne, J. E., "The Internationalization Process of the Firm: a Model of Knowledge Development and Increasing Foreign Market Commitments," *Journal of International Business Studies*, 1977, (1).

[23] Kim, W. C., Hwang, P., "Global Strategy and Multinationals, Entry Mode Choice," *Journal of International Business Studies*, 1992, (1).

[24] Kogut, B., Singh, H., "The Effect of National Culture on the Choice of Entry Mode," *Journal of International Business Studies*, 1988, (3).

[25] Kostova, T., Roth, K., "Adoption of an Organizational Practice by Subsidiaries of Multinational Corporations: Institutional and Relational Effects," *Academy of Management Journal*, 2002, (1).

[26] Kostova, T., Roth, K., Dacin, T., "Institutional Theory in the Study of MNCs: A Critique and New Directions," *Academy of Management Review*, 2008, (4).

[27] Kostova, T., Zaheer, S., "Organizational Legitimacy under Conditions of Complexity: The Case of the Multinational Enterprise," *Academy of Management Review*, 1999, (1).

[28] Lieberman, M., Montgomery, D., "First – mover – advantages," *Strategic Management Journal*, 1988, (9).

[29] Lu, J. W., "Intra – and Inter – organizational Imitative Behavior: Institutional Influences on Japanese Firms' Entry Mode Choice," *Journal of International Business Studies*, 2002, (33).

[30] Ma, X., Delios, A., "A New Tale of Two Cities: Japanese FDIs in Shanghai and Beijing, 1979 –2003," *International Business Review*, 2007, (2).

[31] Meyer, J., Rowan, B., "Institutionalized Organizations: Formal Structure as Myth and Ceremony," *American Journal of Sociology*, 1977, (2).

[32] Morck, R., Yeung, B., Zhao, M., "Perspectives on China's Outward Foreign Direct Investment," *Journal of International Business Studies*, 2008, (3).

[33] North, D. C., *Institutions, Institutional Change and Economic Performance* (Cambridge: Cambridge University Press, 1990).

[34] Root, F. R., *Entry Strategies for International Markets*, D. C. Heath, Cambridge, 1987.

[35] Scott, W. R., *Institutions and Organizations*, Thousand Oaks, CA: Sage, 1995.

[36] Scott, W. R., Christensen, S., *The Institutional Construction of Organizations* Thousand Oaks, CA: Sage, 1995.

[37] Slangen, A. H. L., "National Cultural Distance and Initial Foreign Acquisition Performance: The Moderating Effect of Integration," *Journal of World Business*, 2006, (41).

[38] Slangen, A. H. L., Hennart, J., "Do Multinationals Really Prefer to Enter Culturally Distant Countries Through Greenfields Rather Than Through Acquisitions? The Role of Parent Experience and Subsidiary Autonomy," *Journal of International Business Studies*, 2008, (3).

[39] Slangen, A. H. L., Tulder, J. M., "Cultural Distance, Political Risk, or Governance Quality? Towards a More Accurate Conceptualization and Measurement of External Uncertainty in Foreign Entry Mode Research," *International Business Review*, 2009, (3).

[40] Simon, H. A., "Theories of Decision - making in Economics and Behavioural Science," *The American Economic Review*, 1959, (3).

[41] Suchman, M. C., "Managing Legitimacy: Strategic and Institutional Approaches," *Academy of Management Review*, 1995, (3).

[42] Tse, D. K., Pan, Y., Au, K. Y., "How MNCs Choose Entry Modes and Form Alliances: The China Experience," *Journal of International Business Studies*, 1997, (4).

[43] Westney, D. E., "Institutionalization Theory and the Multinational Corporation," in S. Ghoshal and D. E. Westney, eds., *Organization Theory and the Multinational Corporation* (St Martins Press: New York, 1993).

[44] Yiu, D., Makino, S., "The Choice between Joint Venture and Wholly Owned Subsidiary: An Institutional Perspective," *Organization Science*, 2002, (13).

[45] 李平、徐登峰：《中国企业对外直接投资进入方式的实证分析》，《国际经济合作》2010 年第 5 期。

[46] 许辉、万益迁、裴德贵：《高新技术企业国际化风险感知与防范研究——以华为公司为例》，《管理世界》2008 年第 4 期。

[47] 阎海峰、黄烨菁、罗志松：《中国企业对外直接投资行为分析》，《世界经济研究》2009 年第 7 期。

[48] 于开乐、王铁民：《基于并购的开放式创新对企业自主创新的影响——南汽并购罗孚经验及一般启示》，《管理世界》2008 年第 4 期。

[49] 张建红、卫新江、海柯·艾伯斯：《决定中国企业海外收购成败的因素分析》，《管理世界》2010 年第 3 期。

企业战略转型的概念框架：内涵、路径与模式

薛有志　周　杰　初　旭

一　导言

20世纪90年代以来，随着全球经济一体化进程的加快，以及信息技术革命的到来，世界产业结构面临着重新的调整与升级，企业的经营环境发生了前所未有的改变。由于企业战略的形成是实现组织内、外部环境之间的匹配过程（Thompson，1967；Andrews，1971；Hofer & Schendel，1978），因此，适时地改变企业战略以满足环境的动态性，已成为理论界与企业界共同关注的话题。其中，战略转型在实践中的地位及其对企业的影响尤为突出。

然而，相对于企业战略转型在实践界的应用而言，学术界中关于企业战略转型概念框架的研究相对缺乏。具体表现为两个方面。一是缺乏对战略转型内涵的统一界定。一些研究将一般性的战略变化①与战略转型相混淆，另一些学者则将战略转型中的某一个特征作为其全部表现形式。二是现有研究大多将战略转型作为"黑匣子"，探索其驱动因素与经济结果，忽视了战略转型实施手段及方式等关键决策问题。换句话说，现有研究没有从实施层面探索战略转型的核心要素。对此，本文以"战略转型"作为核心概念，从多个维度与层次构建战略转型的内涵，提炼与分析战略转型实施路径与转型模式，从而形成相对完整的概念框架。

① 国外学者通常使用"Strategic Change"一词，但其含义承载量比较大，不同学者对其界定与度量存在着明显的差异。一些研究与本文所界定的战略转型内涵相一致，而一些研究仅仅反映了战略转型的一个方面。国内学者更是将战略转型、战略变革、战略调整等概念相混淆。

二　战略转型的基本内涵及表现形式

1. 战略转型的基本内涵

企业战略是组织中不同要素在特定条件下共同形成的“共同构造”（Miller & Friesen，1978；Mintzberg et al.，1998），理想战略类型的标准在于形成企业战略各要素的内部匹配，及其与经营环境的外部匹配。因此，战略转型并非仅仅改变战略的内容，如业务数量的增减（Goodstein et al.，1994；Yokota & Mitsuhashi，2008）、竞争战略类型的变化（Boeker，1989），而且包含构成企业战略的其他组织要素，如企业文化、组织结构与管理体系等发生的战略性变化（Greiner & Bhambri，1989）。换句话说，战略转型本质上是那些构成特征战略类型的组织要素的“重新构造”（Gray & Ariss，1985）。例如，长虹公司在实施战略转型时，不仅仅在产业领域上进行扩展，而且形成了七个产业集团和三个直属事业部的“7+3”组织结构，在管理模式上进一步的实行分权管理，完成了管理架构与激励机制的转型；而在经营理念上，也实现了规模增长的思维向价值增长的转变[①]。

根据上述分析可以发现，与一般的战略变化不同，战略转型更加强调形成企业战略的多个组织要素的系统性变化[②]，而不是单一要素的改变。战略内容的变化仅仅是战略转型的一个方面，那些引发或支撑战略内容形成的要素的变化，也是战略转型的表现形式。综上所述，企业战略转型是指以实现那些构成企业战略的组织要素之间的匹配为目标，系统性地改变原有战略要素的特征或要素结构，从而使得企业战略定位或战略制定过程发生改变的战略行为。

2. 战略转型的二维表现形式

由于形成战略类型的组织因素中不仅包括静态要素，如组织资源、核心能力与组织结构等，而且含有动态要素，如管理者的认知过程与战略制定的决策程序等。因此，企业所形成的具体战略并非仅是组织内静态要素之间组合的结

---

① 详见《长虹推进管理构架改革 5 年突破 1500 亿元》，新浪资讯，http://all. vic. sina. com. on，2011 年 7 月 11 日。

② 系统性改变是指从匹配的视角各要素均发生改变，但各要素的改变可以是同时发生的剧烈性变化，也可是各要素逐个的改变，该问题在下文关于转型模式的划分与特征分析中也有所涉及。

果，更是战略制定者对各种“冲突问题”识别与解决过程的动态要素的综合构造（Dutton & Duncan，1987）。通过上述分析可以认为，企业战略本身不仅仅是一种静态的状态，也是一种认识问题、制定决策方案的动态过程。那么，战略转型的表现形式既包括战略内容的改变，也包括战略制定过程的改变（Ginsberg，1988），战略转型具有“内容”与“过程”的二维表现形式。

战略内容的转型主要是指企业战略定位、竞争手段与战略行为的变化，结合企业战略的层次结构，其主要包括三个层次的战略转型。（1）公司层的战略转型，即公司在经营领域、业务范围与组织边界的变革与调整。例如，一体化战略的实施、产品或地域范围的扩展与缩减、公司多元化程度的调整等。（2）经营（竞争）层的战略转型，即企业竞争手段的变革与调整。Smith & Grimm（1987）等学者均以竞争战略类型为基础，通过其变化测度经营层的战略转型。（3）职能层的战略转型。即研发、市场、生产、财务、人力资源等企业职能部门战略定位的转变。Zhang & Rajagopalan（2010）选择广告费用和研发投入的变化作为战略转型测度的做法就体现了职能层这一层面的战略转型。例如，吉利公司于 2007 年所实施的战略转型中，将技术、采购、生产与营销等职能部门的战略进行的改变，其中，技术体系由“独立自主、大胆创新”转变成“自主创新、广泛合作、产学研相结合”，采购体系由“本地化、低价格”转变成“国际化、高品质、高技术”，生产手段与品质提升方面由“可制造性”转变成“自动化、高品质、追求卓越性能”，营销方面由“传统营销”转变成“技术营销”。

与企业战略内容或定位相对应的战略转型则为战略过程的转型。Yokota & Mitsuhashi（2008）的研究发现，新任管理者是否可以推动战略转型的实施，取决于其是否可以改变战略决策的过程。战略过程是指企业战略形成与实现的行为，是一系列战略制定与执行的具体活动（Andrews，1971）①。根据传统的战略理论，战略制定的过程就是寻求组织内资源与外部环境的匹配过程，而战略执行则是重构组织内的制度保证体系，从而实现与战略定位的匹配过程，因此，战略过程在本质上就是实现战略匹配的目标。换句话说，战略匹配的实现正是对战略过程的调整与转变，即战略转型中的战略过程转型（Zajac 等，2000）。

Dutton & Duncan（1987）总结了可以表征组织战略制定程序的四个特征：

① 张琦，王开明：《企业战略过程研究述评》，《软科学》2008 年第 3 期。

（1）企业所关注的战略问题；（2）战略制定程序的标准化程度；（3）战略制定决策者的多样性；（4）战略制定参与者间沟通的频繁程度。其中，第一个特征和第三个特征主要体现了战略决策过程中的视角，而决策视角的改变便是体现了战略转型中战略目标与价值观念的改变（Ginsberg，1988）；第二个特征和第四个特征主要体现了企业的管理者制度、组织结构与组织文化。正如 Ginsberg（1988）所指出的那样，那些探索管理制度、组织结构与组织文化变化的文献正是在探索战略制定过程的转型。此外，管理制度、组织结构与组织文化也是战略实施与执行过程中的重要保障机制，这三个方面的转变也从“执行”的层面体现了战略过程的转型。

三　战略转型的实施路径

“谁推动了战略转型的实施?”该问题的答案在本质上反映了战略转型的实施路径。如何打破战略刚性、推进战略转型的实施，是理论界与实践界普遍关注的问题。Boeker（1989）通过梳理指出，影响战略转型的动因有三个方面：初始战略的主导地位，权利和影响力在组织中的分布，以及组织的所有权结构。而这三个方面的因素的特征也决定了战略转型的可选择的实施路径，当初始战略的主导地位很强，权力和影响力主要集中于高层管理者手中，并且组织的所有权结构为管理者控制型时，以高层管理者为主要推动者，打破组织刚性，实现“自上而下”的引导与控制；反之，中低层管理者或员工可以积极有效地参与到战略转型之中，形成“自下而上”的推动与扩散。因此，从战略转型的推进要素以及战略决策过程的理论研究可以得出，“自上而下”与“自下而上”是企业战略转型的两种典型路径。

1. 自上而下的实施路径

根据 Gioia & Chittipeddi（1991）的观点，CEO 所扮演的角色就是确定战略方向与计划，并引导实现战略计划的行为”，寻此逻辑，根据内外部环境的变化，打破现有战略类型、实施新的战略计划同样是高层管理者的职责，因此，自上而下的推动是战略转型的重要路径之一。例如，Doz & Thanheiser（1996）的一项调查表明，惯性的打破通常从上面强力推动①。此外，一些

① 转引自明茨伯格等著《战略历程：纵览战略管理学派》，刘瑞红等译，机械工业出版社，2002。

学者探索了高层管理者对战略转型的影响也印证了这一路径的存在性。Wiersema & Bantel（1993）的研究就是将高层管理团队的变革作为公司对环境变化的回应机制。Tushman & Romanelli（1985）指出，高管的变革与继任是克服战略转型障碍的重要机制。Tushman 等（1985）的研究发现公司绩效的下滑并不能直接推动战略转型的实施，而是否存在新任管理者是关键的调节因素。

Dutton & Duncan（1987）指出，“自上而下”和“自下而上”这两种战略制定路径的差异在于公司所关注的战略问题不同。一般而言，公司层面的管理者是自上而下实施路径的主要推动者（Dutton & Duncan，2010），那么，从战略转型的内容上看，由“自上而下”的路径所引导的战略转型形式更加倾向于公司层面的战略转变，即改变公司的经营范围与边界；从战略转型的过程来看，“自上而下”的实施路径更加倾向于由价值观和战略目标转变所引导的战略转型，即价值观和管理者利益改变后，新的价值观导人组织内部，或将新的利害关系反映组织各方利益主体。例如，Yokota & Mitsuhashi（2008）的研究发现，高管的变更与继任并不是触发战略转型的充分条件，只有当高管变更后管理者价值观和利益偏好发生改变时，战略转型才会实施。

2. 自下而上的实施路径

尽管凭借着管理者所拥有的决策权，“自上而下”的战略转型实施路径可以较为容易在组织内推动，然而，在有些时候，自上而下的战略转型通常会失效，因为高层管理者更加倾向稳定的组织结构，从而抑制了公司的变革能力（Tushman & Romanelli，1985；Brady & Helmich，1984；Meyer，1972）。此时，借助员工的力量可以更好地突破战略刚性，例如，Johnson，Scholes & Wittington（2008）以及 Buss & Kuyvenhofen（2011）揭示了中层管理者在战略转型中重要地位与趋势。很多学者的研究发现，员工的积极参与可以使得组织重组更加容易实施（Heller 等，1998；Hellgren & Sverke，2001；Hopkins & Weathington，2006）。Markocz（2001）也指出，关于战略共识不一定发生在高层管理团队，而有可能存在于其他那些倾向于战略转型的利益主体。如果战略共识在这些利益团体中成功形成，那么，战略将从该点（而不是高层管理团队）向组织其他位置扩散。因此，战略的“变化”通常会由高管团队以外的利益主体所触发（Burgelman，1991）。相应地，“自下而上”模式，即中层管理者或员工作为战略转型实施的主要推动者或参与者也是公司实施战略转型的可选路径。例如，英特尔公司在面临竞争对手的介入、市场份额不断被瓜分的压力下，高层管理者却无从下手，而一个生产微处理器的事业部识别出市场机会扩大规模，成功实现了战略转型。①

由于公司核心问题的形成是自下而上的过程，因此，（多元化）公司中的部门层管理者将是推动战略（转型）决策的主要力量之一（Dutton & Duncan，2010）。相应地，自下而上的战略转型路径更倾向于通过部门层业务的变化逐渐地传导至公司层面的战略转型。② 除了部门层的管理者外，职能层与员工在自下而上的实施路径中起到了关键的作用，凭借所拥有竞争和经营方面的信息优势，通过学习的过程可以有效推动竞争层与职能层战略转型的实施。从战略过程看，由于决策权力的限制，自下而上的实施路径难以改变公司的战略目标、组织结构、行为准则等刚性制度，但通过自下而上的学习与积累，软性制度更容易在长期中发生变化，如组织文化、非正式组织的构建、冲突解决的方式等，这些软性制度的改变会使得战略决策过程发生转型。

四　战略转型的基本模式

1. 战略转型模式的构建依据

由于战略转型效果与驱动力是转型类型的函数（Singh 等，1986），因此，划分战略转型的类型、识别特征差异，不仅有利于理论界的研究更具有针对性，而且提升了战略转型理论在实践中的可操作性。

在早期的研究中，学者通常利用二分法将战略转型进行分类，例如，零碎性和量化性的转型（Miller & Friesen，1984），方向收敛性和方向重塑性的转型（Tushman & Romanelli 1985），连续性与非连续性的转型（Hinings & Greenwood，1988；Tushman & Romanelli，1985；Weick & Quinn，1999），逐渐累加性和剧烈性（Dramatic）的转型（Miller & Friesen，1984）。由这些早期的分类可以看出，可以表征战略转型的特征包含两个方面。一是战略转型的方向。方向收敛性的转型更加强调战略转型后整体的方向没有脱离既定的轨道；而方向重塑性的转型则强调了战略目标与发展轨迹的改变。二是战略转型的程度。零碎性转型更加强调了形成战略要素中的某一个方面的微小调

① 参见薛有志于 2011 中国企业管理转型高峰论坛上的讲话。

② 与自下而上的实施路径不同，自上而下的实施路径会直接导致公司范围与边界的变化，缺少了传导环节，因此，表现得会更加激进，具体内容会在下文中战略转型模式中展开分析。

整，通常为一个连续性与渐进性的过程，而量化性战略转型更加强调了战略构成中各要素发生系统与剧烈的改变，通常是一个非连续性与革命性的过程（Tichey，1983）。

由于方向与程度从不同的视角体现了战略转型过程中的组织行为，因此，仅仅利用单一维度对战略转型进行二分法的划分，无法全面、系统地揭示战略转型的基本属性与特征。换句话说，两个维度的变化量在方向上并非是完全正相关的，例如，从转型程度这一维度上所表现的细小变化，也会导致转型方向这一维度上的革命性变化（Plowman 等，2007）。对此，笔者利用上述识别战略转型类型的两个属性，结合已有的研究成果以及实践界的现实表现，将企业战略转型划分为四种基本模式，分别为激进型战略转型、渐进型战略转型、侵蚀型战略转型与结构型战略转型，具体战略模式及特征分别如图 1 与表 1 所示。

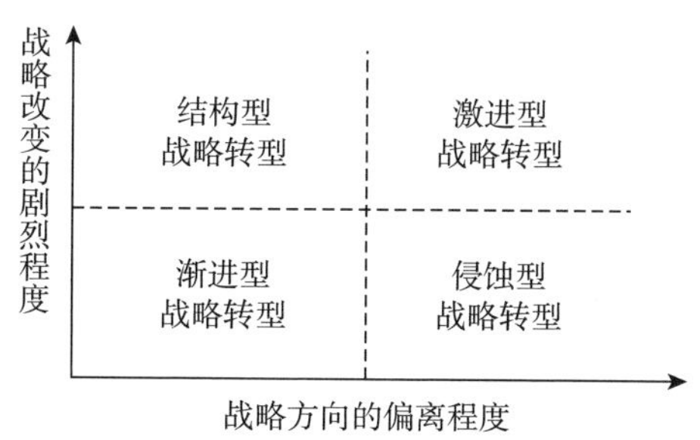

图 1　战略转型模式的划分

表 1　四种战略转型模式的特征比较

战略转型模式	转型程度	转型方向	间断性	计划性	实施路径
激进型战略转型	剧烈	变革	非连续性	非目的性与非计划性	自上而下
渐进型战略转型	细微	调整	连续性	非目的性与非计划性	自下而上
侵蚀型战略转型	细微	变革	连续性	目的性与计划性	自上而下为主 自下而上为辅
结构型战略转型	剧烈	调整	非连续性	目的性与计划性	自下而上为主 自上而下为辅

2. 战略转型模式的内涵与特征分析

（1）激进型战略转型。由图 1 可以看出，这种转型模式的典型特点在于，不仅仅是那些形成企业战略的各要素发生了较为剧烈的变化，而且企业的战略方向发生了革命性的变化，是一种典型的战略变革行为。正如 Hopkins

(1987)、Damanpour（1991）以及 Mezias & Glynn（1993）等学者的观点，激进型战略转型就是一种非连续性的战略创新活动，通过该活动放弃了组织已有的能力和核心竞争力，从而促使组织活动偏离现有的实践活动，使得组织发生根本性的战略改变。激进型战略转型通常是一种非制度引导型的创新(March & Simon，1958)。换句话说，激进型战略转型更多地表现为一种非计划性、非设计性、非组织性与非职能性的活动（Plowman 等，2007），它会给组织成员带来一种危机、不确定性与恐慌的感觉（Hopkins，1987），组织成员通常不愿意推进这种模式的战略转型。因此，这种模式的转型是需要引导的，即 Mintzberg 等（1998）所提出的“驱动的转变”，他指出，“（这种战略转变需要）单独的个人或小群体，通过具有影响的权威地位，监视着转变并确保其发生”。[①] 那么，凭借着所拥有的决策权以及关键资源，高层管理者的推动是这种转型模式的关键，相应地，“自上而下”的实施路径与这种战略转型模式更为匹配。

（2）渐进型战略转型。由图 1 可以看出，这种转型模式的典型特点在于，不仅仅是那些形成企业战略的各要素发生的变化较弱，而且企业的战略方向没有发生根本性的转变，这种转型模式建立在企业原有知识和竞争力的基础上（Tushman & Anderson，1986），从而不会导致转型后的战略活动与现有活动之间的脱离，是一种连续性的战略调整行为。例如，当公司相关多元化程度逐渐增加时，公司的业务依然围绕着公司的核心竞争力展开。渐进型战略转型模式更加强调战略形成的累加性，而这一过程通常由高管团队以外的其他利益群体引发的自发性战略行为（Markoczy，2001），Hitt 等（2001）指出，“自发的战略行为是一个自下而上的过程，在这个过程中（战略转型）倡议者（员工或中层管理者）追求新的构思……直到在市场中取得成功”。[②] 因此，“自下而上”的扩散便成为渐进型战略转型较为匹配的实施路径。此外，由于“（自下而上的这种）转变对于这些人（推动者）来说是一种探索历程，而非预期的轨道，是一种学习的过程而非计划或引导过程”[③]。因此，与激进型的战略转型相似，渐进型战略转型同样更多地体现为一种非

---

① 转引自明茨伯格等著《战略历程：纵览战略管理学派》，刘瑞红等译，机械工业出版社，2002。

② 转引自希特等著《战略管理：竞争与全球化》，吕薇等译，机械工业出版社，2002。

③ 转引自明茨伯格著《战略历程：纵览战略管理学派》，刘瑞红等译，机械工业出版社，2002。

目的性与非计划性的战略调整行为，通过自发性的组织学习使得企业战略不断地演化是战略转型的重要动力，这种转型模式正是 Mintzberg 等（1998）所提出的“演化的转变”。

（3）侵蚀型战略转型。如图 1 所示，该转型模式的典型特征在于，战略转变的程度很细微，但转变的方向是革命性的，即通过连续性地、顺序地、细微地改变某个战略要素，逐渐地“侵蚀”传统的战略轨迹，重新塑造出新的核心资源与核心能力，最终，形成崭新的战略定位或战略过程。例如，公司非相关业务收入的逐渐增加，使得非相关多元化程度不断提升，最终剥离传统核心业务的过程，就是一次典型的侵蚀型战略转型。根据上述内涵与特征的表述，组织在实施侵蚀型战略转型的过程中，首先，逐渐地、按照一定顺序地改变战略要素，然后，通过新要素的重新组合实现战略重构的目标。由此可以看出，实施侵蚀型战略转型的过程体现了 Lewin（1951）所提出的计划性组织转型三部曲，即解冻、转变、再冻结。因此，与上述两种典型模式的重要区别在于，侵蚀型战略转型是一种有计划性与目的性的战略转变，正如 Mintzberg 等（1998）所提出的“计划的转变”，即“存在着应遵循的制度或一套程序”，并且通过高层管理者的推进构建严格的控制系统，是保证计划性战略转型的关键因素（Kotter & Schlesinger；Ford & Greer，2005）。由上述逻辑可得，“自上而下”的贯彻与控制是侵蚀型战略转型实施的重要路径。尽管“自上而下”的控制对于侵蚀型战略转型的实施具有积极的价值，然而，过度的控制会导致员工行为的刚性，从而抑制了组织根据环境变化识别风险与计划的能力（Schreyogg & Steinmann，1987；Preble，1992），而这种能力对于具有计划性与目的性的战略转型是必不可少的条件。那么，仅仅强调“自上而下”的路径，忽略了员工的自主行为将不利于侵蚀型战略转型的实施，正如，Ford & Greer（2005）所发现的那样：尽管组织的控制系统对于计划性转型具有重要意义，但这种控制应该以结果为导向，而行为导向的控制系统对于转型的成功实施没有显著的影响。因此，“自下而上”的扩散同样是支撑侵蚀型战略转型成功实施的路径。尽管如此，由于侵蚀型战略转型需要脱离传统的战略轨迹，重塑公司的战略目标与支撑体系，那么，打破“刚性制度”是实施侵蚀型战略转型的基础，相应地，“自上而下”的控制与引导是侵蚀型战略转型的主导性路径，而“自下而上”的信息扩散和参与是侵蚀型战略转型的辅助性路径。

（4）结构型战略转型。该转型模式的典型特征在于，战略转变的程度较为剧烈，但战略方向没有发生革命性的转变，即通过系统地、飞跃性地改变多个战略要素，从而形成新的战略定位或过程，但新的战略仅仅是结构性的改变，并没有从整体上使得新战略脱离已有战略的轨迹。例如，公司从专业化公司通过并购与重组等手段突然性地引入新的业务，从而形成相关多元化战略或一体化战略。尽管在战略上表现出飞跃性的转变，但新战略所依据的核心资源与核心能力并没有发生显著的变化，这种战略转变便被称为结构型的战略转型。由于结构型的战略转型并没有改变传统战略的意图与目标，这种模式的战略转型过程是按照既定的轨道、在既定的框架下完成的。一般而言，产生这种转型的原因在于利用战略的改变回应环境的突发性变化，从而实现企业成长的目的。因此，结构型战略转型依然表现出一种目的性和计划性的特点。正如上文所分析的那样，计划性战略转型的实施路径不仅需要"自上而下"的引导与控制，而且需要"自下而上"的扩散，即"自上而下"和"自下而上"的混合路径。一方面，结构型战略转型的实施会引发传统企业战略中的某一或某几个构成要素发生剧烈与突发性的转变，此时，其他的要素需要快速地进行干预性的调整，以实现战略要素的内部匹配；另一方面，由于结构型战略转型具有较强的计划性，内部员工的信息供给对于计划制定与有效实施具有重要的价值。Zhang & Rajagopalan（2010）以广告费用、研发投入、存货水平与财务杠杆程度等不会引发战略方向发生革命性转变的战略要素为研究对象，探索了战略转型的强烈程度对公司绩效的影响。结果表明，当公司战略转型程度很强（符合结构型战略转型的特征）时，由内部员工晋升的 CEO 对战略转型与公司绩效的关系具有积极的调节效应，而外部引入的 CEO 会加剧战略转型的价值损害效应。由此可得，内部员工的支持与推进对于结构型战略转型的实施具有重要价值。然而，与侵蚀型战略转型不同，尽管结构型战略转型也是目的导向的，但战略轨迹没有发生革命性的转变，打破刚性制度的需求相对较低，因此，为了避免过度干预所导致的弹性不足，结构型战略转型的实施过程中，"自下而上"的路径应该占据主导或引导的地位，而"自上而下"的路径为辅助作用。

五　研究结论与启示

1. 研究结论

本文以"企业战略转型"作为核心概念，从过程与内容两个维度，从系统性的视角界定了战略转型的基本内涵；在综合已有研究文献并考虑概念体系可操作性的基础上，探索了可以相对完整表征战略转型这一概念内涵的基本要素。本文所提炼的战略转型构成要素主要包括战略转型的表现形式、战略转型的实施路径、战略转型的典型模式，各要素所形成的概念框架如图2所示。

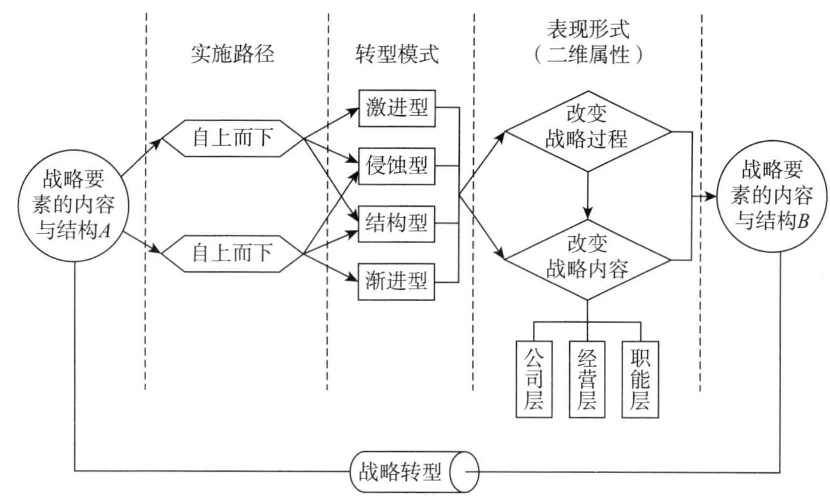

图2 战略转型概念框架

由图2可以看出，战略要素的内容及结构的系统变化是战略转型的本质。首先，在实施战略转型的过程中存在两种路径：一是自上而下的引导与控制型路径；二是自下而上的扩散与推进型路径。前者的主要推动者为高层管理者，而后者的主要推动者为部门管理者、职能层管理者及企业员工。其次，不同的战略转型模式对上述两种转型路径的依赖程度不同。本文以转型程度和转型方向两个维度，构建与分析了四种战略转型模式及特征。在此基础上提出，自上而下的实施路径与激进型战略转型相匹配，自下而上的实施路径与渐进型战略转型相匹配，自上而下与自下而上的混合路径适用于侵蚀型战略转型和结构型战略转型。最后，基于战略转型实施路径以及转型模式的选择，通过一定的表现形式揭示出战略转型的完成。本文根据战略转型的基本内涵，提出了战略转型表现形式的二维属性，一是三个层次的战略内容转型；二是战略过程转型。由于战略过程会对战略内容产生影响，因此，战略过程的改变不仅仅是战略转型的一个维度，而且可能会通过对战略内容的影响，同时在两个维度上反映战略转型的形式。

2. 研究启示

通过企业战略转型概念框架的构建，本文揭示了企业战略转型所涉及的关键问题，从而可以围绕“企业战略转型”这一概念更加深入地提炼科学问题、系统地构建理论逻辑并有针对性地进行实证研究，最终推动理论研究成果的可实践性。整体上看，本研究的理论启示以及有待研究的问题主要表现为两个方面。

（1）战略转型的驱动因素是什么？无论是通过理论分析还是实证检验，对该问题的研究在这一领域中并不罕见。然而，由于战略转型的基本内涵没有统一与系统地界定，因此，那些针对某一要素检验其与企业战略转型关系的已有研究无法产生普适性的结论。例如，通过本文所构建的概念框架及分析不难发现，“自上而下”与“自下而上”是企业战略转型的两条典型实施路径，这两条路径的主要动力与推进者存在着明显的差异，那么，在没有区分实施路径的背景下，笼统地检验某要素（如高管特征）对战略转型的影响，会导致研究结论出现一隅之见的效果。与此相似，战略转型的四种模式、战略转型的两个维度，以及战略内容转型的三个层次的选择，同样也会受到不同因素的影响。综上所述，围绕着“战略转型的动因”这一问题，未来的研究应该基于战略转型所涉及的关键问题，以不同的角度识别战略转型的类别，有针对性地分析与检验战略转型的影响因素，从而更加系统地、深入地构建企业战略转型的驱动力模型。

（2）战略转型的价值效应如何？从实践的层面看，企业实施战略转型的目的在于实现成长与价值提升，回应这一诉求，分析与检验战略转型对企业产生的价值效应必然成为学术界重要的科学问题之一。忽略了战略转型这一概念所涉及的问题，笼统地检验战略转型的实施对公司绩效的影响，其研究目的与结论似乎只关注于“企业是否应该实施战略转型”这一问题，然而，在经济转型的大背景下，更为重要的问题不是“该不该实施战略转型”，而是“如何实施战略转型”。因此，未来的研究应该围绕企业战略转型的概念框架，从转型路径、转型模式、表现形式等多个方面，分析与检验各方面的不同组合对公司绩效产生影响的差异，据此探索企业实施战略转型过程中所选择的转型路径、转型模式与表现形式之间的匹配模型，从而构建企业在实施战略转型过程中可选择的最优转型战略。通过上述研究思路，其研究成果不仅可以更加明确地分析战略转型对企业价值的影响路径与机理，而且可以更加明确地指导企业成功实施战略转型。

上述两个问题的回答对于系统构建企业战略转型因果模型具有重要的意义，也是该领域的“战略性”问题，即指导企业如何构建战略转型的决策机制，促进企业科学选择转型路径、转型模式与表现形式等转型战略。然而，由本文的概念框架还可以衍生出一系列的“战术性”问题，即企业如何从操作层面实现转型战略，其涉及“两条实施转型路径的融合问题”，“四种转型模式之间的关系与转化问题”以及“战略过程转型向战略内容转型的传导问题”，这些问题的回答将进一步提升理论研究的应用价值。

最后，需要说明的是，本文提出战略转型概念框架的主要目的在于揭示战略转型所涉及的核心问题，包括表现形式、实施路径、转型模式，旨在为该领域的理论研究提供一个概念性基础。尽管本文对概念框架中一些问题之间的关系——如转型路径与转型模式之间的匹配性——进行了简单的分析与说明，但其结论主要是借鉴国外研究文献与成果，通过推演与归纳得出的，并没有通过实证的研究方法对其进行检验。因此，笔者以期在未来的研究中，通过实证的研究方法对该框架所提炼的科学问题进行检验，从而修正与补充本文所提出的概念框架，最终形成更为科学与稳健的理论模型。

（本文发表于《经济管理》2012 年第 7 期）

参考文献

[1] Andrews, K. R., *The Concept of Corporate Strategy* (Homewood, Ill.: Richard D. Irwin, 1971).

[2] Boeker, W., "Strategic Change: The Effects of Founding and History," *The Academy of Management Journal*, 1989, 32, (3).

[3] Brady, G. F. & D. L., Helmich, *Executive Succession* (Prentice Hall, Englewood Cliffs, NJ, 1984).

[4] Burgelman RA., "Intraorganizational Ecology of Strategy Making and Organizational Adaptation: Theory and Field Research," *Organization Science*, 1991, 2, (3).

[5] Buss, W. C., "Perceptions of European Middle Managers of Their Role in Strategic Change," *Global Journal of Business Research*, 2011, 5, (5).

[6] Damanpour, F., "Organizational Innovation: A Meta - analysis of Effects of Determinants and Moderators," *Academy of Management Journal*, 1991, (34).

[7] Dutton, J. E. & Duncan, R. B., "The Influence of the Strategic Planning Process

on Strategic Change," *Strategic Management Journal*, 1987, 8, (2).

[8] Ford, M. W., Greer, B. M., "The Relationship between Management Control System Usage and Planned Change Achievement: An Exploratory Study," *Journal of Change Management*, March 2005, 5, (1).

[9] Ginsberg, A., "Measuring and Modeling Changes in Strategy: Theoretical Foundations and Empirical Direction," *Strategic Management Journal*, 1988, (9).

[10] Gioia D. A. & Chittipeddi K., "Sense Making and Sense Giving in Strategic Change Initiation," *Strategic Management Journal*, 1991, 12, (6).

[11] Goodstein, J. & Gautam, K., Boeker, W., "The Effects of Board Size and Diversity on Strategic Change," *Strategic Management Journal*, 1994, 15, (3).

[12] Greiner, L. E. & Bhambri, A., "New CEO intervention and dynamics of deliberate strategic change," *Strategic Management Journal*, 1989, (10). Special Issue: Strategic Leaders and Leadership.

[13] Heller, F., Pusiy, E. & Strauss, G., Wilpert, B., *Organizational Participation: Myth and Reality* (Oxford: Oxford University Press, 1998).

[14] Hellgren, J. Sverke, M., "Unionized Employees' Perceptions of Role Stress and Fairness During Organizational Downsizing: Consequences for Job Satisfaction, Union Satisfaction and Wellvbeing," In *Economic and Industrial Democracy*, 2001, (22).

[15] Hinings, C. R. & Greenwood, R., *The Dynamics of Strategic Change* (Oxford, England: Basil Blackwell, 1988).

[16] Hofer C. & D. E. Schedule., *Strategy Formulation: Analytical Concepts* (West Publishing, St Paul, MN, 1978).

[17] Hopkins, S. M. & Weathington, B. L., "The Relationship between Justice Perceptions, Trust, and Employee Attitudes in a Downsizing Organization," *Journal of Psychology*, 2006, (140).

[18] Hopkins, W. E., "Impacts of Radical Strategic Change and Radical Strategic Events on Corporate Culture," *American Business Review*, 1987.

[19] Johnson, G., Scholes, K. & Whittington, R., *Exploring Corporate Strategy* (8th ed.) (Essex: Pearson Education Limited, 2008).

[20] Kotter, J. P. & Schlesinger, L. A., "Choosing Strategies for Change," *Harvard Business Review*, 1979, 57, (2).

[21] March, J G. Simon, H. A., *Organization* (New York: Wiley, 1958).

[22] Margarethe F. Wiersema & Karen A. Bantel., "Top Management Team Turnover as an Adaptation Mechanism: The Role of the Environment," *Strategic Management*

Journal, 1993, 14, (7).

[23] Markocz, L., "Consensus Formation during Strategic Change," *Strategic Management Journal*, 2001, 22, (11).

[24] Meyer M., "Size and the Structure of Organizations: A Causal Analysis," *American Sociological Review*, 1972, (37).

[25] Mezias, S., M. A. Glynn., "The Three Faces of Corporate Renewal: Institution, Revolution, and Evoiulion," *Strategic Management Journal*, 1993, 14, (2).

[26] Miller, D. and P. Friesen, "Archetypes of Strategy Formulation," *Management Science*, 1978, (24).

[27] Miller, D. & Friesen, P. H., *Organizations: A Quantum View* (Englewood Cliffs, NJ: Prentice – Hall, 1984).

[28] Pennsylvania, G. B., "Politics and Strategic Change across Organizational Life Cycles," *Academy of Management Review*, 1985, 10, (4).

[29] Plowman, D. A. et al., "Radical Change Accidentally: The Emergence and Amplification of Small Change," *Academy of Management Journal*, 2007, 50, (3).

[30] Preble, J. F., "Towards a Comprehensive System of Strategic Control," *Journal of Management Studies*, 1992, (29).

[31] Schreyogg, G. & Steinmann, H., "Strategic Control: A New Perspective," *Academy of Management Review*, 1987, (12).

[32] Singh, J. V., R. J. House & D. J. Tucker, "Organizational Change and Organizational Mortality," *Administrative Science Quarterly*, 1986, (31).

[33] Smith K G., Grimm, CM., "Environmental Variation, Strategic Change and Firm Performance: A Study of Railroad Deregulation," *Strategic Management Journal*, 1987, 8, (4).

[34] Thompson, J. A., *Organizations in Action* (McGraw – Hill, New York, 1967).

[35] Tichey, N., *Managing Strategic Change* (New York: John Wiley & Sons, 1983).

[36] Tushman, M. & Romanelli, E., "Organizational Evolution: A Metamorphosis Model of Convergence and Reorientation," In L. L. Cummings & B. M. Staw, eds., *Research in Organizational Behavior* (Greenwich, CT: JAI Press, 1985).

[37] Tushman, M., B. Virany and E. Romanelli, "Executive Succession, Strategy Reorientation, and Organizational Evolution," *Technology in Society*, 1985, (7).

[38] Tushman, M. & E., "Romanelli Organizational Evolution: A Metamorphosis Model of Convergence and Reorientation," *Research in Organizational Behavior*, 1985, (7).

[39] Tushman M. T. & P. Anderson, "Technological Discontinuities and Organizational Environments," *Administrative Science Quarterly*, 1986, (31).

[40] Weick, K. E., & Quinn, R. E., "Organizational Change and Development," *Annual Review of Psychology*, 1999, 50, (1).

[41] Yokota R. & Mitsuhashi H., "Attributive Change in Top Management Teams as a Driver of Strategic Change," *Asia Pacific J Manage*, 2008, (25).

[42] Zajac E. J., Kraatz M. S. & Bresser R. K. F., "Modeling the Dynamics of Strategic Fit: A Normative Approach to Strategic Change," *Strategic Management Journal*, 2000, 21, (4).

[43] Zhang Y. & Rajagopalan N., "Once an Outsider, Always an Outsider? CEO Origin, Strategic Change, and Firm Performance," *Strategic Management Journal*, 2010, (31).

会计稳健性、信息不对称与并购绩效

——来自沪深 A 股上市公司的经验证据

李维安　陈　钢

一　引言

会计稳健性不仅是一项会计信息属性（Ball & Shivakumar，2005；张敦力、李琳，2011），而且是一项有效的公司治理机制（Ball et al.，2000；Watts，2003），近来成为国内外学者研究的热点议题。现有研究主要从会计稳健性的存在性（Devine，1963；Basu，1997）、影响因素（Fan & Wong，2002；王毅春、孙林岩，2006）、经济后果（LaFond & Watts，2008；张金鑫、王逸，2013）等角度进行探讨。相较于会计信息属性（存在性与影响因素）视角的研究，国内从治理机制角度探讨会计稳健性经济后果的文献较为薄弱。然而，基于这一研究视角的现有文献主要集中于会计稳健性对企业投资和融资效率的影响，只有少量文献关注到其对公司价值的影响。实际上，会计稳健性能够抑制管理者的自利行为，缓解企业各缔约主体之间的信息不对称，降低企业的代理成本，进而间接或者直接地影响企业的价值（Watts 2003；LaFond & Watts，2008；刘红霞、索玲玲，2011；张淑英、杨红艳，2014）。而实际上，这些文献所关注的企业价值大都是公司的日常财务绩效，是企业一系列行为的整体结果，并未给予旨在增加企业价值的具体行为足够的关注，如本文拟重点考察的并购行为。作为企业的重要投资决策，并购是一项极具不确定性的风险性行为（张新，2003；Deng 等，2013），且国内外实证研究通常表明，并购行为很难为并购方企业创造价值（Jensen & Ruback，1983；张新，2003），甚至造成损失（Franks 等，1991）。尽管如此，我国上市公司的并购交易数量与金额仍旧呈现逐年上升趋势，这使得国内一些学者从公司治理视角探究影响并购绩效的诸多因素（潘杰，2006；李善民、周小春，2007；吴超鹏等，2008；赵息、张西栓，2013）。这些研究结果发现，董事会结构、股权结构等公司治理机制对并购过程中价值创造的影响尤为凸显。如上述所言，会计稳健性也是一项非常重要且有效的公司治理机制（Ball 等，2000；刘斌、吴娅玲，2011），可能有助于缓解企业内部人与外部人之间的代理冲突，减少信息不对称程度，进而可能会对并购行为产生影响。

有鉴于此，为了弥补国内研究会计稳健性与并购绩效关系的不足，本文拟从信息不对称的角度重点考察并购方的会计稳健性对并购方企业价值创造的可能影响，试图回答以下问题：与会计稳健性程度较低的并购方公司相比，会计稳健性程度较高的并购方公司的绩效是否更好？进一步地，为了证实会计稳健性作为一项治理机制确实能够降低信息不对称，本文又对会计稳健性在诸如董事会结构、股权结构等治理机制设计不同的公司中发挥的作用进行了验证。本文选取我国 2007—2011 年完成并购的沪深 A 股上市公司为样本，研究发现，与会计稳健性程度较低的并购方相比，会计稳健性程度较高的并购方获得的短期并购绩效并无显著的正向差异，但获得的长期并购绩效却有显著的正向差异；在治理机制设计相对较差的并购方（董事会规模越大、独立董事比例越低、股权越分散、机构投资者持股比例越低），会计稳健性对长期并购绩效的正向影响更为明显。

二　理论分析与研究假设

两权（所有权与控制权）分离引发代理问题，进而导致信息不对称是现代公司的重要特征之一。在信息不对称的环境中，作为公司所有者的股东并不能完全有效地监督和控制管理者的投资决策，管理者可能宁愿牺牲股东的利益去追求能够带给自身丰厚利益的投资项目（李善民、朱滔，2005）。并购作为一项旨在扩大企业规模，且能够带给管理者诸如长期收益、工作稳定、社会地位等个人收益的投资决策，深受管理者的青睐（Morck et al.，1990；Conyon & Murphy，2000）。但是，并购也会加剧管理者与股东之间的代理冲突（Smith，1776；Berle & Means，1933；Jensen & Mecking，1976）。管理者是并购决策的主体，在并购谈判过程中，更为关心自身利益而非股东利益（Hartzell & Ofek，2004）。即使并购后企业绩效变差、股东利益受损，管理者也不会因此受到惩罚（Harford & Li，2007）。并购决策可能成为管理者谋取个人私利的工具，使得企业价值遭受损失。由于会计稳健性是一项有效的治理机制，有助于企业及时向利益相关者传递信号，缓解企业各缔约主体之间的信息不对称，降低代理成本（Watts，2003；LaFond & Watts，2008；Khan & Watte，2009），因此，会计稳健性可以有效抑制管理者自利行为，并且增强资源获取能力，使得并购决策更为合理且能够提升股东价值。具体而言，会计稳健性可以从以下几个方面缓解信息不对称，影响企业并购绩效：

1. 会计稳健性能够抑制管理者向上操纵盈余等机会主义行为

企业规模的扩大能够带给经营者更高的收益（Conyon & Murphy，2000），而并购目的之一就是扩张企业规模。加之，管理者与股东之间存在信息不对称。为了使得并购决策能够获得股东的支持，且从中获取更高的个人收益，管理者会有向所有者向上报告会计盈余的倾向，这种“不好”的信息便可能成为所有者辨别管理者经营能力，以及判断投资盈利可能性的依据。然而，根据国际财务报告准则和我国新会计准则的规定，会计稳健性要求谨慎对待企业的各项交易或事项的确认、处理和报告。简言之，会计稳健性要求企业不能高估“好”的情况，比如收益，而低估“不好”的情况，比如负债。另外，会计稳健性原则规定的确认损失的标准低于确认收益的标准，这也能够在一定程度上约束管理者向上操纵盈余的能力，其具体原因有二：一是实施较低的损失确认标准，会计稳健性程度较高的公司更可能流露出管理者不愿意披露的信息，这使得董事会、股东等监管者能够获取更多的信息；二是稳健性的会计信息更易于验证，因此，可以成为评判其他相关信息可信度的标准。同这一基准进行比较后发现其他的相关信息也拥有较高的可信度，有助于管理者建立更好的声誉，并从中获利，使得管理者愿意披露更多的信息（LaFond & Watts，2008）。总之，会计稳健性通过抑制管理者向上操纵盈余，并且能够使管理者披露更多的信息，这使得管理者和股东等监管者之间的信息不对称减弱，能够降低监管者的监督成本，从而为监管者更为全面有效地监督和控制管理者的并购投资决策提供有利的条件。

2. 会计稳健性可以及时地反应“坏消息”，并及时地确认损失

具体作用表现为三个方面：首先，会计稳健性意味着会计盈余对“坏消息”的反应比对“好消息”的反应更为及时充分，那么，稳健性程度较高的公司能够较为快速地鉴别出可能造成企业价值受损的“不好的”投资项

目。对于管理者而言，实施及时地确认损失的政策会减少其基于会计盈余所获取的报酬，所以，无法获利的并购决策更可能被放弃（Ball & Shivakumar, 2005）。其次，及时确认损失可以传递给董事会、股东、证券分析员等监管者一种信号，这种信号预示着公司可能会遭受损失，使得他们致力于查找损失的种种原因，而管理者便可能成为被调查的主要对象，从而面临被解雇的风险。最后，通常情况下，管理者不愿意从亏损项目中撤资，因为放弃投资项目不仅导致其声誉受损（Kanodia 等，1989），而且会减少个人财富。然而，会计稳健性程度较高的公司需要管理者更为及时地确认无法获利的并购战略造成的损失情况。因为这种确认损失可能是负面的市场信号，这可以促使管理者尽早地终止这一并购决策（Ball，2001）。虽然确认损失会使得管理者的个人财富受到影响，但终止实施并购战略并不会额外地处罚管理者，这也使得管理者维持亏损投资的意愿降低。总之，因存在报酬减少的风险，面临"下岗"的威胁以及声誉受损的可能，及时地确认"坏消息"、及时地确认损失，不仅有助于管理者放弃"不好的"并购项目，并且能够促使管理者尽早地终止无法获利的并购战略。

3. 会计稳健性可以获取更多关键资源的支持

契约理论认为，企业是股东同其他利益相关者之间构建的一系列契约的集合（Jensen & Meckling，1976）。所以，除股东与管理者因契约关系产生代理问题外，股东同债权人、管理者同债权人之间同样存在代理冲突。而且，并购决策的结果深受公司各利益相关者投入关键资源的多少的影响（Deng 等，2013），如债权人提供的资金等。显然，减弱各利益相关者之间的信息不对称，缓解代理问题，对并购结果有着重要的作用。正是为了缓解契约双方的代理问题，以及适应法律、监管环境的需求，会计稳健性应运而生（Watts，2003）。比如，会计稳健性的相关规定使得公司有低估净资产的倾向，而且促使管理者及时确认"不好"的信息，这抑制了管理者将债权人的利益转移给股东，进而获取个人利益的机会主义行为，从而缓解了管理层和债权人之间的代理冲突（Ball & Shivakumar，2005）。另外，为了保障本金和利息的安全，会计稳健性所要求的及时确认损失，可以使得债权人便于在并购决策前、并购过程中，以及并购完成后对公司进行监管和干预，从而促使公司放弃净现值为负的并购决策，或者终止无法获利的并购。总之，会计稳健性能够使得债权人等利益相关者更加清楚并购方企业的经营状况，并对会计稳健性程度较高的并购方企业更为信赖，可能更愿意向其提供更为丰厚的资源；最终影响并购方公司的并购绩效。因此，本文提出如下假设。

H_1：与会计稳健性较低的并购方相比，会计稳健性较高的并购方的并购绩效较好。

良好的公司治理机制有助于缓解并购方公司缔约主体之间的信息不对称，降低代理成本（Watts，2003；LaFond & Watts，2008）。但目前，我国上市公司的治理机制设计不尽相同，治理效果也参差不齐。所以，在发生并购的并购方公司中，一些公司的治理机制设计不合理，特别是那些管理者无法被有效监督的公司。如果公司的董事会结构、股权结构等治理机制设计较为合理，比如独立董事比例较大、股权较为集中、机构投资者持股比例较高，那么会计稳健性所能发挥的治理效果可能会相对不明显。反之，如果公司的董事会结构、股权结构等治理机制设计相对不合理，比如独立董事比例较小、股权较为分散、机构投资者持股比例较低，那么会计稳健性所发挥的治理效用可能会更强，总而言之，当单纯依赖董事会结构、股权结构等治理机制无法有效缓解信息不对称时，会计稳健性可以更好地发挥其治理效用，有助于降低股东与管理者，管理者与债权人等各方之间的代理冲突，进而确保并购战略的顺利实施，并创造更多的企业价值。也就是说，会计稳健性在管理者受到的监督力度较弱的并购方公司中发挥的效用更明显。这意味着会计稳健性确实能够起到治理作用，减弱信息不对称。因此，本文提出如下假设。

H_2：并购方公司的董事会结构、股权结构等治理机制设计越差，会计稳健性对并购绩效的影响越大。

三 研究设计

1. 样本和数据来源

由于本文应测量并购交易事件发生前一年的会计稳健性指数，因此选取2006—2010 年沪、深 A 股上市公司为初始样本。为了消除可能存在异常会计稳健性指数的样本上市公司，进行如下筛选：（1）剔除金融行业上市公司；（2）剔除当年首次公开发行股票的上市公司；（3）剔除 ST 和 * ST 类上市公司；（4）剔除数据不全及净资产小于 0 的上市公司。经过此轮处理，得到 6378 个测算样本。

对于并购绩效的测量，本文选取万德（WIND）数据中首次公告日在

2007—2011 年间的并购重组事件为初始样本（共计 25615 个交易事件）。将 2007 年作为样本起始年的原因是，避免我国从 2006 年开始实行《公司法》和《证券法》所引起的环境变化对结果产生影响（曹廷求等，2013）。由于本文测量的并购绩效要求并购方应为上市公司，加之遵照相关研究惯例，因此，本文进行如下筛选过程：（1）标的出让方与获得方所属国家均明确为“中国”字样；（2）交易项目进度明确为“完成”字样；（3）剔除交易金额不明确且小于 1000 万元的样本；（4）标的获得方为深、沪 A 股的上市公司；（5）剔除行业代码为 I（金融业）或 M（综合类）的样本公司；（6）剔除并购事件发生当年属于 ST 和 * ST 类的样本公司；（7）剔除退市的样本公司；（8）若同一公司在同一年份发生多次并购，则取交易额最大的一次作为研究样本；（9）将同一公司在不同年份的多次并购视为多次样本事件。经过此轮处理，得到 1717 个并购交易事件。其他变量，如并购方公司的企业特征、行业、董事会结构、股权结构等数据均来自万德（WIND）和国泰安（CSMAR）数据库。另外，为了控制极端异常值可能对研究结论造成的影响，本文将所有回归模型中的变量均在样本 1% 和 99% 分位数部位进行了 Winsorize 处理。

2. 变量测量与说明

（1）会计稳健性指数测量。借鉴 Khan & Watts（2009）、刘红霞、索玲玲（2011）在 BaSu（1997）度量模型基础上设计的测算公司/年会计稳健性指数（C_Score）的拓展模型。Basu（1997）的原始测量模型如下。

$$X_{i,t}/P_{i,t-1} = \beta_{0,t} + \beta_{1,t} D_{1,t} + \beta_{2,i,t} + R_{i,t} + \beta_{3,i,t} R_{i,t} * D_{i,t} + \varepsilon_{i,t}$$

其中，$X_{i,t}$表示公司 i 在 t 年的每股收益；$P_{i,t-1}$表示 i 公司（$t-1$）年股票收盘价；$R_{i,t}$表示公司 i 从 t 年 5 月到（$t+1$）年 4 月股票经市场调整过的累积年度超额收益率；$D_{i,t}$为虚拟变量，当 $R_{i,t} \leqslant 0$ 时，取值为 1，否则为 0；$\beta_{2,i,t}$表示会计盈余确认“好消息”的及时性，$\beta_{2,i,t}$与 $\beta_{3,i,t}$之和表示会计盈余确认“坏消息”的及时性，$\beta_{3,i,t}$表示会计盈余对“坏消息”比“好消息”确认及时性的增量。因会计稳健性表示会计盈余确认“坏消息”比确认“好消息”更为及时，所以，本文通过检验 $\beta_{3,i,t}$是否显著大于 0 来判断上市公司会计盈余是否稳健。

Khan & Watts（2009）采用企业规模（*Size*）、权益市值/账面价值比（*M/B*）、资产负债率（*Lev*）等作为估计会计稳健性指数时工具变量，以消除企业的不同特性对会计稳健性指数的影响，对 Basu（1997）模型进行了拓展。他们假定非对称及时性是这三个工具变量的线性函数，利用 G_Score 表示会计盈余确认“好消息”的及时性（$\beta_{2,i,t}$），利用 C_Score 表示会计盈余确认“坏消息”比确认“好消息”的及时增量程度（$\beta_{3,i,t}$）。拓展模型如下：

$$X_{i,t}/P_{i,t-1} = \beta_{0,t} + \beta_{1,t}D_{i,t} + G\_Score * R_{i,t} + C\_Score + R_{i,t} * D_{i,t} + \varepsilon_{i,t}$$

其中，$G\_Score = \beta_{2,i,t} = \mu_{1,t} + \mu_{2,t}Size_{i,t} + \mu_{3,t}M/B_{i,t} + \mu_{4,t}Lev_{i,t}$；$C\_Score = \beta_{3,i,t} = \gamma_{1,t} + \gamma_{2,t}Size_{i,t} + \gamma_{3,t}M/B_{i,t} + \gamma_{4,t}Lev_{i,t}$。

以上模型中，$R_{i,t}$表示公司 i 从 t 年 5 月到（$t+1$）年 4 月股票经市场调整过的累积年度超额收益率，计算公式如下：

$$R_{i,t} = \left[\prod_{t=5}^{4}(1 + Ret_{i,t}) - 1\right] - \left[\prod_{t=5}^{4}(1 + MRet_{i,t}) - 1\right]$$

其中，$Ret_{i,t}$和 $MRet_{i,t}$分别代表公司 i 考虑现金红利再投资的月个股回报率和按总市值加权计算的考虑现金红利再投资的月市场回报率。

最后，运用 Khan & Watts（2009）的拓展模型，采用年度横截面数据进行回归，估计出每年的系数，$\gamma_{1,t}$、$\gamma_{2,t}$、$\gamma_{3,t}$、$\gamma_{4,t}$，再将其各年系数分别代入表示 G_Score 的公式中，计算出公司/年会计稳健性指数。

（2）并购绩效测量。本文分别将公司短期和长期并购绩效作为研究对象。首先，本文使用累计超额收益率（*GAR*）作为短期并购绩效的指标，测量并购首次公告日当天及前后 1 天的公司股票价格的累计超额收益率。具体计算方法为：首先运用市场模型法（Brown & Warner，1985），即 $R_{i,t} = \alpha + \beta_i \times R_{m,t} + \mu$，其中，$R_{i,t}$代表 t 时期考虑现金红利再投资的股票 i 的日收益率；$R_{m,t}$代表 t 时期考虑现金红利再投资的分市场 m 的日收益率，选取并购首次宣告日前 150 个交易日至宣告日前 30 个交易日作为该模型的估计区间，计算出并购首次公告日前后 1 个交易日的预期收益。然后，利用并购首次宣告日前后 1 个交易日的实际收益减去相应的预期收益，计算并购首次宣告日前后 1 天的异常收益（*AR*），最后将并购宣告日当天及前后 1 天的异常收益加总，得到 3 天累计超额收益 *CAR*。其次，本文采用长期持有超常收益（BHAR）测量长期并购绩效，该指标代表购买公司股票并一直持有到考察期结束，公司股票收益率超过市场组合或对应组合收益率的大小。对于 *BHAR* 的测量，本文借鉴 *Gregory*（1997）、李善民、朱滔（2006）、陈仕华等（2013）的研究，计算并购公司 i 从并购首次宣告当月开始至并购后 24 个月

的 *BHAR* 公式如下：

$$BHAR_{i,t} = \prod_{t=0}^{T}(1 + R_{i,t}) - \prod_{t=0}^{T}(1 + R_{p,t})$$

其中，$R_{i,t}$代表并购公司 i 在 t 月的股票收益率；$R_{p,t}$代表对应组合的等权月收益率；$T=0\sim24$，$t=0$ 代表并购首次宣告当月，$t=1$ 代表并购后一个月，以此类推。对于对应组合的月平均收益率，本文参照李善民、朱滔（2006）、陈仕华等（2013）控制公司的规模效应和权益账面/市值比效应的交叉分组方法进行测算。

（3）控制变量。本文选取了一系列控制变量，如表 1 所示。公司治理特征方面，董事会规模（*Scale*），董事会成员数量；独立董事比例（*Ratio*），独立董事人数占全体董事人数的比例；两职兼任情况（*Dual*），董事长与总经理两职合一则为 1，否则为 0；股权集中度（*Share*），第一大股东持股比例；机构投资者持股（*Institution*），机构投资者持股比例。公司特征方面，负债率（*Lev*）为公司的杠杆指标；企业性质（*Type*），公司终极控制人为政府则为 1，否则为 0；账面价值比（*M/B*）衡量公司的成长机会；总资产收益率（*Roa*）为公司的盈利指标，此外，本文还控制了年份效应（*Year*）和行业效应（*Industry*）的可能影响。

表 1　变量定义与说明

变量名称	变量代码	变量说明与计算
短期并购绩效	*CAR*	并购宣告日前后一天的累计超额收益
长期并购绩效	*BHAR*	购买并持有公司股票两年（24 个月），股票收益率超过对应组合的收益率
会计稳健性指数	*C_Score*	会计盈余确认“坏消息”比确认“好消息”的及时增量程度
董事会规模	*Scale*	并购方公司董事会成员数量
独立董事比例	*Ratio*	并购方公司独立董事人数占董事会成员总数的比例
两职兼任情况	*Dual*	并购方公司董事长与总经理的两职兼任情况，兼任为 1，否为 0
股权集中度	*Share*	并购方公司第一大股东持股比例
机构投资者持股	*Inst*	并购方公司机构投资者持股比例
盈利性	*Roa*	并购方公司总资产收益率
财务杠杆	*Lev*	并购方公司总负债与总资产的比值
成长性	*M/B*	并购方公司的账面市值比

续表

变量名称	变量代码	变量说明与计算
公司性质	*Type*	并购方公司的终极控制人情况，政府为 1，否为 0
年份虚拟变量	*Year*	并购方交易发生在 2007—2011 年 5 个年份，运行 4 个年份虚拟变量
行业虚拟变量	*Industry*	根据《上市公司行业分类指引》（2001 版）的标准，运行 19 个虚拟变量

注：除并购绩效是根据并购交易发生时的数据进行计算外，其他变量数据均是根据交易事件发生前一年底进行计算。

四　实证结果与分析

1. 会计稳健性对并购绩效影响的实证结果

表 2 给出了并购方公司会计稳健性（*C_Score*）与并购绩效的回归结果。其中，模型 1 ~ 模型 5（左侧部分）为会计稳健性与短期并购绩效（*CAR*）的回归结果，模型 6 ~ 模型 10（右侧部分）为会计稳健性与长期并购绩效（*BHAR*）的回归结果。其中，模型 1 和模型 6 分别给出仅包括控制变量的基准模型的回归结果。模型 5 和模型 10 分别是在模型 1 和模型 6 基础上引入会计稳健性变量（*C_Score*）的回归结果。出于对本文结论稳健性的考虑，本文还给出了另外三种情况的回归结果：一是未控制年份效应和行业效应的回归结果（模型 2、模型 7）；二是未控制公司治理机制影响的回归结果（模型 3、模型 8）；三是未控制公司特征影响的回归结果，（模型 4、模型 9）。表 2 的左侧部分所示的会计稳健性与短期并购绩效（*CAR*）回归结果表明，只有在未控制公司特征影响（模型 4）情况下，会计稳健性变量（*C_Score*）的回归系数显著为正，而在模型 2、模型 3、模型 5 等其他任何一种情况下，会计稳健性变量（*C_Score*）的回归系数虽然均为正，但都未达到 10% 的显著性水平，说明会计稳健性对短期并购绩效没有显著影响。表 2 的右侧部分所示的会计稳健性与长期并购绩效（*BHAR*）回归结果表明，不论是在哪种情况下（模型 7、模型 8、模型 9、模型 10），会计稳健性变量（*C_Score*）的回归系数均显著为正，且都达到 1% 显著性水平，说明会计稳健性对长期并购绩效有显著的正向影响，这与前文假设 H_1 预测一致，即与会计稳健性较低的并购方公司相比，会计稳健性较高的并购方公司的长期并购绩效较好。

表 2　会计稳健性与并购绩效的回归结果

变量	会计稳健性与短期并购绩效（*CAR*）					会计稳健性与长期并购绩效（*BHAR*）				
	模型 1	模型 2	模型 3	模型 4	模型 5	模型 6	模型 7	模型 8	模型 9	模型 10
C_Score		0.029 (1.159)	0.043 (1.540)	0.056** (2.150)	0.038 (1.297)		2.395*** (8.317)	1.034*** (3.900)	0.713*** (2.791)	0.849*** (2.910)
Scale	-0.001 (-0.824)	-0.001 (-0.588)		-0.001 (-0.642)	-0.001 (-0.610)	-0.015 (-1.406)	0.009 (0.839)		-0.013 (-1.245)	-0.010 (-0.903)
Ratio	-0.088** (-2.436)	-0.089** (-2.548)		-0.082** (-2.298)	-0.084** (-2.316)	-0.627 (-1.570)	-0.272 (-0.629)		-0.553 (-1.408)	-0.531 (-1.335)
Dual	-0.005 (-0.949)	-0.006 (-1.044)		-0.006 (-1.004)	-0.005 (-0.950)	0.132** (2.132)	0.146** (2.160)		0.133** (2.160)	0.133** (2.162)
Share	0.016 (1.335)	0.019 (1.646)		0.013 (1.058)	0.018 (1.478)	0.001 (0.639)	0.001 (1.161)		0.001 (0.618)	0.001 (0.985)
Inst	-0.008 (-0.879)	-0.004 (-0.460)		-0.008 (-1.026)	-0.004 (-0.425)	-0.002*** (-2.582)	-0.001 (-1.131)		-0.002*** (-2.650)	-0.001 (-1.553)
Roa	-0.098** (-2.027)	-0.077* (-1.704)	-0.869* (-1.859)		-0.093* (-1.935)	-0.820 (-1.519)	0.179 (0.327)	-0.769 (-1.530)		-0.692 (-1.305)
Lev	0.013 (0.945)	0.010 (0.807)	0.009 (0.689)		0.009 (0.629)	-0.079 (-0.582)	-0.329** (-2.327)	-0.240* (-1.805)		-0.170 (-1.206)
M/B	-0.006 (-0.517)	0.008 (0.858)	0.003 (0.230)		0.000 (0.011)	-0.036 (-0.365)	0.199** (2.163)	0.134 (1.294)		0.096 (0.895)

续表

变量	会计稳健性与短期并购绩效（*CAR*）					会计稳健性与长期并购绩效（*BHAR*）				
	模型 1	模型 2	模型 3	模型 4	模型 5	模型 6	模型 7	模型 8	模型 9	模型 10
Type	-0.010** (-2.085)	-0.007* (-1.800)	-0.008* (-1.807)		-0.009* (-1.926)	-0.058 (-1.293)	-0.017 (-0.393)	-0.061 (-1.402)		-0.043 (-0.961)
Year	控制	未控制	控制	控制	控制	控制	未控制	控制	控制	控制
Industry	控制	未控制	控制	控制	控制	控制	未控制	控制	控制	控制
C	0.076*** (2.934)	0.042** (2.117)	0.037** (1.918)	0.067** (2.737)	0.070*** (2.663)	0.207 (0.878)	0.222 (0.965)	-0.160 (-0.875)	0.038 (0.169)	0.055 (0.226)
R^2	0.039	0.019	0.034	0.032	0.040	0.258	0.077	0.256	0.260	0.263
调整 R^2	0.012	0.010	0.010	0.008	0.012	0.237	0.069	0.238	0.241	0.242
F 值	1.445	2.250	1.438	1.312	1.450	12.642	9.892	14.333	14.130	12.561
P 值	0.0529	0.013	0.066	0.125	0.049	0.000	0.000	0.000	0.000	0.000
观察数	1185	1185	1185	1185	1185	1198	1198	1198	1198	1198

注：() 中为 t 值，*、**、*** 分别代表 10%、5% 和 1% 的显著性水平，下同。

2. 会计稳健性降低信息不对称的实证结果

为了进一步检验会计稳健性的确能够发挥治理机制降低信息不对称的效用，本文给出了在并购方公司部分治理机制设计存在差异的情况下，会计稳健性对长期并购绩效（*BHAR*）影响的实证结果。鉴于此，本文分别对董事会规模（*Scale*）、独立董事比例（*Ratio*）、董事长与总经理两职兼任情况（*Dual*）、股权集中度（*Share*）、机构投资者持股比例（*Inst*）等公司治理变量，采用样本分组方法加以验证，详细的回归结果如表 3 所示。

表 3 所示为在不同的治理机制设计情况下，会计稳健性对长期并购绩效（*BHAR*）影响的回归结果。其中，模型 1 和模型 2 是关于董事会规模的分组检验结果。根据董事会规模的中位数进行分类，将样本分为高样本组（董事会成员数量大于 9 人）和低样本组（董事会成员数量小于等于 9 人）。结果表明，会计稳健性变量（*C_Score*）在高样本组和低样本组的回归系数均为正，分别达到 5% 和 10% 的显著性水平，而高样本组的回归系数（1.414）比低样本组的回归系数（0.638）大，说明董事会规模越大，会计稳健性对长期并购绩效的正向影响越大。模型 3 和模型 4 是关于独立董事比例的分组检验结果。根据证监会发布的《关于在上市公司建立独立董事制度的指导意见》（2001 版），要求上市公司董事会成员中应当至少包括三分之一的独立董事，因此，将样本分为低样本组高样本组（独立董事比例大于三分之一）和（独立董事比例不大于三分之一），模型 3 和模型 4 分别是高样本组和低样本组的回归结果。结果表明，会计稳健性变量（*C_Score*）在低样本组（不大于三分之一）的回归系数为正，达到 5% 的显著性水平，而在高样本组（大于三分之一）未达到 10% 的显著性水平，说明独立董事比例越低，会计稳健性对长期并购绩效的影响越大。模型 5 和模型 6 是关于董事长与总经理两职兼任情况的分组检验结果。根据两职兼任情况，将样本分为两职合一样本组和两职分离样本组。结果表明，会计稳健性变量（*C_Score*）在两职分离组的回归系数显著为正，而在两职合一组未达到 10% 的显著性水平，说明董事长与总经理两职分离时，会计稳健性对长期并购绩效影响更明显。模型 7 和模型 8 是关于股权集中度的分组检验结果。借鉴 LaPorta 等（1999）的分组方法，将第一大股东持股比例分为股权集中组（高于 30%）和股权分散组（不高于 30%）。结果表明，会计稳健性变量（*C_Score*）在低样本组（不高于 30%）的回归系数显著为正，而在高样本组（高于 30%）未达到 10% 的显著性水平，说明第一大股东持股比例越高，会计稳健性对长期并

表 3　会计稳健性降低信息不对称（*BHAR*）的回归结果

变量	模型 1	模型 2	模型 3	模型 4	模型 5	模型 6	模型 7	模型 8	模型 9	模型 10
C_Score	1.414** (2.352)	0.638* (1.885)	0.644 (1.294)	0.948** (2.530)	1.194 (1.114)	0.811*** (2.720)	0.556 (1.636)	1.063 * (1.918)	0.473 (1.255)	1.518** (3.360)
Scale			−0.008 (−0.526)	−0.002 (−0.121)	−0.048 (−1.376)	−0.007 (−0.568)	−0.011 (−0.807)	−0.007 (−0.392)	−0.023 (−1.639)	−0.001 (−0.043)
Ratio	0.142 (0.133)	−0.596 (−1.435)			0.670 (0.654)	−0.726* (−1.715)	−0.567 (−1.023)	−0.560 (−0.934)	−0.529 (−1.002)	−0.704 (−1.207)
Dual	−0.0465 (−0.385)	0.180** (2.548)	0.088 (0.860)	0.187** (2.384)			0.098 (1.111)	0.094 (1.034)	0.184** (2.242)	0.117 (1.319)
Share	0.284 (1.003)	0.042 (0.305)	0.009 (0.044)	0.129 (0.806)	−0.364 (−1.093)	0.145 (1.096)			0.084 (0.526)	0.243 (1.287)
Inst	−0.166 (−1.010)	−0.110 (−1.013)	−0.094 (−0.642)	−0.189 (−1.557)	−0.250 (−0.712)	−0.174* (−1.801)	−0.158 (−1.403)	−0.162 (−1.031)		
Roa	0.141 (0.441)	−1.191** (−1.841)	0.063 (0.075)	−1.535** (−2.103)	0.521 (0.342)	−0.830 (−1.374)	−0.953 (−1.333)	−0.275 (−0.324)	−0.585 (−0.660)	−0.709 (−1.003)
Lev	0.104 (0.350)	−0.250 (−1.594)	−0.134 (−0.563)	−0.247 (−1.359)	−0.081 (−0.185)	−0.210 (−1.371)	0.148 (−0.757)	−0.202 (−0.901)	0.182 (0.825)	−0.476** (−2.526)
M/B	0.172 (0.946)	0.023 (0.166)	0.019 (0.104)	0.085 (0.642)	0.135 (0.249)	0.090 (0.824)	0.016 (0.112)	0.197 (1.205)	−0.184 (−1.002)	0.263* (1.886)
Type	−0.022 (−0.188)	−0.039 (−0.804)	−0.081 (−1.026)	−0.016 (−0.287)	−0.254** (−2.051)	−0.014 (−0.287)	−0.072 (−1.164)	−0.010 (−0.166)	−0.004 (−0.070)	−0.061 (−0.978)

续表

变量	模型 1	模型 2	模型 3	模型 4	模型 5	模型 6	模型 7	模型 8	模型 9	模型 10
Year	*Yes*	*Yes*	*Yes*	*Yes*	*Yes*	*Yes*	*Yes*	*Yes*	*Yes*	*Yes*
Industry	*Yes*	*Yes*	*Yes*	*Yes*	*Yes*	*Yes*	*Yes*	*Yes*	*Yes*	*Yes*
C	-0.814 (-1.460)	0.086*** (3.084)	-0.099 (-0.309)	-0.166 (-0.870)	1.419* (1.792)	-0.036 (-0.145)	0.232 (0.713)	-0.002 (-0.005)	0.060* (1.878)	-0.033 (-0.100)
R^2	0.252	0.292	0.242	0.302	0.447	0.259	0.261	0.309	0.255	0.306
调整 R^2	0.177	0.264	0.190	0.269	0.319	0.236	0.230	0.255	0.211	0.268
F 统计量	3.395	10.695	4.640	9.221	3.507	11.026	8.236	5.749	5.758	8.159
Prob（*F*）	0.000	0.000	0.000	0.000	0.000	0.000	0.000	0.000	0.453	0.000
样本	大于 9 人	不大于 9 人	大于 1/3	不大于 1/3	两职合一	两职分离	高于 0.3	不高于 0.3	高于 0.3	不高于 0.3
观察数	334	864	473	715	156	1042	754	444	572	626

购绩效的影响越大。模型 9 和模型 10 是关于机构投资者持股的分组检验结果。同股权集中度变量分组方式一致，将机构投资者持股分为高持股组（高于 30%）和低持股组（不高于 30%）。结果表明，会计稳健性变量（*C_Score*）在低样本组（不高于 30%）的回归系数为正，且达到 1% 的显著性水平，而在高样本组（高于 30%）未达到 10% 的显著性水平，说明机构投资者持股比例越小，会计稳健性对长期并购绩效的影响越大。

3. 稳健性检验

出于稳健性的考虑，本文进行了如下检验。一是针对短期并购绩效，本文选取窗口期［-3，3］和［-5，5］计算累计异常收益率，以此作为短期并购绩效的另外两个指标进行检验。结果表明，假设 1 的结果均未发生变化。二是对于长期并购绩效，前文实证研究是基于 24 个月（起始于并购公告日当月）计算的购买并持有超常收益（*BHAR*），本文还以基于 36 个月计算的购买并持有超常收益（*BHAR*）作为长期并购绩效的指标进行检验。检验表明，关于前文假设 H_1 的结果仍旧成立。而关于会计稳健性降低信息不对称的检验，前文发现存在显著影响的变量（独立董事比例、两职兼任情况）未发生变化，而有关股权集中度变量的回归结果与前文结果相反，其他变量的回归结果稳健性较差。三是参照 Cai & Bevilir（2012）将总资产收益率变化值（ΔROA）作为长期并购绩效测量指标的方法，本文还计算了上市公司并购首次公告日前后三年的经行业年度标准化平均总资产收益率的变化值作为长期并购绩效的另一种指标进行检验。检验结果表明，前文假设 H_1 仍旧成立。而关于会计稳健性降低信息不对称的检验，前文发现存在显著影响的变量（董事会规模、独立董事比例、两职兼任情况、股权集中度、机构持股者持股）均未发生变化，且个别情况下也会显著（股权集中组）。总之，上述几种检验均未对前文结果造成实质性变化。①

五　结论与启示

会计稳健性作为一项有效的公司治理机制，能够减少并购方公司管理者与股东、债权人等利益相关者之间的信息不对称，降低代理成本。在并购决策过程中，会计稳健性通过抑制管理者向上操纵盈余等机会主义行为，披露

① 限于篇幅，稳健性检验结果未在正文中汇报，留存备索。

更多的信息，有助于监管者更为全面有效地监管和控制管理者的并购决策。在并购实施过程中，会计稳健性可以及时地反应“坏消息”和确认损失，这有助于管理者尽可能早地放弃净现值为负的并购决策，或者终止无法获利的并购战略。另外，在并购实施过程中，会计稳健性能够使得包括债权人在内的利益相关者更加清楚公司的经营状况，这有助于提高公司获取利益相关者的关键资源支持的可能性。本文从管理者与股东、债权人等公司利益相关者之间信息不对称的角度出发，探讨了会计稳健性对并购绩效的影响，并创新性地运用实证的方法检验了会计稳健性确实能够降低信息不对称。因此，本文的研究具有以下两个方面的结论与启示。

（1）本文研究发现，会计稳健性对短期并购绩效没有显著的正向影响，但与长期并购绩效之间存在显著的正相关关系。这意味着会计稳健性能够发挥有效的治理效用，进而正向作用于并购绩效。究其原因，会计稳健性有助于降低管理者与股东、债权人等公司利益相关者之间的信息不对称，不仅能够抑制管理者在并购过程中可能发生的不利于并购顺利实施的机会主义行为，而且能够获得利益相关者的更多的资源支持。然而，可能囿于我国资本市场依旧不发达，无法在短期内认知和消化公司流露出的会计信息，所以，会计稳健性对并购绩效的影响不会在短期内显现出效果，而需要一段时间之后才能得以体现。这不仅为未来的国内相关研究提供了极具研究潜力的新视角，而且为上市公司做出更为合理的并购决策提供有益的经验指引，即加大对管理者监管的力度，提升公司会计信息质量。

（2）在进一步验证会计稳健性确实能够降低信息不对称时，本文发现，在部分公司治理机制设计越差的公司（董事会规模越大、独立董事比例低、股权分散、机构投资者持股比例低），会计稳健性对长期并购绩效的正向影响愈加明显。这意味着，当公司的某一种治理机制无法发挥有效的作用时，另一种治理机制能够弥补这种治理机制的效用不足。鉴于此，在未来的相关研究过程中，要用系统、协同的思维看待多种治理机制，将两种甚至两种以上的治理机制结合起来进行考察。同时，公司在设计能够有效制衡各缔约主体，最终实现科学决策的治理机制时，也应该将包括股东会、董事会、信息披露等各种治理机制结合在一起进行考虑，最终实现多种机制协同联动的治理效果。

本文还存在以下不足：一是本文只关注了会计稳健性这一项既具会计信息质量属性，又属于公司治理机制的因素，而并购行为的经济后果还可能受其他类似因素的影响，如盈余信息质量方面的指标，本文并未给予进一步考察；二是限于本文研究设计，只关注了并购方会计稳健性对并购方绩效的影响，而未将被并购方的会计稳健性考虑在内，这也可能是并购目标选择，以及并购方绩效的影响因素。这些不足值得未来进一步考察。

（本文发表于《经济管理》2015 年第 2 期）

参考文献

[1] Ball R., "Infrastructure Requirements for an Economically Efficient System of Public Financial Reporting and Disclosure," *Brookings – Wharton Papers on Financial Services*, 2001, (1): 127 – 169.

[2] Ball R., Kothari S. P. & Robin A., "The Effect of International Institutional Factors on Properties of Accounting Earnings," *Journal of Accounting and Economics*, 2000, (29): 1 – 51.

[3] Ball R. & Shivakumar L., "Earnings Quality in UK Private Firms," *Journal of Accounting and Economics*, 2005, (39): 83 – 128.

[4] Basu S., "The Conservatism Principle and the Asymmetric Timeliness of Earnings," *Journal of Accounting and Economics*, 1997, (24): 3 – 37.

[5] Berle A. & Means G., *The Modern Corporation and Private Property* (Macmillian, New York, 1933).

[6] Brown S. J. & Warner J. B., "Using Daily Stock Returns: The Case of Event Studies," *Journal of Financial Economics*, 1985, (14): 3 – 31.

[7] Cai Y. & Sevilir M., "Board Connections and M&A Transactions," *Journal of Financial Economics*, 2012, (103): 327 – 349.

[8] Conyon M. & Murphy K., "The Prince and the Pauper? CEO Pay in the United States and United Kingdom," *Economic Journal*, 2000, (110): 640 – 671.

[9] Deng X., Kang J – K. & Low B. S., "Corporate Social Responsibility and Stakeholder Value Maximization: Evidence from Mergers," *Journal of Financial Economics*, 2013, (110): 87 – 109.

[10] Devine C., "The Rule of Conservatism Reexamined," *Journal of Accounting Research*, 1963, (1): 127 – 138.

[11] Fan J. P. H. & Wong T. J., "Corporate Ownership Structure and the Informativeness of Accounting Earnings in East Asia," *Journal of Accounting and Economics*, 2002,

(33)：401 – 425.

[12] Franks J. R. , Harris R. & Titman S. , "The Post – merger Share – price Performance of Acquiring Firms," *Journal of Financial Economics*, 1991, (29)：9981 – 9996.

[13] Gregory A. , "An Examination of the Long Run Performance of UK Acquiring Firms," *Journal of Business Finance & Accounting*, 1997, (24)：971 – 1002.

[14] Harford J. & Li K. , "Decoupling CEO Wealth and Firm Performance：The Case of Acquiring CEOs" *The Journal of Finance*, 2007, (62)：917 – 949.

[15] Hartzell J. C. & Ofek E. , "What's in It for Me? CEOs Whose Firms are Acquired," *Review of Financial Studies*, 2004, (17)：37 – 61.

[16] Jensen M. & Meckling W. , "Theory of the Firm：Managerial Behavior, Agency Costs, and Ownership Structure," *Journal of Financial Economics*, 1976, (3)：305 – 360.

[17] Jensen M. C. & Ruback R. S. , "The Market for Corporate Control：The Scientific Evidence," *Journal of Financial Economics*, 1983, (11)：5 – 50.

[18] Kanodia C. R. , Bushman, & Dickhaut J. , "Escalation Errors and the Sunk Cost Effect：An Explanation Based on Reputation and Information Asymmetries," *Journal of Accounting Research*, 1989, (27)：59 – 77.

[19] Khan M. & Watts R. , "Estimation and Empirical Properties of a Firm – year Measure of Accounting Conservatism," *Journal of Accounting and Economics*, 2009, (48)：132 – 150.

[20] La Porta. , Rafael. , Florencio L. S. & Shleifer A. , "Corporate Ownership around the World," *Journal of Finance*, 1999, (54)：471 – 517.

[21] LaFond R. & Watts R. , "The Information Role of Conservative Financial Statements," *Accounting Review*, 2008, (83)：447 – 478.

[22] Morck R. , Shleifer A. & Vishny R. , "Do Managerial Incentives Drive Bad Acquisitions?" *Journal of Finance*, 1990, (45)：31 – 48.

[23] Watts R. , "Conservatism in Accounting, Part I：Explanations and Implications," *Accounting Horizons*, 2003, (17)：207 – 221.

[24] Smith A. , *An Inquiry into the Nature and Causes of the Wealth of Nations* (Methuen, London, 1776).

[25] 曹廷求、张钰、刘舒：《董事网络、信息不对称和并购财富效应》，《经济管理》2013 年第 8 期。

[26] 陈仕华、姜广省、卢昌崇：《董事联结、目标公司选择与并购绩效——基于并购双方之间信息不对称的研究视角》，《管理世界》2013 年第 12 期。

[27] 李善民、周小春：《公司特征、行业特征和并购战略类型的实证研究》，《管理

世界》2007 年第 3 期。

[28] 李善民、朱滔：《转轨经济环境下的企业多元化分析框架》，《学术研究》2005 年第 5 期。

[29] 李善民、朱滔：《多元化并购能给股东创造价值吗》，《管理世界》2006 年第 3 期。

[30] 刘斌、吴娅玲：《会计稳健性与资本投资效率的实证研究》，《审计与经济研究》2011 年第 4 期。

[31] 刘红霞、索玲玲：《会计稳健性、投资效率与企业价值》，《审计与经济研究》2011 年第 5 期。

[32] 潘杰：《基于大股东控制的并购财富效应研究》，《中国工业经济》2006 年第 7 期。

[33] 王毅春、孙林岩：《银企关系、股权特征与会计稳健性——来自中国上市公司的经验证据》，《财政研究》2006 年第 7 期。

[34] 吴超鹏、吴世农、郑方镳：《管理者行为与连续并购绩效的理论与实证研究》，《管理世界》2008 年第 7 期。

[35] 张敦力、李琳：《会计稳健性的经济后果研究述评》，《会计研究》2011 年第 7 期。

[36] 张金鑫、王逸：《会计稳健性与公司融资约束——基于两类稳健性视角的研究》，《会计研究》2013 年第 9 期。

[37] 张淑英、杨红艳：《会计稳健性选择、资本成本与企业价值》，《宏观经济研究》2014 年第 1 期。

[38] 张新：《并购重组是否创造价值？——中国证券市场的理论与实证研究》，《经济研究》2003 年第 6 期。

[39] 赵息、张西栓：《内部控制、高管权力与并购绩效》，《南开管理评论》2013 年第 2 期。

企业关键资源、权变因素与升级路径选择

——以广东省宜华木业股份有限公司为例

毛蕴诗　林彤纯　吴东旭

一　引言

我国家具出口企业不仅位于附加值低的微笑曲线底部，还面临东南亚国家低成本竞争、欧美产品准入门槛提高、出口国原木出口限制、品牌建设严重滞后等不利因素。自金融危机以来，中国庞大的潜在市场和稳定的经济发展使不少企业加强了对内销的重视。然而，当前中国经济处于结构变动与调整时期，家具业随着房地产经济的兴衰产生周期性波动。随着数字化技术、通信技术和互联网的发展，产业之间交叉融合，“智能家居”兴起，一些互联网公司开始进入和颠覆原有家具市场。家具产品消费群体及其需求不断发生变化，更加追求个性、健康和品质。综上可知，家具企业面临的挑战日益严峻，转型升级迫在眉睫。梳理文献发现，资源与能力作为企业升级的重要影响因素，较多从功能上进行区分。由于资源与能力的异质性能够解释企业绩效的差异（Makadok，2001），从稀缺性、不可替代与不可模仿性出发，将资源区分为财产性资源和知识性资源（Miller & Shamsie，1996），可更深入探讨其对升级路径选择及升级绩效的影响。另外，从基于市场的资源基础观来看，外部社会资本能够具备价值的、稀缺的、不完全可模仿的、难以复制的特征，应纳入企业升级的影响因素之中。因此，本研究将突出企业资源在研究企业动态升级过程中的主线地位，并试图构建一个整合性的框架，以广东省宜华木业股份有限公司（简称宜华木业）为案例研究对象，总结其升级路径，集中探讨企业转型升级的关键资源、权变因素、升级路径和升级绩效之间的关系。

二 文献综述

20 世纪 90 年代末，Gereffi（1999）最早明确提出企业升级是一个企业或经济体提高迈向更具获利能力的资本和技术密集型经济领域的能力过程。Humphrey & Schmitz（2000，2002）从全球价值链的角度，在微观层面将企业升级分为四种模式：过程升级、产品升级、功能升级和跨产业升级；Bell & Albu（1999）从核心竞争力的角度去展开企业升级的研究，提出企业的核心竞争力要具备价值性、适用性和难以模仿性的特点；Teece & Pisano（1997）首次提出动态能力假说，认为应对快速变化的环境，企业需要不断提升整合企业内部的能力，以获取持续性的竞争优势。

关于企业升级的影响因素，学者多从企业外部和企业内部两个角度进行研究。在企业升级路径的选择模式中，企业外部和企业内部的影响因素分别基于权变理论和资源基础管理论进行判定（毛蕴诗等，2015）。权变理论对升级路径的影响主要体现在外部的环境变化与内部的企业家精神，前者包括市场环境、政府作用等（王一鸣，2005；毛蕴诗等，2009），后者则体现为创新、前瞻性和风险承担（Miller，1983）。从资源基础管理论的角度，企业通过配置有价值的、稀缺的、不可模仿的资源与能力的异质性，从而获取竞争优势（Barney，1991；毛蕴诗等，2015）。

本研究对资源的讨论将基于 Miller & Shamsie（1996）的分类展开。Miller & Shamsie 从稀缺性、不可替代与不可模仿性出发，将资源区分为财产性资源和知识性资源（如表 1 所示）。财产性资源通常以所有权或法律协议的形式存在，它们赋予某个组织对稀缺的和有价值的投入品、设施、场所或专利的控制权。独立的财产性资源包括资本设备、长期合同和专利等。另外，一些财产性资源以系统及其相互交织的组成部分的形式存在，这些资源通常包括物质设施或设备。大多数设施本身很容易进行复制，而如果将这些资源整合起来，整合系统的协同作用很难复制。一些供应、分销的一体化系统就属这种资源。独立的知识性资源可能以专门技术能力、功能性能力和创新性能力的形式存在（Itami & Roehl，1987；Winter，1987）。这些技能很可贵，因为它们受到不确定的可模仿性的保护。通常很难真正了解这些产生经济收益或带来客户忠诚度的技能到底是什么。因此，竞争对手并不知道购买什么或模仿什么。正如独立的财务性资源那样，企业可以通过同时开发尽可能多的知识性资源来进行企业升级。比如，企业可以同时开发设计、生产和营销方面的专有技术。系统的知识性资源可能以多学科团队工作要求的整合技能或协调技能表现形式出现（Itami & Roehl，1987）。企业的这种协调技能或管理技能很难被其他企业模仿。

表 1　企业的财产性资源和知识性资源

资源的类别	资源内容	价值来源	由什么创造或保护	合适的环境
财产性资源				
独立的	资本设备、长期合同、专利	对要素的控制	法律 优先购买权 内在稀缺性	稳定或可预测的环境
系统的	分销门店	对整个系统的控制	产权 先动优势 系统组成部分的互补性	稳定或可预测的环境
知识性资源				
独立的	制造能力、营销能力、创新能力	调整、更新	不确定的可模仿性 灵活性	不确定的环境
系统的	管理能力	调整、更新	资产专用性 不确定的可模仿性 可靠性	不确定的环境

资料来源：Miller & Shamsie（1996）。

近年来，有学者从外部市场的角度提出新的资源视角。市场基础观（Market-based Resource View，MBV）是对资源基础观（RBV）的补充（Griffith & Harvey，2001）。基于市场的资源被定义为从企业与外部实体之间的相互关系而获得的资源，包括与客户、渠道成员、合作者以及政府中介机构等的关系（Griffith & Harvey，2001；Srivastava 等，1998），能为企业带来有价值的、稀缺的、不完全可模仿的、在战略上难以被竞争对手所复制的外部资产。社会资本或关系资本与基于市场的资源的概念是一致的（Thuy & Quang，2005），因此，本文将社会资本纳入企业资源的范畴。“社会资本”由 Bourdieu（1980）正式提出，并在 Coleman（1988）发表《社会资本在人力资本创造中的作用》后，在社会科学研究中引起了广泛的关注。许多学者对社会资本做了细化的界定和分类。赵晶（2010）认为，企业社会资本分内部社会资本和外部社会资本，后者主要包括企业与其他组织间的连带产生的组织间社会资本和企业中关键人员的个人对外连带带来的资源；张克中

（2009）从社会资本的视角来研究中国经济转型和发展问题，将社会资本划分为企业家社会资本、企业员工社会资本和企业外部社会资本，并将企业外部社会资本进一步细分为政府、金融机构、商誉、环境和商业伙伴。

组织内部的资源与能力和外部合作伙伴的支持是 OEM 企业转型升级的基础（Pfeffer & Salancik，2003；杨桂菊，2010）。内部资源与能力往往被视为推动企业升级的物质基础和必要条件（吴作宾，2008）。知识性资源和财产性资源相互补充，并且企业通过整合这些资源创造出更高的竞争优势（Madhok，1997）。Zhan 等（2009）则进一步指出，知识性资源与财产性资源之间的差异将会影响到企业的竞争优势。过往研究也分析了企业外部社会资本对市场、创新、学习等能力的作用。在市场方面，企业家通过开展网络活动来获得有价值的资源，如获得外部信息、渠道与客户以及塑造企业形象（Zhao & Aram，1995；Baum 等，2000）。在创新方面，联盟网络的伙伴多样性会正向影响企业的创新绩效（Baum，2000 等）。新创企业与大企业建立联盟合作关系的数量越多，创新绩效越好（Shan，1994 等）。在学习方面，OEM 企业在全球价值链环境下，更容易学习到各种先进的生产经营知识，OEM 企业与合作伙伴建立良好的关系将有助于"干中学"和"用中学"的开展（Humphrey & Schmitz，2000；Gibbon，2001；龚三乐，2007；毛蕴诗等，2015）。与政府、金融机构建立的关系会直接正向影响企业绩效（刘衡，2010）。结合张克中（2009）的分类，可知企业外部社会资本对企业升级有着重要的作用。综上看出现有文献较多关注企业资源与能力对升级绩效的影响，较少研究其对升级路径选择的影响。

企业升级的路径选择大致分为三种：品牌建立、代工升级、其他路径（毛蕴诗等，2010）。品牌建立包括两种途径：从 OEM 到 ODM（原始设计制造）再到 OBM（原始品牌制造）多种方式组合，从 OBM 到国家、世界标准。代工升级的路径则从 OEM、ODM 向 DMS（设计和制造服务）以及 EMS（工程和制造服务）等高级阶段升级。根据企业实践的多元化以及市场环境出现的新特点，毛蕴诗、郑奇志（2012）在几十家企业实地调研的基础上，总结出企业升级的十大路径。在实践中，企业根据外部环境及内部资源与能力的实际情况来选择多种混合的升级路径。

在企业升级的绩效衡量方面，毛蕴诗、吴瑶（2009）基于前人的研究，全面总结归纳了企业升级的含义和衡量。升级绩效主要表现为企业在价值链中的地位提升、核心能力的提高和动态能力的提高。其中，在价值链中的地位提升主要表现为产品附加值的增加和价值链控制能力的加强，核心能力的提升表现为生产、研发、营销三种核心能力的提升，动态能力的提升则表现为战略灵活性增强，抵御风险能力提高。

三　研究框架构建与理论分析

1. 案例选择与数据收集

企业的升级是一个动态而连续的过程（毛蕴诗等，2010），并且研究者极少能对其有操控，适合进行案例研究（Yin，2003）。单案例研究方法适用于研究具有代表性、典型性的案例，有助于捕捉和追踪管理实践中涌现出来的新现象、新问题（Pettigrew，1990）以及加深对同类事件的理解（Yin，2003）。因此，本研究采取单案例研究方法，通过分析框架进行案例研究以发现事实（欧阳桃花，2004）。

本文选择宜华木业作为案例研究样本，主要是基于以下几点。（1）纵向数据可获得性（Yan & Grey，1994）。宜华木业经营至今有 20 年，公司领导层保持稳定，可保障社会资本、企业升级等纵向数据的可获得性。（2）案例典型性（Eisenhardt，1989）。主要表现在两个方面。一是产业代表性。根据国民经济和社会发展统计公报，2014 年中国家具及其零件出口金额达到 3195 亿元。我国是世界第一大家具出口国，传统的家具制造企业却大多嵌入价值链底端，面临经济、政治、社会、科技等变化，转型升级势在必行。二是企业代表性。宜华木业经历过中国加工贸易业高速发展、中国加入 WTO、两次金融危机等典型时期，实现了从 OEM 向 OBM 升级、产业链垂直整合、海内外市场互动升级和跨产业升级等，对现有 OEM 企业有一定的借鉴意义。（3）案例研究开展便利性（Yan & Grey，1994）。主要涵盖了两个方面。一是调研活动便利性。宜华木业与调研组成员处于同一地理区域，为开展实地调研提供了便利的条件。二是公开资料获取便利性。宜华木业于 2004 年上市，拥有大量清晰、连续的数据。

本研究搜集的资料包括一手资料和二手资料。本研究通过多次的实地调查、对案例企业相关人员进行深度半结构访谈，通过邮件和电话收集企业内部文件，获取一手资料。同时，通过浏览企业官网、行业数据库、国家统计数据库、公司年报、券商报告及新闻报道等，获取二手资料。由于访谈对象在接受访谈时难免会夹杂个人主观性，本研究采取多种措施尽可能避免，比如设置结构性问题和请访谈对象提供事实资料等。通过一、二手资料的相互比较印证，确保所获资料尽可能符合企业的客观情况，保障研究的严谨性与真实性。

2. 数据分析与研究框架

基于相关的文献总结，本研究推出企业升级过程动态分析模型（如图 1 所示）。首先，关键资源（财产性资源、知识性资源、社会资本）和权变因素（环境变迁、企业家精神）影响企业升级的路径选择及绩效表现，其中，关键资源的构建是企业升级的决定性因素，权变因素通过影响关键资源构建以及直接影响升级路径来影响整个升级过程。其次，升级绩效可以用价值链中的地位提升、核心能力和动态能力的提升来衡量，当企业实现升级并获得上述三者的提升后会反过来影响关键资源，呈现出一个持续、动态的演进过程。

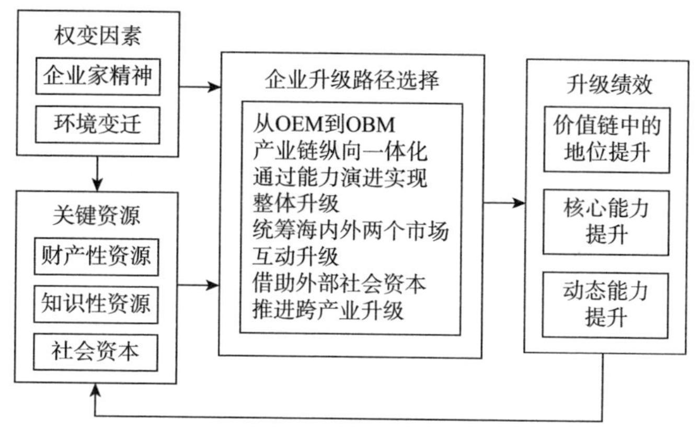

图 1　企业关键资源、权变因素与企业升级模型

资料来源：根据文献整理而得。

四　案例分析

1. 宜华木业的基本情况

宜华木业成立于 1995 年，专注于木地板、木家具等木制品生产销售，是中国境内最大、最优秀的木地板和家具生产销售企业之一。宜华木业连续四年被评为“中国最有价值品牌”①，先后获得“中国名牌产品”“中国出口

① 资料来源：宜华木业官网（http://www.yihuagroup.com）。

名牌”“出口产品免验”等权威称号。2011 年，宜华木业被评为“广东优势传统产业转型升级示范龙头企业”。

2. 宜华木业升级的案例分析

（1）实现从 OEM 到 OBM 的跨越式升级。1986 年，在改革开放浪潮的影响下，23 岁的刘绍喜辞去原有职务，东拼西凑借来 800 元，开始了创业历程。1987 年，莲下槐东家具厂（宜华木业前身）在广东省澄海县成立。1991 年，刘绍喜听取一位德国客户关于国际家具业最新潮流的意见，意识到以木制品为主的装修风格已成为国际装修行业的基本趋向，并于 1992 年组织国内外市场调研，发现了木制品家具未来广阔的商机。于是，刘绍喜将全部积蓄用于购置生产设备，开始为海外品牌家具商提供 OEM 服务，并从木材加工转向生产附加值更高的高档实木地板、木墙板、实木墙角线。当时台湾地区一位合作伙伴许诺负责木地板出口销售，为宜华木业的产品多元化之路提供了有力支持。

1992 年，宜华装饰木制品有限公司成立，“宜华”品牌正式诞生。1995 年宜华木业抛弃了传统的 OEM 模式，在八年不到的时间实现了向 OBM 的跨越，当年出口总额即达到了 1805 万美元。在自主品牌不断发展的过程中，宜华木业曾碰到国外市场对产品的不认可以及美国市场反倾销诉讼等困难。宜华木业建立起一套与国际接轨的财务制度，积极导入欧盟认证机构检测的 CE 认证证书等质量认证，还获取了进入欧盟等市场的销售通行证。此外，宜华木业十分注重营销和开发人员的本地化，重点选择了一些并非最大最强但信用好、成长性高和开拓意识较强的合作商，借助雇佣海外雇员和合作伙伴的网络进行市场渗透，为自主品牌在国外市场深入人心打下坚实的基础。这种长期关系有助于企业有效地应对突发事件，提高抵御风险的能力。在 2004 年美国的反倾销案中，宜华木业得到了合作伙伴和美国专业律师的有力支持，带领国内企业共同打赢了诉讼案，其出口美国被征的关税税率从 8.64% 降到 6.65%，反过来提高了盈利能力。如今，宜华木业已经成功在海外 35 个国家和地区注册了商标，在全球主要国家建立了庞大的终端销售网络和完善的售后服务网络，产品热销美洲、欧洲和澳洲等市场。

（2）向产业链上游延伸。家具制造业是典型的资源型产业，充足的和低成本的木材原料供应是企业赖以生存的根本。然而，随着国家对林木砍伐管理日益严格以及国外家具市场对林产品准入门槛不断提高，国内家具企业的生存空间不断受到挤压。宜华木业采用“家具 + 地板”的产品模式，注重木材的综合利用，但生产所需的主要原材料原木、锯材、地板坯料等，仍占到产品生产成本的75%左右，而70%的主要原材料来自国外进口。

在木材供应方面，宜华木业与越南、缅甸及非洲等国家和地区的优质材料供应商建立了长期稳定的战略合作关系，确保各主要原材料均有稳定的供应渠道。早在1993年，宜华木业便在境外拥有林业基地，是国内比较早地在国外有林地的家具企业。1997年开始，宜华木业确定了未来资源开发战略，提出在国内建立林业基地、以种植为主、把木材采购移到海外的方针。1999年12月，宜华木业的控股子公司广东梅州大埔县宜华林业有限公司成立，至今建设和收购了六个原材料供应基地（国内分布于梅州大浦、江西遂川、黑龙江伊春，国外分布于非洲加蓬、南美洲苏里南、俄罗斯），总面积超过600万亩，优质木材品种齐全。在获得海外林地基地林木采伐权后，宜华木业本着绿色、环保与可持续发展的原则进行投资与开发，与当地政府和居民保持着良好关系，帮助提高当地税收、改善就业及气候环境。目前，宜华木业在全球拥有六大原材料供应基地，提高了企业的价值链控制能力，极大地提高了木材自给率，减少原材料成本波动带来的风险。在此基础上，宜华木业建设了八大制造基地、11个生产厂区，实现年产实木家具300万套和木地板800万平方米，并建立了完善的物流体系，具有较强的异地、多任务工厂的全球运筹管理能力，成为一家拥有强大生产制造基础的国际木业巨头。

（3）通过技术引进、技术创新、能力演进，实现能力整体升级。引进先进的生产设备及管理技术为宜华木业打下了坚实的制造基础。宜华木业从德国、意大利等国巨资引进先进的木材生产设备，并聘请国外专家规划设计。举例而言，宜华木业2004年投资新建的“宜华木业城”拥有四个大型生产车间，引进八套生产流水线，聘请德国专家规划设计，主要设备从欧洲、我国台湾地区引进，自动化程度较高，同业木材利用率最高，是世界上最大的单体木业加工车间和亚洲第一大木材干燥工厂。同时，宜华木业主动在生产制造标准、质量管理体系等各方面与国际紧密接轨。早在上市之前，宜华木业便引入MRP－II（制造资源计划）的先进管理方式，建立了完善有效的质量运行和保障体系，使公司的管理向体系化、标准化、科学化迈进。宜华木业生产出来的所有木地板、家具都要经过各项性能抽检测试，每一块出厂的木地板必须经过12道质量检验关。

宜华木业的技术创新首先表现为对生产工艺流程的创新。通过大量的研发投入，宜华木业自主研发了木材回旋干燥法、集成材地板技术等核心技术，以及“以砂代刨”“以锯代刨”等生产工艺。其中，“回旋干燥法”使得公司的木材干燥能力在业界处于领先地位，“以砂代刨”“以锯代刨”工艺则实现了每年节省优质木材一千多平方米，减少成本 15%。通过对生产工艺流程的创新，宜华木业的木材干燥能力、木材综合利用率均名列全国第一。另外，宜华木业与国内知名科研机构、高校（中国林科院、南京林业大学等）及企业（德尔家居等）开展产学研合作，设立了木材工业国家工程研究中心宜华实验室、林业工程博士后流动站等科研机构，促进科技转化和技术对接，吸引高层次人才入驻。此外，宜华木业积极加入各种行业协会，借助平台获取行业专家资源，并参与行业标准制定。

宜华木业通过引进先进的厂房、设备和管理，不断加强自己的研发创新能力，使得子能力之间协同发展，促进能力进一步演进，进而推动企业的整体能力升级。宜华木业不但有效地突破欧美等国家所设置的环保标准等壁垒，而且在技术上始终保持先导，不断获得各种发明专利授权。[①] 截至 2015 年 10 月 9 日，宜华木业共拥有专利技术 116 项，其中，发明授权 15 件，实用新型 38 件，外观设计 63 件。

（4）统筹国内外两个市场，实现两个市场的企业能力互动升级。人民币加速升值以及家具出口退税率下调等环境变动，使得企业利润空间进一步压缩。宜华木业认识到国内市场的潜力和海外市场依存度较高的风险，在 2006 年确定了内销战略。宜华木业花了四年时间将国外领先的营销模式嫁接到国内，通过引入附加值更高的整体家装解决方案（导购、设计、配置、安装、售后服务五位一体），实现从单一产品向业务解决方案的扩展。2007 年在汕头建立一站式家居体验馆，2009 年形成独立事业部负责国内市场，并完成国内营销网络的战略布局。目前已在国内 50 多个大中城市建立了 600 余家专卖店，在北京、上海、广州等重点城市设立 16 家体验馆，以点带面辐射周边区域经销商。

作为一家早期从事海外业务，后回归国内实现国内外市场双轮驱动的家具制造企业，从 OEM 向 OBM 升级过程中，宜华木业在海内外两个市场所建立起来的资源能力相互促进。在财务方面，国内资本市场的历次融资为国际

① 资料来源：国家知识产权局专利检索网站 http://epub.sipo.gov.cn/index.action。

化扩张提供了资金支持，在国际运营中建立起来的财务制度和成本核算制度反过来提高了企业盈利能力。在市场方面，历次转型中，宜华木业的市场信息都来源于国际市场客户的启发和企业对国外最新潮流的考察。在海外创建品牌过程中，宜华木业融入国内古典设计元素，以明清家具、手工雕塑等渲染中国艺术魅力，创立自主知识产权产品，开始在海外市场打响"宜华"品牌。回归内销市场后，宜华木业在欧美市场经典系列产品的基础上，成功打造出符合国内消费者使用习惯的美式家具，并将国外领先的营销模式嫁接到国内，引入整体家装解决方案，实现商业模式拓展创新。

通过海内外两个市场建立起来的资源与能力的互动，宜华木业实现了企业竞争优势的升级。2014 年，国内市场收入达到 9.2 亿元，销售比重从 2004 年的 4.71% 增加到 2014 年的 20.86%。除了刚回归国内市场的 2006 年，国内市场的毛利率均高于国外市场，随着国内市场销售比重的不断提高，企业的盈利能力会更为突出。值得注意的是，金融危机严重冲击了原本以出口市场为主的我国加工贸易企业，国外市场成品需求大幅萎缩，但宜华木业的营业收入仅略有下滑，国内外毛利率仍保持稳定，抵御风险的能力得到提升。宜华木业国内外市场毛利率对比如表 2 所示。

表 2 宜华木业国内外市场毛利率对比表

单位：%

	2006 年	2007 年	2008 年	2009 年	2010 年	2011	2012	2013
国外	27.52	27.15	26.84	28	28.47	29.64	29.84	30.45
国内	26.71	32.07	29.85	30.7	31.52	30.36	34.09	37.49

资料来源：WIND 数据库。

（5）借助外部社会资本进行资源整合，推动企业跨产业升级。在登陆资本市场的过程中，宜华木业始终与进入潮汕地区较早的广发证券保持合作，加上创始人刘绍喜和广发证券的金牌保荐代表人陈家茂又是同乡，公司的两次定增、一次公司债券均由广发证券保荐，多个融资方案由广发证券担任财务顾问。这为宜华木业海内外扩张及产业链向上游延伸提供了强大资金支持。宜华集团及旗下两家上市公司宜华木业、宜华地产都与广发证券有着密切的往来关系。宜华集团曾为广发证券的前十大流通股股东，帮助广发证券解决上市难题，而广发证券帮助宜华集团顺利进入股权投资行业，完成太安堂、骅威股份等多个投资项目。在多年合作的基础上，宜华木业和广发证券高层之间熟悉并互相信赖，使其在战略扩张中减少了信息不对称和交易成本，也为长期的升级提供了强有力的外部支撑。

在行业新趋势和产业交叉融合的背景下，宜华木业通过整合、收购产品相联、渠道相通的产业企业，建立新型竞合关系，实现资源上的优势互补，将其强大的制造端优势、资源优势与合作方的渠道优势、技术优势等进行整合，实现跨产业升级。近年来，宜华木业通过增资持有多维尚书51%股权，收购爱福窝25%股权，对沃棣家居增资并和海尔电器开展深度战略合作，与喜临门、华日家具两家行业知名品牌进行联盟等，间接持有海尔家居15.84%的股份①，进入多个家具细分领域（如表3所示）。

表3 在新型竞合关系中宜华木业获得的资源

新型竞合关系	获得的资源	升级绩效
东莞市多维尚书家居有限公司	获得知识性资源，以进入新行业或新市场	快速切入多功能家具细分领域
上海爱福窝云技术有限公司	在家居O2O上展开合作，获得知识性资源，以进入新行业或新市场	进入家装在线设计软件领域
沃棣家居设计咨询（上海）有限公司	学习其面向标准化定制的供应链管理和成本控制能力；借助海尔社区店、海尔商城等线上线下销售渠道，及海尔的大件商品配送能力和物流网络	快速切入家具定制领域
喜临门家具股份有限公司 华日家具股份有限公司	获得另外两方优势产品的冠名权，即整合消费市场与产能资源	既拓宽产品销售渠道，也丰富产品种类
青岛海尔家居集成股份有限公司	借助海尔家居服务大型房地产开发商、星级连锁酒店、城市综合体及大型公建业主的平台体系资源	快速切入公装及精装领域，向集成家居平台业务渗透

资料来源：根据Wind、企业年报和其他二手资料整理而得。

3. 宜华木业的升级绩效

在企业关键资源（财产性资源、知识性资源、外部社会资本）、环境变迁、企业家精神三个因素的驱动下，宜华木业实现了价值链中的地位提升、核心能力提并及动态能力提升（如表4所示）。

---

① 宜华木业通过持有青岛新普罡管理咨询企业（有限合伙）99%股权而间接持有海尔家居15.84%的股份。

表4 案例企业升级绩效及表现

升级绩效	具体表现
价值链中的地位提升	产品的附加值增加：销售毛利率从2004年的27.52%到2014年的34.21%
	价值链控制能力得到提高：形成了“人工造林→林地采伐（种植）→木材加工→产品研发生产→销售网络”的完整木制家具产业链；利用其生产经济规模、研发设计能力、内部化的群聚效应以及卓越的资本运营能力成功进入全球家具业生产网络，通过家居体验馆辐射周边的模式打开内销市场
	进入附加值更高的价值链：通过并购、整合等方式，借助资本市场的力量吸纳优秀新兴业态资产，进入家具业细分领域
核心能力提升	实现四个方向的升级：过程升级（布局原料供应、通过先进设备及技术改善生产工艺流程）、产品升级（加强新产品开发力度、进军整体家装解决方案业务）、功能升级（OEM到OBM、转战内销市场）、跨产业升级（进入多个家具细分市场）
	核心能力逐渐优化：从原先基于生产（优质产品及质量管理）和研发（生产工艺流程创新）的核心能力，升级到以生产（制造规模和生产管理大幅提升）、研发（产品功能扩展）、资本运营（金融市场融资及股权投资）为主，基于营销（国内外营销模式迁移互动）的核心能力
动态能力提升	从“预测型”转换为“能动型”：对市场的预测性（选择进入木制家具行业，率先建立自主品牌，布局原材料市场，进入国内市场）；对所处环境的控制力（引入国外市场先进营销理念，开展产学研合作，参与行业标准制定，吸纳新兴业态资产）

资料来源：根据一、二手资料整理而得。

五 结论与展望

1. 研究结论

（1）本文提出的企业升级模型具备一定的应用价值。本文构建了一个整合性的框架，结合宜华木业的升级过程进行了深入探讨，较好地描述了企业升级关键资源、权变因素、升级路径的选择以及升级绩效的关系，针对每一个要素提出可以参考的衡量指标，揭示几大因素之间的互动关系，从而给我国的家具企业乃至其他行业的OEM企业以参考。此外，资源和能力是企业决策的重要依据，直接影响战略的形成过程。本模型凸显了企业资源在研究企业动态升级过程中的主线地位，将企业内部资源分为财务性资源和知识性资源，并将社会资本纳入资源的范畴之内。该模型的设计符合现实环境，可应用于企业管理者的实际决策工作之中。

（2）企业围绕发展阶段构建资源与能力，并且优先选择与自身能力类型相符的升级路径。受多种因素的影响，企业在转型升级之前往往已经形成了不同的资源和能力。转型升级前期，企业在资源与能力组合上的差异性，直接影响了升级路径选择；而升级路径选择反过来增强了这种企业能力，使得代工企业“核心能力”不断升级。随着转型升级的深入，企业逐步拓展其“价值链活动”范围（杨桂菊，2010），在技术、品牌、管理等方面构建新的“核心能力”（毛蕴诗等，2015），提高对价值链的控制能力。因此，企业围绕不同的发展阶段构建不同的资源与能力。同时，由于不同升级路径对企业内部资源与能力的要求不同（毛蕴诗等，2010），企业升级应采取与自身能力和行业特性相适宜的差异化策略：生产者驱动型产业应以技术路线为主，购买者驱动型产业应以营销路线为主，混合驱动型产业可相机选择（陈明森等，2012）。因此，企业优先选择与自身能力类型相符的升级路径。由案例可知，转型升级之初，作为一家制造企业，宜华木业着重于生产制造能力和资本能力的积累，通过从 OEM 到 OBM、产业链纵向一体化、生产及资本能力积累及演进等方式进行升级。2004 年以后，在已有资源积累和能力演进的基础上，宜华木业则着重于企业技术创新能力和营销能力的建设，通过统筹海内外两个市场实现能力互动升级，通过外部社会资本推动跨产业升级。

（3）财产性资源推动基于海内外两个市场的企业能力互动升级，知识性资源推动跨产业升级。Chen & Li（2009）认为，由于受到法律、制度、合同的保护，财产性资源可以帮助企业获得高额回报，其先发优势可以在多个市场之间共享并快速迁移，对企业在另外一个市场的经营活动产生作用，从而形成多市场的企业能力互动升级，而企业在国内外两个市场的知识性资源难以相互替代，难以达到预期的升级水平。而知识性资源恰恰能够使产品更加适应市场的需求（Miller & Shamsie，1996），适应企业跨产业升级时所面临的不确定性和变化（郑秋明，2011）。由于其受知识壁垒的保护，竞争对手难以模仿，具有高度的灵活性和资产专用性，嵌入到企业系统和特殊技能之中，这些特征在不同的市场、产业和环境变迁中都能发挥作用，从而推动企业的跨产业升级。由案例可知，宜华木业构建的财产性资源包括强大的资本能力（资产规模和财务制度）、遍布全球的分销网络以及较多的专利，有效推动了宜华木业基于海内外两个市场的企业能力互动升级。在消费者需求多样化及细分市场涌现时，宜华木业构建的知识性资源，即专注于木制品生产销售过程中积累的制造能力、营销能力和管理能力等，与合作方的技术优势、渠道优势等相结合，推动企业进入多个细分市场，实现跨产业升级。

（4）外部社会资本是推动企业转型升级的重要影响因素。企业转型升级意味着企业外部环境或内部资源与能力（即将）发生剧烈的变化。在这种情况下，资源的内部成长路径往往难以满足企业转型升级的资源需求。企业进行社会资本的投资以建立企业网络，正是为了应付经济的不确定性的一种制度选择（边燕杰、丘海雄，2000）。企业社会资本的构建，能有效弥补在关键市场信息、研发资金和创新知识上的不足，从而实现转型升级。因此，外部社会资本能够有效提升企业的动态能力。若企业已成熟地嵌入社会网络，其转型升级受到企业外部社会资本的影响巨大。同时，外部社会资本的类型也深刻地影响企业的能力构建和升级路径选择。正如本文案例，宜华木业的社会资本在企业升级中发挥着重要作用，其社会资本的类型也不断多元化。其中，宜华木业借助金融机构构建资本运营能力，为基于海内外两个市场的企业能力互动升级及产业链向上游延伸提供了强有力的外部支撑。宜华木业与国外政府基于互惠产生的关系为产业链向上游延伸的顺利实现起到了一定的保障作用。为了突破行业进入壁垒，宜华木业把竞争对手转化为商业伙伴，形成新型的竞合关系，实现知识性资源的有效整合，为企业实现跨产业升级奠定了良好的基础。

（5）环境变化及企业家精神驱动企业转型升级路径选择。环境变迁快速是现今社会最重要的特点。目前，主要的环境变迁包括行业边界模糊、市场经营环境变化和关联行业变迁等。具有深刻环境洞察力以及对自身能力资源有充分理解和定位的企业，往往能够利用行业边界模糊以及关联行业的变迁情况主动实现跨产业升级，率先把握市场先机。正如本文案例，宜华木业创始人刘绍喜具备运筹帷幄的战略眼光和敢于创新的勇气。转型之初，毅然放弃 OEM 模式，建立自主品牌，再是极具前瞻性地洞察环境变化并积极地选择相应的转型升级路径：提前开始布局（原材料市场及内销市场）进行转型升级，规避了金融危机后的成本冲击以及国外需求下降等风险，有效地开拓了新的市场或业务；在行业新趋势和产业交叉融合的背景下，开展电子采购及整体家装解决方案，吸纳新兴业态资产以进入多个关联的家具细分市场，主动把握了先机。

2. 政策建议

（1）政府层面。在企业升级中，政府应当扮演引导者和服务者的角色，推动企业进行转型升级，并在企业升级过程中给予必要的指导和帮助。政府要加快向服务型政府的转变，提升服务意识和服务水平。由上述分析，本文提出以下几点政策建议：第一，政府应抓住市场经营环境变化、行业边界模糊和关联产业变迁的契机，引导产业转型，并制定升级扶持政策及优惠政策；第二，政府应拓宽企业的融资渠道，完善风险投资机制，并且完善企业风险评估体系；第三，政府应构建配套生产服务、集群环境以及战略联盟，加强同行业之间、不同行业间的交流与合作；第四，政府要大力推进产学研合作，加快研发资源共享，重点支持有能力和有条件的企业组建产学研平台，承担行业核心技术的攻关任务以及行业间重点技术的联合攻关任务，并鼓励中国企业积极参与行业标准的制定，构建自主创新的技术基础；最后，政府应为企业营造有利于技术创新的制度环境，建立健全相关的法律法规和政策体系，建立以专利、商标等为主要内容的知识产权保护体系，并保持人才在不同行业、不同市场间的流动畅通。

（2）企业层面。作为市场中实施转型升级的主体，企业应尽早认识到转型升级的必要性、紧迫性，及时将经营重点逐步向附加值更高的核心部件生产、研发与营销等战略性环节，积极实施升级战略。具体有几点建议：第一，企业应加强符合自身升级战略的企业能力积累和演进，实现企业升级；第二，企业应积极对环境变迁做出前瞻性反应，在行业边界模糊和关联产业变迁中寻找企业升级机会，创造新产品、新需求、新企业甚至新产业；第三，企业应加大在技术吸收方面的投入，在消化吸收的基础上增强再创新的能力；第四，企业应加大在海内外两个市场的资源（财产性资源、知识性资源和社会资本）构建力度，根据自身资源积极探索新的升级路径；第五，企业应积极利用外部社会资本的力量，构建多元化社会资本，并参与和组建战略联盟。

3. 研究不足及未来展望

本文尚存在一些局限之处，有待未来进一步探讨：一是企业升级框架的完备性问题。一些问题在本文的研究中并未得到太多的考察，例如，权变因素（企业家精神、环境变迁）对于企业升级路径的调节作用如何、企业海内外市场两个市场所构建的能力互动机制如何（与跨国公司内部资源的转移有何差别），以及企业社会资本的另外两个层面（企业家社会资本、企业员工社会资本）的调节作用如何。因此，未来可以建立一个更完善的框架，进行更深层次的探讨。二是影响因素的量化。虽然本文对企业升级的影响因素划分了较详尽的维度进行衡量，但有些衡量维度还停留在定性的方法上，在未来的研究中应尽量将其量化，并结合案例，论证效果可能会更好。三是模型的适用性。本文中建立的产业融合背景下企业升级的分析框架仅选取了一家家具企业进行了案例分析，对于整个家具行业以及其他行业的适用性仍然值得商榷。未来的研究可选取更多的企业进一步验证该模型。

（本文发表于《经济管理》2014 年第 11 期）

参考文献

[1] Barney J.，"Firm Resources and Sustained Competitive Advantage，" *Journal of Management*，1991，（17）：99 – 120.

[2] Baum J R，Locke E A，Smith K G.，"A Multidimensional Model of Venture Growth，" *Academy Of Management Journal*，2001，（44）：292 – 303.

[3] Bell M，Albu M.，"Knowledge Systems and Technological Dynamism in Industrial Clusters in Developing Countries，" *World Development*，1999，（27）：1715 – 1734.

[4] Bourdieu P. Le，"Capital Social，" *Actes De La Recherche En Sciences Sociales*，1980，31，（34）：83 – 87.

[5] Coleman J S.，"Social Capital in the Creation of Human Capital，" *American journal of sociology*，1988，（94）：95 – 120.

[6] Eisenhardt K M，Graebner M E.，"Theory Building from Cases：Opportunities and Challenges，" *Academy of Management Journal*，2007，（50）：25 – 32.

[7] Gereffi G.，"International Trade and Industrial Upgrading in the Apparel Commodity Chain，" *Journal of International Economics*，1999，（1）：37 – 70.

[8] Gibbon P.，"Upgrading Primary Production：A Global Commodity Chain Approach，" *World Development*，2001，（29）：345 – 363.

[9] Griffith D A，Harvey M G.，"A Resource Perspective of Global Dynamic Capabilities，" *Journal of International Business Studies*，2001，（32）：597 – 606.

[10] Humphrey J，Schmitz H.，*Governance and Upgrading：Linking Industrial Cluster and Global Value Chain Research*（Brighton，2000）.

[11] Humphrey J，Schmitz H.，"How does Insertion in Global Value Chains Affect Upgrading in Industrial Cluster?" *Regional Studies*，2002，（36）：1017 – 1027.

[12] Itami H，Roehl T W.，*Mobilizing Invisible Assets*（Harvard University Press，1987）.

[13] Li Z，Goyal A，Chen Y，Paxson V.，"Automating Analysis of Large – scale Botnet Probing Events，" Proceedings of the 4th International Symposium：Information，

Computer & Communications Security, 2009.

[14] Liming Z, Aram J D., "Networking and Growth of Young Technology – intensive Ventures in China," *Journal of Business Venturing*, 1995, (10): 349 – 370.

[15] Makadok R., "Toward a Synthesis of the Resource – based and Dynamic – capability Views of Rent Creation," *Strategic Management Journal*, 2001, (22): 387 – 401.

[16] Madhok, A., "Cost, Value and Foreign Market Entry Mode: the Transaction and the Firm," *Strategic Management Journal*, 1997, (18): 39 – 61.

[17] Miller, Friesen., "Successful and Unsuccessful Phases of the Corporate Life Cycle," *Organization Studies*, 1983, (4): 339 – 356.

[18] Miller D, Shamsie J., "The Re source – based View of the Firm in Two Environments: The Hollywood Film Studios from 1936 to 1965," *Academy of Management Journal*, 1996, (39): 519 – 543.

[19] Pettigrew A M., "Longitudinal Field Research on Change: Theory and Practice," *Organization Science*, 1990, (1): 267 – 292.

[20] Pfeffer J, Salancik G R., *The External Control of Organizations: A Resource Dependence Perspective Stanford* (Calif.: Stanford Business Books, 2003).

[21] Shan, Walker G., Kogut B., "Inter – firm Cooperation and Startup Innovation in the Biotechnology Industry," *Strategic Management Journal*, 1994, (15): 387 – 394.

[22] Srivastava R, Shervani T, Fahey L., "Market Based Assets & Shareholder Value: A Framework for analysis," *Journal of Marketing*, 1998, (62): 2 – 18.

[23] Teece D J, Pisano G, Shuen A., "Dynamic Capabilities and Strategic Management," *Strategic Management Journal*, 1997, (18): 509 – 533.

[24] Thuy L X, Quang T., "Relational Capital and Performance of International Joint Ventures in Vietnam," *Asia Pacific Business Review*, 2005, (11): 389 – 410.

[25] Winter S G., "Knowledge and Competence as Strategic Assets," *The Strategic Management of Intellectual Capital*, 1987, (40): 165 – 187.

[26] Yan A, Gray B., "Bargaining Power, Management Control, and Performance in United States – China Joint Ventures: A Comparative Case Study," *The Academy of Management Journal*, 1994, (6): 1478 – 1517.

[27] Yin R K., *Case Study Research: Design and Methods* (Los Angeles: SAGE, 2003).

[28] Zhan W, Chen R, Erramilli M, Nguyen D., "Acquisition of Organizational Capabilities and Competitive Advantage of IJVs in Transition Economies: the Case of Vietnam," *Asia Pacific Journal of Management*, 2009, (26): 285 – 308.

[29]〔美〕罗伯特·K. 殷：《案例研究：设计与方法》，周海涛等译，重庆大学出

版社，2010。

[30] 边燕杰、丘海雄：《企业的社会资本及其功效》，中国社会科学出版社，2000。

[31] 陈明森、陈爱贞、张文刚：《升级预期、决策偏好与产业垂直升级——基于我国制造业上市公司实证分析》，《中国工业经济》2012 年第 2 期。

[32] 龚三乐：《全球价值链内企业升级的动力对绩效的影响研究》，《暨南大学》，2007。

[33] 刘衡、王龙伟、李垣：《社会资本与企业绩效关系的中介效应研究》，《预测》2010 年第 4 期。

[34] 毛蕴诗、姜岳新、莫伟杰：《制度环境、企业能力与 OEM 企业升级战略——东菱凯琴与佳士科技的比较案例研究》，《管理世界》2009 年第 6 期。

[35] 毛蕴诗、吴瑶：《企业升级路径与分析模式研究》，《中山大学学报》（社会科学版）2009 年第 1 期。

[36] 毛蕴诗、吴瑶、邹红星：《我国 OEM 企业升级的动态分析框架与实证研究》，《学术研究》2010 年第 1 期。

[37] 毛蕴诗、张伟涛、魏姝羽：《企业转型升级：中国管理研究的前沿领域——基于 SSCI 和 CSSCI（2002—2013 年）的文献研究》，《学术研究》2015 年第 1 期。

[38] 毛蕴诗、郑奇志：《基于微笑曲线的企业升级路径选择模型——理论框架的构建与案例研究》，《中山大学学报》（社会科学版）2012 年第 3 期。

[39] 欧阳桃花：《试论工商管理学科的案例研究方法》，《南开管理评论》2004 年第 2 期。

[40] 王一鸣、王君：《关于提高企业自主创新能力的几个问题》，《中国软科学》2005 年第 7 期。

[41] 吴东旭：《企业关键资源、权变因素与升级路径选择——基于广东典型家具企业的比较案例研究》，《中山大学》2012 年。

[42] 吴作宾：《从 OEM 到 ODM、OBM，企业升级路径研究》，《复旦大学》2008 年。

[43] 杨桂菊：《代工企业转型升级：演进路径的理论模型——基于 3 家本土企业的案例研究》，《管理世界》2010 年第 6 期。

[44] 张克中：《社会资本——中国经济转型和发展的新视角》，人民出版社，2009。

[45] 赵晶：《企业社会资本与面向低收入群体的资源开发型商业模式创》，《中国软科学》2010 年第 4 期。

[46] 郑秋明：《环境变迁、企业资源与企业链升级——基于广东典型企业的对比案例研究》，《中山大学》2011 年。

创新能力：发包方对接包方的影响机制研究

——战略外包情境中合作冲突与长期合作导向的调节效应

王永贵　刘　菲

一　引言

时至今日，战略外包已成为超越传统外包的更重要外包形式，发包方的关注点也由实现成本效率转变为对接包方资源的整合，通过利用接包方的累积经验和学习来获取新的资源和能力，并以此谋求竞争优势和提升企业竞争力（Quinn，1999[1]；Kedia and Lahiri，2007[2]；Hätönen and Eriksson，2009[3]）。相应地，接包方也逐渐从承接发包方的非核心业务发展到参与到发包方的战略革新和组织转型等核心业务中来（Li 等，2008[4]；Hät9nen and Eriksson，2009[3]；Kedia and Lahiri，2007[2]），进而对接包方的业务水平和创新能力提出了更高的要求。结果，创新能力已成为发包方选择外包合作伙伴的重要标准之一。因此，如何提升接包方的创新能力就显得至关重要。现有研究已经表明：外部合作伙伴的资源往往可以有效地改善企业的专业知识和创新（Tallman and Chacar，2011）[5]，而发包方的创新能力显然构成了提升接包方创新能力的重要外部资源。但遗憾的是，绝大多数服务外包的相关文献所探讨的，都是接包方的资源和能力是如何为发包方创造价值的（Levina and Ross，2003[6]；Azadegan 等，2008[7]；Azadegan，2011[8]），而对接包方在合作中的价值获取则关注甚少，对发包方创新能力如何促进接包方创新能力的研究更是凤毛麟角。

鉴于此，本文拟运用知识溢出和组织间学习理论来探讨发包方创新能力对接包方创新能力的影响及其影响机制。一方面，虽然已有不少学者基于知识溢出视角来探讨知识对创新或绩效的影响，但多数研究往往只强调二者之间的直接效应，缺乏对中介机制的探讨。但实际情况是，知识溢出效应的发挥不可避免地会受到知识接收方学习能力和学习动机等因素的影响（Inkpen，1998[9]；Mancusi，2008[10]）。本文认为，知识获取是接包方利用发包方溢出知识实现创新的重要途径，同时，承接战略外包的接包方较承接传统外包的接包方具有更强的学习动机，高学习动机能更好地促进接包方对发包方溢出知识的获取和利用。由此，发包方的知识溢出才能对接包方创新形成更强的影响作用，通过本文的研究，将使人们对知识溢出效应的发挥有一个更完整的认识。另一方面，组织学习的主流研究认为，冲突会促进组织间学习，并通过知识转移与吸收来创造新的知识，进而为组织创造出优势资源和增强企业竞争力（Kale 等，2000[11]；Holmqvist，2003[12]）。但无数组织学习的实践却表明，如果冲突水平过高，反而可能会对组织学习产生负面效果。在战略外包中，不同强度的合作冲突在发包方创新能力对接包方创新能力作用的过程中起到怎样的作用，依然是一个有待剖析和检验的重要问题。

此外，在传统外包向战略外包转型的过程中，发包方与接包方之间的关系质量对外包目标的实现也变得更加重要了（Kedia and Lahiri，2007）[2]。现有研究指出，关系质量包括信任、承诺、冲突和关系持续愿望等关键构成要素（Kumar 等，1995）[13]。但遗憾的是，有关关系质量的文献多将信任和承诺作为研究对象（Mohr 等，1994[14]；Ndubisi，2011[15]），而对冲突的关注则明显不足（Ndubisi，2011）[15]，但外包中的冲突在实践中却层出不穷。Vaaland and Håkansson（2003）[16]发现，良好的合作关系往往是以冲突与合作的同时存在为特点的，这是合作双方共同创造价值时所需要同时具备的两个关键要素。虽然信任等关系质量要素也十分重要，但前人已经进行了较多的研究。同时，考虑到关系质量中合作冲突和长期合作导向对创新能力提升的重要性，所以，本文将重点探讨它们对接包方创新能力提升的影响作用，以便为接包方提出科学合理的合作伙伴关系管理决策提供理论支持，这也是对战略外包中关系管理研究的丰富和补充。

概括而言，本文研究的具体问题包括：第一，发包方创新能力对接包方知识获取的影响；第二，接包方知识获取对接包方创新能力的影响；第三，合作冲突、接包方长期合作导向对发包方创新能力和接包方知识获取之间关系的调节作用。

二 理论基础

1. 组织学习和组织间学习

组织学习作为组织理论的重要分支之一（Holmqvist，2003）[12]，已有大量文献对其展开研究。Huber（1991）[17]认为，如果组织中的任何一个单位获得了其认为对组织发展潜在有用的知识，那么组织就存在学习行为。学习不一定会导致明显的行为变化，但可以改变认识系统和对问题的理解（Holmqvist，2003）[12]，并潜移默化地影响行为的选择范围。组织学习可以发生在组织内部，也可以发生在组织之间。随着市场环境的复杂多变，企业意识到仅依靠内部学习已经无法成功地参与市场竞争，此时，从外部获取知识的重要性得到了更多关注。相应地，发生在组织间的学习现象已逐渐成为研究的焦点（Larsson 等，1998[18]；Holmqvist，2003[12]；Azadegan 等，2008[7]）。

现有研究表明，战略联盟或其他形式的合作方式的建立成为组织间知识共享和知识转移的有效途径（Hamel，1991[19]；Hau and Evangelista，2007[20]），与市场机制相比，知识更容易在联盟伙伴之间发生转移（Powell 等，1996）[21]，这种发生在组织间的集体性的知识获取行为被称为组织间学习（Larsson 等，1998）[18]。通过组织间学习，企业可以将从外部获取到的知识以更符合内部规范和更易储存的形式进行转化，由此产生易于应用的内部知识。在这一过程中，企业将拥有更多的创新资源，进而提升产品、技术和管理等方面的创新能力。

通过对组织间学习文献的梳理，在本文的研究背景下，本文提出，组织间学习是发包企业与接包企业为了实现提升竞争优势与企业竞争力的目的而实施的跨越组织边界的知识获取与内化的过程。知识获取是组织学习中的一个重要构念，也是组织间学习得以实现的必要途径（Huber，1991）[17]。同时，知识获取被认为是提升企业创新能力的关键因素（Huber，1991[17]；Yli－Renko等，2001[22]；刘雪锋等，2015[23]）。本文中的知识获取是指接包方在与发包方合作的过程中，从发包方获取到的外部知识。

2. 知识溢出

知识溢出是促进技术开发、组织创新和经济进步的关键资源。知识溢出可分为水平溢出和垂直溢出（Perri 等，2013）[24]。水平溢出是指通过行为示范或员工流动等方式，企业将知识无意地泄露给竞争对手。由于水平溢出会削弱自身的竞争优势，故其是企业极力规避的一种溢出形式。而垂直溢出是指企业通过某种特定方式将知识有意或无意地转移给价值链上的合作伙伴。垂直溢出通常有利于组织间实现价值的协同创造，在当前价值共创、协同创新的国际大背景下，这种溢出形式备受学者的关注（Dyer and Nobeoka，2000[25]；Ding and Huang，2010[29]）。本文研究的即为垂直方向的知识溢出。

Dyer and Nobeoka（2000）[25]指出，成功的合作可以创造出网络成员均可使用的“集体性”或“公众性”的产品（例如知识）。组织网络或组织联盟为成员组织之间的知识共享提供了有效的途径（Kale 等，2000）[11]，对于不同类型的知识，需要采用差异化的方式来保证溢出效应的显著性。例如，显性知识可以利用会议等正式的途径进行传播和扩散；但对于隐性知识而言，则需要组织间形成更紧密的双边关系，通过深入的互动和更多的非正式的灵活关系来实现知识转移，由此产生的知识溢出效应将最为明显（Dyer and Nobeoka，2000）[25]。因此，有学者指出，并非所有的企业间关系都能形成知识溢出，知识溢出效应的产生需要依赖关系质量（Perri 等，2013）[24]。高质量的关系具有互依性强、相互适应性强及良好的互动深度和广度等特点，良好的关系质量是保证精细信息在组织间进行转移的关键（Perri 等，2013）[24]。

综上，与传统外包中松散短期的交易关系相比，在关系黏性高、利益关联性大的战略外包关系中，更容易发生知识溢出，这也为组织间学习提供了良好的机会。Mancusi（2008）[10]指出，联盟中的知识溢出可以丰富企业的知识池，有利于企业实现持续创新。由此可见，发包方的知识溢出是接包方提升创新能力的一个重要途径。

3. 关系视角

关系视角将组织网络纳入进来，解释了网络成员是如何通过组织间关系来获得和维持竞争优势的。Dyer and Singh（1998）[26]指出，当合作伙伴愿意以独特的方式将彼此的资源进行整合时，会创造出单个组织无法创造的超常收益，即关系租金，由此也形成了竞争优势。根据关系视角，关系租金是由以下四个因素决定的（Dyer and Singh，1998[26]；Azadegan，2011[8]）：第一，关系专用性投资，通过资源的投入来加强伙伴关系；第二，特定的知识共享惯例，用以促进信息共享和知识转移；第三，互补且稀缺的资源或能力的整合，用以共同创造独特的新产品、新服务或新技术；第四，有效的治理机制，例如，通过合同或关系契约等方式来管理合作双方的行为，以此产生比竞争对手联盟更低的交易成本。关系视角认为，企业的竞争优势并非存在于企业内部，而是嵌入在与企业边界之外的其他企业的关系之中，企业可以通过有效地管理与外部伙伴的关系来开发价值资源，进而获得竞争优势（Insinga and Werle，2000）[27]。

由此可见，合作伙伴间的知识学习与转移、关系的维护与管理是实现价值创造的重要前提。Quinn（1999）[1]指出，服务外包中的战略伙伴关系会通过长期合作关系的建立来创造价值。在战略外包中，伙伴关系具有战略意义，因此，与传统外包相比，战略外包更重视长期合作关系的维系（Kedia and Lahiri，2007）[2]。同时，联盟组织间的学习和知识溢出有利于联盟成员获得理想的价值回报（Dyer and Singh，1998）[26]。Hansen（1999）[28]认为，与弱关系相比，强关系能够更有效地促进复杂知识和专用性知识的流动。联盟伙伴是创造新思想和新知识的最重要的来源，这些新思想和新知识可以帮助企业实现创新（Dyer and Singh，1998）[26]。综上，合作伙伴之间的关系质量对于战略外包的成功起到至关重要的作用。

本文从 Kumar 等（1995）[13]对关系质量的维度划分出发，结合研究目的，从接包方的视角选取合作冲突和长期合作导向两个因素来衡量战略外包中的伙伴关系。

三　研究框架和研究假设

本文以组织间学习、知识溢出和关系视角为理论基础，从接包方视角出发，对接包方创新能力的提升机制进行研究，研究框架如图 1 所示。具体而言，发包方创新能力可以通过接包方知识获取影响接包方创新能力，同时，发包方创新能力与接包方知识获取之间的关系会受到发包方与接包方关系质

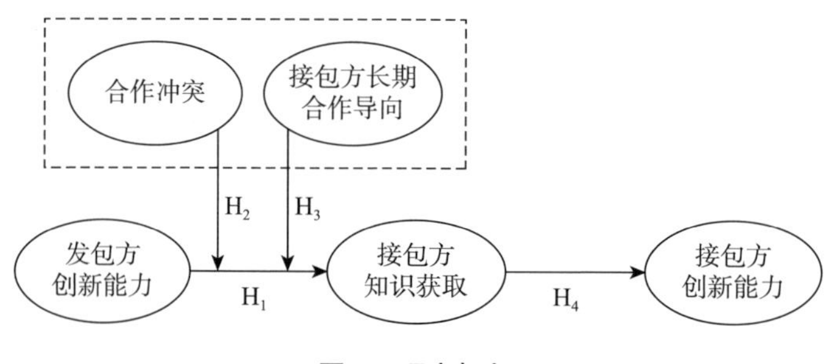

图 1　研究框架

资料来源：本文绘制。

量的影响，即合作冲突和接包方长期合作导向对发包方创新能力对接包方知识获取的作用大小起调节效应。本文拟基于战略外包情境对该研究框架进行理论探讨和实证检验。

1. 发包方创新能力与接包方知识获取

在参与战略外包的过程中，发包方的创新能力会以知识溢出的形式融入外包活动中，而接包方将通过组织间学习来实现合作中的知识获取（Kale 等，2000）[11]。发包方的知识溢出可以通过以下两个途径来实现。

第一个途径为知识的无意识扩散和传播（Perri 等，2013）[24]。在合作中，发包方的参与会产生示范作用。由于发包方开展战略外包的主要目的之一是利用接包方的经验和知识来获取发展所需的资源和能力（Quinn，1999[1]；Hätönen and Eriksson，2009[3]），因此，与传统外包相比，承接战略外包的接包方更需要通过持续的学习来不断丰富知识储备。在此背景下，接包方的学习动机会更强。现有研究表明：合作伙伴的知识和能力是实现企业学习和创新的重要外部资源（Hamel，1991[19]；Tallman and Chacar，2011[5]）。因此，接包方会通过发包方的行为示范来积极揣摩其创新思想和理念，并吸收新知识。

第二个途径为知识的有意识扩散和传播（Perri 等，2013）[24]。在战略外包中，发包方与接包方之间的关系变得更加紧密，利益关联性更强，双方共同承担风险（Kedia and Lahiri，2007）[2]。因此，为了保证产品的质量和创新性，发包方通常愿意参与到接包方的产品开发过程中去，会主动向接包方传递知识（Ding and Huang，2010[29]；王永贵等，2015[30]），包括能够保证产品成功交付所需的必要信息、技术和管理支持等。发包方的创新能力越强，可转移的知识量就越多。此外，创新能力强的发包方会对产品提出更高的要求，他们对外包合作的参与也将更为频繁和深入（Ding and Huang，2010）[29]，进而导致知识溢出的增加（Mohr 等，1994）[14]。在接包方强烈的学习动机下，溢出的知识会被更充分地吸收，有利于接包方在合作中的知识获取。因此，本文提出以下假设。

H1：发包方创新能力正向影响接包方知识获取。

2. 合作冲突的调节作用

本文将合作冲突按照强度划分成低强度冲突、适中强度冲突和高强度冲突，并分别探讨三种不同强度的合作冲突对发包方创新能力与接包方知识获取之间关系的调节作用。

当合作冲突处于低强度时，发包方与接包方在决策上较为一致，不容易意识到冲突的存在（Walton and Dutton，1969）[31]。此时，双方由于缺乏紧迫感和缺乏对采取行动的必要性的认知而消极对待冲突，主动寻找冲突产生的原因及解决冲突的办法的可能性较低（Jehn，1995）[32]。这就抑制了发包方与接包方为解决冲突而发生的互动和知识交流，不利于发包方的创新知识向接包方转移。即在合作冲突处于低强度时，发包方创新能力对接包方知识获取的影响作用较弱。

当合作冲突处于适中强度时，发包方和接包方已经能够明显地意识到冲突的存在，此时会对双方产生一种压力，为了维护合作关系，这种压力会促使双方为解决问题而做出最大努力（Carnevale and Probst，1998）[33]。Doz and Hamel（1998）[34]认为，冲突可以促进组织间学习，双方会对导致冲突的问题进行认真分析，就问题进行沟通并交换意见，为解决冲突而加强彼此之间的互动（De Dreu，2006）[35]。因此，当为了解决问题而投入努力时，发包方在外包活动中的参与度明显增加，这有利于发包方的知识溢出。同时，冲突也能增强接包方的学习动机（Doz and Hamel，1998）[34]，进而促进发包方的创新知识向接包方的转移。即在冲突处于适中强度时，发包方创新能力对接包方知识获取的影响作用较强。

当合作冲突处于高强度时，双方之间的矛盾升级，由于对任务的观点高度不一致，发包方和接包方可能会将任务冲突归结为对方的不配合、不合作，进而对合作关系产生破坏性影响（Simons and Peterson，2000）[36]，甚至可能造成合作契约的中断。此时，将阻碍双方为解决问题而做出努力，抑制了信息在双方之间的流动（王辉等，2013）[37]，在削弱发包方知识溢出的同时，也降低了接包方的学习动机（De Dreu，2006）[35]，不利于创新知识从发包方向接包方转移。同时，过高强度的冲突会造成认知超载，进而降低学习有效性和知识利用水平。因此，在冲突处于高强度时，发包方创新能力对接包方知识获取的影响作用较弱。因此，提出以下假设。

H2：合作冲突对发包方创新能力与接包方知识获取之间的关系存在倒 U 型调节作用。

3. 接包方长期合作导向的调节作用

现有研究表明，具有长期合作导向的企业主要通过关系交换而非市场交换来实现长期利益，与合作伙伴建立并保持密切的关系是长期利益得以实现的基础（Ganesan，1994）[38]。因此，有长期合作导向的接包方更重视与发包方关系的稳定与延续，会尽最大努力为发包方提供服务进而增进双方的关系。为了提供更好的服务，开发出更好的产品，接包方会充分利用各种渠道学习更多的创新知识，包括对发包方创新知识的学习（Tallman and Chaear，2011）[5]。长期合作导向越强，接包方的学习动机就越强（Vachon 等，2009）[39]，更重视从发包方的创新能力中学习，因此，会加强与发包方之间的互动（Purdy and Safayeni，2000）[40]。此时，将促进发包方的知识溢出，而接包方较强的学习动机能够促使其更好地利用发包方溢出的知识，来达到知识获取的目的。即此时发包方的创新能力对接包方知识获取的影响作用将增强。

此外，当接包方拥有长期合作导向时，更有可能增加对关系专用性资产的投资（Madhok and Tallman，1998）[41]。在战略外包情境下，外包已经从简单的代工模式向战略合作过渡（Kedia and Lahiri，2007）[2]，因此，对于发包方而言，也将从与接包方稳定的关系中获利（Gupta 等，2007）[42]。例如，若双方关系稳定且可持续，那么，随着合作频率和合作深度的增加，接包方对发包方的需求将有更好的把握（Vachon 等，2009）[39]，能够结合需求更准确地为发包方开发定制化的产品，甚至可以开发出对方尚未意识到的更能满足其自身发展的新产品；同时。随着双方了解的深入，节省了需求调研的时间，接包方能以更高的效率交付产品，这也为发包方节约了时间成本。由此可见，接包方为推动关系发展而做出的投入也是发包方所期望的，且在这一过程中，发包方为了关系的维系而追加资源投入的可能性也将增大（Gupta 等，2007）[42]。双方资源投入的增加会使合作变得更加深入，这不但能促进发包方的知识溢出，同时，也将激发接包方的学习动机（Hau and Evangelista，2007）[20]，在与发包方的互动中，接包方将学习到更多的新知识（Kale 等，2000[11]；Hau and Evangelista，2007[20]）。因此，随着接包方长期合作导向的增强，会有更多的知识由发包方向接包方转移，即发包方创新能力对接包方知识获取将产生更大的影响作用。因此，提出以下假设。

H3：接包方的长期合作导向对发包方创新能力与接包方知识获取之间的关系有正向调节作用。

4. 接包方知识获取与接包方创新能力

组织间学习和知识转移是创新过程中不可或缺的关键因素。创新资源通常并非来自组织内部，而是存在于组织之间（Powell 等，1996）[21]。Stuart（2000）[43]指出，学习和获取战略伙伴的技术能力是提升组织技术创新的有效途径。Tallman and Chacar（2011）[5]认为，外部合作伙伴的资源与能力可以有效地改善企业的专业知识和创新。在战略外包中，接包方会有目的地获取有利于提升竞争优势和创新性的外部知识（Hau and Evangelista，2007）[20]，这些知识通常是对企业发展具有价值，但接包方所不具备，或通过自身所无法创造的知识（Powell 等，1996）[21]。一方面，来自发包方的知识提供了产品改进的可能性和新的功能需求等信息（Yli – Renko 等，2001）[22]，也包含发包方在产品、市场及管理等方面的创新观点。外部知识的获取可以帮助接包方从发包方的视角或多角度去思考问题，培养全新的思维模式，进而能够创造性地进行研发和管理。另一方面，通过知识获取而形成的信息流动有助于企业知识库的不断丰富和完善（Inkpen，1998）[9]。当接包方从合作中获取知识后，会将这些外部知识与企业内部的已有知识进行整合，根据组织学习理论，外部知识与内部知识的整合将形成新知识，而这些新知识是企业创新的重要来源（Yli – Renko 等，2001[22]；Tallman and Chacar，2011[5]）。因此，接包方从外部获取的知识越多，拥有的创新资源就越多，越有利于接包方创新能力的提升。同时，作为能动性的创新主体，创新资源的丰富也将进一步激励接包方更积极地利用资源来提升自身的创新能力。因此，提出以下假设。

H4：接包方知识获取正向影响接包方创新能力。

四　研究设计

1. 样本与数据收集

本文在访谈调查的基础之上，采用问卷调查方法来获取数据。在样本的选取上，考虑到服务外包代表性企业的分布和外包产业的区域性发展情况等问题，将北京、无锡、深圳、广州、东莞等地的服务外包企业作为样本收集的主要来源。为了保证问卷的合理性和适用性，在设计问卷之前，首先在以上地区中选取五家企业进行访谈，并在此基础之上进行问卷的开发。然后开展预调研，并基于各方建议对问卷进行完善和修订。最后分别面向选定的服务外包企业中的外包项目经理和战略经理发放配对问卷 271 份，问卷总数量共计 542 份。对问卷进行整理，除去无效问卷，最终得到有效配对问卷 174 份，有效回收率为 64.2%。在本文中，由于发包方创新能力、接包方知识获取、合作冲突和接包方长期合作导向的数据来自外包项目经理，而接包方创新能力数据来自战略经理。因此，避免了同源方差的问题。同时，为了检验是否存在未回答偏差，采用 Armstrong and Overton（1977）[44] 的方法，分别对配对的两组样本中先回收和后回收的问卷进行比较分析，结果表明不存在未回答偏差问题。

2. 变量的测量

本文中各构念的题项及参考来源如表 1 所示，本文采用已有文献中的成熟量表，并结合具体研究情景对部分题项进行了适当的调整。所有题项在进行测量时，均采用 Likert 五级量表，1 代表完全不赞同，5 代表完全赞同。其中，发包方创新能力量表改编自 Calantone 等（2002）[45]，接包方创新能力量表出自 Keskin（2006）[46]，接包方知识获取量表改编自 Yli - Renko 等（2001）[22]，合作冲突量表改编自 Jehn and Mannix（2001）[47]，接包方长期合作导向量表改编自 Ganesan（1994）[38]。同时，选取外包业务类别、发包方国别、接包方企业性质、接包方成立年限和承包年数等五个客观变量作为控制变量，根据前人的研究，以上变量均对知识获取和创新能力存在影响作用。

表 1 验证性因子分析结果

变量概念	测量题项	标准载荷	T 值	α	*CR*	*AVE*
发包方创新能力 Calantone 等（2002）[45]	1. 发包方反复试验一些重要的新创意和新方法	0. 57		0. 87	0. 87	0. 53
	2. 发包方经常会提出一些挑战常规思想的新创意	0. 74	6. 33			
	3. 发包方与竞争对手相比，在过去三年里来自全新产品的销售收入占销售总额的比重较高	0. 82	6. 74			
	4. 发包方想方设法提高效率	0. 67	5. 97			
	5. 发包方精于提炼或改进现有技术	0. 78	6. 56			
	6. 发包方经常会改进现有的程序、规则和政策	0. 74	6. 36			
接包方创新能力 Keskin（2006）[46]	1. 常常尝试新的方法和创意	0. 68		0. 86	0. 86	0. 56
	2. 不断寻求更好的做事方式	0. 68	6. 95			
	3. 在作业方面保持着创造力	0. 81	8. 06			
	4. 常常第一个在市场上推出新产品或新服务	0. 78	7. 88			
	5. 在过去三年里，推出新产品的数量在增加	0. 77	7. 79			

续表

变量概念	测量题项	标准载荷	T 值	α	*CR*	*AVE*
接包方知识获取 Yli – Renko 等 (2001)[22]	1. 常常从发包方那里获得市场开发知识	0. 62		0. 83	0. 85	0. 66
	2. 常常从发包方那里获得经营管理知识	0. 97	7. 85			
	3. 常常从发包方那里获得新产品开发/服务设计知识	0. 81	7. 71			
合作冲突 Jehn and Mannix (2001)[47]	1. 与发包方经常出现冲突性的观点	0. 86		0. 92	0. 92	0. 79
	2. 与发包方在外包任务上经常发生冲突	0. 96	14. 71			
	3. 与发包方经常就如何解决问题而发生冲突	0. 86	13. 04			
接包方长期合作导向 Ganesan (1994)[38]	1. 希望可以与该主要发包方长期维持合作关系	0. 83		0. 90	0. 90	0. 76
	2. 会自动更新并延续与该发包方之间的合作关系	0. 94	13. 08			
	3. 与该主要发包方之间的合作关系是持久的	0. 83	11. 63			

资料来源：本文整理。

3. 测量模型

本文通过验证性因子分析（CFA）对模型的信度和效度进行检验。测量模型的拟合指数分别为：$\chi2$（160） = 239. 598，$\chi2$（160）/*df* = 1. 50，*NFI* = 0. 91，*NNFI* = 0. 96，*CFI* = 0. 97，*IFI* = 0. 97，*RMSEA* = 0. 054，所有指数均在理想范围内，表明该测量模型的拟合度比较好。

这里采用两种方法来对信度进行分析。首先，根据 Bagozzi and Yi（1988）[48]，在判断构念的信度时，组合信度（CR）和平均提炼方差（AVE）应该分别不低于 0. 6 和 0. 5 的临界值。本模型中所有构念的组合信度均大于 0. 8，AVE 均大于 0. 5，都满足了临界值的要求；其次，Cronbach'sα 值均大于 0. 8，达到 0. 7 的最低要求（Peterson，1994）[49]，表明构念具有较好的内部一致性。因此，测量模型的信度较为理想。

模型的效度分别从聚合效度和区分效度进行检验。首先，所有标准化因子载荷均为正，且 T 值均显著，因此，模型具有较好的聚合效度（Bagozzi and Yi，1988）[48]；其次，对于区分效度的检验，采用 Fornell and Larcker（1981）[50]的方法，如果构念的 AVE 值大于该构念与其他构念之间的相关系数的平方，就认为该构念存在较好的区分效度。如表 2 所示，本文中各构念间的相关系数均小于相应构念的 AVE 的平方根，因此，模型总体的区分效度也较为理想。

表 2 相关系数矩阵

变量	1	2	3	4	5	6	7	8	9	10
接包方创新能力	1									
接包方知识获取	0.44	1								
发包方创新能力	0.43	0.41	1							
合作冲突	-0.12	0.02	-0.15	1						
接包方长期合作导向	0.21	0.31	0.33	-0.004	1					
外包业务类别	-0.10	-0.42	-0.10	-0.07	-0.09	1				
发包方国别	0.08	-0.23	0.14	-0.24	-0.06	0.09	1			
接包方企业性质	0.16	0.08	-0.02	0.15	0.002	0.05	0.23	1		
接包方成立年限	0.12	0.07	0.02	-0.05	-0.09	-0.15	-0.05	-0.13	1	
承包年数	0.30	-0.01	0.02	-0.03	0.19	0.21	0.16	0.19	-0.41	1
均值	3.45	3.41	3.33	2.74	3.63	0.39	0.78	0.66	0.29	0.34
标准差	0.73	0.67	0.63	0.94	0.85	0.49	0.42	0.47	0.46	0.48

资料来源：本文整理。

五 实证分析

本文采用层次回归技术对假设进行检验，为了避免多重共线性，在生成解释变量与调节变量的交互项之前，先将它们分别进行中心化处理（Aiken and West，1991）[51]。在回归模型中，方差膨胀因子均小于 3，说明不存在严重的多种共线性。回归结果如表 3 所示。

表 3 中模型 1 检验了控制变量对接包方知识获取的影响。模型 2 在模型 1 的基础上增加了发包方创新能力的主效应分析，解释变量进入模型后，对接包方知识获取的方差变异的解释程度较模型 1 增加了 17.1%。回归结果表明，发包方创新能力正向影响接包方知识获取，且影响作用显著（$\beta = 0.421$，$p < 0.01$），假设 H1 得到支持。

在假设 H2 中，本文提出合作冲突对发包方创新能力与接包方知识获取间的关系起倒 U 型调节作用。表 3 中模型 4 和模型 5 分别对发包方创新能力与合作冲突的一次项和二次项的交互项的显著性进行了检验，在模型 4 中，发包方创新能力与合作冲突的一次项的交互项为正且显著（$\beta=0.11$，$p<0.1$），在模型 5 中，发包方创新能力与合作冲突的二次项的交互项为负且显著（$\beta=-0.141$，$p<0.1$），以上结果说明，合作冲突对发包方创新能力与接包方知识获取间关系的调节作用呈倒 U 型。同时，从模型 6 中可以发现，以上两个交互项的符号均未发生变化，且仍然显著，具体表现为：发包方创新能力与合作冲突的一次项的交互项为正且显著（$\beta=0.114$，$p<0.1$），与合作冲突二次项的交互项为负且显著（$\beta=-0.146$，$p<0.1$），即合作冲突的倒 U 型调节效应的检验结果得到了强化。因此，假设 H2 得到支持。

表 3　层次回归分析结果

<table>
<tr><th colspan="2" rowspan="2">变量</th><th colspan="5">接包方知识获取</th></tr>
<tr><th>模型 1</th><th>模型 2</th><th>模型 3</th><th>模型 4</th><th>模型 5</th></tr>
<tr><td rowspan="2">自变量</td><td>发包方创新能力</td><td></td><td>0.421***
(6.99)</td><td>0.375***
(5.83)</td><td>0.377***
(5.89)</td><td>0.468***
(5.53)</td></tr>
<tr><td>接包方知识获取</td><td></td><td></td><td></td><td></td><td></td></tr>
<tr><td rowspan="2">调节变量</td><td>合作冲突</td><td></td><td></td><td>-0.036
(-0.57)</td><td>-0.019
(-0.30)</td><td>-0.062
(-0.97)</td></tr>
<tr><td>接包方长期合作导向</td><td></td><td></td><td>0.125*
(1.93)</td><td>0.139**
(2.14)</td><td>0.127*
(1.97)</td></tr>
<tr><td rowspan="3">交互项</td><td>发包方创新能力×合作冲突</td><td></td><td></td><td></td><td>0.110*
(1.66)</td><td></td></tr>
<tr><td>发包方创新能力×合作冲突^2</td><td></td><td></td><td></td><td></td><td>-0.141*
(-1.68)</td></tr>
<tr><td>发包方创新能力×接包方长期合作导向</td><td></td><td></td><td></td><td></td><td></td></tr>
<tr><td rowspan="5">控制变量</td><td>外包业务类别</td><td>-0.419***
(-6.07)</td><td>-0.371***
(-6.06)</td><td>-0.362***
(-5.91)</td><td>-0.383***
(-6.15)</td><td>-0.374***
(-6.09)</td></tr>
<tr><td>发包方国别</td><td>-0.236***
(-3.40)</td><td>-0.303***
(-4.87)</td><td>-0.295***
(-4.57)</td><td>-0.311***
(-4.79)</td><td>-0.305***
(-4.73)</td></tr>
<tr><td>接包方企业性质</td><td>0.140**
(2.00)</td><td>0.163***
(2.63)</td><td>0.170***
(2.71)</td><td>0.164***
(2.63)</td><td>0.177***
(2.83)</td></tr>
<tr><td>接包方成立年限</td><td>0.052
(0.70)</td><td>0.044
(0.67)</td><td>0.045
(0.70)</td><td>0.082
(1.19)</td><td>0.040
(0.62)</td></tr>
<tr><td>承包年数</td><td>0.106
(1.40)</td><td>0.092
(1.38)</td><td>0.064
(0.94)</td><td>0.092
(1.31)</td><td>0.068
(1.00)</td></tr>
</table>

续表

变量		接包方知识获取				
		模型 1	模型 2	模型 3	模型 4	模型 5
R^2		0. 243	0. 414	0. 428	0. 437	0. 438
$\triangle R^2$			0. 171	0. 014	0. 009	0. 01
模型 F 值		10. 76***	19. 66***	15. 43***	14. 17***	14. 18***
变量		接包方知识获取			接包方创新能力	
		模型 6	模型 7	模型 8	模型 9	
自变量	发包方创新能力	0. 473*** (5. 62)	0. 371*** (5. 82)	0. 454*** (5. 37)		
	接包方知识获取				0. 504*** (6. 57)	
调节变量	合作冲突	-0. 045 (-0. 70)	-0. 020 (-0. 33)	-0. 028 (-0. 43)		
	接包方长期合作导向	0. 142** (2. 19)	0. 134** (2. 08)	0. 148** (2. 30)		
交互项	发包方创新能力×合作冲突	0. 114* (1. 74)		0. 111* (1. 69)		
	发包方创新能力×合作冲突²	-0. 146* (-1. 75)		-0. 122 (-1. 44)		
	发包方创新能力×接包方长期合作导向		0. 124** (1. 98)	0. 106* (1. 68)		
控制变量	外包业务类别	-0. 396*** (-6. 35)	-0. 392*** (-6. 26)	-0. 419*** (-6. 60)	0. 101 (1. 34)	
	发包方国别	-0. 322*** (-4. 97)	-0. 306*** (-4. 77)	-0. 329*** (-5. 10)	0. 168** (2. 35)	
	接包方企业性质	0. 171*** (2. 75)	0. 176*** (2. 83)	0. 176*** (2. 84)	0. 090 (1. 28)	
	接包方成立年限	0. 077 (1. 14)	0. 069 (1. 05)	0. 097 (1. 42)	0. 132* (1. 78)	
	承包年数	0. 097 (1. 39)	0. 084 (1. 23)	0. 113 (1. 61)	0. 027 (0. 35)	
R^2		0. 448	0. 441	0. 457	0. 255	
$\triangle R^2$		0. 02	0. 013	0. 029	0. 193	
模型 F 值		13. 22***	14. 39***	12. 41***	9. 52***	

注：括号内为 T 值，* $p<0.1$，** $p<0.05$，*** $p<0.01$。

资料来源：本文整理。

模型 7 检验了接包方长期合作导向的调节作用，结果表明，调节作用为正且显著（$\beta = 0.124$，$p < 0.05$），假设 H3 得到支持。同时，在模型 8 中，这种正向显著性仍然存在（$\beta = 0.106$，$p < 0.1$），因此，假设 H3 得到进一步强化。

模型 9 检验了控制变量和接包方知识获取对接包方创新能力的影响作用。从回归结果来看，接包方知识获取正向影响接包方创新能力，且影响作用显著（$\beta = 0.504$，$p < 0.01$），假设 H4 也得到支持。

为了进一步解释调节作用，本文进行了简单斜率分析，结果如图 2 和图 3 所示。从图 2 中可以发现，在高、中和低三种不同强度的冲突下，发包方创新能力对接包方知识获取的影响作用存在明显的差别。当合作冲突处于适中强度时，发包方创新能力对接包方知识获取的影响作用更大。而当合作冲突处于低强度和高强度时，这种影响作用则明显变弱。本文又进一步对三组冲突强度的斜率之间的差异性进行显著性检验，结果表明，适中强度冲突的斜率与高强度冲突（$t = 1.70$，$p < 0.1$）和低强度冲突（$t = 3.26$，$p < 0.01$）的斜率之间均存在显著性差异。此结果与回归分析中的结果相一致，由此，假设 H2 得到进一步验证。

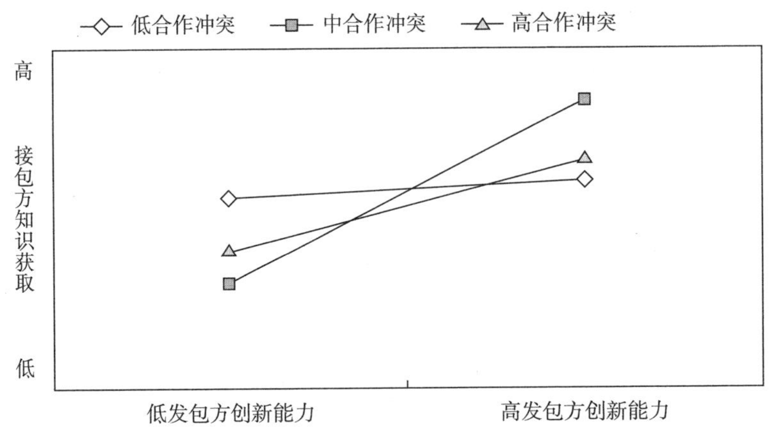

图 2　合作冲突倒 U 型调节作用的简单斜率分析

资料来源：本文绘制。

在图 3 中，高和低两组长期合作导向下，发包方创新能力对接包方知识获取的影响作用也明显不同。当长期合作导向高时，随着发包方创新能力的增强，接包方知识获取的上升速度更快。而当长期合作导向低时，接包方知识获取的上升速度则明显下降。本文也同样对高、低两组长期合作导向的斜率之间的差异性进行显著性检验，结果表明，两者之间存在显著性差异（$t=2.11$，$p<0.05$）。该结果与回归分析中的结果相一致，由此，假设 H3 得到进一步验证。

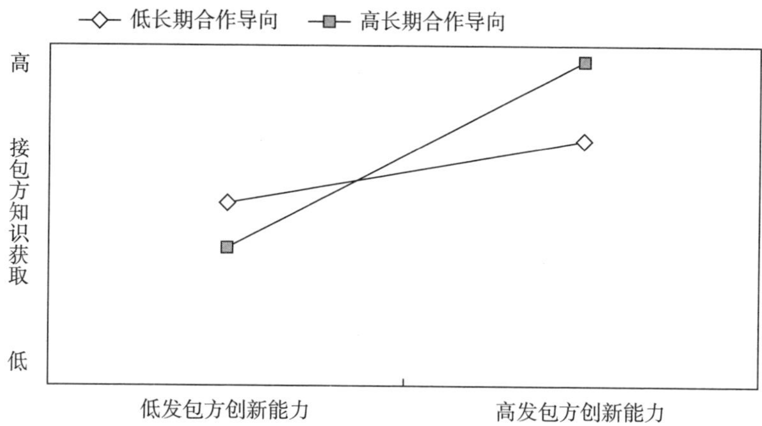

图 3 接包方长期合作导向调节作用的简单斜率分析

资料来源：本文绘制。

此外，为了进一步探索接包方知识获取在发包方创新能力与接包方创新能力之间的中介作用是完全中介还是部分中介，本文借鉴 Zhao 等（2010）[52] 的中介效应判别方法，使用 Preacher 等（2007）[53] 开发的 SPSS 宏程序，采用 Bootstrap 方法对接包方知识获取的中介效应进行检验，检验结果如表 4 所示。

表 4 接包方知识获取的中介作用

效应类型	效应量	*SE*	统计量	*P*	95% 置信区间	
间接效应	0.175	0.053	3.258（Z）	0.0011**	0.087	0.2957
直接效应	0.314	0.097	3.239（T）	0.0014**	0.1226	0.5053
总效应	0.489	0.096	5.113（T）	0.000**	0.3001	0.6776

注：* $p<0.05$，** $p<0.01$，*** $p<0.001$。

资料来源：本文整理。

根据 Zhao 等（2010）[52]，在 Bootstrap 的分析结果中，如果置信区间不包含 0，则说明所检验的变量间关系的效应是显著存在的。在表 4 中，中介效应的 95% 置信区间为（$LLCI=0.087$，$ULCI=0.2957$），不包含 0，说明接包方知识获取的中介效应显著，中介效应大小为 0.175。此外，在控制了接包方知识获取后，发包方创新能力对接包方创新能力的直接效应的 95% 置信区间为

（$LLCI=0.1226$，$ULCI=0.5053$），仍然不包含0。因此，接包方知识获取在发包方创新能力对接包方创新能力的影响中发挥部分中介作用。中介效应占总效应的比重为0.175/0.489 = 35.8%。

六 讨论

1. 结论

在当今激烈的市场竞争中，创新能力是企业参与竞争的关键要素，是企业创造持续竞争优势和巩固市场地位的重要机制。本文立足于战略外包情境，从接包方视角出发，选取接包方知识获取作为中介变量，关系质量中的合作冲突和长期合作导向作为调节变量，对发包方创新能力对接包方创新能力的影响机制进行了理论探索与实证研究。研究结果表明，发包方的创新能力是提升接包方创新能力的重要外部资源。发包方创新能力通过知识溢出和组织间学习可以有效地促进接包方的知识获取，获取到的外部知识为接包方创新能力的提升提供了必要保障。接包方知识获取在发包方创新能力与接包方创新能力之间扮演部分中介作用。同时，接包方长期合作导向与合作冲突对发包方创新能力与接包方知识获取之间的关系均存在显著的调节效应。具体表现为：接包方长期合作导向强化了发包方创新能力对接包方知识获取的影响；合作冲突则起倒U型调节效应，当合作冲突处于适中强度时，发包方创新能力对接包方知识获取的影响作用最大。

2. 理论启示

首先，早期对冲突的研究多数强调冲突对个人关系、个人绩效和团队绩效的破坏性作用。但随着研究的深入，对于冲突的理解也逐渐多元化。有学者将冲突区分为建设性冲突和破坏性冲突（Song等，2006）[54]。还有一些学者指出，冲突效应的表现受某些特定因素的影响，如冲突强度和任务互依性等（Jehn，1995[32]；De Dreu，2006[35]）。虽然已有大量文献对冲突进行研究，但其中多数探讨的是冲突与组织绩效、关系绩效或组织创新的直接关系，而伴随着组织间关系的多元化和复杂化的趋势，应该从更多的视角对冲突与创新能力间的关系展开探讨。本文将合作冲突作为调节变量，选定战略外包情境中的核心要素——创新能力，挑战已有文献对接包方价值创造充分关注而弱化接包方价值获取的事实，弥补服务外包创新能力的相关文献中对组织学习理论关注的不足，从接包方视角出发，探讨关系中的重要双面效应因素，合作冲突在发包方创新能力影响接包方创新能力过程中的调节作用。本文弥补了已有文献对冲突调节效应探讨的不足，也从不同角度丰富了人们对于冲突与创新能力之间关系的认识。同时，有关组织学习的主流文献指出，冲突可以促进组织间的沟通、信息分享和知识转移，获取到的知识有利于组织实现创新（Kale 等，2000[11]；Holmqvist，2003[12]）。但随着冲突强度的增加，冲突对学习的影响作用却并非逐渐增强。本文对高、中、低三种强度的合作冲突在接包方创新能力提升中表现出的差异性影响机制的探讨表明，适中强度冲突最有利于促进组织间学习。丰富了人们对于冲突与组织学习间关系的认识，这也是对组织学习理论边界的扩展和补充。

其次，本文对关系视角的引入是对组织学习理论认识的补充和深化。组织学习是组织为了提升竞争优势而采取的一系列获取和创造知识的行为，学习的发生和学习效果依赖于行为主体之间的关系，尤其在组织间学习中更是如此。组织学习渗透着关系层面的因素，同时，关系视角也强调了关系对信息共享和知识转移的重要作用。因此，本文通过关系视角的引入来更好地分析组织学习的内在机理，这是对组织学习理论认识的深化。

最后，知识溢出效应是由双边或多边主体共同参与而形成的。因此，知识溢出效应的产生不仅取决于知识发出方的行为，同时，也受到知识接收方学习能力和学习动机等因素的影响（Inkpen，1998[9]；Mancusi，2008[10]）。但在已有的知识溢出的相关文献中，多数研究仅从知识发出方来探讨知识溢出效应，而对知识接收方的学习动机等因素则关注甚少。同时，多数文献集中于对知识溢出与创新或绩效之间直接关系的研究，对两者之间的中介机制的探讨则相对不足，以上两点导致人们对知识溢出效应的认识并不够全面。本文将组织学习中的关键构成要素知识获取作为发包方知识溢出作用于接包方创新能力的中介机制，并充分考虑接包方学习动机在发包方知识溢出影响接包方创新过程中所发挥的作用。基于此，探讨了发包方创新能力对接包方创新能力的影响机制，由此来弥补当前关于知识溢出效应发挥研究的不足。

3. 实践启示

在战略外包中，发包方更重视接包方的知识储备和服务创新，这对接包方的学习能力和创新能力提出了更高的要求。因此，对于接包方来讲，要想成功地参与市场竞争，就需要持续地提升自身的学习能力，丰富企业知识库。本文通过研究发现，发包方的创新能力可以通过接包方的知识获取行为来促进接包方创新能力的提升。因此，接包方应该重视向发包方学习和对其知识的吸收。发包方作为顾客企业，往往能带来创新性的想法和观点，尤其是创新能力强的发包企业，在市场开发、经营管理和产品设计等方面的经验更为丰富。通过将来自于发包方的外部知识与企业内部知识进行整合，可以形成有利于提升接包方创新能力的新知识，这对于接包方成功地参与发包方的战略革新并助推其组织转型起到至关重要的作用。综上，发包方可以为接包方创新能力的提升提供重要的外部资源，使其能够更好地参与外包实践。基于此，接包方应强化对发包方知识的获取行为。

同时，战略外包与传统外包相比，需要发包方与接包方之间建立更稳定和更紧密的合作关系，良好的合作关系可以促进知识由发包方向接包方的转移。因此，为了能充分地利用发包方的创新能力达到获取知识的目的，接包方应提升与发包方之间的关系质量。基于本文的研究结果，接包方可通过以下两个途径来提升关系质量：以长期合作导向为出发点建立合作关系和加强对合作冲突的科学管理。首先，接包方的长期合作导向可以表达持续合作的愿望，接收到这样的信号，发包方会更愿意投入到合作之中，这将促进知识由发包方向接包方的转移，大大增加了接包方获取知识的可能性。其次，接包方也应该重视对合作冲突的管理，冲突既能够促进组织间学习，也能通过破坏组织间关系来抑制组织间学习，而影响冲突对学习产生促进作用还是抑制作用的关键因素之一就是冲突强度，太低和太高强度的冲突均不利于双方的互动和信息交流，唯有适中强度的冲突才最有利于组织间学习。因此，对于冲突，接包方要掌握一个“度”的问题，即控制好冲突的强度。在与发包方的合作中，接包方不应该回避冲突，相反，应该积极主动地处理冲突，解决冲突的过程可以加深双方对问题的理解，更有助于接包方的知识获取，进而达到提升创新能力的目的。因此，接包方应该认识到：合理地利用冲突，甚至适当激发冲突都有利于冲突的价值创造。

4. *局限性与未来研究方向*

首先，本文将关系质量作为高阶构念，选取其中的合作冲突和长期合作导向两个变量，分别探讨了它们对发包方创新能力与接包方创新能力之间关系的调节作用，由于影响创新能力提升的权变因素是多元化的，因此，未来可以基于不同的理论选取其他关键因素对调节效应进行研究。其次，本文按照强度维度对合作冲突进行划分，未来的研究可以选择其他划分方法来探讨冲突的调节作用，如建设性冲突和破坏性冲突等。虽然已有文献对上述冲突类型进行了一些定性和定量研究，但将它们作为调节变量并关注与创新之间关系的文献还比较鲜见，因此，可以在未来对此进行进一步探索。最后，本文的调研数据来自中国服务外包企业，未来可以更广泛地搜集不同国家的数据，加入差异化文化背景的实证分析会使结论更具普适性。

参考文献

[1] Quinn J B. , "Strategic Outsourcing: Leveraging Knowledge Capabilities," *Sloan Management Review*, 1999, 40, (4) : 9 – 21.

[2] Kedia B L, Lahiri S. , "International Outsourcing of Services: A Partnership Model," *Journal of International Management*, 2007, 13, (1) : 22 – 37.

[3] Hätönen J, Eriksson T. , "30 + Years of Research and Practice of Outsourcing – Exploring the Past and Anticipating the Future," *Journal of International Management*, 2009, 15, (2) : 142 – 155.

[4] Li Y, Liu Y, Li M, et al. , "Transformational Offshore Outsourcing: Empirical Evidence from Alliances in China," *Journal of Operations Management*, 2008, 26, (2): 257 – 274.

[5] Tallman S, Chacar A S. , "Communities, Alliances, Networks and Knowledge in Multinational Firms: A Micro – analytic Framework" *Journal of International Management*, 2011, 17, (3): 201 – 210.

[6] Levina N, Ross J W. , "From the Vendor's Perspective: Exploring the Value Proposition in Information Technology Outsourcing," *MIS Quarterly*, 2003, 27, (3): 331 – 364.

[7] Azadegan A, Dooley K J, Carter P L, et al. , "Supplier Innovativeness and the Role of Interorganizational Learning in Enhancing Manufacturer Capabilities," *Journal of Supply Chain Management*, 2008, 44, (4): 14 – 35.

[8] Azadegan A. , "Benefiting from Supplier Operational Innovativeness: The Influence of Supplier Evaluations and Absorptive Capacity," *Journal of Supply Chain Management*, 2011, 47, (2): 49 – 64.

[9] Inkpen A. , "Learning, Knowledge Acquisition, and Strategic Alliances," *European Management Journal*, 1998, 16, (2): 223 – 229.

[10] Mancusi M L. , "International Spillovers and Absorptive Capacity: A Cross – country Cross – sector Analysis Based on Patents and Citations," *Journal of International Economics*, 2008, 76, (2): 155 – 165.

[11] Kale P, Singh H, Perlmutter H. , "Learning and Protection of Proprietary Assets in Strategic Alliances: Building Relational Capital," *Strategic Management Journal*,

2000, 21, (3): 217 -237.

[12] Holmqvist M. A, "Dynamic Model of Intra - and Interorganizational Learning," *Organization Studies*, 2003, 24, (1): 95 -123.

[13] Kumar N, Scheer L K, Steenkamp J B E M. , "The Effects of Supplier Fairness on Vulnerable Resellers," *Journal of Marketing Research*, 1995, 32, (1): 54 -65.

[14] Mohr J J, Gundlach G T, Spekman R. , "Legal Ramifications of Strategic Alliances," *Marketing Management*, 1994, 3, (2): 38 -46.

[15] Ndubisi N O. , "Conflict Handling, Trust and Commitment in Outsourcing Relationship: A Chinese and Indian Study," *Industrial Marketing Management*, 2011, 40, (1): 109 -117.

[16] Vaaland T I, Håkansson H. , "Exploring Interorganizational Conflict in Complex Projects," *Industrial Marketing Management*, 2003, 32, (2): 127 -138.

[17] Huber G P. , "Organizational Learning: The Contributing Processes and the Literatures," *Organization Science*, 1991, 2, (1): 88 -115.

[18] Larsson R, Bengtsson L, Henriksson K, et al. , "The Interorganizational Learning Dilemma: Collective Knowledge Development in Strategic Alliances," *Organization Science*, 1998, 9, (3): 285 -305.

[19] Hamel G. , "Competition for Competence and Interpartner Learning within International Strategic Alliances," *Strategic Management Journal*, 1991, 12, (S1): 83 -103.

[20] Hau L N, Evangelista F. , "Acquiring Tacit and Explicit Marketing Knowledge from Foreign Partners in IJVs," *Journal of Business Research*, 2007, 60, (11): 1152 -1165.

[21] Powell W, Koput, L. Smith - Doerr, "Interorganizational Collaboration and the Locus of Innovation: Networks of Learning in Biotechnology," *Administrative Science Quarterly*, 1996, 41, (1): 116 -145.

[22] Yli - Renko H, Autio E, Sapienza H J. , "Social Capital, Knowledge Acquisition, and Knowledge Exploitation in Young Technologybased Firms," *Strategic Management Journal*, 2001, 22, (6 -7): 587 -613.

[23] 刘雪锋、徐芳宁、揭上锋：《网络嵌入性与知识获取及企业创新能力关系研究》，《经济管理》2015 年第 3 期。

[24] Perri A, Andersson U, Nell P C, et al. , "Balancing the Trade - off between Learning Prospects and Spillover Risks: MNC Subsidiaries'Vertical Linkage Patterns in Developed Countries," *Journal of World Business*, 2013, 48, (4): 503 -514.

[25] Dyer J H, Nobeoka K. , "Creating and Managing a High - performance Knowledge - sharing Network: The Toyota Case," *Strategic Management Journal*, 2000, 21, (3): 345 -367.

[26] Dyer J H, Singh H. , "The Relational View: Cooperative Strategy and Sources of Interorganizational Competitive Advantage," *Academy of Management Review*, 1998, 23, (4): 660 - 679.

[27] Insinga R C, Werle M J. , "Linking Outsourcing to Business Strategy," *The Academy of Management Executive*, 2000, 14, (4): 58 - 70.

[28] Hansen M T. , "The Search - Transfer Problem: The Role of Weak Ties in Sharing Knowledge across Organization Subunits," *Administrative Science Quarterly*, 1999, 44, (1): 82 - 111.

[29] Ding X H, Huang R H. , "Effects of Knowledge Spillover on Inter - organizational Resource Sharing Decision in Collaborative Knowledge Creation," *European Journal of Operational Research*, 2010, 201, (3): 949 - 959.

[30] 王永贵、马双、杨宏恩：《服务外包中创新能力的测量、提升与绩效影响研究——基于发包与承包双方知识转移视角的分析》，《管理世界》2015 年第 6 期。

[31] Walton R E, Dutton J M. , "The Management of Interdepartmental Conflict: A Model and Review," *Administrative Science Quarterly*, 1969, 14, (14): 73 - 84.

[32] Jehn K A. A, "Multimethod Examination of the Benefits and Detriments of Intragroup Conflict," *Administrative Science Quarterly*, 1995, 40, (2): 256 - 285.

[33] Carnevale P J, Probst T M. , "Social Values and Social Conflict in Creative Problem Solving and Categorization," *Journal of Personality&Social Psychology*, 1998, 74, (5): 1300 - 1309.

[34] Doz Y L, Hamel G. , *Alliance Advantage: The Art of Creating Value Through Partnering* (Harvard Business Press, 1998).

[35] De Dreu C K W. , "When too Little or too Much Hurts: Evidence for a Curvilinear Relationship between Task Conflict and Innovation in Teams," *Journal of Management*, 2006, 32, (1): 83 - 107.

[36] Simons T L, Peterson R S. , "Task Conflict and Relationship Conflict in Top Management teams: The Pivotal Role of Intragroup Trust," *Journal of Applied Psychology*, 2000, 85, (1): 102 - 111.

[37] 王辉、张广玲、詹志方：《营销渠道中的冲突与合作如何影响关系学习》，《经济管理》2013 年第 11 期。

[38] Ganesan S. , "Determinants of Long - term Orientation in Buyer - seller Relationships," *Journal of Marketing*, 1994, 58, (2): 1 - 19.

[39] Vachon S, Halley A, Beaulieu M. , "Aligning Competitive Priorities in the Supply Chain: The Role of Interactions with Suppliers," *International Journal of Operations*

&Production Management, 2009, 29, (4): 322 - 340.

[40] Purdy L, Safayeni F., "Strategies for Supplier Evaluation: A Framework for Potential Advantages and Limitations," *IEEE Transactions on Engineering Management*, 2000, 47, (4): 435 - 443.

[41] Madhok A, Tallman S B., "Resources, Transactions and Rents: Managing Value Through Interfirm Collaborative Relationships," *Organization Science*, 1998, 9, (3): 326 - 339.

[42] Gupta A, Seshasai S, Mukherji S, et al., "Offshoring: The Transition From Economic Drivers Toward Strategic Global Partnership and 24 - Hour Knowledge Factory," *Electronic Journal*, 2007, 5, (2): 1 - 23.

[43] Stuart T E., "Interorganizational Alliances and the Performance of Firms: A Study of Growth and Innovation Rates in a Hightechnology Industry," *Strategic Management Journal*, 2000, 21, (8): 791 - 811.

[44] Armstrong J S, Overton T S., "Estimating Nonresponse Bias in Mail Surveys," *Journal of Marketing Research*, 1977, 14, (3): 396 - 402.

[45] Calantone R J, Cavusgil S T, Zhao Y., "Learning Orientation, Firm Innovation Capability, and Firm Performance," *Industrial Marketing Management*, 2002, 31, (6): 515 - 524.

[46] Keskin H., "Market Orientation, Learning Orientation, and Innovation Capabilities in SMEs: An Extended Model," *European Journal of Innovation Management*, 2006, 9, (4): 396 - 417.

[47] Jehn K A, Mannix E A., "The Dynamic Nature of Conflict: A Longitudinal Study of Intragroup Conflict and Group Performance," *Academy of Management Journal*, 2001, 44, (2): 238 - 251.

[48] Bagozzi R P, Yi Y., "On the Evaluation of Structural Equation Models," *Journal of the Academy of Marketing Science*, 1988, 16, (1): 74 - 94.

[49] Peterson R A. A, "Meta - Analysis of Cronbach's Coefficient Alpha," *Journal of Consumer Research*, 1994, 21, (2): 381 - 391.

[50] Fornell C, Larcker D F., "Evaluating Structural Equation Models with Unobservable Variables and Measurement Error," *Journal of Marketing Research*, 1981, 18, (1): 39 - 50.

[51] Aiken L S, West S G., "Multiple Regression: Testing and Interpreting Interactions," *Sage*, 1991.

[52] Zhao X, Lynch J G, Chen Q., "Reconsidering Baron and Kenny: Myths and Truths about Mediation Analysis," *Journal of Consumer Research*, 2010, 37, (2): 197 - 206.

[53] Preacher K J, Rucker D D, Hayes A F. , "Addressing Moderated Mediation Hypotheses: Theory, Methods, and Prescriptions," *Multivariate Behavioral Research*, 2007, 42, (1): 185 – 227.

[54] Song M, Dyer B, Thieme R J. , "Conflict Management and Innovation Performance: An Integrated Contingency Perspective," *Journal of the Academy of Marketing Science*, 2006, 34, (3): 341 – 356.

新时代中国企业管理创新研究

——以海尔制管理模式为例

李海舰　李文杰　李　然

习近平总书记在党的十九大报告中提出，中国特色社会主义发展进入了新时代。其标志有以下几点。一是从高速度增长转向高质量发展。强调质量第一、效益优先，推动质量变革、效率变革、动力变革。二是从要素驱动发展转向创新引领发展。强调创新是引领发展的第一动力，创新包括技术创新、制度创新、管理创新、商业模式创新等。三是从经济大国转向经济强国，即从站起来、富起来到强起来，工业则是从无到有、从少到多转向从大到强。与此相适应，微观层面，中国现代企业及其管理必须“跟上时代”“在时代里”。因此，“打造时代企业”“打造时代管理”，既是新时代中国特色社会主义发展的必然，又是新时代中国特色社会主义发展的必须。

“打造时代企业”“打造时代管理”，需要先进理论指导。然而，先进理论产生及其发展来自时代要求和实践创新，即“从实践中来到实践中去”，不断循环往复。习近平总书记在党的十九大报告中指出：“时代是思想之母，实践是理论之源。”基于这一认知范式，本文从新时代和新实践出发，对海尔创新发展实践加以概括、归纳、提炼、挖掘、总结、提升，在此基础上形成了一整套关于管理理论发展的新认识。本文研究框架及其核心要义如图 1 所示。

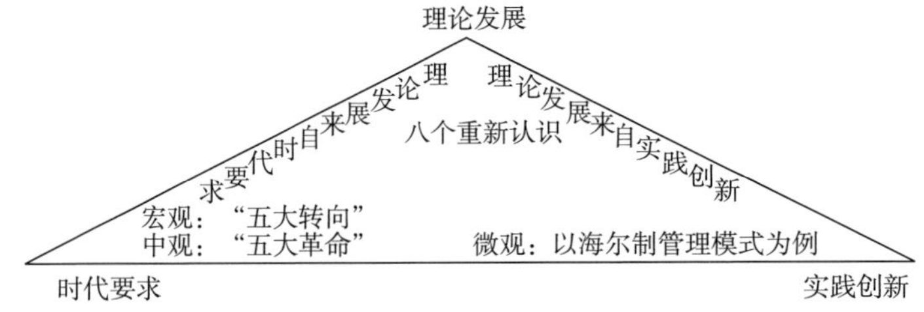

图 1　本文研究框架

资料来源：本文绘制。

一 时代是思想之母：中国企业管理创新面临的新时代

当今世界，工业经济、服务经济叠加虚拟经济、知识经济、信息经济、网络经济、共享经济、智能经济、数字经济……无论宏观整体层面还是中观产业层面，都在发生深刻性的、根本性的变革。本文将这些变革概括为“五大转向”和“五大革命”。

1. “五大转向”

（1）从低速状态转向高速状态。早在2000年前后，英特尔公司董事局主席安迪·格鲁夫在《只有偏执狂才能生存》一书中提出，这个社会进入了“10倍速变化”时代，一切都快了起来（安迪·格鲁夫，2002）。其典型表现是“四个周期变短”：产业生命周期变短、产品生命周期变短、技术生命周期变短，知识生命周期变短。这样一来，企业竞争，除打成本战、打品牌战外，还要“打速度战”。也就是说，只有跟上“时代步速”才能生存。

（2）从确定性情景转向不确定性情景。这是一个VUCA的时代。V，Volatility，易变性；U，Uncertainty，不确定性；C，Complexity，复杂性；A，Ambiguity，模糊性。也就是说，这个时代，外部更加不稳定性，未来更加不确定性，环境更加高复杂性。所有固化的东西在变化的世界里，势必无法生存下来。因此，企业发展及其管理必须跟上时代、不断创新。如何创新？在新时代，必须基于前沿、基于方向、基于趋势。也就是说，谁能把握前沿、把握方向、把握趋势，谁就赢得未来。不仅如此，“未来已来”，今天的非主流很快会成为明天的主流。以产业发展为例，正在融入“八大元素”：生态元素、文化元素、健康元素、快乐元素、金融元素、数据元素、智慧元素、共享元素。以药业公司为例，其演进路径是：销售公司——健康公司——金融公司——数据公司。

（3）从线性变化转向非线性变化。所谓非线性变化，即事物的变化从一开始很小，并不怎么显眼。但是，达到一定拐点以后，开始进入突变阶段，变化之快、变化之大令人震惊。马云曾经用“荷花定律”来描述非线性变化。一个荷花池塘，第1天荷花开放的很少，第2天开放的数量是第一天的2倍，之后的每一天，荷花都会以前一天2倍的数量开放。假定到第30天荷花就开满了整个池塘，请问第几天池塘中的荷花开放了一半？一般回答是第

15天。错！第29天。此即“荷花定律”。也就是说，从第1天到第29天，变化是线性的；在第29天到第30天，变化是非线性的。在新时代，非线性变化成为常态。因此，指数型成长、指数型组织是新时代的关键词（萨里姆·伊斯梅尔等，2015）。换句话说，在新时代，高质量发展和高速度增长二者是统一的、并行的。

（4）从实体空间转向虚拟空间。空间是企业从事一切经营活动的场所。随着时代变化，对空间的认识也在不断升级。陆域，空间1.0；＋海域，空间2.0；＋空域（低空、高空、太空），空间3.0；＋虚拟空间，空间4.0。也就是说，继陆域、海域、空域之后、人类社会又产生了一个与实体空间平衡的虚拟空间。在虚拟空间里，由于随时在线、即时链接，具有零时间、零距离、零成本的特征。不仅如此，虚拟空间是无边界的，亦即“三零一无”。在新时代，企业活动空间应体现为“实中有虚、虚中有实，虚实结合、融为一体”。

（5）从同道追赶转向换道超车。在新时代，一切都在颠覆之中。过去，一个企业消亡，最终是被最佳同行打败的；现在，一个企业消亡，首先是被这个时代淘汰。也就是说，对手不是同行而是时代（李海舰等，2014）。用企业家语言讲，“我打败你，与你无关”。例如，数码相机VS照相胶卷、高德地图VS导航设备、淘宝商城VS实体商店、网络银行VS传统银行、美团外卖VS康师傅方便面、移动支付VS小偷扒手。与此相适应，在企业发展理念上，已从“输血机制”“造血机制”全面转向“换血机制”。需要指出的是，“换道”代表高质量发展，“超车”代表高速度增长。这里，再次证明，在新时代，高质量发展和高速度增长可以统一、并行。

2. “五大革命”

（1）产业技术革命。人类社会至今已发生过四次重大技术革命，即从机械化、自动化到信息化、智能化，从替代人的体力劳动到替代人的脑力劳动。当前，新技术群的出现，包括：大数据、云计算、互联网、物联网、人工智能、智能终端；ICT、DT、CPS、VR、AR、区块链；识别技术（指纹、语音、人脸）、无人技术（无人驾驶、无人工厂、无人商场、无人银行）、3D技术，等等。例如，以移动互联网为代表的新技术，改变了交易场所，拓展了交易时间，丰富了交易品类，消灭了中间环节，加快了交易速度（李海舰等，2014）。再以支付革命为例，支付1.0，现金支付；支付2.0，刷卡支付；支付3.0，移动支付；支付4.0，刷脸支付。需要指出的是，它们既是技术，又是基础设施，还是产业，更是思维方式。例如，互联网技术、互联网设施、互联网产业、互联网思维。

（2）产业结构革命。一是产业分工深化。即从产业间分工向产业内分工深化、从企业间分工向企业内分工深化、从产品间分工向产品内分工深化，还发生了从部件间分工向部件内分工深化、从区段间分工向区段内分工深化、从环节间分工向环节内分工深化。出现了小环节大产业、小环节大市场的现象，例如试制产业、一般部件制造产业、核心部件制造产业、组装产业，再如检测产业、诊断产业、治疗产业、康复产业。二是产业整合加速。一产二产三产融为一体、上游中游下游融为一体，即出现了“全产业链”“全生态圈”，产业、企业发生了破界、跨界、无界的变化。这样一来，企业则以经营某一产业转向经营生态系统。

（3）产业组织革命。过去，产业组织和企业组织分离；现在，随着产品、部件、区段、环节成为产业，产业组织和企业组织融合。尽管企业“做强做大”目标不变，但是途径不一样了：过去，就企业做企业，重心在内部；现在，跳出企业做企业，重心在外部。也就是说，企业组织发生了从母子公司体制向商业生态系统的转型（李海舰和魏恒，2007），如表1所示。作为商业生态系统，其典型特征是：内外部一体化、“四小四大结构”，即小实体大虚拟、小规模大网络、小核心大外围、“小脑袋大身子”。这里，作为企业组织形态，商业生态系统亦称“独立联合体”，即“独联体”或“企业帝国”。

表1　商业生态系统与母子公司体制的比较

母子公司体制	商业生态系统
把外部内部化	把内部外部化
兼并收购	外包众包（杰夫·豪，2009）
产权关系链接	契约关系链接
规模之大、实力之大、有形之大	网络之大、势力之大、无形之大
公司化运作、封闭式发展	社会化运作、开放式发展
重资产经营	轻资产经营
木桶理论（短板理论）	新木桶理论（长板理论）

资料来源：本文整理。

（4）产业布局革命。过去，产业布局、企业布局主要基于实体空间。狭义地讲，受限于空间1.0的思维。现在，随着虚拟空间出现，产业布局、企业布局不仅基于实体空间，更加基于虚拟空间。广义地讲，扩展至空间4.0的思维。这样一来，产业布局、企业布局则要基于“实体空间和虚拟空间两者打通、融为一体”的原理进行重构、优化。随之，则出现从公司化运作转向社会化运作、从一体化布局转向碎片化布局、从实体型集群转向虚拟型集群。特别是虚拟空间“三零一无”的特征，将使产业布局、企业布局发生根本性的革命。

（5）产业业态革命。随着新技术、新理念的推出，新的业态不断涌现，例如新制造、新零售、新金融、新服务。以汽车产业为例，正在八个方面发生重大革命。①在定位上，汽车要由交通工具转向智能终端，智能网联汽车成为主攻方向，即车与人、车与车、车与环境互联互通，形成一个动态场景，每辆汽车都可即时采集周边数据，以此决定最优时段、路线、车道，从而最大限度节约出行时间。②在制造上，汽车要由部件组装转向3D打印，实现智能制造，“把汽车打印出来”。③在动力上，汽车要由传统能源转向新型能源，即从燃油车转向电动车。④在驾驶上，汽车要由有人驾驶转向无人驾驶。这里，汽车产业是人工智能技术应用的重要载体。⑤在空间上，汽车要由陆面运行转向空中飞行。即“让汽车飞起来”，飞行汽车，陆空一体。⑥在出行上，汽车要由单独拥有转向共享出行。共享汽车出现以后，原来买不起车的、用不起车的，都来用汽车了，汽车的需求量不是小了而是大了。⑦在生态上，硬件包括充电装置、道路设施，软件包括网络安全、交通规则，包括基础设施改造在内的整个汽车产业生态系统需要重构。⑧在统计上，作为制造公司，统计的是汽车的产销量，衡量的是企业的生产率；作为出行公司，统计的是汽车的公里数，衡量的是汽车的使用率；作为数据公司，统计的是汽车的数据量，衡量的是用户的便利性。

二 实践是理论之源：实践创新远远走在理论创新前面

领航企业今天的成功实践，就是一般企业明天的发展航标。改革开放40年来，中国涌现出了一批先进管理领航企业，特别是进入21世纪以来，中国少数企业在世界企业管理上由“跟随者”变成了“领航者”，诸如海尔、华为、格力、阿里、百度、腾讯，它们在实践中形成了各具特色的管理模式，如海尔模式、华为模式、阿里模式，本文选择海尔创新发展实践作为典型案例展开分析。从现有文献看，在理论表述上，一般是海尔模式、海尔管理模式、海尔集团管理模式、海尔人单合一模式等，而“海尔制管理模式”这一表述则没使用过。本文之所以提出“海尔制管理模式”，旨在将海尔创新发展实践从个别性上升为一般性、从狭义性上升为广义性，乃至从中国特色上升为国际共识，并将其与福特制管理模式、丰田制管理模式对接、并列。

1. 海尔制管理模式的形成过程

（1）别人打数量战，海尔打质量战。20 世纪 80 年代至 90 年代期间，中国处于短缺经济状态，市场供不应求成为常态。当时，绝大多数企业注重扩大产品数量，而海尔则致力于提升产品质量，其典型事件是“砸冰箱”。通过“砸冰箱”，砸出了海尔的产品质量观和品牌影响力。其日常做法是“大脚印管理法”，日事日毕，日毕日清，日清日高（李海舰等，2016）。

（2）别人打质量战，海尔打服务战。随着短缺经济向过剩经济的转变，中国市场出现了供大于求的状况，不仅一般商品供大于求，而且名牌产品同样供大于求。此时，绝大多数企业开始从追求产品数量转向追求产品质量，而海尔则在打造产品服务上先行一步。例如，海尔服务人员在上门安装电器时，一是戴上鞋套，以免弄脏顾客家的地板；二是带上两块布，一块布展开遮护顾客家中的沙发等家具，一块布把电器包装等废弃物打包带走。其间，在顾客家不喝一口水，不抽一支烟。事后，海尔有关部门电话回访顾客对服务人员的评价。评价得好，服务人员报酬就高；评价不好，服务人员报酬就低甚至没有报酬（曹仰锋，2017）。这套服务质量标准体系，不是让顾客“零投诉”，而是让顾客“零抱怨”。

（3）别人打服务战，海尔打创新战。进入 21 世纪以来，中国市场竞争日益激烈，在众多企业将注意力从产品质量转向产品服务的时候，海尔则开始转向创新发展。技术层面，从满足消费者的显在需求转向开发消费者的潜在需求，从跟着市场走转向领着市场走。以洗衣机为例，诸如小小神童洗衣机、不用洗衣粉的洗衣机的推出，则是海尔响应资源节约型、环境友好型“两型社会”建设的有力证明。制度层面，海尔在上下流程之间建立以市场需求引导、以价格机制调节的市场交易关系，搭建起企业内部的市场链，首创 SST 机制，即基于市场链的索酬（S）、索赔（S）和跳闸（T）机制（李海舰和郭树民，2008）。

（4）别人打创新战，海尔打速度战。2008 年全球金融危机爆发以来，国内众多企业产品出口受阻，大量产品堆在仓库里卖不出去，而海尔则“砸仓库”，实行“零库存”下的即需即供体制。所谓“即需即供”体制，就是按单生产，把产品放在“货车、集装箱、公路”上。2017年，海尔产品的不入库率高达69%（周云杰和陶小然，2017）。不入库率，即产品下线后不进入仓库，直接送达用户家里或者商场。这意味着，产品在生产线上的时候就已经有“主”了。这样一来，海尔众多产品实现了从正库存向零库存的转变，目前部分产品又开始了向“负库存”的挑战，即先销售后生产。

（5）别人打速度战，海尔打重构战。如果把成立初期的海尔比喻成一条“帆船”的话，那么，经过30年的发展，海尔已成长为一艘“巨轮”。在外部更加不稳定性、未来更加不确定性、环境更加高复杂性的新时代，这艘“巨轮”的“大企业病”已严重威胁到了自身的进一步发展（彭剑锋和云鹏，2015）。为此，本来辛辛苦苦打造起来的“巨轮”，张瑞敏亲自将其拆掉，变成一条一条“小船”，然后再把这些“小船”整合起来，形成一只“联合舰队”。从“帆船”到“巨轮”再到“联合舰队”，海尔完成了新时代的组织解构、组织重构，即从“大一统”的企业结构转型为“模块化”的企业结构，由此实现了企业重生。

（6）别人打国内战，海尔打国际战。早在20世纪90年代初期，海尔即开始了全球运作的国际化新征程，并提出了“走出去”“走进去”“走上去”的企业国际化“三部曲”。海尔的国际化，其战略路径是“先难后易”。海外初期，首先进军的是对质量要求最为苛刻的德国冰箱市场，一战成名；之后，首选在美国建立海尔工业园，成为当时海尔集团海外最大生产基地；后来，海外生产进一步扩展至广大发展中国家。海尔的国际化，其市场目标是三个“三分之一”：国内产销占三分之一，海外产销占三分之一，国内生产海外销售占三分之一（曹仰锋，2017）。目前，海尔已完全实现了从“海尔的国际化”到“国际化的海尔”的转型。

（7）别人打价格战，海尔打价值战。海尔从来不跟对手竞争、打价格战，而是始终盯着顾客、创造价值，让顾客通过体验产品、体验服务进而感受到“心灵震撼”。这是因为，产品（服务）是人品（良心）的物化，海尔用员工的“良心”换取顾客的“忠心”，由此实现“以心换心、心心相印”。近来，海尔总裁周云杰曾用三个维度定义品牌：第一要有品质，第二要有品味，第三要有品格（周云杰，2018）。如果离开品格，品牌就没有生命力了。这里，高质量的产品是由高素质的员工制造的，而高素质的员工首先是高品格的员工。

（8）别人打物质战，海尔打思想战。思想指导实践，思想引领实践。有什么样的先进思想，就有什么样的先进企业。海尔在质量战、服务战、创新战、速度战、重构战、国际战、价值战方面走在众多企业前列，其实质则是在经营思想层面始终领先，一般而言，企业可用“三度”评价，即“满意度——美誉度——忠诚度”。在众多企业还在追求“满意度”的今天，海尔则在 20 世纪 80 年代后期就树立了“真诚到永远”的理念，即在践行“忠诚度”。再如，1995 年海尔兼并青岛红星电器厂，其派去的第一批人来自企业文化部门，即用“海尔文化”激活了这条“休克鱼”；2016 年海尔收购美国 GEA（通用电气家电），没有空降高管人员，只是让原有团队接受了“人单合一”（王钦，2016）这种新的理念一并落到实处，企业很快焕然一新。海尔文化当年改造的是中国企业，现在整合的则是美国企业。“人单合一”模式正复制至全世界。今天，用参观者的话说，“海尔的空气中都散发着思想”。海尔不仅制造产品，更加制造思想；不仅输出产品，更加输出思想。因此，海尔不仅是一座先进“产品库”，更是一座先进“思想库”。

总之，上述一系列企业再造过程，其集大成创新成果，即形成了目前的海尔制管理模式。

2. 海尔制管理模式的核心内容

（1）对企业的颠覆：企业平台化。企业平台化，即企业从科层制组织转型为平台化组织。包括以下几点。①去中心化。企业的领导、上级不是中心，而是以用户为中心，即从以企业为中心的组织转变为以用户为中心的组织。②去中间化，即去掉中间层，让每一个人成为自己的 CEO。改革后，海尔内部没有科层，只有三类人：平台主、小微主和创客。平台主就是为创业者提供平台资源，小微主则是创业团队，以前的员工都要转型为创客，即“人人成为创客”。③去等级化。以业务部门为例，实行“人单合一”：人就是员工，单就是用户，“人单合一”就是把员工和用户连到一起，打造一个“共创共赢”的平台；以职能部门为例，打造“两个平台”：共享平台、驱动平台，共享平台要“治而不乱”，驱动平台是“事先算赢”，由此实现“协同共享”（彭剑锋和云鹏，2015）。

（2）对顾客的颠覆：用户个性化。顾客≠用户。前互联网时代，倡导顾客概念，一次性交易，一手交钱一手交货，“付款就是销售的结束”。进入互联网时代，倡导用户概念，跟企业交互，全流程体验，而且不断交互，创造最佳体验。这里，“付款只是销售的开始”，用户不仅购买产品，更要参与前端创意、设计。现在，凭借 ABCD 技术①，把定制产品从创意、设计到制造、包装的全过程发到用户终端上，完全实现“无缝化、透明化、可视化”。这样一来，企业完成了从大规模生产向大规模定制的转型。而且，用户不仅参与前端创意、设计，更要参与后端制造、营销乃至定价、评价。只有不断体验，才能持续迭代，由此形成一个再创增值额的生态圈，所有用户聚在一起与企业探讨共同感兴趣的问题。目前，海尔推出 COSMOPlat 用户全流程参与的大规模定制解决方案平台，具有完全自主知识产权。在 COSMOPlat 上，实时获取用户抱怨，即所谓的“槽点”“痛点”，经大数据分析后，直接转化成 2000 条设计创意，形成 200 个新产品投放市场（周云杰和陶小然，2017）。例如，海尔的笔记本“雷神”就是根据网络游戏玩家的 30000 条抱怨研发而成的。还有，用户在海尔官微上的热情交互，直接导致了家用洗鞋机的问世。因此，用户和企业零距离交互，不仅可以满足用户需求，而且可以创造用户需求。

（3）对员工的颠覆：员工创客化。包括以下几点。①员工从执行者转型为创业者。人人成为创客，作为创客，拥有“三权”，即决策权、用人权、分配权（彭剑锋和云鹏，2015）。随之，企业从提供一个工作岗位转型为提供一个创业机会，或者，企业由“制造产品”转型为“制造创客”。②员工从被雇佣者转型为企业合伙人。而且，企业合伙人是动态的，即“动态合伙人制”。如果干得好，股份可以保留甚至扩大；如果干不好，没有能力往前推进，就把股份退还给本人，也就是说，随着目标发展，如果你跟不上，你的股权就会折现退还给你，你则必须退出。随之，企业目标从追求利润增长转型为发展“小微股东”。③员工薪酬从企业支付转型为用户支付。现在，海尔内部实行“断奶”，即企业不再给员工发薪酬了，薪酬是从员工创造的用户价值当中获得。几个人或十几个人组成一个小微企业，按照“0030”机制运行：第一个“0”是零基薪；第二个“0”是零费用，没有现金流，如果出差自己出钱；“30”是指，如果获得项目收益，则要拿出其中的 30% 作为风险基金（周云杰和陶小然，2017）。用户决定薪酬，就是靠你自己：你创造了用户价值，你就可以得到收益；你创造不了用户价值，你就不能得到收益。这样一来，个人收益多少完全与其所创造的用户价值直接挂钩。

---

① A—Artificial Intelligence，代表人工智能技术；B—Block Chain，代表区块链技术；C—Cloud，代表云计算技术；D—Big Date，代表大数据技术。

综上所述，海尔从制造工厂向创业平台转型，从制造产品向制造创客转型。随之，海尔整个企业文化都要发生颠覆，即从执行文化转型为创业文化。以“创”为本，从“赢在执行”转型为“赢在创业”。

3. 海尔制管理模式对经典管理理论的颠覆

（1）超越经典管理理论。海尔在企业管理实践和理论上的创新，用张瑞敏的话讲，它对若干经典管理理论形成了颠覆。

作为“科学管理之父”，泰勒当年提出时间研究、动作研究，产生了流水线，流水线带来的则是大规模制造、同质化产品；而互联网时代则要满足用的个性化需求、定制化性产。这里，依托 COSMOPlat，海尔成功地解决了个性化需求同低成本生产之间的矛盾。

作为“组织管理之父”，韦伯当年提出科层制，即官僚制，如企业内部的金字塔结构；而互联网时代带来的则是去中心化、去中间化、去等级化。这里，“人单合一”模式，则成功实现了以用户为中心的组织模式转型。

作为“一般管理理论之父”，法约尔当年提出职能管理，其实质是“他组织管理”；而互联网时代则要求“自组织管理”。这里，海尔倡导“去管理化”，每个员工都是一个“自主经营体”（“小微企业”）或“自主创业体”；在体系中活动，在轨道上运行。

作为“科斯理论”的提出者，科斯曾经提出“企业是对市场的替代”的观点。然而，在实践创新中，海尔在企业中引入市场机制，在市场中引入企业机制，企业和市场融为一体（李海舰和聂辉华，2004）。不仅如此，过去，企业内部管理成本小于外部交易成本，为了减少外部交易成本，绝大多数业务活动集中于企业内部；现在，外部交易成本小于内部管理成本，为了降低内部管理成本，绝大多数业务活动集中于企业外部。也就是说，“科斯理论”也从一端滑向了另一端。

诺贝尔经济学奖获得者奥利弗·哈特，在其关于不完全契约理论的著作《企业、合同与财务结构》中提出了委托—代理理论（奥利弗·哈特，2006）。但是，这一理论不能将每个人的剩余索取权和剩余控制权一一对应起来。假定职业经理人是一个团队，其中每个人的贡献是不一样的。这里，不完全契约理论很难将每个人的贡献和报酬完全匹配，此即“哈特难题”。而海尔创造的“动态合伙人制”，则成功地解决了这一世界性的难题。

（2）创造新的管理理论。技术改变管理。历史上的每一次重大技术革命都会突破原有管理范式中的某些制约或瓶颈，形成新的管理理论。这里，仍以海尔为例，具体阐述“双价值创造”理论的产生乃至“多价值创造”理论的萌芽。

在企业里，价值创造活动，过去偏重供给方员工创造价值，即如何使员工价值创造最大化；现在偏重需求方顾客创造价值，即如何使顾客价值创造最大化。二者遵循的都是“单价值创造”理论。“双价值创造”理论，则是将员工价值创造最大化和顾客价值创造最大化直接统一起来，即把供给方员工创造价值和需求方顾客创造价值两者打通、融为一体，形成互动、互补、互助。而“人单合一”则是“双价值创造”理论的操作版本。“人单合一”，人是员工，人是供给；单是顾客，单是需求。二者合一，则是把员工和顾客、供给和需求始终连在一起进行价值创造活动。而传统企业，员工和顾客则没有关联。

具体而言，顾客把产品从企业那里买过去以后，在使用过程中对产品提出了新的改进和要求。企业根据顾客提出的新的改进和要求进行生产，就是个性化定制。这里，通过顾客与企业的交互，顾客成为用户。也就是说，只有交互，顾客才能成为用户。交互往复下去，用户成为终身用户。这样一来，由顾客上升为用户，进一步上升为终身用户，在同一用户群里，这一代人结束了，下一代人又开始了，即由终身用户再上升为多代用户。

不断交互下去，不断地个性化定制，就会产生用户价值。接着，用户价值又衍生出生态价值，例如，烤箱卖出以后，用户关心的不只是烤箱，更关心的是烤出来的食品。这样一来，就把卖鸡蛋的、卖面粉的人也吸引进来了，最终形成了一个生态价值。这里，由产品价值上升为用户价值，进一步上升为生态价值。不仅如此，由于用户需求是多样性的，所以交互产品从一类衍生为多类，即由单生态价值上升为多生态价值。

综上所述，顾客作为一种战略资源融入企业，并与企业不断交互，企业不仅产生硬件收入，还会产生生态收入。而且，通过员工顾客共创，最终实现双赢、全赢、共赢、多赢。最终的结果，不仅员工价值得以不断提升，而且用户价值不断满足。这里，存在两条逻辑线路：一是顾客—用户—终身用户—多代用户；二是产品价值—用户价值—单生态价值—多生态价值。

展望未来，“双价值创造”理论可进一步拓展为“多价值创造”理论。再如海尔，一方面，把员工创客化；另一方面，把创客员工化。前者指海尔在职员工成为企业创客，后者指社会创客成为海尔在线员工。目前，员工顾客价值共创，实为企业价值创造活动“部分社会化”；而在实践中，还产生了员工社会价值共创，即企业价值创造活动“完全社会化”。也就是说，企业价值创造活动不仅来自企业员工、顾客，而且来自除员工以外的非顾客，即社会创客。不仅如此，在企业生态收入足够大时，其“硬件部分”可以免费，由此实现产品从“收费”到“免费”（克里斯·安德森，2009）的彻底转型。

4. 海尔制管理模式对新时代管理学的贡献

把管理学和物理学相结合，不仅过去、现在而且将来都是一种研究范式。与牛顿时代原子思维不同，量子思维注重的不再是单一个体，而是相互关联。如果牛顿管理学被视作确定性时代的经典管理理论，那么，量子管理学则被视作不确定性时代的全新管理理论。量子管理的奠基人丹娜·左哈尔在研究海尔后说：“海尔是量子管理组织的一个典型代表”。这里，根据丹娜·左哈尔（2016）的最新研究成果和张瑞敏的讲话报告观点，将量子管理学和牛顿管理学做一比较，如表2所示。

表2　量子管理学与牛顿管理学的比较

牛顿管理学	量子管理学
牛顿思维认为，世界是由“原子”所构成的。原子和原子间彼此独立，即使碰撞在一起也会立即弹开，不会造成特殊的变化。因此，这个世界将日复一日地稳定运行	量子思维认为，世界是由“能量球”所组成的，能量球和能量球碰撞时不会弹开，反而融全为一，由此产生难以预测的组合变化，衍生出各式各样的新事物，蕴含着强大的潜在能量
牛顿思维基于确定性，强调静态、不变，重视定律和控制	量子思维基于不确定性，强调动态、变迁，重视潜力和机会
如果用牛顿思维来管理，强调领导集权，员工服从命令，其组织为牛顿式架构，即易于管理的纵向层级结构。这样一来，员工在命令下工作，员工等着领导说什么，告诉他们做什么	如果用量子思维来管理，强调下级民主，员工发挥创意，其组织为量子式架构，即易于创新的横向组合架构。这样一来，员工在愿景下工作，员工根据愿景去思考，创造性地做什么
牛顿思维认为，公司和公司之间彼此是竞争的，如何实现胜出是其关键	量子思维认为，公司和公司之间彼此是合作的，如何达成共赢是其根本
美国文化强调个人主义，人与人之间更加独立。因此，美国文化在本质上比较接近牛顿思维	中国文化强调集体主义，人与人之间更加关联。因此，中国文化在本质上比较接近量子思维
美国诞生了全球最多、规模最大的网络公司群，但是，他们仍然沿用牛顿思维下的管理哲学体系和管理工具。也就是说，尽管新时代已到来，包括美国在内的西方企业仍在沿用工业经济时代的组织管理逻辑	海尔管理实践探索目前走在了全球量子管理学的前沿，为“管理理论与管理实践桥头堡的美国面对新时代的管理困惑”提供了一种答案，即海尔制管理模式代表了世界管理理论丛林的发展方向

资料来源：本文整理。

三　从实践中来到实践中去：推动理论创新指导实践创新

发现重大现象，探寻现象之间的联系，探寻现象背后的本质，经过概括、归纳、提炼、挖掘、总结、提升，由此形成规律性的认识。然后，对接经典权威理论，因时代局限性、实践有限性，经典权威理论解释不了这类现象乃至解决不了这类问题，这就需要新理论的产生。基于规律性认识基础上构建的新理论，不是通过"实证检验"，而是通过"实践检验"，即新理论在实际应用中的"可复制性"。至此，新理论取得共识，由此得以成立。这一过程可概括为"发现重要现象—对接经典理论—创造时代理论"，即"从实践中来到实践中去"。

基于对海尔创新发展实践的探寻，同时借鉴国内外其他先进管理领航企业的具体实践，本文聚焦企业管理中的八个"关键元素"研究，遵循"博采众长、融合提炼"的原则，将其从"碎片化观点"集成为"系统性认识"。

1. 重新认识产品

对"产品整体概念"的认识，20 世纪 90 年代以来菲利普・科特勒等学者一般倾向于使用五层次论，即核心产品、形式产品、期望产品、延伸产品、潜在产品。尽管术语表达不尽相同，但是他们都是从需求方（消费者）视角来界定产品的，本文则是从供给方（生产者）视角，将其概括为"产品十化"（李海舰和周霄雪，2017）。

具体而言，一是产品产业化，即产品本身产业化和产品过程产业化，包括：产品成为产业、部件成为产业、区段成为产业、环节成为产业（李海舰和聂辉华，2002）。二是产品模块化，包括：双模块化，多模块化（青木昌彦和安藤晴彦，2003）。三是产品平台化，即产品成为平台，包括：产品只是产品，保证核心功能；产品不是产品，延展多种功能；产品还是产品，借助实体终端。四是产品去物质化，即软件化，包括：产品形态虚拟、生产过程虚拟。五是产品加智能化，即从传统独立产品转型为智能网联产品，包括：从物理件到信息件、从物理件到连接件、从物理件到生物件。六是产品概念化，即产品 = 使用价值 + 观念价值，包括：将文化元素引入产品构成、让文化资本成为企业资本、促使经济与文化融合发展（李海舰和王松，2010）。七是产品创意化，包括：把艺术形象产品化、把工业产品艺术化，将其打造成“工业品”和“艺术品”的综合体。八是产品广告化，即产品成为广告载体（在产品上扫二维码）和产品具有广告效应，包括：通过极致产品打造口碑、通过用户体验打造口碑、让消费者成为“粉丝”；由生产者付费做广告转向消费者免费做口碑、由中心化传播转向去中心化传播、由消费者满意转向消费者忠诚。九是产品金融化，即产品具有“类金融”性质，包括：先支付后使用、先销售后生产、先收款后服务。十是产品循环化，包括：重构产品生命周期、实行产品回收制度、将废物资源化。

2. 重新认识员工

从工业经济时代到知识经济时代、信息经济时代、智慧经济时代，员工定位及其角色经历了从 1.0 到 4.0 的变革及其发展。

员工 1.0 开启了员工被管理的阶段，员工成为被管理者、工具人。主要体现在：一是员工附属于机器设备，被物管理；二是员工服从于等级权威，被人管理。

员工 2.0 开启了员工自管理的阶段，员工成为自管理者、准主人。主要体现在：一是员工成为 SBU（战略商务单元），经营自我。包括：员工成为学习单元，员工成为创新单元，员工成为市场单元，员工成为利润单元。二是员工成为“经理”，不仅经营自我，而且经营他人。包括：研发人员成为型号经理，生产人员成为线体经理，销售人员成为客户经理。三是员工成为“总裁”，经营内外关系。包括：研发人员成为总裁，生产人员成为总裁，销售人员成为总裁。

员工 3.0 开启了员工自创业的阶段，员工成为自创业者、合伙人。主要体现在：一是从股东合伙人到创客合伙人，员工成为融智 + 融资的创客合伙人，依靠企业平台自主创业，这与融力 + 融资的股东合伙人不同。二是从静态合伙人到动态合伙人。静态合伙人意味着员工在一定的合伙期限内始终保持合伙人的身份不变，动态合伙人则意味着员工不存在固定的合伙期限，而是通过实现前一阶段的目标才能兑现下一阶段的合伙人资格，一旦不能持续迭代，企业就会解除与员工的合伙关系（李海舰和朱芳芳，2017）。

员工 4.0 开启了员工自组织的阶段，员工成为自组织者、社会人。主要体现在：一是个人帝国主义。在新时代，从个体看，人人成为自结社，人人成为自媒体，人人成为自金融，人人成为自企业；从企业看，员工成为节点，员工成为平台。二是员工在线发展。在新时代，员工由在职员工转型为在线员工，既可成为实体空间层面的在线员工，也可成为虚拟空间层面的在线员工。三是员工全球共享。一方面，员工从单位人向社会人转型；另一方面，员工从信奉企业文化向信奉职业文化转型。

3. *重新认识顾客*

顾客，只是产品的购买者、使用者、消费者，而用户则是融入企业并与企业进行交互，甚至成为企业粉丝，产生“粉丝经济”效应。在新时代，随着企业本位主义向用户本位主义的转型，顾客由企业外部进入企业内部，即内外部一体化，顾客由此成为用户。按照用户融入企业的程度不同，可划分为三种类型：用户参与企业、用户主导企业、用户引领企业。这里，用户成为一种资源，而且成为一种战略资源，并与企业实现共创共赢。

（1）创新来自用户。即把用户做成研发者、设计者、创意者、标准者。在新时代，企业创新发生了由更加注重供给侧创新向更加注重需求侧创新的转型。换句话说，由生产者创新为主向消费者创新为主转型，由员工付费创新向用户免费创新转型。

（2）资金来自用户。企业融资发生革命：融资 1.0，用自己的钱赚钱；融资 2.0，用银行的钱赚钱；融资 3.0，用股民的钱赚钱；融资 4.0，用用户的钱赚钱。作为 4.0 版融资，既打破了融资 1.0 受限自有资金量少的约束，又摆脱了融资 2.0 支付银行高额利息的负担，更突破了融资 3.0 上市公司高透明度的规定。这里，其形式为“众筹”，众筹 = 预付 + 众付。或者，由用户入股企业，把用户做成合伙人、股东（李海舰和王松，2009）。

（3）制作来自用户。即把用户做成“准员工”，例如各种自助操作、自助服务，一则降低企业成本支出，二则提升用户便利程度。一般而言，“准员工”有三种类型：低报酬员工、零报酬员工、负报酬员工。

（4）销售来自用户。即把用户做成推广者、营销者、销售员，其典型案例如美国安利公司（陈御钗，2004）。概括而言，安利模式要点有：①积分制度。通过实施购买额度积分，让用户在花钱的同时还能赚钱。②折扣制度。同样产品实行折扣，让用户在花钱的同时能够省钱。③继承制度。通过购买额度积分继承，让用户从“辛苦一阵子，幸福一辈子”到“辛苦一阵子，幸福几辈子”，由此实现终身购买、多代购买。

（5）定价来自用户。即让用户说了算，把用户做成产品定价者。过去，按生产者成本定价；现在，按消费者意愿定价。

（6）管理来自用户。即把用户做成企业的监督者、评价者、考核者，让用户说了算，用户成为企业管理顾问，例如，用户给出谁的评价最好，订单就自动转到这个企业身上。获得点赞多，订单就多；获得点赞少，订单就少。

(7) 薪酬来自用户。通过创新，海尔实现了从企业付薪向用户付薪的转型，即形成了用户付薪平台，把用户变成了付薪者。

(8) 思想来自用户，随着资金众筹、业务众包、企业众创，思想众智渐成主流。也就是说，企业经营者的思想，不仅来自企业内部，而且更加来自企业外部，其中不乏大量用户领袖。例如，2013 年以来，北京、上海、广州、深圳等地“私人董事会”的出现，成为继 EMBA、企业家俱乐部之后的第三种企业经营者沟通交流的平台。

4. 重新认识成本

过去，基于会计审慎性的原则，传统成本管理具有局部性、内部性、有形性、可计量性、短视性、矛盾性、不可持续等固有缺陷；现在，随着企业创新发展实践，传统成本管理要向战略成本管理转型。与传统成本管理相比较，战略成本管理具有以下特点：整体性、外部性、无形性、不可计量、长远性、和谐性、可持续性（李海舰和孙凤娥，2013）。如表 3 所示。

表 3 战略成本管理与传统成本管理的比较

传统成本管理	战略成本管理
注重局部环节。例如，生产、销售	注重整体环节。包括：筹资、投资；研发，设计；采购、物流；生产、销售；售后服务、废品回收
注重低位成本。例如，人工费用、材料费用；管理费用、财务费用	注重高位成本。包括：机会成本，选择去做什么；边际成本，做到多大规模；时间成本，做到多快速度。还有区位成本、制度成本、文化成本等
注重生产者成本	注重社会总成本 社会总成本 = 生产者成本 + 消费者成本
注重资金运动	注重资源配置
成本管理与战略管理相分离。一味追求成本降低，有可能削弱企业的核心竞争力	成本管理与战略管理相融合。进行成本总体企划，目标是提高企业的核心竞争力
成本与资本相分离。成本是一次消耗性的	成本与资本相融合。成本既是一次消耗性的，更是持续增值性的（例如，人力资源培训、研发费用的资本化）
价格是按成本加总，以成本定价格	成本是按价格倒逼，以价格定成本
注重企业内部。在企业内部寻找降低成本的途径	注重企业外部。在企业外部寻找降低成本的途径
注重实体运作，重资产经营	注重虚拟运作，轻资产经营

续表

传统成本管理	战略成本管理
基于追求所有权的成本管理。以拥有汽车为例，“四高”：购置成本很高，使用成本很高，闲置成本很高，机会成本很高	基于追求使用权的成本管理。以共享汽车为例，“三零一低”：购置成本为零，使用成本很低，闲置成本为零，机会成本为零
降低成本的“成本”越来越高，不可持续	降低成本的“成本”越来越低，可持续性

资料来源：本文整理。

5. 重新认识利润

（1）利润不仅来自行为，而且更加来自思想。从基层看，利润是“干”出来的；从中层看，利润是“管”出来的；从高层看，利润是“想”出来的。随着时代发展以及去中间化，利润来自“行为”的比重在降低，而利润来自思想的比重则在提高。用企业家语言讲，“钱袋子来自脑袋子”。因此，大企业家都是大思想家。

（2）利润不仅来自最终环节，更加来自每一环节。过去，企业利润来自从产品到商品的最终“惊险一跳”，即“卖出去才是硬道理”。现在，随着部门公司化、平台化、市场化、社会化的发展，不仅每一业务部门都能赚钱，而且每一职能部门都要赚钱。也就是说，无论业务部门还是职能部门，若做得好，实行“共享”（杰里米·里夫金，2014），不仅为本公司做，而且为全社会做，由此获得全社会的利润；若做不好，实行“众包”，让全社会为本公司做，由此降低本公司的成本。

（3）利润不仅来自企业内部，而且更加来自企业外部。研究表明，企业利润来自“产业景气、战略群组、核心能力”三个层面，而内部核心能力则是其一（李海舰和聂辉华，2002）。这里，产业景气代表自然红利，战略群组代表社会红利，核心能力代表企业红利。不仅如此，随着从公司化生产向社会化生产的转型，企业从有边界发展向无边界发展的转型（罗恩·阿什克纳斯等，2005），资源整合的内外部一体化，导致了利润来源的内外部一体化（李海舰和郭树民，2008）。

（4）利润不仅来自价值创造，而且更加来自价值转移。一般而言，价值转移有六大趋向：①利润从产品的制造环节转向销售环节（或者，利润从生产领域转向流通领域）；②利润从产品的销售环节转向消费环节（或者，利润从流通领域转向消费领域）；③利润从价值链的中间环节（制造）分别向上（研发）、向下（销售）转移；④利润从产品的内在环节转向外围环节；

⑤利润从产品的实体环节转向虚拟环节；⑥利润从物质生产领域转向非物质生产领域（李海舰和原磊，2005）。

6. 重新认识战略

长期以来，制定公司战略，一是基于公司使命、愿景、宗旨；二是基于内部外部环境变化。现在看来，由于“五大转向”“五大革命”，亟须从“有战略论”转向“无战略论”。

过去，有战略论，基于环境不变论和环境变化可预测论；现在，无战略论，基于环境变化不可预测论。也就是说，在一个变化无常的世界里，企业不该有战略。如果有战略的话，那就是僵化和不善变通，等到战略制定完毕也过时了，即“战略跟不上变化快”。另外，有战略论导致“战略悖论”：在制定公司战略时遵从环境确定性思维所形成的一整套固化范式，在执行公司战略时面对环境不确定性现实，导致公司全盘皆输。

没有战略就是战略。在新时代，无战略论是什么？一是把战略常态化。战略在本质上是一种思维方式。基于环境时不确定性，工具化的东西不管用了，必须培养各层级时员工样一种思维能力，让其即时应变，与环境动态性地匹配。为了达到“无招胜有招”的境界，必须将战略思维“人人化、事事化、时时化、处处化、层层化”，即常态化。二是把战略落地化。高层不可能什么都懂，什么场合都要出现，什么问题都能解决。必须教会中层乃至基层这样一种思维方式，让他们根据工作的特定情景做出决策，并且灵活熟练地解决问题。最终，每个个体和每一层级都能独立地应对各种情景。这既是自组织思维，也是去中心化思维。

必须指出，无战略论比有战略论要求更高、难度更大。概括说来，需要在以下 10 个方面弄通弄懂：①战略就是找上位解（李海舰，2011）；②战略就是选择；③战略就是做对；④战略就是定位（里斯・特劳特，2002）；⑤战略就是运作核心能力；⑥战略就是与众不同；⑦战略就是经营未来；⑧战略就是经营社会责任（李海舰和原磊，2005）；⑨战略就是打制高点；⑩战略就是经营思想这里，经过以上训练，当战略在本质上成为一种思维方式时，无战略论即告形成。

7. 重新认识管理

海尔管理实践表明，前期，每个员工“各安其位、各尽其能、各司其职、各负其责”，在轨道上运行、在体系中活动；后期，“去管理化”、像大自然一样无为而治，这是新时代企业管理的终极追求。概括而言，管理的最高境界是零管理，零管理的实质是自组织管理，自组织管理的前提是要有体系（李海舰等，2014）。反过来讲，有了体系，才能实行自组织管理；实现了自组织管理，整个组织才能是零管理。作为企业，解决问题层级越低，说明管理水平越高；相反，解决问题层级越高，说明管理水平越低。作为体系，从个体讲，自我导向，自我激励，自我约束，自我发展；从整体上，自驱动性，自增长性，自优化性，自循环性。总之，自运行性，轮回上升。

“去管理化”，用国学语言讲，即“无为而治”。从“他组织管理”到“自组织管理”、从“有为而治”到“无为而治”，这是新时代企业管理的根本转型。假定设置两道钢轨，前面放块金子，后面放只老虎，员工在两道钢轨区间活动。在这一情景下，员工毫无疑问向前获取金子。相反，谁在最后谁被老虎吃掉。这里，“钢轨”代表企业使命、愿景、宗旨、目标、理念、文化、制度、流程，“金子”代表激励机制，“老虎”代表约束机制，此即对“体系”的狭义理解。由此可见，要想无为首先有为，通过有为（打造体系）最终实现无为。相对有为而治，“无为而治”管理难度更大、管理境界更高，而且从长期看，管理成本更低。这是因为，打造体系，初次成本很高。但是，一旦打造成功，体系可以无限次地重复使用，由此带来“边际成本递减、边际收益递增”效应。或者，从“一次劳动一次收益”转向“一次劳动多次收益、一次劳动终身收益、一次劳动多代收益”。当然，体系是动态的。

如何打造体系，广义地讲，可有如下途径：①把企业做成网络（李维安，2003）；②把有边界企业做成无边界企业（李海舰和原磊，2005；李海舰和陈小勇，2011）；③把部门做成市场；④把员工做成公司；⑤把客户做成员工。综上，可称之为“五做”理论。

8. 重新认识组织

作为组织，在新时代，企业形态、结构也在不断演进。与工业 4.0 相匹配，也有企业 4.0。企业 1.0，业主制企业，即传统企业制度，其典型特征是无限责任；企业 2.0，公司制企业，即现代企业制度，其重要标志是实现了企业从无限责任到有限责任的转型；企业 3.0，平台型企业，即企业成为平台，其重要标志是实现了企业从有边界发展到无边界发展的转型；企业 4.0，生态型企业，即企业成为生态系统，其重要标志是实现了企业从单生命体到多生命体的转型。

企业成为生态系统，基于外部共建、共生、共享、共荣，与外部进行能量交换，包括能量输出、能量输入。一般而言，非核心能力板块业务在全世界实行众包，核心能力板块业务对全世界实行共享。一方面，把内部外部化；另一方面，把外部内部化。企业通过结构优化，大进大出，将内外部一体化。以业务部门为例，生产制造部，搞得不好，全世界是企业的生产制造部；搞得好了，企业的生产制造部是全世界的。再以职能部门为例，人力资源部，搞得不好，全世界是企业的人力资源部；搞得好了，企业的人力资源部是全世界的。这样一来，非核心能力板块业务借助平台、网络实行大出，核心能力板块业务借助平台、网络实行大进。无论大出还是大进，都是与外界能量实行交换，即能量输出和能量输入，由此构成一个生态系统。正如凯文·凯利所讲的，未来的企业组织更会类似于一种混沌的生态系统（凯文·凯利，2010）。

概括说来，生态型企业，即企业4.0，具有如下若干特征：①做小做大融为一体，有界无界融为一体；②用户企业融为一体，内部外部融为一体；③市场企业融为一体，契约产权融为一体；④分工整合融为一体，独立联合融为一体；⑤线上线下融为一体，虚拟实体融为一体；⑥自转他转融为一体，静态动态融为一体。

四　结语

1. 简要概括

本文对先进管理领航企业在实践中取得的理论创新、实践创新做出了新概括，形成了新认识。就产品而言，提炼出了“产品十化”的观点；就员工而言，概括出了员工4.0理论；就顾客而言，完善了价值创造社会化的观点；就成本而言，转向战略成本管理；就利润而言，丰富了利润来源的四个层面；就战略而言，从“有战略论”转向“无战略论”；就管理而言，从“有为而治”转向“无为而治”（去管理化）；就组织而言，归纳出了企业4.0理论。

概括而言，本文的主要贡献有以下几点。①根据“时代是思想之母，实践是理论之源”的认知范式，构建了“时代要求—实践创新—理论发展”这样一个研究框架，将新时代、新实践和新理论三者连通起来，突出了理论发展来自时代要求、理论发展来自实践创新的观点。②学者们对海尔创新发展实践的研究大多局限于某一层面，本文则从纵向发展和横向展开两个层面分析了海尔制管理模式的历史演进及其核心内容，反映了管理模式形成的包容性、发展性和原创性、系统性。③学者们大都认识到，在新时代管理学的理论需要重新认识乃至全面重构。但是，如何重构，本文通过集成实践者和理论者的先期探索，将其提炼成对企业八个“关键元素”的重新认识，旨在为一般管理理论创新发展提供一些“毛坯件”或“半成品”。

2. 研究价值

改革开放40年来，中国成为世界第二大经济体。一般认为，在创造巨大物质财富的同时，中国精神财富创造没有相应跟进，以致出现了所谓的“中国悖论”，即物质财富发达、思想理论贫乏，思想理论发展与经济大国地位不相匹配。

其实不然。有什么样的先进理论指导，就会有什么样的物质成果产出。长期以来，学界和实务界一直偏重乃至迷信西方管理理论思想，对于中国领航企业在实践中的创新发展认识不足、提升不够。加之，国内学界多以西方研究范式为样板，将“实证检验”奉若神明，多为验证知识、验证常识，缺乏理论构建，而对“实践检验”置若罔闻，由此导致本土管理思想理论的贫乏。本文认为，海尔管理实践创新走在了全国乃至全球前列，形成了海尔制管理模式，成为继福特制管理模式、丰田制管理模式之后，世界企业发展进入新时代的又一先进管理模式，它代表了世界管理理论发展的前沿、方向、趋势乃至未来。因此，这一探索，不仅具有实践意义，而且具有理论意义；不仅具有中国意义，而且具有世界意义。

（本文发表于《经济管理》2018年第7期）

参考文献

［1］安迪·格鲁夫：《只有偏执狂才能生存》，中信出版社，2002。

［2］萨里姆·伊斯梅尔、迈克尔·马隆、尤里·范吉斯特：《指数型组织：打造独角兽公司的11个最强属性》，浙江人民出版社，2015。

［3］李海舰、田跃新、李文杰：《互联网思维与传统企业再造》，《中国工业经济》2014年第10期。

［4］李海舰、魏恒：《新型产业组织分析范式构建研究——从SCP到DIM》，《中国工业经济》2007年第7期。

［5］杰夫·豪：《众包：大众力量缘何推动商业未来》，中信出版社，2009。
［6］李海舰、徐韧、李然：《工匠精神与工业文明》，*China Economist*，2016，（4）：68－83。
［7］曹仰锋：《海尔转型：人人都是 CEO》，中信出版社，2017。
［8］李海舰、郭树民：《企业市场化研究：基于案例的视角》，《中国工业经济》2008 年第 8 期。
［9］周云杰、陶小然：《管理创新驱动海尔成为时代的企业》，《中外管理》2017 年第 12 期。
［10］彭剑锋、云鹏：《海尔能否重生：人与组织关系的颠覆与重构》，浙江大学出版社，2015。
［11］周云杰：《“硬件免费”时代如何拥抱物联网》，参见：http://tech.sina.com.cn/e/2018－05－09/doc－ihaichqz0471468.shtml。
［12］王钦：《人单合一管理学：新工业革命背景下的海尔转型》，经济管理出版社，2016。
［13］李海舰、聂辉华：《论企业与市场的相互融合》，《中国工业经济》2004 年第 8 期。
［14］奥利弗·哈特：《企业、合同与财务结构》，上海人民出版社，2006。
［15］克里斯·安德森：《免费：商业的未来》，中信出版社，2009。
［16］丹娜·左哈尔：《量子领导者》，机械工业出版社，2016。
［17］李海舰、周霄雪：《产品十化：重构企业竞争新优势》，《经济管理》2017 年第 10 期。
［18］李海舰、聂辉华：《全球化时代的企业运营——从脑体合一走向脑体分离》，《中国工业经济》2002 年第 12 期。
［19］青木昌彦、安藤晴彦：《模块时代》，上海远东出版社，2003。
［20］李海舰、王松：《文化与经济的融合发展研究》，《中国工业经济》2010 年第 9 期。
［21］李海舰、朱芳芳：《重新定义员工——从员工 1.0 到员工 4.0 的演进》，《中国工业经济》2017 年第 10 期。
［22］李海舰、王松：《客户内部化研究——基于案例的视角》，《中国工业经济》2009 年第 10 期。
［23］陈御钗：《安利帝国传奇》，群言出版社，2004。
［24］李海舰、孙凤娥：《战略成本管理的思想突破与实践特征——基于比较分析的视角》，《中国工业经济》2013 年第 2 期。
［25］杰里米·里夫金：《零边际成本社会：一个物联网、合作共赢的新经济时代》，中信出版社，2014。

[26] 李海舰、聂辉华：《企业的竞争优势来源及其战略选择》，《中国工业经济》2002 年第 9 期。
[27] 罗恩·阿什克纳斯，戴维·尤里奇，托德·吉克，史蒂夫·克尔：《无边界组织：移动互联网时代企业如何运行》，机械工业出版社，2005。
[28] 李海舰、郭树民：《从经营企业到经营社会——从经营社会的视角经营企业》，《中国工业经济》2008 年第 5 期。
[29] 李海舰、原磊：《基于价值链层面的利润转移研究》，《中国工业经济》2005 年第 6 期。
[30] 李海舰：《"上位解"与"下位解"的比较管理》，《比较管理》2011 年第 1 期。
[31] 里斯·特劳特：《定位》，中国财政经济出版社，2002。
[32] 李海舰、原磊：《企业永续发展的制度安排》，《中国工业经济》2005 年第 12 期。
[33] 李维安：《网络组织：组织发展新趋势》，经济科学出版社，2003。
[34] 李海舰、原磊：《论无边界企业》，《中国工业经济》2005 年第 4 期。
[35] 李海舰、陈小勇：《企业无边界发展研究——基于案例的视角》，《中国工业经济》2011 年第 6 期。
[36] 凯文·凯利：《失控：机器、社会与经济的新生物学》，新星出版社，2010。

人力资源、市场营销与旅游管理

关于企业组织意识与企业凝聚力的探讨

郑海航

一　企业组织意识是多层次的集体意识

一个动物有机体不仅有外在的躯体，而且有内在的灵魂。一个组织也是如此。组织除了有它的外在而有形的“躯体”——组织结构之外，也有它内在而无形的“灵魂”——组织意识。

所谓组织意识，是指一个组织全体成员的共同意识、共同价值观，即组织的集体意识。对企业来说，组织意识就是企业的集体意识。

组织意识是成员在加入该组织后才产生的。职工的企业组织意识，也只有在进入该企业之后，经过培育才会形成。而且，职工的这种组织意识，随着参加企业活动的实践和接受教育的深入，也在由浅入深、由低到高地发展，呈现出层次性。通过考察日本一些企业组织意识的培养过程，我认为，可以把企业组织意识概括为由低到高的四个层次：

第一层次：成员归属意识。这是最基础的组织观念和集体意识。当一个人被企业接纳为正式成员之后，他的组织观念就开始树立：“我是××公司人”“这是我们厂”，并明确自己对本厂、本公司应尽的义务和应享受的权利。

第二层次：利益共济意识。指企业成员不仅在组织上认识到自己同企业的归属关系，而且在利益上，形成与企业同舟共济的利益共同体意识，以至逐步建立“厂损我损，厂荣我荣”的观念。当企业成员能从自己切身利益上关心企业的荣辱、盛衰，关心企业的总目标，并为之奋斗，企业对职工就有了较强的凝聚力。

第三层次：情感一体意识。企业成员经过较长时间的培育，不仅同企业在经济关系上形成损益攸关的意识，而且同企业通过感情交融，形成情感联合体和情感一体意识，出现“爱厂如家”，甚至以厂为家、舍家为厂的感人事迹和思想境界。这是企业组织意识向高级阶段的升华。优秀企业的中坚层大都具有这种意识。

第四层次：忘我献身意识。这是组织意识的最高层次：怀着对企业无比忠诚的心情，以整个身心投入本企业的事业，为实现企业的总目标不遗余力地拼搏，把个人的成就欲和自我实现的小目标同企业的总目标融为一体，迸发出无穷无尽的智慧和力量。在个人利益同企业利益发生冲突时，能毫不犹豫地忘我和献身。当然，即使是组织意识强的优秀企业，能达到这一层次的人数也不会太多，而主要是企业的领导层和模范人物层。这些人是企业成员仿效的榜样。

企业组织学研究企业组织意识，就要研究它的意识层次，并研究如何由低到高地努力把企业职工培养成为充满理想性组织意识，即忘我献身意识的组织成员。

二　组织意识与组织凝聚的对应关系模型

组织意识对于组织的意义，如同人的灵魂对于人一样重要。一个人如果只有躯体而没有灵魂，就会成为“行尸走肉”。一个组织如果只有组织结构，没有组织意识，这个组织便会涣散无力，最后难免“土崩瓦解”。

组织意识是人的积极性取之不尽、用之不竭的源泉。企业的活力和生命力在于职工的积极性和主动性。调动职工的积极性当然需要有金钱和物质。但金钱和物质只能在短时间内起作用，并且有很大的局限性。要从根本上并长久地调动职工的积极性，必须培养全体职工热爱企业，与企业同呼吸、共命运的企业组织意识。对日本企业和美国企业进行比较研究，并探求日本企业活力超过美国企业原因的著作《Z 理论》的作者威廉·大内的结论是：“简而言之，它向人们启示：使工人关心企业是提高生产率的关键。”

《日本企业管理艺术》一书的作者，在研究了日本松下等企业培育企业精神之后指出：“日本企业管理方式的最大成果是让企业中的每一个人比美国人更积极主动，设法把工作做得更好，以每人微小的贡献帮助企业成功。这就像建造金字塔或是蚂蚁筑窝一样，成千上万的小人物抱着同一个目标做一些小事，最后就可以达到移山填海的效果”，“从平凡人身上得到不平凡的结果”。

《追求卓越》一书的序言更是鲜明地指出：“企业主持人最重要的任务

是塑造及维持整个组织的价值共识，而这也是为什么有的公司成功，有的公司失败的最重大的分野。”

不仅如此，组织意识还是企业凝聚职工的“粘结剂”。要使全体职工同心协力为企业目标奋斗，就需要一种精神力量把大家凝聚在一起。企业对职工有无强大的凝聚力，是关系到企业能否兴旺发达，能否在激烈竞争中立于不败之地的大问题。根据笔者对企业凝聚力的考察，其影响因素是：①企业目标和企业利益对职工是否有吸引力；②企业的精神和形象对职工是否有感召力；③职工能否从企业获得信任、尊重和关心；④企业领导的作风及其方针政策是否得到职工的拥护。

以上这些因素几乎都涉及企业的精神和企业组织意识。可以说，只要全体职工都具有强烈的组织意识——共同的价值观，这个企业就一定充满凝聚力。一个优秀的企业，就是靠组织意识这一强大的“粘结剂”把全体职工紧紧地凝聚在一起的。

如前所述，组织意识是分层次的。实际上，企业对职工的凝聚，也是分层次的。通过对一些凝聚力强的企业的考察可以看出，其组织凝聚正是按照成员所具有的组织意识层次，分为不同的凝聚层次。于是，组织的凝聚层次与组织意识层次在客观上形成了一种对应关系模型，与组织意识从低到高的四个层次相对应，形成了组织凝聚从外到内的四个层次，即外围层、基本层、中坚层和核心层。组织凝聚同组织意识的相关模型，就如同一个多层的同心圆柱体，如图 1 所示。

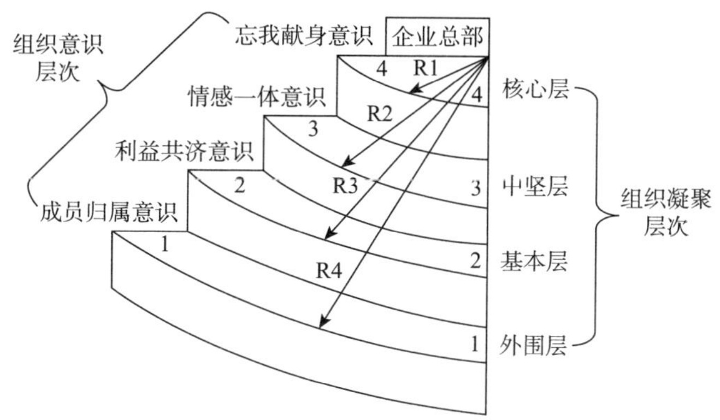

图 1　组织凝聚的四个层次

从图 1 可以看出，具有第一层组织意识——成员归属意识的职工，成为企业凝聚的外围层，即基础层；随之层次逐步升高，具有利益共济意识的职工构成基本层，即企业的基本队伍；第三层是情感一体意识，相对应的是企业中坚层；第四层是忘我献身意识，相对应的是企业核心层。企业组织就依据组织意识的不同层次，形成了组织凝聚的四个层次。随着组织意识的培养和升级，会有更多的职工由外围层逐次进入组织凝聚的更高层次，于是企业的凝聚力也越来越强。

三　企业组织意识的构成

对企业来说，组织意识的构成主要包括三个方面：一是企业的集体意识；二是企业内部组织的集体意识；三是企业内部非正式组织的集体意识。

所谓企业集体意识，是指以企业为范围，对全体职工培育的一种共同意识和共同价值观。一些优秀企业还将这种共同意识进一步概括，并用简洁的文字表达为一种类似旗帜一样的“企业精神”。为了培养这种集体意识和企业精神，世界上许多优秀企业家煞费苦心，绞尽脑汁。从 80 年代初开始，以美国和日本的许多企业为代表，自觉地用建设企业文化来培养这种集体意识。企业文化既是企业集体意识的外在表现，又是培育企业集体意识的有效途径。因而，研究企业集体意识，必须重点研究企业文化。

所谓企业内部组织集体意识，是指企业内部各个部门（科室、车间、业务组、作业组等）成员对该部门的集体意识，即企业内部集体意识。企业内部集体意识同企业集体意识不但没有矛盾，而且是企业集体意识和企业凝聚职工的基础。所谓组织内人际关系，主要是指在同一车间、班组内朝夕相处、互相协作的同事和顶头上司之间的关系。一个职工首先必须热爱自己所在的部门，才能热爱自己所在的企业。因此，培养企业集体意识，必须首先培养对所在小单位的集体意识。所以，我们应当特别重视研究班组集体意识的培养。

最后，是非正式组织。非正式组织及其集体意识在企业内部普遍存在，并且对正式组织有着很大的影响。因此，非正式组织的集体意识，也是组织意识研究的重要内容。

总之，对企业组织意识的深入研究，必须围绕企业集体意识、企业班组集体意识和非正式组织集体意识三个层次进行。

（本文发表于《经济管理》1990 年第 7 期）

企业家行为激励及报酬机制的改进

高　闯　刘　冰

企业家是指占有或取得企业资产并承担经营风险、从事市场交易的主体。在现代企业里，企业家是重要的生产要素，对于企业资源的合理利用和企业持续发展起着重要的作用。企业家工作内容的性质，决定了企业家工作成果的无形性和不具有准确测量性。企业资产所有者从实现自身利益最大化出发必须对企业家行为进行激励，其中合理的报酬机制是实现企业家行为合理化的重要手段。与美国相比，我国现有的企业家报酬机制有其独特性。一方面，我国企业家的生存环境与美国相比有所不同，我们不能盲目照搬美国的经验；另一方面，我国现有的企业家报酬机制确实存在一些问题，我们又可以从美国的企业家报酬机制中学习一些先进经验，以期改进我国的企业家报酬机制。另外，在构造新的企业家报酬机制的同时，也需要对我国的经济、法律和企业管理等诸方面进行必要的改革，形成新的企业家报酬机制正常运转的合理环境。

一　企业家工作性质的特殊性

企业是人力资本与非人力资本的一个特别合约（周其仁，1996）；企业的本质，是组织租金的创造和分配（杨瑞龙等，2001）；企业“组织租金”的实现，是企业生产要素结构化的结果。企业的基本生产要素包括土地、资金、劳动力和企业家才能；不同时期、不同生产要素在企业生产过程中的相对重要程度不同。随着生产技术的不断进步，生产对象、生产方式的和最终产品发生相应的变化，知识及知识的载体——人力资本的价值越来越大，特别是作为人力资本重要组成的企业家才能在企业发展中的作用更加突出。从某种意义上讲，企业家才能已成为企业成长的关键因素。

企业家是配置企业资源的主体；企业家工作的目的，是实现企业的创新和保持企业持续的发展。企业家工作的职责，是进行战略决策，建立企业文化，塑造企业精神，激励下属，建立企业内外部人际关系网络等。企业家工作的最终成果，是确立企业宗旨，制定战略决策，塑造企业文化和共同愿景，确定企业长远发展方向（姚凯，2001）。

企业家工作目的和工作内容的特殊性，决定了企业家成果与一般劳动者和管理者相比，具有非实物形态特点，很难直接考核。有的学者试图通过间接测量方法，对企业家的工作成果进行考核。如斯肖尔认为，企业家工作的成果与组织绩效是不可分的，尝试用评价组织绩效方法替代对企业家工作成果的直接评价。但他也认为，即使是评价组织绩效，其评价指标也必然包括“硬”标准和“软”标准。这些“软”标准，诸如雇员士气、群体凝聚力、顾客忠诚度、公司自豪感、激励程度等，都对企业具有长远、深刻的影响。但同时，这些“软标准”同样是“软性的”，难以衡量。进一步，即使舍弃组织绩效评价中的“软”标准，也没有充分的理由认为，组织绩效与企业家工作成果就一定呈现高度正相关关系。企业绩效是众多复杂因素共同作用的结果，并不仅仅取决于企业家工作成果的高低。总之，企业家工作成果具有不可准确衡量的特性。

二　企业家的行为激励

“经济人”假设是经济学的基本假设。遵循这一基本假设，人们认为，不同的主体拥有不同的利益追求。现代企业是所有权与经营权相分离的企业。企业资产拥有者追求股东利益最大化，企业经营者追求自身效用最大化。不同的利益目标追求可能产生行为上的相左，导致较高的代理成本，影响企业资源的配置效率。

针对以上问题，人们试图通过事前订立激励契约，以实现企业委托人与代理人之间的利益均衡和行为一致。在完全信息情况下，事前的激励契约可解决现存的非效率问题。但在非完全信息情况下，由于事前信息的不充分和事中、事后信息的非对称分布，决定了原先的在完全信息情况下所订立的契约形式已不能解决信息非对称分布所造成的代理问题。而现实情况又恰恰是，信息成为企业家工作的主要载体，并在其工作中居支配地位。企业家的所有职能工作都是通过信息来进行的，一切管理职能都是通过信息实现的。

为此，企业家掌握大量的企业经营信息，这些信息有许多是私人信息。虽然，企业监管部门制定了有关企业信息披露的制度，企业信息披露机制初步建立，但赋存于企业内部的大量信息是不可能完全公开的，这些信息内化成企业家私人信息，作为资产所有者的委托人在企业信息获得方面存在天然的缺陷。

面对非对称信息下可能出现的企业家“偷懒”问题，信息经济学尝试给出最优交易契约的制度安排。张维迎（1999）论证了当企业绩效取决于企业家努力程度和自然状态（不受企业家和企业股东控制的外生变量）双重变量影响，在参与约束和激励相容约束共同影响下，剩余索取权分享制是最优的激励契约安排。从另一个角度讲，分享原本属于股东的剩余索取权，实际上也是一种对企业家工作成果无形性和无法准确衡量现实的成本较低的间接定价方法。

总之，企业家经营信息的“私人化”和信息分布的非对称性，导致企业家激励合约内容的变化。企业家工作成果的无形性和不具有直接可测量的特点，加剧了企业家激励合约内容的变化。剩余索取权分享制成为企业家激励合约制订理的逻辑基础。现实中，企业家激励合约的最重要部分是企业家报酬机制的建立。

三　企业家报酬与经营业绩

企业家报酬，是企业家付出企业家才能、保持企业持续发展的应得收入。在众多的激励手段中，企业家的报酬是最重要的一种。这不仅仅是因为报酬本身的经济（金钱）作用，还因为在现代社会，报酬具有极其重要的象征意义，象征个人的社会地位、成功程度、权利乃至尊严。

一般而言，现代企业经营者的报酬结构是多元化的，既包括固定收入，也包括不固定或风险收入；既包含有现期收入，也包含有远期收入。根据报酬形式的激励效果和激励导向特征，企业家报酬形式可分为年薪和长期性报酬激励两类。年薪为短期激励，包括工资和奖金两种具体形式。工资是保障性收入，是预先确定的，并在一定时期内保持不变，在财政年度中无论业绩如何都可获得的一笔收入。工资收入的多少与企业家所在行业及所在企业规模大小有直接关系。奖金通常根据事前设定的业绩标准和目标计划，由董事会根据经营者的短期业绩来确定。业绩衡量标准通常为每股收益、利润、收入、销售额等财务标准。奖金最普遍的支付方式是现金，但近来有趋势以股票方式支付部分奖金。通常，奖金属短期性激励形式。

长期性报酬激励又可分为期权奖励和限制性股票激励。期权代表以一固定价格购买公司股票的权利。企业家的报酬是股票本期市场价格和未来市场交割价格的差额。一般来讲，企业经营业绩越好，企业股票市场价格就会越高。所以，股票期权对于企业家来讲，具有较强的长期激励效应。限制性股票奖励实际上也是一种用股票奖励企业家的形式，只不过企业家所获股票在行权方面受到一定的限制。主要限制为行权时间和每次行权的股票数量或所持股票比例。现实中有许多具体的股票奖励形式，如虚拟股票、股票购买、业绩股份、业绩单位、岗位股份等。

企业家报酬与经营业绩之间呈复杂关系。许多学者对两者之间的关联程度作了实证研究，但结论并不统一。1990 年 Jensen 分析了美国大型公众持股公司的业绩和它们的经营者的报酬之间的关系，结论是两者具有微弱的相关性。Rosen 在 199 件的研究结论也与 Jensen 的基本一致。但 Hall 在 1998 年利用美国上百家公众持股的最大商业公司最近 15 年数据，研究企业家报酬与经营业绩之间的关系，所得结论却与前两者完全相反，他认为企业家报酬与企业业绩具有强相关的特征（黄群慧，2001）。

相同研究问题得出不同研究结论，一方面说明研究者可能所用评价指标不同；另一方面也说明，随着时间的推移，企业家报酬结构发生变化，这一变化强化了企业家报酬与企业业绩之间的正相关联关系。从整体上讲，大多数经济学家还是认为，虽然企业家报酬与企业业绩之间的关系并不十分敏感，但基本上还是呈正相关关系。特别是从美国近十年来企业家报酬结构变化情况和企业业绩变动趋势来看，两者之间呈现较强的正相关。

四　企业家报酬机制：美国经验和中国实践

鲁克斯顿研究了 1997 年美国标准普尔 1500 家公司中 1141 家公司的经理报酬（梁能，2000），其主要结论是：（1）美国总裁报酬不断攀升，与一般员工相比差距巨大。（2）典型的总裁综合报酬中包含与业绩挂钩的薪酬，与这一块相比，他们的工资水平显得较低，但即使如此，高级经理们的工资仍不断提高。（3）在每个标准普尔指数中，超过 3/4 的公司向总裁支付奖金。标准普尔 500 家的总裁奖金涨幅最大。颁发奖金在市值较大公司中更加普遍。（4）期权的使用十分广泛。研究的每类公司中的大多数都给总裁以期权激励，而大公司的比例更高，市值超过100亿美元的公司中达89%。在小公司中，奖励期权比奖金更普遍，在市值小于2.5亿美元的公司中，69%奖励总裁期权，而只有59%选择奖金。（5）典型期权奖励的潜在价值比总裁的工资与奖金总和要高许多倍。这也是美国总裁综合报酬持续上升的一个重要原因。（6）限制性股票作为一种激励型报酬方式不像奖金和股票期权那样普遍，研究中的所有公司仅22.8%在1997年奖励其总裁以限制性股票。主要原因是这种奖励通常不要求总裁们为实现收益而先行投资，那么，激励效果就不十分理想。

我国企业家报酬现状缺乏权威性的统计数据。但有的研究者采用问卷调查方法和抽样统计方法，从静态和动态两方面反映了我国企业经营者报酬激励状况。复旦大学《企业家工作性质》研究课题组在1999年11月~2000年2月对几百家企业进行问卷调查，调查结果表明：（1）企业经营者收入偏低，经营者对个人收入的评价不高（见表2）。（2）企业经营者收入呈多元化形式，且与企业短期效益、职工收入和产值利税等具有短期激励效应的因素密切相关（见表3）。

表1　1997年按标准普尔指数划分的总裁报酬中位数值（标准普尔1500家公司）

单位：美元

标准普尔指数及公司数	工资及增长百分比	奖金及增长百分比（颁发公司比例）	限制性股票价值（颁发公司比例）	期权未来价值（颁发公司比例）	已实现期权收益（行使期权比例）
标准普尔500家（413家）	750000 8.1% increase	800000 23.1% increase 86% awarding	691431 31% awarding	6936775 83% awarding	1443060 46% exercising
标准普尔中型400家（306家）	306320 6.1% increase	374700 7.6% increase 84% awarding	374520 24% awarding	3132743 69% awarding	562500 29% exercising
标准普尔小型600家（422家）	373948 9.0% increase	222762 9.7% increase 76% awarding	208069 14% awarding	1317823 70% awarding	351966 27% exercising
超级1500家（1141家）	525000 7.4% increase	419125 11.6% increase 82% awarding	413610 13% awarding	3275453 74% awarding	816300 34% exercising

注：计算期权未来价值时，假定优先股市值年增值率10%，并考虑到期权行使价格，奖励期权当日优先股市场中间价，期权所对应的股份数及年限。

表 2　我国企业经营者收入水平和对个人收入的评价

单位：%

项目 / 企业类别	收入水平				对个人收入的评价			
	0～3 万	3 万～5 万	5 万～10 万	20 万以上	收入大于贡献	收入反映贡献	收入稍低于贡献	收入远低于贡献
国有企业	61.1	34.1	4.2	0.6	3.0	29.3	31.7	35.9
股份制企业	29.3	57.1	3.6	—	3.6	28.6	39.3	28.6
全部企业	57.6	37.4	4.4	0.5	5.4	28.1	31.5	35.0

表 3　我国企业经营者收入形式

单位：%

企业类型	月薪加奖金	年薪	风险抵押	股息加红利	股票期权	其他远期收入	利润分享
国有企业	31.2	20.8	15.6	6.2	1.0	1.8	8.2
股份制企业	25.0	19.9	15.8	18.4	1.3	2.8	19.2
全部企业	29.9	21.0	21.0	7.7	1.0	2.3	13.7

林晓婉（2001）对中国上市公司经营者薪酬激励状况进行了 3 年比较研究。研究表明：（1）经营者薪酬呈增长趋势。（2）经营者持股数量也略有增长，但零持股比例较大。（3）经营者零报酬比例较高，特别是董事长的零报酬比例问题严重。

国家计委宏观经济研究院课题组（2002）对国有企业经营者收入情况进行了分析。结论为：（1）经营者收入水平受地区环境和行业因素影响较大。（2）经营者收入水平在同一地区受企业效益影响是主流。（3）激励形式的差异对经营者收入水平的影响巨大。

从中美两国企业经营者报酬激励现状对比看，两国企业经营者报酬水平，不论在绝对数量和相对构成看，都存在很大的不同。一方面是因为两国经济发展水平和市场发育程度不同所决定的；另一方面说明我国企业家报酬机制存在一些问题。这些问题反映在政策制定、观念更新、制度创新等方面，有必要对我国企业家报酬机制进行改进。

五　我国企业家报酬机制的改进

1. 我国企业家报酬机制改革的原则

我国企业家报酬机制的改革应坚持两条原则：一是借鉴吸收国外经验，

但不可照搬照抄。二是报酬机制改革要与企业制度创新相结合。虽然国外近几年企业家报酬机制和报酬结构已被证明与企业业绩具有较强的正相关性，但我们必须看到我国的经济发展水平、市场发育程度、企业文化背景与国外企业还有较大差距，照搬国外经验不一定取得好的效果。比如，在我国，人们对经营者收入与职工平均工资水平的差距的心理承受度与国外有很大的不同。国外员工可接受几十倍甚至上百倍的差距，而我国国有企业员工大多数人只接受 3 ~ 5 倍的收入差距。在企业员工收入平均水平较低的情况下，3 ~5 倍的收入差距对企业家激励力度有多大值得怀疑。其结果必然是维持现有这种“低工资、高在职消费”的状态。要想改变企业员工的现有观念，必须对国有企业进行制度创新，包括所有权结构、经营机制、用工形式、分配方式等方面进行创新。

2. 适度引入股票期权激励手段，构造最优报酬结构

调查表明，我国现有的薪酬制度中，企业家报酬多与短期效益指标相连，这种薪酬制度不能激励经理人从事长期项目的投资，引入股票期权后，有利于经理从事长期项目的投资。余珊萍等（2001）借助于股票期权模型论证了股票期权对经理人选择项目的影响，结论是引入股票期权，不仅使经理人乐于从事长期项目的投资，而且还能减少投资的盲目性。不过，虽然股票期权能产生较强的长期激励的效应，但也必须同时注重工资和年度奖金等短期激励因素。因为，如果只提供给经理股票期权激励，经理只有通过长期投资从而股价上涨才能获利，这时经理长期投资的动力达到极致。由于项目的投资期限越长风险越大，由此将导致经理人员非理性的风险行为。所以，稳健型的企业为了控制风险，还应当保持传统的激励措施，防止过度的投机性投资。

3. 进行制度创新，突破政策瓶颈

目前关于企业家报酬制度改革的最大争论焦点在于股票期权制度的实施上。一是在我国资本市场还不完善的情况下，引入股票期权制度是否有效人们怀疑。这需要加速我国资本市场的建立与完善。二是在我国由于一些政策和操作上的原因，实施股票期权确实存在一些障碍，比如股票来源、受益人范围、行权价格的确定、行权窗口期、期权收益的税务等。这些问题中有些属技术问题，企业容易解决，但涉及政策问题，企业自身就无法解决。其中，股票来源是最难解决的问题。按现行政策和《公司法》规定，企业股票回购不可用于解决股权激励。而增发和配股又不能够成为所有企业股权激励

所需股份的经常性来源。那么，现阶段在《公司法》修改以前，只有寄托于大股东出让一部分股份。所以，应考虑结合国有股减持，推进股票期权制度。当然，股票期权制度的全面实施，最终必须依赖《公司法》和其他法律规定的修改。

4. 坚持分类改革的方法，全面改进企业家报酬制度

为解决我国企业家传统报酬制度存在的激励不足和长期激励不够的问题，我国已进行了不同形式的改革。目前上海、武汉、深圳等地进行了期权报酬制度的尝试，襄樊市进行了动态股权制改革试点。在现行企业制度架构条件下，上述各具特色的改革方案不失为对我国企业家报酬制度创新的有益探索，并在实践中取得了良好的效果。但从未来发展方向看，我国企业家报酬制度创新还应针对企业面广量大，形态各异的特点，进行分类指导的政策选择：一是对于上市公司和高科技企业可积极推进股票期权制度试点。二是对于非上市国有大中型企业可继续探索企业家持股的各种有效形式，具体可采用奖励股份、分期购股、抵押贷款购股、股份期权等多种形式。三是非上市国有小型企业积极探索多元持股与民营化的新途径，具体可采用管理层收购、员工持股计划、技术入股、管理入股、历年工资和奖金结余转股等方式。

5. 建立企业家报酬的过程管理机制和评价机制

改进企业家报酬的目的，一方面提高企业家过低的收入水平；另一方面提高企业家激励的效应，最终实现企业收益的整体提高。也就是说，对于企业家而言，只有把企业经营好了才能被奖励。为达到这个目的，就必须：(1) 科学合理的评价企业家的经营成果。(2) 约束企业家行为，防止企业家人为炒作，利用市场供求关系哄抬股价。(3) 由具有相对独立性的机构客观决定企业家报酬。

为此建议：第一，建立隶属于董事会、独立董事占多数的薪酬委员会，全面负责企业经营者报酬的确定和评价工作，以解决现在许多企业经营者自己给自己定报酬的问题。第二，确定合理的企业经营业绩评价指标体系，科学公正地评价企业家的经营成果。在确定企业业绩评价指标时，不能简单地用利润、销售额等一两个会计指标，而应尽量做到全面评价企业家能力和工作态度。在国外，目前一种新的业绩指标正在被越来越多的企业采用，即经济增加值，在可能的情况下也可借鉴。第三，引入监督机制，对企业家报酬评价和实施过程进行有效监督。发挥监事会的监督职能，监事会成员通过列席董事会、薪酬委员会会议，评估股权激励计划的有关内容，进行同行业调

查等方式实现对企业家激励全过程的监督。同时，可引入外部监督机制，如证券监督部门、社会中介机构、中小股东等，达到更好的监督效果。第四，在条件成熟时，引入经理市场的竞争机制。

（本文发表于《经济管理》2002 年第 12 期）

参考文献

［1］周其仁：《市场里的企业：一个人力资本与非人力资本的特别合约》，《经济研究》1996 年第 6 期。

［2］杨瑞龙、杨其静：《专用性，专有性与企业制度》，《经济研究》2001 年第 3 期。

［3］姚凯、潘建亭：《企业经营者工作的成果无形性》，《经济管理·新管理》2001 年第 8 期。

［4］张维迎：《企业理论及其对中国国有企业改革的意义》，载张维迎主编《企业理论与中国企业改革》，北京大学出版社，1999。

［5］黄群慧、李春琦：《报酬、声誉与经营者长期化行为的激励》，《中国工业经济》2001 年第 1 期。

［6］凯西·B. 鲁克斯顿：《1997 年经理报酬研究：美国标准普尔 1500 家超大型企业的实践》，载梁能主编《公司治理结构：中国的实践与美国的经验》，中国人民大学出版社，2000。

［7］林晓婉、车宏生等：《中国上市公司经营者薪酬激励状况的三年比较研究》，《管理现代化》2001 年第 5 期。

［8］国家计委宏观经济研究院课题组：《国有企业经营者收入情况分析》，《宏观经济研究》2000 年第 12 期。

［9］余珊萍、林辉：《经理股票期权激励若干问题的探析》，《中国软科学》2001 年第 5 期。

［10］叶克林：《企业家期权报酬制度的经验、理论与政策选择》，《学海》2001 年第 1 期。

组织能力的源泉：企业家能力与个体特征分析

贺小刚

一　企业家与组织能力

1. 企业家决定了组织能力的积累路径和位势

企业的发展方向受制于它目前的位势和前方的路径，而它目前的位势又是由以往的路径所决定的。在这一战略路径形成过程中，企业家起了决定性的作用。企业组织能力是实现企业家所发现的机会的潜在价值而由多种要素和活动所组合的一种机制。在实现机制的市场价值之前的这个过程中，从资源的获取（流入）、组合、淘汰乃至资源的沉积都与企业家能力存在紧密的关系。

首先，从非均衡的要素市场与产品市场中发现机会，这是企业家的根本职能，是企业家禀性的本质表现（Penrose，1959）。企业家极力说服各个资源所有者，并与他们订立合约。在组织能力形成的第一阶段，即获取资源过程中将依赖于企业家吸引资源的能力、集合资源的能力，以及决定资源转移的次序、质量、数量、时机和类型等各种能力（Godfrey 和 Gregersen，1999）。整合资源是企业家对内职能的主要表现方式（Chandler，1962；Barnard，1938）。一种资源筛选与淘汰机制必须建立，以留下那些有助于促进企业持续发展的有价值的资源和能力，而淘汰那些不再适应企业发展的资源。而这种资源、能力的淘汰机制的规则制定是企业家的主要职能，一是只有他们才具有这种敏锐的洞察力，他们是信息的集中者（Casson，1982），能够在决定资源、能力的去留过程中确保决策的正确性和及时性，二是这种资源、能力的淘汰决策将给企业带来额外的冲突（Burgleman，1984），由于历史性积累的资源具有很高程度的嵌入性、专有性，一旦离开原有的制度体系很可能导致价值的降低（Dierickx 和 Cool，1989），员工的冲突则很可能给企业带来灾难性的后果，这种决策的高风险性只有企业家才能够承受得起。

组织能力位势的形成有两种渠道，一是在获取资源过程中，直接通过市场交易的方式而形成，这些资源主要是有形的人财物等，以及商誉、专利等无形资源。通过企业家敏锐的市场洞察力，或者以低价获得该优势资源进而提高组织能力的位势，或者回避劣势资源确保已有的能力位势不至于受到侵害（Makadok，2001）。二是不可交易的、有价值的资源经常是在企业组织通过历史性地累积、不断地构建而成的，而这一过程同样与企业家能力密不可分，因为这种能力构建活动具有很大程度的事前不确定性（Knight，1921），无法确保这种能力构建活动一定会带来熊彼特租金，而只有企业家才具备组合资源、筛选资源的能力，并承担由此决策而带来风险的能力，正如经济学家和管理学家 Penrose（1959）所指出的，那些具有物质可记述性的资源是可以从市场上购买的，但是一旦这一资源被企业所同化，它所提供的功能将开始发生变化，但资源所发挥的功能最终将取决于使用资源的个体的能力，尤其是配置资源的企业家的能力。实际上，企业组织内部的资源之所以与市场上的资源存在差异，根源就在于这一“同化”过程，而同化之所以发生则主要是借助于企业家的资源组合能力、企业家能力的传承作用。

企业家根据企业内部环境与外部环境的变化而不断地进行战略协调、灵活应变，其目的就在于使企业的战略行为时时处在一个可操控水平上，这样才能确保企业的各种经营活动与企业家的战略构念相一致（Nelson，1991），而所有的组织能力积累之目的也就在于为了实现这一企业家的战略构念。可见组织能力的积累路径与不同阶段的能力位势都与企业家能力存在密切的关系。

2. 企业家培育了组织能力的生态环境

组织能力的积累存在两种可能的方式，一是自觉战略行为下的组织能力积累（Burgleman，1983），二是组织内部由于自发行为而可能积累的组织能力。

为了充分实现资源与能力的潜在价值，企业应为组织能力的培育建立一个类似于“家”的生态环境，这种良好的生态环境就是要确保组织内各职能部门和经济活动者都为了同一的经营目标而行动，在“战略—结构—绩效”范式（Chandler，1962）下开展各项经营活动。首先，企业家通过制定一个适当的连续的战略，以确保至少在大的方面合法地界定并科学地规定组织及治理企业的方法，使得企业能够看清楚在一定战略下组织中所存在的差距或出现的异常现象（Nelson，1991）；其次，正如上文所言，组织能力的培育需要足够的有形资源和无形资源作为基础，企业家通过制订战略就为组织能力的培育赢得资源创造了必要的条件，解决巧妇难为无米之炊的问题。企业家有目的地设立的治理机制和组织结构就是有助于实施其战略的主要工具。企业家那种自觉战略行为在组织能力的培育过程中所起的作用在许多案例研究中都得以证实。

自发式行为背景下也可能积累组织能力，但这并非意味着此种情况下企业家无能为力，他们在决定自发式组织能力去留问题的博弈过程中处于占优地位，即一旦发现这种自发式组织能力并不能为企业创造价值，或者与企业的发展战略方向不尽一致，成为企业的核心刚性，它们很可能被淘汰出局。决定博弈结果的一个主要因素就在于企业家对这种自发行为中所积累的能力的未来预期，也即取决于企业家对此种组织能力的战略审计能力。借助企业家的战略审计能力，不仅有助于将团队联合生产过程中的惰性降低到最低水平，而且也有助于克服企业内部可能存在的潜在地摧毁组织能力的因素（Eisenhardt 等，2000），如与市场发展背道而驰的核心刚性。比较典型的例子是美国的英特尔公司在 20 世纪 80 年代进行的产业转型事件。由于前期公司所培育的基于 DRAM（动态储存器）业务的能力并不合乎高层管理者的战略目标，最终在长达 1 年多的谈判、博弈过程中被高层管理者所淘汰，因为这种能力无法为企业组织创造价值，带来竞争优势（Burgelman，1994）。反之，一旦企业家认识到某种自发式组织能力有助于扩展公司的能力边界、有助于在独特的资源组合中发现额外的协同效应、有助于维持公司在未来发展中追求不同的路径所必需的能力，则企业家应该主动地为这种计划外的组织能力提供一个良好的生态环境使其得到培育和发展。

二　企业家能力、个体特征与组织能力的测量

1. 企业家能力

本文将企业家能力界定为以下几个维度：（1）发现机会，即企业家通过对环境的扫描、市场的预测，从非均衡市场中敏锐地发掘可赢利的潜在价值，并在此基础上认知机会、选择有前景的机会，抓住至关重要的机会（Chandler 和 Hanks，1994；Mintzberg 和 Waters，1982），（2）组建关系网

络，即企业家与其他个体、组织建立稳定的、持续的交往模式，以获取资源、减少决策风险，实现产品或服务的市场化，（3）经营创新，即企业家敢于打破原有的模式，提出新的经营理念、管理方法，并将创意商品化（Man等，2001），（4）管理组织，即企业家将各种零散的资源（包括人力资源、物质资源、无形资源和信息资源等）进行整合、激励、协调，做好计划、资金预算、运作程序、评估绩效以及完成其他执行战略所必需的工作等，（5）战略定位，即企业家根据市场环境与企业内部条件的变化，确定经营目标、经营边界，并及时地作出战略反应；（6）学习与知识更新，即企业家快速地、广泛地、持续地获得经营企业所需的专业性及其他通用性知识的能力，主要包括获取知识以及总结经验两个方面。

2. 企业家个体特征

立足于企业家的关键活动、行为过程，以探讨该行为过程中企业家所表现出来的能力与组织能力之间的逻辑关系。但值得注意的是，企业家的个体特征，如学历、前期的工作和创业经验、参加过的以及仍旧在进行的培训活动等都可能影响到组织能力的形成和积累，这一结论现已得到一些管理学者的实证支持（如Bird，1995；Man，2001），也得到进化理论的案例支持（Raff，2000；Rosenbloom，2000；Holbrook等，2000；Tripsas，2000），甚至进化理论还将影响组织能力演变的范畴延伸到人口生态条件（Cockburn，2000）。本文也将企业家的个体特征纳入研究的范畴，具体包括以下几个变量：

（1）企业家的人口特征。比如企业家的性别、年龄、种族、家庭背景等。这些因素在一定程度上会影响到企业家的动机，如成就感、工作满意度、机会、独立、金钱、地位、安全、权力与经济需要，也势必影响到企业家的生理心理特征，如强有力的体魄、竞争性的斗志、独立性、自信性、目标导向性等（Chu和Siu，1993；Man，2001）。本文仅将企业家的年龄与性别纳入研究的范畴。

（2）企业家的人力资本。企业家人力资本要素和企业家背景特征的研究是一个新兴的领域。目前企业家人力资本要素的研究主要集中于企业家的受教育水平、工作经验、童年的经验（Lam，1996）、父辈的影响（Chu和Siu，1993）、创立企业的经验、所受过的培训，以及企业家所掌握的技巧和管理经验。本文将企业家的受教育程度、进入公司前是否有相关工作经验、进入公司前是否有创业经验，以及在负责经营公司前后参加培训活动等纳入研究的范畴。

（3）企业家背景。企业家背景的研究则主要集中于经济活动者在成为企业业主之前的家族背景、出生地、所工作过的组织特征，以及在创立（或）负责经营当前企业的整个过程所体现出来可能影响到企业家行为的特征，本文主要以后者作为研究对象，将企业家的背景特征分为以下几种：①企业家加入企业的方式，如创业、上级委派、聘用、继承、MBO 及其他方式；②企业家持股量；③企业家所处的职位，如总经理、董事长、总经理兼任董事长；④企业家的在位时间。

3. 组织能力

基于企业在市场上的竞争行为与过程，本文将组织能力界定为以下几个维度：（1）市场潜力，这主要体现在质量优势、成本优势、技术的延展性潜力等三个方面；（2）组织学习，这是指组织内部各个部门之间的相互交流、相互学习、共商问题的解决方案，以及与其他组织之间的相互交流、模仿、学习（路风等，2001）；（3）组织变革，这主要体现于员工的冒险精神、首创精神以及创新和创意等方面，而这种变革能力的形成将主要取决于组织是否给予员工充分的权力和空间、是否对创新成果给予充分的激励、是否对革新活动投入足够的资金、是否建立了有效的流程和方法来考核这种革新的思想等措施；（4）战略隔绝，即企业组织对现存的以及潜在的竞争对手实行的一种防御性的战略以阻止它们进行有效的模仿和学习，进而维持源于独特要素所带来的理查德租金的持续性（Mahoney 和 Pandian，1992）；（5）战略柔性，它反映的是企业组织对环境的灵活应变程度，以及在企业家对环境做出迅速调整之后，企业组织是否具有足够的执行力，及时做出战略反应。

另外，在问卷中还确定了其他相关控制变量，包括：公司经营所在地；企业寿命；公司的股权性质；企业规模；企业所处的行业；公司主要业务所在行业的发展阶段；是否从属于高科技产业。

三 数据收集与处理

1. 确定样本范围及来源

在具体选样之前，先确定了样本的选取标准，具体包括：（1）企业规模在 10 人以上；（2）企业寿命在 1 年以上；（3）问卷的填写者必须为企业的总经理或者董事长，或者两者兼任，或副总经理，但问卷发放时只寄给总经理。抽样范围来源于《中国高新技术产业年鉴》（2000），它一是按照绩效进行了排序，二是对国内的高科技企业刊登了联系方式。对于后者，采取了全面调查，共发放问卷560份；对于前者采取了分层抽样的方法，共选取样本900份。还通过深圳市工商企业名录（2002）、东莞市工商企业名录（2002），进行随机抽样，各抽取100家，共计200家。然后用滚动法发放问卷，主要是利用了中山大学管理学院这一平台，以EMBA、MBA班的在读企业家为样本，以及通过分布于全国各地的所熟悉的企业家，以滚动法收集样本，共发放500份。所以这次调查共计发出调查问卷2160份。

2. 问卷回收与初步处理

最后共收回问卷401份，其中有效问卷253份。本次调查的数据主要来源于珠三角区域（50.6%）、其次是内地区域（33.2%）和长三角区域（16.2%）；有106家是高科技企业，147家为传统企业，行业主要集中于机械、设备、仪表、电子（20.6%），信息技术（11.1%），批发与零售贸易（8.7%），行业发展阶段主要处于成长（49.2%）和成熟阶段（42.9%），企业的平均寿命为13.73年，大多数在1~20年（33.6%），超过20年的比较少（13%）；企业规模（以员工人数衡量）的均值为1040人，最少的企业员工仅有10人，最大的则达到33000人，绝大多数在200人以下（51.6%），500人以上的企业仅有27.6%，企业的股东人数主要集中于1~2人（55.6%），60个股东以上的企业仅占5.4%。

通过对企业家能力和组织能力进行探索性因子分析发现，个别测项出现交叉负载的现象，或负载值比较小，于是将此类测项删除，之后重新进行检验。就检验的结果来看，不管是初始检验还是最终检验，衡量取样适当性量数的KMO值最小的为0.885，大于Kaiser（1974）KMO值最小为0.5的标准（吴明隆，2001），表示变量间的共同性因素很多，适合做因子分析，并且各测项的最终负载值都在0.500以上。不过应该指出的是，“组织变革”“组织学习”两个因子在分析之后合并成为一个新的能力因子，即“学习变革”能力（此时该因子的解释信息量达到24.993%，Cronbach $\alpha=0.8997$）。对企业家能力和组织能力的可信度分析结果显示，各个能力因子的最终Cronbach Alpha值都在0.7以上，各个测项的最终CITC值都在0.445以上，所以可以认为本次调查所收集的数据是相当可靠的（Hair，Anderson，Tatham，Black，1998）。

在上述对数据有效性和可靠性进行检验的基础上，本文对因子之间的相对性进行分析（表1）。

表1　相关性矩阵

	均值	标准差	1	2	3	4	5	6	7	8	9	10
1. 机会能力	5.070	.846	1									
2. 管理能力	5.025	.830	.489**	1								
3. 关系能力	5.147	.811	.602**	.528**	1							
4. 创新能力	4.886	.789	.609**	.474**	.608**	1						
5. 战略能力	5.124	.845	.576**	.453**	.616**	.690**	1					
6. 学习能力	5.438	.979	.540**	.435**	.620**	.596**	.601**	1				
7. 市场能力	4.964	.829	.467**	.274**	.461**	.567**	.545**	.373**	1			
8. 学习变革	4.747	.759	.469**	.464**	.631**	.587**	.571**	.510**	.442**	1		
9. 战略隔绝	4.334	1.128	.314**	.282**	.302**	.432**	.350**	.277**	.215**	.495**	1	
10. 战略柔性	4.808	.886	.515**	.339**	.487**	.574**	.577**	.384**	.471**	.627**	.672**	1
11. 组织能力	4.722	.72587	.524**	.431**	.588**	.644**	.611**	.483**	.474**	.678**	.745**	.902**

注：*：$p<0.1$，**：$p<0.05$，***：$p<0.01$。

四　检验结果与讨论

1. 企业家个体特征对组织能力的影响

通过采取独立样本T检验、ANOVA检验等统计方法，本文就企业组织背景特征与企业市场竞争力各个因子之间的关系进行检验，结果发现企业家个体特征中仅有三个变量与企业组织能力存在比较显著的相关关系（表2），而其他大多数变量，如企业家的性别、企业家的当前年龄、企业家的努力工作程度、企业家的工作经验和创业经验、企业家加入企业的方式、企业家所持有的股份，以及企业家所处的职位等等，都不会显著地影响到企业组织能力的培育。

表2 企业家个体特征与企业组织能力关系检验

企业家个体特征	组织能力	分类变量				同质性检验（Sig.）	ANOVA（F）	ANOVA（Sig.）
在位时间		2年以下	3－5	6－10	11－20			
	市场潜力*	4.865	4.966	4.852	5.247	.797	2.332	.056
	样本量	62	76	69	38			
学历		高中以下	大专与本科	研究生以上				
	战略隔绝*	3.910	4.427	4.281		.059	2.700	.069
	样本量	29	165	59				
参加培训活动		管理训练	技术培训	管理、技术	未参加过培训			
	学习变革***	4.862	4.951	4.885	4.4085	.765	5.205	.000
	战略隔绝**	4.387	4.600	4.483	4.1279	.048	2.100	.081
	样本量	93	12	77	61			

注：*：$P<0.1$，**：$P<0.05$，***：$P<0.01$。

（1）企业家在位时间的作用

企业家的在位时间与组织能力中的市场潜力存在比较显著的相关关系（$P<0.1$），即在位时间越长，相应的企业组织的市场潜力也相应地增强，这就说明了企业的质量优势、成本优势以及技术优势的形成必须借助一个一贯执行的经营理念（Nelson，1982），而企业家的更替将改变企业的价值信仰（Porac 和 Rosa，1996），那种频繁更替则可能对企业组织带来功能性紊乱，具有短期的摧毁性，存在高额的更替成本（Penrose，1959），甚至导致高度的失败（Gavetti 和 Levinthal，2000）。同时这一结论也间接地论证了 Prahalad 和 Hamel（1990）有关组织能力培育的观点，即组织能力的形成，尤其是核心能力的成型是一个比较漫长的过程，十年甚至更长的时间。

（2）企业家学历的作用

本文通过利用 ANOVA 分析则发现，企业家的学历对战略隔绝能力有一定程度的影响（$P<0.1$），但对其他的组织能力并没有表现出有显著的作用，并且并非学历越高则相应地战略隔绝、抵制模仿的能力越强，而是居于中间

学历水平的企业家所在的企业的战略隔绝能力最强。但可以肯定的是学历越低的企业家，越不善于抵制竞争对手的有效的模仿，越不善于建立有效的制度吸引核心员工，也不善于制定有效的员工流转机制等。

（3）企业家接受培训活动的作用

通过利用 ANAVO 分析发现，企业家在负责经营前所接受的培训，只与战略隔绝能力有关（$P < 0.05$），那些接受了技术培训活动的企业家所在的企业在战略隔绝能力方面要强于那些接受管理培训活动的企业家所在企业。在负责经营后企业家所接受的培训活动，除了影响到战略隔绝能力之外，还显著地影响到学习变革能力（$P < 0.05$）。而那些没有接受过任何培训的企业家，他们所对应的能力则相应地最糟糕。

2. 企业家能力对组织能力的影响

企业家能力与组织能力之间的关系，可以借助层次式普通最小二乘法（OLS）来检验。先将企业的组织能力作为一个因变量，将企业家的六个能力因子作为自变量，同时将其他相关的控制变量也加入回归模型中。在变量的进入次序上，企业家的六个能力因子在前，其他在后。包括：负责经营时的年龄、在位时间、学历、负责经营公司前后所接受的培训活动、产业性质（高科技与否）、股权性质、行业以及行业的发展阶段、多元化程度等。这些变量对于组织能力的形成具有比较显著的影响（见表 3）。从检验的数据来看，回归方程的解释力 R^2 由最初的 0.506（调整后的 R^2 为 0.494）上升到 0.589（调整后的 R^2 为 0.547）。这就足以说明在组织能力的可解释的成分中，企业家能力占有至关重要的作用，是组织能力的源泉。但在六个企业家能力因子中，只有关系能力、创新能力、战略能力在各个分析步骤中一直对企业组织能力具有积极的显著的影响，而机会能力与管理能力只有在控制有关变量后，才具有一定程度的作用。

表 3　企业家能力与组织能力

	第一步	第二步	第三步	第四步	第五步	第六步	第七步	第八步
机会能力	.073 (1.158)	.076 (1.207)	.087 (1.400)	.100 (1.601)	.105* (1.673)	.066 (1.017)	.074 (1.143)	.071 (1.113)
管理能力	.052 (.935)	.060 (1.089)	.053 (.965)	.050 (.919)	.051 (.923)	.086 (1.505)	.096* (1.671)	.071 (1.281)
关系能力	.219*** (3.223)	.216*** (3.163)	.218*** (3.260)	.208*** (3.110)	.217*** (3.227)	.227*** (3.302)	.240*** (3.466)	.239*** (3.522)

续表

	第一步	第二步	第三步	第四步	第五步	第六步	第七步	第八步
创新能力	.323*** (4.637)	328*** (4.716)	.328*** (4.777)	.316*** (4.596)	.310*** (4.511)	.317*** (4.575)	.301*** (4.261)	.325*** (4.774)
战略能力	.229*** (3.266)	.213*** (2.997)	.208*** (2.981)	.224*** (3.189)	.228*** (3.193)	.208*** (2.846)	.216*** (2.915)	.197*** (2.743)
学习能力	-.059 (-.827)	-.062 (-.870)	-.057 (-.802)	-.053 (-.750)	-.064 (-.901)	-.064 (-.881)	-.079 (-1.074)	-.050 (-.710)
控制变量（逐项加入）		在位时间	学历	参加培训	高科技产业	行业	行业发展阶段	企业所有制性质
已解方差	.506	.516	.538	.555	.570	.596	.602	.589
方差变动		.010	.022	.017	.013	.007	.006	.019
调整后方差	.494	.500	.518	.528	.534	.544	.545	.547
F 检验	42.0***	32.6***	27.789	20.8***	15.9***	11.5***	10.5***	14.0***

注：（1）第一个数值为 Beta 系数，括弧中的数值为 t 检验值；（2） *：P<0.1，**：P<0.05，***：P<0.01。

企业家建立关系网络的能力，之所以影响到组织能力的培育，主要是由于企业家的关系能力与资源获取、国有企业的控制权获得（李新春，2001）等存在极大的相关关系，而这些将是企业培育组织能力的前提，同时通过借助与上下游企业家，以及其他企业家建立良好的私交关系对于提升产品市场的竞争力、获取资源等生产要素、为企业树立良好的形象等都有积极的作用。

虽然目前国内企业家对自己的创新能力并不满意，是所有六个企业家能力因子中最不满意的一项，但是正如能力学派以及进化学派的支持者所强调的，创新能力，包括经营理念的创新、组织创新、管理方法创新、产品与服务创新等在组织能力的积累过程中所起的作用也是不可低估的。

企业家的战略定位能力也对组织能力的培育起了积极的作用，一是企业家的战略目标的确定将影响到组织能力，这是因为组织能力在一定程度上表现为组织学习与变革能力，而这又将取决于抱负水平（Winter，2000）。在中国背景下，这种抱负水平则是由企业家的战略抱负水平而决定的，许多的案例研究已经表明了这一点。二是企业家的战略反应能力将在很大程度上决定企业在市场上的灵活应变程度。

同时本研究还发现，企业家的管理能力对组织能力的培育比较微弱（Beta =0.096，P <0.1），但这并非意味着管理能力本身对组织能力的演变不起作用，本文在理论上已经说明了组织能力在很大程度上是可以通过制度化的方式培育的。之所以在中国背景下这种作用比较微弱，主要原因可能是，中国企业内部比较优秀的员工趋于自己当老板，比较难以凝聚在一起，同时也可能是由于企业家所制定的各种管理制度，包括激励制度、监控制度、产权制度等存在诸多不完善之处，以及国有企业的企业家并无实权以选择能够团结一致的“自己人”（包括员工和高层管理者）。这些因素都在一定程度上影响到有价值的组织能力的积累。企业家的机会能力，虽然就理论分析而言，对于组织能力的培育起了指导性作用，如企业快速地察觉顾客的潜在需求、为顾客带来实际利益的产品和服务等等都在一定程度上影响到企业组织的市场潜力，但此次调查的数据并未能强有力地支持这一观点，企业家的学习能力，如对知识的获取、对知识结构的调整、对各种经营经验的总结等等，这些对于改善组织的运作是具有积极的意义的，但此次调查的数据则没有表明它对组织能力的培育起到积极的作用，这还有待于进一步深入研究。但综合上述分析可以得知，企业组织能力的源泉在于企业家能力。

（本文发表于《经济管理》2005 年第 1 期）

参考文献

[1] Burgelman, R. A. , “Corporate Entrepreneurship and Strategic Management: Insights from a Process Study,” *Management science*, Vol. 29, No. 12, (1983): 1349 - 1364.

[2] Barney, J. , “Firm Resource and Sustained Competitive Advantage,” *Journal of Management*, Vol. 17. No. 1 (1991): 99 - 120.

[3] Collis, D. J. , “Resource - based Analysis of global competition: The Case of the Bearings Industry,” *Strategic Management Journal*. Vol. 12, (1991): 49 - 68.

[4] Penrose, E. T. , *The theory of Growth of the Firm*, Basil Blackwell Publisher, Oxford, 1959.

[5] Prahalad, C. K. & Hamel, “The core competence of the corporation,” *Harvard Business Review* May/Jun90, Vol. 68 Issue 3 (1990): 79.

[6] Wernerffelt, B. , "A Resource – Based View of Firm," *Strategic Management Journal*, Vol. In Nicolai J. Foss, ed. , *Resource, firms, and Strategies.* (London: Oxford University Press, 1997).

[7] Dierickx, I. & Cool, K. , "Asset Stock Accumulation and Sustainability of Competitive Advantage," *Management Science* Vol. 35. No. 12 (1989).

[8] Foss, N. J. , "Network, Capabilities, and Competitive Advantage," *Scandinavian Journal of Management* Vol. 15. (1999): 1 – 15.

[9] Henderson, R. & Cockburn, "Measuring Competence? Exploring Firm Effects in Pharmaceutical Research," *Strategic Management Journal* Vol (15) (1994): 63 – 84.

[10] King, A. W. & Zeithaml, "Measuring Organizational Knowledge: A Conceptual and Methodological Framework," *Strategic Management Journal*, 24 (2003): 263 – 772.

[11] Li, H. Y. & Atuahene – Gima, K. , "Product Innovation Strategy and the Performance of New Technology Ventures in China," *Academy of Management Journal* Vol. 44, No. 6 (2001): 1123 – 1134.

[12] Makadok, R. , "Toward a Synthesis of the resource – based and Dynamic—capability Views of Rent Creation," *Strategic Management Journal*, Vol (22) (2001): 387 – 401.

[13] Man, T. W. Y. , "Entrepreneurial Competencies and the Performance of Small and Medium Enterprises in the Hong Kong Services Sector," Doctor Paper, From Department of Management of The Hong Kong Polytechnic University, 2001.

[14] Nelson, R. N. , "Why Do Firms Differ, and How Does It Matter?" *Strategic Management Journal* Vol. 14 (1991): 61 – 74, In Nicolai J. Foss, ed. , *Resource, firms, and Strategies.* (London: Oxford University Press).

[15] Teece, D. J. , Pisano, G. & Shuen, A. , "Dynamic capabilities and Strategic Management," *Strategic Management Journal* Vol. 14, 61 – 74, In Nicolai J. Foss, ed. , *Resource, firms, and Strategies* (London: Oxford University Press).

跨国公司工效学：跨国公司人力资源管理新学派

赵曙明　朱久华　Allen D. Engle Mark　E. Mendenhall

一　导论：跨国战略

Christopher Bartlett 和 Sumantra Ghoshal 指出，对许多公司而言，持久的全球竞争能力可以同时通过追求以下三个目标而获得：（1）全球的规模效率，即全球标准化；（2）适应不同国家和地区的灵活性，即地区定制化；（3）世界范围的学习，即创新全球的传播（Christopher Bartlett，Sumantra Ghoshal，2000）。另外，只有通过充分运用并协调地利用国别差异、规模经济和范围经济的各种技术能力和环境能力，这些目标才能得以实现（Christopher Bartlett，Sumantra Ghoshal，2000：247～251）。

通过对 Bartlett 和 Ghoshal 称为"跨国战略"的三个目标的组合和平衡，公司将从根本上摆脱仅以其中一个或两个目标领域内的实力与能力为基础的已有战略（Christopher Bartlett，Sumantra Ghoshal，2000：253～255）。与传统的官僚结构控制不同，这些公司主要通过社会"家族型"的方式来控制其成员的活动（Ouchi，1981）。然而，某些形式的组织结构仍在跨国公司内存在，分权联邦制、协调联邦制或者集权的中心结构等仍作为一种"行政管理遗产"而存在，并提供了部分控制的一种方法（Bartlett，Ghoshal，2000：507～512）。

尽管如此，跨国公司并不是将组织结构的"解剖"作为主要的控制手段，而是将"解剖"（结构）、"生理机能"（非正式的人际关系网络）和"心理机能"（某种共享的组织文化）三者组合起来形成一个均衡聚合体（Bartlett，Ghoshal，2000：515～519），并由这三个维度共同形成的称为社会控制系统的“心智矩阵”（mind matrix），来充当跨国公司中的主要控制手段（Engle and Stedham，1998）。在控制手段的这种渐进的转型中，国际人力资源系统充当了作为支持文化变革的智囊团（repositories）和杠杆（levers），即首先改变“个体的态度和思维方式”，随后改变“人际关系和人际过程”，最后潜移默化地改变“正式的结构和责任”（Bartlett，Ghoshal，2000：520，Engle and Stedham，1999）。

平衡与双重性。有关将地区定制化、全球标准化和创新的全球传播相结合形成公司潜在战略优势，Bartlett 和 Ghoshal（2000）已经做了非常好的说明，在此不再赘述。但是，它们之间需要一定程度的平衡，这不仅是为了在应对战略性业务需要方面具有优势，也是为了应对纯粹的地区、全球或创新战略、组织结构和组织控制形式内在的不稳定性。

最近的一些研究对全球标准化的现实性与应用性，对创新传播的标准模型（Doremus，et al.，1998），以及对于稳定的地区文化的观点（Geary，2002），都提出了质疑。Doremus 等人（1998）提供的数据表明，美国、德国和日本的跨国公司（占全球所有大型公司的绝大部分）在它们各自的制度基础方面差异如此之大，以至于无论表面看来多么全球化，它们总是保留了自己独特的、基于母国的特点。潜在的意识形态、政治制度和经济制度不可避免地造成了各种能力上存在系统性差别。

此外，研究表明创新模式也是随着母国的不同而呈现出系统性的差异。比如美国、英国和法国的创新活动侧重在实现政府、企业和大学三方联合起来的共同“使命”上，而德国和日本的创新活动则集中在“产业内部联系”上，政府较少扮演客户角色，这使得日本和德国的跨国公司具有“获取并快速适应国外产生的技术”的倾向和能力（Doremus，et al.，1998）。母国的不同导致了“国家创新体系的结构、路径和结果”方面的系统性差异（Doremus，et al.，1998：73）。

Geary（2002）通过历史分析提出了文化属性（cultural identity）的概念。这是一个比许多现代自诩的民族主义领导人试图让我们相信的东西要更为复杂、多元和动态的概念。超民族的专业、阶级、职业、宗教和经济因素可能与地区性和全球性移民模式相结合，使数百万人产生一种多维的文化属性。Geary 指出：“正如功能主义者 A 可能属于文化 1 和文化 2，功能主义者 B 也可能属于文化 3 和文化 2。这两种属性并非互不兼容，但是环境能够决定哪一种属性会压倒另一种。”（Geary，2002）Geary 在这里谈论的是 5 世纪罗马帝国的职业和文化区域，但在今天的全球人力资源管理中，这种双重性观点也为我们所熟悉。复杂的文化变革潮流是现状，而不只是过去50年来的产物。

近期的研究如Tewes（2002）在对德国1983～1998年间政治决策过程的一项分析，其中提到了在欧洲一体化氛围内的文化复杂状态。这项分析指出，欧洲区域标准化的推动力量（即趋同和分歧）不是简单的和单向的，而是一系列反应性的渐进决策。

由于纯粹全球标准化或地区定制化的方式缺乏一种同质并稳定的清晰模式，因此，全球标准化、地区定制化、创新的传播这三者的一种均衡结合体可能是应对上述不稳定性的最为稳定的方法。均衡的三者结合体不只是具有战略相关性，而且更重要的是，在考虑到上述不确定性的时候，也更为实用。

成功地实施跨国战略的关键是组织在子单位间可能产生冲突的领域提供快速决策的能力（Galbraith，2000）。然而很多时候，企业发现它们缺乏结构的、财务的以及文化的控制机制（Engle and Mendenhall，2001）。

二 跨国战略对宏观人力资源问题的一些启示

上述的跨国战略对人力资源管理来说有什么启示？更确切地说，一个把成为跨国公司作为理想的公司，其人力资源管理必须具有什么性质或特征？

在宏观上，需要什么样的性质或特征才能使我们在地区定制化和全球标准化的持续平衡中，对人力资源管理活动进行指导、定位和操作？这些性质或特征和Schuler，Budhwar及Florowski在对于跨国公司国际人力资源管理所给出的理论框架中提到的“问题”或“功能”有关。这些“问题”涉及分布在全球各地的子公司如何在根据当地情况做出调整的同时能与其他子公司在共性问题上相一致，以便在全球范围内进行协调。这些问题实际上关系到如何在看似相互排斥的全球标准化与地区制定化之间的协调与控制。Schuler等人提出的“功能”则涉及资源定位与分配这两个方面。资源定位是看权力与专业知识是由母公司控制还是分散到各个地区；资源分配则是看所安排的与国际人力资源管理有关的时间、精力和金钱的数量与质量以及这些资源所分配的地点。我们可以把这些宏观层次的性质看成是对预期能力的界定，以及为人力资源管理提供更广阔的背景。

在微观上，哪些人力资源问题对跨国战略的实施是至关重要的？诸如人力资源规划、决策支持系统、招募和挑选、培训与开发、薪酬与福利等持续性和常规性活动，提供了实现跨国战略的潜在驱动力量。Schuler，Budhwar和 Florowski 称这些微观层次的问题为“政策与实践”（2003：7～9）。

由人力资源管理宏观性质所提供的方向与由微观性质所提供的驱动力，两者结合确保了人力资源部门最终在企业向跨国公司迈进的过程中成为真正的战略伙伴。这个宏观/微观模式与 Brewster，Larsen 和 Mayrhofer（2000）的提法非常相一致。Brewster 等人在其提出的战略人力资源的一般模式中指出：“人力资源管理部门在正式战略规划过程中直接参与”和“间接的过程控制”（其中直接参与和间接过程控制分别涵盖宏观问题和微观问题），但是这种一致性绝不是假定两个概念是等同的（2000：45～48）。

1. 与跨国战略有关的重要国际人力资源问题

这里要讨论的是对互相竞争的国际人力资源范式广义与狭义的理解。首先，我们将焦点转向战略的而不是比较的国际人力资源，因为后者现已在处理地区定制化问题的时候被归为国际人力资源能力的一个部分。全球标准化、地区定制化和创新传播的跨国战略三合体中，地区化的要素本身就是丰富的、动态的和复杂的。如果要理解我们作为国际人力资源管理 & 国际人事专业人员所面临的真正任务，那么，在从事战略国际人力资源管理中，尤其是在从事美国的战略国际人力资源管理中，我们就需要理解这一文献体系和各种模型（Brewster，2003）。全球公司的研究人员必须理解在全球环境中各种问题、范式和模型的实际范围程度。

2. 对国际人力资源过程角色的重新界定

在跨国公司中，结构作为首要的战略控制机制被人力资源所取代。我们从“战略导致结构，结构导致工作，而国际人力资源保证工作的实施”转变为“战略导致国际人力资源能力，而该能力又导致紧密整合的国际人力资源过程”（即招募和挑选，培训与开发，人力资源信息系统，人力资源规划，以及薪酬和福利）（Stedham，Engle，1999）。

Boudreau，Ramstad 和 Dowling（2003）用“全球才智（global talent-ship）”这一术语提出了人的至关重要性，而 Nohria 和 Ghoshal（1997）在他们的“差异化网络”（differentiated network）分析中，则以日益增加的对“人际网络”作为整合机制的需求来谈论这些问题。Schuler 等人（2003）在讨论这一主题时提出了一个包含宏观“问题”和“功能”以及微观“政策与实践”在内的“整合理论框架”（integrated framework），Galbraith（2000）讨论了“网络间协调”（coordination across networks）。整合人力资源过程是对国际人力资源角色的一个很重要的重新界定。

3. 作为一种整合过程的国际人力资源

在跨国战略中，假如结构能发挥更具有弹性的网络化运作与整合机制的辅助作用（见 Egehoff 对结构的重新界定，2002），结构就不会被淘汰。结构与国际人力资源角色之间的这种新型的、对调了的关系非常有意思，并提出了一个至关重要的问题：“国际人力资源如何能直接提供迫切需要的整合?”更确切地说，如何能使国际人力资源管理过程中的招募和挑选、培训与开发、人力资源信息系统、人力资源规划以及薪酬和福利，更多地集中在对整合的需求上而不只是考虑这些做法在垂直或水平方向上的差异。

4. 导致家族化的社会化过程（socialization towards clan processes）

很多理论家和研究人员——从 Nohria 和 Ghoshal（1997），到 Bartlett 和 Ghoshal（2000），到 Galbraith（2000），再到 Egelhoff（2002）——都谈到了在复杂、多变的跨国世界中，需要用文化控制或社会化（即 Ouchi 所提到的“家族化控制”，1981）而不是代理理论或外部的官僚组织结构控制作为主要的控制手段。但问题是，国际人力资源管理如何能通过其所有的程序而不只是受传统的文化影响的招募和挑选以及培训开发等手段来把这种理念灌输给来自各个不同职能、文化和技术背景的骨干成员?

5. 基于折衷范式或单一范式的研究计划

目前是再次呼吁研究方法上宽容的适合时机。具体而言，这种呼吁要求我们应该在研究方法及其设计和工具开发的领域中持开放态度、拓宽思路。即便对定性研究亦是如此，尽管这可能使人想起 Joyce Osland（1995）的研究，至少一些西方的认识论采用的方法（Marti，1999）。如果我们能找出每种范式内做得好的研究所具有的属性与特征，并使每一特定的研究活动严格遵循特定研究范式的规则，那么研究活动就可能得到提高，而且知识体系就能得到更有效地扩展。另外，Chris Brewster（2003）对于普遍主义方法论和情景化方法论（universalist and contextual methodology）的评论与上述观点是非常一致的。

6. 通过比喻和象征来发展理论框架

最后，国际人力资源管理系统如何能克服跨文化、跨职能和跨产品的差异，提供全球性的沟通与协调的整合体系？它又能提供什么样的形象、战略和实践来提高这种关键的“粘合剂”（Evans，1992）？

在非常多元的单位之间进行沟通时需要一种强有力的集体形象，一套共享的强有力的制度象征以及辅助媒介。Engle 和 Mendenhall（2001）在一次有关跨国公司决策支持系统（DSS）性质的报告中，强调了沟通媒介这一问题，即可进入性、及时性、对国际人力资源决策中文化、职能和产品各方面的一种平衡的看法，这是一种使支持或反对单个文化以及目的灵活性的偏差最小化的非文化性质。

因而，作为国际人力资源管理的研究人员和实践者，我们需要专注于开发并传播各种新的“框架”（frames），即“思考和组织世界的方式”，而这些框架“最好的来源就是实践者和研究者之间的互动”（Lawler，1985：10）。Mitroff 认为，比喻是语言的“根本性基础”，是管理科学中培养理解力的首要工具（1985：20～21）。比喻推动着我们构建关于组织的“现实”模型，并同时在 Mitroff 定义为“科学的审美维度”的过程中使我们结合和分离（1985：22）。

Gelfand 和 McCusker（2002）拓展了比喻被运用于文化间理解时的重要性。他们认为，这些比喻激活了“多种概念上的映射”，这些概念上的映射是“通过参与社会制度和实践而有选择性地发展、激活和延续的”（298）。要求跨国公司的雇员将他们的认知视角超越当地的文化、职能或行业的狭隘，就需要“透彻的领悟”——“在现有知识的基础上理解新事物的认知过程”，在这一过程中“现有经验和以往的经验形成对应”（Gelfand 和 McCusker，2002：298）。

跨国公司的领导者必须克服在地区单位内部不可避免地形成的“思维同质”性，并建立新的跨越国界的比喻和形象。“尽管共享的概念映射是隐性的，但它们是通过诸如语言、法律、日常例行事务和仪式、器具等各种各样的象征性形式，来创造、延续、表达和制度化的。”（Gelfand 和 McCusker，2002：299）通过宏观的跨国环境和微观的跨国公司人力资源管理的角色和过程，对于象征性形式的操控多半成为成功实施跨国战略的关键。

把承担跨国公司管理的主要人员比作以一种协调模式游过“不断拓宽的职业围堰”（widening career weirs）的“鱼群”（Engle and Mendenhall，2001），以及把跨国公司决策支持系统比作“平衡旋转的陀螺”（Engle and Mendenhall，2003），就是在全球性公司文化中寻求克服雇员间的语言、学科、文化社会化等差异的普遍化的、非文化性比喻的例子。与基于互联网的信息系统相连接的一套国际人力资源管理的形象，是建立和保持心智矩阵模型所需的文化“粘合剂”的一种潜在的重要来源。

如果使用恰当，这些比喻就能够提供“心理功能”，即通过交流最终的和基本的绩效标准来指引感觉，使问题和任务的定义场景化，为互动提供具体的内容和规则，从而战略性地界定任务的成功和失败（Gelfand 和 McCusker，2002：300）。这类跨国性的比喻也能够提供诸如以下的“社会功能”：（1）使多元的群体能够“无意识地根据同样的比喻进行运作。当一个文化群体依赖于源自共同经验的单一比喻时，这种情形就更有可能出现”；（2）“通过符号的展示。借助行为进行符号交流有助于将谈判者（即跨单位的各成员）置身于同样的主观现实中，从而在‘共同定向’（co－orientation）的过程中，使和谐的、有组织的社会行动成为可能（这亦是本文作者强调的重点）。”（Gelfand 和 McCusker，2002：302～303）

和谐的组织文化（领导），与重新界定的跨国公司人力资源管理的情景、角色和过程诸方面的结合，使公司的决策者能够成长并培育一种全新的、具有战略相关性的互动情景。正是这种互动性的情景而不是人员在任何给定的任务环境中创造出了发挥作用的文化属性。文化态度是被情景和比喻唤醒并赋予活力，因此它们随情景而不是人员的变动而变动（Gelfand 和 McCusker，2002：312）。

在说明了宏观层次的这六个要素后，下面讨论与跨国战略相联系的三个行政管理角色，并扼要说明微观层次的人力资源管理过程和实践如何可以促进这些角色，以及推动跨国公司的活动。

三　跨国公司中的角色（transnational roles）

1. 三种新角色

考虑到个体态度和人际关系的重要本质，Ghoshal 和 Bartlett（1977）提出了跨国公司中管理者的三种新角色。这些角色分别是操作层的企业家，高层管理开发者和最高层领导者。我们将概述每种角色，并提出每种角色所要求的态度、知识和技能。

（1）操作层的企业家（operating level entrepreneurs）

这些置身于当地的、“勇于进取的企业家们”负责创造并追求新的机会，通过在“基层一线单位”中“用更少的资源完成更多的事情”来提高现行生产率，并同时“负责通过创新实现持续增长”（Ghoshal 和 Bartelett，1997：214）。这些人在当地国家或区域（产品/职能或地理区域）层次上运作，其所承担的首要责任将地区差异化能力传送给跨国公司，次要责任是传播创新活动。（Ghoshal 和 Bartelett，2000：247～251）

（2）高层管理开发者（senior level developers）

作为辅助的协调者，这些区域或全球的教练员必须“将一个大公司的资源和经验运用到较小的（创业性地区或区域）单位中”，并“提供支持和协调”（Ghoshal 和 Bartelett，1997：214～215）。这些被称为“点子冠军”的管理者们为新的想法提供个人的和政策上的支持，通过“在单位之间连接分散的资源和传递最好的实践方法”，并同时协调“短期业绩的压力和雄心勃勃的长期愿景的挑战之间不可避免的矛盾”而在创业性单位之间充分“利用”企业家的创新（Ghoshal 和 Bartelett，1997：216）。他们像教练和导师一样，把大部分精力和时间花在识别、开发和支持一线的创业人才上。这一群体在区域或全球层面上运作，承担提供世界范围的学习和创新传播的首要责任，以及缓和并平衡全球标准化和地区差异化的次要责任（Ghoshal 和 Bartelett，2000：247～249）。

（3）最高层领导者（top level leaders）

这些文化大师（culture gurus）的责任是：构建方向感，并获得上述两个群体以及组织中的其余人员对这种方向的忠诚，以及为公司提供“愿景和活力使它超越对以往成就的修修补补，开发能使公司持续自我更新的能力”（Ghoshal 和 Bartelett，1997：216）。这些魅力领袖们通过平衡反对传统信仰和习俗与建设信任之间的关系，来实现“挑战传统智慧和已确立的目标，代之以更高标准”并同时“灌输和植入支持合作和信任的公司价值理念”。最为重要的是，他们“创造了一种目的感，以及界定得更加宏伟并最终能够产生一套战略目标的雄图大志”（Ghoshal 和 Bartelett，1997：216）。

这些人在全球层次上运作，他们所承担的首要责任是巧妙地平衡地区差异化、全球标准化和整合它们与创新传播三者之间的关系，次要责任是全球标准化（Ghoshal 和 Bartelett，2000：247～251）。那么，上述三种角色如何能够得到“国际人力资源政策和过程”的支持（Schuler，Budhwar 和 Florowski，2003：9）？如何能够使微观层次的规划过程、全球能力、决策支持系统、招募与挑选、培训与开发，以及总体报酬来平衡各种行为，以便实现全球标准化和地区定制化，并同时提高个人化的人际网络以便在分布广泛的各单位之间综合并传播创新产物？

2. 这三种角色对微观人力资源活动的一些启示

如前面所指出的，微观的跨国人力资源的规划过程（Stedham 和 Engle，1999）、决策支持系统（Engel 和 Mendenhall，2001）、招募与挑选、培训与开发以及薪酬与福利（Engle 和 Mendenhall，2003），一定程度上有异于现有的国际人力资源方法和模型。这里我们将讨论跨国公司行政管理的角色对招募和挑选活动的影响，作为这些潜在的新型跨国管理过程中的一个例子。

Ghoshal 和 Bartelett 提出的三种跨国公司行政管理的角色对招募和挑选活动有什么启示？哪些个性特征是相关的？Ghoshal 和 Bartelett 列举的成功操作层企业家所具有的"态度和特性"包括"创造性""直觉性""有说服力""具有魅力""有竞争性"以及"执着"；必不可少的"知识和经验"包括"对公司的技术特征、竞争特征以及顾客特征的详细的操作性知识，对内部和外部资源的知识"，以及"对企业运营的细致"的理解；必要的"技能和能力"包括"能意识到潜力所在并能全力以赴，同时能保持实现高难度目标所需的组织活力"（1997：211，223～224）。

成功的高层管理开发者所需要的"态度和特性"被描述为"支持性的、耐心的、有整合能力而又灵活的、敏锐的及要求严格的"；适当的"知识和经验"被描述成"广泛的组织经验"，包括"了解人，并懂得如何去影响他们""理解多样化群体中的人际互动的重要性""理解短期当务之急与长期目标之间的手段与目的之间的关系"；恰当的"技能与能力"则集中在"人员和关系"开发、"委任、培养和授权的能力"、"发展关系、建立团队的能力"以及"在保持关系紧张的同时调和分歧的能力"（Ghoshal 和 Bartelett，1997：221，224～225）。值得注意的是，这种平衡的双重性——短期问题与长期利益之间、紧张与和解之间——对于 Evans，Pucik 和 Barsoux（2002：85～90）所提出的国际人力资源经理要承担的，"分蛋"矩阵中各角色也是至关重要的（"split egg" matrix roles，"分蛋"矩阵是指将目前经营中的效率与稳定相结合，同时兼顾到今后的发展与改进）。

最后，高层领导者被描述成"具有直觉思维的愿景家"，其"态度和特性"包括"勇于挑战、应急不乱""思想开放""远见卓识""鼓舞人心"，以及"开明而公正"。"先前的知识和经验"使得他们能"从公司的特定背景出发理解公司"，这一点是至关重要的。同时这些高层领导者还被要求能"深刻理解公司及其业务和运营"；并"理解作为一种结构、过程和文化系统的组织”，以及“关于不同公司、行业和社会的广泛知识”。相关的“技术”和“技能”集中于通过“创造令人兴奋的，要求严格的工作环境的能力”“鼓舞人们对制度与管理具有信心与信念的能力”，以及“把概念性洞见与激励性挑战相结合的能力”等能力来平衡“各项任务的一致性与面临的挑战”（Ghoshal 和 Bartelett，1997：222，225～226）。

根据上述见解，哪些具体的工作经验对各种角色而言是适宜的？除了日益增多的有案可查的全球家庭问题和能力测试以外（Black，et al.，1999；Mendenhall and Oddou，2000），我们如何能够根据求职者的“社会资本”进行招募和挑选（Kostova and Roth，2003；Raider and Burt，1996）？我们如何有效评估求职者的相关“干部”（cadre）关系网络——这种关系既是与具体角色有联系的，同时就通过这种个人网络所可能获得的文化、职能和产品能力来说，它又是有战略意义的？我们如何能够对这些目前变得很关键的品质概念化并进行测定？

雇员的潜在专业联系网络可以从四个维度进行测量或评估。首先是专业联系（类似于银行账户的个数）的数量。其次是专业联系的质量（这些账户的相关性是什么）——考虑到潜在雇员的角色和公司战略，这些联系者的文化、职能、产品，和/或顾客能力在多大的程度上与潜在雇员可能遇到的战略问题发生联系？再次是联系的强度（类似于账户余额），即联系人在多大程度上愿意花费他/她的资源，来应对潜在雇员的请求或解决他们的问题？最后，我们提出联系的覆盖面（类似于潜在雇员的社会资产组合的平衡性或多样性）。这里我们评估专业联系的整个组合，即他们的能力的总和，如何与潜在雇员面临的战略问题相关。

四　结语

以上提出的许多品质和对策不仅对新生的跨国公司是有用的，而且如果公司力图运用人力资源管理实践来提高不同地理区域、职能、产品和顾客的单位间的整合与协调，它们也同样有用。我们认为，跨国公司分析中提到的许多宏观背景和微观实践，对没有积极追求跨国战略的公司来说也具有不可估量的价值。中国越来越多的企业正在走出国门，从事企业的跨国经营（赵曙明、张捷，2005；刘永强、赵曙明，2005），本文所提出的一些跨国公司理论与国际人力资源理论，对中国的跨国企业有一定的指导作用。

通过“跨国公司人力资源管理新学派”这一提法，我们并不是用它来指一个层级的命令中心、一个评判学会，或者一个具体的地方，而是指关于国际人力资源可能成长发展的一种共同愿景。它被看作一个学派是从该术语的审美意义而言的——集体价值观，以及致力于超越差异但同时尊重并鼓励那些差异所做的贡献。说到底，它是对跨国公司的那些让我们满怀着好奇心和英雄主义的冒险感聚集在一起的品质的学术看法。

（本文发表于《经济管理》2006 年第 12 期）

参考文献

[1] Bartlett, C. and Ghoshal, S., *Transnational Management: Text, Cases and Readings in Cross – border Management*, *3rd* (Boston: Irwin/McGraw – Hill Pub, 2000).

[2] Boudreau, J., Ramstad, P. and Dowling, P., "Global Talentship: Toward a Decision Science Connecting Talent to Global Strategic Success," in Mobley, W. and Dorfman, P., eds., *Advances in Global Leadership*, *v.* 3 (JAI Press/Elsevier Science, 2003).

[3] Brewster, C., "Arguments in International and Comparative HRM," 2003, Paper presented at the 7th Conference on International Human Resource Management, Limerick, Ireland.

[4] Engle, A. and Mendenhall, M., "Transnational Roles and Transnational Rewards: Global Integration in Compensation," *Employee Relations* 26 (6) (2004): 613 – 625.

[5] Egelhoff, W., "The Importance of the Strategy – structure Relationship in MNCs," in Gannon, M. and Newman, K., eds., *The Blackwell Handbook of Cross – cultural Management*, (99 ~ 125) (Oxford: Blackwell Publishers, 2002).

[6] Evans, P., Pucik, V. and Barsoux, J., *The Global Challenge: Frameworks for International Human Resource Management* (Boston: McGraw – Hill/Irwin Pub, 2002).

[7] Gelfand, M. and McCusker, C., "Metaphor and the Cultural Construction of Negotiation: A Paradigm for Research and Practice," in Gannon, M. and Newman, K., eds., *The Blackwell Handbook of Cross – cultural Management* (Oxford: Blackwell Publishers, 2002).

[8] Kostova, T. and Roth, K., "Social Capital in Multinational Corporations and a Micro – macro Model of its Formation," *Academy of Management Review*, 28, (2003): 297 – 317.

[9] Mendenhall, M. and Oddou, G., *Readings and Cases in International Human Resource Management*, 3*rd* (Cincinnati: South - Western College Pub, 2000).

[10] Raider, H. and Burt, R., "Boundryless Careers and Social Capital," in Arthur, M. and Rousseau, D., eds., *The Bboundaryless Career: A New Employment Principle for a New Organizational Era* (New York: Oxford University Press, 1996).

[11] Schuler, R., Budhwar, P. and Florkowski, G. (in press), "International Human Resource Management: A Research Agenda," in Punnett, B. and Shenkar, O., eds., *Handbook for International Management Research*, 2*nd.* (Ann Arbor: The University of Michigan Press).

[12] 赵曙明、张捷:《中国企业跨国并购中的文化差异整合策略研究》,《南京大学学报》2005 年第 5 期，第 32 ~ 41 页。

[13] 刘永强、赵曙明:《跨国公司组织文化与人力资源管理协同研究：知识创新新视角》,《中国工业经济》2005 年第 6 期，第 90 ~ 97 页。

开放式创新下的组织网络能力构架

高良谋　韵　江　马文甲

一　引言

由于知识员工流动性增强、风险投资兴起等侵蚀性因素导致的创新环境变化，传统的封闭创新模式的局限性正在显露出来，探索和寻找新的创新模式日益成为学术界和企业界关注的重点。针对封闭式创新的弊端，Henry Chesbrough（2003）提出了“开放式创新”概念，获得了国内外学者的广泛认同，并成为近些年创新和管理领域学术研究的热点问题。

其中，组织的能力建设问题是开放式创新研究的一个焦点，学者们从吸收能力、知识能力、技术能力、创新能力等方面进行了一些初步探索。然而，这些研究没有看到开放式创新所带来的组织基础的变化，忽视了组织变化所需要的网络化的能力——网络能力。同时，网络能力作为管理领域的研究热点，学考们已对其构成维度、影响因素及其对创新绩效影响等方面的研究进行了一些有益的尝试，在解释组织的网络活动中起了重要的作用。但是，现有网络能力研究较少在开放式创新这一新型创新背景下进行探讨，实际上，在开放式创新范式下，组织又面临着战略、过程、内容及关系等维度的难题，这使得之前的网络能力构架的解释力度已凸显诸多不足。

基于此，本文将在回顾传统网络能力理论、分析开放式创新困境的基础上，从战略、过程、内容和关系四个维度重新剖析和构建开放式创新下的网络能力理论架构，从而使我们能够更加清晰地了解网络能力在开放式创新环境下的内在机理，为嵌入网络中的企业创新提供有益指导。

二 对网络能力理论的回顾

在以往关于网络能力的研究中，有很多涉及网络能力的构架（如表 1 所示）。Hakansson（1987）不仅提出了网络能力的思想，而且认为其由两部分组成：提高组织网络地位的能力和处理某单个关系的能力（Hakansson & Snehota，1989）；Möller & Halinen（1999）将网络能力分为产业、企业、关系集和单一关系四个层次，分别对应的是网络构想能力、网络管理能力、关系集合管理能力和单项关系管理能力，并指出四个层次上的管理内容没有主次之分，它们之间是相互联系的；Ritter（1999）的研究进一步丰富了网络能力的理论框架，认为网络能力包含任务执行和资质条件两个维度，资质条件是执行网络任务的前提，保证网络任务执行的效率，而在执行网络任务的过程中又可以提升网络管理的资质。其中，任务执行包括特定关系任务执行和跨关系任务执行，资质条件包括专业技术资质和社会交际资质；Hagedoorn 等（2006）则从社会网络理论出发，提出了两种重要的网络能力：基于中心的网络能力和基于效率的网络能力。基于中心的网络能力强调改善组织在网络中的战略位置，而基于效率的网络能力强调迅速、成功地寻找到组织所需的合作伙伴。国内学者徐金发等（2001）认为，组织根据其基本特性分别从战略、关系和过程等三个层次来发展网络合作关系。首先，在战略层次上，把发展外部网络关系作为一种战略；其次，在过程层次上，明确自身在网络中的角色和地位，共同合作完成某项任务；最后，在关系层次上，通过合作关系，充分挖掘网络关系中的资源，并将其转化为组织的竞争优势。因此，他们指出，网络能力主要分别属于上述三个层次的网络构想能力、网络角色管理能力和网络关系组合能力。

表 1　网络能力构架的相关研究

作者	维度划分	内容	不足
Hakansson & Snehota（1989）	位置 关系	提高网络地位的能力 处理某单个关系的能力	只认识到了网络中的单个关系，而忽略多关系和关系的动态变化
Möller & Halinen（1999）	产业 企业 关系集 单一关系	网络构想能力 网络管理能力 关系集合管理能力 单项关系管理能力	静态构架；缺乏对过程、内容等方面的思考

续表

作者	维度划分	内容	不足
Ritter（1999）	任务执行 资质条件	特定关系任务执行 跨关系任务执行 专业技术资质 社会交际资质	维度划分不全面；资质条件反映是网络能力的影响因素，而非构架维度内容
Hagedoorn et al.（2006）	位置 效率	基于中心的网络能力 基于效率的网络能力	维度划分不全面；效率维度表现的是网络能力运用的结果，并不是内容
徐金发等（2001）	战略 过程 关系	网络构想能力 网络角色管理能力 网络关系组合能力	静态构架；网络角色管理能力并不能真正反映过程维度

资料来源：作者整理。

对以往网络能力研究文献的梳理一定程度上基本反映了网络能力的内涵，所进行的层次和维度分析，也对组织如何发展网络能力具有重要的指导意义。但是，由于组织网络本身是动态变化的，随着组织环境的不断变化，组织的网络关系也不是一成不变的，这就要求网络能力也必须适应这种动态变化（徐金发等，2001）。随着创新环境更具动态性和开放性，开放式创新范式逐渐成为创新的主导范式。传统的网络能力构架显现出了诸多局限性：一是，以往网络能力构架多数建立在封闭性创新的背景或范式下，其主导思想强调主体企业的核心利益，将组织网络视为一种基于封闭式创新利益平衡基础上的静态架构。而开放式创新下的组织网络是开放的、动态的，如开放社群、开放平台等一些新型的组织网络的出现使组织间关系变得更为复杂，它们不再以追求主体企业的核心利益为唯一目标。因此，传统的网络能力构架不能适应已变化了的组织网络。二是，传统网络能力构架的维度划分在开放式创新下已显不足。学者虽然从多层次对网络能力进行剖析，但是，开放式创新又增加了开放度、创新流程、IP 许可、联合研发等内容，这些新内容均未得到体现。而且，亦没有提炼网络能力在开放式创新中的独特价值。可见，这些网络能力构架已不能完全解释开放式创新范式下的网络活动，需要修正和发展新的网络能力框架来适应新的创新环境。

三　开放式创新下的困境分析

尽管开放式创新具有加速创新、降低技术和市场的不确定性及增强组织的创新获利能力等诸多优点，但是，组织在应用开放式创新时仍面临许多困境。譬如，如何把握开放的程度（Laursen & Salter，2006；Keupp & Gassmann，2009），如何控制知识的流入、流出与整合（Chesbrough & Crowther，2006），组织间关系如何管理（Brown & Hagel，2006；Lichtenthaler & Ernst，2006；Dittrich & Duysters，2007），如何对知识产权进行保护与应用（Henkel，2006；Hurmelinna et al.，2007）等。通过进一步梳理，这些困境可以归纳为战略、过程、内容和关系四个方面。

（1）从战略角度而言，开放度是开放式创新的战略选择切入点，亦是网络能力构建的交互变量，但由于开放式创新是一个组织不断开放的动态过程，组织要通过与领先用户、供应商、高校、竞争对手和技术中介组织等外部创新要素建立创新平台、知识共享机制（Laursen & Salter，2006）等方式，并进行开放的联系。如果在这个过程中开放过度会增加核心技术泄露的可能性，一旦被竞争对手获取信息，不仅会削弱自身的竞争优势，同时还容易造成组织的研发活动过分依赖外部创新要素，从而影响自身的创新绩效。而组织一味为避免技术泄露问题往往又会陷入开放不足的困境，仍然局限在封闭式创新的范式内，无法利用开放式创新带来的优势。因此，从战略角度来看，组织在开放式过程中会面临“基于开放度的困境”。而目前研究对开放度困境还缺乏一个动态考察，而且未能就该困境提出解决方式。

（2）从过程维度来看，以往封闭式创新强调出而不进或出而少进的创新过程，创新过程与外部交流少，多是通过内部实现，但开放式创新涉及由外向内流程、由内向外流程、双向流程等多样化的复杂流程（Gassmann & Enkel，2004），为使组织从中受益，如何选择创新流程、如何控制多种流程的顺利进行等成了组织需要解决的问题，因此，组织实施开放式创新会面临“基于过程冲突的困境”。而如何处理这些复杂流程，还缺乏深入思考。

（3）就内容而言，虽然封闭式创新下也存在知识转移，但其知识流动是受限的，更强调自我繁殖和对知识的整合，而开放式创新中的知识流动限制大大降低。然而，仅强调知识整合会阻碍组织间的创新合作和获取更大的价值，依靠知识存量来取得的竞争优势很快就会被破坏性创新所破坏（王雎，2008）。因此，应该把重点从知识存量转移到知识流量上（Boisot，1998），即将知识分散于网络之中。但是，过度分散组织内部知识可能造成核心知识的流失和扩散，削弱企业的竞争优势。因此，组织此时又会面临“基于知识分布的困境”。

（4）从关系视角来看，以往创新强调技术本地化，以交易利益作为取舍标准，与外部联系多数是技术溢出实现的，而开放式创新建立在思想意识、职业规范和热忱三者交汇的基础上，技术捐赠、授权、许可、创新社群等形式大量涌现，更看重直接参与，进行共同创造，其产生的机会主义、产权、协调等问题不断增加，外部性效应更加突出。因而，组织会面临“基于共同创造的困境”。

为使组织走出开放式创新带来的困境，学考们从组织能力的角度寻找方法，并把重点放在了组织的吸收能力、网络知识能力、技术能力和创新能力等。Gassmann & Enkel（2004）指出，开放式创新的由外向内流程、由内向外流程和双向流程分别需要组织的吸收能力、乘数能力和关系能力。甚至有些学者对一些能力的内涵进行拓展，以适应开放式创新范式，如葛沪飞等（2010）拓展了吸收能力的概念。但是，这些研究只关注了开放式创新所带来困境的某一方面，没有对困境全面、系统地分析，不但不能使组织走出困境，反而容易陷入顾此失彼的怪圈。究其根本原因，如上文所说，以往的研究忽视了开放式创新所带来的新的组织变化基础——开放、动态、复杂的组织网络。而组织面临的困境也正是由这种变化所致：首先，组织边界模糊性的加大和知识流动限制的降低使组织不仅会面临过度开放和开放不足所带来的风险，而且会陷入基于知识分布的困境；其次，动态变化的网络结构增加了组织选择创新流程的难度；最后，更加模糊的组织边界和高度复杂的界面虽然促成共同创造的形成，但同时也带来了治理的困难。因此，要全面、系统地解决组织面临的难题必须从网络变化着手，发展基于开放式创新范式下的新型网络能力也就自然成了组织的选择。而通过对网络能力理论的回顾发现，传统的网络能力构架已经不适应新的创新环境，需要我们构建新的构架，开放式创新带来的四个维度的困境正为我们重新构建提供了依据。

四　开放式创新下的网络能力构架

基于开放式创新的困境，本文从战略、过程、内容和关系四个维度构建了开放式创新下的网络能力架构，如图 1 所示。

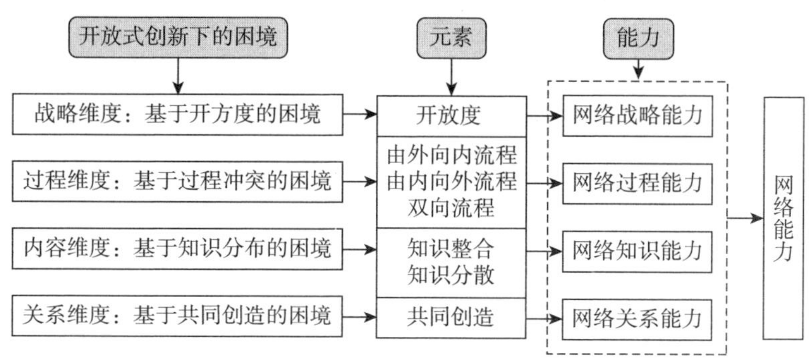

图 1　开放式创新下的网络能力构架

资料来源：作者自制。

1. 网络战略能力：基于开放度的平衡

网络战略能力是组织从战略维度对网络态势和环境能够进行系统评估，寻找有利于组织自身发展的机会、资源和能力，并根据自身情况对开放度进行动态规划和变革的网络能力。

开放式创新使组织能够利用内外部创意和资源，并在内部或外部实现商业化路径。然而，过度开放和开放不足是组织普遍存在的问题。Koput（1997）认为，有三个原因导致过度开放对组织绩效有消极影响：首先，组织需要对大量的创意进行识别、甄选和管理，即吸收能力问题；其次，很多创新在错误的时间和错误的地点被使用，即时机问题；最后，虽然有大量创意，但仅有很少部分被认真对待或配置应有的注意力以付诸实施，即注意力配置问题。而组织为避免这些问题的出现而会严格限制开放程度，致使开放不足。因此，从组织所面临的“基于开放度的困境”来看，适度开放是成功实现开放式创新的基本环节，过度开放和开放不足都会对组织产生消极影响。

而网络战略能力的构建为组织走出这种困境提供了思路。正如 West & Gallagher（2006）所言，开放式创新需要组织系统地鼓励与探究广泛的内外部资源，以得到创新机会，有意识地将探究与组织能力、资源整合到一起，并广泛地多渠道开发创新机遇，即发展组织的网络战略能力来支持开放式创新的实施，以决策组织的开放程度。在深入探讨前人研究成果的基础上，根据组织在开放式创新实践中对网络规划的过程，我们认为，网络战略能力的要素主要包括网络搜索与识别、网络定位与网络更新。网络搜索与识别是指组织在开放式创新时搜索网络并识别网络中有价值的资源和机会，尤其是能够发现潜在的合作者。组织在对外部众多创新要素开放时，为获取最有利的资源，会有一个不断试错的过程，直至开放度与自身特性和需求相匹配，这个过程实际上就是对网络环境不断评估、认识。网络定位指组织根据搜索、识别的结果以及组织战略的需要确定组织在网络中的位置。嵌入网络中的组织会有不同的联系强度和中心性程度。强联系促进复杂知识的转移，而弱联系则促进简单知识的转移。同时，中心性程度会对组织的影响力、资源控制力产生影响，因此，合理确定组织在网络中的位置是组织开放式创新的战略需要。网络更新是指组织根据网络环境和组织需要的变化而不断更新网络位置和开放度。虽然开放式创新下的网络关系能够给组织带来竞争优势，但是，这种网络关系具有动态性，需要组织不断改善与自我提升，适时更新网络、杠杆利用当前的资源，以实现战略匹配。所以，当组织有开放式创新的动机时，必须首先系统地评估内外部环境，以确定组织所需的发展机会、资源和能力，并分析组织的吸收能力、核心技术保密能力及注意力配置情况等内容，然后根据外部网络环境及其变化情况选择合适的开放度和开放时机，以避免技术泄露、过度依赖、吸收能力、时机、注意力配置和局限于封闭创新等问题的出现。

2. 网络过程能力：基于多流程的平衡

网络过程能力是组织在开放式创新过程中适当利用由外向内、由内向外和双向流程的网络能力，包括由外向内能力、由内向外能力和双向能力。

由外向能力指组织在由内向外流程中，搜寻、识别、整合外部资源，以满足组织内部需求，进而提升组织的创新绩效的网络能力。开放式创新意味着组织需要打开坚固的边界使外部有价值的创意流入，为与合作者共同创新提供机会。当组织在内部资源缺乏、外部技术水平更好且容易被转化吸收，以及市场障碍很低的情况下，应该使用外部技术资源。开放式创新下的技术知识产生和应用过程逐渐变得复杂、广泛和高成本；因此，发展由外向内能力有利于组织搜索、识别、吸收外部有价值的信息，并将其应用于商业活动中的能力对组织的创新来说是至关重要的（Cohen & Levinthal，1990），这也正是由外向内能力的重要体现。如果缺乏这种能力，组织对外部技术知识的搜寻和吸收会受到限制，开放式创新的效果也会大打折扣。宝洁为发展由外向内能力采用“联系＋开发”的方式，即打开公司围墙，联合外部松散的非宝洁员工组成群体智慧，按照消费者的需求进行有目的的创新，然后再通过技术信息平台，让各项创新提案在全球范围内得到最优的配置。这使宝洁50%以上的创意来自外部，公司的研发成功率也提高了85%。

由内向外能力指组织在由内向外流程中，通过对外部环境传递创意来增加技术的网络能力。Chesbrough（2006）认为，通过出售、衍生新公司与授权等方式将技术释放能够协助组织进入其他市场或创造新市场，扩大现有市场范围，促进创新的流动与分享。组织已开始关注他们的知识和创新外部化，将创意快速带入市场。可见，组织不再像封闭式创新范式一样严格限制内部技术流出，相反，而是利用许可、合资和分拆公司等方式参与外部创新活动，能够从中创造更多的收益（Gassmann & Enkel，2004；Lichtenthaler & Ernst，2007）。同时，在由内向外的流程中，组织面众多嵌入网络中的潜在合作伙伴，为成功实现创意商业化，需要发展由内向外能力，以实现利益最大化。另外，由于知识本身的复杂性，成功转移并倍增知识是由内向外能力的另一目标，而由内向外能力是组织成功实现这一目标的重要保证。

双向能力是组织在实行双向流程的过程中，通过与互补组织结成联盟，将由外到内和由内到外流程结合起来的网络能力。双向流程具有由外到内和由内到外流程的优点。然而，要成功实施该流程仅仅具备由外向内和由内向外的网络能力还是不够的。由于双向流程是动态的循环过程，要求组织具有更高的对流程节点的管理能力。它要求组织能够建立和维持与合作者的结合点，并与之进行技术知识的平等交换，这是在开放式创新中连接流程的必要前提。因此，双向的网络能力不是由外向内和由内向外的网络能力的简单相加，而是结合节点管理能力的综合能力的体现。

网络过程能力是上述三种能力的集合体，是成功实施开放式创新的重要条件。但这三种能力对于每一个组织来说并非同等重要。因为不同组织在开放式创新过程中会选择不同的流程。如果组织处于高知识密集型产业、充当知识中介或知识创造者或者生产高模块化产品，往往选择由内向外流程，因此也重点发展由外向内的网络能力；如果组织为基础研究推动型组织，或致力于降低研发固定成本、实现品牌化，或通过知识外溢设立标准，通常选择由内向外流程，重点发展由内向外的网络能力；如果组织为实现设定标准（主导设计）、提高收益等目标，通常选择双向流程，因此，也重点发展双向的网络能力。可见，组织应根据不同组织特征，选择重点发展的网络过程能力，以保持创新流程的持续性，使组织走出“基于过程冲突的困境”。

3. 网络知识能力：基于知识分布的平衡

网络知识能力是组织在开放式创新过程中协调组织内外部知识的分布，以实现知识整合和分散平衡的网络能力。

在开放式创新下，更加模糊的组织边界有利于组织整合内外部知识来创造新知识和价值，知识整合能力便成了组织发展的必须重视的内容。组织理论和战略管理理论均强调知识整合能力对组织竞争优势的重要作用，认为知识整合能够产生竞争力和绩效。然而，从“基于知识分布的困境”来看，仅仅关注知识整合是不够的，还要充分认识到技术性知识的扩散性、累积性、逐渐增强的分布性和非市场机构或组织（如公共部门、大学、创新中介、社群等）在知识生产和扩散方面发挥的重要作用（Dosi et al.，2006）。但是，过度分散又会对组织产生不利影响。因此，组织越来越重视知识整合与分散的平衡。例如，IBM 在拥有越来越多的知识产权的同时，并逐渐增加每年公开的技术发明数量。这些被公开的技术发明没有申请专利保护，免费向公众提供，开放的重点是那些可以帮助建设全新的更加智慧的基础架构的技术，以加速知识传播和促进创新。IBM 公司的这种行为在利他的同时，也促进了自身创新绩效的提高，这实际上是网络知识能力的具体体现。它在强调对知识整合的同时，控制着知识分散的程度，使组织既能吸收外部创意，又能在保持知识流动时避免核心技术的泄露和扩散。

发展组织网络知识能力能够通过衡量不同知识，识别网络中节点的知识状态，确定高势能的节点，对市场机构和非市场机构所产生的知识进行筛选、反馈。同时，与高势能节点建立顺畅的知识流动渠道，与低势能节点之间建立良好的知识转移途径，有效控制知识的流动，使其从高势能向低势能扩散，最终实现知识分布平衡。基于此，发展组织的网络知识能力，不仅能够使组织充分保持创新活力、能够持续不断地获取有价值知识，而且能够防止核心技术泄密、维持竞争优势，它成了开放式创新范式下创造价值、提升创新能力的必然要求。

4. 网络关系能力：基于共同创造的平衡

网络关系能力是组织在开放式创新过程中，处理与其他网络成员之间因共同创造而出现的机会主义、产权、协调等方面问题的网络能力。

开放式创新体系吸纳众多的创新要素，形成以创新利益相关者为基准的多主体创新模式，包括全体员工、顾客、供应商、全球资源提供者以及知识产权工作者等对创新的参与。组织间关系已经不再单纯地以交易利益作为衡量标准，孤立而极端的行为逐渐淡化，共同创造已成为普遍现象，公平交易关系也随之变为了共同创造关系。除了正式制度之外，信任、热忱、习俗、伦理道德和价值观等非正式制度安排已嵌入这种关系之中。然而，从组织所面临的“基于共同创造的困境”来看，共同创造关系在给网络成员带来机会的同时，也因创新要素的差异性而使界面高度复杂，面临机会主义、产权、协调等方面的问题，影响了组织共同创造的积极性。同时，因知识边界的模糊、交流层次以及粒度分布的增加而使知识边界的复杂性大大增加，对传统的治理机制带来新的挑战（罗珉、王雎，2006）。因此，组织需要构建网络关系能力，以解决共同创造中的难题。

根据共同创造关系的特点和面临的问题，网络关系能力构建的要素也包括正式制度和非正式制度。其中，正式制度主要体现在界面制度的制定，它表示控制各界面间关系，促使界面间协作，提高共同创造效果和效率的制度。例如，在丰田制造系统中，丰田公司在供应商加盟制造系统之前就已有正式规定：供应商必须共享过程性知识，即共享生产过程中关于工艺、流程、运作等方面的知识，而且将这个过程中创造的新知识归整个制造系统所有。这种制度不但能够促使各界面间共享知识，而且有效解决了产权归属问题。在非正式制度方面，主要表现在建立网络认同等非正式制度来治理信任、价值观等问题以及激励共同创造的热忱。在组织实际中，建立网络认同被视为知识转移、消除信任危机与利益冲突的有效方式，丰田制造系统就是通过建立与保持网络认同作为共同创造持续进行的根本保证。因此，通过构建以界面制度与网络认同为主要内容的网络关系能力，有助于克服传统治理机制的弊端，有效解决共同创造中的难题，保障开放式创新活动的顺利开展。

五　结论与启示

组织在开放式创新范式下面临着战略维度的“过度开放和开放不足的矛盾”、过程维度的“过程冲突的矛盾”、内容维度的“知识分布矛盾”和关系维度的“共同创造的治理矛盾”。通过分析我们发现，为使组织走出困境，发展网络能力成了必然选择。而传统的网络能力构架已不能适应开放式创新范式下组织网络的开放性、动态性等特征，在维度划分上亦不能完全体现开放式创新的独特价值。因此，我们以开放式创新带来的四个维度的困境为依据，构建了新的网络能力架构，包括网络战略能力、网络过程能力、网络知识能力和网络关系能力。此构架不仅深化了开放式创新和网络能力的研究，而且给组织实施开放式创新提供了启示。

（1）组织要把开放式创新作为组织战略来实施。开放式创新的成功实施离不开网络能力的有效构建，而组织进行开放式创新的目的就是为了获取网络能力，充分利用内外部关系，提升竞争优势（陈钰芬、陈劲，2009）。因而，网络能力的构建和提升需要在开放式创新中得以显现。所以组织只有把开放式创新上升到战略意识，在实际中将其纳入战略规划中与实施中，网络能力的效果才能得以充分地展现。

（2）建立一套有效的技术知识传播与控制机制。无论是对于网络过程能力的构建还是网络知识能力的构建，既需要促进技术知识的传播，又需要对其流动加以控制。在促进技术知识的传播方面，组织要为共同创造的参与者提供共同沟通与学习的平台，如建立网络创意传播平台、加强员工之间的交流与流动。同时，组织应充分利用创新中介在技术知识传播中的作用，从中快速寻找到所需创意，并将一些束之高阁的技术或产品通过创新中介带入市场。在对技术知识流动的控制方面，组织应该建立相应的占有制度，可以利用商业秘密或者知识产权等策略使组织独自占有某种技术，防止一些核心技术的泄露，以保持组织的竞争优势。

（3）在对共同创造的治理中要注重基于契约的治理与基于关系的治理的整合。基于契约的治理虽然具有强制性、法律约束效力等特点，但是，经常受到有限理性和未来不确定性等因素影响，代价高昂，也不利于组织间隐性知识的转移（任胜钢等，2010），而基于关系的治理以信任等无形的要素为基础，虽然成本低，但不便于对其潜在风险进行控制。因此，只有将两种治理方式进行整合，相互弥补缺陷，才能更大效度地对共同创造中的问题进行治理。

（本文发表于《经济管理》2010 年第 12 期）

参考文献

［1］Boisot，M.，*Knowledge Asset*，*Securing Competitive Advantage in the Information Economy*（Oxford：Oxford University Press，1998）.

［2］Brown，J.，Hagel，J.，"Creation Nets：Getting the Most From Open Innovation，" *Mckinsey Quarterly*，2006，（2）.

［3］Chesbrough，H.，*Open Innovation：The New Imperative for Creating and Profiting from Technology* (Boston: Harvard Business School Press, 2003).

[4] Chesbrough, H., *Open Business Models: How to Thrive in the New Innovation Landscape* (Boston: Harvard Business School Press, 2006).

[5] Chesbrough, H., Crowther, A., "Beyond High Tech: Early Adopters of Open Innovation in other Industries," *R&D Management*, 2006, 36, (3).

[6] Cohen, W., Levinthal, D., "Absorptive Capacity: A New Perspective on Learning and Innovation," *Administrative Science Quarterly*, 1990, 35, (1).

[7] Dittrich, K., Duysters, G., "Networking as a Means to Strategy Change: The Case of Open Innovation in Mobile Telephony," *Journal of Product Innovation Management*, 2007, 24, (6).

[8] Dosi, G., Marengo, L., Pasquali, C., "How Much Should Society Fuel the Greed of Innovators? On the Relations between Appropriability, Opportunities and Rates of Innovation," *Research Policy*, 2006, 35, (8).

[9] Gassmann, O., Enkel, E., "Towards A Theory of Open Innovation: Three Core Process Archetypes," R&D Management Conference, Lisabon, Portugal, 2004.

[10] Hakansson, H., *Industrial Technological Development: A Network Approach* (London:Croom Helm, 1987).

[11] Hakansson, H., Snehota, "No Business is an Island: The Network Concept of Business Strategy," *Scandinavian Journal of Management*, 1989, 5, (3).

[12] Hagedoorn, J., Roijakkers, N., Kranenburg, H., "Inter – firm R&D Networks: The Importance of Strategic Network Capabilities for High – tech Partnership Formation," *British Journal of Management*, 2006, 17, (1).

[13] Henkel, J., "Selective Revealing in Open Innovation Processes: The Case of Embedded Linux," *Research Policy*, 2006, 35, (7).

[14] Hurmelinna, P., Kylaheiko, K., Jauhiainen, T., "The Janus Face of the Appropriability Regime in the Protection of Innovations: Theoretical Re – appraisal and Empirical Analysis," *Technovation*, 2007, 27, (3).

[15] Koput, K., "A Chaotic Model of Innovative Search: Some Answers, Many Questions," *Organization Science*, 1997, 8, (5).

[16] Keupp, M., Gassmann, O., "Determinants and Archetype Users of Open Innovation," *R&D Management*, 2009, 39, (4).

[17] Lichtenthaler, U., Ernst, H., "Attitudes to Externally Organising Knowledge Management Tasks: A Review, Reconsideration and Extension of the NIH Syndrome," *R & D Management*, 2006, 36, (4).

[18] Lichtenthaler, U., Ernst, H., "External Technology Commercialization in Large

Firms: Results of a Quantitative Benchmarking Study," *R&D Management*, 2007, 37, (5).

[19] Laursen, K., Salter, A., "Open for Innovation: The Role of Openness in Explaining Innovation Performance among UK Manufacturing Firms," *Strategic Management Journal*, 2006, 27, (2).

[20] Möller, K., Halinen, A., "Business Relationships and Networks: Managerial Challenge of Network Era," *Industrial Marketing Management*, 1999, 28, (5).

[21] Ritter, T., "The Networking Company Antecedents for Coping with Relationships and Networks Effectively," *Industrial Marketing Management*, 1999, 28, (5).

[22] West, J., Gallagher S., "Challenges of Open Innovation: The Paradox of Firm Investment in Open - source Software," *R&D Management*, 2006, 36, (3).

[23] 陈钰芬、陈劲:《开放式创新促进创新绩效的机理研究》,《科研管理》2009年第4期。

[24] 葛沪飞、仝允桓、高旭东:《开放式创新下组织吸收能力概念拓展》,《科学学与科学技术管理》2010年第2期。

[25] 罗珉、王雎:《组织间创新性合作：基于知识边界的研究》,《中国工业经济》2006年第9期。

[26] 任胜钢、宋迎春、王龙伟、曹裕:《基于企业内外部网络视角的创新绩效多因素影响模型与实证研究》,《中国工业经济》2010年第4期。

[27] 王雎:《试论开放式创新条件下的专属制度内生演化与PFI模型修正》,《外国经济与管理》2008年第12期。

[28] 徐金发、许强、王勇:《企业的网络能力剖析》,《外国经济与管理》2001年第11期。

企业选择销售渠道的策略

宗泽后　徐金发

随着经济体制改革的不断深入，面对复杂多变的市场，企业怎样才能使产品迅速进入市场，到达消费者手中，实现商品销售，满足社会不断增长的需要，从而提高企业经济效益和社会效益？在这里，重视对产品销售渠道的选择，尤其是产品不同发展阶段销售渠道的选择，讲究经营策略，是十分重要的。本文将就此做些探讨。

一　我国现有产品销售渠道的主要形式和特点

销售渠道，是工业企业通过一定的中间组织，采用一定的购销方式或经营方式，使商品从生产领域到达消费领域的通道。我国现有的企业产品销售渠道的三种主要形式如下图所示。在下页图中，一级采购供应站，通常按专业设置在有全国影响、生产集中的城市，即上海、天津、北京、广州四个城市。它们负责收购当地产品，接受出口物资，并在全国范围内组织调拨供应。二级采购供应站，通常设在省内生产集中的城市或交通枢纽城市，负责收购当地产品，在一个较大的经济区内组织调拨供应。这是我国企业产品销售渠道的主要环节。三级批发机构，一般设在市、县或农村重点集镇。它从二级站进货，在市、县的一定范围内对零售商店组织供应。零售商店的设置则星罗棋布，但也有一定的规则。在大中城市里，零售商店一般设有三个级别的商业群。一级商业群是全市商业中心，一般在城市最繁华的地段，即所谓黄金地段，如北京的王府井大街，上海的南京路等等。它的特点是行业全，商品全，大店多，名店多，高档商品多。二级商业群是几个居民区相连地段的区域性商业中心，特点是大、中、小型商店都有，中小商店居多，以中档商品为主。三级商业群是几个居民区相连地段的小商业中心，它的最大特点是方便，主要经营居民日常需要的消费品。

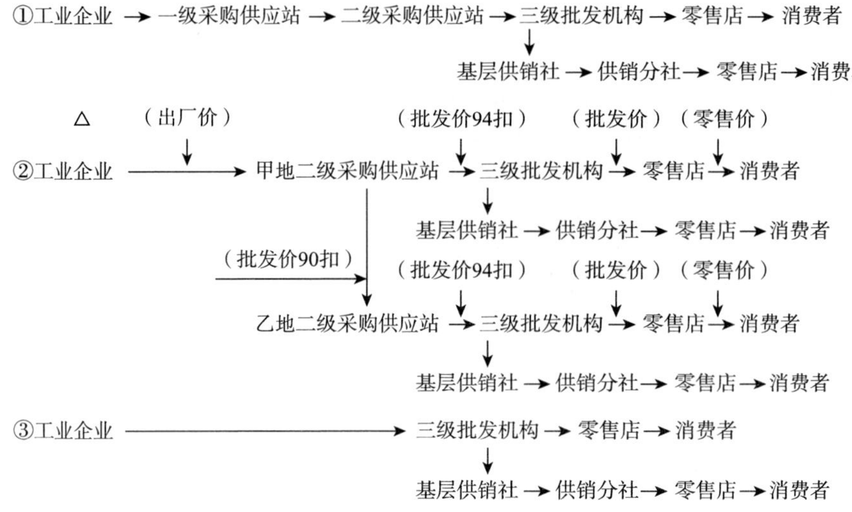

我国现行商品销售渠道的主要形式

注△：表中扣率系指各个销售环节在价格上的差率（即占批发价格的百分比），由于我国的价格差率是物价部门根据商品大类分别规定的，所以有多种不同的商品差率，但原则上基本相同，这里所举的是医药商业行业的扣率。

在发展横向经济联系中，目前又出现了一批农商、工商、商商、甚至军商之间较为紧密联合的商业形式，如贸易中心、农贸集市、贸易货栈等等新的商业流通渠道。这些渠道形式多样，但不稳定，缺乏系统性和连贯性。

一级采购供应站从事的是在全国范围内对商品物资的平衡和调拨活动。本文主要就三类商品的经销活动加以论述，暂不涉及一级采购供应站的活动。在实际工作中，我国生产日用消费品的工业企业，一般都是将产品交给当地二级站，由当地二级站收购、组织向非产地二级站调拨；然后再由这些二级站往三级批发机构调拨；三级批发机构再继续向零售商店批运；最后经零售商店出售给消费者。

销售渠道中的各种中间组织，即各个销售环节在销售过程中起的作用差别很大。

表1　中间组织在销售过程中所起作用

因素／特点 销售环节	批量	批次	仓库货位	资金回笼速度	送货	销售面	信息反馈速度	调节、扩散功能	经营态度
二级采购供应站	大	少	充足	快	方便	广	慢	强	不愿积极推销、有官商作风

续表

因素特点 / 销售环节	批量	批次	仓库货位	资金回笼速度	送货	销售面	信息反馈速度	调节、扩散功能	经营态度
三级批发机构	较大	适中	适中	较快	方便	较广	较快	较强	愿积极推销
零售店	小	多	不足	慢	不便	窄	快	弱	愿积极推销

从表 1 中可以看出，二级站是地区一级的批发机构。它资金雄厚，仓库库位充足，在相当大的地区内，起着商品流通的蓄水池作用。同时，它担负着非产地的货源供应调拨。因此，二级站具有较强的调节功能。二级站主要经营大宗经常性消费的商品，种类繁多，往往对销售新产品积极性不高。加上它不直接与消费者见面，存在着信息反馈速度慢和浓厚的官商作风等弊病。三级批发机构也具有二级批发机构的功能，同样起着商品蓄水池的作用。只是它局限在一个较小的地区内，不能像二级站那样跨地区经营。由于它直接与零售商店接触，信息反馈速度相对较快，比二级站显得灵活，有些功能还优于零售商店。零售商店的最大特点是直接与消费者接触，信息反馈快，愿意积极推销企业的新产品，是企业了解市场信息、推销新产品最亲密的伙伴。但由于我国流通部门长期处于落后状态，大多数商店的规模都很小，即使是一级商业群中的名店也很少有库房，长期采用的是多批次、少批量的购销方式。所以，企业单靠零售商店开展销售活动，既不方便，也不经济。

那么，企业怎样选择适合自己产品销售的渠道和环节呢？

二　合适的销售渠道的选择

任何一种产品，从投放市场始到退出市场止，称为产品的生命周期。这个生命周期通常划分为四个时期：投入期；发展期；成熟期；衰退期。企业可以根据产品各个不同时期的特点，选择适合自己产品的销售渠道。在实际工作中，实施以下策略是十分有益的：

（一）投入期产品销售渠道的选择

这个时期的产品，广大顾客还没有充分接受，产品在市场上影响不大，销售额较小，产品的市场占有率还很低。商业销售单位也不太敢经营，不愿承担销不出的风险。

这时销售渠道的选择最好是零售商店。理想的是选择一级商业群中的大型商场和名牌商店。因为这些商店和商场地处城市的商业中心，在消费者和市场上有一定信誉。而二、三级批发机构则不具有这个优越条件。在我国，一般的二、三级批发机构，通常经营的是大宗的和大路商品，一般不愿经营新产品。即使经营新产品，也要经过某个大商场进行试点后才能做出进一步的决策。因此，在同企业的销售谈判中，这些批发机构往往对企业提出许多苛刻条件。所以，企业销售新产品，最好是通过大型商场的销售来影响市场和消费者。当然，零售商店中也有怕冒风险的。这时，企业应根据不同的销售渠道特点，制定出不同的销售策略。

一种策略是价格上的，即让大商店有利可图。企业可以采用以下方法：①批发价，送货上门，企业贴运费；②在批发价上作让步，交货价格可在批发价和三级批发站享受的折扣价之间浮动，即略低于批发价，略高于折扣价；③享受三级批发机构的折扣价，如 94 扣；④有时为了占领某一市场或打开某地区的窗口，可以让零售店享受二级站的批发价，如 90 扣甚至出厂价等。

另一种策略是付款方式上的，即延缓付款期限，让商店解除资金积压的后顾之忧。一般可以采用以下方法：①货到后数个月内付款（这里还因为：新产品通常有一个市场接受过程，这个过程一般较慢，因而产品销售也较慢，势必影响商店经营其他品种的资金）；②分期付款或定期付款；③货销完再付款和销不完可退货（这样可以完全解除商店资金周转困难的后顾之忧）。

采取以上两种策略时，要注意两个问题：

第一，供货时不要一次提供太多的货源。否则会适得其反，影响企业的产品声誉和企业形象。例如，某产品在某个市场上的容量是 100 箱，商场要求一次送去 120 箱。结果有 20 箱销不出去，给销售环节留下一个产品不好销的印象。以后再拿新产品去销售，商场就会有顾虑，因此，在商场要 120 箱时，可以先给 40 箱。待很快销完之后，商场会再要 40 箱或更多，且第一次货款也能迅速结算。这样，即使后来销势平平甚至销势不好，商店也不会有不好销的印象。这是企业推销工作中需要掌握的进退分寸，切忌想一口吃成个胖子。

第二，广告宣传的配合。不管企业采用何种方法，这个时期的产品销售，广告宣传的配合都是十分重要的。其主要目的有二，一是提高企业产品的知名度，让众多的消费者熟悉产品；二是提高商店的经营积极性，因为往往广告一出，商店便顾客盈门。

（二）发展期产品销售渠道的选择

这个时期的产品，已经开始被众多的消费者所接受，产品在市场上已铺开，更多的二、三级商业群中的中、小型商店也已开始经营此种产品。但是，这些商店的要货量一般都不大。在我国，这类商店在整个商业网中占大多数。企业要应付如此众多的零售店，往往感到力不从心。因为这类零售商店进货的批量小而批次多，资金回笼速度慢，使企业大大增加运输产品和收付货款等具体事务，企业的销售费用也随之增加。这时，企业最好把销售渠道的选择转向二级站，利用二级批发机构来组织调运。

企业如何做好转向二级站的工作呢？通常的做法是：在当地找一个二级站作为经销商，在产品包装上和广告宣传上都采用这个经销商的名称。如杭州保灵有限公司，在经销其花粉产品时，他们的经销商是省医药商业公司，通过这个批发机构向外扩散。省公司在短短的三个月中销售花粉金额达 21.6 万元，盈利 2.5 万元。保灵公司则通过省公司的销售扩大了影响，及时积累了资金，短期内获得显著的经济效益。同是这些货，如果由保灵公司自己向零售店推销，则要跑 300 家商店，工作量之大可想而知。当然，关键是要找好经销商，否则可能影响销路。而且对二级站，企业只能是挂靠，不能完全依赖。

（三）成熟期产品销售渠道的选择

产品进入成熟期，销售量虽有增长，但已接近饱和的状态，市场上竞争对手增加，竞争趋于激烈。如果对销售渠道选择不当，会使产品销售量急剧下降。

这时的销售渠道最好是选择三级批发机构。企业应把自己的推销重点集中于三级批发机构；制订的营销策略也必须适合于三级批发机构。这是因为：第一，三级批发机构在市场上处于一种稳定地位，大量的商品销售工作是通过它来完成的；第二，它是流通渠道中最灵活的环节，影响着众多的零售商店（特别是三级商业群中无力从外面采购的小商店），而二级批发机构又不能控制它；第三，它是企业能够较为自由驰骋的广阔市场，全国数以千计的三级批发机构，有足够的领域可供企业发掘，而且在价格上有伸缩的余地。如杭州某制药厂生产的风油精，开始是由杭州医药采购供应站经销的。

1981 年销 150 万瓶；1982 年生产了 200 万瓶，结果医药站只销售了 120 万瓶，积压 80 万瓶。其原因是市场上同类产品急剧增加，竞争激烈，而杭州二级站无法与如此众多的竞争对手抗衡。制药厂根据自己对市场的调查，分析了利用二级站的利弊后，果断把推销目标转向全国三级批发机构，与全国 1700 多个三级批发机构建立了联系。结果，1983 年销售风油精 887 万瓶；1984 年销售 1800 万瓶；1985 年销售 2500 万瓶，产品由滞销转为畅销。他们的“法宝”，就是正确地选择了销售渠道，加上正确的营销策略：首先是价格差率，让三级批发机构享受二级批发机构进货价格的待遇。这样，企业薄利多销，创造了意想不到的经济效益，使该厂 1984 年利润比 1981 年增长 15 倍。所以，处于成熟期的产品，企业应紧紧抓住三级批发机构这个销售环节，使自己在市场上站稳脚跟，迅速扩大市场覆盖面，获得竞争优势。

三 “计量作价”是处理好各个销售环节之间关系的一个有效方法

企业采取多渠道的市场营销，必然会产生一些矛盾。其中最突出的矛盾是价格问题。尤其是随着横向经济联合的发展，跨地区经营越来越多，有的二级站在向其他地区三级批发机构推销产品时，也会采取薄利多销、扩大扣率、让利于三级批发机构的办法。特别是产地二级站，会首先采用这种方法。这是因为，它在享受价格优惠上，已经优于非产地二级站，而后者缺少这种优势。同样，三级站向零售店推销时也会如法炮制。这样就会产生同一产品在同一市场上实行不同价格的矛盾。也有这样的情形：企业为了打进某个地区，开始时以出厂价让利于零售商店，产品以后畅销了，零售店仍然坚持要享受优惠待遇。这些问题如果处理不当，就会使企业失去许多批发机构和零售商店的支持。要处理好这些错综复杂的矛盾，关键在于价格。在这方面，一个十分有效的方法是“计量作价”，即根据销售量的不同，采取不同的价格。例如，杭州保灵有限公司在处理花粉销售中，就实行过“计量作价”的方法。其具体做法是议定：①销售量在 20 箱以下，按批发价的 95 扣计价；②销售量在 20 ~ 29 箱，按批发价的 92 扣计价；③销售量在 30 ~ 49 箱，按批发价的 90 扣计价；④销售量在 50 ~ 99 箱，按批发价的 87 扣计价；⑤销售量在 100 箱或 100 箱以上，按批发价 85 扣计价。在供货中，运费均由供方承担，且为一次发货。采用这个方法，解决了二级站、三级批发机构、零售商店和企业之间的矛盾。因为实行“计量作价”对每个销售环节都有好处。例如，销售量在 30 ~ 49 箱这个档次从数量上说，三级批发机构经营能力绰绰有余，甚至一些大型商场也能销售；但从价格上看，享受的是二级站的待遇。因此，实行这种办法，不论是哪一级销售机构，只要销售量大，销售利润就高。这样就可以鼓励和调动各个销售环节的积极性。

（本文发表于《经济管理》1987 年第 1 期）

商店会消失吗？

——信息时代的市场营销

陆雄文

人类正在步入信息时代。据最新统计，全球国际计算机交互网络（Internet）的用户已在4000万左右，并正在以每月100万的速度递增，至2000年可望达到1个亿。

信息技术、信息产业和信息基础设施的迅猛发展，正在将传统的商业社会引向一个崭新的电子商业时代。据保守估计，目前全球至少有12000个供应商通过环球网（World Wide Web）向大约350万客户提供商品信息。通过计算机网络实现商品交易的金额已占全球商品交易额的4%。预计在未来6年，世界范围内顾客利用信息设施购买商品和服务的价值将达到5000亿美元，占目前全球采购额的8%。

对于顾客来讲，通过交互网络选购商品与传统方式相比，优势明显。顾客利用网络终端可以更直接、更有效地检索所需产品的信息。他只要输入所需产品的某些特性，如类别、型号、品牌、厂商、价格以及外观款式等，网络就可自动提供一个备选清单，顾客再逐步加上各种约束条件，使自动选择范围不断缩小，最后再逐一调阅每一产品详细介绍，即能得出自己最满意的产品。如此顾客不用漫无目的地从大量现有的各种媒介广告中，寻找所需产品信息，并储存于记忆中以备日后购买所需。顾客可随时从网络中有针对性地、及时地了解所需产品的最新变化资料，而且显然顾客可选择的范围比凭依传统手段所能了解到的产品范围要大得多。顾客不仅可以节约时间，而且可以选择最具价格竞争力、最满意的产品。同时，随着数字货币、电子支票的成熟与应用，网络交易的支付方式将更加简便、安全与灵活。因此通过交互网络电子函购商品将是更多顾客乐意的选择。

据美国罗彻斯特科技学院两位教授富莱姆和格瑞迪通过交互网络对利用

网络购物状况的最新调查研究表明：82.5%的网络用户曾经在调查之前3个月在网络上购买过东西，其中受过4年以上高等教育者占三分之二。85%的网络顾客对网络购买感到“非常满意”与“满意”。同时，74.4%的被调查者认为目前网络购买还存在各种问题，其中认为信用卡支付货款缺乏安全者占31%，高居首位；有16.2%的人认为所用软件不够方便，检索速度太慢；另有16.2%的人认为现有商品信息在网络上存储方式不合理，检索非常困难。就如何改进网上购物，网络用户主要提出了这样一些建议：提供更多的产品视觉形象；容易按需要检索商品；改进软件，获得更方便、更快捷的检索方式；提供更多的产品选择：简化交易过程；提高信用卡支付的安全性或发展更多的付款方式等。交互网络供应商面对的挑战是具有几个世纪历史的邮购方式。因为消费者传统上通过看、闻、摸等多种感觉来判断与选择商品，而网上购物只提供了其中一种可能：看。只能从终端屏幕上看，所以目前在交互网络上销售的产品主要是计算机软件，占19%；书，占16%；音乐出版物，占11%；杂志，占10%，计算机硬件，占8%。其次是录像制品、男士衣服、游戏卡、鲜花，各占6%，女装、玩具各占3%。

目前，网上顾客主要还是年轻、受过良好教育的精英族，其中男性占大部分。然而只要计算机技术朝着顾客所期望的方向发展，那么顾客能够经济、安全而有效地利用交互网络购买商品的时代就不会远了，网上可供交易的商品范围也会得以拓展。特别是电子商业要成为未来的商业社会的主流将取决于两个方面：一是建立一套通用的电子商业服务与标准体系，以保证供求之间有关交易信息能迅速而完整地相互传递；二是尽可能充分地利用既有的、以书面往来寻求交易的框架体系，并将此在计算机网络上予以实现。这样，传统商业向电子商业过渡就会更加直接和容易衔接。随着信息基础设施的快速发展，通讯技术及相应软件不断高级化，电子交易与支付手段日益成熟与应用，不仅消费品市场，而且工业品市场的营销都将迎来一个革命性的时代。

传统的市场营销，无论是在观念上、战略上还是手段上都将面临挑战并需要革新。对于制造商和中间商来讲，利用交互网络，可以最少的资本投入将市场拓展到最广的空间，市场不再受地域疆界的限制而从当地市场、区域市场延伸到全国市场、全球市场；厂商可以大幅度降低有关产品制造、存储、分销的信息收集、处理、存储、检索的成本，同时可大幅度提高市场与销售信息的获取能力与处理能力，可以高效率地制订生产计划与付款计划，将库存商品和在途资本的占用压缩至最低限度。为此，市场营销各环节的革新不可避免：

第一，目标市场。原有的市场结构被打破，厂商面对的是一个更广阔的、更具选择性的潜在市场，对市场的重新细分和目标市场的重新定位就十分必要。在这一过程中，厂商要有勇气超越自己原有行业的限制，全面考察市场需求变化与机遇，根据自己的实力，从战略的高度重新定义与选择更有利于自身发展的位置——包括行业位置和市场位置，再造企业，以求得在竞争中的生存与发展。

第二，市场调研。计算机交互网络不仅为厂商提供了一个崭新的高效率、低成本的市场调研途径，而且为厂商建立日常的、与顾客双向沟通的机制奠定了基础。厂商可根据需要，选择并建设不同的抽样框架，使调研成为随时可进行的、更加可控的经常性工作。

第三，产品策略。由于信息高速公路的连接，厂商与顾客的距离不是远了，而是更近了，这为厂商跟踪消费倾向变化提供了便利。但同时竞争也更趋激烈，这使厂商必须不断进行产品创新与改进工作，以迎合与引导日趋变化的消费潮流。

第四，价格政策。由于各方面成本的节约、效率的提高、竞争的加剧，价格竞争将不可避免。更加弹性的、多样化的、组合的价格策略将会被采用。电子货币，主要是电子支票的应用将使商业信用发展到极致的地步。

第五，销售渠道。厂商会更有兴趣对那些适于直销的产品——其范围将随促销技术、手段的发展而不断拓宽——推行电子函购销售。这种渠道结构层次减少，将不是为了取得更多毛利，而是为增强价格竞争力和控制营销，并有利于更早地获得市场信息的反馈。

第六，促销。一个无纸化的促销时代将会来临，广告的发布将大量地由传统的电视、广播、报纸等媒介转向交互网络，网络广告要突破屏幕视觉限制，集电视与报纸等媒介的优势于一体，图文并茂，生动形象，以强化宣传力度。同时各种赠券、折价券、奖券等优惠券也将主要通过交互网络来递送，广告与营业推广手段交融一体、优势得以进一步发挥，这不仅将是大量纸张的节约，大量时间的节约，而且也为促销效果的倍增提供了可能。

总之，一个正在走近的电子商业时代将不仅带给我们传统商业社会所不可比拟的好处，而且也带给我们更趋激烈的市场竞争以及更趋平均化的商业利润。挑战显而易见，此刻谁能领先一步，认识、发掘与利用交互网络的革命性作用，谁就将在市场营销中获得主动权，在竞争中赢得主导权，从而在未来时代的商战中把握机遇，立于不败之地。

（本文发表于《经济管理》1996 年第 9 期）

亚马逊经营模式剖析

荆林波

一 引言

1994年夏天，贝佐斯放弃了华尔街套保基金副总裁的职位，开始自己的创业。贝佐斯经过慎重的市场分析，选择图书作为首要经营品种。当时，全球的图书市场销量为800亿美元，贝佐斯只想占有2%的市场份额，这样就有15亿~16亿美元的销售额。1996年，在著名的风险投资商科莱纳·珀金斯支持下，亚马逊的销售规模接近1600万美元，1997年亚马逊的销售收入突破1亿美元大关，达到1.48亿美元。1997年5月15日，摩根士丹利帮助亚马逊成功上市。贝佐斯和他的同伴立刻身价千万、亿万。但是，贝佐斯并不满足这些，他一直追求公司早日盈利。随着网络泡沫的破裂，人们的理性开始恢复，亚马逊经营模式能否成功再次成为人们关注的焦点。

二 亚马逊的业绩与经营模式

根据IDC的预测，全球B2C电子商务的交易量将从2002年的1548亿美元，上升到2006年的6156亿美元，年平均增长率超过41%。标准普尔认为这种增长取决于下列因素：在线商家提供了比传统商家更为便利的购物方式，挑选产品只是在点击键盘之间完成，同时，在线提供的商品信息充分，最根本的是顾客从中获得了实在的价值。消费者能够迅速使用因特网，查找到价格便宜的商品。此外，某些因特网的购物并不要求支付销售税，客观上刺激了网上交易的发展。同时，随着网络技术的日趋完善，使得电子商务易于完成，而且安全可靠。最后，越来越多的传统商家开始利用因特网进行市场营销和客户服务。总之，B2C 的电子商务将会迎来一个高速发展的时期。

1. 亚马逊的经营业绩

根据美国证券交易委员会的分析报告，假设在 1997 年 12 月 31 日在亚马逊网上书店、标准普尔零售指数、摩根士丹利高技术指数和纳斯达克美国指数都投资 100 美元，如果有分红，按当日收市价继续投入，那么，5 年之后，在亚马逊网上书店的投资额变成了 376 美元，远比其他投资收益大。历史最高点曾经达到 1516 美元。图 1 是美国证券交易委员会的分析结果。

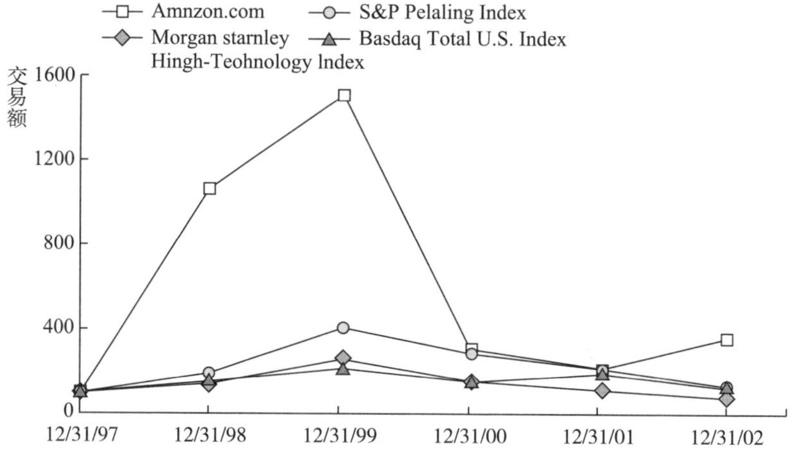

图 1　亚马逊网上书店的投资收益横向比较分析

资料来源：美国证券交易委员会，2003 年。

另外，无论从网络流量、注册用户，还是从总销售量、销售收入，抑或销售利润和市场资本价值，亚马逊网上书店都名列前茅（如表 1 所示）。

表 1　因特网零售商的业绩

因特网零售商	最近股价	30 天股价变动比例	1 年股价变动比例	市场价值百万美元
Amazon. com	58. 06	26%	223%	23049
1 -800 - FLOWERS. COM	9. 27	5%	51%	265
FTD Inc'A'	24. 58	-1%	87%	371
GSI Commerce	12. 46	28%	204%	505
InterActiveCorp	38. 93	14%	126%	25744
NetFlix Inc	44. 65	32%	530%	1072
barnesandnoble. com inc'A'	2. 40	4%	208%	116

续表

因特网零售商	最近股价	30 天股价变动比例	1 年股价变动比例	市场价值百万美元
drugstore. com	8. 15	11%	527%	569
Ebay	60. 46	18%	127%	38. 820
priceline. com	32. 05	-11%	353%	1219

2. 亚马逊的经营模式

亚马逊的经营模式如图 2 所示。

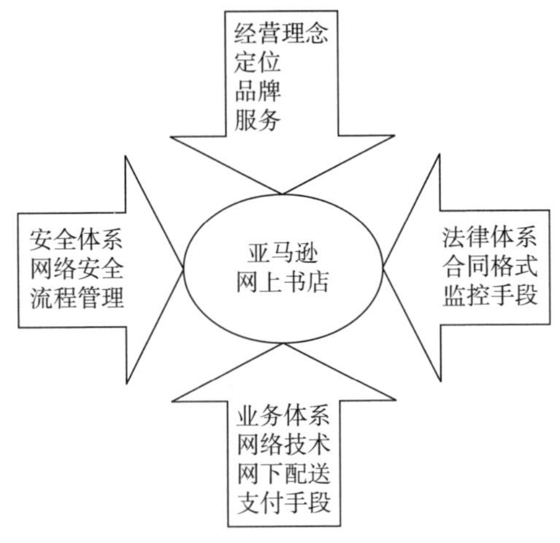

图 2　亚马逊经营模式

三　亚马逊经营模式的成功因素

亚马逊经营模式的成功因素主要包括以下六个方面。

1. 贝佐斯的经营理念是“尽快形成规模”

在 1994 年已经有几家公司在网上销售图书，当时并没有吸引更多的网络用户的关注。正如一些分析家所言，“在这一阶段，盈利并不能说明什么。投资者能够理解，在行业的早期增长过程中，保持高速增长和占有市场份额具有极为重要的战略优势”。这些观点曾经受到市场的推崇，也曾受到来自各方的指责。但是，贝佐斯不为所动，继续着企业的规模扩张，如图 3 所示。

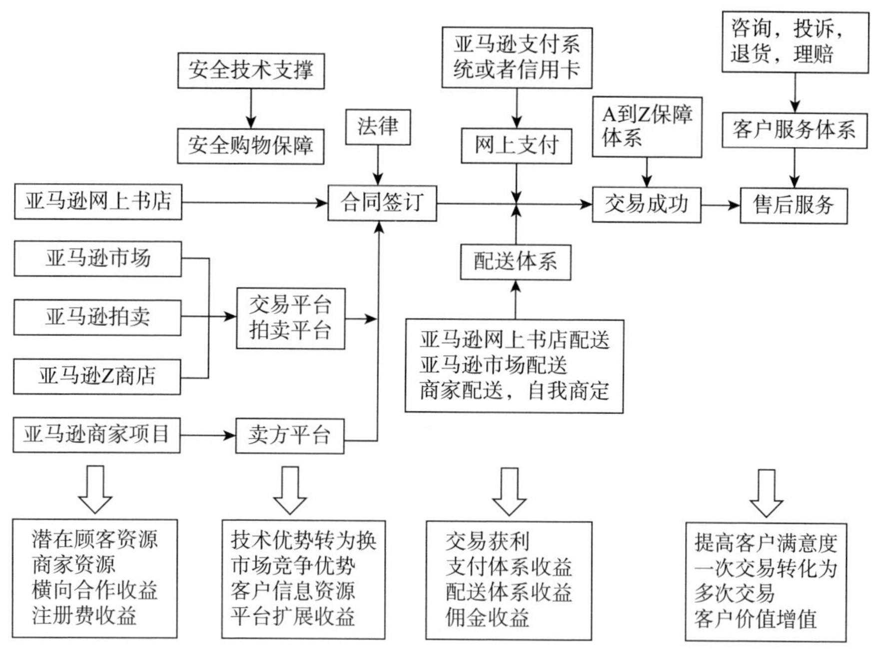

图 3　亚马逊的运行内容和收入源分析

资料来源：作者根据亚马逊模式的研究得出。

2. 亚马逊商业模式的一个核心因素在于顾客中心

尽管传统企业经营的精髓是“顾客总是对的”，但是贝佐斯仍然把它作为自己企业的圭臬。亚马逊的做法包括：（1）设计顾客为中心的选书系统。亚马逊网站可以帮助读者在几秒钟内从大量的图书库中找到自己感兴趣的图书；（2）建立了顾客电子邮箱数据库。公司可以通过跟踪读者的选择，记录下他们关注的图书，新书出版时，就可以立刻通知他们；（3）建立顾客服务部。从 2000 年早期开始，亚马逊雇用了数以百计的全职顾客服务代表，处理大量的顾客电话和电子邮件，服务代表的工作听起来十分单调，比如，处理顾客抱怨投递太慢，顾客修改订单，询问订购情况，甚至是问一些网络订购的基本问题。正是这些看似不起眼的服务工作，使得亚马逊网站在历次零售网站顾客满意度评比中名列第一。

亚马逊研究顾客购书习惯，发现读者无论是否购买图书，都喜欢翻阅图书内容。因此，为了满足读者浏览某些图书内容的需求，亚马逊网上书店独创了“浏览部分图书内容”（Look Inside the Book）服务项目，从而吸引了大量读者上网阅读。亚马逊网上书店的业务流程如表 2 所示。

表 2　亚马逊网上书店以顾客为中心的业务流程

顾客行为	关系状态	亚马逊对策
搜索网站	网络用户	提供核心词，利用搜索引擎
寻找感兴趣的网站	一般访问者	URL，网页设计独特，便利下载网页
有欲望了解网站内容		网上图书浏览，多品种服务，配套体系
选择和提交自己感兴趣的内容	深度访问者	快速查询服务，多种语言网站，顾客特性识别
希望得到自己关心的内容		利用后台数据库支持系统，提供顾客偏好的相关内容，收入数据库
停留在网站		产品说明，深度分析，提供企业和用户的评论
进一步搜索网站	有兴趣群体	固定兴趣顾客，特定内容服务
做出选择，最初订单	潜在客户	选择产品，订单生成简洁
了解订单内容		产品品质，产品数量，产品定价订单号码，交易时间
想了解产品库存		利用企业系统了解内部库存 库存位置，如何调配
得到库存答复		确认产品是否存在，存货位置，下一步配送的可能性
想了解支付和配送	顾客	提供支付和配送信息
提供相关信息		获取顾客信息；存入数据库；确认合同内容提供支付方法；提供配送方式
确认合同内容		确认顾客身份，审核最后合同；审核支付方式
确认订单，支付结算		生成最后订单，安排配送
收到产品		确立正式顾客关系
收到新产品信息，再次购买	忠诚顾客	后续信息服务；促成再次购买

资料来源：荆林波主编《解读电子商务》，经济科学出版社，2001。

3. 避免大量库存，加快存货周转

亚马逊网上书店的成功还在于避免大量的图书库存，公司不必要支付巨额的保险费，也不需要承担大量的运输和保管费用。亚马逊网上书店倡导直接把图书从出版社运输到读者手中。起初，亚马逊网上书店通过两个主要分销商和出版社向顾客及时配送。当时，随着顾客的增多，亚马逊网上书店不得不租借了大量的仓库网络和分销设施。特别是 1999 年，亚马逊网上书店开设了几个新仓库。这些投资显然在亚马逊网上书店的收入状况表中体现出来，一方面增加了公司的成本，另一方面降低了公司的现金流。大规模建设仓库，随之而来的是图书的库存增加，有些图书甚至无法低价处理，贝佐斯为此决策付出了代价，仅 1999 年财政年度亚马逊网上书店遭受了 4000 万美

元的额外库存损失。之后，亚马逊开始注重通过配送系统的快速周转，以获取额外收益，比如在网上书店主要货品的标准运费如表3所示。

这里的国内标准运输是指在3个到7个工作日运输到指定的邮箱地址或者邮局，货品可以通过不同的运输工具运输，同时，有一些地区（比如阿拉斯加，没有邮局的地区）是无法投递的。货品价值超过400美元可以要求挂号运输，以保证安全。顾客也可以要求快件邮递，不过，运输费用不同。比如，同样是一本书，一般每件收费0.99美元，如果顾客要求在两个工作日内运到，那么运费为7.49美元，如果顾客要求在一个工作日内运到，那么运费为12.49美元。仅在2000年的节日期间，亚马逊就运送了3000万件商品。通过一系列的改进，亚马逊每年的库存周转率是19次，这一个业绩足以与任何网上和网下的零售商媲美。

表3　亚马逊网上书店主要货品国内标准运费

货品名称	每次运费（美元）	每件收费（美元）
儿童用品	4.50	0.40/磅
图书，录像带	3.00	0.99/件
音像制品	1.99	0.99/件
软件	3.99	0.99/件
手机	3.99	2.99/件
手机配件	1.99	0.99/件
计算机	7.99	0.65/磅
电子用品	4.99	0.59/磅
食品	4.50	0.49/磅

4. 价格杀手

亚马逊的低价格策略，不是对一小部分商品在有限时段打折，而是每天提供低价产品，并且把低价策略扩大到全部产品。根据亚马逊所做的调研显示，美国2002年最畅销的100本图书，如果在一般书店购买需要1561美元，而在亚马逊网上书店购买只有1195美元，节约了23%。在这100本畅销书中，亚马逊网上书店有72种图书的价格低于网下书店，只有3种比网下书店高，随后他们调低了这3种图书的价格。同样这100本图书，亚马逊对其中的76本打折出售，而网下书店只对15种图书打折。这还没有计算网下购买100种图书的成本。

5. 横向开拓和垂直挖潜

2001 年曾经有许多投资机构建议亚马逊网上书店与其他巨头企业合并。当时，美国在线与时代华纳的合并引起了市场的轰动。贝佐斯并没有接受这些合并建议，但他选择了横向联合。比如，贝佐斯搭建的交易平台，为玩具商（Toys'R'Us）和电器经销商（Circus City）服务，同时他接手了美国第二大图书销售商（Borders）的网站运营，巩固了自己在网络图书销售市场上的地位。与此同时，亚马逊网上书店开办了 6 个全球网址，分别设在美国、加拿大、英国、德国、法国和日本。这样，通过当地语言网站，可以更好地为不同语种的消费者服务。

从 2002 年开始，亚马逊网上书店开始推出办公用品商店和服装商店。如今，亚马逊网上书店销售的服装和鞋类超过 500 个品牌，这得益于它积极推行"商家项目"，即与各种商家合作，不断开拓产品与服务的空间。目前，亚马逊网上书店已经不限于销售图书，它销售的商品包括服装、服饰、电子产品、计算机、软件、厨房用品、家居器皿、DVD、录像带、照相机和相片、办公用品、儿童用品、玩具、旅游服务和户外用品等等。另外，企业和个人可以通过亚马逊的网站，销售新的或者二手货，以及自己的收藏品。亚马逊可以收取固定的费用、销售佣金，以及对特别商品按件收费。2003 年 9 月亚马逊联合 L. A. Clippers Elton Brand 和体育用品商推出了体育用品商店，经销 3000 多种畅销品牌，覆盖了 50 多种体育项目，同时，支持各地的青少年体育俱乐部开展活动。

6. 亚马逊保持了技术领先优势

贝佐斯认为，经营零售店最重要在于选址、选址、还是选址，而对于网上书店的经营，最重要的事情就是技术、技术还是技术，只有掌握先进的技术，才能保证经营成本比其他竞争对手低，从而，网上的商品才可能有竞争性价格优势。不断创新，就需要有卓越的技术人才，而亚马逊最自豪的就在于自己拥有世界上最优秀的网络技术人员。贝佐斯的选人条件也非常特别，他只看重人员的两个品质：卓越的才智和与众不同的性格特征。他认为只有喜欢与众不同，才有可能去创新，也只有卓越的才智，才有可能创造出先进的技术产品。比如，网上快速选择技术，亚马逊在一键定购和其他强大的技术支撑下，2002 年亚马逊对图书的选择速度提高了 15%，而对电子用品的选择速度提高超过了 40%。当然，与亚马逊合作的商家也获益匪浅，服装和服饰类产品最有代表性，因为服装产品有非常强的时间要求，而在亚马逊网站上，2个月内就销售了15.3万件衬衫、10.6万件裤子和3.1万件内衣。所以，对如此快速大量的推销能力，没有一个商家会漠视它。可以说，如今漠视亚马逊，就是漠视网络技术对市场的杠杆能力。

四　小结

亚马逊作为B2C模式的代表，其成功因素对业内外企业有一定的借鉴作用。首先，构建一个完整的网络经营理念，即从传统的大众化营销向一对一营销转变，从关注成本向关注核心顾客价值转变，从提供标准化服务向定制化服务转变。其次，加快流程改造，建立"以顾客为中心"业务流程。企业再造，其实就是技术创新和流程创新的一种相互合并。利用信息技术改造传统企业绝对不可能是"一夜暴富式"收到效果。根据美国《财富》杂志的统计，50% ~70%的再造工作，都没有达到它们预期的成效。另外，根据麦肯锡公司的调查表明，68%的再造公司表示满意。这意味着企业再造绝对不可能一次到位，企业再造必然是一个渐进的过程，我们不能指望企业通过一次改造就可以万事大吉。再次，尽快进入一个新领域，并且形成规模。网络领域企业之间的竞争胜负很大程度上取决于他们的反应速度。按照达维多定律，第二或者第三家将新产品和新服务推进市场的企业，获得的利益远不如第一家企业作为冒险者获得的利益，因为市场的第一代产品和服务能够自动获得50%的市场份额。总之，试图在网络领域有所收益，企业就必须加大研发投入力度，保持技术领先优势，锁定目标顾客，提供增值服务，保证企业的持续发展。对于如何保持B2C模式的竞争优势，如何在不同国家扩展其经营模式，这些问题仍然需要继续加以关注。

（本文发表于《经济管理》2005年第4期）

参考文献

[1] Applegate, L. M., Austin, R. D. & McFarlan, F. W., *Creating Business Advantage in the Information Age* (New York: McGraw - Hill Irwin, 2001).

[2] Hammer, M., "The Superefficient Company," *Harvard Business Review*, 2001.

[3] Kalakota, R. & Robinson, M., *M - Business, The Race to Mobility* (McGraw -

Hill, 2001).

[4] Karimi, J., Somers, T. S. & Gupta, Y. P., "Impact of Information Technology Management Practices on Customer Service," *Journal of Management Information Systems* 17 (4) (2001): 125 - 158.

[5] Liautaud, B., *e - Business Intelligence*, *Turning Information into Knowledge into Profit* (New York: McGraw - Hill, 2000).

[6] Merrill Lynch. Feb, 2000, *In - depth Report—The B2B Market Maker Book.*

[7] Morgan Stanley Dean Witter, 2000, *Internet Research Report.*

[8] Steven Kaplan, Mohanbir Sawhney, 1999: *B2B E - Commerce Hub6*: *Towards a Taxonomy of Business Models.*

[9] Tapio Reponen, *Information Technology - Enabled Global Customer Service* (Idea Group Publishing, 2003).

[10] Teerlink, R., "Harley's leadership u - turm," *Harvard Business Review* (July - August) 2000.

[11] 荆林波:《关于 B2B 商业模式的研究》,《财贸经济》2000 年第 10 期。

渠道权力：依赖、结构与策略

张　闯　夏春玉

一　渠道行为理论中的权力问题

1. 渠道权力的概念

在渠道权力理论中，多数渠道理论研究者都是利用社会学中的权力概念来定义渠道权力的。如著名渠道理论学者斯特恩和艾－安萨利（Stem & El-Ansary，1977）将渠道权力定义为某个渠道成员所具有的让其他渠道成员必须进行某种行为的能力，并进一步将渠道权力解释为“某个渠道成员 A 对另一个渠道成员 B 的权力是指 B 在 A 的干预下的行为概率要大于没有 A 干预下的行为概率”。后来，斯特恩等学者（Stem，El-Ansary & Coughlan，1996；Coughlan，Anderson，Stem & El-Ansary，2001）将渠道权力进一步定义为“一个渠道成员 A 使另一个渠道成员 B 去做它原本不会做的事情的一种能力”。除上述学者外，罗森布罗姆（Rosenbloom，1999）将渠道权力定义为“一特定渠道成员控制或影响另一成员行为的能力”。另两位学者 Bowersox 和 Cooper（1992）则认为渠道权力是“一个渠道成员影响或改变另一个渠道成员决策的能力”。从上述定义中可以看出，虽然各位学者的定义表述有所不同，但表达的意思却是基本一致的，即渠道权力是一个渠道成员对另一个渠道成员行为的控制力和影响力，这种观点是为目前西方营销理论界所普遍接受的。

对于渠道权力的涵义，另一种从社会学中引出的定义方法也被西方营销理论界所普遍接受，这就是从渠道成员之间相互依赖的角度对渠道权力进行定义。斯特恩等学者（1996，2001）认为，“还可以把权力理解为一个渠道成员对另一个渠道成员的依赖程度”，“如果对 A 有所依赖，B 就会改变它通常的行为以适应 A 的需求。B 对 A 的依赖性赋予 A 潜在的影响力”，影响力的大小取决于B对A的依赖程度。Bowersox 和 Cooper（1992）认为渠道权力有赖于渠道成员所感知到的相互之间的依赖程度，渠道权力是依赖关系的结果。

2. 渠道权力的来源

渠道权力的来源是指渠道权力赖以产生的源泉或基础。目前西方营销理论界普遍接受的观点是渠道权力的来源有以下5种：奖赏、强制、专长、合法性和参照与认同。

（1）奖赏。来自奖赏的权力是指某个渠道成员通过向其他渠道成员提供某种利益而对其产生的权力。奖赏权的有效行使取决于渠道权力主体拥有权力客体认可的资源，以及权力客体的一种信念，即它如果遵从权力主体的要求，就会获得某些报酬。

（2）强制。来源于强制的权力是指某个渠道成员通过行使某种强制性的措施而对其他渠道成员产生影响的权力。强制权行使的前提是渠道权力客体如果没有遵从权力主体的要求就会遭受某种惩罚的心理预期。

（3）专业知识。来自专业知识的权力是某个渠道成员通过某种专业知识而产生的对其他渠道成员的影响力。渠道系统内的专业分工使渠道系统内的每个成员都具有一定的专长权。

（4）合法性。来自合法性的权力是某个渠道成员通过渠道系统中的权利与义务关系的合法性而产生的对其他渠道成员的影响力。合法权力的重要特点是渠道权力客体感到无论从道德、社会或者法律的角度出发他都应该同权力主体保持一致，或者它有义务去遵从权力主体的要求。这种责任感和职责感有两种来源：法律和传统或者价值观，前者产生了法律上的合法权，后者产生了传统的合法权（Coughlan，et al.，2001）。

（5）参照与认同。来源于参照与认同的权力是某个渠道成员作为其他渠道成员参照与认同的对象而对它们产生的影响力。来源于参照与认同的感召权本质上是渠道权力客体对权力主体的一种心理认同，这种权力的深层来源是权力主体的声望与地位。

从上面的论述中可以看出，作为渠道权力直接来源的奖赏、强制、专业知识、合法性以及参照与认同，实际上只是渠道权力的表面来源，渠道权力真正来源于这些表面现象背后的更深层次的因素。这些因素可以归为两大类：一是各种资源，二是法律和传统。正如斯特恩等学者（1996）所言："权力实际上是通过占有和掌握对方认为重要的资源所获得的。这些资源是在相互关系中能够产生和代表每个渠道成员的依赖、信任和对他人忠诚的那些资产、特性和条件。”可见，这里的资源是广义的，不仅包括各种有形资源，还包括专业知识与技能、组织的声望与市场地位等无形因素。从这个角度来看渠道权力产生的源泉，我们可以得出奖赏权、强制权、专长权和感召权均来自渠道权力主体所占有的资源。而根据科兰等学者（Coughlan et al.，2001）的观点，合法权则来源于法律与传统的规范、价值观与信仰。从发展的角度来看，渠道成员积累的他们认为重要的资源是形成权力的“基础”（Stem et al.，1996），因此，渠道成员可以对特定的资源进行投资，以获得产生渠道权力的源泉。然而，并不是占有资源就能够产生渠道权力，渠道成员必须将这些资源有效转化为自己的核心能力，才能对其他渠道成员产生持续的影响力。而对于来源于法律和传统的权力，渠道成员同样可以通过对其投资，改变这些要素的影响方式，将其部分转化为自己的资源，从而增加自己的权力筹码。这样，渠道权力最终来源于渠道成员的资源获得能力和转化能力，这两种能力是具有持续性的能力。

3. 渠道权力的特性与作用机理

由于渠道成员在功能上是相互依赖的，因而渠道系统中的每一个成员都有一定的渠道权力，但这种权力在渠道成员间的分配却不是均等的。但是，权力的对抗性特征使得权力关系内部存在着一种促使权力趋向平衡的动力机制，即权力主体行使权力总是会诱发抵消性的权力与之对抗，从而削弱权力主体的影响力。然而从渠道权力的工具性出发，渠道权力主体受利益的驱动总是致力于保持或加大这种权力的非均衡状态。渠道权力正是在这两种力量的作用下在均衡与非均衡之间运动变化的，如图 1 所示。

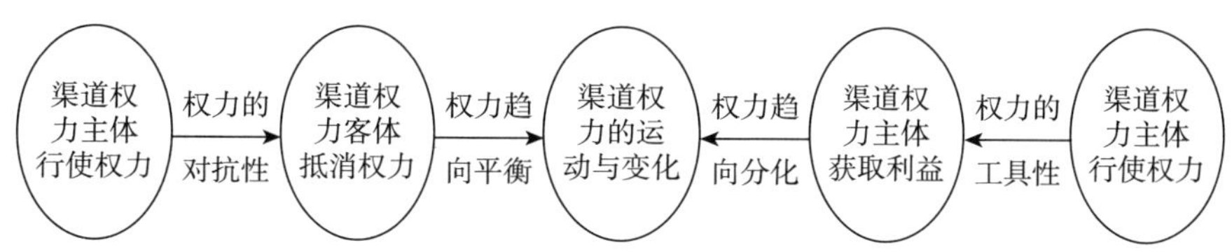

图 1　渠道权力的作用机理示意图

二　渠道依赖与渠道权力的结构

1. 渠道关系中依赖性的确定与衡量

美国社会学家爱默森（Emerson，1962）指出：B 对 A 的依赖与 B 对 A 所介入和控制的目标的激发性投入成正比，而与 B 由 A－B 关系以外的途径达到其目标的容易程度成反比。这说明，A 越是能直接影响 B 的目标实现，B 正常运转所需要的 A 以外的替代来源越少，A 对 B 的权力就越大。在爱默森的结论中，有两个方面是值得注意的：一是 A 对 B 目标实现的影响力越大，则 B 对 A 的依赖越大，则 A 的权力就越大。这里的目标既包括显性目标，如报酬，也包括隐性目标，如在关系中得到的心理满足。科兰等学者（2001）则将这个目标的内容称为“效用（价值、利益和满足感）”，这就意味着，B 对 A 的依赖使前者能够从后者处得到其所期望的效用。二是 B 能否从 A 以外的来源获得对其实现目标非常有价值的资源决定了它对 A 的依赖程度，可替代的来源越少，它对 A 的依赖就越大，A 对 B 的权力也越大。

综合以上两点，可以看出，较高的效用和替代的稀缺性是构成渠道依赖关系，进而构成渠道权力关系的两个不可缺少的要素。从这个分析思路出发，可以从以下两个方面来衡量一个渠道成员对另一渠道成员的依赖程度：（1）对一个渠道成员向另一个渠道成员提供的效用进行评估，即评估效用提供者所提供利益的多少和重要性，一个可以替代的指标是估计效用提供方在其渠道伙伴的销售额和利润额中所占的比例，这个比例越高，则后者对前者的依赖越大。（2）对提供效用的渠道成员的稀缺性进行评估，即主要考虑两个因素：一是可以提供类似效用的竞争者的多少；二是渠道伙伴转向竞争者的难易程度，竞争者越少、渠道伙伴的转换成本越高，则渠道伙伴对效用提供者的依赖越大（Coughlan et al.，2001）。

2. 渠道关系中的权力结构

为了更好地进行分析，我们首先做这样的假设：渠道系统中只包含两个功能专业化的主体，即制造商（A）和中间商（B），既不考虑渠道系统中的辅助成员和消费者，对中间商的具体类型也不作区分。基于以上假设，以制造商和中间商之间的依赖关系为两维坐标，将渠道系统中的权力关系区分为如图 2 所示的 4 种类型。

B对A的依赖程度 \ A对B的依赖程度	高	低
高	高度权力均衡	权力倾斜
低	权力倾斜	低度权力均衡

图 2　渠道权力结构

（1）高度权力均衡。在图2的左上角，制造商与中间商之间处于彼此高度依赖的状态，这意味着双方彼此拥有高度的权力。这种状态的形成或是由于双方都在占有对方认为“有价值的资源”的基础上，为对方提供高效用；或是由于双方各自“有价值的资源”的替代来源具有很高的稀缺性；或是即使存在替代来源，但由双方之间的“双边锁定”① 导致了共同的高转换成本。这种高度均衡的依赖关系使双方都能够将注意力集中于关系的建设，以期共同获取更大的收益，这会促使渠道产出效率的提高。

（2）低度权力均衡。渠道依赖关系结构的另一种极端情况是处于图2中右下方的状态，制造商与中间商之间彼此低度依赖，这意味着双方彼此都缺乏对对方的权力。这种状态的形成最重要的原因或许在于二者处于一个竞争比较充分的市场环境当中，关系中任何一方所占有的资源对于另一方而言或是没有吸引力的，或是能够轻易从替代来源处获得的，关系的解散与重建的成本均很低。这种状态的渠道关系倾向于按照古典经济关系的路径运行，制造商和中间商都不着眼于双方关系的建设，合作伙伴在一个竞争充分的市场中频繁转换，因而这种渠道权力结构使渠道产出效率维持在一个较低的水平上。

（3）权力倾斜（A）。在右上角所示的依赖结构中，中间商对制造商的依赖程度高于后者对前者的依赖，这导致了渠道权力向制造商倾斜，制造商对中间商的影响较大。这种权力结构与传统的渠道权力结构相符，其产生的原因在于制造商掌握了更多在中间商看来“有价值的资源”，而中间商则从制造商那里获得这些资源产生的效用，并且这些资源的可替代性来源较少，或是存在替代来源，中间商由于被“单边锁定”在与该制造商的关系中，转换成本较高。

（4）权力倾斜（B）。与上一种情况完全相反，处于图中左下角的权力关系则向中间商倾斜，中间商对制造商的影响较大。这种权力结构的产生是由于中间商占有了更多制造商所认为“有价值的资源”，并且依靠这些资源向制造商提供较高的效用，而制造商或是难以寻找替代者，或是被中间商“单边锁定”在该关系中。随着近年大型零售终端的迅速崛起，在一些商品的分销渠道中已经产生了这种倾斜于中间商的渠道权力结构。

---

① 这种“双边锁定”和后文将要提到的“单边锁定”一样，是双方或单方对特定关系投资所形成的专用资产导致的转换壁垒。

值得指出的是，虽然为了分析问题的方便，我们在4种渠道权力结构中确定了两种均衡的权力关系，但在实际运作中，这种绝对的均衡实际上是很罕见的。和事物的运动规律一样，渠道关系中权力的均衡只是相对的、暂时的，而渠道权力的非均衡则是普遍存在的，因而研究不平衡的渠道权力关系中的关系双方的应对策略则具有普遍的现实意义。

三　渠道成员的权力策略

1. 不平衡的依赖：渠道权力客体的策略

不平衡的依赖导致了权力的倾斜，而在一个权力倾斜的关系中对资源和利益进行分配将可能导致渠道权力客体受到“剥削”。结合渠道权力产生的基础与渠道关系中的依赖关系，渠道权力的客体可以采取以下策略来抵消主体的影响：

（1）发展战略性资源。渠道权力的倾斜主要是因为权力关系双方所占有资源的不平衡，因此，在渠道权力关系中处于弱势地位的一方首先应当发展战略性资源，增加权力赖以产生的基础。增加这种战略性资源的意义是，一方面在于改变关系双方力量的对比，抵消更多的影响力，另一方面则在于发展这种战略性的资源能够向对方提供更多的效用，增加对方对自己的依赖。

（2）组织联盟对抗。如果在倾斜的权力关系中双方力量的差距过大，处于弱势的一方单凭自身的力量无法更多抵消权力主体的影响，那么权力客体的另一种有效的对策就是在渠道系统内组织一个联盟，以集体的力量增加对权力主体的影响。

（3）寻求替代者。倾斜权力关系中的客体另外一种增强自身权力的选择是寻求一个能够向自己提供类似服务的替代者，从而减少对权力主体的依赖程度。在竞争性较强的市场中，找到一个替代者是相对容易的，问题在于在渠道权力结构形成以后，即使存在众多替代者，但权力客体却可能由于较高的转换成本而无法轻易转向替代者。这就要求实力较弱的渠道成员在与实力雄厚的企业建立渠道关系时，要未雨绸缪，做好这方面的准备。

（4）减少对特定关系的投资。当存在效用的替代性来源，而权力客体却不能轻易转换效用提供者的情况下，大多是由于权力客体对特定关系的投资过多而导致了较高的转换成本。这种关系特定型投资是渠道伙伴向特定渠道关系进行的投入，这种投资所形成的资产是针对特定渠道伙伴的，一旦转换渠道伙伴，这些专用性资产都将成为沉没成本，无法用作他途。因此，要减少对权力主体的依赖，就要减少关系特定型投资，降低转换壁垒，在能够转换渠道关系时，增加自己的自主性。

（5）双边锁定。一旦渠道权力客体发觉自己已经被权力关系对方“单边锁定”了，则权力客体除了忍痛中止渠道关系外，还有一种更佳的选择，那就是争取将自己的“单边锁定”转变成相互依赖的“双边锁定”。一种可能的途径是争取渠道权力主导方的投资，建立新的分销机构。

（6）发展自身的稀缺性。这是一种更加富有创造性的策略，通过使自己变得更加稀缺来增加渠道权力主体对自己的依赖，从而在更大程度上抵消其影响力。发展自身稀缺性的一个有效途径是增强自己在某一领域的专业能力，使自己具备其他竞争者（自己的替代者）所不具备的专长。

2. 不平衡的依赖：渠道权力主体的策略

对于倾斜权力关系中的权力主体而言，由其主导的渠道系统将使渠道资源和利益按照有利于自己的方式进行分配，因而权力主体有一种继续维持或增强这种不平衡状态的动机。权力主体可以选择的策略有以下几种：

（1）增加资源的占有。在倾斜的渠道权力关系中，权力主体维持或继续增强渠道权力的倾斜性的一个首要做法就是继续获得并占有更多的战略性资源，继续增加与权力客体的实力差距。制造商寻求纵向或横向的一体化战略、投资于“拉引战略”建立品牌偏好等策略均是增强自身实力的典型方式。

（2）隔离替代资源。权力主体继续维持或增加权力客体对自己依赖的另一种重要策略是尽量减少权力客体寻求并转向替代者的可能性。一种典型的做法是将替代来源与权力客体隔离。如制造商要求中间商独家代理其品牌产品就是将替代来源隔离的典型策略。

（3）阻止联盟。阻止权力客体形成反抗联盟也是维持权力倾斜状态的一种重要策略。正如布劳（1964）指出的那样，如果权力客体群体共同感受到了权力主体的影响和“剥削”时，他们将结成联盟进行反抗。因此，阻止联盟形成的一个重要途径就是为每个权力客体提供不同的利益和义务方式，以在他们之间形成差异化的感受。大型制造商分别向不同的中间商提供不同标记、包装、款式，但却是标准化生产的同质产品就是这种创造感受差异的重要策略。

（4）单边锁定。维持或增加权力客体的依赖的另一种有效策略即是将其“单边锁定”在特定的渠道关系中，增加其转换的壁垒。这种“单边锁定”

的主要形式就是吸引权力客体向特定关系进行专用投资。这通常需要权力主体提供一些“补偿性依赖”，如制造商提高市场覆盖的选择性来换取权力客体对关系的投入。

（5）发展自身的稀缺性。如同权力客体发展自己的稀缺性以增加权力主体对自己的依赖一样，权力主体也可以诉诸这种策略，以使权力客体更难寻求替代者。对于渠道权力的主体而言，要发展自己的稀缺性除了要发展一种具有差异化的专业能力之外，还应当致力于减缓横向竞争的程度。因为过度的横向竞争意味着为权力客体提供了更多的替代来源。

（6）减少需求。从另一个角度思考权力主体的意图，则可以得出一个更富有创意的方法，即通过减少对权力客体的依赖程度，从而增加客体对自己的净依赖程度。这个目的的达到是通过权力主体减少对权力客体所提供效用的需求来实现的，这种减少的需求可能是真正的减少，也可能是一种类似于扬言投资于自己提供某种服务的象征性减少。

3. 渠道联盟：走向权力均衡

科兰等学者（2001）认为，“渠道成果取决于给定关系中的权力平衡”，因而，随着市场环境复杂性和不确定性程度的增加，渠道成员也正在改变导致渠道效率偏低的权力倾斜的竞争状态，而逐步走向渠道联盟，使渠道关系中的权力结构趋向均衡。

渠道联盟是渠道系统中上下游的企业之间为降低渠道运营成本，增加渠道共享收益而结成的战略联盟。对渠道联盟的认识应当注意以下几点：（1）效用的满足既是渠道联盟的动因，也是渠道联盟的结果。这是因为作为一个成员从关系中得到的经济性和非经济性满足越多，其双方的信任度就会越高，这会促使双方更积极地对联盟关系进行投入，从而共享更多的效用，加快联盟关系的螺旋式上升过程。（2）在渠道联盟建立的过程中，关系双方对联盟的投入应当是对等的，这不仅是表达对渠道伙伴信任的最直接的方式，而且会避免不均衡投入造成的权力倾斜。（3）双方在联盟中所树立的共同的目标，避免了合作中的机会主义行为，在共担风险、共享收益的渠道联盟中，争取渠道控制权的动机也被大大削弱了，如图 3 所示。

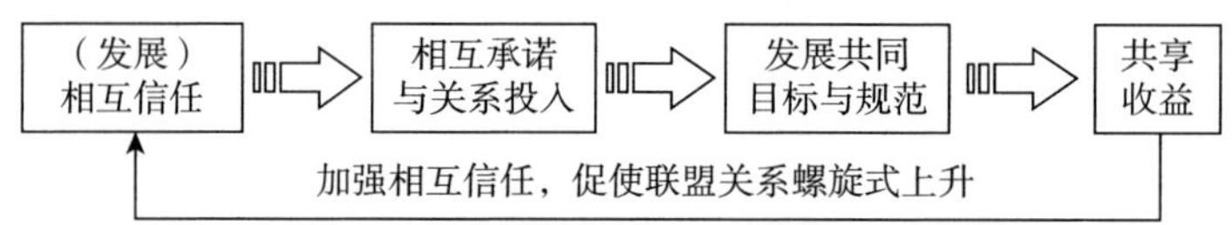

图 3　渠道联盟的运行机制

四 结语

本文以渠道权力的经典研究成果为基础，对渠道权力的来源、结构、运行机理，以及渠道成员的权力策略等问题进行了较为深入的研究。研究表明，对渠道权力进行深入剖析的一个较好的切入点是渠道成员之间的依赖关系，渠道权力实质上就是这种依赖关系的反映。围绕着这种依赖关系，对渠道权力来源的考察有了更加深入的视角，即隐藏在这种关系背后的资源因素是渠道权力的深层来源，同时，由于资源在渠道系统内分布的不平衡所导致的依赖关系的不均衡，则为我们对渠道权力的结构与策略问题进行深入考察提供了基础，本文就是以这样的分析思路展开并完成的。渠道权力问题深深地嵌入渠道运行的各个层面，因而它与渠道系统内外的各个要素存在着千丝万缕的联系。因此，诸如渠道权力与渠道冲突的关系、渠道权力与渠道信任的关系、渠道权力与分销政策的关系（张闯，2004）、渠道权力与渠道系统结构的关系等问题仍有待进一步深入研究。

（本文发表于《经济管理》2005 年第 2 期）

参考文献

[1] Bowersox, D. J., Cooper, M. B., *Strategic Marketing Channel Management* (McGraw - Hill, 1992).

[2] Butaney, G., Wortzel, L. H., "Distributor Power Versus Manufacturer Power: The Customer Role," *Journal of Marketing* 52 (January) (1988): 52 - 63.

[3] Coughlan, A. T., Anderson, E., Stem, L. W., El - Ansary, A. I., *Marketing Channels*, 6*th ed.*, 清华大学出版社，2001 年影印版。

[4] Gaski, J. F., Nevin, J. R., "The Differential Effects of Exercised and Unexercised Power Sources in a Marketing Channel," *Journal of Marketing Research*, 22 (2) (1985): 130 - 142.

[5] Hibbard, J. D., Kumar, N., Stern, L. W., "Examining the Impact of Destructive Acts in Marketing Channel Relationships," *Journal of Marketing Research*, 38 (February) (2001): 45 - 61.

[6] Kim, S. K., Hsieh, Ping - Hung, "Interdependence and Its Consequences in

Distributor – Supplier Relationships: A Distributor Perspective Through Response Surface Approach," *Journal of Marketing Research*, 40 (February) (2003): 101 – 112.

[7] Keith, J. E., Jackson, D. W. Jr., Crosby, L. A., "Effects of Alternative Types of Influence Strategies Under Different Channel Dependence Structures," *Journal of Marketing*, 54 (July) (1990): 30 – 41.

[8] Stem, L. W., El – Ansary, A. I., *Marketing Channels*, 1*st ed.* (Prentice – Hall, 1977).

[9] Stem, L. W., Reve, T., "Distribution Channels as Political Economies: A Framework for Comparative Analysis," *Journal of Marketing* 44 (summer) (1980): 52 – 64.

[10] Stem, L. W., El – Ansary, A. I., Coughlan, A. T., 《市场营销渠道》（第5版），清华大学出版社，1996。

[11] 伯特·罗森布罗姆:《营销渠道管理》（第6版），机械工业出版社，2003。

[12] 张闯:《渠道权力与分销密度问题研究》，《经济管理·新管理》2004年第12期。

深化乡村旅游认知的多维视角

孙明泉

乡村旅游一般被视为观光旅游的一种产品创新，并认为只有那些具有“理想风景画”的民俗村落或乡野景观才对游客具有吸引力。但近年来，随着都市居民休闲时间的增多、休闲观念的转变、收入水平的提高，同时也由于城市交通拥堵、尾气噪声污染、竞争强度加剧等，环都市乡村休闲旅游已成为当代都市人节假日出行的一个重要取向。由此有必要对乡村旅游深化认知，更为重要的是，在新的时代背景下，深化对乡村旅游的认知，有利于进一步丰富乡村旅游活动，有利于拓展乡村旅游产业，有利于城乡互动统筹发展，有利于社会主义新农村建设。本文试从休闲、和谐和体验的三重视角，重新审视乡村旅游的内涵及乡村旅游的增长空间，以期为乡村旅游的市场拓展、都市居民休闲生活质量的提高，以及城乡互动共建社会主义新农村提供相关的理论依据。

一　基于休闲的视角：乡村旅游较好地满足了都市人的“土木情结”

休闲，是人们在可自由支配的时间内自主选择地从事某些个人偏好性活动，并从这些活动中获得惯常生活事务中所不能给予的身心愉快、精神满足和自我实现与发展。[①] 著名未来学家格雷厄姆·T·莫利托认为，休闲将是新千年“全球经济发展的第一引擎”，到2015年前后，发达国家将进入“休闲时代”。国内研究者也普遍认为，北京、上海、广州、深圳等经济发达城市将率先在发达国家之后，迎来一个全新的“休闲时代”。[②] 著名学者于光远

① 张广瑞：《关于休闲的研究》，《社会科学家》2001年第5期。

② 王琪延等著《休闲经济》，中国人民大学出版社，2005。

先生甚至认为“玩是人生的根本需要之一”，并相信“普遍有闲的社会正快速向我们走来”。①

根据国际经验，当一个国家或地区人均 GDP 达到 1000 美元时，大众型观光旅游将出现高潮，人均 GDP 达到 3000～5000 美元时，较高层次的休闲度假旅游形式将规模化启动。② 目前，我国东部多数城市和部分中西部城市的人均 GDP 已超过 3000 美元，北京、上海、广州、深圳、杭州、苏州、宁波、珠海等一批发达城市的人均 GDP 已超过 5000 美元。即使考虑到国人有消费节俭的文化传统，我们仍有理由相信，大多数都市居民的休闲消费将普遍增加，发达地区城市周边乡村旅游度假亦将规模化启动。

在实践中，我们不难观察到，进入 21 世纪以来都市人旅游消费的一个重要变化就是旅游休闲化、出游城郊化。20 世纪 90 年代，传统观光旅游在三大黄金周政策的强力推动下，已成为国内发展最为活跃的消费领域。近年来，随着人们收入水平的进一步增加和休闲观念的改变，同时也因为城市交通拥挤和环境污染、竞争激烈等原因，长期生活在都市“水泥丛林”里的城镇居民普遍产生了到郊外田园与山水之间呼吸新鲜空气、感悟大自然、放松身心、考察生态、增长阅历的乡村旅游需求。事实上，今天人们节假日外出旅游在观光游览的同时，也有了从容、放松的意味，以往那种“上车就睡觉，下车就拍照”的单纯观光活动正被越来越多的都市人所疏远，人们更加强调旅途的舒适性，强调出游的度假感。同时，因为城市郊区道路的通达性提高，交通工具的便捷和休闲时间的增加，都市人节假日里以本城为中心的“出游”越来越普遍，离开城市中心的距离越来越远，逗留的时间也越来越长。传统观光旅游中备受游客欢迎的象形树、象形石等作为旅游吸引物的地位明显下降，现在人们更看好旅游休闲目的地的整体环境和休闲氛围。“农家乐”、乡村旅游、生态旅游、深度旅游、背包旅游、体验式旅游等多种创新型的旅游休闲活动日益受到都市人欢迎。休闲的因素越来越多地渗透到当代都市人的日常生活已是不争的事实。

乡村环境介于纯自然环境和城市环境之间。文化学者指出，乡村的魅力之一，是人们能够在这种环境的劳作中，孕育着对丰收果实的收获期待。这份期待也孕育着希望，也使得农业环境呈现着是我（耕作者）与大地（自

---

① 于光远：《论普遍有闲的社会》，中国经济出版社，2005。

② 宋丁：《大城市外围旅游地产发展动向分析与建议》，脑库内参，综合开发研究院（中国，深圳）主办（内部资料）。

然）共同持有希望的环境——劳作和期待基于我的希望，而大地赠予的果实和承诺是大地本性（自然生长）的希望，也正是希望使得我与大地两者的价值合一，使得人性中的自然性和文化性这一内在情结得以体现。农村环境中的自然性和人工性在某种程度上，也与人性的自然性和文化性这一内在结构达成契合。因此，“在这里，我们便不难理解为什么我们能够欣赏农村耕地的景象，而厌恶城市建设施工现场的喧杂：前者，使我们心中存有自然赠予我们的阵阵麦浪以及果实的喜悦；而后者，人自身的欲望使得原先美好的自然景象正在遭到残害，从而消逝”①。所以乡村对都市人的吸引是有内在支持的。

当代都市人乡村旅游需求的直接诱因是闲暇时间的增加（每年的公休假已达114天）、人均可支配收入的提高（多数东部城市和部分西部城市的人均GDP已超过3000美元）和短暂逃离都市的需要（交通拥挤、噪声污染），更深层的原因还在于，乡村旅游符合人的天性，吻合国人“亲地倾向”和“恋木情结”，或者简称为“土木情结”。

中国人一向将大自然认作自己的“母亲”与“故乡”。在文化观念中由于自古生命哲学思想根深蒂固，认为人与自然本是血肉相连，同构对应的。中国位于温带、亚热带的生物富集区，先民的主体早在六千年前后就已进入了农业生产社会。他们在井田制所规定的生产关系和方形地块上耕种，忙时一头扑在泥土里，闲时祭山祭水祭祖先；穷了力田致富，富了就想买田买屋；士大夫一旦得志，其精神日趋求田问舍，退了休也盼望“荣归故里”；个人以致整个国家的一切活动和精力都以“土地”为中心。“人们在这种生活方式中展开了人和自然的关系，找到了自己在宇宙中的位置，产生了深刻的崇敬山水和土地的观念，并使自己的思想方法，审美情趣、价值观念等都和土地联系上。”② 中国的建筑文化集中反映了中国的人的“亲地倾向”和“恋木情结”。因为国人相信，人生之无尽的欢愉既然在现实大地上，就不必使建筑物高耸入云，不必像西方中世纪教堂那样的尖顶去与“和美”的宗教天国“对话”，而热衷于使建筑群体向地面四处有序地铺开。土木建筑是中国建筑文化的物质主体，石材或其他材料的建筑仅偶一为之，总体而言，这些石材建筑多用于陵墓结构、华表和纪念碑。千年积淀下来的中国人的“亲

① 陈新衡、陈李波：《自然性与文化性的统一》，《武汉大学学报》（人文科学版）2006年第9期。

② 丁俊清：《中国居住文化》，同济大学出版社，1997，第128页。

地”倾向和“恋木”情结是如此的根深蒂固，这也会广泛影响到中国的旅游休闲心理。当代旅游休闲活动越来越注重良好的生态景观，追求融入自然，回归自然，无疑也是这种恋土品格和恋木情结的一个具体体现。

这种“土木情结”不仅仅是个别人的个人无意识，还近乎是中国人的一种“集体无意识”。著名心理学家荣格认为，个体无意识，平时“就像一个精心制作的仓库，凡是没有引起意识关注的材料都贮存在这里；一旦需要，它们便自觉呈现，浮升到意识层次，被自我感知”。通过对个人无意识的研究，荣格发现它的一个重要特点，即个体一组一组的心理内容可以聚集在一起，形成一簇簇心理丛，荣格将之称为“情结”。作为一种具有相对自主性的知、情、意的无意识簇群，情结决定着我们人格的许多方面。他认为，“情结是精神生活的焦点，我们不希望甩掉它们。的确，我们不应失去他们，否则，精神生活必将产生致命的停滞”。而当这种个人无意识在一个群体中相对具有普遍性时，它就成为一种“集体无意识”，它“实际上是指有史以来沉淀于心灵底层的、普遍共同的人类本能和经验遗存。这种遗存既包括了生物学意义上的遗传，也包括了文化历史上的文明的沉积。它们以原型的构成存在着，表现为原始意象。作为人类的心理中具有倾向性、制约性的心灵规律，它们对人类行为、理解和创造产生着重大影响”。[①] 正因为如此，乡村旅游注定不是短命的时尚，而是在条件具备时“自觉呈现，浮升到意识层次”的内在需求。

乡村旅游以其乡村性、平民性、参与性和体验性，适应了人们对原生性和生态性的要求，因而受到越来越多人的关注和喜爱。[②] 乡村旅游行为的空间取向上大体上有三类：城近郊型、远郊型和远程型。总体而言，离城市太近的地区城市化趋势明显，人们无法获得“逃离城市”的感觉，缺乏生态休闲感，而远程型的乡村度假，尤其是到那些远离城市的乡村，由于费用相对较高，出行时间较长，也难以成为更广泛的市民阶层所能接受的休闲度假方式：那种既能获得休闲度假消费感觉，同时又不至于费用昂贵，出行时间又不太长的环都市乡村休闲度假旅游，即离城 1～2 小时的车程的郊外型休闲度假旅游，无疑是一种“鱼和熊掌兼得”的理想选择。在休闲的视角下，符合人们内在需求的乡村旅游，并不是局限在某些古村落里旅游，也不仅是指

---

① 参见荣格著《荣格性格哲学》[M 第一部分]，李德荣译，九州出版社，2003。
② 张建雄：《关于乡村旅游若干问题的思考》，《大理学院学报》2003 年第 7 期。

已经发展起来的乡村景点景区，而是一个包罗范围较广的环都市乡村地带。这个地带与城市保持有一定的距离，环境主体是生态的，城市化和工业化尚未或很少侵入，大体上保留着山水和田园生态面貌，交通条件一般较好。可以断言，走向全国小康社会的当代都市人的乡村旅游需求将不断增强，由此，除传统的民俗村落观光旅游外，采摘农园、农家乐、体验农园、乡村娱乐、农家美食等内容的乡村旅游也将迎来一个蓬勃发展的历史新时期。

二　基于和谐的视角：发展乡村旅游为实现城乡和谐提供了双赢之路

包括乡村观光、乡村消遣、乡村度假、耕作体验和其他“发生在乡下”的乡村旅游活动，是一种社会现象，而非一种生产活动。满足人们乡村旅游需求的“产品”供给是公益部门、非营利机构和商业性经营者相互补充、有机组合的“共同产品”，是一种集大成式的产品和活动集合。事实上，如何界定乡村旅游并不重要，重要的是，在构建和谐社会、建设社会主义新农村的时代背景下，大力发展乡村旅游有着重要的实践意义。

其一，发展乡村旅游是环都市乡村经济发展新的增长点。环都市乡村旅游的发展，在为当代都市人拓展休闲度假第二空间的同时，也将潜在的乡村和农业旅游资源优势转化为现实的经济优势，是农业向多元化发展的有效途径，是实现农业效益、社会效益协调发展的重要措施。乡村旅游的发展，有利于促进农业产业结构调整，比如农民兴办乡村采摘农园后，会主动调整种植业结构，逐步将粮食生产变成了花果种植、水产品养殖，旅游发展又带动了花果和渔业销售，形成良性循环。发展乡村旅游产业，还会带动为其提供其他产品和服务的行业领域，如建筑业、农业、娱乐业、某些制造业、艺术和手工艺制作，一些濒临灭绝的传统工艺产业也会在乡村旅游产业发展的过程中得以复活并获得新生。不仅如此，乡展乡村旅游对环都市农村经济发展的深层影响还在于：就业机会的增加，本地产品进入外部市场的途径，外来投资的进入，专门技术的引进，一些原本无法承担的环境建设和保护项目可能会被政府投资或融资，地方文化素质的提高和生活水准的提高。

其二，发展乡村旅游有利于提高都市人的生活幸福度。当代都市居民休闲需求日趋旺盛，传统的风景游览区已无法满足众多都市居民休闲的需求。一方面是因为那些传统的景区景点假日里人满为患，休闲品质无法保证，另一方面也因为当代都市人更渴望幽静的休闲去处。而包括乡村观光、休闲农业、乡村消遣及其他乡村体验活动在内的各种乡村旅游活动，无疑为人们提供了一种可行的且便利的选择。都市居民普遍生活在“水泥丛林”中，乡村旅游的魅力是无可替代的。诚如著名乡村旅游专家郭焕成所说的：“乡村古朴的村庄作坊，原始的劳作形态，真实的民风民俗，悠久的农耕文化，古代的村落建筑，在乡村的地域上形成‘古、始、真、土’的独特景观，具有城市无可比拟的贴近自然优势，为游客返璞归真提供了条件。”① 在乡村旅游的进一步发展中，可以通过发展更多的体验农园、市民农园、儿童农园、银发族农园、教育农园等不同休闲农业形态，让市民有机会参与和接触农业，或吃住在农家、参与农家活动，获取农家生活的乐趣和耕作的田园趣味，从而也有利于转换心情，提高都市人的休闲生活质量。

其三，发展乡村旅游有利于在城市互动中增强农民建设新农村的自信心。乡村旅游的健康发展，可以吸引更多的城里人到农村去观光、休闲、度假，从而加快城乡人口、信息、物质、资金、科技的互动，实现财富从城市向农村的部分转移，促进打破城乡二元结构，加快农村基础设施建设和农民居住环境的改善。乡村旅游所带动的餐饮、娱乐、运输、商品经营等，也使农民收入大大增加。至为重要的是，随着乡村旅游活动的深入开展，城乡居民之间的交流日益频繁，还可以有效促进城乡经济、社会、文化、观念的相互渗透，相互融合，从而使农民不断地拓宽视野，转变观念。农民通过培训、自我学习等多种方式，在提高为游客服务水平的同时，自身素质也能得到很大的提高。如果地方政府管理得法，发展乡村旅游产业还可以重燃当地农村的手工艺传统的自豪感，或使一些日渐失传的手艺复活，如雕刻、编织、刺绣、制陶、农民画、民间音乐和传统戏剧形式，培养农民对其当地历史建筑、自然风景和文化遗产的欣赏能力，从而使其自觉地保护这些财富。开展丰富多彩的乡村旅游活动，发展乡村旅游产业，农民以自己的家园作为资源来开展相关活动，而不是单纯地向国家要钱要物，也有利于坚定他们建设社会主义新农村的信心。

第四，发展乡村旅游还可以有效推动城乡互动共同保护生态环境保护。传统思路下的乡村生态环境保护，常常遇到农业生产发展、农村经济发展和

---

① 郭焕成：《我国乡村旅游发展现状、问题与途径》，载郑健雄、郭焕成、陈田主编《休闲农业与乡村旅游发展》，中国矿业大学出版社，2005，第 1 页。

农民生活现代化与生态环境保护的矛盾。在科学发展观指导下的乡村旅游业发展，并不是以破坏乡村原有生态环境为代价的工业生产，相反，是为了更好地满足城里人回归自然、融合自然、亲近自然的要求。在此过程中，农民们会逐步认知并认同乡村生态环境保护的重要性，从而更加注重保护和合理开发乡村民俗文化、民族文化和古村落文化。另外，在发展乡村旅游的过程中，城市居民出于各种原因和需求，也会主动地积极参与农村生态环境和文化环境保护，从而有助于形成一个城乡互动的社会大众共同保护农村自然生态及历史文化的社会氛围。一个城市周边的乡村旅游红红火火，还意味着该城市的生活富足和社会和谐，意味着该城市及其周边生态环境优美和人文环境良好，从而有利于吸引高层次的专业人才、投资者，来此工作、投资和居住，而专业人才和企业家资源的集聚，无疑有助于提升一个城市的综合竞争力。

三　基于体验的视角：乡村旅游内含着可无限扩展的体验空间

在日常生活中，为获得相关的“体验”而心甘情愿地付费，甚至不辞辛劳地千里奔波也在所不惜，这都是生活中常见的。如观看足球赛事，如果说是为了更准确地观看比赛过程，在家里坐在电视机前就完全可以实现，既有解说员的介绍和评论，重要的细节还能看到慢镜头回放，更重要的是他几乎不需要任何支付即可全面了解比赛进程和比赛结果。可事实上，足球爱好者不惜顶着烈日、淋着大雨，甚至是千里迢迢到外地的比赛现场观看。如果说是为了表达他们对某支球队的支持和厚爱，完全可以选择其他更经济也更实用的方式；如果说是为了享受体育场馆提供的服务的话，事实上他只需要一个座位。也就是说，单纯以“观看”“支持”和获取“服务”来分析，远不足以解释这些人为何要如此心甘情愿地付费。实际上，人们在此追求的是一种身临其境的独特体验。

几年前，美国战略地平线 LLP 公司的共同创始人约瑟夫·派恩和詹姆斯·吉尔摩，在共同撰写的《体验经济》一书中，将体验定义为：“当一个人达到情绪、体力、智力甚至是精神的某一特定水平时，他意识中所产生的美好感觉”。他们认为，体验是一种新的经济提供物，它从服务中分离出来，就像服务曾经从商品中分离出来那样，只是这种体验是一种迄今为止尚未得到广泛认识的经济提供物。“体验经济”以个性化的感受差异，将经济提供物分为初级产品、商品、服务与体验等四种形态。当企业有意识地以服务为舞台，以商品为道具，使消费者融入其中，体验就出现了。他们断言，体验经济是产品经济、商品经济、服务经济之后的又一新型经济形态，其外部环境和企业运行机制都将因此而发生重大转变。他们还认为，在体验经济时代，单是提供商品与服务已不能吸引消费者的目光，只有让消费者享受贴心的产品和服务才拥有其独特的价值，并摆脱过于简单的价格竞争方法。

按照派恩和吉尔摩的分类，体验大体上可以分为审美体验、娱乐体验、逃遁体验和教育体验四大类别。这些体验是人们生活中永远不会满足的内在需求。不需要太复杂的学理分析，我们就可以发现乡村旅游能够很好地满足人们的体验需求，因为乡村旅游自身已具备了审美体验、娱乐体验、逃遁现实的体验、教育体验四方面的体验特质。

一是欣赏乡村景观的审美体验。旅游的本质就是一种综合审美活动，旅游休闲的过程就是一种体验自然美、艺术美、生活美的过程。审美体验往往是一种非功利性的整体观照过程，不同于那种更多地来自欲念的世俗的感官体验，不是欲念的满足，排除了“有用的、娱乐的、色情的”成分。乡村以其优美的田园风光、淳朴的乡风民俗、原始的田间劳作体现着一种自然美、人文美、人与自然的和谐美，休闲者沉醉其中，获得美的享受。人们在乡村旅游的审美过程中，就能获得这种独特的超功利的审美体验。此外，乡村旅游过程中，还有诸多普通审美活动所无法企及的心理体验，是普通的审美所无法给予的“心路里程”。乡村旅游者在动身赴乡村的路上，甚至是还没有动身只是决定动身的时候，就可能已经有了诸多审美的期待，如田园风光的期待，采摘的期待，务农的期待，垂钓的期待，这种期待本身已足以让你激动，诚如谢彦君所说，“在出行之前，往往已经培育了浓厚的期待情怀，在心理上几乎早早地就给自己佩戴上了一副‘迷己’有色眼镜，寄望于这副充满情感的有色眼镜看待一路风光”。有时，审美的体验可能会在此后相当长的时期内甚至终生影响着一个人的情感体验，成为影响个人情感和趣味取向的本底性或积淀性因素①，甚至一生中每有触动，这种情感便会再度萌发，具有普遍性、持久性和强烈性。

二是乡村娱乐消遣的娱乐体验。娱乐体验或曰愉悦体验，是乡村旅游者

① 参见谢彦君著《旅游体验研究》第四章，南开大学出版社，2005。

通过感受和参与已经设计好的情景活动而引发的一种体验。追求娱乐体验与追求审美体验二者之间并没有一般认为的高下之分，也没雅俗之别，至少在目前，还是多数乡村旅游者所追求的目标。如果说审美是一种较高层次的体验，审美效果受个人审美能力的影响，它需要休闲者有相应的“解码能力”。对一般休闲者而言，更多的还是一种身心放松的娱乐体验。在乡村旅游中可以获得丰富多彩的愉悦体验。比如一家人乡村聚会，情人们乡村牵手，吃住在农家，甚至自己动手做农家饭、养鸡喂鹅，都能获得这种世俗但不流俗的快乐体验，人们还可以通过观察农事、体验农事，通过采摘瓜果、水塘垂钓，通过玩乡村游戏等，获得在城市生活中所无法获得的愉悦体验。

三是短暂逃离喧嚣都市的遁世体验。遁世体验，也称逃避现实的体验。当代都市人在现实生活中承受着太多的工作和竞争压力，他们迫切地希望能回归自然，离开受田园风光的同时，短暂地忘却城里的紧张生活。完全沉浸在体验乡村生活、农事生产的乐趣之中，全身心地投入使他们获得一种解脱感。遁世体验在很大程度上是对生活世界的一种逃避，但这种逃避未必都是消极的和弃世的。在乡村旅游中的人们可以说已进入了某种“虚拟公国”。各地的自然条件不同，文化基础不一，不同的游客有不同的兴趣偏好，但总体来看，旅游者在进入旅游生活后，都有其相似的生活，都是相对地抛开了原先的文化身份而进入旅游者角色，其面对的是旅途的交通工具、目的地宾馆，以及景观的精神性休闲与创造。在旅游文化中的“游客”某种意义上也不再有国籍之分和地缘之别，他们以类似于“旅游公民”一族。乡村旅游者沉醉于乡村生活氛围和乡村景观环境中，在短暂的世俗逃遁中，尽可以放下面具生活。

四是乡村旅游的教育体验。人们在乡村旅游活动中，或在休闲农业、休闲渔场休闲旅游时，可以经由亲身观察、参与体验过程，认识到生物生长现象，感受生命的意义，体会生命的价值，分享生命成长的喜悦。尤其是对于在城市生活中长大的孩子，让他们多到乡村去，可以印证在书本中学到的知识，可以学到很多在书本中无法学到的知识，可以创造性地发挥他们的才智，制作各种他们喜爱的玩具、鸡舍构建、牧场放牧等。这种教育体验对于儿童是十分可贵的。在这里，孩子在与大自然的接触中，认识大自然的奥秘与伟大，如亲眼见到小鸡孵化出来的过程，感受生命来源的神奇，看花粉的授粉现象，看植物的生长过程，了解自然界万物之间的互动关系，认识人与自然和谐的必要性。事实上，在教育农园受到教育的远不只是孩子们，长期生活在城市中尤其是在城市中长大的成年人，对农村的许多事物也有了解的必要，在这里他们同样能够学到许多此前没有学到的知识，从而增加对人与自然和谐、环境保护、生态建设等方面的知识和社会责任感。除了生态教育体验，乡村旅游还可能提供更深层次的文化教育体验，如中国各地都有关帝庙等为民间崇拜的人物所设立的纪念性场所，他们是忠义和勇敢、济贫的化身或代表，在这里，孩子们可能接受一种潜移默化的影响，这种教育体验的作用是不可替代的。

体验这种特殊的价值物，与农业时代的产品、商品经济时代的商品，以及服务经济时代的服务，是有明显区别的。其中，产品是指从自然界中开发出来的可互换的材料，商品是指公司标准化生产销售的有形产品，服务是根据已知客户的需求进行定制的无形的活动，体验是使每个人以个性化的方式参与其中的事件。体验的视角下，可以发现，我国传统乡村旅游中，多忽视游客体验。观光旅游多停留在观光的层面，即使是一些“农家乐”的乡村旅游，目前也普遍停留在吃、玩、住等较低层次的休闲娱乐阶段，不注意丰富和提高休闲旅游的活动层次。事实上，只有吸引休闲者广泛参与到农村生活的方方面面中去，才能让休闲者真正体味到乡村旅游的乐趣。所以应尽可能地安排丰富多彩的可参与性活动，这样既是一种娱乐，还可延长休闲者的滞留时间，从而提高乡村旅游旅游的经济效益。

“体验性”将成为乡村旅游的重要特征，乡村旅游只有抓住这一特征，才能打破某种僵局和停滞的现状，向更深入的方向发展。另外，在体验的视角下，传统观光中不被重视的事物可能就有了新的价值发现，即使是传统的观光景观资源也具有了多维的可扩展性。比如，在传统观光的视角下，只有那些称得上“理想风景画”的乡村才对城里来的游客构成吸引力，但在体验的视角下，贫瘠的土地和贫困的村落也同样具有“体验”旅游的价值。在“扶贫体验”的乡村旅游旅游主题活动设计下，可以让城里的孩子到落后的山村体验农民的艰辛，让他们明白盘中餐不仅仅是“粒粒皆辛苦”，而且是“粒粒皆宝贝”；或者去缺水的地方走一走，让孩他们明白为何会要节约用水为何有时“水比油还珍贵”。再如，在观光的视角下，用于观光客居住的空间只是条件相对较好的农家院或乡村旅馆，而在体验的视角下，一切提供给休闲者游憩与娱乐的复合空间都可能是乡村旅游的消费对象，当年的“知识青年”们回到上山下乡曾经去过的村庄或类似的农村，他要的可能就是破草棚和像当年“生产队”的破落办公室。至于体验视角下资源的增值性，更是一种具有诱致性需求拉动的理论基础。除此之外，体验要素的注入，还为乡村旅游注入了极为鲜活和强力的动力基因，在城近郊乡村发展由租赁者自主按已所需建设简易的仿故乡宅院、开发为孩子们实施创新的创意农园、务家体验的休闲农庄和体验农园等，都将有力地促进乡村旅游的发展。限于篇幅，在此不赘。

（本文发表于《经济管理》2007 年第 10 期）

参考文献

［1］王琪延等：《休闲经济》，中国人民大学出版社，2005。
［2］于光远：《论普遍有闲的社会》，中国经济出版社，2005。
［3］丁俊清：《中国居住文化》，同济大学出版社，1997。
［4］郑健雄等：《休闲农业与乡村旅游发展》，中国矿业大学出版社，2005。
［5］谢彦君：《旅游体验研究》，南开大学出版社，2005。
［6］孙明泉：《论景观环境消费》，《经济学家》1999 年第 3 期。

中国旅游发展：新世纪以来的探索与未来展望

张广瑞

新世纪已经进入了第二个十年，从全球的角度来看，和本世纪头十年中的最后两年相比，世界旅游的发展有了一些复苏的迹象，但是还远远没有让人们充分乐观的理由。目前的现实是，笼罩整个世界政治、经济形势的阴霾还没有散去，存在于世界各地诸多的不确定性依然存在，商业信心和百姓的消费信心的增长仍然不明显。这也是世界旅游业发展的大环境。中国作为小小地球村的一个成员，尽管自己的小气候会有些许差异，但也很难独善其身，其旅游的发展更是如此。和以往相比，最近两年中国旅游领域似乎没有太多令人激动之处，而更多的是应对、调整、筹划与期待。不过，值得欣喜的是，中国共产党第十八次全国代表大会的召开，为中国未来一段时间内社会经济的发展明确了方向、目标与战略。这一切，也将对中国旅游发展产生重要的影响。本文试图对最近两年来中国旅游发展的基本特点进行分析，对目前存在的一些问题和倾向进行梳理，并对中国旅游未来的发展作出一些简单的展望。

一　中国旅游发展的基本特点

1. 中国旅游开始进入常规发展阶段，“两高一低”的市场发展格局基本定型

进入新世纪以来，中国旅游步入常规发展，其主要的标志是入境旅游、国内旅游和出境旅游三大市场共同发展，国内旅游成为旅游市场的主体。自改革开放以来，随着国家旅游发展政策的不断调整，单一入境旅游的发展模式自20世纪80年代中期开始转变，随着居民可支配收入的提高、观念的改

变和假期政策的调整，国内旅游得以迅速发展。进入新世纪以来，出境旅游发展更加迅猛，自 2008 年开始，中国的旅游市场发生了重大变化，入境旅游市场保持低迷，国内旅游市场持续增长，出境旅游市场保持高速增长，形成了明显的“两高”（国内旅游与出境旅游高增长）、“一低”（入境旅游增长低迷）的发展新格局，这一格局形成后一直延续下来。表 1 的统计表明，2007 ~ 2011 年的五年间，国内旅游人次数平均年增长 10.4%，出境旅游人次数增长 11.4%，而入境过夜的外国游客只增长了 0.5%。自 2009 年开始，中国入境旅游收入首次低于中国公民境外旅游消费，出现了逆差，此后，这个逆差逐年扩大。虽然这一格局的形成可以用外部环境变化的影响来解释，但它又和世界许多国家的情况存在着巨大的差异，其中“一高”（国内旅游比重和增速加大）和“一低”（入境旅游增速降低）可以说是共性，而出境旅游呈高速增长且居高不下的现象则是中国所独有的，或者说是不多见的，这在某种程度上也为世界旅游发展复苏迹象增添了一些光彩。从目前的发展趋势来看，这一格局基本定型，并会继续保持下去。

表 1　2007 ~ 2011 年间中国旅游市场基本数据

年度	过夜入境旅游者人次数（万）	过夜外国旅游者人次数（万）	旅游外汇收入（亿美元）	出境人次数（万）	境外旅游消费（亿美元）
2007	5472.0	2139.9	419.2	4095	298
2008	5304.9	1970.4	408.4	4584	362
2009	5087.0	1769.7	396.8	4750	437
2010	5566.5	2127.6	458.1	5739	549
2011	5758.1	2194.1	484.6	7025	726
年均增长率	1.1%	0.5%	3.0%	11.4%	19.5%

资料来源：联合国世界旅游组织相关统计数据整理。

2. 中央和地方政府对旅游发展重视空前

自改革开放政策实施以来，中国政府对发展旅游业重要性的认识不断提高，中央和地方政府出台了一系列促进旅游业发展的政策和措施，2009 年 12 月《国务院关于加快旅游业发展的意见》（即国务院 41 号文件）的发布，进一步清晰明确地提出旅游业发展的定位和目标，首次提出“把旅游业培育成国民经济的战略性支柱产业和人民群众更加满意的现代服务业”的总体要求，制定了一整套的实施措施，改变了以往多是就事论事的部门政策和短期措施的做法，把旅游业的发展推向了一个新的高度。

2009～2010 年间，整个国家一直在为“十二五”规划进行筹划，先后制定了大批的全国性、区域性、地区性和行业与产业等多项规划，为中国未来的发展战略进行了全面的设计与调整。值得注意的是，无论是国家级的规划还是地方级的规划以及特定区域性的规划中，都给了旅游业发展一个说法，或将其放到了一个重要的位置。

从国家层面上看，《中华人民共和国国民经济和社会发展第十二个五年规划纲要》（以下简称“十二五纲要”）中多次提及“旅游”“旅游业”和“旅游休闲”等内容。不仅在“大力发展生活性服务业”的章节中明确了旅游的发展优先顺序、发展原则和重点产品等定位，并在新农村建设、区域经济、对外贸易等部分又有了具体的阐述。中共中央和国务院办公厅制定的《全国红色旅游发展纲要Ⅱ》和国家旅游局制定的《中国旅游业“十二五”发展规划纲要》都从全国的角度对旅游业的发展进行了全面规划。

从区域发展规划方面看，先后在涉及西部、中部、中西部、东北部、长三角、珠三角、粤港澳、海峡西岸、山东半岛蓝色经济区和海南岛等 20 多个单行区域性的规划中，根据不同的区域位置、资源等条件，都分别做出了相关旅游发展的具体部署和要求。在已经正式公布的 28 个省级单位区域规划纲要中，均把旅游休闲列入服务业的重点产业或第一重点产业。目前各省份都完成了当地旅游发展规划纲要的制定，对当地旅游发展的目标、空间布局和重点任务都明确确定。从这些规划中可以看出，国家和地方政府对旅游业的发展给予了从来没有过的重视。

另外，中央政府在制定行业发展战略和规划的时候，也根据不同行业的特色，提出了支持和促进旅游业发展的内容，其中包括工业、农业、林业、商业、文化产业与事业、服务贸易、金融产业、海洋发展与环境保护等领域。更为特殊的是，国务院在 41 号文件发布后的一两年内，对其规定的任务在相关部委之间作出了具体落实的分工，相关部门又联合发布专门的文件贯彻执行。为了保障这些政策和战略的落实，全国人大也加快了《旅游法》审定的过程。旅游业的发展在政府推动、投资推动和营销推动的新形势下进入到一个新的发展时期。

但是，从最近一段时间内出现的旅游发展规划热潮来看，有两种倾向值得注意，其一是，对于中国这样一个社会经济差异巨大的发展中大国，工业化的任务尚未真正完成，服务业的基础并不牢固，旅游业作为国民经济战略性支柱产业的依据是否充分还值得进一步论证；其二是，即使是中央政府确定了旅游业作为国民经济支柱产业的发展目标，但这也绝不意味着，全国各地（各个省、区、县、市、乡）不论市场与资源条件，都要把旅游业作为支柱产业去定位。这样做是违反区域经济发展规律的，是不正确的，但当前这一错误倾向苗头确实是存在的。

3. 旅游产业发展异常活跃，产业融合形成共识

在一系列政府加快旅游发展的文件和政策的激励下，自 2009 年以来，全国各地，从中央到地方，出现了一个大力发展旅游业的热潮，这一热潮所涉及的行政区域与行业范围之广、投资规模之大是前所未有的。从总体来看，各级政府对公共旅游服务体系的建设与完善非常关注，增加了资金投入，为旅游业的发展奠定了新的基础。虽然这些公共设施的投入是从整个国家经济的发展战略着眼，但对旅游发展的影响颇大，其中最为突出的是机场与航空的建设、高铁和高速公路等交通建设，不仅仅是使旅行和旅游变得更加便捷舒适，而且这些新的交通网络的扩大与完善，改变了很多地区的旅游组织模式和人们的旅行方式，使一些城市迅速变成了旅游的新热点。连接内地和西藏的青藏铁路使西藏年接待游客量超过千万人次，已投入运营京津、广武、京沪、沪杭、广深等的高铁客运迅速改变了中国的旅游版图。这就是一个很好的例证。

与此同时，很多关于促进旅游业发展的举措都列入了地方和行业的“十二五”发展规划之中，将旅游业作为支柱产业几乎成为全国各地的统一口径。这一现象，不仅体现在传统的经济发达地区，也体现在更多的经济欠发达地区；不仅体现在传统的旅游产业领域（如饭店、交通、景区、商业、娱乐等），还涌现了一批新业态，如会议与展览、高尔夫、邮轮、房车以及医疗旅游、体育旅游、旅游装备等，其中最为突出的是旅游房地产（或旅游地产、旅游房产）和城市旅游综合体这些全新的领域，而这些新型业态的发展投资之巨似乎也是前所未有来的。和以往所不同的是，目前社会上逐渐形成这样一个共识，即旅游业不是个简单的单一产业，促进传统旅游业与相关产业的融合是将旅游业做大的必由之路，因此，在促进旅游业的发展中，公共部门之间、公营与私营之间的合作变得同等重要。

4. 新技术推动着产业的发展，在线旅游不断推陈出新

技术进步是社会发展的重要推动力，中国最近 20 多年间的发展实践使人们对这一判断有了更加切身的体验。电脑技术、网络技术、移动技术等 IT

相关技术的发展对人类生活、生产乃至思维方式的影响如何估计也不为过。联合国世界旅游组织专家十多年前提出的警示，在旅游业发展中，对待新技术的运用“准备上的失败就是准备失败”的观点逐渐被政府和业界所认识。对在中国颇为保守的旅游业来说，这些新技术的不断改进升级在其业态创新、经营与管理创新方面的作用都是令人惊异的。今天“智慧”成了新的流语，智慧城市、智慧旅游、智慧饭店等都有着许多独特的创意，产生了特殊的效果。新技术的应用给旅游者带来了更多的方便，提供了更多的实惠，尤其是各类旅游设施与服务的在线预订与购买，实现了许多的超越。据艾瑞咨询估计，2011 年中国在线预订交易规模达 167.9 亿元，比上一年增加了 60% 以上。① 而以这些新技术为支撑的新媒体——如网站、博客、微博、微信、飞信等——的作用日益显现，实力再大的企业也不敢对它们置若罔闻。毫无疑问，这对旅游企业来说，意味着更多新的机会和更加激烈的挑战。在这方面令人欣慰的是，许多中国本土的企业和品牌不仅在中国彰显了优势，也迅速地向世界更大的空间扩散，其中携程（CTRIP）就是一个突出的代表，这个以网络预订为主业的公司，其业务覆盖海内外 300 多个旅游目的地，其旅游业务年度营业净收入从 2009 年 1.77 亿元人民币猛增到 2011 年的 5.35 亿元，② 年均增长 45%。这在一个侧面说明在线旅游业发展的巨大潜力。

5. 中国旅游发展备受全球关注，其关注点发生明显变化

世界对中国的关注由来已久，“中国现象”可以做出不同的解释，褒贬不一，有喜有忧。然而，进入 21 世纪以来，国际社会对中国旅游的关注程度，尤其是在美国引爆全球金融危机以来，是前所未有的。其间一个重要的变化是，其关注点从原来的“中国旅游”（China Tourism）逐渐转向“中国旅游者”（Chinese Tourist），或者说从中国作为一个“新兴旅游目的地”转向中国人作为一个“新兴旅游市场”。在这一转变中，面对中国市场的潜力与现实，他们不仅改变了长期坚持的“不屑一顾”或“既爱又恨”的心态，开始反思自己整体的对华政策，主动或并非完全情愿地进行调整。近些年来，从积极争取成为中国公民出境旅游目的地的地位（ADS），到主动调整针对中国公民的签证政策，都说明了这一点。

近年来，世界对中国旅游的关注体主要体现以下几个方面。

---

① 张广瑞，刘德谦，宋瑞：《2012 年中国旅游发展分析与预测》，社会科学文献出版社，2012。

② 张一言：《携程旅游业务已全面领先在线旅游市场》，转载自中国互联网行业社交媒体——速途网（2012 年 5 月 18 日）：http://www.sootoo.com/content/283955.shtml。

（1）在权威的国标机构发布的年度报告中常把中国旅游的发展作为重要的内容，或发布关于中国旅游的专项研究报告。其中，联合国世界旅游组织（UNWTO）、世界旅游理事会（WTTC）和亚太旅游协会（PATA）等著名的国际旅游组织近年来一直是这样做的。有些著名的年度报告，如世界经济论坛（WEF）发布的《全球竞争力报告》和《全球旅游竞争力报告》中，都对中国的排行做出突出的表述。

（2）世界最著名的旅游交易会发布的年度世界旅游发展趋势报告中涉及中国旅游发展的内容越来越多。其中包括英国伦敦旅游交易会（WTM）每年11月份发布的《世界旅游市场全球发展趋势报告》和每年3月份德国柏林国际旅游交易会（ITB）的《世界旅游趋势报告》。这些报告是在交易会期间发布的，并往往会以此举行行专题论坛，因此，在世界旅游业界影响非常大。

（3）一些国家的旅游行业协会或旅游研究机构组织专家撰写关于与中国旅游相关的研究报告，讨论中国旅游近年来发展趋势，呼吁本国政府重视中国旅游市场的开发，放宽对中国公民在签证方面的限制，从制度、服务方式等方面给予平等或优惠的待遇，不少国家已经采取了积极措施解决这些问题。其中比较突出的是2011年5月美国旅游协会发布的题为《整装待发》的报告，对美国奥巴马政府调整对中国公民签证政策发挥了重要的作用。而2011年10月澳大利亚昆士兰州研究机构制定的《中国战略》则非常详细地分析了中国旅游市场的潜力、特点，提出了详尽的开发计划和与中国有关部门合作的设想。

（4）国际旅游企业加大对中国旅游者消费行为的深入研究，提出了许多行之有效的对策。在这方面，美国运通公司是先驱者，特别关注中国的商务旅行的发展研究。而最近几年，世界著名国际饭店联号下的功夫更大，美国希尔顿饭店集团2011年专门发布了题为《中国旅游业的崛起将如何改变欧洲旅游业的面貌》的蓝皮书，并在希尔顿饭店集团世界各地的饭店里，开展了一项名为“欢迎”的统一活动，从多方面满足中国旅游者的特殊需求。尔后，万豪饭店集团开展了一个名为“中国礼遇”的类似活动。世界奢侈品协会每年发布的年度《世界奢侈品蓝皮书》更是将中国放到了突出的地位。德国专门成立了中国出境旅游研究所，定期发布关于中国出境旅游的研究报告。

国际社会对中国旅游的关注越来越明显，不同的国家、机构和企业有着不同的目的，其中一个共同点是看中了中国出境旅游这个不断扩大的市场所创造的商业机会。这些关注也确实促进了世界不少国家对华政策的调整，尤其是对中国公民签证政策的调整。不过，世界上一些国家，尤其是那些面临严重经济衰退的发达国家，在调整针对华旅游政策的时候，往往主要是出于自身经济发展的考虑。尽管在这方面有了不少改进和突破，但这还只是个开始，现实中存在的问题依然很多。在世界范围内，中国人出境旅游在很多方面还没有完全得到平等的待遇。因此，随着中国公民出境旅游人数的增加和范围的扩大，如何使国民在境外旅行、度假中得到公平、公正的待遇，他们合法权益的保障和保护显得尤为重要。

二　中国旅游发展中存在的八大问题和倾向

总的来说，最近两年中国旅游的发展相对稳定，但在世界政治、经济形势的大环境下，在国内经济战略进一步调整和重新布局的情况下，也的确存在着一些问题值得认真研究和思考，在未来发展中予以不断解决的。以下仅就比较突出的几个方面进行探讨。

1. *出入境旅游逆向发展，是耶非耶？*

中国出入境旅游市场呈逆向发展，这是说，入境旅游市场与出境旅游市场发展的差异在不断加大。根据官方的统计数据，在本世纪头十年（2001～2010）中，中国公民出境的人次数与消费支出的年增长率分别超过15.9%和14.7%，在最近5年（2007～2011）中，这组数据分别是11.4%和19.5%。反过来看，入境旅游在本世纪的头十年中，过夜旅游人次数与旅游外汇总收入（含港澳）的年均增长率分别是5.3%与9.9%，而在最近5年中，这两个数字分别是1%与3.0%。显而易见，入境旅游的增长速度大大低于出境旅游。2011年中国公民的境外消费支出达726亿美元，其年度增长速度为32%，为世界最高增速，使入境旅游收入与境外旅游消费支出之间的逆差扩大到240亿美元。另据中国旅游研究院的预测，2012年中国公民出境人次数将达到8200人次，他们的境外旅游支出将达到850亿美元，[①] 国家旅游外汇收入与出境旅游支出的逆差达到400亿美元。如果不出现特殊的政策或特殊的变化，这一趋势将会继续保持下去。这一状况与发展趋势给我们提出的警示是：作为一个发展中国家，从服务贸易发展的角度来看，必须重视

① 华龙网2012年12月29日，参见http://life.cqnews.net/html/2012-11/29/content_21946293.htm。

旅游服务出口（即扩大入境旅游）的重要性和比较优势，在扩大内需的同时，不应当忽视扩大外需来增加国家财富，越是在外部环境条件不利的情况下，越应当加大营销力度，维持老市场，开拓新市场，保证入境旅游发展的长远目标的实现。积极发展入境旅游应当是一个发展中国家需要长期坚持的国策。

不过，在中国，这一现象是过渡性的，在不少发展中国家经济呈快速增长期都曾出现过。当前国民境外消费快速增长的原因颇为复杂，形成非理性消费的因素很多，至少目前这一逆差也并未对国民经济产生明显的负面影响，也没有到需要政府采取措施对国民出境旅游加以限制的程度，但是从长远的观点看，相应的政策引导是必要的。

2. “黄金周”效应备受关注，去耶留耶？

“黄金周”的假期安排虽非中国的独创，但它对中国旅游的影响很大。的确，这一假期安排的出台在提高中国公民对旅游的认识和促进旅游业的发展方面都发挥了重要的作用，在特定时期内刺激内需、促进消费也是功不可没的。但是，无论从对公共服务设施、旅游景区以及相关服务行业的接待能力、服务质量的压力来看，还是对旅游者本身的体验来说，都存在不少问题，值得认真研究。一个不容忽视的事实是，用占全年总天数不足4%的时间（14～15天）接待大约全年16%～20%的游客（如表2所示），这一负担之重是可想而知的。自这一制度开始实施以来，社会各界总是以一种“运动”的方式来应付。这一政策从1999年推出到现在的十多年的时间里，长假期制度安排几经调整，但似乎依然没有找到良好的解决方法。最近两年来，“黄金周”成为“黄金粥”的现象难以改变，关于恢复“五一黄金周”和延长“春节黄金周”的呼声迭起，尤其是2012年“十一黄金周”期间高速公路免费通行政策推出后产生的意想不到的拥堵现象后，又激起了新一轮的热议，“黄金周”的去留、增减问题再次提出。

表2　2005～2011年“黄金周”旅游人次数所占比例变化表

单位：亿人次

年度	全年国内旅游接待量	春节黄金周	五一黄金周	十一黄金周	黄金周接待量占全年总量的比重（%）
2012	30.00（预计）	1.76	—	4.24（8天）	20.00
2011	26.40	1.35	—	3.02	16.55

续表

年度	全年国内旅游接待量	春节黄金周	五一黄金周	十一黄金周	黄金周接待量占全年总量的比重（%）
2010	21.00	1.25	—	2.54	18.05
2009	19.00	1.09	—	2.28（8天）	17.74
2008	17.12	0.8737	—	1.78	15.50
2007	16.10	0.9220	1.79	1.46	25.91
2006	13.90	0.7832	1.46	1.33	25.71
2005	12.12	0.6902	1.21	1.11	24.84

资料来源：根据相关年度国家旅游局“黄金周”旅游统信息通报整理。

从这几年“黄金周”实行的情况来看，还有一个效应存在争议，那就是，“黄金周”到底是“谁的黄金周”？从“黄金周”制度安排的初衷来看，主要是促进国民的旅游消费，因此，它一直被称作“旅游黄金周”，然而，从实际效果来看，这样的旅游方式难以使大多数旅游者满意，良好的旅游体验难以获得。仅仅把这样一个个长假期，变成各类商家的促销大战，使假期变了味，与“旅游黄金周”的意义相左。另外一个值得注意的效应是，尤其是最近两年，“黄金周”变成了境外奢侈品消费的“黄金周”。据《世界奢侈品协会2012“黄金周”中国境外消费分析报告》统计，2012年“十一黄金周”七天的时间里，“中国人出境消费奢侈品集中累计约38.5亿欧元，同比去年黄金周境外奢侈品消费总额增加了14%，加上黄金周期间境外隐形消费与奢侈品服务业消费，预计超过60亿欧元，中国‘黄金周’已经成为境外奢侈品市场最重要的赢利周期”。① 这个问题也许是制定相关政策时未曾想到的结果。

这些现象的出现值得政府反思的是，长假期制度安排的真正的政策预期是什么，面临新的挑战应当如何应对。很显然，过于频繁地调整假期安排所产生的效果可能会更差，而从实际上看，目前落实带薪假期制度也是困难重重，尽管个别省市制定了《国民休闲纲要》和类似的安排，但多是从发展旅游业或休闲产业的考虑，似难以减缓当前“黄金周”度假方式带来的压力和矛盾。社会强烈呼吁，“别让假期看上去很美”，也不能让百姓提心吊胆地度

① 《美南新闻》2012年10月18日文《黄金周中国人境外消费超60亿欧元　欧洲成扫货主战场》，参见 http://www.xcdaily.com/News_intro.aspx? Nid=61742。

过长假期。无论如何，促进带薪假期的落实，让更多的国民有条件根据自己的愿望安排度假或旅游，是减缓“黄金周”人满为患压力的重要出路所在。

3. 关注民生语境下的“嫌贫爱富”还要持续多久?

随着国民经济的快速发展和经济改革的日益深入，保障和改善民生成为各级政府的重要职责，这也成为发展旅游的重要功能之一。这一观点曾在国务院 41 号文件中予以阐述。这就是说，在旅游发展中，不仅强调要把旅游培育成战略性的支柱产业，还要强调不断满足人民群众的旅游需求，要充分注意满足大众市场的旅游需求。由于特殊的历史原因和当时的国情，中国旅游发展伊始就表现出一种“嫌贫爱富”的态势，把满足海外旅游者的需求放到了第一位，把赢得外汇收入优先考虑。虽然，今天中国的社会经济状况发生了巨大的变化，中国旅游业所面临的市场格局发生了根本性的变化，但是，在旅游设施的建设和旅游产品的开发上，仍存在着一种过分追求豪华、偏重满足高端市场需求的倾向，存在着对高档住宿、度假和娱乐设施投资积极性高，对奢华的产品开发的力度大，而对满足普通公众旅游消费的关注不足的倾向。很显然，这与中国旅游主体市场转变的现实和关注民生的新理念存在着明显的错位。而且，在实践中，一些地方把会议、展览、商务旅游、奖励旅游以及体育旅游等均列入高端产品或指向高端市场也是一种误导，因为，这些旅游需求所需要的是特定旅游产品和服务，不意味着都是豪华和高档。自然，对于市场和产品的选择，作为企业可以根据自己的资源和能力做出自己独立的选择，但是，作为公共政策的指向，不仅要考虑特殊市场的高端需求，更要关注普通百姓的大众需求；考虑刺激消费和促进经济发展的目标，但也必须考虑普通公众的实际需求。尤其是在今天，从可持续旅游发展的角度来看，政府要充分注意支持和鼓励有利于百姓身体健康、低碳、低耗的旅游活动（如徒步旅游等）的开展。从社会发展的角度来看，旅游不仅仅是刺激消费的商业活动，还应当考虑其改善民生与福祉目标的实现，因此，旅游和文化一样，它不应当是个纯粹的经济产业，还应当为旅游事业保留一定的空间。

4. “免税生意”是刺激消费还是饮鸩止渴?

中国公民出境旅游的高消费引起了国际社会的极大关注，中国奢侈品消费的高速扩大成为世界旅游目的地国家和地区争相开拓和扩大中国旅游市场的重要原因所在。据世界奢侈品协会公布的数据，2011 年，中国奢侈品市场年消费总额已经达到 126 亿美元（不包括私人飞机、游艇与豪华车），占据全球份额的28%。中国已经成为全球占有率最大的奢侈品消费国家。而中国人在境外旅游过程中——尤其是在“黄金周”期间——的购物消费令世人咂舌。这个组织公布的数据表明，2012 年龙年春节期间，中国人在境外消费累计达 72 亿美元，同比增长 28.57%，远高于年前预期的 57 亿美元，创下历史新高。[①] 中国人已成为节假日境外最具奢侈品购买力的消费群体，居全球之首，超过了日本。另据麦肯锡公司发布的一份题为《解读中国人对奢侈品不断升温的热情》的报告称，到 2015 年，中国消费者的奢侈品支出将占全球市场的 20%，每年用于购买奢侈品的花销将达到 270 亿美元左右。[②]

奢侈品消费激增的现象也引起了国家的关注。在 2009 年 12 月国务院发布的《国务院关于推进海南国际旅游岛建设发展的若干意见》中提出“由财政部牵头抓紧研究在海南试行境外旅客购物离境退税的具体办法和离岛旅客免税购物政策的可行性”的工作，尔后，继 2011 年 1 月 1 日海南岛海外游客购物离境退税政策出台之后，同年 5 月 1 日，又推出了针对国民的离岛退税政策。很显然，这一政策的实施是促进海南岛旅游发展的一项特殊优惠政策。时隔不久，国内包括上海、北京等大城市也提出实施这一政策、扩大免税店的范围和业务的要求，希望通过这一措施，能够把更多的国民境外奢侈品消费转移到国内。出于同样的目的，也有人提出降低进口奢侈品的关税以降低其销售价格，提高国民在境内购买奢侈品的消费。但人们似乎忽视了当前国内外免税店经营中的一个特点，那就是，无论是海外的免税店还是中国境内的免税店，它们所经营的主要商品中属于“中国制造”的屈指可数，微乎其微，对国人具有某些吸引力的无非是“中华牌”的香烟或国酒茅台。在奢侈品行业，“中国制造”（Made in China）已经被“中国销售”所替代。目前所采取的关于增设免税店一些措施，能使国内一些机构从免税商品经营中多获得一些利润，而难以从根本上解决“中国制造”商品的国际竞争力。一个可以预见的严重后果是，这样做只能提高中国消费者对外国奢侈品品牌的忠诚度和依赖性，为洋品牌创造赚取高额利润的良机，而不能促进“中国制造”商品的品牌和品牌忠诚度的提升，也许是相反。因此，在更多的区域增加免税店经营的含金量令人质疑，尤其是从长远的发展来看，这更不是上策。

---

① www.sjfzxm.com 2012-2-217：03：00。

② 中国奢侈品贸易委员会：《中国将成奢侈品市场“重心”》，2012 年 11 月 10 日，参见 http://www.ccpit-cltc.org/a/11111/2012/1109/9802.html。

近来，据媒体透露，国内免税品价格全球最高，于是得出这是国民竞相出境旅游购物的重要原因之一。但不少专家对通过降低奢侈品进口关税抑制国内销售价格攀升的建议也有异议。一个颇为大多数人接受的判断是，面对中国公民对奢侈品消费巨大潜力的现实，境外生产商不可能会主动降价而割舍巨大的利润。退一步说，即使是国内价格与海外价格的差异有所减少，国民也未必能大幅度地消减在境外的消费，因为这还与购物环境、服务质量以及诚信等多种因素相关。无论如何，加大培育国内名、特、优产品品牌建设，增加国民对国货的信心才是最为重要的，是一项长期有效的战略性的国策。

5. *差旅服务社会化与“三公开支”有效控制：艰难的一步*

虽然在我国2009年刚刚修改过的《旅行社条例实施细则》中提及，旅行社的业务包括“接受机关、事业单位和社会团体以及企业的委托，为其差旅、考察、会议、展览等公务/商务活动代办交通、住宿、餐饮、会议等事务”的条款，但在实际中，绝大多数政府部门、事业单位和国有大型企业的这些活动依然由本单位专门设立的机构——如外事办公室、办公室、老干部办公室等部门——自行安排，甚至有些部门还在执行有关于旅行社的凭据不能作为财务报销的规定。也就是说，大量公费开支的公务活动依然没有真正进入社会化的服务，在这方面离国际惯例差异较大。在国际上，商务与公务旅行是旅游业的重要组成部分，无论是组织一些大中型会议、论坛、展览、展示活动，还是出席这些活动或其他公务/商务活动的安排，一般的情况下都是由专门提供服务的中介机构代理。另外，还有一些专业的差旅咨询公司或旅行代理商，提供专业化的服务。早在20多年以前，在欧洲一些国家中，大的专业旅游经营商，如通济隆公司、运通公司等，专门应大公司或机构的要求，派人提供“住店服务”，实际上，就是请专业的差旅咨询公司为其提供差旅管理服务。这样做，既能够以最经济、方便的方式满足用户的差旅业务需求，又能够对差旅预算进行有效的控制，成为部门和企业财务管理的一个组成部分。这种差旅服务的社会化不仅提高了工作效率，而且还能够减少机构的人员开支，预防了差旅开支的浪费和漏洞。因此，公共部门差旅服务的社会化也是机构改革的一种方式。

近年来，“三公消费”——政府部门人员因公出国（出）经费、公务车购置及运行费、公务招待费产生的消费——成为社会话题。实际上，“三公消费”开支与旅游服务业关系紧密，其中有很大一部分服务是可以、也应该实行社会化，例如，包括会议和考察在内的公务旅行、公务用车和公务接待等活动，都可以通过社会服务企业来承担。这样做，不仅有利于成本的节约与控制，也有利于政府行政机构的改革。有关这方面的改革在不少地方曾经尝试过，之所以没有取得应有的效果，或不能真正坚持下来，其阻力还是来自政府机构本身，因此，这仍然是难以迈出的艰难一步。

6. 企业走出去：美好愿景与漫长的路

就旅游业的发展来说，改革开放的一个直接结果就是“引进来”，从投资、项目建设到管理、技术、人才的引进，促进了中国旅游业的全面发展，其中饭店行业是引进资金、管理和与国际接轨的排头兵，对促进旅游业的发展和深化行业改革功不可没。30 多年过去了，中国的经济发展发生了根本性的变化，对旅游业来说，产业的规模扩大了，企业管理水平有了质的飞跃，培养和锻炼了一批专业人才。与此同时，中国出境旅游高速发展，数以千万计的国民走出国门，足迹遍布世界各地，中国公民的海外旅游消费引起了国际社会的广泛关注。面对这一市场发展的巨大潜力，政府曾在许多规划和纲要中提出鼓励企业走出国门，在更加开放的国际市场上进行竞争，然而，时至今日，这个目标依然多停留在愿景之中，真正迈出这一步并取得良好业绩者鲜少，而以往的失败更使一些企业小心谨慎，缩手缩脚。这一现实固然与当前的国际政治、经济形势变幻莫测有关，但也应当说与政府与企业在这方面的决心不大和努力不足是分不开的。一方面是认识问题，中国加入世界贸易组织之后一直强调“请进来”的政绩，一些政府往往把“引进”作为一种任务和政绩来考核，而发挥优势、利用机会“走出去”的意识淡薄，政府鼓励和支持企业走出去的政策乏力；另一方面，无论是政府还是企业都缺乏“走出去”自信心，也缺乏对境外市场条件进行深入细致研究的准备。旅游业也和其他不少工业企业一样，民族品牌建设缓慢，在国内外的影响依然偏低。即使是相对成熟的饭店业，还是迎来一个又一个国际饭店管理集团涌入的高潮，而真正具有实力和经验的饭店公司走出国门则是步履蹒跚，举步维艰，甚至还只能在国内某一特定区域发展。在这方面，中国旅游企业走出去的步伐似乎落后于一些亚洲旅游发达国家。2011 年 11 月商务部等单位的《服务贸易发展“十二五”规划纲要》的制定对作为服务贸易重点领域的旅游业、住宿业和餐饮业走出国门确定了方向和任务，无疑这也是一个机会和促进因素，但这条路还是漫长的。

7. “发展旅游”的滥用造成严重的后果

由于中央和地方政府对旅游业发展的重视，近些年来出现了“发展旅游”被滥用的现象，其中最为突出的至少表现在两个领域，一是房地产；二是城市建设。

旅游房地产（或称“旅游地产”或“旅游房产”）是最近一些年来颇为时髦的词语，这也是目前一个复杂且非常难以限定的业态。它的出现与发展可以看作是国家相关产业政策限定模糊的产物，是投资开发商们一种“擦边球”的动作。为了控制房地产不正常开发与房价上扬，政府采取了严厉的调控政策，使房地产市场保持较长时间的低迷。与此同时，旅游业被提升至国家重点培育与发展的产业，全国各地兴起了一场加快旅游业发展的高潮。于是，一个旅游与房地产联姻的业态应运而生，这样都可以冠之以“促进旅游发展”的名义，放开手脚，堂而皇之地参与。从目前情况来看，旅游房地产成为国内发展最为迅速的行业。当前这个产业发展的特点之一是名目繁多，从商业性住宿设施、主题公园、高尔夫球场到综合性景区和城市综合体，五花八门，应有尽有；特点之二是规模巨大，不少项目的开发面积常以平方千米计算，投资从几十亿元到上百亿元或更多；其三是覆盖面广，从城市中心到靠近城市的乡村，从沿海、山地到河湖水畔，遍地开花。而且，这些旅游房地产项目的背景颇为复杂，其真正的性质难以确定。全国各地未经批准的高尔夫球场越禁越多，在自然保护区内兴建高档商业住宿设施等做法屡禁不止，其中有不少是以发展旅游的名义做的。这一新业态的出现与兴旺常给人们这样的思考：到底是旅游促进了房地产的发展，还是房地产绑架了旅游业？

旅游业受到政府的重视，建设旅游城市也成了各个城市追逐的目标，创建旅游城市、优秀旅游城市、最佳旅游城市，成为许多城市领导的一项要务，调动各种资源去实现。为实现这一目标，自然会突出地体现在城市建设上。近来，围绕着发展旅游，城市建设出现了两种倾向：一是“国际化”；二是复古化。一方面，全国各地很多城市都在侈谈国际化，更加确切地说是“洋化”，无论大城市还是小城市，无论是内地城市还是沿海城市，都把建设成“著名国际化城市”为目标，甚至是要做“世界一流的国际化城市”，于是公共服务设施的定位多在高端、奢侈、豪华、洋气上，争相建设超大型广场、超大型购物中心、超豪华的饭店、超级功能的会议展览中心以及欧美小镇或街区等，希望以此打造形象，招揽海外投资商和游客。另一方面，不少城市又在复古上大做文章，不惜花十亿、百亿乃至千亿的巨金，以超出现有全市年度GDP总量为代价，举债来恢复或重建一个历史古城。据媒体报道，河南一个年GDP约为千亿元的城市，计划投资千亿元搬迁原城区居民，重建北宋古城，“再现大宋王朝的风光”，并说“不光是城市建筑，就连街上的公交指示标志、旅游咨询点等细节将来都要体现出宋文化的韵味”。此豪言壮语确实雷人。总之，总是想把现在的城市，不是整容成“洋妞”，就是变成“仕女”。有人警告说，做这样的事，最好要谨慎，不要酿成“功在当代、祸殃千年”的噩梦。值得注意的是，不少城市这样做，也总是以发展旅游的名义。其实，这些年来，在这方面我们已经有了足够惨痛的教训，政府应当采取有效措施加以遏制。

8. 可持续旅游发展：是口号还是行动?

从全球的范围来看，自20世纪90年代以来，可持续发展的理念日趋流行，可持续发展成为各个行业发展的目标与归宿，可持续旅游发展的原则也开始受到世界各国的关注，并随着时代的发展，不断赋予了新的内容，当前更加强调将低碳、减排、低能耗以及生态文明的理念注入旅游发展的各个环节之中，并提出了做“负责任的旅游者”的口号。中国作为一个以旅游大国为发展目标的国家，在促进旅游发展的过程中也非常重视这一理念的培养和这一原则的贯彻实施。在一些特定的旅游相关行业，例如饭店业和景区业，通过制定激励政策和行业标准将这些原则和理念付诸发展的实践，成效较为明显。然而，就总体而言，目前我国在这方面还存在着不少差距。世界经济论坛发布的《2011年旅游竞争力报告》中，中国环境可持续性政策方面在144个国家中排行第95位。报告中特别提及，“在环境可持续的政策方面，尽管也取得了一些改进，但还值得进一步的关注”。[①] 这一点也反映在不少旅游规划、开发和经营中，这一原则往往体现在口号或说法上，缺乏相应的动力和具体的行动计划，并没有完全落实在行动中，破坏性的开发或“抹绿现象”广泛地存在。在旅游活动中，旅游者也往往缺乏应有的责任感，延续一些传统的消费习惯，浪费性、炫耀性的休闲消费依然很严重，人们在旅游或度假过程中往往只关注自身享受，忽视了行为制约，没有把可持续发展的原则变成自觉的行动。

值得欣慰的是，在中国旅游发展的过程中涌现了一批热心于公益旅游活

---

① WEF, *The Travel & Tourism Competitiveness Report 2011*, Geneva, Switzerland, 2011.

动的非政府组织和志愿者，近年来一直比较活跃的公益旅游组织，如“自然之友”“地球村”“多背一公斤”等，在这方面发挥重要的示范作用，而2008年出现的志愿者运动也推动了我国旅游公益活动的开展，其中网络社区平台产生了重要的影响。多种形式的徒步旅行组织和“驴友”组织也做出了自己的贡献。在目前我国旅游发展中非常强调商业效益的时代，热心于包括环境保护在内的公益旅游活动的NGO组织充分显示了他们的优势。不过，值得提出的是，政府在鼓励和支持NGO在促进旅游可持续发展中充分发挥作用方面还显得力度不足。

三 中国旅游业未来发展展望

一个国家旅游业的发展与世界总体的政治经济形势有着很大关系，当然，本国的政治经济形势的稳定发展是更加重要的条件。尽管国际经济形势近期还难以有重大的改观，政治上的不确定因素依然很复杂，但普遍认为，全球旅游业已经开始复苏，其增长速度会快于全球经济增长的速度。对中国来说，旅游业的发展正面临着新的机遇，三年多来的战略调整与筹划将逐渐产生效果。中国共产党第十八次代表全国大会对中国社会经济发展有重大指导意义，也必定成为中国旅游未来发展的大政方针，为旅游业的进一步发展增添了活力。中国旅游业未来五年的发展纲要早已确定，可以相信，这次党的十八大所强调的新理念将会产生重大的影响，成为指导中国旅游业长期发展的重要原则和依据。

1.“美丽中国”：中国旅游发展的基石

“美丽中国”，这个描述简单而朴实，寓意丰富而深刻。“美丽中国”所强调的不仅仅是外在的形象，还包括内在的素质，这既是对未来的憧憬，又昭示着实现的途径。无论从哪个意义上讲，“美丽中国”都是中国旅游发展的基石。一个美丽的国家，海外旅游者才会慕名而至，同样，大好河山的美丽，国民才愿意离开家门出去走一走，看一看，去体验和享受。国际旅游发展的经验表明，越来越多的旅游者对美丽的追求绝非仅仅是对某些个别景点或景点的游览，也不是按照某些机构规划或大力促销的线路旅行，而是希望根据自己的意愿，自由自在地选择，所到之处，都能找到美的感受。“无景区旅游”才是一个美丽国家的象征，才是一个成熟旅游目的地的标准，无论你走到哪里，是城市还是乡村；无论在哪个季节，是冬天还是夏天，旅游都会让人感到心旷神怡。人们对美丽的期待更多是自然的，主要的不是靠打扮和营造，而是靠对人类生存环境和生态的悉心呵护和精心培育；不是靠某些部门去宣传或靠“运动”去造势，而是要整个社会的共同努力去实现，靠每个人的自觉的行动去推动。当然，对旅游来说，美丽不仅仅是风景，也包括丰富而独特的文化和人的精神面貌等。中国和世界都在呼唤着、期盼着用诚信造就美丽，旅游更是如此。

2. “小康生活”：创新生活方式与旅游方式

小康生活是中国人的世代期盼，在很长时间内，它是一种理想的境界，是一种颇为模糊的概念，尤其是在中国这样一个人口众多的大国，不同的人有着不同理解。在这次党的十八大上，将“建设小康生活”作为一种奋斗的方向改为“建成小康生活”实实在在的任务；把原来的一种理想，具体到通过 8 年的时间内人均收入翻两番的数据，使之成为一种可以核查的现实。在建设小康社会的过程中，中国人的生活方式、消费方式乃至休闲方式也必定会随之不断地变化。对普通百姓来说，人们所渴望的并非是一次或几次的外出旅游活动，而是根据个人意愿所选择的一种独特体验的享受，人们追求的不仅仅是刺激消费的旅游业或休闲产业发展，而是体现以人为本的休闲社会。小康生活是实实在在的生活方式，是人类跨越浮躁、浪费和炫耀的理性消费选择。这种新的社会需求为旅游产品的开发和经营提出了新的标准。这看似长期的挑战，可能很快就是出现在未来的现实之中。

3. 中国特色：立于世界之林的基础

中国发展道路的选择是艰难的，改革开放 30 多年来一直探寻，30 多年的风风雨雨使中国人民坚定了这样一个概念，即走具有中国特色的发展之路。全球化、国际化是一种必然趋势，但一个国家要想发展，要想强大，必须要根据自身的条件，选择适合本国国情的发展道路。别人成功的经验可以借鉴，别人先进的理念可以学习，但绝不是全盘照搬，更不能削足适履。旅游的发展更是如此。如果说过去 30 年的时间更多的是学习和借鉴，在学习和借鉴中推动改革，而未来的时间要突出创造，在旅游发展中，更要强化“中国制造”“中国创造”“中国服务”的理念。以自己的品牌，自己的特色、自己的质量赢得本国旅客和外国旅客的共同认可。也许经济的全球化还会在不断推进，工业产品的标准化进一步提高，但是，文化的全球化不大可能为世界所接受，一个国家旅游发展的实力更多地体现在文化上，因为独特的文化是旅游吸引力的源泉。中国旅游发展根植于中国独特的文化之中，发挥独特文化优势是中国旅游未来发展的根本所在。

四 结束语

世界进入本世纪第二个十年之初，联合国世界旅游组织秘书长瑞法先生曾对前后两个十年的旅游发展做过精辟的判断，他认为，“2001～2010 年：最美好的十年，也是最糟糕的十年”，而“2011～2020 年，是旅游的十年”。[①] 对中国来说，未来的十年是社会经济发展的黄金十年。因此，这十年，也是中国旅游发展走向更加成熟的十年，旅游的发展应当为实现“美丽中国”“小康生活”的目标做出自己的贡献。也许十年以后，中国不再太在意自己的哪些指标是否是位居世界第一，因为中国原本就应当是人们心中的世界第一了。

（本文发表于《经济管理》2013 年第 1 期）

① *The Decade of Travel and Tourism*：*Remarks by Mr. Taleb Rifai at ITB*，Berlin，Germany，March，2011.

编后记

中国社会科学院主管、中国社会科学院工业经济研究所主办的《经济管理》杂志，1979 年 1 月正式出版。在改革开放之初生机勃勃的科学春天里，九家学术机构和相关部门联合创办了这份被寄予厚望的理论月刊，主要目的就是探索、研究经济领域中的管理理论前沿问题，弥补当时我国经济运行中突出存在的管理实践短板。

经过几代人接力赛式的努力，刊物赢得广泛认可和诸多荣誉。自有评价以来，先后被“北大核心”、南大 CSSCI 等等收录，2012 年成为国家社科基金首批资助的管理学刊物。特别是在《经济管理》即将迎来创刊 40 周年的 2018 年 11 月，中国社会科学评价研究院发布的《中国人文社会科学期刊 AMI 综合评价报告（2018）》（该报告的第一次发布是在 2014 年），将本刊列为管理学门类权威期刊。这是对办刊 40 年的充分肯定，是对我们的极大鞭策和鼓励。

要在创刊 40 周年时认真回顾走过的路，以便更好前行，最好是编选一本有一定文献价值的结集。经过近两年时间，我们认真审读了 40 年来的每一期内容，大家都有一种历史贯通之感，应该说当年的办刊目标阶段性实现了。从《经济管理》40 年刊文可见中国管理实践的不断变革，可见中国管理问题的理论探讨线索，可见中国管理学发展之脉络。

本集呈现的 1979 年第 1 期至 2018 年第 12 期的 66 篇文章，是 40 年办刊的一个缩影，是经过我们反复筛选出的、能够反映时代特征和刊物定位的代表性文献。限于篇幅，一些有价值的文章也只能忍痛割爱了。另外，编选入集时基本上文从原貌，仅对少数不符合规范之处加以订正。从年份分布看，后期的文章读者通过各种途径更易获得、引用，所以收录偏少些。

中国已进入高质量发展的新时代，学术分工也在细化。我们会在管理学门类中，突出工商管理一级学科，在细分的战略管理、人力资源管理、市场营销、会计学、公司金融、旅游管理等专业方向，以及与工商管理紧密相关的公共（经济）管理的一些领域继续努力，始终站在理论前沿，继续研究重大管理现实问题，办优办精这份管理学刊，为学术立言，为新的管理实践不断奉献。

《经济管理》编辑部

2019 年 6 月

图书在版编目（CIP）数据

中国管理学问题的探索研究：《经济管理》创刊四十年选粹：上下册／《经济管理》编辑部选编. -- 北京：社会科学文献出版社，2019.6（2020.9 重印）
ISBN 978－7－5201－5086－6

Ⅰ.①中… Ⅱ.①经… Ⅲ.①中国经济－经济管理－文集 Ⅳ.①F123－53

中国版本图书馆 CIP 数据核字（2019）第 122812 号

中国管理学问题的探索研究（上下册）
——《经济管理》创刊四十年选粹

选　　编／《经济管理》编辑部

出 版 人／谢寿光
责任编辑／刘同辉

出　　版／社会科学文献出版社·（010）59366563
地址：北京市北三环中路甲 29 号院华龙大厦　邮编：100029
网址：www.ssap.com.cn
发　　行／市场营销中心（010）59367081　59367083
印　　装／北京玺诚印务有限公司

规　　格／开　本：787mm × 1092mm　1/16
印　张：44.25　字　数：762 千字
版　　次／2019 年 6 月第 1 版　2020 年 9 月第 2 次印刷
书　　号／ISBN 978－7－5201－5086－6
定　　价／198.00 元（上下册）

本书如有印装质量问题，请与读者服务中心（010－59367028）联系

版权所有 翻印必究